嘉兴文史汇编

合订本 第八册（六十八—七十六）

嘉兴市政协学习和文史资料委员会 编

当代中国出版社

二〇二〇年·北京

图书在版编目(CIP)数据

嘉兴文史汇编. 第八册/嘉兴市政协学习和文史资料委员会编. —北京:当代中国出版社,2020.1
ISBN 978-7-5154-1016-6

Ⅰ.①嘉⋯ Ⅱ.①嘉⋯ Ⅲ.①文史资料—汇编—嘉兴 Ⅳ.①K295.53

中国版本图书馆CIP数据核字(2020)第014424号

出 版 人	曹宏举
责任编辑	姜楷杰
特约编辑	华 丽
封面设计	钟 诚
装帧设计	杭州美迪图文设计有限公司
出版发行	当代中国出版社
地　　址	北京市地安门西大街旌勇里8号
网　　址	http://www.ddzg.net　邮箱:ddzgcbs@sina.com
邮政编码	100009
编辑部	(010)66572264　66572154　66572132　66572180
市场部	(010)66572281　66572161　66572157　83221785
印　　刷	浙江全能工艺美术印刷有限公司
开　　本	889毫米×1194毫米　1/32
印　　张	18.25印张　456千字
版　　次	2020年1月第1版
印　　次	2020年1月第1次印刷
定　　价	70.00元

版权所有,翻版必究;如有印装质量问题,请拨打(010)66572159转出版部。

目 录

第六十八期…………………………………………（ 1 ）
第六十九期…………………………………………（ 75 ）
第 七 十 期…………………………………………（133）
第七十一期…………………………………………（185）
第七十二期…………………………………………（277）
第七十三期…………………………………………（355）
第七十四期…………………………………………（403）
第七十五期…………………………………………（453）
第七十六期…………………………………………（517）
《嘉兴文史汇编》（第八册）篇目分类索引………（574）

嘉兴市文史资料通讯

第六十八期

嘉兴市政协学习和文史资料委员会编　二〇一二年三月二十一日

目　　录

纪念辛亥革命一百周年

嘉兴军政分府首任都督方於笥………………………	陈伟桐（3）
纪念外公陶文波先生…………………………………	陶　念（5）
龚宝铨传………………………………………………	谢一彪（10）
志士魂归记……………………………………………	缪惠新（24）
马厍龚氏概况…………………………………………	龚肇智（28）
石门有女士，巾帼而丈夫	
——徐自华的民国元年……………………	闻海鹰（29）
功过是非话朱瑞………………………………………	徐子祥（45）
周承菼在辛亥革命中…………………………………	虞坤林（48）
从维新到革命	
——记海宁早期同盟会员杭辛斋的传奇经历……	李涧中（50）
许行彬与辛亥革命……………………………………	许晋臣（64）
我和革命老人费哲民的忘年交………………………	卜兆丰（68）
简讯：嘉兴各界人士开展纪念辛亥革命一百周年	
活动……………………………………………	陈启文（72）

嘉兴军政分府首任都督方於笥

陈伟桐

方於笥(1877～1945),嘉兴重要革命党人。辛亥革命中,他曾主持嘉兴地区的光复及嘉兴军政分府的建立,并就任嘉兴军政分府第一任都督(后又称嘉禾县知事)。过去,对他的介绍着重于光复,光复后的内容很少。虽然他就职时间不长(仅不到半年),而其政绩卓著,现略举一二。

一是在捍卫国家主权上,方於笥有突出的表现,态度很坚决。

20世纪初,西方国家频频向我国资本输出,实行经济侵略。这时国际的烟草垄断企业英美烟草公司大举进入中国,在上海成立分公司,并加紧对嘉兴渗透。

1911年冬,该公司租了北门外柴场湾葛姓的房屋开设分部,先是租屋设栈,囤放货物,到了翌年春季,公开对外营业。方於笥知事闻讯后立即对其进行书面劝阻,然而经理米齐尔却置若罔闻。在劝阻无效的情况下,方知事对米齐尔进行当面交涉(方於笥早年毕业于上海中西书院,曾游历美国、加拿大和日本,了解世情,又擅长英语)。方谓嘉禾非条约所规定之通商口岸,按条约外国人不得随意建栈设行,凡洋货运销内地者,必须由华商间接而来,英国人进入嘉兴独自经营属于违约,勒令停止经营活动。

由于地方政府没有外交的权力,方於笥曾电请浙省都督出面,与上海美国领事交涉,不料以"略予通融"答复,态度含糊。在此情况下,外国人的态度更加蛮横,拒不迁出。为了寻求支持,方知事发动嘉兴的地方社团进行抵制。由统一共和党、社会党、中国同盟会浙江支部分事务所等十个政党社团,假座原秀水县孔庙明伦堂商量对策。十团体公推同盟会会员沈文华为临时议长,将公决结果电告浙江都督,督促他与英国领事交涉,限期迁走,否则予以强行封屋,没收货物。此事在当时杭州《汉民日报》上以《方知事力争国权》为题作了报道。不料方於笥正遇职务变动,改任长兴县知事,其后任没有坚持方的立场,此事也就不了了之了。

二是在反对南北议和及反对孙中山让位于袁世凯的问题上,方於笥也表现出了强烈的爱国心和责任感。

武昌起义之后,清廷急起反击。先是重新任命北洋军的统帅袁世凯为总理大臣,由袁出兵收复汉口和汉阳,武昌的形势岌岌可危,革命政府被迫与袁世凯代表的清朝政府进行议和。可是在协议中,停战的范围不包括秦、晋等北方领土。

此时,方於笥联合陈仲权、金燮,以嘉兴同盟会员的名义去电孙中山,谓"袁世凯阳示议和,阴袭陕甘,是远交近攻之故智,恐议论未定,兵已渡河,请勿堕袁之狡计,勿蹈南宋覆辙",明确反对议和。

不过,当时在西方国家的干预下,革命阵营内妥协的倾向大大抬头,反映江浙资产阶级要求的一些政治力量又希望尽快结束战事,加以新成立的临时政府面临严重的财政危机,在内外交困之中,孙中山出于"以和平换共和"的打算,同意由袁世凯迫使清帝退位及赞成共和的前提下,将临时大总统让给袁世凯。对此,嘉兴革命党人褚辅成还曾几次三番对孙中山进行劝阻,均未奏效,于是他提出总统让位和继任总统的产生,应由国会决定,但这一切却没能阻止袁世凯取得新生的革命政权。

嘉兴距离南北谈判的地点——上海只有咫尺之遥,嘉兴革命党人反对妥协的革命坚定性难能可贵,嘉兴人的这股革命热情一直保持到20世纪20年代初期。

纪念外公陶文波先生

陶 念

今年是辛亥革命一百周年。作为一个衣食无忧的老人,在这个具有伟大纪念意义的日子里,我想把我们家族一百年来与辛亥革命息息相关的历史公布于世,悼念为革命而奋斗和牺牲的两代祖先。

我的祖辈是早期辛亥革命人。外祖父陶文波和他的岳父朱尧臣两代人都为国捐躯。我们家族为探明先辈生平,无数次穿梭在各大图书馆、资料室查找相关资料,苦寻了30多年。从20世纪80年代起,还请教了各级领导和著名学者。由于年代久远,资料缺乏,查询工作极具困难。不夸张地说,真像在书海中捞针一样。幸喜,现在终于找到一些重要文献史料,借纪念辛亥革命百年之际,示于众人,给先人一个评价,告慰地下英灵,也了却我母亲一生夙愿。

我外祖父陶文波,字承渊,大约是在1882年出生于浙江嘉兴王江泾,是王江泾著名大家族之后人。在拜读嘉兴陆明先生写的《王江泾杂记》文章中得知,王江泾在宋代时被称为"闻川市"。王江泾的繁盛与当时闻人氏、王氏、江氏和陶氏先后都"大有力焉"。四巨姓集之于一镇,而陶氏绵绵瓜瓞,历时最长以迄近世。据《宗谱》记载,陶氏"结姻吴江沈氏(沈万三),又与昆山顾氏、金华赵氏巨族交好,豪盛一时,有江南十大户之称"。对陶氏来说,从始祖陶观起,治农是本行,而耕读传家、向善仁义是不变的宗法。听母亲说,外公的祖辈是清乾隆年间管粮大臣,当时在家乡修桥铺路,多做善事,可见一斑。

外公陶文波估计是陶模的后代。因为从陶模起,陶家就办有义庄(赈济族中贫寒)、家塾(供子弟读书)、义园(殡葬族人)等。陶文波在9岁时父母双亡。他上有一姐姐,早亡;下有小他三岁和六岁的两个弟弟,都由族人抚养、义庄支付。陶文波少年在家乡读过几年私塾,后到杭州洋学堂学习,在那里结识了一批革命党人,参加了光复会。光复会的前身是军国民教育会,是挽救祖国危亡的组织。光复会是由一批浙江籍知识分子发起,于1904年11月在上海成立的。第一任会长是蔡元培,第二任会长是章太炎。陶成章是副会长,魏兰是行总部执行员。徐锡麟、秋瑾都是光复会成员,后遭清廷杀害。光复会最初加入非常严格,会内制度极严,会友彼此都不认识,入会要刺血发誓,表示革命决心。"光复汉族,还我河山;以身许国,功成身退"是其宗旨。光复会对辛亥革命是有功的,它单独组织武装起义,或者直接参加孙中山领导的起义,是构成辛亥革命的重要组成部分。当时光复会党人遍布浙、苏、皖、湘以及南洋等地区。对于在整个辛亥革命中,光复会所建树的功绩,孙中山曾给予公正评价:"光复会则有徐锡麟之杀恩铭,熊成基之袭安庆。近者攻上海,复浙江,下金陵,则光复会新旧部人皆与有力,其功表见于天下。"在《浙江辛亥革命回忆录》(《浙江文史资料选辑》第27辑)中,就有蔡元培、章太炎、陶成章、秋瑾、陶文波等名字。而在光复会组织的武装斗争中,我曾外公朱尧臣和外公陶文波都参加了光复杭州和光复南京的战斗。陶文波以后一直跟随孙中山先生,直至逝世。

陶文波文笔好。他曾为魏兰写过《浮云集》的序(魏兰是光复会发起人之一,也是光复会重要领导人)。陶文波在南京光复胜利后任浙东仙居县知事,后又被省里派往海门任渔团局局长。他和章太炎先生很熟,家里有事都和章太炎商量。陶文波出身富家,不愁吃穿,但他思想进步,追求革新,投身革命。

陶文波不但参加了光复会组织,而且是光复会重要成员之一,他与陶成章关系密切。

陶成章(1877～1912),字焕卿,浙江绍兴人,是光复会副会长,光复会发起人之一,后遭暗杀身亡。陶成章奔走国事12年,尽瘁革命事业,功绩在人耳目。当时南京孙中山大总统闻陶君遇难,非常痛悼,其唁电全文如下:"万急。沪军陈都督鉴:阅报载光复军司令陶成章君于元月十四上午两点钟,在上海法租界广慈医院被人暗刺,枪中颈腹部,凶手逃去,陶君遂于是日身死,不胜骇异。陶君抱革命宗旨十有余年,奔走运动,不遗余力。光复之际,陶君实有巨功,猝遭惨祸,可为我民国前途痛悼。法界咫尺在沪,岂容不轨横行,贼我良士?即由沪督严速究缉,务令凶徒就获,明正其罪,以慰陶君之灵,泄天下之愤。切切。总统孙文。"

在汤志钧编写的《陶成章集》一书中,有着极其珍贵的资料——魏兰写的《陶焕卿先生行述》油印原件全文。该资料由陶成章幼子陶珍家藏,在1957年献出油印原件。据《陶焕卿先生行述》原件中记载:"辛亥(1911)六月,先生(指陶成章)又与陶文波等再往南洋,赴各岛组织光复分会"。按:魏兰《陶焕卿先生行述》文章最后所言:"是篇祇述陶先生大略,遗漏尚多。然据事直书,无一字不真,无一事不实,文字之优劣不计,一切忌讳,均无所避。"这一重要事实足以证明,陶文波在辛亥革命的早期就积极参与革命,不但和陶成章关系密切,而且也和他一起为辛亥革命作出了重要贡献。

母亲的外公朱尧臣居住在杭州。原在杭州河沿开一柴店,亦是光复会成员,也参加了光复杭州和光复南京的战斗。他有两女三子,长女朱宝珍,长子朱永康。在光复杭州、南京的两次战斗中他看上了陶文波,后由当时杭州光复军敢死队女队长尹队长(编者注:应是辛亥时期著名女杰尹维俊)亲自做媒,撮合了这桩姻缘,将朱宝珍嫁给了陶文波。当时朱宝珍在上海务本女中读高三,在光复军胜利返回杭州后,约在1913年两人结为夫妻。外公陶文波把外婆朱宝珍名字改为朱以箴。1915年8月,我母亲出生。按理说,这桩婚姻应该造就一个美满幸福家庭。但是在那动荡不安的社会，又冒着天天要被杀头危险的革命党人，却是灾难重重，厄运不断而来。在外公和外婆共同生活的十几年中，他们经常是居无定所，流离漂泊。我母亲一生中，唯一和父母亲一起居住的一次就是在广州。大概是1921年，陶文波弃官跟随孙中山先生去了广州，一直跟随孙中山先生革命。也就在这年，外公携妻女一起到了广州，在总统府附近一幢三层楼内住下。当时陶文波在孙中山身边任文职秘书或参事工作，曾获得大总统颁发"文虎勋章"（音）。1922年6月，和孙中山先生一起被困在广州总统府内，遭陈炯明叛军炮轰三天三夜，双耳失聪，精神受刺激，后被送往广州一家教会医院抢救（因为我母亲当时患化脓性髋关节炎也住于此医院）。后由于时局紧张，外婆变卖所有家当买了两张船票逃到上海。到上海后，外公又抱病北上找孙中山先生，未果，只能回到嘉兴王江泾老家，之后一直生病，不久辞世，葬于家乡。

关于陶文波在孙中山身边任文职秘书或参事工作这段历史，我们一直没能查找到相关资料，但有四点可以作为依据推测：一、陶文波当时就在总统府内遭炮轰致病，说明陶文波在孙中山身边做事。二、陶文波文笔好，因而很可能做书写工作。三、陶文波与章太炎关系密切，而章太炎在1912年就被孙中山聘为顾问；1917年7月孙中山在广州成立护法军政府任大总统，章太炎又被孙中山任命为军政府秘书长。四、陶文波是辛亥革命人士，是值得信任的可靠人士，母亲从小就听长辈时常谈及此事。真希望有识之士能够揭开谜底，呈现历史事实，我们将不胜感激。

在1922年以后，因外公陶文波过世，我外婆朱以箴一直以教书为生，养家抚养我母亲。外婆曾在南京女师、杭州弘道女中任教。由于外公去世，她心力交瘁，后又患上肺病，贫病交迫，1930年4月外婆她自己把头浸在水缸里自尽，何等惨烈而亡！当时这一惨况在《杭州日报》有报道。从此我母亲成了孤儿。要不是她舅舅朱永康接济，恐怕也早就不在人世了。原本幸福家庭，为了革命,家破人亡。

我母亲陶允和(1915年8月～2006年4月)是外公、外婆唯一的女儿。她从记事起,就过着漂泊不定的生活。她一生中和父母共同生活的所有记忆,也仅仅只有在广州度过的那一年多短暂时光。随着父母的去世,她的境遇更如雪上加霜。母亲十几岁就做过缝纫工,给人家当过小保姆,生活艰辛不堪回首。在她写的自传里只见血泪斑斑。在舅舅接济下,她奋发读书,曾是松江女中出色的优等生,靠奖学金完成中学和大学学业。我母亲在解放前就在安徽芜湖萃文中学任教,解放后曾担任萃文中学(后为芜湖四中、安徽师范大学附中)教导主任,再后又被调到合肥师范学院教学,曾获"安徽省教育界劳动模范"荣誉。我母亲一生从事教育工作50年,兢兢业业,满天桃李,不乏有中央副部级的高足。只有在新社会,我们家才能过着安定、幸福的生活。但幼年生活和外公、外婆的惨烈去世都深深地刺痛着我母亲,她一生都念念不忘查找外公事迹。她曾在1983年写信由中共安徽省委统战部转中央统战部查找,当时中央还有回信。1985年,我曾陪她到浙江省政协查找。1991年,她曾写信给《上海滩》杂志查找,写给许多学者的信等等,不计其数。虽然查找相当困难,但我仍要特别感谢嘉兴市政协主席信箱、广州市政协文史委、安徽省政协文史资料室以及安徽省图书馆、合肥市图书馆等,他们给了我许多帮助,才使我们能找到珍贵资料。

在纪念辛亥革命一百周年之际,打开这段尘封历史,告慰地下英灵,也了却我们家族晚辈心愿。依据我母亲遗文,查找了30年的历史,今天文章得以问世。本文所记,真实可信。它记载了我们家族跟随辛亥革命一百年的历史,是从家破人亡到解放后安宁幸福变化史,从一个家庭折射出革命何等艰辛,今天生活来之何等不易。

安息吧,我的亲人们!

(写于2011年)

龚宝铨传

谢一彪

龚宝铨乃嘉兴著名的革命党人,在日本参加抗议沙俄入侵东北的拒俄运动,参与组织革命团体军国民教育会,并结识了革命党人陶成章,成为终生的莫逆之交。龚宝铨参加了东京浙学会会议,拟创建新的革命团体,开展暴力革命,以推翻清政府的统治。龚宝铨返回上海后,组织了暗杀团,与陶成章相约组建了资产阶级革命团体光复会,参与创办大通学堂,培训革命骨干。皖浙起义失败以后,龚宝铨受到通缉,被迫出逃国外,继续坚持革命斗争。武昌起义后,龚宝铨回国参加辛亥革命,目睹革命党人内部同室操戈,革命受到严重挫折,痛心疾首。他英年早逝,年仅37岁。

投身革命

龚宝铨(1886~1922),原名国元,字未生,号薇生、味荪、味生,别号"独念和尚",浙江嘉兴马库汇人。祖籍今上海南汇,清乾隆中期始祖九牧迁居嘉兴。龚宝铨出生于医药世家,以中医中药为业,祖传秘方闻名江南。父亲龚寿人承继祖业,家中事务由母亲料理。母亲乃吴爽亭季女,生于文学绘画世家。吴爽亭擅长文学、工于绘画,女儿幼承庭训,练习女红之暇,也随父学习文史。龚宝铨受母亲的熏陶和影响颇深,自幼喜爱文史。二哥龚宝镕和三哥龚宝钧均以中药为业,五弟龚宝铭和七弟龚宝键分别毕业于日本医专以及九州帝国大学医学部,十弟龚宝镇也在嘉兴从医,唯有龚宝铨学习文学以后,走上了资产阶级革命道路。

1900年,龚宝铨就读于秀水学堂,聪明冠侪辈,为优秀生。陈叔夔与龚宝铨同学,经常切磋学问。时王引才教授历史和地理,每逢考试,陈叔夔与龚宝铨互得冠军,深受王引才的称赞。时逢八国联军入侵北京,义和团运动惨遭失败,留日学界出版的进步书刊,深受秀水学堂学生喜爱。龚宝铨阅读进步书刊后,意气激昂,以光复汉室为己任。龚宝铨"未冠,值义和团之变,即有光复志"[①]。由于各地学校大都刚刚创建,一切均未走上正规,致使学潮此起彼伏。秀水学堂刚采购一新钟,美国传教士花其生来校参观,询问总理陶惺存是否可以试打该钟?陶惺存表示同意。花其生遂敲击新钟,秀水学生早已下课,正在操场进行课外活动,骤闻钟声以为是开饭时间到了,待到达饭厅始知时间尚早。学生以为花其生此举,实乃戏弄学生,群情激愤,纷纷责问陶惺存,却不得要领。学生要求花其生赔礼道歉,陶惺存不以为然,学生遂以罢课相要挟,龚宝铨等十余人自请退学。"后龚未生、葛敬恩、计宗型、蒋可宗、周亮才等均同时退学,其中以龚(未生)与葛(敬恩)家长谴责较严。葛(敬恩)后入浙江武备学堂,龚(未生)则潜赴日本。然家庭不与经济接济,致无法入日本正式学校。时章太炎亦在日,遂投章之门为学生,研究汉学,复入赘于章氏。及参加同盟会,致力革命,均始于此时。"[②]龚宝铨因反对美国传教士胡作非为,愤而罢课退学,立志光复中华,推翻清政府的专制统治。

1902年,龚宝铨自费留学日本,先后在清华和成城两校学习。龚宝铨"游学日本以争俄约,与黄克强、钮惕生、杨笃生、陶焕卿、汤尔和相集为军国民教育会,与上海言光复者相应"[③]。1903年,沙俄强迫清政府签订《中俄交收东三省条约》,中国留日学生掀起了拒俄运动,龚宝铨参与组织拒俄义勇队,龚宝铨为丙区四分队队员。湖北留日学生王璟芳向清驻日公使蔡钧告密,声称义勇队名为"拒俄",实则"革命"。蔡钧奉命敦请日本政府勒令解散义勇队,拒俄义勇队遂被日本政府勒令解散。龚宝铨又与黄兴、钮永建、杨笃生等改组为"军国民教育会",其宗旨为"养成尚武精神,实行民族主义"。欲报祖父世仇,抗拒文明大敌,事成则为"独立之国民",不成则为"独立之雄鬼"。军国民教育会员开展了三方面的工作,"一曰鼓吹,二曰起义,三曰暗杀。"会员每星期相约到东京九段坂体育会练习一次步枪射击。另一部分激进分子则组织了暗杀团,在横滨附近的山顶租了偏僻的房间,采购一些原料和器具,试造棉花火药,龚宝铨为暗杀团的成员。会员还利用各省同乡会创办的《江苏》《浙江潮》以及《新湖南》等刊物,发表了许多文章,进行革命宣传。军国民教育会发展成为反清革命团体。

  龚宝铨在东京与陶成章相识,结为莫逆之交。"其时在日诸志士,组织义勇队,推汤尔和、钮惕生为代表,谒袁世凯,欲以拒俄为名,假其兵力,图谋革命。事不成,疑先生(陶成章)从中破坏,命龚宝铨与先生同居,侦察先生之所为,始知先生之苦衷,于是陶(成章)龚(宝铨)称为莫逆。"①当时,军国民教育会推汤尔和与钮永建作为代表,回国开展拒俄运动,却屡遭挫折。有人怀疑参加拒俄运动的留学生中有清政府的奸细,甚至怀疑就是陶成章在暗中破坏拒俄运动。原来陶成章因参加拒俄运动过于激烈,引起清政府派驻东京的留学生监督汪大燮的注意,而在京城为官的陶氏长辈陶大均也因参加大阪国际博览会前来东京。汪大燮与陶大均密谋,以陶大均允诺为陶成章在京城谋取军职,诱使陶成章前往北京,取消陶成章的成城学校军籍。陶成章不知是计,想直接进入军界,以掌握清政府的军权,实现"中央革命"的理想。由于陶成章与陶大均过从甚密,引起了军国民教育会负责人的怀疑。龚宝铨与陶成章住在一起,暗中观察陶成章的一举一动。龚宝铨与陶成章倾心交谈,了解了陶成章的良苦用心,疑虑全消,并结下了深厚的革命情谊。

组织光复

龚宝铨参加了东京浙学会的会议,多次在王嘉祎的寓所召开秘密会议,商讨革命对策。1903年10月,东京浙学会成员在王嘉祎的寓所召开了第一次会议,决定另行组织秘密革命团体,不仅要加强革命的宣传工作,更重要在于力行,以暴力发动武装起义。"应该先选择湖南、安徽或浙江一省,实行武装占领,作为根据地,再逐渐扩大。最后认为要另组一革命团体,应邀浙江志士参加。"恰好此时,"陶成章正在东京,军国民教育会魏兰、龚宝铨不久将回国,周树人在弘文书院读书,都是坚决走革命道路的人士,分别联络。"11月,东京浙学会又在王嘉祎的寓所召开了第二次秘密会议,龚宝铨等人也应邀参加。据沈瓞民回忆,会议商定,"为了取得革命武装根据地,决定陶成章、魏兰分往浙江、安徽二地,龚宝铨往上海,张雄夫(开会时张在上海)和我往湖南长沙,与华兴会首领黄兴联系,因黄兴已在长沙暗策革命,武装起义,庶可首尾相应也。"东京浙学会第二次会议,"虽以浙学会名义召开,还没有正式命名为光复会,实则光复会肇始于东京。"⑤龚宝铨、陶成章、魏兰受军国民教育会和东京浙学会的派遣,以"运动员"和"归国实行员"的名义相继回国,相机组织革命团体,发动武装起义。

1904年,龚宝铨从日本回到上海,组织暗杀团,拟刺杀清政府的王公大臣,打乱其阵脚。由于暗杀团人数过少,力量单薄,一直没有找到下手的机会。龚宝铨只得返回家乡嘉兴,积蓄革命力量。是年秋,敖嘉熊拟创建温台处会馆,"陶成章自上海来谒龚味荪,味荪偕之以见嘉熊,嘉熊因与商量浙江独立军事,意见相同。咸以为浙江非可自守地,欲在浙江举义,非先注意于南京不可,而安徽又居南京上游,上接两湖,下通江浙,又不可不先有以布置之。"⑥龚宝铨介绍陶成章结识敖嘉熊,并共同商议创建温台处会馆的计划。

敖嘉熊设想温台处会馆成立后,再分设三处会馆,一处建于松江,联络苏州、松江、常州、太仓的秘密会党;一处建于湖州,以联络宁国、广德、严州、衢州的秘密会党;一处建于杭州,以联络於潜、昌化、新城、临安的秘密会党。此外,设法联络镇江枭党,以窥南京右翼,集结广德、宁国的洪帮,以窥南京左翼,衢州和处州的秘密军队,预备出江西以上隔两湖,届时义旗一举,四省群起响应,南京势成孤城。再以暗杀扰乱其阵脚,则可不战而降之。龚宝铨协助敖嘉熊创建温台处会馆,使之成为浙江革命党人开展革命活动的重要据点之一。

陶成章向龚宝铨提议,将江浙皖等省革命志士联合起来,根据东京浙学会的原议,建立一个大的革命团体,以便更好地开展反清革命。龚宝铨也正想扩大暗杀团的组织,与陶成章商议后,决定在暗杀团的基础上,重新组织一个新的革命团体。陶成章请龚宝铨将意见带给上海的蔡元培,并请蔡元培主持团体事宜。龚宝铨与陶成章考虑到新成立的革命组织,应有一个德高望重的人出任会长,以便更好地组织革命志士,开展革命活动,而有着清朝翰林头衔又倡导反满革命的蔡元培最为合适。龚宝铨遂来到上海,与蔡元培商议建立革命团体。时任中国教育会会长和爱国女校校长的蔡元培一直进行两手革命准备,或者采取暗杀手段,或者实行武装起义。龚宝铨的提议,得到蔡元培的赞同,遂定名为"光复会"。龚宝铨回忆:"内地有外舅章太炎先生及蔡鹤卿、吴稚晖诸君,以复汉之帜相与唱和。是时大义萌芽,人皆选练。及《苏报》案作,上海同志散亡略尽,唯鹤卿以清静不竞,得留故国,因相与联合为光复会。"⑦光复会以"光复汉族,还我山河;以身许国,功成身退"作为誓词。光复会假爱国女校成立,爱国女校成了革命党人的大本营,龚宝铨也成了爱国女校的常客。"陶成章、龚未生住在校内译催眠术,蔡师对催眠术颇感兴趣,据说此术亦可用作暗杀工具。"⑧陶成章与龚宝铨在爱国女校研习催眠术,陶成章还在中国教育会办的通学所讲授催眠术。龚宝铨等革命党人集结爱国女校,共商反清事宜。龚宝铨成了推动光复会成立的主要人物之一。

1905年春,由于敖嘉熊迭遭家难,经费拮据,温台处会馆难乎为继,办事人员星散。徐锡麟拟创办大通学堂,培训会党成员,成为革命的劲旅。"陶成章、龚味苏自嘉兴来,乃共同商议,至府城谒豫仓董事徐贻孙,商借豫仓空屋数间为开办学校之用。"⑨大通学堂原拟以东浦镇大通长桥北首的普济寺作为校址,由于普济寺属于徐氏家寺,徐锡麟父亲徐凤鸣认为徐锡麟此举乃不务正业,竭力反对徐锡麟创办学堂,致使大通学堂的办学计划受阻。山会豫仓董事徐贻孙获悉,他想从提倡学务中获得好评,主动找到徐锡麟,表示愿意出借豫仓空屋作为办学之用。陶成章和龚宝铨刚从嘉兴赶来,觉得东浦办学阻力过大,有诸多不便,不如就近在城内办学。于是,大通学堂选定绍兴古贡院前的山会两邑豫仓作为校舍。为了取得办学的合法地位,光复会通过绍兴知府熊起蟠办了公文,由陶成章亲自赴杭州,以奉旨办学为名,向浙江省学务处递交了申请,声称拟创办师范学校,专门进行兵式体操训练,培训六个月后即行毕业,返回各地创办"团练",作为国民军的预备。大通学堂的办学申请很快就获得批准。于是,陶成章、龚宝铨和吕逢樵又奔赴各地,招纳会党成员入学。"成章遂偕味苏、熊祥由山阴出诸暨、道东阳,欲至巍山。闻赵永景兵起,乃由安文镇改道入永康,至缙云之壶镇,寓于熊祥家,遍招各处会党头目,入绍兴大通学校练习兵式体操,授予名片,以为纪号,给与川资,以资其行。其返也,则由壶镇至永康,由永康至金华,寓于徐顺达家。于是熊祥亦遂与顺达相识。成章欲邀顺达至大通,因正新婚不果。再从金华至兰溪,由七里泷水道趋富阳,循诸暨而返绍兴府。"⑩龚宝铨曾回忆与陶成章联络会党的峥嵘岁月,"数岁之间,提皮包,蹑草履,行浙东诸县,一日或八九十里,数频危难,亦有天幸得免于祸。"⑪陶成章对大通学堂作了若干规定,凡是大通学堂毕业生,全部加入光复会。凡是会党成员,只习兵式体操,均以六月毕业,文凭由绍兴给发,盖有绍兴知府以及山阴和会稽两县官印,末盖大通学堂图章,背面记以秘密暗号。凡开学以及毕业典礼,均邀请绍兴清吏以及著名士绅参加,并合影留念,悬挂府县署以及各学校,作为挟制官场和士绅的办法。

坚持斗争

大通学堂开学后,陶成章见绍兴光复会成员中有些家境殷实,遂提议取得官费留学生资格,赴日学习军事,以便掌握军权,出清政府于不意,实行"中央革命"和"袭取重镇"的办法,作为捣穴覆巢之计。徐锡麟也认为要推翻清政府的统治,非掌握军队不可,否则难以成功。于是,相约五人捐官学习军事,"即徐锡麟、陶成章、陈志军、陈德谷、龚宝铨也。以年齿高下,锡麟为长,成章次之,志军又次之,德谷又次之,味荪居末。"⑫捐官经费由富商许仲卿担任,具体捐官事宜由徐锡麟通过表伯俞廉三打通有关关节。徐锡麟前往湖北,游说俞廉三同意代五人纳粟捐官,并致函浙江将军寿山给予方便,寿山嘱幕友批准了龚宝铨等五人赴日学习军事的禀文。1906年初,徐锡麟、陶成章、龚宝铨一行在上海会合,前往日本。先期出发的陈志军约周树人到横滨迎接龚宝铨一行的到来。清政府规定,凡赴日学习军事者,必须是官费生,由驻日公使介绍和驻日留学生监督介绍。当龚宝铨等人到驻日使馆办理振武学校的入学手续时,因为系自费生,遇到了障碍。原驻日公使杨枢已调离,新任驻日公使汪大燮对寿山的介绍信不予认可。徐锡麟致电俞廉三转浙江巡抚,再告驻日公使,说明龚宝铨等人已属官费生,请其保送。但驻日留学生监督却搪塞说五人不能单独开班,必须等奉天来的学生到东京后,再作考虑。然而,当龚宝铨等人与奉天学生一起体检时,却被告知身体不合格。龚宝铨等人留学军事的愿望彻底破灭,大家商议分工开展三个方面的工作。一、一部分由徐锡麟率领,回国从军,掌握军权,发动武装起义。二、另一部分由陶成章率领,留在日本,进入与军事有关的学校学习,筹集革命经费,为徐锡麟在国内开展活动做准备。"既来日本,可以改学其他重要部门,以待徐烈士函召;留在日本的,归陶成章主持一切。陈志军改学政治,陈魏(德谷)改学警政,陶(成章)、龚(宝铨)拟去南洋活动筹划经费,以为徐烈士分省候补用款。"⑬ 三、继续经营大通学堂,作为将来革命的基地。龚宝铨在日本也加入同盟会。

1906年,陶成章因患脚病在东京浅草区乐山堂休养了一个月,偕龚宝铨回国,住在杭州白云庵治疗。吕逢樵从绍兴来杭州,与陶成章和龚宝铨相见。陶成章和龚宝铨建议"欲兴革命军,非可以学校为大本营者,学校不过造就人材计,今人材已足用,不若归乡创办团练。"但吕逢樵不以为然,继续招收会党成员,进行兵式体操训练。"成章自熊祥去后,偕味苏赴嘉兴,与嘉熊同赴芜湖。"⑭ 龚宝铨前往芜湖中学任教,以教员身份作为掩护,继续开展革命宣传。是年秋,"成章、味苏偕其友苏曼殊由皖旋浙,旅居于杭州城内白话报馆。时杭城忽来谣言,谓成章、味苏已召上八府义士三千,将于十二日袭取省城。"⑮ 龚宝铨和陶成章遭到通缉,被迫再往芜湖任教。1906年底,同盟会发动萍浏醴起义失败,龚宝铨不得不与陶成章避祸而离职。"江西萍乡事将起,大江流域谣诼甚多,诸称革命党者皆受嫌疑,而学校亦多内讧,于是去之。丁未春,杨作霖谋端方被逮,祸益急,乃与焕卿同赴东京。"⑯ 皖浙起义失败后,龚宝铨作为著名革命党人,再次遭到清政府通缉:北京受通缉者有龚宝铨等八人,长江上下游各省受通缉者也有龚宝铨等七人,南京特电上海严缉者有龚宝铨和陶成章等三人。

时章太炎正在东京主编《民报》,同时还借东京的大成中学讲堂定期讲学,在留学界影响很大。周树人、周作人和许寿裳也想前去听课,苦于与学校的课程相冲突,于是,与龚宝铨商量,请章太炎

· 17 ·

另外开设一个小班。于是,龚宝铨向章太炎建议于星期日午前,在民报社所在的牛込区二丁目八番地另开小班讲课,章太炎满口应允。每个星期日清晨,章太炎均准时开讲。在一间八席的陋室之内,师生环绕一小几,席地而坐。章太炎"讲段氏《说文解字注》、郝氏《尔雅义疏》等,神解聪察,精力过人,逐字讲解,滔滔不绝,或则阐明语原,或则推见本字,或则旁征以各处方言,以故新谊创见,层出不穷。即有时随便谈天,亦复诙谐间作,妙语解颐,自八时至正午,历四小时毫无休息,真所谓'诲人不倦'"。许寿裳回忆,"同班听讲者是朱宗莱、龚宝铨、钱玄同、朱希祖、周树人、周作人、钱家治与我共八人"。⑰伍舍方面有许寿裳、钱家治、周树人和周作人,大成方面有龚宝铨、钱玄同、朱希祖和朱宗莱。龚宝铨等人听章太炎讲解《说文解字》,时间将近一年。1908年10月10日,《民报》出版第24号以后,日本政府应清政府的要求,查封了《民报》,章太炎提出严重抗议。日本政府置之不理,还对章太炎进行三次"公审",并抓住《民报》编辑人、发行人以及发行所变更未作呈报的枝节,判处《民报》罚金115元。1909年3月3日,章太炎因未纳罚金被小石川警署检查官拘留于劳役场。是日,龚宝铨、周树人和许寿裳等将许寿裳经手替湖北学生译印的《支那经济全书》一部分经费挪用代缴罚金,将章太炎保释出狱。由于清廷派往东京的侦探日众,龚宝铨唯恐同盟会的革命机密泄露,带来难于预料的后果,遂将浙籍同盟会员名单焚毁,浙籍同盟会会员免遭损失。

　　皖浙起义失败后,大批革命党人尤其是光复会员出逃国外,前往南洋从事华侨教育,以积蓄革命力量。"东京同盟会二千余人,多务实学,然浮浪者稍稍羼入其间,而南洋群岛诸侨人亦争来附。同人谋为荷兰属地侨人建置小学,以渐开化,侨人大悦,于是,李柱中、陈陶怡、沈复生及舍弟藕生先后往焉。顷之,同盟会稍懈散,焕卿入南洋,南洋侨人争推之,焕卿亦叹同志不如能前日精纯,乃纠合光复会旧人与侨人有志者建光复会如故,推太炎先生主会,而焕卿副之,外事则以属李柱中。余时多病,见焕卿性急,时相与左右调护之。"⑱光复会在日本和南洋以光复会的名义开展革命活动,双方因名号问题发生分歧意见,以孙中山为首的同盟会领导人与以章太炎和陶成章为首的光复会领导人产生了激烈的争论,导致了二次"倒孙风潮"。陶成章性情急躁,强烈要求罢免孙中山的总理职务,改选黄兴为同盟会总理,遭到孙中山的断然拒绝。龚宝铨多方调解,但无济于事。"未生以焕卿性急,时相与左右调护之,在焕卿一生交友中,能爱焕卿、知焕卿者,唯未生一人而已。陶、龚之交,比管、鲍无愧色。"⑲1910年2月,光复会在东京重组,设立光复会总会,由章太炎任会长,陶成章为副会长。在南洋设有光复会行总部,由李燮和、沈钧业和魏兰任执事员。龚宝铨主编了《秋女士遗稿》,在东京刊行,以纪念秋瑾。

淡出政坛

1911年春,喻培伦刺杀两广总督张鸣岐不成,清吏对南洋极为注目,李燮和等光复会员相继回国,决定光复东南,发动武装起义。武昌起义爆发后,陶成章从南洋返回浙江,时杭州已光复,被推举为浙江军政府参谋长,郁郁不得志。龚宝铨也随即回国,因病在西湖疗养。"焕卿与王逸辈抵触,欲自练兵于上海,为忌者所刺。"龚宝铨闻讯,痛不欲生。中华民国刚刚成立,就发生陈其美指使蒋介石和王竹卿暗杀光复会副会长陶成章的骇人听闻的案件,光复会也因擎天巨柱被摧折,旋即土崩瓦解,龚宝铨为此深感不平。"时同盟、光复二会嫌隙滋甚,而趋势者多归同盟会,一日或二三千人,同盟旧人亦为其所陵轹,余益无意于世事矣。盖自庚子立愿以来,至辛亥十二年,及今又四年,惟劳苦颠沛,未尝以权利撄心,所太息痛恨者,独以光复、同盟自相水火,同致覆止,亲见其成,而又及见其败耳。"龚宝铨回顾光复会为推翻封建专制统治,赴汤蹈火,在所不辞,无愧于天下。"尝举光复会事前之功,则伯荪与吴樾、熊成其皆其人也。而上海、浙江之独立,功与武昌伯仲,及拔南京,亦光复会人赞师为多,可谓无负于中国者。徒以局量迫隘,渐致时人之忌,余辈虽欲调和,势不可得,而新著同盟党籍者,未识前日艰难之事,势利所在,旦暮反复,则余实不能与之同心也。"光复会和同盟会因名号相争,不惜箕豆相煎,致蹈洪秀全与杨秀清天京内讧的覆辙。"二次革命"的讨袁之役,南方革命党人群起响应,唯独浙江和湖北未能同舟共济,黄兴曾派遣章士钊和陈陶怡游说浙军和楚军将领,然其无动于衷,国民党因此失败。部分浙籍军政人员,不惜自毁其革命历史,投降背叛国民的袁世凯,助纣为虐,致乱无宁日,外患频仍,未能一致御侮,兵连祸结,人民死亡枕藉,损失不可数计。同盟会和光复会不能顾全大局,相忍为国,实属罪无可逭。至于朱瑞之流,见利忘义,身败名裂,同归于尽,龚宝铨对此太息痛恨。龚宝铨自问平生参加光复会,全身心地从事革命事业,也聊以自慰。"自揆生平,虽无奇烈伟业,惟见利不惑,临难不挠,有足以自慰者。每念同盟、光复二会如鹤卿之贞正,笃生之精悍,喻培伦之壮烈,皆足以廉顽立儒,而死节之后,或不为通俗所知,生者也落漠视之,诚未知事后云合与事前提倡者,其难易相左矣。余虽不敏,然自倡意改革以来,无役不与,其间苦心调剂,阴为筹画者多矣。"⑩革命刚刚取得初步胜利,昔日的功臣光复会员却被同盟会追杀,曾经为创建民国不惜流血牺牲的光复会风流云散,让龚宝铨痛心疾首,逐渐消极退隐,以至于脱离政治,研究佛学,持斋放生,自号"独念和尚",从事慈善施舍活动。

龚宝铨由陶成章介绍,与章太炎的长女章叕(音丽)成婚。国学大师章太炎既是老师,又是岳父。龚宝铨不但受教于章太炎的文学、古文字学,章太炎的佛学思想也在龚宝铨的内心深处打下很深的烙印。龚宝铨虽然没有著作传世,但章太炎的《小学答问》《检论》《国故论衡》《訄书》等著作,龚宝铨曾帮助抄录和校对。1912

年,龚宝铨出任浙江省图书馆副馆长,后来又任馆长,曾刊印章太炎的著作《章氏丛书》,并派人赴京抄录《四库全书》,保存珍贵的图书文献。周树人"在杭州车中遇未生,言章师在外,亦颇困难。浙图书馆原议六千元雇匠人刻《章氏丛书》,字皆仿宋,物美而价廉。比年以来,两遭议会责问,谓此书何以当刻,事遂不能进行。国人识见如此,相向三叹!"㉑浙江图书馆旧有翻印日本弘毅书院佛藏,龚宝铨复购日本续藏及其他佛典。龚宝铨又与马裕澡、钱玄同、朱宗莱、朱希祖等人发起组织国学会,由龚宝铨介绍听章太炎讲课的一批学生,或与其一起发起组织国学会的人,成了著名的文学家以及国内各大学中国文字学教学中的中坚。

1913年,章太炎因策动反袁,在北京遭到长期软禁。1915年4月,龚宝铨夫妇北上京城,章太炎生活上由大女儿章㚟照顾。章太炎只要同意袁世凯称帝,就可以获得自由,荣华富贵。但是章太炎坚贞不屈,准备一死了之。章太炎的处境,让章㚟痛不欲生,自杀身亡。章㚟"其时去京省视老父,乃其洞烛袁世凯之阴谋,始知去京省父,已无意中落入袁之圈套。非但将致老父于死地,即自省亦陷入绝境。遂于八月间,自缢而死。"㉒龚宝铨后来续娶褚辅成侄女褚明颖为妻。龚宝铨南返后,参加了浙江反对帝制的护国运动,谋划驱逐拥护袁世凯称帝的浙江都督朱瑞。"1916年浙江倒袁之役,龚亦与谋。阙麟书等到杭,闻改组省府会议,约余邀龚到会,并推为外交顾问,复被选为省议会副议长,未几悉辞去。"㉓浙江宣布独立后,龚宝铨担任浙江都督府外交顾问,并当选为浙江省参议会议员、副议长。1921年春,浙江省长聘龚宝铨为自治筹备处评议员,浙江省议会又选为浙江省宪法会议议员,但均为虚衔。"未生少年慷慨,顾不甚循礼法,壮而失意,偶听人说佛典,深自悔,由是戒杀持素,读佛藏经论,能解大义。时就同县沈子培、会稽马一浮请益,二子颇许焉,故晚节颇修谨,尤好施予,以是大匮,贫病交加,而至夭殇。"㉔1922年6月25日,龚宝铨因肺病逝世,终年

37岁,葬于杭州灵隐寺五字桥。"文化大革命"期间,龚墓被毁,遗骸移葬附近龙门山。1933年,嘉兴建"辛亥革命七烈士纪念塔",龚宝铨与陈仲权、姚麟、王家驹、唐纪勋、敖嘉熊、徐小波等列为七烈士。1979年,塔被拆除。1987年,在人民公园重建,改名为"辛亥革命烈士纪念塔"。

(作者系绍兴文理学院教授)

注释:

①③章太炎:《龚未生传略》,《浙江辛亥革命回忆录》,浙江人民出版社1981年版,第96页。

②陈叔夔:《龚未生》,《嘉兴市志资料》第2期,1989年版,第159页。

④魏兰:《陶焕卿先生行述》,《陶成章集》,中华书局1986年版。

⑤沈瓞民:《记光复会二三事》,《辛亥革命回忆录》第4集,文史资料出版社1981年版,第132页。

⑥陶成章:《浙案纪略》,《陶成章集》,中华书局1986年版,第386页。

⑦龚味荪:《自叙革命历史》,《浙江辛亥革命回忆录》,浙江人民出版社1981年版,第104页。

⑧俞子夷:《蔡元培与光复会的草创时期》,《辛亥革命回忆录》第7集,文史资料出版社1981年版,第517页。

⑨陶成章:《浙案纪略》,《陶成章集》,中华书局1986年版,第343页。

⑩陶成章:《浙案纪略》,《陶成章集》,中华书局1986年版,第344页。

⑪龚味荪:《自叙革命历史》,《浙江辛亥革命回忆录》,浙江人民出版社1981年版,第104页。

⑫陶成章:《浙案纪略》,《陶成章集》,中华书局1986年版,第345页。

⑬陈魏:《光复会的点滴回忆》,《浙江辛亥革命回忆录》续辑,浙江人民出版社1984年版,第133页。

⑭陶成章:《浙案纪略》,《陶成章集》,中华书局1986年版,第346页。

⑮陶成章:《浙案纪略》,《陶成章集》,中华书局1986年版,第348页。

⑯龚味荪:《自叙革命历史》,《浙江辛亥革命回忆录》,浙江人民出版社

1981年版,第104页。
⑰许寿裳:《章太炎传》,百花文艺出版社2004年版,第60页。
⑱龚味荪:《自叙革命历史》,《浙江辛亥革命回忆录》,浙江人民出版社1981年版,第104页。
⑲陶冶公:《龚未生〈自叙革命历史〉书后》,《浙江辛亥革命回忆录》,浙江人民出版社1981年版,第102页。
⑳龚味荪:《自叙革命历史》,《浙江辛亥革命回忆录》,浙江人民出版社1981年版,第105页。
㉑《鲁迅书信集》,人民文学出版社1976年版,第13页。
㉒汤国梨:《太炎先生轶事简述》。
㉓陈叔夔:《龚未生》,《嘉兴市志资料》(第2期),1989年版,第161页。
㉔章太炎:《龚未生传略》,《浙江辛亥革命回忆录》,浙江人民出版社1981年版,第97页。

志士魂归记

缪惠新

2007年4月,第一次与龚肇智、范笑我、薛荣一行去拜谒龚宝铨残破不堪的故居时,我的双腿被不知什么虫子咬了无数的小包,从脚背直到大腿,乃至第二天早上难以行路。随便问了同去的两位是否有此遭遇,都说没这回事。于是,我便心中胡思乱想,似是古宅有意,或是龚宝铨先生有事相托。

2008年9月的一天,史念先生和陆明、李惠忠来故居察看,由我陪着。陆明再一次提起龚宝铨先生遗骸迁回马库的事情,并提供了龚宝铨先生外甥女张克华的家庭住址及电话号码。另外,陆还让我看了一张他悉心收藏的二寸黑白旧照,照片上是原龚宝铨在杭州五字桥的墓碑,上面有章太炎亲笔所书的"龚君未生之墓"六个隶书。我答应即去跟镇里领导沟通此事,将尽快落实。期后,我给张克华打了几次电话,说明了情况,她表示非常感谢,意思是:前几十年里,龚家及龚宝铨的几个外甥都曾想方设法为舅舅的墓奔走,但都前功尽弃,现在故乡的人要为她舅舅建坟立碑,自然是一件非常好的事,表示会全力协助,并帮我们先去打听遗骸现在何处。她在电话里又告诉我:十几年前她见过坟亲,并知道他家住的地址,坟亲曾经带她去过龙门山找到过龚宝铨遗骸所藏的地方。

过了约一个星期后,镇里领导俞玉明、吴夏莲带了一点家乡的土特产前往杭州拜访了张克华,陆明和我也一同前往。张克华的父亲是原浙江大学物理系创始人、物理系主任张绍忠,她的母亲是龚宝铨的妹妹。张克华本人也是位知识分子,现已退休在家。我们一行的到来,让年已七十且体弱多病的她显得非常激动,忙着为我们沏茶拿水果。她的热情让我们大家感觉有点不安。因杭州此行还有许多事要办，所以我们只在她家坐了一杯茶的工夫，就挺不好意思地催她赶紧带我们去见坟亲。

龚宝铨的墓原在杭州灵隐寺边上的五字桥。民国时期，五字桥是一处档次很高的墓园。它座落于古刹灵隐寺的边上，常年晨钟暮鼓、四季阿弥陀佛。所以，曾经的名人、政客及富人去世后都愿意安息于此。而我们所说的坟亲，也就是墓园的拥有者。墓地平时的维护都由坟亲代劳，坟亲往往把墓园的每个墓主都当亲人般侍奉。我曾听张克华老人讲过："文革"期间，龚宝铨的墓被红卫兵用炸药炸毁，尸骨暴露在外，任由风吹、日晒、雨淋。坟亲见此惨状，偷偷用一只瓦罐收敛了尸骨，并藏于龙门山的某一山坳里。

我们的车子穿过灵隐寺，来到了坟亲原来所住的地方。可眼前的景象，让张克华不知所措。时过境迁，这里早已是面目全非，原来坟亲所住的地方已是一片绿地。问询知情人，得知早在好几年前被集中拆迁了。于是，只好到附近的派出所查找，费了许多的周折，总算找到了坟亲其中一个儿子。我们说明来意，坟亲的儿子叹着气告知：他是家中最小的，父亲也早在十几年前就去世了，父亲在世时只带过他的大哥去过龙门山，他大哥现在不在杭州，就算在，也无法再找到藏尸骨的地方了，因为，龙门山现在是生态保护区，那里已经是杂草丛生，人根本进不去了，所以想要找到尸骨所藏地，无异于大海捞针。而龚宝铨原来在五字桥的墓地他去过，坟头有棵树干弯曲的柿子树，小时候他跟父亲去上坟，还爬上树摘过柿子。坟亲小儿子的一席话，让在座的我们心里凉了个透，每个人心里似乎全是失落和无奈。

在回嘉兴的车上，大家动着脑筋在想为龚先生造坟的事：说可以建个衣冠冢，衣物没有可用龚先生用过的器物替代，这已是没有办法的办法；另外，还得在龚宝铨故居的附近向农户租块风水好又方便祭奠的地。落实租地的事就只能由我操办了，我是本乡本土人,容易办一些,我答应了。想想容易做时难,当我具体去落实的时候,问题来了。龚宝铨故居坐落于马厍,马厍现在是油车港镇的经济开发区,怎么可能在经济开发区内立一座坟墓;还有,建坟也不是只要有地就可以建的,建坟事宜涉及民政局。诸多事情搞得我头昏。有天去栖真寺,见到释宗修主持,我把有关最近要为龚宝铨建坟的事说给他听,宗修主持眉头一跳突然说:这好办,只要能找到龚宝铨先生原来的坟,遗骸拿与不拿已无关紧要,这只不过是些身物,先生的血水已渗入泥土,那些渗入血水的泥土才是龚先生的魂,也称"土魂"。只要把那些土请回来,龚宝铨先生的魂也就回归故里了。至于龚宝铨先生的墓,可立在栖真寺的塔林里。宗修主持简短的几句话,立刻让我如释重负,也让我恍然大悟……我把这件事告诉了镇领导。

2008年10月26日一早,冒着霏霏的秋雨,吴夏莲、沈秀凤、陆明、栖真寺主持释宗修及他的四个弟子一行共十几位,前往杭州灵隐寺五字桥接龚宝铨先生的"土魂"回栖真故里。为了记录此事,沈秀凤还特请了一位摄影师全程跟踪记录。我们一行到杭州时,天空依然秋雨绵绵。十月金秋的杭城本该秋风送爽,处处弥漫着桂子的馨香的。那日,适逢龚宝铨先生在北京的一个外甥、一个外甥女及外甥女婿也在杭州,这让我们大家感到有点意外,也备感欣慰。当我们的车队在坟亲的小儿子带领下前往五字桥的路上时,杭城的天空变得灰蒙蒙、暗沉沉的。车子终于停在五字桥山坡下。这里也许正在修筑什么工程,挖掘机把整个山坡挖得黄土遍地,原有的茶园也被肢解得零零碎碎。我们全体下车徒步往山上走,雨还在细细密密地落。上山的路变得格外泥泞。大家都冒雨前行,每个人的鞋子上都沾满了沉重的黄泥,步履艰难。宗修主持与他的四个弟子走在队伍的前面,跟着的是龚宝铨先生的外甥女、外甥女婿……

在一个近乎被废弃的茶园里,坟亲的儿子指认了那棵树干凌乱且弯曲的柿子树,说就是这里。顺着他手指的方向,我见到了一棵树身弯得像犁一样的柿子树,仿佛正弓着背匍匐在一处略显低洼的茶树之上。

宗修主持冒着雨吩咐他的四个弟子,也关照龚宝铨先生的后人如此这般。细而密的雨把他们身上那套薄薄的黄色长衫及红色袈裟淋透了。宗修主持解下身上背的一个黄色布包,拿出香、黄纸。我把点燃的香每人三根分发给龚宝铨先生的后人。然后,宗修主持焚烧黄纸。纸灰飘飞向上,青烟袅袅四散。宗修主持手持三支香,他的四个弟子则各自手拿法器,口中念念有词。他们为启动龚宝铨先生的亡灵诵念了三道经文,其中二道是《大悲咒》和《心经》。龚宝铨的后人则各自手持三支点燃的香跪拜施礼,一片超凡脱俗之景象。而我们其他人则静默雨中,分站四方,虔诚地聆听目睹这动人心魄的一幕。说来也很难相信,当宗修主持行完所有礼节,唤声"龚先生回家了"时,雨停了。待我们一起走下山时,阳光已重新普照大地。

后　　记

龚宝铨先生自 1922 年去世,至今整 89 个年头,时光已跨越了一个世纪。龚宝铨先生的故居修复工作也落下帷幕。或许他山之土虽贵,却难置先生大魂;故土或显平凡,却是最终安息之地。2009 年冬至,由栖真寺主持宗修与我一起操办,龚宝铨先生的墓重新立于栖真寺塔林之内,墓碑上依然刻有章太炎手书的"龚君未生之墓"六个隶书。

(写于 2011 年 7 月 25 日)

马厍龚氏概况

龚肇智

马厍龚氏，祖籍上海郊区南汇县横沔。清乾隆中叶，始迁祖九牧公徙嘉兴，散居在郡城及马厍等处，开设同善堂药店数爿，以治风湿药酒著名于时。据说曾用药酒治好乾隆文学侍从钱陈群足疾。这一故事正是杨九牧药酒店在乾隆朝已由上海南汇迁至嘉兴的最好例证。

九牧公六传寿人，继祖业，娶吴氏，为嘉兴桃墩吴爽亭季女。吴爽亭擅文学、工绘画，女儿幼承庭训，女红之暇，随父学习文史。寿人不治生产，大小事胥由吴氏承命肩任之。寿人、吴氏生八子二女。长子鸿盘、六子鹿鸣、八女桂宝早殇。二子宝镕字铸渊，出嗣从伯士模之后。三子宝钧字葭生、介生，两子俱继祖业，开设同善堂药店。四子宝铨字薇生、未生，一字味荪。五子宝铭字藕生、厚生，毕业于日本东京医学专门学校，归国后在武汉行医，娶日本夫人，生一子一女，子名肇仁，女佚名。抗战期间，太平洋战争爆发后，宝铭亡故，日本夫人带着两孩子返回日本。七子宝键字樨生、希生，日本九州帝国大学医学部毕业，行医一生。幼子宝镇字菊生、觉生，肄业于上海大同大学，体弱辍学，授业于张艺成医师，以中医业终其生。九女宝铖字学蕴，适同邑张绍忠。张绍忠字荩谋，毕业于美国芝加哥大学、哈佛大学物理系。张归国后，先后任教于厦门、南开诸大学，最后任职于浙江大学教务长兼物理系主任，积劳成疾，惜英年早逝。

（作者系龚宝铨先生之侄）

石门有女士,巾帼而丈夫[①]
——徐自华的民国元年

闻海鹰

引 言

公元 1912 年,依中国旧历,这一年论干支为壬子年。

赤县神州,自 1840 年鸦片战争以来,沧海桑田沉浮飘摇,终于在这一年的公历元旦,迎来了一个颠覆性的巨变。1 月 1 日,孙中山就任中华民国临时大总统,正式宣告中华民国诞生。一个新的时代从此翻开。这一年,是为民国元年。

革命的成功来得迅疾而猛烈,一朝功成,革命文学团体南社的诗人们群情飞扬,"试看今日谁天下?万里河山尽汉疆","酒后狂歌声激楚,楼头高会气豪强",南社诗人们此时的诗句,气势何其颠狂!

新的世界眼看就要出现,南社才女徐自华落笔写下心中喜悦:"年年风雨惯悲秋,今岁秋风散尽愁"。一个强烈的愿望在她心中急切地蓬勃而出——她要"再筑秋家风雨亭"!这个从 1907 年开始几乎全身心为秋瑾而活着的女子,在民国初立的时刻,想到的第一件大事就是秋瑾的再葬!

五年前,秋瑾于绍兴轩亭口慨然就义,女子为革命流血自秋始。浙江桐乡石门女子徐自华将生死置之度外义葬女侠的姿态,出现在了世人的面前。徐自华在《西泠重兴秋社并建风雨亭启》一文中如此回忆 1907 年的一幕:"盖当瑾之殉,华曾卜地西泠,为结秋社,营坟墓,立碑建亭,藉资凭吊。乃触虏廷之忌,徇宵人之请,遽令伪抚增韫,立时毁损,亦可悲也。"② 当年的秋案一发,可谓是风声鹤唳,清政府草木皆兵,女侠灵柩根本无法平静入土。秋瑾轩亭引颈后,被草草蒿葬于绍兴卧龙山,后迁严家潭。徐自华为践与秋瑾"埋骨西泠"之约,与吴芝瑛合力营葬,终于侠骨得以迁葬西湖。然而一年不到,因清政府平秋墓,灵柩不得已又迁回绍兴,又于不多时迁至秋瑾夫家湘潭王氏。自此遇难未满三年,秋墓已历经五迁之多!

死者已矣,生者何堪!作为一心要践"埋骨西泠"之约的徐自华,面对这样的动荡,内心悲恸却无能为力。今日云破日出,她决心要再攘义举,再践她与秋瑾的"湖山之约"。

立社筑亭　三地祭秋

1912年,不但是一个立新之年,更是一个怀旧之年。众多的流血牺牲换来帝制的消亡、民主的发芽。革命功成,居功至伟的牺牲成仁者让人无限敬仰怀念。

《孙中山年谱长编》记载,孙先生在这一年参加的第一个烈士追悼会是当时在南京的川籍党人召开的"四川革命烈士追悼会",会上追赠邹容、喻纪云、彭家珍为大将军,谢奉琦为中将。随后,3月,陆军部举行追悼先烈大会,并奖恤吴禄贞等三烈士,建立杨卓林、郑子瑜烈士专祠,吴樾、陈天华、熊成基三烈士同祀配享。同月,上海举行吴禄贞追悼大会;4月,广东各界追悼史坚如;5月,广州公祭黄花岗烈士……

全国各省风起云涌的祭奠风潮中,自然不会缺少浙江的声音,不会少了对以女性之血一洗"女子则无闻"的"女界之羞"的鉴湖女侠秋瑾的纪念。绍兴越祭、上海沪祭、杭州浙祭,在纪念秋瑾的多次大会中,因当年葬秋而"义声播荡"的徐自华再次出现在公众视线,成为当然的主持者。这一年,她为秋瑾做成了四件大事:再立秋社,筑风雨亭,还柩浙江,迁葬西泠!

相比于南社,秋社的影响力要小得多。它只是一个为纪念秋瑾而成立的社团,初立于1908年。当年,徐自华与吴芝瑛合力葬秋于西泠,徐自华在2月25日召集光复、同盟两会同志,集会西湖凤林寺,追悼秋瑾并谒墓致祭。会后,成立秋社,自华被推为社长,成员有陈去病、褚辅成、姚勇忱等数十人。

由于纪念活动太过招摇,当年10月1日,御史常徽奏请"平毁秋墓,缉拿吴、徐",次日清廷上谕浙江巡抚"查照办理"。徐自华只能避居上海,秋社活动转入隐蔽。从1908年至1911年间,虽然纪念秋瑾的活动只能秘密进行,但是徐自华却并没有停止革命活动,仍然秘密联系金季高、吕逢樵等商讨浙江的起义活动。

要说江南的结社风潮,可以追溯到明末清初。从晚明遗民的几社、复社,到清末民初的神州社、南社、越社……知识分子正是通过结社,得到了从文化到精神的提升。在时代动荡、朝代更迭之际,结社往往成了知识分子寄托民族情感、实践政治抱负的重要途径。秋社对于徐自华的意义,正在于此。这是一个联结她和秋瑾阴阳两界的精神中枢,也是实现她从一个旧式的传统女子一步步走向新生的桥梁。她在秋社缅怀秋瑾,在秋社继承秋志,在秋社脱胎换骨,在秋社成长为一个坚定的革命者。

而今民国已立,徐自华自然迫切希望重建她的精神家园。1912年元旦,第一时间,她就发布了《西泠重兴秋社并建风雨亭启》:

> 呜呼!风风雨雨,当年之殉义堪怜;烈烈轰轰,此日之英名永著。感承光复,益悼前徽,树之风声,能无有事?此自华所以于秋瑾之烈,思之又重思之,而不容不力为表阐也。……顷者革命功成,共和愿遂,凡诸往烈,咸与表彰;而如瑾者,俊伟激发,尤吾女界之光,可无念乎?爰特布告同志,募集资财,谨择良日,就昔墓地,重建一亭,名

曰"风雨",以期永久;并就亭旁刘氏伪祠,改号"秋社",奉君栗主,春秋祠社。③

正像徐自华在《启》中所说:"顷者革命功成,共和愿遂",此时的确是行纪念大事的最佳时机,她也取得了上至省政府下至秋社同人的一致响应。然而立社筑亭真正实施起来却并非易事。一来立社建祠要有地有产,有史料丰富社藏;二来筑亭营墓则需要耗费大量财富。她开始像母燕衔泥筑巢一般,用心搜集与秋瑾有关的史料遗物,利用一切场合发动募捐筹集资金。她苦心孤诣,要在湖山之间再造一个秋瑾的王国。

秋案史料当以绍兴最为丰富。1月,徐自华经绍兴军政分府都督王金发同意,去绍搜集秋案及大通学堂档案四宗,带回秋社保存。为防日久散失,徐自华将档案资料寄藏在浙江兴业银行杭州分行的保管库。

7月17日,徐自华以秋社主任名义刊《征求鉴湖女侠遗物》启事于《太平洋报》《民立报》《申报》:

> 呜呼!女侠殉国五周年矣。遗物飘零,人琴俱杳;偶谈往事,岂胜慨然!今者,崇祠赫奕,挥耀湖滨;凭魄凭依,永永无极!爰广告同志:凡有保存女侠当年遗物者,无论风琴时计、著作书籍、信札衣饰、刀剑枪械,以及一切玩好服饰之物,均迄于旧历六月初六日以前,专人赐还西湖秋社,妥为藏贮。④

这样的倡议首先得到了秋瑾旧友的支持。当天夜里,吴芝瑛阅报得知征求遗物之事后,即刻将"烈士盟书一通、遗衣二袭"⑤交赠秋社徐自华。

除了收集资料、征集遗物外,改建秋社、建筑风雨亭更需要向海内外各界发起募捐活动。在此期间,为了保障秋社的财产,她还向新成立的绍兴军政府发起了诘难。

事情要从绍兴章介眉说起。章也是绍兴人,曾参与当年平毁秋墓之事。民国成立后,为赎罪章主动向秋社捐赠田产300亩。初立的民国政府诸官员,很多是原革命军中大小统领,出身草莽的大有人在,绍兴王金发便是一个。在他的统领下,军政府决定仅划拨秋社田产45亩。徐自华得知此事,据理力争:

> 夫秋瑾越人也,章介眉亦越人也,以越人毁越人之墓,责令赔偿,理所应得,而章介眉愿之。今贵分府非越人耶!执事诸子非越人耶!溯革命之元勋,思大通之遗恨,在贵分府与诸执事又何一而非秋瑾之旧部,何一而非秋案之党人耶!乃独不为秋氏扬眉,为越人吐气,显欲于章所助秋社之田强为支配,岂诸君之贤,反不若章之不肖乎!⑥

字里行间,剑拔弩张。只要事关秋瑾,她就像守护着神主的圣使,怒目金刚,寸土不让。

竭尽心力立社筑亭的徐自华,在这一年的另一件大事就是主持参加各地的公祭,宣扬传播秋瑾的烈士精神。

第一场公祭在秋瑾故乡绍兴拉开帷幕。1月27日,秋社假绍兴大善寺召开追悼大会。为主持这一次公祭,徐自华继1907年的风雪渡江后,再一次"风雪山阴两度来"。大会当天,徐自华组织与会者演说、致哀词、募捐等,到会者千余人。白车素马,备极哀荣!她满怀深情谱《满江红·悼秋竞雄》为迎神之曲,词云:

> 巾帼英雄,屈指算,君应魁首。好任侠,卖珠换剑,拔钗沽酒。慷慨喜谈天下事,权奇掩尽闺中秀。痛无端,党祸忽飞来,伤吾友。志未遂,刑先受;身虽丧,名垂久。又何妨流血,古轩亭口。五载凄凉风雨恨,一朝光复神州旧。慕芳徽,裙屐喜重来,君知否?⑦

4月24日,唐群英、林宗素等沪上女界人士发起秋瑾女烈士追悼大会。沪祭地点设在上海张园,会场遗像高悬,环以芬芳花蕙。徐自华在大会上慷慨陈辞,演讲秋瑾就义时状况,悲情满溢,并通过大会发布重建风雨亭的消息。当时列上海女学第一位的城东女学学生也发表悼文,哀感沉重:"惟念烈士舍身就义,宿革已五回星霜。而革命告成,中华竟重见天日。秋烈士虽死,可以无憾矣!……饮水思源,焉可忘君。"⑧并发表诗歌倡议响应徐自华的风雨亭筹建事业:"今者秋社同人有建风雨亭之议,法良意美。但此事之成,非集有巨款,则不可。故将群策群力,方克有泽。他日成立之后,藉此以瞻拜英雄。荐奠椒浆,岂非我女界增光荣乎!""造此碑亭留纪念,并为女界树芳型。""七层定塔须群力,留此芳名史青"。⑨时任城东女学教师的李叔同先生评语:"振才媛之词笔,发潜德之幽光……秋瑾烈士有知,当含笑九泉。"⑩

经过徐自华的宣讲奔波、悉心经营,秋社秋祠和风雨亭终于在这一年的第三次公祭秋瑾大会——凤林寺追悼大会前夕全部竣工。7月中旬,秋社修整的鉴湖女侠祠以及风雨亭先后竣工,凝结着徐自华大量心血的建筑以崭新的面貌迎接六月六日的烈士公祭。据当年《时报》报道,在凤林寺大会上,"该社(指秋社)干事陈去病将已收到捐费报告一遍,计五十册,共收到大洋一千四百四十元,小洋二千另九十九角五百七十文,铁栏杆四肩,时钟二只"。⑪农历六月六日,鉴湖成仁之日,西湖凤林寺纪念大会准时召开,徐自华恭送栗主入祠。吴芝瑛夫妇再次响应,募洋九十元交秋社,并在当天开放杭州"南湖小万柳堂"作为招待来宾之所。

7月22日,《时报》报道记录了大会当天的盛况:是日,浙省都督、省长、各司长都莅临到会,与会者千余人。挽联哀词盈于壁间。徐自华向与会人员报告了秋社历史及建立专祠、募筑风雨亭事项。谓:"今者民国重光,拨云见日。二百六十余年之积耻已雪,在女侠已无遗憾……但当时,秋之戚友咸恐牵连,均匿不作声,即秋姑秋夫亦具禀湘抚呈报断绝关系。言念及此,心酸肺裂。"⑫

在这三地的祭秋活动中,徐自华俨然已经化身为秋瑾的知己代言人以及秋侠精神的发扬者。距秋瑾的轩亭口引颈就义已经整四年了。这四年,徐自华从一个咏菊咏梅骨格清高的闺阁才女成长为一个走在时代前沿的革命女性,主秋社、入南社,与革命者声息相通,裹挟在时代的风云中上下历练。她甚至在浙江各地相继光复而家乡石门尚为清廷所据的情况下,急电浙江都督府政事总长褚辅成乞援,而使石门顷刻光复,家乡一邑以安!这样革命性的觉醒,在从前作为一个闺阁女子的她是无法想象的。而这一切都是因为秋瑾,是这个"巾帼英雄算魁首"的女子给予了她无穷的精神力量!"志未遂,刑先受;身虽丧,名垂久",丁未年秋瑾的喋血,唤醒了中华沉沉女界,也打开了徐自华独立人格力量的源泉。她不再是一个需要依附于家庭的旧式女子,而彻底成了一个具有独立人格与民主精神的新女性。

不负巾帼　还柩西泠

民国初始,万象更新。秋瑾的安葬从清政府时期的人人避之唯恐不及一转而成处处争夺的革命遗珠。秋夫家湖南王氏开始极力争取将秋瑾的灵柩落户湖南,而徐自华在浙江联合绍兴秋氏、浙江省政府等力量,据理力争秋柩还葬西湖。一时间,秋墓落址何处成了民国元年人人瞩目的一件大事。浙湘两地几番拉锯,牵涉浙江都督蒋尊簋、湖南都督谭延闿、浙江民政司长褚辅成,甚至动用了民国高层孙中山、黄兴之力。徐自华在其间纵横捭阖,极尽所能,终成挚友还葬西湖之愿,巾帼运筹,实堪敬佩。

1912年3月1日,徐自华上书浙江省议会,提议迎还秋瑾遗骸归葬西湖,得到省议会同意,并委任秋社办理。自此开始徐自华为秋瑾迁葬的力争之途。

秋瑾此次的迁葬,与前几次殊有不同。只因时势已经变化,南方各省纷纷独立,大清亡而民国立,秋瑾为之流血牺牲的新时代赫然到来。秋瑾的安葬已不再是个人或家族私事,而上升为民族国家大事。

在这样的情势下,徐自华首先争取的是政府的支持。4月4日,她致书浙江都督蒋伯器,申诉浙江同人将赴湘迎接鉴湖灵榇归葬西泠的请求,详细汇报了赴湘人事以及所需资费,并恳切陈述:

> 伏祈俯念璿卿(注:秋瑾字璿卿)为巾帼伟人,惨遭屠戮,经年暴露,始由华埋骨湖壖。乃又中道波兴魂飘,旷隔五年,方有今日,其酷虐亦不可谓不烈矣。值此河山光复,大地皆春,九泉有知,定当含笑。⑬

浙江民政司长褚辅成亦为秋瑾旧友,当年正是他带着秋瑾前往浔溪女校任教,因此徐自华才得与秋瑾相识并终成莫逆。4月6日,褚致电湖南都督谭延闿:"敝省议会议决,恭迎鉴湖女侠秋瑾柩归葬西湖,并建专祠奉祀。即日派人到湘接洽。"⑭

虽然还柩之事得到了浙省议会的同意,并由政府官员正式发函至湖南,但事情并不能轻易成功。一则革命功成,秋侠安葬已经成为一个地方的荣誉象征;二则作为革命有功之臣,秋瑾在湖南夫家的地位显然已经不是当年可比。所以无论从秋瑾娘家夫家的家族角度还是从浙江湖南两地政府的角度考量,秋瑾的安葬已经成了一个事关家族与地方荣誉的符号性事件了。

果然,湖南复函称秋瑾之子王沅德之意愿是:秋侠灵柩留湘,带衣裙遗像还浙,于西泠故址建筑衣冠冢。而对于徐自华来说,秋瑾的卜葬西泠是毫无妥协余地的,葬秋西泠,势在必成。她当即以秋社名义致书湖南谭都督,重申归葬西泠之必要:

> 西湖名胜为天下最,岳鄂王、于忠肃、张苍水,并今之徐、马、熊、陶诸先烈遗骸尽葬其间……秋社春祈享祀,不忒秋侠有灵,其魂魄当恋此不去。

此书更尖锐指出:"据云,秋侠之柩,实于今春权厝乡僻,徐闻卜地……实与不葬相等!何难迎还故址!"要求王沅德:"万勿固执己见,以拂舆情,不胜人愿。"⑮

湖南方面却针锋相对,似乎铁了心要留下秋瑾灵柩。7月17日(农历六月初四),秋瑾成仁纪念日前两天,《申报》刊出王沅德复浙函云:

> 奉母归葬,为沅德之天职也。……此其一。湘烈如陈、杨,并葬岳麓。英魂毅魄,千载相邻。……是湘人士所以纪念吾母、崇拜吾母之意,不减于浙。若必徇迁浙之请,重违湘人,非敢出。此其二。衣裙请葬西泠,侠骨请迁岳麓。湘人业有成议。经都督批准筹备就绪。……此其三。西湖岳麓,并称名胜,似不以属浙属湘为之畛域。此其四。并说:"惟念骨尚留浙江,则迁葬西湖,湘不得议。骨既归湘,则迁葬岳麓,浙不得争。"⑯

王氏复函四点,条条针对秋社要求归葬的理由。并在"如此湘不得议,如彼浙不得争"之言语中谴责浙江当初毁墓之举,以既成事实,表达秋骨留湘的强硬态度。

双方的争葬在这一年的7月19日(农历六月初六秋瑾成仁日)以纪念大会的形式再次呈现。这一天,徐自华组织浙江各界开大会于凤林寺,纪念鉴湖成仁。同日,湖南各界也于秋瑾烈士专祠召开追悼大会。1912年7月29日的《时报》称:"湘水、西湖,同为佳话。洵千古未有之盛事云。"⑰实则浙湘两地,是以此声势各自表明归葬秋瑾的决心。

我们比较两地争葬出示的理由,不难发现其中有很大的不同,那就是秋瑾自己的意愿体现与否。在徐自华致湖南的函中有一句:"不忒秋侠有灵,其魂魄当恋此不去"。这才是徐自华作为秋瑾的千古知己,替秋瑾说出的心声。秋与王氏在情感上早已决裂,唯一的联系只有留在王家的一双儿女作为骨血的维系。当年秋案发,"秋姑秋夫亦具禀湘抚呈报断绝关系",可以说从家庭关系来说,秋王早已恩断。秋瑾的情在浙江,魂在浙江,义举在浙江,牺牲在浙江,于情于理都应归浙。

然而1912年已过半年,秋墓究竟归葬何处,仍在争抢中没有定论。徐自华心急如焚,决定派秋瑾之妹秋珵往湖南办理归葬事宜。她派秋珵此去有三重身份,一代表秋瑾娘家,二代表西湖秋社,三代表浙省民众。7月22日,秋珵在湖南连发电文,将归葬之争推入高潮:"鉴湖迁葬,王氏仍旧反对。今日入祠栗主列有夫姓,珵绝不承认";"王秋离婚在前,湘署有案可查。况功在浙省,乡人遗爱难忘";"黄留守来电,主迁西湖。珵仍留,濮臂助。王党欲联合电杭,主葬岳麓,请勿允。"⑱

电文表达意愿清晰强硬,一则说明秋瑾与王家早已断绝关系,而今在湖南的秋瑾纪念活动中,栗主名字竟然列有夫姓,此一不能容忍;二则说明秋瑾流血在浙江,功绩在浙江,理应归葬浙江;三则说明政府高层(黄留守,即黄兴)已经表明主迁西湖,需要湖南方面权衡。秋珵最后致电姚勇忱,并要求转孙总理、黄协理、袁大总统、黎副总统、各省都督、同盟会重申立场:"秋瑾女侠生前脱辐,湘祠主立王秋瑾卿名称,万难承认。女侠浙人,流血亦在浙,忠骸应葬西湖。……乞公电湘督主持并改主内名称。"⑲

1912年7月25日,湖南都督谭延闿复函黄兴:"秋女侠还葬西湖,湘人亦表同意,当遵命开导王氏,想亦无异议也。谨复。"⑳

自此,历时半年的浙湘争葬终有决议。尘埃落定,徐自华立刻请陈去病先生赴湘,迎接秋柩回杭归葬。7月29日,陈去病参加完西湖凤林寺纪念大会,即刻启程赴湘,谋行秋柩还浙归葬之事。

9月29日,陈去病护柩由湘返浙,赋诗《洞庭舟次寄别湘督洎南社诸子》中写道:"最是别情无限好,满携缣素返西泠","不如西子湖边去,长于闲游风雨亭"。㉑革命功成,西泠愿了,巢南此诗,深深体察秋徐真心,足证他一样也是秋瑾与徐自华的知己。

浙湘争葬,对于秋瑾所涉两个家族而言,是情感与荣誉的双重力量使然。两相比较,绍兴秋氏更重的是情感,湘潭王氏更重的是名誉。当年秋侠轩亭就义,秋家人虽然迫于形势不敢公然收葬,然而秋兄誉章面对此景的深切自责让人同情泪下:"聂政乃有姐,秋瑾独无兄!"短短十字,骨肉之情痛彻心扉。而湖南王氏却在秋案发后即刻划清界限,宣布脱离与秋瑾的关系。而今王家却与秋家争葬,更多则是时代变迁,识时务争名利因素使然了。而作为地方政府,革命甫定,要在新政府中争取更多的政治筹码也在情理之中。秋瑾只不过是其中一个砝码,葬湘则为湘增色,葬浙则为浙争光。作为百年后的笔者看来,彼时的秋瑾好似成为了双龙抢珠中的一颗宝珠,得失只与家族和地方的名利攸关,却与秋瑾自身无关,深究根由,令人感慨。

在这一场争夺中,作为秋瑾知己和盟姐的徐自华,心绪远比各方深沉。她之所以极力争取卜葬西泠,联合秋氏达成家族愿望,争取政府支持为浙省争光,归根结底都只有一个原因——她知道唯有安息在西泠与岳武穆、张苍水为伴,才是秋瑾对于身后归宿最大的愿望。当年两人的"湖山之约"历历在目,都说君子重然诺,这一份约定在她的心中有着重逾生命的份量。徐自华在当年尚且能够不避嫌疑,对抗官府而代家属行葬事,何况今日民国已立?所以她下定了决心,不负巾帼,一定要践诺再葬秋瑾!

风云变幻　降格葬秋

10月23日,女侠灵柩抵达沪上。军营列队、鉴湖学堂学生携花圈排队至码头迎接。10月25日,上海特开专车,灵榇由秋社、国民党、尚侠学校三团代表及竞雄女学全体护送赴杭。10月27日,秋瑾灵柩到达杭州,暂时存放在西湖秋社。时隔四年,徐自华终于再次迎来了她的璿卿,这一天,场面盛大备极哀荣。下面一则《申报》10月29日的报道《秋风秋雨妥秋魂》足可表述:

秋女侠灵柩于二十七日上午十一点半钟由嘉兴起程来浙。各团体代表,各官厅代表,及男女学生均在城站列队恭迎。及车到站,军乐齐鸣,各代表均举旗致敬。请柩至站外祭台,团体联合会、国民党民政司、财政司、教育司、提法司,各设祭一坛。国民党褚君慧僧主祭,团体联合会杭君辛斋主祭,财政司张君咏霓主祭,其余各派代表。联合会祭品乃用糕饼制成"秋雨秋风"四字,尤为特别。祭毕,摄影。各执事依次起程。都跟在五军司令部门前设祭,故灵舆由驿馆后绕道略停片刻。此外,某报谓可同改良会商定,均设茶座,按程出钱塘门,抵秋社,至下午三点半钟,交由各代表致祭。奠毕,奏乐散队。是日天气晴朗,一路观者拥挤异常,无不啧啧称美,洵极一时之盛云。②

同年11月17日,黄兴往秋祠祭奠。12月9日,从上海来到杭州仅一日的孙中山先生即往秋社致祭,并题"鉴湖女侠千古 巾帼英雄"匾额赠秋祠。徐自华面请孙先生任秋社名誉社长,先生慨然应允。

从1912年1月1日她致电孙大总统请求再立秋社筑风雨亭,3月1日上书省议会迎还秋柩,历时大半个民国元年。徐自华历尽曲折,终于将秋瑾的灵柩迎回到了她魂牵梦绕的西湖。她的一诺千金,柳亚子先生曾诗赞:"一生一死交情在,季布红妆想见之"。③民国元年,她不仅再次践了湖山之诺,更将她的生死知己秋瑾推向了荣誉的顶点。当年没有哪一个烈士的葬事能如此牵动国人的情感,虽然在她的心目中,再盛大的哀荣对于奇女子秋璿卿来说都不过分!

秋祠修成,灵柩回到了秋社,风雨亭在旧墓原址静静地立着,新的秋墓由凤林寺僧捐了地,图案规划设计庄严朴素,也已经开工营造。经历了这大半年的战争,一切都已尘埃落定,只待一朝墓成,便可择日入土为安。徐自华却没有料到,风云变幻之间,她的葬秋大业还将再历一番波折。

辛亥革命的胜利,中华民国的建立,很大程度上成功于当时全中国的社会大势。就在南方各省纷纷光复,中华民国临时大总统在南京宣誓就职的同时,远在北京的袁世凯却坐拥着装备精良让革命党人望尘莫及的北洋军队,怀着一颗立志主宰政治风云的勃勃野心,发出了要与革命军开战一决胜负的叫嚣。在北伐与和议之间,最终孙中山表示,只要共和实现,袁能让清帝退位,可将总统之位让于袁世凯。

1912年2月12日,清帝退位。2月14日,孙中山辞去临时大总统职。3月10日,袁世凯在北京任中华民国临时大总统。高层的风云变幻暂时还未曾影响到底层的政局,徐自华正是利用了这民国元年短暂的安宁时机,奠定了完成夙愿的基石。

袁世凯的假共和真称帝意图一天天显现,对于民主革命的破坏力就像一条瓷器上的裂缝,开始快速向底层蔓延。徐自华过完了辛苦奔波的1912年,就迎来了风云渐暗的1913年。宋教仁遭暗杀,袁世凯就任中华民国第一届正式大总统。袁政府委员来到浙江视察民政,参观以后,就对都督朱瑞说:"秋瑾虽于革命有功,但不应与岳王坟对峙。"㉔朱瑞立时决定削改秋墓规格,拆低五尺并废除原规划设计中的石像。闻听此讯,徐自华又一次愤然而起,据理力争,刚烈的她甚至发传单公告民众:"君子一言,重于九鼎。况我公都督乎!"㉕讽刺的言辞让朱瑞恼羞成怒,立时撤换了徐自华的营葬事务所主任一职,并扬言与徐寄尘誓不两立。袁氏当国,时势已非孙总统时期可比,徐自华仿佛又跌回1907年,为葬秋瑾而险遭迫害的境地。

孙中山先生闻讯来杭,但以他此时的境地,也只能力劝徐自华,不作新军阀铁蹄下的牺牲品。适有姚勇忱在上海创办的竞雄女学急需有人主校,于是徐自华于1913年春天,离杭赴沪,接办竞雄女学。

1913年7月9日,又是一年六月六。秋瑾就义六周年,灵柩登穴入土,第二次安葬在了杭州西泠。民国风云变幻无常,秋墓终究是被拆低了五尺。

1912年刚刚照射进来的共和的曙光似乎并不像人们想象的那样持久而辉煌,革命者们还没有真正享受胜利的果实,就必须迎接一个又一个的妥协——清帝退位后,大总统让位于袁;结束南京临时政府,迁就袁世凯将政府北迁;内阁重组同盟会势力尽失……高层一个又一个的妥协,民主共和政权性质悄然改变,中国即将再次进入乱局。徐自华经历了民国元年迎还秋烈灵柩时的备极哀荣,也经历了1913年二葬西泠时的无奈妥协。冥冥之中,历史仿佛在告诉她,秋墓的这一次安葬,也许并未真正落成定局。

结　　语

晚清至民国,是中国女性独立人格形成的一个复兴时期。面对一百年前的中国女界,我们不禁感叹那些女性先驱的勇敢与顽强、冷峻与犀利。当年以秋瑾为代表的"巾帼英雄"们的义举,对于女界的觉醒的确有着振聋发聩、醍醐灌顶之功。徐自华的觉醒就应该归功于秋瑾。更可贵的是,在秋瑾轩亭就义后,徐自华在很大意义上幻化成了"秋瑾劫后身"。秋瑾用她的热血唤醒了徐自华,而徐则用余下的全部生命延续了秋瑾的精神,并用自己新女性的角色,实践着自度度人自觉觉他的人生。可以说,没有秋瑾就没有徐自华,而没有徐自华,也许今天我们并不能如此深刻地知道秋瑾!

1912年的徐自华,用她全身心智慧与勇气的投入,立秋社建秋祠,营秋墓筑风雨亭,历尽曲折还柩西泠,为她的生死知己秋瑾达成了遗愿。作为一个女性,即使在百年后的今天,筹谋这样的事业也需要超强的才干,何况那是一个刚刚从帝制转入共和的时代,女性独立、男女平权的自由之风吹进这个封闭的大国为时尚浅。推己及人,我们不能不为徐自华的勇敢与智慧而击节赞叹!无怪南社诗人诸宗元有句赞曰:"石门有女士,巾帼而丈夫"。诚哉斯言!

注释:

①诸宗元:《五言二截句奉题寄尘女士词卷》,《徐自华诗文集》,郭延礼辑校,中华书局1990年版,第238页。

②③《西泠重兴秋社并建风雨亭启》,《徐自华诗文集》,郭延礼辑校,中华书局1990年版,第18页。

④⑤《征求鉴湖女侠遗物》《吴芝瑛致徐自华》(十五),郭长海、秋经武主编:《秋瑾研究资料·文献集》,宁夏人民出版社2007年版,第282页。

⑥《秋社主任徐寄尘女士与绍军分府书》,郭长海、秋经武主编:《秋瑾研究资料·文献集》,宁夏人民出版社2007年版,第271页。

⑦《满江红·悼秋竞雄》,《徐自华诗文集》,郭延礼辑校,中华书局1990年版,第181页。

⑧《城东女学追悼秋女烈士文》《为秋瑾建风雨亭募捐启》,郭长海、秋经武主编:《秋瑾研究资料·文献集》,宁夏人民出版社2007年版,第278~279页。

⑨⑩《悼秋七绝四首》,郭长海、秋经武主编:《秋瑾研究资料·文献集》,宁夏人民出版社2007年版,第278~279页。

⑪⑫《浙人公祭秋女士大会详记》,郭长海、秋经武主编:《秋瑾研究资料·文献集》,宁夏人民出版社2007年版,第283页。

⑬徐自华《致蒋都督书》,郭长海、秋经武主编:《秋瑾研究资料·文献集》,宁夏人民出版社2007年版,第289~290页。

⑭《致湖南都督谭延闿电》,嘉兴市政协学习和文史资料委员会编:《褚辅成文存》,中国文史出版社2011年版,第10页。

⑮⑯《秋社同人致湖南谭都督书》《秋女士仍葬昭山》,郭长海、秋经武主编:《秋瑾研究资料·文献集》,宁夏人民出版社2007年版,第290~291页。

⑰《长沙追悼秋女侠纪盛》,郭长海、秋经武主编:《秋瑾研究资料·文献集》,宁夏人民出版社2007年版,第293页。

⑱⑲《秋瑾在长沙致电秋社(五则)》,郭长海、秋经武主编:《秋瑾研究资

料·文献集》,宁夏人民出版社 2007 年版,第 295～296 页。

⑳㉑《复函一则》,郭长海、秋经武主编:《秋瑾研究资料·文献集》,宁夏人民出版社 2007 年版,第 297 页。

㉒《秋风秋雨妥秋魂》,郭长海、秋经武主编:《秋瑾研究资料·文献集》,宁夏人民出版社 2007 年版,第 302 页。

㉓《巢南携寄尘女士听竹楼集见示题此奉寄》,《徐自华诗文集》,郭延礼辑校,中华书局 1990 年版,第 239 页。

㉔㉕《记忏慧词人徐寄尘》,周永珍编:《徐蕴华、林寒碧诗文合集》,社会科学文献出版社 1999 年版,第 140 页。

其他主要参考文献:

1. 陈锡祺主编:《孙中山年谱长编》,中华书局 1991 年版。
2. 夏晓虹:《晚清女性与近代中国》,北京大学出版社 2004 年版。
3. 张晨怡:《1912:帝国的终结》,中华书局 2010 年版。
4. 孙之梅:《南社研究》,人民文学出版社 2003 年版。
5. 胡国枢:《光复会与浙江辛亥革命》,杭州出版社 2002 年版。
6. 张鸣:《辛亥,摇晃的中国》,广西师范大学出版社 2011 年版。

功过是非话朱瑞

徐子祥

一个秋风瑟瑟的周末上午,我在世居于六里乡南山村西邵湾的祝新观老人陪同下,寻访位于南山脚下的朱瑞之墓。沿着一条野草丛生的山间小径,我们终于来到了湮没于杂草乱树丛中的朱瑞墓前。如今这里既没有牌楼亭柱,也没有石人石马,甚至连墓碑也未留下,因为这一切都在四十多年前那场史无前例的"文化大革命"中被横扫得荡然无存了。眼前这荒冢一座、乱坟一个,显得那样的凄凉、孤寂、萧瑟,谁能想到这里竟长眠着我们浙江的一位历史名人呢?

远在我的童年时代,在海盐县城武原镇西大街西侧水沧弄口那方紧靠市河的风水宝地上,耸立着一座高大的石牌楼。精雕细刻的石牌楼正中镌刻着"教子成名"四个大字。家父告诉我:树起这石牌楼的是我们海盐县的名人朱瑞,这是他当了大官后为了感谢母亲的养育之恩、教子之德而兴建的。至于朱瑞怎样出的名,有过哪些功绩,做小生意的父亲也不甚了了,故也从未向我细说过。但自此,朱瑞在我幼小的心灵中留下了很深的印象。1962年,我来到省城求学,在美丽的西子湖畔,我又一次见到了朱瑞所树立的纪念碑——辛亥革命杭州光复纪念碑。当我细细拜读完全部碑文,方知我从小就仰慕的名人——朱瑞,曾在风云激荡的1911年11月,高举起义大旗,率领属下的浙江步兵八十一标的一千四百余名精锐之师在笕桥宣布反清起义,率众宣誓:"光复汉族,还我山河;以身许国,功成身退!"继而向杭城进发,与王金发、蒋介石等人组成的敢死队联合进攻清军驻防重地军械局,继而进攻旗营,很快占领了省会杭州,为杭州及浙江的光复立下了汗马功劳,不久便担当起浙江都督的重任。是年朱瑞年仅29岁,真可谓年轻有为、豪气万丈啊!当时在我年轻的心灵中涌起一阵自豪感:真想不到我们小小的海盐县也出过这样一位名人,能在全省的政治中心的大街上留下他的功德碑,让大众瞩目,千秋流传,真了不起!

20世纪80年代初,我来到南京城外的紫金山观光旅游,在山顶一处名曰"天堡城"的险要之处,俯瞰整个虎踞龙盘的石头城时,深为这里险要之极的地势所吸引。这时,与我结伴相游,在南京工作的老同学,又一次提到了朱瑞。他说当年辛亥风云初起,上海、杭州、苏州等地先后光复,但顽固拥戴清皇朝的辫帅——张勋负隅顽抗,使南京久攻不克。为了拔除这颗"钉子",由上海、浙江、苏州、镇江等地的革命军组成了联军,直逼石头城。朱瑞担任援宁浙江支队总司令,率三千余名敢死之士从杭州开赴南京前线,浴血奋战。1911年11月25日,朱瑞指挥所率军队,在南京的朝阳门外与清军激战,击毙清军悍将王有宏,后再战于孝陵卫。特别是12月1日那场争夺天堡城之战分外激烈。兵谚有"要得南京城,先夺天堡城"。清军在天堡城上筑有坚固工事,架设了多门重炮,以强大兵力凭险死守。朱瑞深知天堡城对南京的得失起着关键作用,决定集中兵力一举攻下天堡城。11月30日,朱瑞对联军下达了总攻令。苏浙联军奋不顾身,冒死进攻,弹雨血花,杀声震天。经过两昼夜的血战,歼灭天堡城守敌七千余人,占领了天堡城。张勋率残部退守南京城,仍据城顽抗。联军在天堡城上,用山炮和重炮,居高临下,向富贵山、朝阳门及城内各据点轰击。顽抗的张勋弃城而逃,东南重镇南京终于光复,血战天堡城的朱瑞也因此成为辛亥革命的功臣,名扬海内。听了老同学的介绍,此时已年近不惑的我,对朱瑞更是崇敬不已,认为他不仅是我们海盐的骄傲,也是我心目中的英雄。

至20世纪80年代后期,我来到母校杭州大学,一次与历史系一位海盐籍的方老师闲谈时,又一次谈到了朱瑞。直至此时,我才知朱瑞在1912年当上浙江都督后,在辛亥风云中逐步地走向了历史的反面。他为了保住自己的既得权益,卖身投靠窃国大盗袁世凯,成了袁在南方的忠实爪牙。他卖力地反对孙中山、黄兴的二次革命;他拥戴"洪宪皇帝"早日登基,先后被袁敕封为陆军中将、陆军上将、兴武将军、一等侯爵;他接受袁世凯密电,不惜卖友投靠,设计密捕当年共同起义的王金发,并将其枪杀。朱瑞这种倒行逆施、卖友求荣的卑劣行径,终于激起了当年曾同举义旗的浙军官兵的义愤。1916年4月11日,浙军响应蔡锷将军在云南发起的讨袁护国运动,又一次发动起义,此时成了革命对象的朱瑞仓惶失措,易装潜逃到沪,不久便病死于天津,年仅33岁。方老师的一席灯下之谈,使朱瑞这个在我心中矗立了三十多年的英雄偶像訇然倒下!

纵观朱瑞短暂的一生,经历了历史的大起大落。他既为推翻清王朝,光复杭州、南京立下过汗马功劳,在中国近代史上写下了光辉灿烂的一页;但又经不住权钱地位的诱惑,做了一些亲者痛、仇者快的事。善始不善终,卖身投靠,倒行逆施,在中国近代史上留下了不光彩的一笔。至于他的功过是非,在历史的天平上孰轻孰重,还是让世人去评说吧!

(写于2007年1月)

周承菼在辛亥革命中

虞坤林

　　周承菼(1883～1970)，字赤忱，海宁人，我乡贤著名书法家周承德之堂弟，中国同盟会会员。周承菼出生于书香门第，其祖礼瓒公、其父景瑗公均为乡之贤者。又受当时翰林陆懋勋、举人陈汉第等持有民主思想贤达的教育，早年就有强烈的民族意识，志存革命思想，不求科举功名，投笔从戎。在就读浙江武备学堂时，就将其旨趣宣导于同学之间，不幸事泄，幸亏其武备学堂监督作风开明，将其中十余名学生选派留学日本，周承菼也名列其中，事方作罢。这次出国留学的同乡有21岁的蒋百里，周承菼的堂兄、时年27岁的周承德。当时承菼才19岁。留学回国后，历任清军咨府参谋、四川督练公所参谋处总办。其后回浙江，任陆军第八十二标标统。辛亥前夕，革命力量借助陆军八十一标、八十二标的武力及光复会的敢死队，分别攻占军械局及火烧浙江的抚台衙门，并俘虏了浙江巡抚增韫及其家人，其后又攻克西湖岸边的旗营。在尽量少惊动百姓的前提下，一举光复了杭城，鼎定了两浙的形势。战役是在辛亥农历年九月十四日（即11月4日）开始，其时作为八十二标标统，在周承菼的带领下，由凤山门入城，自清泰门至涌金门止，主要攻击抚台衙门，占据各衙署局所，保护金融，破坏交通等。战役开始进展较为顺利。八十二标自南星桥站专车入城，先攻抚署，直扑二堂。署内卫队及巡警消防人员见大势已去，即均袖佩白布，以表投诚，旋即顺道占据军械局。同时派去队伍分据大清银行及藩运各库。后又抓获避于马棚里的巡抚增韫。到十五日黎明，杭城基本光复。是日九时新政权成立，公举萧山汤寿潜为浙江都督，海宁周承菼为司令官。

杭城虽已光复,但诸绪难清,尤其一些无赖之徒,假借军政府之名四处敲诈,抢劫之风,无日不有,民多有怨言。时住在满营的贵林,耳目甚长,见此情形,错误估计形势。即起叛谋之心,意欲乘机摇惑谋变。但事机不密,被浙军司令部侦出逆谋,立派得力部队驰赴满营,并搜获私藏枪两千余支,子弹无数,兼有炸药若干箱。当即将贵林捕获,押送司令部进行审讯,以人证物证齐全,立即判处死刑,枪决于咨议局门外广场,即前者贵林代表全体满人递降书之处。时汤寿潜在上海,闻此事后即归杭,立召周承菼为何不先请命。周承菼回答以"时机紧急,军心愤激,未能稍缓。此案人证物证俱全,以军法紧急处分,我实负有专责之权"。都督无以对答。是此一场预谋的叛乱,不发一弹而平息。不久新政府人员更替,刚从广东归来的蒋尊簋接替汤寿潜,并邀蒋百里为军事总参议,陈汉弟任行政民事秘书长。1912年,周承菼任浙江新编第二十五师师长。1918年,任安福国会参议院议员。后辞职寓居上海。1927年,南京国民政府成立后,任军事委员会高等顾问。1936年11月,授陆军中将。1948年,任总统国策顾问。1970年12月21日,在台湾逝世,终年87岁。

从维新走向革命

——记海宁早期同盟会员杭辛斋的传奇经历

李润中

1924年1月25日,上海《申报》刊登了一则引人注目的消息:"浙籍国会议员杭辛斋君,入冬后即患气喘失眠等疾,历延中医调治,病势时增时减,从未全愈。前昨两日,突然转剧,时作呓语,至昨日傍晚,诸医束手,延至夜九时半,遂因病逝世"。时年55岁的杭辛斋,突然撒手西去,未能圆满地完成他为之奋斗了一辈子的革命事业,令人扼腕。

杭辛斋去世后,民国元老及社会知名人士章太炎、于佑任、胡汉民、沈钧儒、史量才等纷纷前往吊唁。时值国民党在广州召开第一次代表大会之际,总理孙中山闻此噩耗,备感痛惜,特嘱人赠送花圈,在挽带上书"忠贞谅直"四字。并通过临时动议,以大会名义致电,对杭去世表示深切哀悼。

杭辛斋,浙江海宁人。名慎修,字一苇,生于清同治八年(1868)七月。从小父母双亡,靠乳母郑氏收养。启蒙后,他与同学陈吉卿最为亲密,经常互相勉励,同温功课,课余还习作书画、篆刻。谁知好景不长,族中无人继续出钱供读,只好中途辍学,进了一家杂货店当学徒。

杭自幼羸弱,干体力活往往力不从心。族叔幼庐看在眼里,疼在心上。听说杭州正蒙义塾招生,就带了侄子赶到杭城。正蒙义塾是一所免费学校,办学经费来自地方募集和私人捐助,主要招考贫寒人家子弟。杭辛斋进义塾后,发愤勤读,经常彻夜不眠,即使生病也从不缺课。

清光绪十五年(1889),杭辛斋 21 岁,果然一鸣惊人:参加海宁州童生试,获县试第一,又补博士弟子员。第二年,随幼庐叔进京,入国子监读书。此时,正值新旧学交替之际,洋务运动后创办的"同文馆"声誉日隆,馆内集中了一批要求变法、革新图强的有识之士。杭慕名考入同文馆,攻读历算与法文。① 从此,为了心中神圣的目标和理想,杭辛斋把自己和中华民族的命运,紧紧地联系在一起。

一、奉旨进宫 "言满天下"

1895 年,日本逼签《马关条约》的消息传到北京,朝野震惊。康有为发动在京应试的 1300 名举人,联名上书光绪帝,痛陈民族危亡大义,北京城风起云涌。杭辛斋目睹列强侵略和清王朝日益腐败的现实,满怀报国之志,积极参与了维新变法运动。他痛笔疾书,上陈光绪帝,呼吁加快变法,指出清政府"政以贿成、日即腐败"的病根所在。杭的主张,得到光绪帝的赏识,曾先后两次密旨召见,并授他为内阁中书,面谕京机章京行走。② 光绪的器重,并没有让杭辛斋感到满足。他不想做官,也不愿做官。他唯一的抱负,是为这个日益衰落的国家,做一点实实在在的事情。光绪见他无意为官,心中更为尊崇,转赠"言满天下"象牙章一枚。

这一日,正是戊戌政变、六君子喋血菜市口的前十天。北京城内,风声鹤唳。以慈禧为首的顽固派,正磨刀霍霍,京城充满一片杀机。许多维新派人士唯恐避之不及,而杭辛斋大胆面见光绪,陈述自己的变法主张,这需要极大的胆识和勇气! 光绪也许预见到这次变法希望已经十分渺茫,赠杭"言满天下"四字,或是寄托了他的某种希望,希望这位著名报人,在国运危难之际,能担起重任,继续鼓吹变法。

此时的杭辛斋,正在天津与同乡王修植、严复等人合办《国闻报》。《国闻报》是清末维新派办的一张报纸,并以连载严复的《天演论》而名闻天下。严复曾在为杭辛斋所撰的《学易笔谈二集序》中说道:"在光绪丙申、丁酉间,创《国闻报》于天津,实为华人独立新闻事业之初祖。余与夏君穗卿主旬刊,而王菀生太史与君(笔者注:"君"指杭辛斋)作日报"。从中可见杭辛斋在《国闻报》中担当的职责。

《国闻报》是我国民间自办的第一张报纸,与上海梁启超主笔的《时务报》,被人称为"占有南北舆论界的领导地位"。变法失败,慈禧等守旧派上台后,便迫不及待地逮捕、镇压与变法有关的维新党人。他们于八月初九日,将谭嗣同、康广仁、杨深秀等六君子关押于刑部监狱,随后又未经审讯残杀于菜市口。在全国舆论万马齐喑之际,《国闻报》却不顾巨大的压力,在十二日刊登了一则来自京师的消息,标题为《视死如归》:

> 有西人自北京来,传述初六、七日中国朝局既变,即有某国驻京公使署中人,前往康氏弟子谭嗣同处,以外国使馆可以设法保护之说讽之。谭嗣同说:丈夫不作事则已,作事则磊磊落落,一死亦何足惜;且外国变法未有不流血者,中国以变法流血者,谓自谭嗣同始……

面对凶险的形势,在报界同仁人人自危之下,《国闻报》敢为天下先。第一家站出来,以《视死如归》为题,报道六君子被杀的消息,还赞扬维新人士"视死如归"。这不仅是对维新派受到残酷镇压表达的愤怒,而且也是不畏强权、对慈禧等顽固派的一种蔑视。《国闻报》敢作敢为,替谭嗣同等维新派人士张目,为他们主张变法、视死如归的精神,作出了最好的诠释,也尽到了一家新闻媒体的职责,为再现历史的真实,留下了重要的一笔。

二、主笔《中华报》 因言获罪

20世纪初的北京城,有一份影响较大的报纸,名谓《京话日报》。因为它面向大众,语言通俗,关心人民疾苦,为广大民众所喜欢。《大公报》创始人英敛之曾说:"北京报界之享大名者,要推《京话日报》为第一。时整个中国北方,东到奉黑、西及陕甘,凡言维新爱国者莫不响应传授,而都下商家百姓,《京话日报》则人手一纸",甚至连西太后和光绪帝,也传旨内侍,指定每天必看。在这份报纸的创刊号上,曾有这样的告白:"本报发起人为长洲彭诒孙翼仲、海宁杭慎修辛斋。"③可见,《京话日报》是由彭翼仲和杭辛斋合办。

《京话日报》的办报方针,主要是开民智。第一是白话,"通篇概用京话,以浅显之笔,述朴实之理,记紧要之事"。第二是爱国,该报发动"庚子赔款"由四亿同胞一次还清的认捐运动,为国分忧,得到了社会的广泛响应。第三是敢言,"京城各界,为洋人之威力所慑,上自政府,下及劳动,无一人敢撄其锋,而该报却不畏强御一鸣惊人"。

《京话日报》曾撰文披露德国士兵街头鞭打人力车夫事件,引起市民对德兵的广泛谴责,最后迫于压力,德国公使不仅认错,而且还惩处了相关人员。这在清末的社会中,是绝无仅有的事。

1905年8月20日,《京话日报》在《本京新闻》栏目中,刊文揭露了发生在王府的一件骇人听闻的事:该王府的王爷将一名小妾,活埋在王府的后院。后经调查,弄清是管家长九所为。长九势力很大,平日飞扬跋扈。《京话日报》不惧威权,对此进行了连续报道。长九纠集了社会黑势力,先是恐吓,继而利诱,报馆不为所动。最终,逼得长九只好畏罪潜逃。

所有这些事例报道的成功,当然和杭辛斋的直接参与有关。他事必躬亲,尽职尽力,做的每一件事,都秉持着一个新闻工作者的良知。这一年,经程家柽介绍,杭辛斋加入了中国同盟会。他以一个革命党人的秘密身份,正在从事自己为之奋斗的理想与事业。

如果说《京话日报》办得如此有声有色,是彭、杭联手之力,那么,杭辛斋主笔《中华报》后,为他放开手脚,利用报纸,剖析社会,揭露清政府腐败,提供了更为广阔的天地。

1904年,《中华报》在京创刊,杭辛斋担任主笔。著名学者梁漱溟曾回忆道:《中华报》是"启官智",它是面向社会上层知识分子的一份报纸。《中华报》刊登的文稿,往往与国家、民族、民生密切相关。面对国家、民族危机,还时时不忘呼唤国人惊醒。在《中华报》的发刊词中,曾这样说:中国虽有悠久历史、锦绣河山,但已被称为"东亚病夫","当此危局,我政府却谨慎秘密,无论外族有若何之要求,若何之逼迫,皆隐忍之而不宣布"。其忧国忧民之情跃然纸上。《中华报》还揭露各级官员的劣迹:"如为官之人,不以国事为重,取媚乎外;政风腐败,官员纷纷不作为;无德无才者竟能为官"等等,把矛头直接指向了当权者。当然,《中华报》大胆敢言,也把自己推到了风口浪尖上。最后,终因一篇涉及保皇党阴谋刺杀慈禧的案件,而遭到查封。

事情的导火索,是一篇名为《保皇党之结果》的文章所致。1906年6月,警方在北京逮捕了保皇党吴道明和范履祥,后解送到北洋营务处。经直隶总督袁世凯亲自审讯后,被秘密处决。关于此事,京津一带,传言纷纷。作为主笔的杭辛斋,曾派员前往天津,用了五天时间,进行调查,并核实了死者的口供,及"暧昧处死之情形"。在掌握了大量的事实后,决定予以披露。

"以言获罪",在中国的历史上并不鲜见。在发表这篇稿件前,《中华报》已经预见到这种风险。但杭辛斋却认为,作为一介新闻媒体,应该凭事实和良知说话。另一方面,此事还关系到清政府假立宪的阴谋。在此以前,清廷已宣布立宪,诏令中对于司法独立等细节,都已有宣示。然而,此案却秘密审判,然后私下处决,不仅程序违法,也暴露了清政府言行不一的假面目。这才是《中华报》披露此事的真正目的。

《中华报》的"出格",早让清政府恼羞成怒,只是一直没有机会收拾而已。警部获悉后,立即上报朝廷,以"妄论朝政、捏造谣言、附合匪党、肆为论说"的莫须有罪名,将杭辛斋等下狱治罪。8月11日,杭辛斋与友人望桂臣等,正在正阳楼喝酒。席间,报馆有人"踉跄奔入",说:"祸将不测,速速藏避,万不可回报馆。"这时,有人提醒杭辛斋:"《保皇党之结果》发作矣。"可见,此事早在预料之中。事发后,在有人通风报信的情况下,杭辛斋为何没有躲避,仍坦然自若,历史未作记载。但有一点是可以肯定的,当年谭嗣同之辈那种视死如归的精神,在杭辛斋的脑海中,早留下深刻的印象。到了9月12日,京师警察厅即行逮捕,报馆随之被封。

杭等入狱后,舆论大哗。各国公使和上海各领事从中斡旋,加之社会的压力,杭辛斋才得以不死出狱。

据记载,出狱后的杭辛斋,曾在袁世凯手下做过幕僚,但仅一星期而已,终因政见不合,袁又将杭"递籍禁锢"发落。

三、参加革命　不遗余力

如果说在维新变法过程中,杭辛斋在政治上的主张是变法和立宪,提出的是"唯君主立宪"为政治理想。那么通过《中华报》涉案这件事,使他更加清醒地认识到,清王朝已经到了不可救药的地步。自己空怀报国理想,最后落个"递解出京,回籍禁锢"的下场,这对杭辛斋的内心世界,引起了强烈的震撼。

"才觉池塘春草梦,阶前梧叶已秋声。"回想当初面见光绪,是何等踌躇满志,岂料戊戌变法,惨遭失败;"庚子之乱"后,自己曾变卖所有,与北方诸豪侠图谋劫持光绪南迁,结果事败未成。落难后携妻儿避迹山东,行医度日,生活艰难,不可言状;继而妻子了却尘世,国破家亡……种种遭遇,使杭辛斋对君主立宪的政治主张早已心灰意冷,然而,南方的革命浪潮,正此起彼伏,却又在时时召唤着他。倘能脱离北方沉闷的政治环境,投身于孙中山领导的革命事业,又何尝不是一件快事。况且,此时的杭辛斋,已加入了孙中山领导的中国同盟会,成为了革命党的一员。

杭辛斋以戴罪之身,回到海宁,州牧郭文翘知是朝廷钦犯,岂敢大意,即行收监。地方绅士闻讯,纷纷出面相救。其时,正在苏州执教的王国维,回乡休假,听到消息,义不容辞;与许行彬等一起,研究救人良策。此时有人提议,是否在"递籍禁锢"上做些文章,此举得到大家的赞同。于时,众人拿出《后汉书》,与州牧论理:说"禁锢"一词,意即往后不能为官,并非监禁!④ 一帮年轻人,血气方刚,知无不言,急人所难;尽管最后未能如愿以偿,但这种精神,仍令世人和杭辛斋感慨不已。

时值农工商部广罗人才,兴办实业。杭辛斋在京津时,曾参与办过辽东富华公司和北京织布厂等实业,于是众人又上书州牧,希望能利用杭的经商之才,为地方服务,此举获得海宁州的认可。外加浙江巡抚增韫,早就仰慕杭辛斋的才能,力奏朝廷,请旨襄办实业,得到批准。约一年后,杭终获释放。

杭辛斋获释后,因祖上无产,只能客居于长安镇小桥张宅。张、杭两家是世交。落难之际的杭辛斋,只能暂且栖身,另作打算。不久,浙抚增韫委任杭为农工研究会长、浙江农会正会长。杭才得以在省垣安身。杭公务繁忙,仍不忘乡里,奔走于杭州与海宁之间,参与地方上的社会活动。

在杭州时,杭辛斋仍不忘办报的本行,继续鼓吹革命,为民请命。他先后办了《农工杂志》《浙江白话新报》。据杭氏后人杭肇峰记述:有一年冬天,杭州闹饥荒,难民因抢米被官府所抓。有人向浙抚增韫提议,非杀几人,以儆效尤。而增韫首鼠两端,只说"等阅明日各报披露情况再议"。第二天,大部分报纸回避此事,只有《浙江白话新报》直言无忌:"饥民嗷嗷待哺,不得一口之苦状,政府要关心。"迫于舆论压力,此事最后未开杀戒了之。

杭辛斋加入中国同盟会后,身体力行,积极投身革命。杭州起义前夕,他常与陈其美等革命党人,聚会密商,筹划发动起义大事。一次,黄克强(即黄兴)到杭州,在杭寓所策划,不料被巡抚增韫探知,意欲抓捕,亏有线人及时通报,才得以脱身。

1911年11月4日晚,在革命党的领导下,浙江新军宣布起义。新军八十二标标统周承菼率部从南星桥向城区进发,八十一标从笕桥向杭城挺进。据褚辅成所撰《浙江辛亥革命纪实》一文记载:"迨午夜一时,陆军等八十二标由吴思豫、顾乃斌协助,周承菼率陆军、蒋中正率敢死队进城,直扑抚署驻军。同时陈占芬所持炸弹,掷中抚台上房,顿时着火延烧,敢死队冲入抚署,大门卫队略事抵抗,旋即降服,巡抚增韫及眷属皆被擒。"抚署衙门即刻攻下。至11月5日凌晨,除驻守湖滨的旗营外,全城宣告光复。

此时,旗营将军德济,尚有数千士兵,装备精良,凭借营内城墙,企图负隅顽抗。义军几次派人前往劝降无效,并遭枪击,打死送信之人。即刻,义军在城隍山架起大炮,试图逼旗兵就范。战事一触即发。杭辛斋得到消息,焦急万分,自请入营安抚。他以文弱之躯,冒枪林弹雨,只身进营,晓以大义;也凭两次面见光绪的资历,终于获得旗营官兵的信赖,平息了战火,避免了生灵涂炭。

谁知到第二天,事情又有反复。据《安乐老人随笔》:"杭州独立时,旗营协领贵林,始顽抗不从,继践言缴械投诚,惟尚隐匿一部分,经杭辛斋侦得,密告于先生(褚辅成)与陶成章。先生诓贵林来,面责其匿留枪械。贵林词穷不屈,先生即下令,缚于阶下杀之。"由于杭辛斋的警惕,避免了战火重起,巩固了起义后杭城的革命成果。

杭州光复后,杭辛斋受命创办《汉民日报》,该报以"尊崇人道,提倡民权,激励爱国尚武之精神,建设完全无缺乏共和政府为唯一宗旨"。经许行彬先生介绍,他还提携了邵飘萍担任该报主笔。

杭辛斋对革命的执著,深受孙中山先生的赏识。1912年10月,孙中山先生以全国铁路督办的名义到达上海;12月,杭辛斋等专程到沪,迎接中山先生赴杭。到杭州后,中山先生在杭辛斋寓所共商国是。1917年,他随中山先生南下护法,出席广州召开的国会非常会议,被举为惩裁委员长。

1921年,他在上海受孙中山委派,任宣传部长,并创办新闻学会;1922年9月、11月、12月,孙中山在上海邀请各省同志召开了三次改选国民党的会议,商讨国共合作事宜,杭辛斋每次都参加了会议;第二年,孙中山委任了21位参议,杭辛斋是其中一位;1924年国民党筹备召开第一次代表大会,他又是孙中山亲自指定的浙省三位代表中的首席代表。⑤

四、"学易"论坛　天下宗仰

杭辛斋之学问博大精深。著名政治活动家沈钧儒曾说:"五年以前识先生于政治之途,五年还从先生于问学之衢"。⑥了解杭辛斋先生,应该知道他对易学有极深的造诣。

1915年,因反对袁世凯称帝,杭辛斋再度入狱。岂知因祸得福,在狱中,他遇到了一位易学大师,这对他今后从事易学研究影响很大。袁克定曾这样记载:

> 当丈之入狱也,忽见壁上题某月日杭辛斋当来此,诧之,犹以为知者所戏书耳。诘其人,则河南寇"白狼"之记室某也。⑦一位须眉皆白的老人,早就易卜,在壁上写道,某年某月杭辛斋一定会来,杭看后大吃一惊。那位老人还告诉他:"吾道有传人矣,然后以易学授之。"

于是,杭在狱专心研究易学,直到第二年袁世凯死后出狱。

杭辛斋是否真遇到了"白狼",然后得其易学真传已经并不重要;重要的是他对易学的再研究,并成为研究的集大成者,这是无可非议的。一直以来,易学给人的感觉是深奥难懂,而杭辛斋却把这些艰深的道理讲得形象实用。他在《学易笔谈》中的"亨祀"篇里这样说:"易之言'祭祀''亨祀'均含有二义,一为祭神祀鬼,此祭之本义也;一为人群之集会,以谋一群公共之事"。他说"祭祀、亨祀",不仅是祭神祀鬼,其实又是一种集会,不过借此名而行他实。

然后又说到"后与专制政治,普通人民更不容有公然会之事,幸有此祭祀成例,可援得籍事。上以神道愚民,民以神道自卫,……名乡社、各业与侨民会馆,无不以'祭祀'为集合群众之介,犹足以觇易之遗意焉"。把群众的集会、起事与易学结合起来。还说神道愚民,而民又用神道自卫,诙谐幽默,确实颇有新意。

在《十字架》一文中,他又这样写道:"泰西之十字架,相传以为耶稣代众人受刑,钉死于十字架上,故尊奉之,以为耶稣流血之纪念。此宗教家符会之说不足信也。其实,十字架乃交线也"。把十字架与数学几何联系起来;然后,又和我国的太极图四象生八卦,变化无穷相联系,以两者是"天然之配偶也",再推断"中西之学融会贯通之"。读这样的文章,真是人生乐事。在《学易笔谈》里,像这样的文字随处可见。严复看了《学易笔谈》,说自己"冬寒多病,拥炉摊书,阅未终卷,惬理餍心,神为之旺"。[8]

其实,杭辛斋对易学的造诣远不至此,囿于篇幅,在此不作赘述。杭辛斋曾组织《周易》学术研究会,名研几学社,在学社担任主讲。并撰写《周易》讲义六卷,另刊《杭氏易学七种》,被后人称为研究易学的重要典籍。

杭辛斋说自己是在议政之暇,研习易学的,并说"搜集易著为生平第一快事"。他原打算在有生之年遍寻易著,可惜英年早逝,不能实现他的理想,这也是易学界的一大损失。

五、光明磊落　淡泊人生

杭辛斋一世清贫,不重名利。杭州光复后,在考虑军政府领导人选时,曾有人提议,请他担任民政长(即后来的省长)[9],他坚持不就,还是愿意去办他的报。

他曾对家人说,这辈子"不置田产、不建屋舍"。当年"递籍禁锢",回海宁后,寓居他所,许多人不理解,他只是淡淡地一笑置之,说道:"财多产多,子孙祸多"。他一生走南闯北,做过的事不少,而且都是大事,所挣的钱都光明磊落。

1912年,杭辛斋当选为首届众议员赴京,从政之暇,又在天津办了《民声报》。1915年,适逢袁世凯图谋称帝。袁世凯有求于杭辛斋的人品和影响,想依赖他支持恢复帝制。先是承诺让他担任其内阁成员,杭不为所动;继而又以十万银元相诱,又遭回绝;最后,袁一掷千金,答应在北京大耳胡同,送一套豪宅,又被杭严词拒绝[⑩]。杭辛斋先生的骨气在此可见一斑。他要的不是高官厚禄,而是一个知识分子的独立人格和良知!

杭辛斋与袁世凯的交往并非一日。当初在天津与王修植办《国闻报》时就常有接触;小站练兵的袁世凯,每逢周末到津,总要与报馆的同仁相聚。据严复在为杭辛斋《学易笔谈集序》中写道:"时袁项城甫练兵于小站,值来复之先一日必至津,至必诣苑生(即王修植)为长夜谈。斗室纵横,放言狂论,靡所羁约。时君谓项城:'他日必做皇帝'。项城言:'我做皇帝必首杀你'。相与鼓掌笑乐。不料易世而后,预言之尽成实录也。"后人说杭辛斋在20年前,就算到了袁世凯必行复辟,那是言过其实;袁在小站时,官职仅一道台而已,不像后来那样炙手可热。只不过袁、杭相熟不拘礼节,海阔天空,指点江山,玩笑而已;但通过多年的接触,杭辛斋深知袁世凯的为人,喜欢玩弄权术,有极强的权力欲罢了,岂料20年后一语成谶。

1915年,杭辛斋在天津办《民声报》,对袁世凯的倒行逆施大张挞伐。最后,终于激怒了袁,又一次被捕入狱。那是1915年7月的事。杭辛斋早就料到会有这么一天,面对虎狼恶吏,坦然而曰:"帝孽复兴,诚民国之不幸!"他早把生死置之度外。

在袁世凯的眼里,果真容不下外表那样文弱、那样书生气的杭辛斋吗?其实不然。袁世凯一直仰慕杭辛斋。我们可以从杭辛斋入狱后,袁对他的态度中看出。据袁克文《三十年闻见行录》记载:"辛丈乃以癸丑之变列名党籍,陷于缧绁,几罹辟刑。丈之被逮也,非先公意,细人要功,遂捕以献。先公不忍置故人于死,将释丈狱,左右言丈谋略胜人,恐有不利,纵不加戮,亦不可纵。先公信之,乃縶丈于别室焉。"杭辛斋再陷于狱,是否有人告密或诬陷暂且不论,仅从上述的文字中,至少可以看出,袁世凯对杭的态度,可以说是又爱又恨;爱的是他的才干,恨的是他软硬不吃。

杭辛斋先生,三十年来为了民族之大义,殚精竭虑,毕生为之奉献的精神,令人钦佩不已。他曾在《和许行彬狱中原韵》一诗中写道:

> 鸟飞谁复辨雌雄,
> 云自西流水自东。
> 挟策无心偏贾祸,
> 济时有愿竟成空。
> 昂头向出云霄上,
> 失足难逃缧绁中。
> 屡踬何妨仍屡起,
> 可怜不倒已称翁。

这是杭辛斋对自己十分了解的同盟会战友许行彬三次入狱的有感而发,在联系自己两度身陷囹圄,他发出这样的感慨:

> 我也曾为狱底囚,
> 舍身救国更何尤。
> 恃才傲物天原妒,
> 射影含沙鬼亦愁。

为了民族大义、国家利益和人民的福祉,杭辛斋舍生忘死的革命精神,在此已经有了最好的答案。

> 忆昔风波悲化石,
> 只今罗网偏清流。
> 劝君莫洒伤时泪,
> 且作春明汗漫游。

对于个人的遭遇和不幸,他又是那样的轻描淡写和不以为然。乐观向上的革命意志,让人印象深刻。

正当杭辛斋秉承中山先生的意志,在上海积极组织国会议员参加护法斗争的关键时刻,1924年1月24日,终因积劳成疾,在沪与世长辞。终年55岁。

杭辛斋国学扎实,生前著有《一苇草堂日记》及《笔记》十余卷,内容系考订经史之学及朝章国故。可惜他一生颠簸,大部分著作已无处寻觅。

杭辛斋骤然去世,令人扼腕叹息。在沪民国元老张继、钮永建、周震麟、田桐等即给孙中山去电:"广州大元帅钧鉴:本党参议浙江代表众议员杭辛斋同志,於敬日在申病故,伏念杭君为党牺牲,主持正义,三十年奋斗,两入图圄;去年北京贿选,首先南下,倡议讨贼,忧愤日深,以致心力交瘁,志成陨谢。"

"杭君生平,砥砺节操,谋不及私,是以身后萧条,继等目击心伤。……特仰恳大元帅府,念杭辛斋体国公忠,积劳病故,优予矜恤,以慰英魂。"

国民党元老于佑任对杭辛斋一生,给予极高的评价:"昔主论坛,天下宗仰。苟革文言,学人是仿。老作议郎,不同厮养。指导群伦,是真民党。道高一尺,魔高一丈。血战半生,无时肯放……"

杭辛斋一生甘于清贫,去世后留下三子一女,身后无甚积蓄,故旧好友尽力相助。时任浙江省长的张载阳特拨款1000元,以示优恤。

国民党中央决定,在杭州西湖之滨山清水秀处择地公葬,后因家属坚持,在杭辛斋的故乡、浙江省海宁长安镇觉皇寺东北建墓,以供后人凭吊。

杭去世后,灵榇暂厝于上海闸北海昌公所。直到1928年1月6日,由其侄杭劲夫呈请军事厅函,路局派专车运回海宁原籍安葬。安放着杭辛斋灵榇的专列,缓缓驶离上海北站。共和革命的先驱,故乡人民的骄傲——杭辛斋先生,终于又回到了生他养他的这一方土地。

是日,长安镇万人空巷,人们扶老携幼走出家门……

"一方手帕哀思难托,两行热泪如珠洒落。"人们多想再看一眼这位被称作"革命先驱、护法中坚"的伟大革命战士呀!

注释:
①《海宁市志》,汉语大辞典出版社1995年版。
②⑨⑩张一鸣:《海宁先生事略》。
③彭望苏:《清末的〈中华报〉》。
④庄润秋:《许行彬事略》。
⑤沈炳忠主编,赵福莲总撰稿:《影响中国的海宁人》,浙江人民出版社2008年版。
⑥杭辛斋:《像赞》。
⑦袁克文:《三十年闻见行录》。
⑧严复:《〈学易笔谈二集〉序》。

许行彬与辛亥革命

许晋臣

今年是辛亥革命一百周年,作为辛亥革命志士、海宁乡贤许行彬先生的后人,抚今追昔,感慨万千。虽然事隔久远,但先祖父坚决慷慨献身革命、光明磊落、淡泊名利的精神,至今仍为晚辈后代视作精神财富。谨追忆许行彬先生民主革命生涯的片断和造福乡里的往事,以纪念辛亥革命一百周年。

许行彬,本市周王庙镇人,生于1874年(清同治十三年),逝于1953年。性格刚正耿直,少年即胸怀大志,立志救国,追求真理,倾向维新,为地方事抱不平与海宁知州激辩于州衙,被清朝政府视为思想异端,被州府革去生员(秀才)功名。后于1897年入杭州求是书院(浙大前身)求学。在学期间,接触到大量的西方进步学说,受到孙中山、章太炎等传播的反清革命思想的巨大影响,完成了价值观、人生观的蜕变和精神涅槃,从体制内的思想异见者转而成为服膺民主革命思想的民主革命斗士。许行彬1902年开始从事新闻工作,是浙江新闻事业的开创者之一。20年间,他先后在杭主笔《浙江白话新报》《西湖报》《省钟报》《良言报》,同时,经孙冀中、杭辛斋等介绍结识了陶成章、徐锡麟等革命领袖人物,后为革命事数度会晤孙中山、黄兴等民主革命领袖。1904年,以蔡元培为首创立光复会,许行彬即随陶、徐、杭等人加入光复会,后二会合并后转为同盟会早期会员。一面追随陶成章、杭辛斋、陈英士等在江浙一带从事反清秘密活动;另一面以报人身份煽动舆论,鼓吹民主革命思想,以期唤醒民众,推翻帝制。

黄花岗起义失败后,为蓄积革命力量,同盟会领袖黄兴到上海与宋教仁一起组建同盟会中部总会,随即至杭州与浙江同志联络起义事,被浙江巡抚衙门侦觉,追捕至联络点(杭州白话新报馆),经杭辛斋、许行彬奋力掩护周旋脱险。

辛亥革命前夕,许行彬奉命策反驻浙江新军举事,被浙江巡抚增韫侦知,遭逮捕,令受地正法。后幸得组织营救,疏通杭州巡警道私放出逃。

作为民主革命者,许行彬自加入光复会、同盟会,几经出生入死,置身家性命于不顾,忠诚追随孙中山先生,积极从事民主革命活动,为推翻帝制,建立共和奋力拼搏,虽不及秋瑾、徐锡麟那样轰轰烈烈,但革命活动有史可鉴,历史功绩口碑乡里。

1914年袁世凯窃国称帝,许行彬响应孙中山号召"反袁护国"。除在报刊上揭露袁的窃国丑行外,又联络浙省众议员要求省督朱瑞宣布"反袁独立",岂料被朱瑞出卖。朱奉袁令将许行彬等人逮捕,直到朱瑞下野始获释。其后由于许行彬始终坚持反军阀割据立场,经常揭露、抨击军阀统治,遭各系军阀之忌恨因此累遭陷害,四度被捕入狱,经章太炎等营救,借助新闻舆论的压力,屡捕屡释,历尽艰险,终无悔意。

作为浙江新闻界的前辈,许行彬注意提携后人,为同盟会、国民党发展寻觅识拔许多青年才俊,如著名报人邵飘萍就是由许行彬向杭辛斋举荐进《汉民日报》,从而步入新闻界的。

"五四"期间,许行彬支持爱国学生运动,为之鼓吹舆论。浙师学潮中应学生联名求助,许行彬二次致信省教育厅长表示支持学生爱国运动,反对军阀政府镇压学生运动。其所致省教育厅长的信函列入浙江师范大学校史档案中。

1926年,为接应国民革命军北伐,许行彬策动浙江当局夏超倒戈,编为国民革命军十八军,后因机事不密被军阀孙传芳察觉,突袭夏部,夏遭杀,许不得不潜逃外地。

大革命失败后,忘年好友如沈定一、宣中华相继遇害。1934

年,新闻界同仁史量才被暗杀于沪杭公路海宁段。自此,许行彬既深感其时政治的险恶不测,离自己理想之遥远,又面对新闻舆论业所处的风口浪尖,加之年事已高,遂辞去一应职务,回乡养老。

他对家乡的回报、贡献诸多,如募捐赈灾、修缮海塘、兴办学校、扶持农桑、振兴农业等等,且运用自己与沪杭铁路筹股发起人、浙商会长汤寿潜的交谊与影响,与徐骝良等合力影响沪杭铁路线路走向,使沪杭铁路成功入境海宁,为海宁的经济持续长期发展打下了扎实基础,至今仍发挥着重要作用。这位有功于历史、有益于乡里的民主革命者其人其事,早已深入人心,流于口碑。且相信终将流芳于后世,戴誉于乡史地志。

就许行彬先生而言,综其大半生,可谓出生入死,饱经忧患,但又是壮怀激烈、奋斗拼搏救中国的大半生。他们这一代革命者绝大多数怀抱拯救国家、民族之理想,舍身捐家,愤而革命,义无反顾。这是一群理想主义者,是唤醒民众的先觉精英。其革命精神义薄云天,彪炳历史。由于历史时代的原因,当然,也有其认识的局限,例如当时有一种舆论:革命军兴革命党亡,且为多数同盟会会员所接受,许行彬也深受影响。因此,辛亥革命后,许行彬就成了一名无党派人士,虽然在思想上、政治上仍支持孙中山、国民党。其后,许行彬尽管置身局外,但仍关心社会时局,仍秉持着以往的正直、耿介精神,一如师长、老友章太炎在唱和诗中对许的评价:山河满目话从前,卷地风云起九连。南海几曾虞北海,苍天终恐启黄天。羊头赐爵功何在,鼠穴驰车后奕颠。莫道桃源无甲子,笑渠束帛杠笺笺。又诗云:自有乌巢定功罪,休将马磨鉴人伦。又如陈布雷诗:龙蛇起大泽,世变何纷纭,威武不可屈,直笔扫千军。觉民不倦常宣铎,嫉恶如仇等去疣。森森傲骨本天然,历尽艰危志更坚。外交家顾维钧有诗:漫说王前与士前,同盟队里好流连,卅年酉铎频警蛰,几度娲皇欲补天。更有诗:同盟结社忆从前,毛瑟毛稚指臂连。唤醒民魂功在国,推翻帝制手回天。又有诗:猛进如潮记得无,中山翰墨岂虚无。由来志士闻鸡舞,自古英豪伴狗屠。也如他自己为史量才撰写的墓志铭中所说:大丈夫宁为玉碎毋为瓦全,此明于死生之道之说也。自古迄今,枉其道而老死牖下者不足惜,直其道而猝死悲名者不可忘。此碑文其实也是许行彬先生自明志向、一生追求的确切写照。作为辛亥革命亲历者,浙江新闻业的开创先辈,许行彬留给后辈的不仅是百年前参加辛亥革命的光荣业绩,还是他作为那个时代的先进知识分子的忧患意识、批判精神和不屈意志构成的表里如一的独立人格。

零落成泥碾作尘,只有香如故!值此辛亥革命一百周年、许行彬先生亡故近六十年的今天,新时代对过去历史有了更为全面深刻的认识与评价。重温中山先生影响深远、激励后人的"猛进如潮"和"世界潮流浩浩荡荡,顺之者昌,逆之者亡"的伟大题词,使人感慨万千!这是海宁地方荣存千古的历史遗产和精神财富。一如钱学森之父钱家治当年的贺词"满江红"中赞颂中山先生与许行彬革命交往之事:"燕处超然风骨砺,欧盟存在幽情寄。倚湖楼,秋夜一尊开,鱼龙起。"从小处说,也体现了许行彬先生与革命领袖的情谊之深。这是先祖父留给后辈子孙弥足珍贵的精神遗产。

这次有幸被邀参加海宁市纪念辛亥革命一百周年座谈会,足见海宁党政领导的重视,各方人士的热心,深感故乡父老、乡亲对许行彬先生的敬重;也印证了任何人只要对历史有所贡献,对家乡有所回报,其历史功过是不会湮灭的。

我和革命老人费哲民的忘年交

卜兆丰

革命老人费哲民先生(1893～1978)的名字和简历,被选录在《中国近现代名人大辞典》及《中国革命和建设史辞典》中。他经历了晚清、民国和中华人民共和国三个历史发展阶段。他参加过五四运动与新文化运动。在民主主义革命时期,他奉孙中山先生之命,到日本整顿国民党东京支部。时遇东京大地震,他又投入救灾,为中日友好献一份力量。"五卅惨案"时,他率中华留日学生南方代表团,归国声援民众的反帝斗争。《北伐宣言》时,他主办《建设公报》,支持北伐战争。抗日战争时期,他投笔从戎,奔赴前线,以身报国。解放战争时期,他签名反对内战,毅然脱离国民党。新中国成立后,他悉心投入教育事业,被誉为"红色老人""红色教授"。"文化大革命"中,他蒙受不白之冤。他的一生,历尽坎坷,从一个受无政府主义思潮吸引的青年,到革命的民主主义者,而信仰共产主义。他一生关心国事,追求真理,炽热的爱国主义和坚定的革命精神,值得后人敬重与学习。

我和革命老人费哲民先生及其家属相识相知,有一段难以忘却的情缘。

相识正是困难岁月。1959年冬,国民经济已陷入严重困难,主副食品凭票证供应,很多人由于营养不良患上了浮肿病、肝炎。费老的小女儿费民鸣是我在大连读书时的大学同学,在我回沪探亲时,受她委托捎带一些大连的特产苹果和海产品给费老。第一次见面,我感到费老个子不高,目光深邃,清癯慈祥,待人谦和。他思路敏捷,又十分健谈,彼此之间的生疏一下消除了。交谈中,得知费老原在大连海运学院(现为大连海事大学)任教授,现已退职返沪住在大女儿处。费老的夫人林振声(历史上有名的抗英焚烟英雄林则徐第五代孙女)一起叙谈良久。

时隔不几天,费老来到我在上海的父母居住地,委托我将一些凭票证供应的糕点捎带给远在大连的女儿。费老一家尊老爱幼舐犊情深,使我深受感动。当他谈及旧中国中华民族备受凌辱,濒临灭亡的边缘,是无数革命先辈追求真理,献身洒血,以振兴中华为己任,艰苦奋斗,才走向国家统一、人民富强的历史时,他热血沸腾,慨慷激昂,完全不像一个67岁的老人,似乎还是当年27岁血气方刚的青年,给我留下极其深刻的印象。

1966年"文化大革命"开始不久,我回沪探亲再次在平江路见到费老。费老就在上海居住地枫林桥街道参加学习。他告诉我:孙中山先生创建了同盟会,进行辛亥革命,而红卫兵却污蔑同盟会就是反动会道门。为此他气愤不已。他告诉我:同盟会是革命先驱孙中山先生在1905年发起成立的革命组织,在推翻满清帝制、光复中华中起到重要作用,绝非反动会道门。这是某些红卫兵无知的表现。费老又介绍了当年他参与辛亥革命的艰苦经历,使我经受了一次深刻的爱国主义教育,对革命老人更加敬佩,当年聆听教诲,至今记忆犹新。

1978年12月3日,费哲民先生因突发冠心病,心力衰竭,抢救无效,含冤去世,享年86岁。12月8日在上海龙华殡仪馆举行追悼会,我前往吊唁,那令人唏嘘的场面历历在目。

费老生前留有憾事一桩。他原在大连海运学院任教,1958年,由于校方执行"左"的错误路线,他被错误列入"退职"行列,虽经多次据理申诉,无果而终。而他贫困交加,生活主要依靠三个女儿供养。1976年粉碎"四人帮"后,迫切希望纠正错案,由于年迈(84岁)多病,苦于无人前往大连办理申诉(那时他的小女儿费民鸣已从大连调回合肥工作),逝世前也未能落实政策。

1978年末,我被辽宁省人民政府派驻上海办事处工作,有机会经常往返于上海、辽宁之间,了解到费老生前蒙冤经过。1979年,我趁多次回辽宁省办理公务机会,数次到大连海运学院找党委书记李景天、院长朱杰以及我的同学(在该院工作),从中斡旋。经院党委研究:一、同意费哲民同志由退职改为退休;二、退职至退休期间生活困难问题,一次性发给生活补助解决;三、退休后的医药费及丧葬费用按规定办理;四、档案中有关错案材料,均按上级规定销毁。1979年7月,大连海运学院发函通知家属。费老如果有灵,九泉之下也可瞑目。

费老的遗孀林振声女士,给我印象尤为深刻。她是位博古通今的才女,戴着一副高度近视眼镜,身板硬朗,听力清楚,终日手不释卷;对人披肝沥胆,坦露心曲,从国家大事到家庭琐事,无所不谈,颇有一位慈祥的老人善待后辈的宽宏胸怀。她的寓居,从上海

1924年11月24日中国国民党留日全体党员代表在神户欢迎孙中山总理北上合影(前排左八孙中山,右四费哲民)

平江路、小木桥路、岳阳路、零陵路、长春路多次迁居,我与她先后见面畅谈不下数十次。尤其是我从辽宁派驻上海工作后,我的工作单位在南苏州路(四川路桥南侧),林老太的寓所在长春路(四川路桥北侧),相距不算太远。我空闲时常去闲聊,成了她家的忘年交常客。她告诉我有关费哲民先生参加革命的许多坎坷经历。又说抗日战争时期,1941年冬,她带着六个孩子逃难,从新安搭船到长沙,靠码头时,由于人群拥挤,6岁的五女儿民鸿不幸失足落入湘江,直到次日凌晨才将尸体捞出。谈及此事,林老太摘下眼镜,泪水已情不自禁从眼眶中溢出。

1983年12月,林老太一度病危。我去中山医院探望,她告诉我:她最惦念的是两个人,一个是在台湾的二女儿民钟,一个是在安徽合肥工作的小女儿民鸣,流露出无比的思恋之情,令人为之动容。1989年10月,林老太在上海仙逝。

革命老人费哲民先生与夫人林振声女士,身后葬于上海滨海古园公墓。作者本人岳父母也安葬在滨海古园。每次清明祭祀扫墓,忘不了给费老、林老太两位革命老人献上一束鲜花,以寄托哀思,缅怀革命先辈。

(作者系辽宁省人民政府驻上海办事处原副主任)

简讯：

嘉兴各界人士开展
纪念辛亥革命一百周年活动

嘉兴各界人士以多种形式开展纪念辛亥革命一百周年活动，彰显1911年由孙中山、黄兴、宋教仁等领导的这场资产阶级民主革命，结束封建帝制、开启民主共和新纪元的重大意义。

此前，嘉兴市人民政府在人民公园"辛亥革命烈士纪念塔"边，用大理石雕塑了"辛亥革命嘉兴七烈士"纪念浮雕墙，正面栩栩如生的七烈士：唐纪勋、陈仲权、龚宝铨、敖嘉熊、徐小波、王维忱和姚麟等形象逼真，身姿雄伟，站立在人们面前。石墙后题写："为纪念辛亥革命一百周年，谨立烈士浮雕群像一展英烈风神"，还依次雕刻七烈士生平简历，供游人念赏。

嘉兴市政协为纪念辛亥革命一百周年举行了一系列活动。2011年9月20日，辛亥革命嘉兴七烈士之一的龚宝铨故居正式开放，市政协主办龚宝铨故居揭牌仪式，召开了辛亥革命百年纪念座谈会。此外，市政协还联合民革嘉兴市委会、嘉兴市文化发展研究会、嘉兴市档案局（市地方志办公室）、嘉兴市台联共同编纂了《辛亥革命与嘉兴》一书，并于2011年10月8日下午，举行了纪念辛亥革命一百周年报告会，缅怀孙中山先生等民主革命先驱的光荣业绩和革命精神。

南湖革命纪念馆新馆于党的生日"七一"前夕举行开馆仪式，其中陈列着辛亥革命时期中国人民反帝反封建活动、抗清拒洋"保路运动"的图片，对参观人员进行爱国主义教育；嘉兴民政局在"英雄园"(烈士公墓)开办"辛亥革命图片展",展出辛亥革命时局,以及嘉兴同盟会、光复会革命党人聚集火车站举行"保路运动"的情况和孙中山来嘉兴兰溪会馆演讲时的情景;各大专院校、中等专业学校、中学纷纷举行报告会,讲述辛亥革命历史意义和民主建设的重要性,帮助年轻人了解中国历史,树立坚定的人生理想和信念。

(陈启文)

嘉兴市文史资料通讯

第六十九期

嘉兴市政协学习和文史资料委员会编　　二〇一二年三月二十二日

目　　录

戚再玉其人其事……………………………………黄国华（77）
新四军北撤时的安民布告…………………………薛家煜（82）
一个文化名人笔下的新塍抗战史
　　——郑之章的《〈无敌歌〉并序》………………薛家煜（87）
关于苏小小墓的一点信息…………………………叶　加（91）
梅里清芬祠记………………………………………梅晓民（94）
我和台湾学者苏美文的一段交往…………………梅晓民（96）
受到毛主席接见的周梦珍…………………………徐子祥（102）
怀念老干部林钧堂先生……………………………戴应如（107）
有关政协工作的回忆………………………………施有铨（111）
回忆早期桐乡县工商联……………………………胡达怡（115）
嘉兴市政建设的"普通一兵"………………………庞艺影（126）
关于征集新中国成立后文史资料的启事……………………（130）

戚再玉其人其事

黄国华

戚再玉(1905～1948)，嘉兴南门人，其父戚则周为嘉兴早年辛亥革命人物之一。1948年，蒋经国在上海领导"打老虎"时戚再玉被枪决。消息传到嘉兴，全城震惊，坊间揣测纷纷，褒贬不一。戚既不是投机奸商，更不是工商、金融界巨头，平时与蒋经国关系也不错，生前为国民革命孜孜不渝，在上海上流社会也颇有口碑。是贪污舞弊还是走露风声或其他原因，使蒋经国大为震怒，并亲自下令将戚逮捕，经军事法庭判以枪决，其内幕细节一直少为人知。戚再玉究竟何许人物，据笔者收集到的资料及后来庄一拂先生回忆，现将这段尘封的史料披露如下。

一、早年志向与投笔从戎

1905年，戚再玉出生于嘉兴南门饭箩浜西端一户颇有产业的家庭。祖父戚五丰以经营米行发迹，其父戚则周早年东笈日本与褚辅成同入东京警察学校，并在日先后参加光复会、同盟会。戚再玉幼年在褚辅成开办的南湖学堂读书，10岁时因生母病亡，父亲受到刺激，痛伤之下，遂放弃革命思想，皈依佛门，希望戚再玉长大后亦脱离政治，从事其他事业来报效国家。起初戚父在家修行，时辛亥已成功，但不少同志仍与其来往，谈论国事。戚再玉从小耳濡目染，看到父亲信佛是出于不得意，内心之痛苦在佛门亦难摆脱，在很大程度上萌发了他选择参加国民革命与从军道路的想法。

戚再玉早年曾入之江大学，由于专业与志向不同而转入广东海军军官学校,直至毕业,从此开始了他的军旅生活。

1923年至1926年,戚再玉服务于"海琛""肇和""同安"等军舰。1926年7月,广东国民政府发表"北伐宣言",继而国民革命军十万之师开始北伐,开始了第一次国内革命战争。这时戚再玉正服务于驻泊青岛之渤海舰队,闻革命军北上消息,毅然弃职南奔广州,献身国民革命,任职于革命军总司令部。大革命失败后,1929年调军政部工作。1932年"一·二八"事变,在上海的日军以保护侨民为借口,出动海军陆战队,由虹口租界向闸北中国守军发动突然进攻,驻沪十九路军奋起抵抗,戚再玉参加增援部队配合十九路军对日浴血战斗,嗣随军西撤,由真如而昆山而苏州。《淞沪协议》签订后,入交通部工作。1937年"八一三"事变,日军大举进攻上海,中国第九集团军在张治中率领下奋战抵抗,随调集6个集团军,中国军队有70万人参加会战,戚再玉在军中任后勤,备形劳瘁。至11月,上海陷敌,奉命留沪工作,在日伪区收集情报,开展工作,长达八年。以致日伪对戚再玉衔恨至深,百计拘捕。顾戚投身虽危,志不可夺之决心,机动疾徐,笃行如故,遂先后被日伪拘捕达四次之多,率累妻孥。1944年4月,轰动全沪之"戚案"尤其著者。时戚再玉欲慷慨就逮,经同志纷进忠告,才勉从众议,乔装打扮,离开上海,而戚夫人钱预华暨忍安、恕安长次二子及女佣陆年实等锒铛入狱,惨遭非刑。此外,与戚直接发生株连者被捕百余人,横遭缧绁。戚离沪后,随即在近郊参加游击,与日寇作周旋,旋奉命转赴后方工作。1945年秋,抗战胜利后,衔命返沪,历任淞沪警备司令部稽查处第一主任、沪北稽查所所长,1947年初任第六稽查大队大队长兼义稽第四大队大队长。在任期间,当时为朝野所瞩目、中外所企听的金都大戏院宪警冲突案件,一时轰动沪上,影响全国。据1947年7月28日上海《申报》报道,这场金都戏院外深夜大血案,警宪与市民死伤达16人,此案后由戚再玉决策、调查、侦缉。

另外值得一提的是1947年秋,沪上出版《上海时人志》一书,原拟为《上海名人志》,因不包括已故名人,故名"时人",列沪上名人百余人,戚再玉名列志中。1948年1月续版启,与戚再玉被枪决相隔仅九个月,志中结尾提到"先生虽军务鞅掌,仍孜孜于文化事业,若犀利体育会,若大道新闻社,若展望出版社,俱为其主持,名流嘉尚,社会钦则亦其宜也"。作为一个军人,戎马一生,其社会文化事业的参与事例被载入志书,使人出乎意料。

二、庄一拂的回忆

庄一拂(1907～2001),亦生于饭箩浜,与戚再玉从小结拜兄弟。新中国成立后,整整50年时间对戚再玉被枪决一事闭口不谈,生怕别人提起旧事。直到临终前一年,在荣军疗养院,向我及范笑我分别披露了此事,后被范笑我刊登在《秀州书局简讯》上,其内容完全一致。以下是1999年12月25日庄一拂口述戚再玉的一段史料,经笔者整理如下:

徐继庄是四个银行(按:指中央、中国、交通、农民四银行)的总管,与蒋介石闹翻。军事委员处处长郑介民,通过淞沪警备司令部处长陶一珊写一张纸条给戚再玉,让戚把徐继庄放走。稽查处名义是司令部属下,实质是军统戴笠手下。有一天,戚再玉对我谈起放走徐继庄之事,我叫他马上向老头子(指蒋介石)报告,先发制人,因为戚再玉与蒋经国私人关系不错。戚说,手里有证据,不怕。不幸的是,有一天戚再玉将皮包忘记在汽车里,连同那张纸条不翼而飞,戚当场在军事会议上被逮捕。戚被捕后,其妻钱预华通知我,我马上从杭州赶到南京找吴祥麟(嘉兴凤桥人,立法委员,留美博士,陈诚的朋友)。吴说,蒋介石已有手谕,来不及了。1948年秋天,戚被枪决。我当时在浙江通史馆,负责编纂嘉兴人物传,倘使我仍在上海,肯定与戚再玉一样。戚的死,使徐继庄逃过此劫,后来徐去了香港,并成立了一个新党。我是1946年离开上海的。当年4月底,第三方面的毛森绑架了大资本家荣德生,勒索巨款。陶一珊勾结宣铁吾演了一出双簧,从荣德生赎款中捞到大量黄金。这时,戚再玉任沪北稽查所主任,我任沪南区稽查所主任。戴笠飞机跌死后,程一鸣首先离开军统,去粤汉铁路管理局做警务处长。我感觉风云险象,曾力劝戚再玉急流勇退,但他始终恋栈不悟。我只得继程一鸣之后,毅然脱离稽查处,离开上海。

问:"戚再玉被蒋介石下令枪毙,有否连累你?"

"戴笠死后,我便离开军统回嘉兴,通过褚汉雏托其父褚辅成把我介绍到余绍宋的浙江通史馆。戚再玉枪毙,我也是从报上见到的。我曾去南京找吴祥麟议事,他说早十天,可以直接把戚押到南京陆军军事法庭,也许可免于死刑。"

又问:"徐继庄与蒋介石闹翻是为啥?"

"外界只知道是闹翻,内情只有少数人知道,要想知道的人也不敢问。知道越多,越倒霉,徐他也不会说。戚不放徐,徐肯定在劫难逃,像当年曹启明入狱判刑说是由于泄露经济机密一样。"

由此可见,戚被处决,关键是放徐;突失纸条,招杀身之祸,戚是始料不及,可见当时社会及各种派系内部矛盾把戚推到风口浪尖。更因为四银行为国家金融机构,徐与蒋闹翻,坏了蒋的大事,仅以贪污舞弊罪蒋就亲自过问,下之手谕,令人费解。

三、在禾一些掌故

十多年前,一些与戚再玉同龄老人提到戚再玉,都说他名气很大。抗战时期不见踪影,直到胜利后有几次回家,身量不高,偏瘦身材却十分英俊,身着戎装,随有扈从,碰上南门熟人总会先打招呼。

其父戚则周早年出家后,先后师从太虚大师及印光大师,1938

年圆寂于苏州报国寺,时年55岁。戚再玉得知消息自己不能前往奔丧吊唁,生怕日伪发觉,几年中未能尽孝成了他一块心病。直到抗战胜利后才露面回家把父亲的一半骨灰运回嘉兴,在南门东米棚下外分水墩上建一灵塔,取名"明道法师之塔",字为其父好友叶恭绰在戚则周圆寂当年所题。无子孙署名落款,无建塔年月。传统建塔建坟,多为面南,此塔面朝西北,正对南湖学堂,以聊对其父早年在此学堂从事辛亥革命活动追思之意。1971年疏通长水塘时,此塔拆毁。塔所在的分水墩位于现南湖大桥北堍东侧处桥基下,也在1998年建南湖大桥时填没。

说到文化方面,庄一拂曾讲到他生前结交不少沪上文化名流,在嘉兴早年"檇李金石诗书画社",1931年秋天先后有七十余人入社,当时主要人员有王甲荣、张元济、金兆蕃、朱其石、庄一拂、高安可、许新民、戚再玉等。戚喜欢诗词,诗风颇有骨气。

说到戚再玉,南门一些老人总把他与一座桥联系在一起。1928年嘉兴开拓南自日晕桥、北至濠河段河道,称为鸳鸯新河,又称新开河。北端虽建有杨家桥,但南端阻隔了南门人去小曹王庙进香,由戚再玉在槐树头底出资建一水泥平桥,取名"莺尾桥",桥长十五余米,宽约二米半,铁管桥栏。在当年,水泥进口,代价昂贵,造价不菲。桥上镌刻桥名,不具捐款造桥人。此桥虽早已废弃,但迄今还有不少人提及。

(写于2011年5月)

新四军北撤时的安民布告

薛家煜

1945年8月15日,抗日战争胜利,全国民众扬眉吐气。然而,时局变化微妙,内战乌云密布,国共合作面临严峻考验。中国共产党为了争取和平和民主,避免内战,同国民党展开了重庆谈判,决定主动让出八个解放区。

在此期间,新四军浙东纵队根据上级指示,不断调整战略部署。先是准备配合苏浙军区,夺取南京、上海、杭州等大城市;接着又决定兵分两路,一部分坚守浙东,一部分南下会合浙南部队。1945年9月20日,中共中央华中局转发中共中央电示,命令浙东、浙西的新四军及地方党政干部北撤。9月下旬,中共浙东区党委在上虞丰惠召开紧急会议,安排北撤事宜。随后,发布了《忍痛告别浙东父老兄弟姐妹书》。

本人在整理收藏的国民政府嘉兴县长王梓良存信时,发现几封涉及新四军北撤的信件,其中《新四军安民布告》及其他抄录呈报的记载,印证了抗战胜利后,新四军北撤过程中在嘉兴的活动和引起的反响。

《新四军安民布告》是一份毛笔抄录件,用纸为一页浅黄色竖框分格、红色套印"三民主义青年团浙江支团嘉兴分团部筹备处用笺"题头的信笺,系时任嘉兴县新篁区区长戴文浩于1945年10月9日在写给王梓良的一封信中的附件。布告全文:

新四军安民布告

抗战八年多,人民痛苦深。如今已胜利,和平最要紧。
中国共产党,领袖毛泽东。一心为人民,亲自到重庆。尽量求团结,避免打内战。全国各党派,一致都赞同。浙东新四军,转战沪杭甬。坚决打敌伪,救民于水火。今日顾大局,奉命向北移。路经此地过,大家莫惊扰。本军纪律严,秋毫无侵犯。买卖讲公道,挑夫有酬劳。借物必归还,损坏照价赔。工农兵学商,人人可安心。乡镇保甲长,应各尽职守。协助抗日军,做事要热心。地方诸父老,敬请多指教。军行所至处,布告众周知。

新四军浙东纵队

司　　　　令　何克希

副　司　令　张俊生

张翼翔

政　治　委　员　谭启龙

政治部主任　张文碧

(伪关防全称)

中华民国三十四年十月

(**注**:"伪关防全称"之"伪"字,系抄录者所为,并有勾笔引释:"国民革命军陆军新编第四军浙东纵队司令部关防"的字样。抄件右侧注有"奸匪布告原文。原件用八开白报纸铅印,存职处,容来城带奉"的内容。尽管发布告时是在国共合作时期,但国民党当局的言行中称共产党及其所属的八路军、新四军等仍使用"伪""匪""奸匪"之词。)

布告以五字一句的诗歌形式而作。全文共36句180个字。读来朗朗上口,类似一首顺口溜。平民化的语调,通俗易懂。它除了把新四军的领导、性质、宗旨、去向明确宣告外,还具体强调了这支军队的严明纪律:"买卖讲公道,挑夫有酬劳。借物必归还,损坏照价赔。"革命军队"三大纪律八项注意"中行军过往时与百姓利益休戚相关的事项,一一张榜,郑重承诺。中国共产党的政治宣言通过布告的形式讲出来却如邻里间打招呼,拉家常,极其平易近人。

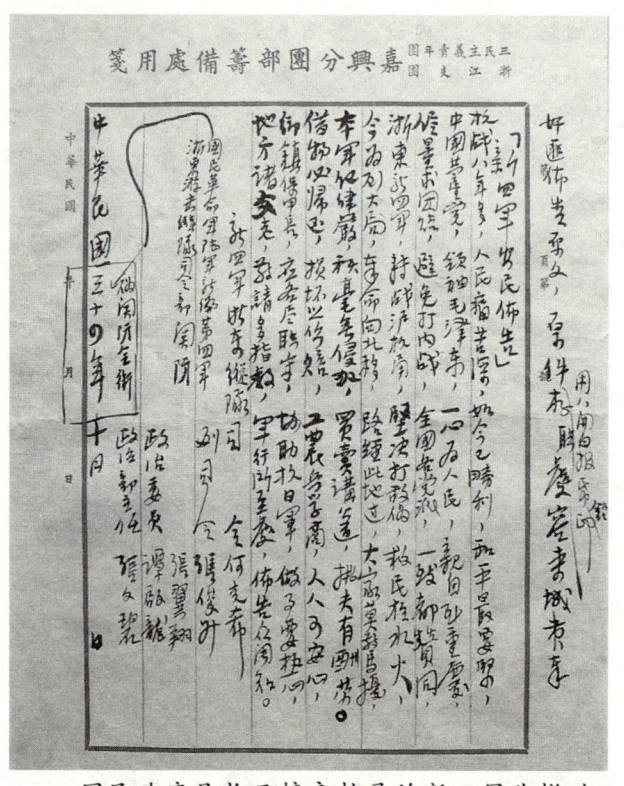

国民政府县长王梓良抄录的新四军北撤时的安民布告。尽管抄录时是在国共合作时期，但在国民党政府的文件中仍称中国共产党领导的军队"奸匪"

新四军来自于民、爱护人民的闻说，由布告的真情告白而散布传扬；子弟兵文韬武略的才能，在布告的字里行间彰显无遗，使自古认为"兵匪一家"的嘉兴乡民第一次感受到这支军队的与众不同。新四军一诺千钧，北撤途经新篁等地时，秋毫无犯。连戴文浩也在信中感叹："此次匪窜新篁镇，民并无损坏，仅被借去食米廿石而已"。

可就是这 180 个字的布告，在当时的嘉兴无异于引起了一次不小的地震。

戴文浩在 1945 年 10 月 9 日"晨"与"灯下"，分别在凤桥区所辖的新篁镇"屠乡长家"和茜柳村王宅一日连书两信，将"匪情"急报县长。视"匪"为洪水，惊恐万状之态，可见一斑。其一，通报新四军行踪："此次奸匪流窜新篁后，经净相寺、栖凤埭西，直向新丰镇进犯。至前日下午五时后，又过大云（钟埭也有经过）。察其企图，恐向上海方面而去"。其二，汇报他的应对措施："为止其细股之散布，自应严密加强保甲组织，清查户口，肃清不良分子，为当务之急。焦山、丰南两乡长，职昨均面洽一切，并图积极展开与奸逆之斗争。本日拟约栖凤、樵李、庄史、新篁等乡镇长至樵李，续商防范对策"。其三，陈述他的"防匪"态度："值前匪气嚣张之时，自应严防其活动，能设法肃清最为上策；能驱逐出境为中策；能严密监视为下策；如听其逗留活动为无策"。其四，评估事态基本影响："明日双十节。禾城庆祝胜利大会当受此影响而逊色不少矣"。作为当时的一个本邑区长，面对新四军的突然出现，戴文浩奔波乡镇，实地查访布防，并揭下布告，抄录上报。其所作所为，可谓"忠于职守"。

与此同时，新篁区丰南乡（今步云丰南村一带）乡长屠聿彰在同月 12 日，专门就关于新四军动向事态，也给王梓良写了一封"匪情"通报信："昨晚在本乡附近查获奸匪一名，据供姓丁名宝山，廿五岁，在第五支队（支队长姓汪）第三炮连第二排第四班充士兵。于本月三日随同部队渡江，四日到澉浦，五日到海盐，六日到钟埭，七日下午三时到新埭，八日部队开往浦东。人数约二千余。伊于此时脱逃南来，意欲回家，适被俘获。又供司令部司令何清。同时有第三、第五、第七、第九等支队，先后抵达海北，向浦东方面活动。总数约万余名。另有第四支队尚在上虞。六支队在二龙受训。特务大队及女子政工队均在二龙。人数约四万五千等情。业将该奸匪丁宝山一名呈送驻丰十区保安第三大队第七中队部惩办矣"。

更有王梓良在复嘉兴县临时参议会正副议长"心符（张印通）、乃斌（陈乃斌）"函《吾禾自重克以来之各情陈述》一文中耿耿于怀："更所不幸者，十月间，'新四军'外围部队万许来扰。我军集中城郊及西南境，与之战于东南新篁新丰"。

但是，无论戴文浩的"尽职"，还是屠聿彰的"情报"，以及王梓良的感慨，在新四军战略转移面前，最终只能望洋兴叹。10月3日起，新四军浙东纵队党政军机关、第三支队、第四支队、第五支队、金萧支队、张俊升部，以及地方部队共计一万五千余人，分别从余姚、慈溪等地北渡杭州湾，冲破了国民党军的大举围攻。特别是4日凌晨，第五支队在海盐澉浦登陆时，遭国民党军猛烈阻击，二百余名战士壮烈牺牲。10月中旬，各路部队在青浦会合；10月下旬，陆续渡过长江，进入苏中根据地。11月上旬，部队继续北上；11月中旬，到达苏北根据地，在涟水县进行了改编。随后，部队进入山东省泰安县，完成了北撤任务。

66年前，为"防匪"而抄录的《新四军安民布告》存稿，品相完好，字迹清楚。布告的签发人何克希、张俊生、张翼翔、谭启龙、张文碧，都是名扬浙江的抗日名将、建国功臣。闻名遐迩的谭启龙曾任中共浙江省委书记，主政他出生入死的浙江大地时，想必回忆过新四军北撤途经嘉兴的严峻时光。今天布告中"工农兵学商，人人可安心"的承诺，早已成了现实。这180字的布告，给嘉兴保存下了新四军的一个鲜明足迹，一份不可多得的珍贵史料。

一个文化名人笔下的新塍抗战史
——郑之章的《〈无敌歌〉并序》

薛家煜

新塍,一个嘉兴人文荟萃的名镇。抗战时,这里屡遭日寇魔爪蹂躏,乡贤郑之章先生有纪事诗《无敌歌》,详情实录新塍抗战岁月。细细阅之,抗战史上新塍的重大事件,犹如一幅幅惊心动魄的画卷,呈现在我们眼前:"是岁十月十七晨,敌始入境纷杀人。"1938年11月19日(农历十月十七)晨,嘉兴县政府13人过新塍,遇日寇,悉数被杀于镇西市。据《嘉兴文史汇编》第二册《银杏有幸伴忠骨 魂兮归来应笑颜》中记载,时县政府蒙难的人员包括柏拔山(嘉兴县军用代办所副所长)、陈毅生(嘉兴县政府科员)、范觉生(嘉兴县政府事务员)、翁希文(嘉兴县政府事务员)、王维亮(嘉兴县政府事务员)、陈民敦(嘉兴县政府书记)、林清(嘉兴县政府勤务)、董仲儒(嘉兴县政府事务员)。其中柏拔山曾为中共地下党员(见《嘉兴文史汇编》第一册《日本侵略军在新塍镇的暴行》)。"东南两市纵火焚,更毁福地与凤山。"始建于梁天监二年(503)的新塍能仁寺被日寇放火烧毁,尽成焦土;"己卯六月十二辰,飞机一过死横陈。"1939年7月28日(农历六月十二日),日机轰炸新塍,居民、行人、学童50余人被炸身亡;"大好枌榆乡再沦,辛巳闰六月中旬。"1941年闰六月十二日午,游击队与日寇交战泰安乡,游击队29人,并乡民3人遭杀……日本侵略者的罪恶行径,桩桩件件,罄竹难书。

郑之章先生对日寇暴行的声讨,义正词严;然而《无敌歌》作为纪事长诗,却又不失诗格气韵。郑先生博古通今,在诗中引经据典。比如"虫沙",它喻意战死的将士或因战乱而死的人民;又如

"既望夜",指一月内的有些天有特定的称呼,农历十六称既望。如此,一首记录地方抗战史的《无敌歌》,在郑之章先生笔下,流畅而显文学底蕴。吟之,朗朗上口;思之,义愤填膺。

郑之章(1867~1955),字折三,号郑乡,别号松南剩叟,清末秀才,南社社员。嘉兴新塍人。著有《折角如意斋诗钞》《郑乡新溪棹歌》《蔬果百咏》《小郑蚕谱》等。浙江省立嘉兴图书馆成立后,郑之章捐献了几百种古籍。1950年受聘为浙江省文史馆馆员。

《无敌歌》系小楷竖书于长26厘米、宽22厘米的宣纸上。布局工整,字迹清雅,其中附注的字体小如蝇头。笔墨造诣,令人叹为观止。除加盖"郑之章"印章外,另有"重游泮水"和"八十年来自在身"两方闲章。它不但是一首嘉兴抗战的纪事诗,也是一幅精美的书法小品。

作为一位盛名乡里的前清遗老,一个八年抗战的亲历者,郑之章在国仇乡恨的大是大非面前,保持了民族气节。诚如他在诗作《无敌歌》序中"自号无敌翁"那样,爱憎分明。1945年抗战胜利之际,他用手中的笔,为嘉兴抗战史实录了一份侵略者的罪状,从中也抒发了一个文化老人对抗战胜利的喜悦心情。此诗作为庆祝胜利的特殊贺词,郑之章以"部民"的名义,将其赠予在凤桥坚持抗战八年的嘉兴县县长王梓良先生。

《无敌歌》为研究嘉兴、特别是新塍的抗战史,提供了一份不可多得的史料。为回顾抗战历史,也为飨乡里好史、好诗之友,特借《嘉兴市文史资料通讯》一角,一展郑之章先生《无敌诗》韵律中的悲喜情仇和诗作书法之隽秀精美。

《无敌歌》并序
部民郑之章呈稿

抗战以来,目中有敌,胸中无敌,因自号无敌翁。然谨于诗中不着一日字,今既得到最后胜利,驻新残敌一麾即去斯,可谓真无敌矣。在乡言乡,为作是歌。

岁次丁丑海扬尘,倭奴发难析木津①。野心勃勃肆鲸吞,万里江山半楚氛。

老夫辟地庄泾邺,岁暮还乡增悲辛。是岁十月十七晨,敌始入境纷杀人②。

郭五凤具劣性根,迎敌邀功妄自尊③。乡人忍痛至戊寅,四月十二屈复伸④。

越月相率祀关神⑤,敌忽来袭游击军。东南两市纵火焚,更毁福地与凤山⑥。

己卯六月十二辰,飞机一过死横陈⑦。讵意十一月之间,军化虫沙力告殚。

大好枌榆乡再沦⑧,辛巳闰六月中旬。赵壁虽曾浃辰完,煞恨复来沈汉奸。

要敌护驻新其身⑨,鸱毁民屋百千橼。筑城大于景云年⑩,俄而狼狈自相残。

楚巢殃及南市尘⑪,为虎作伥却复前。一蟹不如一蟹鲜,吸民脂膏将竭焉。

天幸国府善交邻,盟军东指敌胆寒。乙酉孟秋月上弦,受降捷报通国传。

再宿我军来保安,残敌鼠窜民腾欢⑫。庆祝胜利着先鞭⑬,举目新城一刷新。

注:
①国历"七七"。
②县署员设十三人,过新遇敌,拼死于市西。
③郭逆剑石众呼郭老五,迎敌归,组织新塍维持会,并筑桥于漾南岸。明年桥成之日,郭逆适被敌人所杀。
④是为游击军第一次克复。
⑤五月十三。
⑥三元福地能仁禅寺尽成焦土。

⑦是日居民、行人、学童殉难者,西市五十余人,东市三人,郑昼三、许廉伯、二茂才与焉。

⑧十二午,游击军与敌战于泰安乡,败至吴家汇,死廿九人及土民三人,又告沦陷。

⑨既望夜(笔者注:一月内的有些天有特定的称呼,十六称既望),为游击军再度收复,李逆贯经被俘。敌又卷土重来。以沈逆静之继任伪团长,遂驻扎此。

⑩寺街一带及四市梢,大兴防御工作。

⑪甲申六月十七日夜,游击军进攻。有一部伪军反正内应,焚巢而去。

⑫初十,浙西保安独立支队张少将推进。敌伪闻风离新。

⑬国民政府定"九三"为胜利节,吾新先期开会庆祝。

附:《无敌歌》影印件

关于苏小小墓的一点信息

叶 加

去年,嘉兴电视台《小新说事》栏目曾报道嘉兴将有可能重修苏小小墓遗迹,这是件大好事。但在此报道中又提及"文革"时挖开苏小小墓,墓是空的,这和我所了解的情况有很大出入。现把我30年前亲身听到、见到的如实记述如下。

1980年,我在嘉兴毛纺总厂织造车间工作。因为我平时爱好收集古董,所以同事不时将家中一些小玩意送给我收藏。有一天,有个同事叫李光荣(回族),他对我说:"这些算什么古董,根本没有价值。我家里有一只荷花缸,才是真正的古董,这只缸是从苏小小墓里挖出来的。"

那时,我经常去李光荣家玩,他确实曾指着院中的一只大缸对我说:"这只缸就是从苏小小墓里挖出来的。"因为我当时不知道它的历史价值,没有对这件大器物引起兴趣,也没有仔细观察和研究,所以时隔30年后的今天,对此缸的具体尺寸、颜色、材质等都没有什么太多的印象了。

我为什么确信李光荣讲的话是真实的呢?理由有二:首先,李光荣家住在东门大街,和自由弄(旧时叫贤娟弄)相连,弄的转角处就是苏小小墓,与李家近在咫尺。李光荣大我几岁,"文革"挖苏小小墓时,他已有十多岁,应该比较了解情况。其次,当年,李光荣父亲把别人挖开苏小小墓后遗弃的一对缸(一只存放物品,一只当盖子)中完好的一只缸拿回家,父子俩人都是此事的亲历者,搞错的可能性不大。

那么,苏小小的墓中为什么会挖出缸呢?这牵涉到一种古老的葬俗——缸葬。缸葬大致要追溯到清朝之前,江南比较流行。在古代,缸葬仪式还必须遵循严格的程序,沐浴、更衣、入缸等。而死后施行缸葬的一般也都是圣贤之士,如高僧、太师等。苏小小墓里挖出的荷花缸,说明嘉兴人曾为苏小小施行缸葬,也印证了后人对这位古代才女的敬仰之情。

2009年10月初,我找到陆大雄先生。他曾参与筹建嘉兴邮电博物馆,该馆在古代邮驿展厅中陈列唐代中期嘉兴籍诗人刘禹锡(772~842)的诗,诗人回忆少年时代住嘉兴时与友人同到苏小小墓前游玩的情景:"忆得童年识君处,嘉禾驿后联墙住。垂钩钓得王馀鱼,踏芳共登苏小墓。"我对陆大雄说:"现在报道说苏小小墓是空的,与事实有出入。"陆说:"细节的真实,才是时代的真实,我们要把苏小小墓里的缸购来,再捐给文保单位,不能因为岁月的流逝而把苏小小'缸葬'之事湮没得无踪影。"

最近,我去东门大街想到李光荣家看看,但原来的东门大街拆迁得只剩下东面一小段,李光荣家也不知道搬到哪里去了。不过李光荣的家庭情况我还记得一些:东门大街住户多是回民,他的祖父是二十世纪五六十年代民丰造纸厂有名的全国劳模,多次参加全国劳模群英会。那时,他家正房还挂着多幅全国劳模和毛泽东主席及党和国家领导人合影的大幅照片。

苏小小墓中挖出的荷花缸,李光荣是否还保留着?如果在的话,对重修苏小小墓那可是一件有意义的物品,有关部门或可通过我提供的信息找到李光荣本人。

(写于2010年2月20日)

附:陆大雄来信内容

嘉兴市政协文史委:

今寄上叶加一稿件,叶加所述之事是事实。1980年,我们是同厂同车间的同事,李光荣父亲拿回的一只缸我也见过,还有另外一只破缸我也见过,当时没有引起重视,这只破缸放了好几年也没有人要。真是无巧不成书,在《嘉兴市文史资料通讯》第六十一期陈宜中《关于苏小小历史遗迹》一文中,也提到"破缸":"当地一女子指着院子里的一只破缸说,放缸的那个地方过去就是苏小小的墓。"这足以证明苏小小缸葬确有其事。

陈宜中文中提到的陶琪,是我们老年集邮协会理事、杭州市火花协会顾问。1949年9月30日,嘉兴市第一届各界人民临时代表会议,代表合影中陶琪在二排右起第七位。我在筹建邮电博物馆时,陶琪也和我谈起苏小小"缸葬"之事。我们都认为,空墓与缸葬是两种概念。此文可作抛砖引玉,引起各界重视。

陆大雄

梅里清芬祠记

梅晓民

在清代,建祠堂祭祀先人的人家比比皆是,但有一处特殊的祠堂引起了我的注意,那就是梅里(即王店)清芬祠。据《梅里志》记载,清芬祠祭祀的是"里中诗人无后者",即乡里没有后嗣的诗人词家。该祠初设在梅溪禅院大殿后楹,后移设于崇始祠西楹,实际上只是附设在人家祠堂里的一个偏祠,虽然不是专祠,但也足以证明古代对读书人的尊重。

王店古称梅里,始建于五代后晋天福年间,距今已有一千多年的历史。这里人杰地灵,文人辈出,清代才子冯登府曾说:"梅里,诗海之一波也,自元至今,传刻无虑数百家。"明清时期诗人、词家荟萃,清代编纂传世的诗词总集就有82卷;《梅里诗集》及其续集,辑录了当地元明清诗人488家之多;1983年出版的《中国文学家辞典》选录王店镇自明末到清代著名文学家共有19人。作为县以下的一个小镇,这种现象在全国也是罕见的。

应当指出的是,创造了这一全国罕见诗词繁荣现象的群体,竟是一批极其穷困潦倒的文人!在这些文人中,有相当一部分并非出身书香门第,而是生存在以手工业或小商小贩谋生糊口的社会底层。虽然他们在文学创作上有着辉煌的成就,但因家境贫寒,讨不起老婆,养不起家小,老了无人赡养,死后无人送终,生前死后都是十分的凄凉。

王翃,系开辟梅里镇的王逵之后代,他创作的诗句"前路夕阳外,行人春草中"深得时人赞赏。他家开了一爿染店,因生意不旺,他终日坐在店中边读书边招呼顾客。后来因创作《纵扇记》被人诬告而吃官司,家境更是雪上加霜,后死于去北京路上的一艘航船中。

周筼,工诗,尤其擅长五言律,以诗闻名于当时。家里在镇上开一米店。他常踱步于大米、糠秕之间,旁若无人地吟诗作词。因米店资金日少,连自己生活也发生困难,只得靠传授诗律谋取一粥一饭,后在一次远行归乡途中病死在江苏淮阴。他和王翃一样,终身未经科举,以布衣了其一生。

还有年甫弱冠便在清顺治二年(1645)嘉兴民众起兵抗清时惨遭杀害而"以浮尸蔽河"的诸生缪永谋;世居梅里,因家贫穷而常以薄粥糊口的李良年;入选《浙西六家词》,后暴卒于福州的布衣李符;因制作"梅里笺"而名噪一时的画家顾仲清;等等。

这些文人去世后,因无人祭扫凭吊而成了孤魂野鬼,所遗居舍也"荡为荒烟蔓草之墟",其毕生精心创作的诗篇则"蠹蚀于饥鼠干鱼之腹"。(冯登府《梅里清芬祠记》)

清道光元年(1821),由里人金香谷、冯登府等人发起,在镇东梅溪禅院佛殿后设一龛奉祀这些无后嗣的文人,以晋代陆机"咏世德之骏烈,诵先人之清芬"之意,取名"清芬祠",并请郡守李宗传题"清风盛藻"匾额,共供奉无后嗣诗人26人,总算使这些"孤魂野鬼"有了一个让人们缅怀凭吊的去处。

道光二十九年(1849),梅溪禅院倾圮,秀水县令朱绪曾创建崇始祠,又将清芬祠设在该祠西楹,并将供奉的无后嗣诗人增加到66位。这些诗人中,有知县也有教谕、训导,有翰林院编修也有国子监生,但最多的是处士、诸生和布衣。他们或因官场不得志,或因家中变故而孑然一身,孤苦伶仃地了此残生。幸有政府倡导、乡人相助,才得以在此共享香火,黄泉之下尚可安息。

宣统末年(1912),时隔七十多年后的清芬祠因年久失修,屋面损毁,风雨飘摇,侵及栋宇。是年冬,经里人多次申请,政府才勉强拨款草草修葺。说起此事,余霖在其编纂的《梅里备志》中哀叹道:"追念朱侯(即朱绪曾),咸有古今不相及之感!"

我和台湾学者苏美文的一段交往

梅晓民

一、网络结缘

2004年八九月间,我和同事、网站管理员姚建新先生通过王店镇人民政府网站与远在台湾的苏美文女士有了一段联系,以下是我们各自发在"梅里论坛"上的贴子。

2004-8-6 23:38:27 svaha(苏美文)寻找伏狮禅院(董庵):

梅里除了朱彝尊之外,历史上还有很多很多名人活动其中。据闻在梅里还有一座铁佛寺,又称伏狮禅院、董庵,亦是明末所建,又听说已废,不知现在是如何?有残留的遗迹否?因为最近阅读研究的一位禅师,在明末住持于此庵中,所以很想知道此庵的情形,是否有人知晓?能为我解答!?不胜感激。

2004-8-11 22:22:12 mxm(梅晓民):

铁佛寺已废,大铁佛被毁,现仅存一帧照片在《王店镇志》上。

2004-8-12 23:12:53 svaha(苏美文)寻找伏狮禅院(董庵):

真是遗憾之至……《王店镇志》中除了照片外,有历史沿革之说明吗?此镇志哪里可以购买?非常感谢您。

2004-9-2 09:30:43 svaha(苏美文)寻找伏狮禅院(董庵):

mxm:您好。我是在梅里论坛中请教"伏狮禅院"的svaha。九月中旬左右,我将前往王店镇探访伏狮禅院之遗址,所以需要知道其遗址所在地及其交通,请您指点。目前计划先到嘉兴图书馆(秀州书局)寻找《王店镇志》,请问是否有更便捷的方式?您在地资讯丰博,请教有听过嘉兴妙湛园(庵)、妙湛禅院吗?或在嘉兴鸳湖(应是今日的南湖)参同庵?我5日晚上就离开台湾了。时日紧迫,千里而来,不想空手而回,所以请务必拨冗为我解惑。不情之请,实在抱歉,也致上我的无比谢意。敬祝如意!svaha谨上。

2004-9-4 16:08:16 mxm(梅晓民):

欢迎您到嘉兴王店观光旅游并探访伏狮禅院之遗址,但您要有心理准备:铁佛寺(即伏狮禅院)早已荡然无存。据《王店镇志》记载及当地老人回忆,1949年的时候,寺院就已毁,只留下一尊巨型铁佛,当地乡民搭了个草棚为之遮风挡雨。……人世沧桑,目前已找不到一点痕迹了。《王店镇志》现王店镇人民政府档案室有藏,欢迎前来查阅,到时可赠送您一本。至于您所说的嘉兴妙湛园及参同庵,因敝人才疏学浅、孤陋寡闻,亦不甚听说,实感抱歉。

2004-9-4 16:16:18 yaojx(姚建新):

王店镇在嘉兴市南18公里处,您来嘉兴后可以打电话到王店镇人民政府,找梅先生(mxm)或姚先生(yaojx)(附联系电话)。再次欢迎您到王店来。

2004-9-4 17:26:16 svaha(苏美文)寻找伏狮禅院(董庵):

收到您的来信,非常高兴。因为台湾可能有台风来袭,所以提早今晚飞香港。此行会先到南京大学参与论文会议。我目前是以女性禅师为研究主题,其中有师徒三人:祇园行刚、义公超珂、一揆超琛,在明末清初时住于伏狮禅院。另有多人在当时都活动于嘉兴一带。阅读文献时,我本无奢望伏狮禅院会在现代留下任何资料,没想到竟然还能留下个名、地,而且还意外知道有尊大铁佛。虽然禅院已毁、铁佛已熔,不免遗憾,但已经很感谢了!到了嘉兴后,一定会与您联络,到时需要多所叨扰,在此先致上谢意。敬祝时安!苏美文(svaha)敬上。

2004-9-4 22:37:10 yaojx(姚建新):

得知您来,我们很高兴,因为我们镇上在做一个旅游发展规划,其中恢复铁佛寺是这个发展规划的一部分。只可惜我们掌握的资料不够丰富,所以希望能够尽可能为我们提供一些您所了解的有关铁佛寺的情况。一揆超琛大师确实曾经住在伏狮禅院,想必一定了解不少,烦请各位大师来梅里多住几天,其实梅里还有很多老人对铁佛寺是有所了解的,你们可以多做些走访,通过大家的共同努力把我们的历史文化恢复起来,发扬光大。多谢!

二、学者来访

苏美文女士是香港珠海书院历史研究所博士生、台湾中华技术学院讲师、菩萨协会监事,也是一位以研究女性禅师为主题的学者。在她研究的大师中有师徒三人:祇园行刚、义公超珂、一揆超琛,这三位女性禅师(即女尼)在明末清初的一段时间里,曾先后担任过位于梅里的伏狮禅院住持,她们的语录均被载入佛教经典《嘉兴藏》(《嘉兴藏》是中华大藏经诸种版本中最为完整、最为巨大的一部典籍,因其发行地点在浙江嘉兴的楞严寺而得名)。入选《嘉兴藏》的女性禅师总共只有七位,这说明坐落在梅里古镇的伏狮禅院在佛教界有着一定的地位。所以这次苏美文女士到南京参加历史学研究生学术研讨会,一定要挤出时间到王店镇探访。她先试探着在"梅里论坛"中发了一个"寻找伏狮禅院(董庵)"的贴子,得到我们的回应后非常高兴,便于9月13日与同是香港珠海书院历史研究所博士生、台湾大叶大学通识兼讲师、菩萨协会常务理事的许文笔先生一起直奔王店。

苏女士胖胖的脸、微微发福的身材,活脱脱一个女菩萨模样,说话却细声细气的,又像是一位慈祥的农村大妈。许先生背着一个大包,一直笑眯眯地在边上听我们讲话,自己却一言不发,很深沉的样子。我们当即到镇上邀请了几位老年人,请他们回忆铁佛寺的来历。老人们热情倒是很高,然而谁也说不清楚铁佛寺详细的历史,只知道铁佛寺又名董庵,庵内原有铁铸大佛像一座,佛身高约4米,所用之铁厚达半个指头,分三层铸成。……苏女士一边慈祥地微笑着,一边认真地记着笔记。最后要求指点一下铁佛寺的原址,几位老人立即兴致勃勃地领着我们前去,到了那里,许先生的相机派上了用场,一连拍了好几张照片,并为苏女士和陪他们的几位老人拍了一张合影。因为还要到海盐探访另外一位女性禅师曾担任住持的金粟寺,台湾客人要走了,我和姚先生便为他们联系了海盐县统战部接待,并叫了一辆小车送他们前往。老人们还有点依依不舍,隔老远了还在向他们招手。

三、鸿雁传书

由于各种原因,"梅里论坛"关闭了,以后的一段日子,我们没有了联系。2007年3月,我突然收到了一件从台湾寄来的邮件,一看署名是苏美文!我高兴地拆开邮件,是两本台湾出版的《海潮音》杂志和一张贺年卡。苏女士在贺年卡上写道:"姚先生、梅先生:寄上二份《海潮音》杂志,内有拙文《女性禅师道场的踪迹——嘉兴梅里伏狮禅院之昔与今(上、下)》,后半部文章,记述之前到王店采访的过程。谨以此文答谢大家的协助与热情,尤其是您二位的引介安排、老人们的回忆。祈望大家年年快乐、岁岁平安。"在信的末尾她又写道:"已在网络上看到梅先生关于我王店之行的大作,很有趣!"

《海潮音》是由太虚大师创刊、了中法师发行的一本佛教类杂志,月刊,社址在台北市善道寺内。其发行除台湾本省外,还在大陆的江苏光孝律寺、上海静安寺以及菲律宾、新加坡、泰国等东南亚地区的佛教场所发行,其办刊宗旨是"发扬大乘佛法真义,应道现代人心正思"。苏女士的文章分别在该杂志是年的第一期和第二期连载。她在文中翔实地叙述了梅里伏狮禅院的创建及由盛至衰的整个过程,以及祇园、义公、义川三位女性禅师在住持禅院时的盛况,还插入了我提供给她的《王店镇志》上的铁佛寺照片及文字资料作为文章的佐证,有据有理。她那孜孜不倦的研究精神和严谨的治学态度,使我不由得肃然起敬。在论文结尾的附记中,苏女士特别指出:"非常感谢嘉兴王店的朋友姚建新先生、梅晓民先生的热心协助,他们的爱乡之情溢于言表。还有嘉兴图书馆、秀水书店(应为秀州书局——笔者注)店长范笑我先生,为笔者寻索文献上的缺字。更感谢接受访问的六位老人:左钰清女士、冯文培先生、徐幼腾先生、姚祥福先生、蒋赞成先生和王惠泉先生,他们与铁佛、董庵相处的童年记忆,他们的乡音,对我而言都是很宝贵的资料。没有这些长辈与朋友,就没有这趟寻踪之旅,对祇园、伏狮的了解也会缺了那活生生的一半。"读来令人感动也令我惭愧,因为年代久远,我们也提供不出多少有用的资料。

四、难题释疑

不久,我从《南湖晚报》上看到朱积良先生一篇有关海盐金粟寺的回忆文章《千古名纸金粟笺》,立即想到了苏女士,因为她研究的女性禅师祇园行刚就是在金粟寺石车通乘禅师处出家的。我将文章复制下来发到了苏女士的邮箱里,让她作参考。不想马上就收到了她的回信:"梅先生您好:很高兴收到您寄来的文章资料,有关金粟寺藏经纸之事,之前已经知道了,感谢您想到我。我预定将于明年初完成博士学位,所以目前论文正进行前半段的收尾。因为主题涉及了七位女性禅师,而祇园禅师是最先完成的,如今收尾时,回过头再看,颇有历久弥新之感呢!有关祇园的文章,在寄给您《道场》那篇之前,还有几篇已刊登,其篇目请见附加档,谨供您参考。寄给您的文章都是繁体字,不知您如何看的呢?敬祝暑安。苏美文敬上"。我认真地查看了苏女士发表的文章标题,发现全是有关女性禅师的研究论文,并且基本上以祇园行刚为主。看来这位苏女士已成为祇园的超级"粉丝"了。

过后苏女士又发来一邮件:"梅先生:想再请教您二件事:1.许灿《梅里诗辑》,不知此书还存否?2.嘉兴新篁有个胡庵村,不知确然否?不知此村名之典故为何?据我考察,祇园禅师俗姓胡,是嘉兴新行镇人(或曰里仁、竹里),此处亦今日之新篁镇,她早期修隐之处名为"胡庵",故不知此胡庵与今日之胡庵村是否有关联?不知您了解吗?或能帮我问问看。"

我看后无奈地苦笑了。许灿的《梅里诗辑》共有28卷,是道光三十年(1850)嘉兴县斋刊本,但我没有看到过这本书,也就不知道其内容。竹里是新篁的古称,胡庵村我就一点也不清楚了。

后来,我将这段两岸交往的经历发表在《秀洲文史》上,嘉兴市原市长杜云昌先生读后很感兴趣,经多方查证,他对苏女士提出的两个问题引经据典地作了一些解答,并发表在《秀洲文史》2008年第三期上。我又将此文通过电子邮件发给了苏女士,苏女士看了很感意外,随即回复道:"对于我这让你挂心的一问,首先致上歉意,更谢谢你的告知,也请代为向杜云昌先生表达十二万分的谢意。杜先生所提供的资料对我很有帮助。同时也祈祷这阵子的天灾地难(指汶川大地震)能尽快平息,离者安心无惧、存者彼此珍惜,敬祝平平安安。"我即回信:"感谢你对四川地震的关心,同是炎黄子孙,我们心手相连。多多联系!"

受到毛主席接见的周梦珍

徐子祥

在1958年的我国电影银幕上,出现了一部曾经吸引千百万观众的电影——《你追我赶》。该影片中的女主角,也是由当时上海天马电影制片厂著名演员王丹凤主演的那位干劲冲天,不怕任何困难、意气风发的农业社副社长周耕香,就是根据当年海盐县官堂乡新光农业社的年轻姑娘周梦珍的先进事迹塑造的。随着电影的广泛放映,当年周梦珍的名字也迅速传遍了全国各地。她的事迹也鼓舞着无数的人们,特别是广大妇女们鼓足干劲,大干苦干,形成了一个声势浩大的群众性的学先进、争上游的劳动竞赛运动。

周梦珍于1937年8月出生在海盐县官堂乡一户贫苦的农家。解放前,全家九口人,只有两亩田,因此吃不饱、穿不暖,挨饿受冻的苦难生活陪伴着周梦珍的童年。直到她12岁那年,新中国的灿烂阳光照到了海盐大地,也照亮了周梦珍一家。1957年,年仅20岁的周梦珍担任了官堂乡新光农业社副社长(相当于现在的副村长),成了全社妇女的带头人。

1958年春天,官堂乡人民在党的领导下,开展了轰轰烈烈的"积足千担肥、实现千斤粮"的生产竞赛。周梦珍响应号召,日夜苦战在田间地头、河底浜中,成为官堂乡生产竞赛中的一员女将。1月份,周梦珍前往湖州市参加了嘉兴专区(当年嘉兴专区包括现在的嘉兴市和湖州市,专区行署设在湖州)妇女向"四八""二百"进军的誓师大会,感触很深。回来以后,她对比在会上见到的全国劳动模范祝瑞香,感到祝瑞香已经五十多岁了,还有那么大的干劲,为群众做了那么多的事,我一个年轻人难道赶不上她?她就这样鞭策自己,推动自己为社会主义事业力争上游,多干快干,奉献青春。

1958年2月初,老天连降了几场大雪,天寒地冻,天气奇冷。周梦珍响应乡党委的号召,带头下到春花田里扫雪、施肥,保暖防冻,抵御寒潮。尽管周梦珍的手脚冻得像红萝卜,但她依然苦干在田头。她的行动带动了广大社员,大家都从家里跑向田间地头,撬春花沟,大积肥料,劳动出勤率达到了100%。2月22日,周梦珍和其他几个社干部,先把一个池潭的水车干,再发动社员挑河泥。这一天,天气严寒,冰冻得厚厚的,河泥也冻得僵硬,铁锸掘下去会反弹起来。这情景使社员们的心也冷了一半,有的社员说:"今天勿来了!"打起了退堂鼓。此刻,周梦珍心想:"天冷,有了困难就不干,那怎能积足千担肥呢?""困难吓不倒人!"她就发动社员用稻草来烧,烧一块河泥掘一块,终于克服了河泥冻僵不能挖掘的困难。这一天,他们一直干到深夜11点,每人积河泥230担。

1958年的除夕到了。春节是中国千百年来的传统节日,周梦珍为了多作贡献,争分夺秒,教育社员打破在家吃喝过年的老常规,到田间地头去过个"劳动年"。为了发动社员,她还与其他干部想了个办法,印了"劳动光荣簿",社员们都自告奋勇地报了名。这一年的大年三十和年初一,全新光农业社的408个劳动力,个个出勤,在工地上过了一个"劳动年"。4月初,周梦珍带领着男女社员在"乌龙港"积肥。当时,社员们为了迎接省委检查团的到来,日夜苦干,而作为领头人的周梦珍已经有五昼夜没有好好睡过。第四天晚上,她提了汽灯去检查生产时,一阵疲倦使得她头昏眼花,四肢无力,一连跌了三跤,但她仍然坚持下去。别人劝她休息时,她总是这样回答:"吃得落,少睡一点有啥关系。"可是后来实在不行了,她跌倒在烂泥地上,就昏昏沉沉地睡着了。

在没有化肥的年代,河泥是肥沃土壤、粮棉增产少不了的农家宝,因此挖河泥是当年的主要农活之一。1958年的一天,新光社有人提议在丰山旁的大港里挖河泥,但有的干部说:"这样要妨碍交通,还是不搞的好。"这时周梦珍站出来说:"没有不行的!我向乡党委提议,与交通部门联系,让轮船暂时改道好了。"这个提议得到了官堂乡党委的支持,周梦珍连夜组织社员,自己带头下水筑土坝,两部水车一直车到天亮,终于使得河底朝了天,挖到了大量的河泥。1958年的3月2日,滚滚寒潮南下,海盐县委号召突击防冻。当时,有的社员麻痹大意,说:"春雪不会大,照老经验不必在这上头花气力!"周梦珍不信这些老经验、老规矩,她坚信党的话一定正确。但当时社里集体剩下的稻柴不多,若拿来给春花保暖,那么蚕毛柴、给耕牛吃的稻草都便成了问题。在这紧急关头,有些干部泄气了,认为没办法。此时,周梦珍就提议每个劳动力拿出50斤稻柴,真是"众人集柴力量大",终于依靠群众,完成了给春花作物突击保暖防冻的任务。

周梦珍不但在劳动中干劲十足,而且钻劲也十足,她是苦干不蛮干。例如在积肥中,她创造了秤杆式吊肥法,一下子提高了劳动效率二三倍。1958年12月,周梦珍出席了全国妇女建设社会主义积极分子会议。会上,她听到湖北省代表高秀英所介绍的克服一切困难,创造改制47件劳动工具的经验,启发很大。她从北京回来,就下定决心改革工具,提高劳动生产效率。当时,官堂公社正要开挖万人港,大搞积肥,规定只用十天时间完成任务,要求每人每天积肥300担。可是单凭苦干,每天也只能积河泥肥150担,因此如何提高积肥效率,便成了当时的关键问题。有一天晚上,周梦珍组织了七个年轻妇女,成立了技术研究小组,并且当场把自己考虑了几天几夜的"双轨铅丝拖泥机"的模样,用木棒在地上描画出来。大家集思广益,你一言、我一语,纷纷提出了修改意见,加以改进。第二天一早,这几个妇女就在河边干开了,仅花了半天时间,就做成了一台双轨铅丝拖泥机。刚投入使用时,泥拖得很慢,效率低下。这时,有人冷言冷语地说:"一个人要做两个人的事,总是不行的!"周梦珍没有泄气,她仔细观察、研究拖泥机上得慢的原因,终于找到了问题的症结。原来是河里的木桩敲得太低了,把木桩提高后,果然拖起来速度加快了。这个双轨铅丝拖泥机虽然提高了工效,可是仍需要三个人来操纵:一个装泥,一个摇轴,一个卸泥。周梦珍想,应该设法再节省劳力,提高效率。她站在拖泥机旁,比划来比划去,终于想出用两根竹竿在卸泥的地方搭起三脚架,利用簸箕拖到三脚架时相互碰撞产生的回力作用使它自动卸泥的办法。这样一改进,投入的人力减少了,工效提高了,每人每天积河泥达到560担,比人力肩挑效率提高了3倍。周梦珍在技术革命中开了窍后,巧干的劲头越来越足了。继双轨铅丝拖泥机之后,她又连续创造了三角拖泥机、铅丝拖泥机、脚踏拖泥机等7种积肥新工具。在她的带动下,整个万人港上,先后创造、推广积肥新工具171件,其中妇女创造的就有101件,使绵延15里的万人港,不开夜工,也提前四天完成了积肥任务,共积河泥1050万担。

1958年10月,年仅21岁的周梦珍光荣地加入了中国共产党,并当选为刚成立的官堂人民公社副社长。尽管她当上了公社领导干部,仍然保留着农村户口,保持着劳动人民的本色,大干苦干在农业第一线,获得了广大群众的好评和赞扬。1958年12月,她前往北京,在怀仁堂参加了全国妇女建设社会主义积极分子会议,受到了毛泽东主席和其他中央领导人的接见,这使她受到了极大的鼓励。这次会议给她留下了她终生难忘的深刻印象,她成了海盐县第一个受到毛泽东主席接见的群众代表。

1964年10月,27岁的周梦珍出嫁到海盐县通元公社八一大队(即现在的通元镇雪水港村),与同年龄的顾海观结为夫妻,并且担任八一大队的党支部委员、大队妇女主任达24年之久。直到1988年,51岁的周梦珍才从党支部委员、妇女主任的职位上退下来,成了一名普通的农民,过着平淡的百姓生活。

时光匆匆,岁月悠悠。如今离开那轰轰烈烈、大干苦干的

1958 年已经半个多世纪之久,当年 22 岁的年轻姑娘、名扬全国的周梦珍,已经是年逾古稀的农村老太。她和丈夫顾海观在通元镇通往雪水港村的水泥路旁开着一家路边小店,依靠小生意聊度岁月。她一生养育了三个儿子、一个女儿,如今他们有的务农,有的打工,同样过着平淡的生活。

轰轰烈烈、红红火火的 1958 年早已经离我们远去。如今年轻的一代,对于当年的口号、当年的精神已经感到十分陌生,甚至难以理解。但生活在 21 世纪的年轻人,重温周梦珍当年大干苦干加巧干的事迹时,也许会领悟到我们如今的小康生活是来之不易的,是前辈的艰苦创业给下一代的发展打下了物质基础;而他们的日干夜干,苦干巧干,更是鼓励年轻一代向着更加美好的未来前进的精神力量,在当今社会中还是值得发扬光大的。这就是我多次采访并撰写周梦珍这位 20 世纪 50 年代老劳模的原因所在。

(写于 2010 年 6 月)

怀念老干部林钧堂先生

戴应如

林钧堂先生是解放初期来到嘉兴的南下干部,是开拓浙江毛纺业的实践领头人,是一位在嘉兴工业发展史上不可或缺的人物。他于 2011 年 6 月 25 日中午走了,享年 91 岁。作为嘉兴市政协文史特邀员,我遵照政协文史资料工作的抢救采集精神,把我曾在林钧堂先生直接领导下工作的感受,结合在他生前做过的一些采访了解简要记叙,以作为我对他的深深悼念。

林钧堂 1920 年出生于山东省荣成县,20 岁左右在文登地区的油坊工作(榨油)。当时那里是根据地的边缘,表面上似乎是二不管地区,环境比较宽松,但实际上斗争异常激烈。那个油坊的背景是我军东海某部四旅属下,是为部队筹措物资和资金的生产互助小组之一,而林钧堂本人开始并不知情。后来,林钧堂对我回忆道:"由于油坊搞得好,部队生产组的人对我说,如果你喜欢的话,就到我们那里去好了。我同意了。于是到张家坡,这是东海滨的一个小海口,那里有两家商号,其中一家是我军管的,名聚丰昌,但外界只知道是老百姓办的。它的业务是交流南北商品,如将北方的花生油运到南方,南方的棉花运回北方。""客户主要在上海,还有朝鲜和东北,以农产品做交易,可以换到不少东西。例如在朝鲜可以用白酒换取包括枪支、弹药等东西;在东北则可以换到那里的木材等特产。林均堂在聚丰昌做经营业务,另外还有十几个二十来岁的青年跑外勤。当时许世友用的皮带、钢笔等等都是我们具体操办的。搞了大约三年以后,聚丰昌积聚的资金已达 4600 万元,成绩还算不错。"这些事情听他说来很轻松,其实在当时日寇横行中原大地,他不顾个人安危,毅然加入抗日队伍,积极参加党领导的支前工作,是非常难能可贵的。后来在解放战争时期,他又继续做了大量艰苦的支前物资保障工作。这段经历铸就了他立场坚定、头脑清醒、临危不惧、乐观向上的优良素质。

1948年,林钧堂同志随铁瑛管辖的部队南下,辗转安徽、宝应、无锡等地。他回忆说:"无锡解放后又到上海,我被分配到上海丝绸公司。那时的嘉兴绢纺厂属上海丝绸公司管,嘉兴地方军管会无直接管辖权。我和另外两人作为接收员被派去。""我是1949年6月到嘉兴绢纺厂的,开始称工作组,后来我担任供销科长,1953年被任命为副厂长,一直到1958年,其间(1955~1956)曾在浙江党校附中学习一年半。"

林钧堂曾告诉我:"1957年12月到1958年1月,嘉兴地区工业局的王金山召集开会,决定由康铭史和我负责筹建毛纺厂。筹建小组1958年2月份成立,设在绢纺厂内,还有南湖布厂书记刘建华、丝厂周春凤、杨柳英,以及王培秋、隋秀璞等人。"从此就拉开了创建浙江毛纺业的序幕。此后不久康铭史调离,由韩其魁接任书记,林钧堂为厂长。

我在《嘉毛创业印象》(刊于《嘉兴政协》2009年第1期)一文中所介绍的嘉兴毛纺厂建厂初期(约从1958年到1972年)的工作,主要都是由林钧堂厂长亲自指挥的。他虽然文化程度不高,但能够深入群众、深入实际,因此能够在广泛了解当时形势的基础上,熟练地指挥手下各路人才,有条不紊地安排任务;并及时到现场了解情况或听取汇报,共同商讨解决疑难问题的办法。所以毛纺厂筹建后的第一年,对苏兔毛针织品就通过上海外贸顺利出口;建厂房用的木材也历尽困难终于运到嘉兴;主要人才(包括专业技术和党政管理人员)基本配就;生产骨干派往国内知名企业培训。

筹建工作四年,是最艰苦的自力更生、白手起家的过程。没有钢材就用木材代替,木制洗毛槽、铁木织机、木制染色机就是那时自力更生的产物。无钱购买新机器,就将别的厂废置的棉纺走锭机、梳棉机等搜来修整改装。买市场上最廉价的粗毛、化纤为原料,试制出粗纺绒线、化纤呢绒等产品供应市场。由于这段时间艰苦卓绝的努力,终于赢得了时机。1964年后,嘉兴毛纺厂(以下简称"嘉毛")得到纺织工业部和省轻工业厅的首肯,获得了进一步发展的机会。

林钧堂先生个头不高,身材壮实,没有任何架子,一开口给人感觉就是一个平易近人的山东老干部。我1958年4月来到嘉兴毛纺厂,此后在他的领导下工作了近20年。他最明显的特点就是敢于创新。只要是先进的技术,他都大胆尝试。20世纪60年代初,选用水处理设备时,在他支持下,"嘉毛"大胆选用机械加速澄清池,成为国内创举。当时环保理念尚未深入人心,有些厂根本不对污水进行处理;还有些企业采用传统的澄清池,处理速度慢,量也不大。而机械加速澄清池则是通过机械搅拌,将混凝、反应和沉淀置于一个池中进行综合处理。这种池子对水量、水中离子浓度变化的适应性强,处理效果稳定,处理效率也高了很多。

林钧堂厂长的另一个特点是善于用人。他从不拘泥于学历等外在条件,而能用人所长。记得"嘉毛"成立初期,从华东纺织工学院教师中抽调来一位姓黄的女同志,其任务是管理原料实验室。她由爱人陪同来"嘉毛"报到时,林钧堂厂长和她的爱人(姓沈,当时在上海市委工作)也聊了几句。通过简单的谈话,他发现沈同志不仅年纪轻,而且头脑灵活,能力强。在征求了本人的意见后,林钧堂厂长很快就想办法把他从上海市委调来嘉兴毛纺厂了。后来,这位沈同志果然不负众望,成为"嘉毛"的第一位计划科长,在"嘉毛"的发展中起到重要作用。

对于林钧堂先生的品格,我也由衷感到敬佩。他的原配夫人文化不高、其貌平平,比他大两岁。他们一生不离不弃,相濡以沫,其夫人至今健在。他有一儿一女,但他在任时,对他们也从不给予特殊照顾。在他的影响下,手下一班人大多能严格律己。他自己在生活上一直保持着艰苦朴素的作风。直到现在,他的家人还挤在一户只有60平方米左右的小房子里。这幢楼是原毛纺厂的宿舍楼,建于20世纪60年代,早已非常破旧了。

"文化大革命"期间,林钧堂先生被打成"走资派",遭到排挤打击。直到1983年陈涛任嘉兴毛纺织总厂书记时,才得以平反。嘉兴市委组织部对他是很了解的,在他逝世后的媒体报道和林钧堂告别辞中,对他的评价都很中肯:"林钧堂同志坚决拥护党的路线、方针、政策,政治立场坚定,党性观念强,对党和人民的事业忠心耿耿,工作勤勤恳恳,任劳任怨,注重保持、发扬共产党员的优良品质和先锋模范作用;离休后,仍时时关心时事政治,关心社会主义现代化建设,关心我市国有企业的改制和发展事业。患病住院期间,仍时刻不忘自己是一个共产党员,表现了坚强的组织纪律性和革命乐观主义精神。他一身正气,廉洁自律,深得广大干部群众的尊敬和爱戴。"

人生的意义在于是否经得起实践的考验、时间的考验。像林钧堂这样的好干部,值得我们敬重和学习!

有关政协工作的回忆

施有铨

1982年,嘉兴市政协组建医卫组并任命我为副组长,我便从此具体参加了政协工作。

政协医卫组主要是做医务界民主党派的团结工作,因为医务界名流多在医卫组。当时工作内容包括:促进基层医疗机构的技术均衡;发挥医务界优势创办专家门诊,以适应民众需求;组织培训,以提高在职医务人员的技术水平;开展医疗专题讲座如血防攻关、医用英语等,从而把握团结和民主的主题做好政协工作,主要有以下三个方面。

一是组织知名医师义务参加专家义诊。撤地建市的时候,嘉兴各医院还不存在"专家门诊"这个词,政协医卫组最早在嘉兴试办"专门门诊部",组织当地知名的内科、外科、妇科和儿科中医,如徐纪法、周学章、刘梅芳、周梅亭、王重九、余谷兰、冷铁达和忻德宇、史德庄等(多是政协委员)参加义诊。每星期在工人文化宫免费开诊。乡镇百姓来看病,只需登个记,专家诊断后开处方,病人就可以拿去配药了。当时求诊甚多,故在勤俭路民主党派办公室还设有专家门诊夜诊,极大地方便了百姓看病。

由政协组织的专家义诊刚开不久,却出了一件意想不到的"医疗事故"。有一位前来求诊的病人,在接受中医推拿的过程中突然死亡。这突如其来的事故令大家都非常紧张。就在这时,死者的家属拿出了上海某医院开具的证明,原来该病人是个晚期癌症患者,在上海的医院放弃治疗后回到嘉兴,隐瞒了病情来专门门诊部推拿,没想到在推拿过程中死亡了。此事后来由我向市政协主席沈如淙作了汇报,一场危机才得以化解。

专门门诊部开诊当年的一个季度,统计接诊患者有九百多例,深受民众好评,也得到市政协领导的赞许。此后一直持续办了两年,作过专题总结,得到多次表彰。

二是深入基层医院调查研究。我和陈德献、施延庆等到新篁、凤桥和余新调研,发现优质服务的基层医院予以表彰,发现问题探索研究,帮助解决。如发现有些基层医院入不敷出,反映到主管局,建议予以补助,得到采纳。

三是联系医务界各医院年轻医生和厂医、校医,就如何提高业务水平以适应工作需要,酝酿举办内科、儿科等各科进修班。主讲人多是政协委员中知名专家,如眼科邵传统,内科于济民、蔡卫民,防疫沈道德,血防周学章、施有铨等十多人。他们凭借丰富的实践经验和理论知识,集体撰写自编讲义三十多万字。

医用英语的专题讲座最受欢迎。主讲人是在我国医学科技出版界久负盛名的外科专家、翻译家陈诚献。陈先生是原嘉兴市三一医院(市妇保院的前身)院长陈召恩先生的长子,除精通医学外,还掌握了英、俄、德等八国外语,曾任原人民卫生出版社高级医学编译。由他主讲的医用英语专题讲座,听者众多,各厂厂医、各校校医及嘉兴各大医院的许多医生都来了。

政协举办的各科培训班,提高了医务界基层医务人员的医疗水平和业务能力,深受欢迎,更有助于广泛团结各民主党派、人民团体和各界科技人员,充分发挥了政协委员的作用。

我除参加政协有关医务活动外,在市政协一届和二届期间还参加政协秘书处,负责历次开会时的简报组工作,每逢开会,工作十分繁忙。

那时简报组的工作相对简单,分组讨论时,简报组人员分工下到各组,记录会议动态、讨论情况,收集政协委员的意见、建议,汇总整理后编印简报,分发给与会委员和领导,作为参考之用。

当时的工作地点在中山路老市政府大院的一间小办公室内。房间里几张桌子,再加上纸和笔便是全部的工具。参加简报组的工作人员由办公室组织安排,会议一结束,简报组便不复存在,直到下一次开会时再重新启动。人员也不固定,有时人手太少,只好临时请帮手。一届政协时,就曾邀请过《嘉兴报》记者兼副总编辑邵昶和防疫站宣教科陈光雷等几位同志,协助政协简报组工作。有时帮助人员来不了,只好由政协机关参与会议的人员帮助简报组搜集分组讨论情况,以及时反映政协会议情况。

现在每次市政协开全会之前,每个工作组都有系统明确的人员和分工,简报组的人手有所增加,记录条件也比较好,印发的简报整齐规范,比起当初,真是有了非常大的改观。

20世纪80年代中期,我临近退休,市政协副主席李佃杰见到我,问我退休后想到哪里发挥余热?我说打算到老年大学读书,李副主席说,请你来政协帮助搞文史如何?我说好,从此我到政协专搞文史。开始只我一人,每天收发文史资料工作很忙,好在不久分配到政协专门从事文史工作的华丽同志就来了。大家齐心协力,开创了政协文史工作新局面。

1986年,我和当时的市政协副主席周学章专门召开了嘉兴血防文史首次征集座谈会。原嘉兴专署副专员、原省卫生厅副厅长赖光兴也赶来参加,并肯定总结血防历史的重要性。这时期陆续编辑出版了文史资料专辑第三辑《褚辅成专辑》和第四辑《送瘟神——嘉兴地区血防工作纪实》,后者出版后被省政协评为文史优秀图书一等奖。《送瘟神》一书为曾经的血吸虫病重灾区嘉兴填补了地方史料的空白,全国血吸虫病流行的十二省市血防科研部门都来函索取,受到好评。

总的来说,在市政协医卫组的工作以及后期从事的文史资料工作,在领导的热忱支持下受到了教益,取得了成绩。这些成果来之不易。回想起来,有两件工作还可以继续做完整。一是培训提高在职医务人员,这本身是项长期任务,是医务界基层普遍要求,是医德医风传承与建设的基础;二是组织专家义诊,真正做到让百姓看得上病看得好病,如果坚持下去,是百姓的福音,也有助于宏扬医务工作者高尚的医德医风和为人民健康服务的救死扶伤精神。

  我退休后,应老年大学邀请从事老年健康教育,同时参与政协文史工作。我担任嘉兴市政协文史特邀员至今已十多年了,在医学、药学、血防史方面不断为政协撰写文史资料。现在虽已进入耄耋之年,还在搜集和整理我在嘉兴六十多年从事医事管理的实践经验和教训,酝酿撰写嘉兴医卫界解放后的"医事管理探索",深入研究确保人民健康应走的道路。

(写于 2011 年 9 月)

回忆早期桐乡县工商联

胡达怡

一、在"跃进"声中诞生以及早期的工作

桐乡县原是一个农业小县。1958年县委规划,要在"二五"计划期间,使农业、工业、手工业有一个较快发展,基本实现电气化、机械化、交通化。是年1月12日,在三级干部大会上,要求当年农业生产实现亩产800斤,猪羊户养8头,每户收入800元。2月4日,又召开扩大会议,以整风精神进一步提高对农业生产"大跃进"的思想认识,为提前完成农业发展纲要而奋斗。

这年春天,我大多数时间都在农村,参加抗冻保苗、大战金牛塘,还参与了中共浙江省委农业生产检查团的工作。原工作单位已经行企合并、国合合并,我留任为桐乡县商业局股长。5月初接到领导通知,去党校参加全县工商界跃进大会。

跃进大会从5月3日开始,至13日结束,共进行11天。主要议程是整风学习,写大字报,开展辩论、"反右"、交心,制订自我改造计划等,最后成立了县工商联。当时魏传鲁县长也曾到会作政治报告。

参加跃进大会的有来自乌镇、梧桐、濮院、屠甸、炉头、南日、亭桥等各地的共191人(详细名单还保存着)。大会建立学习委员会,由范雪森(统战干事)任主任,沈坤生、叶同辰任副主任。另有其他干部分工设材料、宣教、总务组。据我所知,这次大会共写出大字报8144张,划出"右派分子"10人。

关于成立县工商联，县委在两年前就作过研究，并曾提出秘书长人选朱光明、周季和、陈国雄等，主任人选陶家振、胡达怡等。但这次成立的程序颇具新意。先由县人委领导向大会提出预定名单（主任陈国雄，副主任胡达怡、陶家振、叶同辰，秘书长王从化及其他常委、执委共25人），与会者酝酿通过后写出喜报，列队以鼓乐前导，送县人委报喜，魏县长作简短勉词后即毕。虽然仅花费半天时间，但非常热烈隆重，甚符当时鼓足干劲、力争上游、多快好省的时代气息。

县工商联成立的当月，先是组织成员出席嘉兴地委在平湖召开的全区工商界整风工作交流会议，观摩平湖工商界交心现场，听平湖工商联主任、平湖政协副主席梁宗孟交心，然后各县再进行汇报。我代表桐乡县工商联所作的汇报提纲为：足不出户、直奔主题、大刀阔斧、大破大立。具体内容是进入跃进大会后，集中膳宿、不得外出，大字报、大辩论不绕圈子，痛斥"右派"言论不留情面。这些内容可能符合了当时"兴无灭资、只争朝夕"的精神，所以获得郑寄民部长的肯定。在整体进度上，我县最快，武康和孝丰两县最慢。

接着，县工商联又组织了部分委员，连同两名"右派"，去新安江水利工地参观。当晚，我们目睹了无数劳动者奋斗在截江大坝、灯火通明、机声隆隆、人声鼎沸的壮观场景，内心都感到很震撼。

6月份，县工商联派员去海宁、崇德县工商联取经学习。同时浙江省工商联也派李希同志来桐乡了解县工商联成立情况，她美誉我们是"在反右暴风雨中诞生，具有左派优势"的一个领导班子。

8月份，浙江省民建、浙江省工商联召开"积极参加劳动实践、加速自我改造"动员大会，会议要求务虚带实，并去公路参加劳动。我县出席代表五人，我是其中之一，但后来因发言不够积极，被小组同志提了不少意见，这也反映出当时流行的"斗争哲学"。

9月份，县工商联干部响应"大办钢铁"的号召，在西门钢铁工地上建炉炼钢。在昼夜不息的熊熊炉火中,果然也奔流出许多铁水。这月内还根据两县合并步骤,去崇德县工商联商定合并事宜。合并后增添了干部,并增设了业务股。其时,工商联经费也已由自筹改为国拨,原结余款上缴财政。

11月份,县工商联又选派代表参加地委在王店召开的"服务与改造汇报会",大家和风细雨地切磋交流。我县与德清县订立了自我改造竞赛协议书。

我除了参加上述活动外,7月份还参与了对居民社区兴办食堂、托儿所的调研设计。此外,在跃进大会结束后,我曾回原单位苦干成了一件事情。当时的情形是,我已改任桐乡县工业品站经理,但因抽调外出过多,对工作感到茫无头绪。一天下午,业务股长急匆匆地向我汇报:副经理丁德荣自宁波来电,要求迅速送去2000元,以购买大办地方工业所需物资,越快越好!

那时尚无电汇业务,且又临近下班,怎么办?

在此情形下,我就毅然决定由我携款凭方位步行至硖石,再转乘夜车去甬。

当我途经屠甸镇时,适逢县委朱晞同志,他已吃过晚饭正在街上散步,见我后便询问我工作近况。我因急着赶路,只是匆匆应了一声,便继续向前。片刻夜幕已浓,沿途农舍稀落,灯光微弱。我到硖石车站时,看看时间已将近九点,只好胡乱充饥后坐等火车,终于次晨抵甬完成任务。这一夜的行程,后来想起来难免有些后怕。我想这既是侥幸(没迷路),又全赖形势给我的推动。

由于此时我国已掀起"大跃进"、大办地方工业的热潮,并进入"人民公社化、大办钢铁"的特殊岁月,加上我县又与崇德县合并,县工商联的工作难免就出现了上层活动多、对下开展难的局面。

从1958年第四季度起,我按领导意见在乌镇蹲点。当时镇工商联五个干部大多被镇上抽去搞市场、搞宣传,秘书徐志奎也不时需参加镇的中心工作,剩下的仅老弱勤杂一人。我三餐都在公共食堂买票就餐,晚上单独宿于礼堂一角,白天多数时间在供销社一个纸什门市部参加劳动,偶尔去镇里抓联系汇报工作。但此时已值公社化后乡镇大合并,实行政社合一,原桐乡县撤掉14个乡、4个镇,原崇德县也撤掉17个乡、3个镇,共成立了12个人民公社。偌大一个乌镇,仅是公社下属的一个管理区。所以带管镇上工作的干部大都有这样的意思:"现在'一大二公',工商界成员都在供销社,思想工作他们是会负责的。"有时我去镇工商联委员工作单位或请他们上来,也都是忙忙碌碌、不宜久留的神色,有时只好匆匆散会,工作很难抓。不过我还是天天走出办公室。我还记得每天路经北花桥一带的时候,总能听到路上高音喇叭播放的"争取明年更大跃进"的鼓动声。正是在这样的"跃进"声中,迎来了1959年。

  1959年开年后,工作略有进展。我和镇工商联徐志奎秘书商议,造船厂私方人员较为集中,对他们进行共产主义教育非常有必要。于是就商得造船厂领导和骨干分子的赞同,利用每天午休时间组织厂内私方人员就地开展共产主义教育。这样连续进行了一周略多时间,感到效果还不错。

  事后,我根据当时工商界讨论的语言,按杨柳青调谱写一篇短词,刊登在《浙江工商》上。词意为:"右派、反党使不得,资本主义害煞人(杨呀杨柳青),区分敌我,明辨是非,敞开思想,向党交心(嗳嗳唷),革面洗心做新人。""总路线,如明灯,毛主席教导牢记心(杨呀杨柳青),上山下乡,参加劳动,献计献策,学习工农(嗳嗳唷),整风成果应坚定。公社化和大跃进,工商界有两面性(杨呀杨柳青),七上八下,动摇不定,患得患失,口勿应心(嗳嗳唷),改变立场顶要紧。共产主义教育好,党对我们似娘亲(杨呀杨柳青),认清形势,消除顾虑,心情舒畅,干劲倍增(嗳嗳唷),兴无灭资有决心。更大跃进五九年,改造服务紧相连(杨呀杨柳青),提高认识,自我批评,发明创造,贡献才能(嗳嗳唷),总结评比赶先进!"

二、后来的工作

1959年4月份到10月份,我遵照县工商联的安排,一直在杭州省政治学校参加学习。这一年,县工商联进行了换届选举,主任人选恢复由工商业者承担。

这年11月起,县工商联在桐乡灵安公社太河荡办起一座养猪场。养猪场的土地由公社划拨;资金向全县原工商界筹集得来,共77780元;人员除聘用当地农工十余人外,又由县工商联抽调两个专职主委、副主委二名干部(范文汉负责生产、胡达怡负责基建),加上二名基层工商界人员、六名"右派"参加劳动。

这个养猪场的经营成为1960年度县工商联的大事之一。开年后,虽已建起几间瓦房、两个大草棚猪舍,土地上也已经过冬种,但饲料无着。平时只能依靠四名"右派"每天捞得一船水草维持。在此期间,还发生了一名"右派"在捞水草时因天黑不慎坠河身亡的事故。猪崽只能吃水草,营养当然也跟不上,因此生长缓慢,还屡有病死。原定"千头牧场"的大话,实是天方夜谭。当时附近还另有一座号称万头的县委畜牧场,不知情况如何。

当年的另一件大事是在全国民建、工商联召开"神仙会"后的学习和贯彻。先是3月份组织成员去湖州参加省民建、工商联召开的分片传达会;接着4月份在梧桐召开大会进行贯彻。层层会议都按照"神仙会"的特点,参加人数多(我县设分会场)、时间长(自己提出问题、分析、解决问题)、听得多(我县有县长等重要讲话以及我作的长篇传达)、伙食好(湖州餐桌经常有海鲜),全程突出"和风细雨、以理服人"的精神,使工商界进一步放下顾虑、轻装上阵,全力投入恢复经济、技术革新中去。

到1960年的第四季度,县工商联响应"大办农业、大办粮食"的号召精简机构,决定我和姚厥全两人分别下放石门、乌镇两地供销部。我愉快地接受分配，即日去乌镇报到。但与工商联的关系仍很紧密，比如当年的总结仍由我执笔，年底还派我参加省工商联的执委扩大会议等。

到1961年和1962年，我国国民经济逐渐复苏，社会生活趋于安定，各方面工作也逐步规范起来了。原属的合作组织、个体等商业人员从县工商联脱钩，另组商贩联合会。此时的县工商联，主要任务则是对原公私合营的私方人员进行世界观改造。

据1961年6月份的统计，此类私方人员全县一共有635人。对这些人改造的途径也明确了"以政治为统帅，以企业为基地，以劳动实践为基础"，同时遵循"三自""三不"（自己提出问题、自己分析问题、自己解决问题，不抓辫子、不扣帽子、不打棍子）等一整套方针。在具体方法上，则着重组织成员进行业余及离职学习，收集成员工作、思想情况，定期召开执、常委或扩大会议。长会短训辅以参观，经常请本县党政领导作报告，以不懈地进行爱国主义、社会主义、国际主义、反帝反修等教育。我所记得的有：1962年召开了私方人员的家属代表会，成立了家属委员会，并增聘张英同志为专职干部；同年的6月21日，还邀请魏传鲁书记向常委会人员通报了蒋匪帮策划反攻大陆的信息；其他还有组织参观农村机埠、幼儿园等活动。

我自参加1960年末的省工商联执委扩大会议回来后，便按照会议要求动员工商界与党同心同德、一起努力克服暂时困难。不仅在县工商联、镇工商联召开的一系列大会、小会上传达会议精神，还曾与乌镇工商界中下放农村的人员进行座谈。

1961年10月，我又调回县百货公司工作。由于已经离开有一段时间，我对业务工作已经颇为生疏了。但商业局长鼓励我大胆负责，公司经理也十分支持，甚至有一次召开五个基层商店和县公司的经理会议也叫我负责主持（当时经理本人外出，但尚有一党员副经理在家，如不让我主持也是说得过去的）。同时，县工商联对我也非常器重关怀。比如有一次正在召开常委会的中途，被县百货公司临时派去配合县食品站到农村调查,回来时中饭时间已过,但县工商联仍然给我留着热腾腾的饭菜,使我十分感激!当时有多次会议,县工商联都派我为代表作会议总结发言。我也乐意如此做好两头工作。

但好景不长,从1963年下半年起,我由公司派出,做本职以外的工作多达八十多天,我在公司的处境也有了变化。有一次开行政会议讨论下季度计划,我拟请假,经理就说我"甩纱帽";还有一次刚从新生乡参加秋收冬种回来,得知省公司明天召开统销会议,我想这是属于我分管业务范围的,所以未经请示径自参加了,这可能又留下了"罪名"。

及至1964年,阶级斗争形势更是愈演愈烈。是年3～11月,我奉命下基层蹲点,三分之一时间在濮院,三分之二时间在石门。县工商联的秘书长也早被抽出搞"肃反"及"社教",县工商联活动很少。直到12月,才办了一期由全县工商界骨干约40人组成的离职"学习班",也是全年度唯一的"重头戏"。

在学习班开班前几天,我接公司通知回到县里,先去嘉兴参加省工商联在嘉兴旅馆召开的小型座谈会。会上,汤元炳向我们耐心讲解了当时存在工商界大反复的情况,要求与会者在当地开展的学习中要本着"事无不可对党言"的态度彻底检查自己的问题。

我当即开始反省自己。想到在石门回家期间,我曾偶尔从英国伦敦电台华语播音中听过几次我国在20世纪40年代的流行歌曲,这表明当时自己和党的文艺方针确实不是一条心。想到这里,虽然也怕闯了祸收不了疤,但仍决定这一心结不能留,应该作出检查!

"学习班"一开始,公布的学委会名单中就没有我。我想可能开班前领导上已经向单位征询过共事方面的意见吧,但不闹情绪,仍决心当好小组长。

这期的学习,先以"九评"为武器,联系工商界接受改造过程中出现的大反复学习讨论,最后进入自我检查阶段。我于是按照事先想好的,检讨了自己曾收听伦敦电台所播放的我国在20世纪40年代流行歌曲的事情。果然,这一出人意料的事情经自我暴露之后,就势难收拾!

在整个自我检查阶段,统战部领导从政治角度出发对我没有丝毫饶恕,多次在大会上点名为"个别小组长"(指我)、"个别学委"(指吴葆清)应该进一步作出深刻检查。无休止的检查,使得整个"学习班"都难于结束了。当时已近农历年底,从外镇来的学员,都急于回家过年却回不去。身处这因我而致的寒风冷雨中,我内心也十分难过。在接下来的检讨中,我主动把共事中的问题上纲上线为对抗、夺权,把自身生活上、态度上的诸多问题统统检查出来,只要能让党体会到我彻底反省的态度,都在所不惜。小组中的辅导干部张连庆同志提醒我"不要把自己涂得太黑",而我则唯一清醒地想到爱国爱党是我的政治底线,决不动摇!

结果还是党宽容了我,使我获得了深刻的教训,进一步加大听党话、改造自己的决心。学习结束后我即向公司经理如实全部作了汇报。自1965年起,主动要求落实到梧桐百货商店门市部站柜劳动。据我所知,这一年工商联的活动也更趋减少了。

三、回顾1959年参加省政治学校第二期学习的日子

1959年4月,我接到县工商联领导"结束在乌镇蹲点,去杭州省政校学习"的通知。这时候我妻子刚刚迁到桐乡来没有多久,且又怀孕临产在即,我为了不失去学习机会,赶紧从家乡请来一位农妇照顾她,自己则于当月18日及时赶到省政校报到。

校舍设在法院路专康里原系某会馆的大房廊内。正房是五开间,很进深的楼厅,底层中间为大会议室,铺有地板,主要是供听报告或大组讨论的。其余上下十几个大房间,则可供百余人住宿、分

组讨论。石板、大天井、光线足、空气好,总的来说环境还不错。周围办公室、传达室、厨房、厕所等配套设施也一应俱全。

学校由省政协主办,有一位黄玉麟主任驻校负责。开学之前,先是一位梁处长向我们介绍了这一期的学习计划,说希望我们端正态度、学有所得。根据他的说法,本期学员共120人,分为两个班:民主党派、社会人士一个班,正副主任为袁心粲、方志刚、陈惟于;民建、工商联为另一个班,正副主任为郑志新、方恭敏、王觊甫。学期四个月,每周的星期日休息,有事可以请假回家。

在开学典礼上,省委统战部黄先河副部长来作报告,说明教育目的就是帮助大家接受社会主义改造。接下来,就根据当时正值二届全国人大一次会议闭幕、选出了新的国家领导人,以及平息西藏武装叛乱这两件大事,开展学习讨论。我们都站在维护国家统一、拥护中国共产党的立场,愤怒谴责那些武装叛乱分子,热烈歌颂社会主义制度。我还想及我在旧社会11岁就失学,在新中国已经是30岁的人了倒还能入校学习,这真是新旧社会的鲜明对比啊!

开学不久,就逢上了五一劳动节。在学校举办的《庆祝五一劳动节》专栏里,我贴出了一篇随感,其中写道:"劳动创造了伟大祖国也缔造了世界,劳动还将为人类绽开幸福的鲜花。当我们还站在原资本主义立场上的时候,不会懂得这个真理,却反觉得厌恶可怕。共产党来了,教育我们认识劳动、实践劳动、改变立场,但我们像一群顽皮的孩子,听了话又忘了话,资本主义的劣根还不时在撒野!国际劳动节、解放十周年,现在我们又在西子湖畔,沐浴着党的热爱,谆谆教导。认真学习,加强改造,向劳动者致敬,向工人阶级转化,走社会主义道路,听党和毛主席的话!"这是当时的肺腑之言。

在学习过程中,我还随时用心留意每位同学的姓名、优点等,以便做到大部分认识、有接触和沟通。在学员中我年龄小,个头也不大,同学们都称我为小胡。

全校的学习气氛都很浓厚,同学们情绪饱满活跃。每当广播体操的哨音一响,全校老少上阵,做得十分使劲(至今我还减量坚持)。夏季星期天,我们穿着印有校名的汗衫结伴上街,引得路人侧目而视,还遇到个别人把"政"字误识为"改"字而脱口嚷嚷:"这些老头儿的改校在呷格地方……"我们都满不在乎,一笑了之。

当时正处在党的八届八中全会前后,学习班的时间一延再延,学习内容也安排得比较杂:时事的、理论的、政治的……发给学员的两本《政治经济学》,倒是浅尝辄止。开始时步骤较散,集中听课少,小组讨论多,中途还穿插了写大字报、去绍兴东湖农场参加劳动,以及抽调小组部分骨干外出调查等环节。到末尾则全力转入学习八届八中全会公报,分组进行重点帮助,组织参观国庆十年成就展览馆以及杭州笕桥人民公社等活动。整体感觉是前松后紧。

我回顾自身在这次学习中的表现,好的方面是始终做到认真听课学习,吸取同学之长;袒露心扉,在大小组里积极发言;钻研理论,写出《我对自卑感的认识》学习体会两篇,发表在《浙江工商》及校园墙报上;踊跃参加校里组织的劳动锻炼,如打扫卫生;遵照布置诚实写出大字报等。

我一共写了二十多张大字报,但正是这些大字报引起了不少麻烦。比如我在一张大字报中写道:"农业生产放卫星,上百超千论万斤。粮多仓少放不下,国家何不废三票(粮、棉、油)。"这是针对当时浮夸风所写的,语气近乎说笑。这张大字报贴出后不久,有次小组长开会回来,说:"有好几个人称赞我们组小胡写的大字报观点明确、敞开思想。"其他人听了可能都没太在意,我却产生了一些不好的预感:这些大字报会不会被说成不以善意向党提意见呢?果然不出我所料,一待后来转入"反右倾、鼓干劲"学习的时候,我就成了重点帮助对象之一,小组同学纷纷对我提出批评。

好在党对我们一直本着"治病救人"的方针,还在国庆期间组织我们参观省工农业生产展览馆、杭州笕桥人民公社等,进行直观教育。我也从中积极找自己与工人、农民的差距。我想十年成就是铁的事实,而我们却喜道听途说;群众在"三面红旗"下义无反顾,我们却常闲言散语;群众拥护"三面红旗"的态度斩钉截铁,我们却常常东挑西剔,这充分反映出我们爱国爱党的思想扎根不深。于是诚恳作了检讨、接受批评,在这场疾风骤雨中继续前进。

　　拖至10月10日,这期的学习结束了。结业典礼上,唐巽泽校长作长篇总结,认为"这学期政校在党的领导下,通过多种形式的教育,使多数人有了不同程度的提高,也看到了必须继续接受社会主义改造的必要。不作结论,须待进一步努力"。汤元炳副校长也向学员提出,应继续通过"看、听、干、放、辩"的途径接受社会主义改造。

　　鉴于时间宝贵,这次学习过程中我一次也没有回家过。直到10月11日傍晚回到家里,看到新生孩子近半岁,已会微笑招手了。

嘉兴市政建设的"普通一兵"

庞艺影

丁士进是嘉兴市第一届政府的文教科科长,后来又担任嘉兴交建科科长,是嘉兴市市政建设的前辈人士。

我和老丁的交往是30年前的事了。我的妹妹和他家是一墙之隔的邻居,每天傍晚,总有一阵张弛有道的京胡声在陶家院内飘响。我经常会站在门前的一株大树下,倾听那丝丝入扣、高亢坚定的《红灯记》乐曲。我敬仰《红灯记》革命者的精神,我更理解陶家院老丁拉响这把京胡的心境。

老丁年轻时学的是建筑测量专业,毕业后进川工作,27岁时就担任修建川渝公路的工程师。后来,老丁被一纸父命召回老家完婚,并当了一名中学老师。老丁的父亲是清末秀才,民国初年从浙江省法律专科学校毕业后,曾任浙江高等法院杭县地方律师。这位老先生一个儿子北伐时就参加革命,曾坐过国民党11年大牢,一个儿子抗日时是声震苏浙皖的游击队长,都是朝不保夕,所以就想把老丁稳在家里。当年老丁也是个热血青年,曾一个人跑到桂林找任新四军后勤部长的哥哥,结果当哥哥的也劝弟弟回家,代替两位参加革命的兄长尽孝。……历尽曲折,最后老丁还是在解放的前夜从家乡入了伍。

然而,老丁的革命道路并不"平坦"。就拿"居者有其屋"来说,20世纪50年代末,老丁的家被所在机关宿舍大院扫地出门;"文革"开始,全家又一次被老丁夫人工作的中学勒令搬出。老丁主管过嘉兴教育工作,其时小女却小学毕业失学在家;老丁主管过嘉兴的交通城建,此时却落得个无处栖身,只能在市心弄陶家院找到一间破旧的私房,买了一张大竹榻一家四口才算安了"家"。我认识老丁时正逢他家最窘迫的时光。可即便这样,老丁的京胡声还是和他的微笑一样清晰,他的思想很少受情感因素的影响,他的生活也避免为物质的东西烦心,所以他家便成了我走进陶家院常去的地方。

老丁经常邀我聊天,因而我们成了忘年交。我有一种感觉,老丁与人交往时的每一个细节,都显示出潜在的知识的说服力,就好像那沉甸甸的硕果挂在枝头,在你面前散发着甜香和魅力。

老丁对我谈及最多的,莫过于他对嘉兴城建的变化和展望了。在回忆张家弄这条热闹狭窄的小弄拓宽改建时,难以穷尽的激情使他的思维一发而不可收。旧时张家弄位于市区商业繁华地段,长不到300米,宽近2米。弄内商旅聚集,五花八门样样俱全,声色犬马处处可见。新中国成立后,人民政府为了"改造社会,发展经济",于1956年规划实施了这项全市最早、规模最大的市政建设工程。当时的老丁身为市交通建设部门的领导,职位虽不算高,但责任却重如泰山。那时的老丁,和人民政府的大多数干部一样,年富力强,有才气、有力度,对国民党政府遗下的残局,更有收拾旧山河的决心。老丁说:"那时拓宽张家弄是各行各业的头等大事,其过程像是全社会的一次人力、财力和团结合作的大演练。市长武晓山是这场演练的指挥者,他那种不怕苦、不怕累的豪情和精力,威风八面,鼓舞人心,我们管他叫'开路先锋'。""当时的技术设备比较落后,破土难度大,体力消耗也大,干部在工地上昼夜不得闲。交建科、市政工程队的领导都是头发长到了脖根,胡子盖到了喉咙口,脸庞瘦得一层层起皮。有的同志手上磨出了血,钻心地痛,用块纱布缠住继续干……也有不少年轻干部卷上铺盖,带上碗具,索性住进了工棚,直到打通张家弄延伸的东西两头。"说到此,老丁神采飞扬:"这条后来改名为勤俭路的沥青马路,长1100多米,宽20多米。当时也有人批评是'冒进''贪大求洋',可我们坚持城市建设要有二十年的裕量。现在几十年过去了,勤俭路仍在我们这座城市中发挥交通主干道的作用。"

类似的叙述,我听过好多次。如工人文化宫、人民戏院等公共建筑,人民公园、儿童公园等园林设施,还有老城内那几座桥的扩建等等,我感受到往事在他的心中沸腾,那个时代的精神也在他的话语传递中弥漫上升。实际上,在那个轰轰烈烈的建设高潮中,老丁的激情正是与崇高的时代精神一起燃烧的。不信,你只要翻开嘉兴市城建史册或者有关地方志记载,丁士进的大名就会出现在眼前。

老丁为人不趋时,遇事常持独立见解。他曾遭遇不公正的对待,常逢争鸣、批评和误解,但都能持一种平和达观、超然理解的气度。而他那刚柔相济、灵敏善感的人生态度和生活姿态给我留下更为深刻的印象。老丁动手能力极强,在被错划为"右派"下放农村的三年里,他试制了好几种样式的收割机。老丁还认搭伙食的那户农家子为干儿子,两家子女对双方长辈"亲伯""亲妈"的称唤,友谊延续到了下一代。1962年老丁"摘帽"后重回机关,加倍珍惜失而复得的工作,用他的专业之长继续做城建工作,直至后来入住"五七"干校。老丁告诉我,"文革"十年他白天干校养猪,晚上在家装收音机,从11灯立体声电子管一直装到黑白14寸电视机。

记得在"文革"时期,一次我去妹妹家,正逢老丁腋下挟着块硬纸板出门上班。我就让他把写有他名字和污辱性语言的一面翻到里面,省得路人观看。可老丁走了几步,又把自己的大名朝外翻了过来,大步流星地在街上走着。还有一次,老丁见我上他家,忙放下手中已是半成品的家用小板凳,为我倒了杯水。我拿起他放下的木工刨子,禁不住问:"你为什么费这么大力气做这张板凳?"老丁发出一阵连续的笑声而没有说话。我察觉到我的提问十分幼稚,是后来发现老丁家餐桌上常常只有猪油拌青菜一个碗,当时老丁家经济窘迫,可他的爱人、同样出身于书香门第的洪老师,对于老丁花钱买电子零件,从来开口要多少钱就给多少钱。

在20世纪70年代初那个特殊的环境中,老丁是属于那种双手不闲着内心才能轻松些的人。所以后来嘉兴"五七"干校办制药厂,大家都为老丁又有用武之地而高兴!一时间,设计厂房、画施工图,基建员老丁忙得不亦乐乎。等工厂投产后,老丁又埋头技术革新,推出一代又一代新式洗瓶机。老丁退休后又被返聘了几年,他为嘉兴城建留下最后的建筑设计作品是制药厂、钢铁厂大门,还有就是协助同济大学设计的中山饭店,后者竣工时也算当时嘉兴的高楼之最了。

在我认识的朋友中,有人不认识老丁却又很想了解老丁。我这里试着把他的形象找回来,或许能给人一种似曾相识、至今犹在的亲切感:老丁,头脑圆大、马鬃似的头发稀稀疏疏;说的是夹着浓重杭州口音的嘉兴话;深沉而富有观察力的眼睛藏在黑边镜框后面,欢乐时闪闪发光,不如意时透着超凡脱俗的风度。他专注于自己所主持的各个时期的领导工作,其中包括文化教育、城市建设和筹建嘉兴制药厂。他也经常说自己是建设嘉兴的"普通一兵"。这般质朴无华的比喻,真正表达了他所具备的忘我、无畏的优秀品格。如今,我每每想到这位清白做人、热情工作的"普通一兵",我的真情就会化作对老丁——一位被历史记录在榜的离休老同志的无限追思。

(写于2011年5月)

关于征集新中国成立后
文史资料的启事

各位委员：

  为推进政协文史资料工作的开展，近年来，全国政协、省政协和市政协相继召开文史工作会议，出台《关于加强文史资料工作的意见》，提出新时期文史资料征编任务，要求"在继续做好中华人民共和国成立以前史料征集的同时，把广泛征集新中国成立以来特别是改革开放30年来政协委员及其所联系的各方人士的'三亲'史料作为今后工作的重点"。

  政协"三亲"史料，是指当事人、见证人和知情人亲身经历、亲眼所见、亲耳所闻的第一手资料，是政协委员及其所联系的各方人士对重要历史事件、历史人物及自身经历的重要事件的记述。在此，希望每位委员承担起肩负的历史责任，把自己在新中国成立以来特别是改革开放以来所亲历、亲见、亲闻的重要事件或值得回忆的工作片断，以文史资料的形式记录下来，为后世留存。同时，也请你们动员各自所联系的各方人士积极撰写"三亲"史料，共同为发挥文史资料"存史、资政、团结、育人"的社会作用贡献力量。

  各位委员在提供"三亲"史料时，可以不拘形式，不论文字长短，允许多说并存。另外，请注明您的姓名、身份及联系方式。

  提供方式：

  1. 通过纸质或光盘等提供。

  地址：嘉兴市广场路1号市行政中心4号楼市政协学习和文

史委办公室,邮编:314050,电话:0573-82521370。

2.通过电子邮件提供。

E-mail:jxzxwsw@126.com

嘉兴市政协学习和文史资料委员会

嘉兴市文史资料通讯

第七十期

嘉兴市政协学习和文史资料委员会编　二〇一二年三月二十三日

目　录

嘉兴往事……………………………………陈钰麒（135）
　秋泾桥和秀城桥上的门………………………………（135）
　"真如塔"后记…………………………………………（138）
　嘉兴七塔八寺中的"七塔"是在何年被拆毁的………（143）
　上南、落北街……………………………………………（144）
　母校往事
　　——杭州海关嘉兴分关侧记………………………（150）
　新中国建立初期对城市小摊贩的管理………………（166）
　交谊舞在嘉兴……………………………………………（170）
　我的两封信………………………………………………（178）

嘉兴往事

陈钰麒

秋泾桥和秀城桥上的"门"

嘉兴位于杭嘉湖平原腹地,东临东海,境内水网纵横,进出以步行为主,或以船为徙、以桥为渡。以前,桥以石拱桥为主,嘉兴市范围内的石拱桥有:秋泾桥、秀城桥、西丽桥(原桥已被毁)、南门的五龙桥(现神龙桥东侧已被毁)、现揽秀园旁的文星桥(原哑巴桥)、东门铁路旁的放生桥("文革"时被拆)、原绢纺厂旁的盐仓桥(1959年重建时改成现状)、甪里街民丰给水泵站处的东马桥("文革"时被拆)、东栅镇上的会龙桥("文革"时被拆)、余新镇南海盐塘上的塔塘桥、王江泾运河上的长虹桥、杭州塘的陡门大桥等等,但所有这些桥上,如今有桥门的只有秋泾桥和秀城桥了。

秋泾桥位于嘉兴城东北闸前街东,是目前市区内最高的单孔拱形石桥,气势壮观,东西横跨在秋泾河上,曾是通往市郊太平桥、塘汇、马库、栖真等地的要道。如今,公路四通八达,已很少有人从此桥经过了。

秋泾桥桥长约60米,桥面宽4.3米,桥东有台阶41级,桥西有台阶36级,坡度陡斜。桥沿(栏)用厚20厘米、宽50厘米的长条石构筑,桥顶原有两对小巧玲珑的小石狮和两排供人休息的石椅。两对小石狮现仅存桥顶北侧的一对,桥顶南侧的另一对小石狮则在1966年"文革"初期,因人打赌比谁的力气大而被推落河中。

秋泾桥西第23级台阶处(桥台阶较宽处)建有桥门,建造年代不详。桥门连两侧门墩在内宽约4.3米,高约3.5米;门宽约1.8米,高约2米。两扇朝西(向嘉兴城内)开的为厚约5厘米的木板门,门边上下左右各有门臼用于插入固定和开关桥门。门墩向西(内)呈内八字形,顶部盖有小青瓦的半爿屋顶;门墩东(外)是垂直的。旧时因社会动荡,盗贼猖狂,为防盗贼及阻隔晚间有人进入,所以在桥上建造桥门。新中国成立前夕,在洋关街(现光明街)、闸前街一带曾发生多起"强盗抢"。当时盗贼在深更半夜以查户口为名叫开门,居民都以为是查户口的,开门后即被抢金戒指、金耳环、金项链、金手镯等值钱的东西。我父母也曾被抢去金戒子、金耳环等物,后来这批强盗从秋泾桥向东往马厍沿路抢窃流窜而去。在儿时,经常听父辈们说起此事。有了桥门,只要看管桥门的人到晚上把桥门一关,闩上门闩,桥东(外)的人就进不来了,到次日天亮打开桥门,桥内外的人才可以通行。

嘉兴解放后,社会安定,桥门也不再关启,门闩也不知去向。

我家门牌号在1953年新编时为光明街11号,属闸前街居民委员会第十小组,距秋泾桥很近,我经常去桥上看风景。往南看,秋泾河南有大片的农田(新中国成立后为嘉兴农业技术学校的试验田),随着季节的变化,农田的景色也各有不同,由春季粉红色的桃花、金黄色的油菜花,到夏季翠绿的禾苗,再到秋季黄灿灿的稻谷。远处不时还能看到冒着白色烟气的火车蒸汽机车带着车厢驶向或驶离嘉兴的美丽场景。登上桥顶极目远望,视野开阔,心情顿时舒畅。大人们也常常登上桥顶看风景。有时站累了,坐在桥顶的石椅上摸着小石狮也很有趣。儿时玩伴不时开个玩笑,关上桥门用力顶着,让你开不了门,所幸这时有人要从桥西(内)到桥东(外),他也只好开门,我们便随机冲入把玩伴小"打"一通。

1958年"大跃进"时,"大办钢铁",学校组织我们去参加敲矿石劳动。当时嘉兴地区师范学校(现环城南路的嘉兴一中老校址)

北场地上也建起了土高炉炼铁。我们学校的学生每天上午上课，下午劳动，每人从家里拿来铁榔头，从学校步行到师范学校敲铁矿石，敲碎的铁矿石要求大小均匀，说是可以减少炼铁时间。

那时我们学校已从新中国成立前的闸前街小学（之前是嘉兴海关）改为解放镇中心小学，校长是蒋碧云。我们学校从"文革"中的1968年12月起，被嘉兴地区航运公司嘉兴分公司接管，1969年8月改为嘉航五七小学。"文革"结束后，先后更名为嘉兴县解放小学、嘉兴市光明街小学，现为嘉兴市光明小学。

我们当时还到过北门外三官塘桥西侧的嘉钢三厂参加敲矿石劳动。三年经济困难（1959～1961）时嘉钢三厂停办，直到1972年才在原嘉钢三厂的地址上建起了嘉兴钢铁厂，近年已搬迁。

1958年的一天，我有一段时间没有去秋泾桥了。再去时发觉少了些什么，仔细一看才发现桥门已没有了，连门墩均被拆除了。

同时被拆的还有秀城桥上的桥门和门墩。

秀城桥，南北横跨秀水河上，桥南缸甏汇，桥北芦席汇，稍小于秋泾桥，是市区内最古老的单孔拱形石桥，其桥门在桥北第15级台阶处。门是向南（内）双开的，桥门宽约1.7米，高约2米，门墩样式及功能同秋泾桥，但秀城桥门墩北侧是垂直的。我儿时大都是过秀城桥进入城内的。另外，我父亲喜欢看京剧演出，特别爱看如《七侠五义》《封神榜》等，演出都在当时的南湖大剧院或工人文化宫。我从小就跟父亲去看戏，走闸前街，过钮家桥、鱼行街，经解放路西，再过秀城桥，穿环城北路，走环城东路到南湖大剧院，剧终原路返回。有时去工人文化宫看演出，走闸前街、钮家滩，过钮家桥、鱼行街、解放路西，再过秀城桥，穿环城北路、姚庄路，过原秀州中学门口，穿勤俭路（原张家弄东段、芝桥街），走中山路到工人文化宫，结束后也是原路返回。有时稍走慢一点，父亲就对我说："走慢了桥门要关了，要关在城内了，走快一点"，其实当时桥门都不关了。

如今知道秋泾桥、秀城桥上有桥门的人已不多了。新中国成立后两桥的桥门也只存在了九年,在1958年"大跃进"时桥门及门墩全部拆除,距现在已过去了半个多世纪,这些都已成为了历史。偶尔碰到当时居住在秋泾桥、秀城桥附近的六旬以上老人,说起此事,仍记忆犹新。

(写于2010年1月5日)

"真如塔"后记

真如塔位于嘉兴城南门外西南湖西侧,始建于宋庆元三年(1197),清顺治十一年(1654)重建,光绪二十五年(1899)重修。其塔体保留宋代风格,塔高53米,塔基直径12米,是"嘉兴七塔"中最高的塔,历经风雨和战乱,后人也不断重建重修,延续数百年。

塔大概是因寺而名的。真如寺创建于唐至德二年(757),曾名为至德院、真如教院。真如教院在宋时名声极盛,司马光曾为之作记,苏轼亦曾在此扫雪煮茶。真如寺比真如塔经历了更长时间的沧桑,延续近千年。

1949年5月6日中午,解放嘉兴的中国人民解放军二十七军先头部队,挺进到嘉兴城南真如塔附近时,遭到真如塔内国民党军残部的顽抗阻击,我人民解放军二十七军七十九师二三六团一营副营长许凤楼和多名战士不幸英勇牺牲,另外还有多人受伤。为不使古塔受到炮火破坏,人民解放军放弃对塔内残敌进行还击,而改道绕过真如塔。5月7日,人民解放军在欢迎人群的迎候下进入嘉兴城,解放了嘉兴。

嘉兴解放初期,真如塔已陈旧不堪,真如寺也只存下二三间破败不堪的寺屋。解放后真如寺内的僧人相继还俗,参加生产劳动,结婚生子。

1959年,重5吨、高9米的真如塔刹严重倾斜。为防坠落伤人,真如塔刹被拆除,塔顶用水泥抹成平顶,并安装了导航灯。拆之前,第一层塔身外壁写有"勤俭建国、勤俭办企业、勤俭办一切事业"等标语。塔刹拆成三段后,被安放在南门嘉兴结核病防治所东围墙外。后在20世纪60年代初被安放在人民公园内东北角的小土山上,20世纪80年代中期在延伸、扩建勤俭东路时,人民公园北侧围墙向内移,要挖去小土山,填平春波桥下河道,真如塔刹又被安放在公园内小湖边的土山上。

　　真如塔底基高约一米。第一层北有一塔门,可从塔底基爬入塔内;塔内二层四周有檐口,沿塔内壁可小心行走,塔中心是空的,可仰视塔内顶部;爬上第三层即有台阶可到塔顶。20世纪60年代起,塔顶长有小桷树,并有八哥鸟做窝。曾有人爬上真如塔顶掏鸟窝,从塔顶掉落摔死,从此真如塔门就用塔砖封堵起来了。不过即使是在塔门被封堵时期,还不时有人来拆除封堵塔门的塔砖,登爬真如塔。

　　1964年3月,我参加解放街道组织去南门三号桥外(嘉桐公路西)建造打靶场的义务劳动(挑土堆垒打靶台),下午返回时路过真如塔,曾在塔底仰望塔顶,并到塔门处,见封堵塔门的塔砖大部分被人拆去,有人已爬入塔内,我便也爬进塔内,登上塔顶。以前我多次到过真如塔,但都没有登上过塔顶,唯有这一次,也是最后一次登上了真如塔顶。登高望远,能看到沪杭铁路上南来北往冒着白色烟气的列车,北望能见到城内紫阳街圣母显灵堂的两钟楼拱形顶,还能看到中百公司(原建国北路)四层楼顶,向南能看到海宁县硖石的西山和东山以及海盐县的六里山。塔北南门一带的房屋、道路及工厂,塔下东、南、西一片旷野,河流、水田、菜地、桑树地等尽收眼底。

　　1970年8月,真如塔身被用毛竹搭起的脚手架包围起来,因建设原因被拆除。拆除时,我曾多次到塔底附近观看。关于真如塔被拆有多种传说,有说真如塔顶有"定风珠",有说有"夜明珠",更神奇的说有一条大蟒蛇,头上长有像龙的角,拆塔前已飞走了。据我了解,拆塔过程中,曾发现一批明末塔砖和一部分崇祯七年(1634)写的佛经经卷,现收藏于市博物馆内。

真如塔被拆下的塔砖,一部分被堆放在环城东路西侧的嘉兴儿童公园,作为围墙(现南湖大饭店址);还有一部分在第一医院南市心弄,做建造房屋之用(原嘉兴镇属机关宿舍,共三幢),塔基原地扒平,没有向下深挖。

1979年底,我所在的嘉兴轴承厂因生产发展需要,需搬迁扩展,当时搬迁资金来源有二:一是那年由县知青办落实10名老知青(其中有的在农村已结婚生子)到我厂工作,并拨给我厂20万元安置费;二是我厂紫阳街厂区地块(现中山路与紫阳街口)被嘉兴毛纺厂看中,准备改建服装公司,同意拨给我厂15万元搬迁费,共计35万元。经报嘉兴镇党委,同意我厂征地申请报告,将在南门嘉桐公路西侧(现城南路真如新村地块),让我厂建造新厂房。

当时,我已从镇委工作组进驻镇属企业检查"清查"(清查与"四人帮"有牵连的人和事)工作结束后回厂。我同厂里新领导班子成员一起到南门嘉桐公路西侧(现城南路真如新村地块)踏看,发现该地块西有一条南北向的小河,向南在三号桥下也有一条东西向的小河,地块狭长,只有近十亩地,后续不能发展,决定放弃。当看到路东真如塔址地块时,觉的此地块开阔平整,面积较大,后续可向东发展,是理想之地,即向镇党委汇报。

真如塔在1970年拆除后,周围土地全部种植蔬菜。此地域原归南湖乡真如村(赵家圩村坊),1958年人民公社化后为南湖公社真如大队。此时,三号桥以北土地划属嘉兴镇辖,但村民户口仍归南湖公社。

1980年2月后,镇党委批准我厂征用真如塔址地块,全厂职工很是高兴。我厂迅速成立由叶伟副厂长为主的基建班子,周伯雄分管基建施工,并邀请在上海铁路段退休的我厂职工赵冠群爱人俞林书担任施工监理。

真如塔址地块西到嘉桐公路(现城南路),北到南湖磁性材料厂,东到小河(此河曾连通南门五龙桥下河道,后被填埋),南到南湖公社的五层职工宿舍,面积达24亩。征地后的真如村有三十多人被录取进厂工作,男达60周岁以上、女达50周岁以上的均享受退休待遇。其他有李志洪、章建华、章建明、李永明、陈水木、高维华、肖胜明、肖德明、王少泉、王胜泉、徐钰明、许觉泉、许秀全等20多人进我厂分配各车间工作。李志洪原是真如寺和尚,嘉兴解放后还俗,在真如村参加生产劳动,并与丧偶之妇结婚,生有二子:大儿子在房地产公司工作,小儿子李永明在土地征用时与其父一起进我厂工作。

在征地区内,当时有真如塔址东旁,有章建华之父建造的小平屋和屋后的小竹林,后拆除搬建在新厂区外旁(南围墙外),有三楼三底的楼房。高维华也搬建在厂区外小院内,也是三楼三底的楼房,在院内种有花卉。

真如塔址我厂新厂区一期主要为建造车间,有热锻车间(热处理和锻加工)、机金车间(机修和金加工)、磨工车间、四类型车间和装配车间、材料仓库等。新厂区施工由南湖建筑队(南湖公社建筑队,后为第四建筑公司)负责建造。在用水泥板圈砌围墙后,先从北向南建造车间,在热锻车间开挖墙基时,挖出了几处墓葬(此地域一带当时是墓葬区,曾被平整成菜地),棺木都已腐烂,尸骨都成碎片,无研究价值。但挖出了四五只高约80厘米、直径约1.1米的荷花缸,荷花缸外通体呈金黄色,有凸起的花纹,祥云、白鹤、仙鹿、菩萨盘腿坐在莲花座上等情景,荷花缸被施工的村民运走,高维华也运走一只荷花缸放在自家院中,我曾多次去高家看到过。荷花缸是寺中方丈或主持圆寂后盘坐在缸内,底部放有木炭及香料,再盖上另一只荷花缸,用青膏泥封合,埋入土中。

在真如塔址北侧我厂配电间施工时,还挖出了两只清代青花瓷碗,分管基建的周伯雄向我汇报,我即上交县博物馆。现嘉兴市博物馆内还有记载:"1980年8月,轴承厂保卫科在真如塔基旁发现两只清代青花瓷碗,交由市博物馆保存。"

在二期施工建造食堂、礼堂、浴室、办公楼等时,在办公楼东墙基向下挖至1.5米时,有约40厘米方形体、长约7~8米的花岗岩条石,按井字形状叠放着,条石上还留有砌塔砖用的干固的青膏泥,这就是真如塔塔基。因我厂办公楼层高只有四层13米高,包括中间为上下楼道共七间,不需打基础桩,也没有向下深挖,只堆放大的石块(俗称"大片"),用混凝土浇平向上砌墙。

1982年春节后,我厂全部搬入新厂区,同时新建质检大楼,在施工中挖出了一只明代龙泉瓷碗,1982年7月也上交给市博物馆收藏。

办公大楼是在真如塔原址上建造的。1986年,我厂工会组织摄影爱好者成立摄影小组,要上交拍摄我厂新貌的作品,我就在1986年9月22日中午,在我厂于真如塔址上建造的办公楼前,拍摄了一张照片,题为"古塔遗址的崛起"。这张照片也见证了嘉兴轴承厂曾经的辉煌。

1990年,我厂又征用了厂区外东的十多亩地,新建了第二磨工车间和四类型轴承专业车间,厂的规模扩大,产量翻了几十倍。

但到了20世纪90年代末,由于领导多换,经营失策,厂子开始衰落(1999年12月破产),直至被拍卖,后全部拆除,被大地房产合作社建起怡南花园(现城南路东侧)。现怡南花园门前第一幢楼中段,即是我厂原办公大楼址和真如塔址。怡南花园门南旁的水杉树是1983年植树节前夕,我和高维华去桐乡洲泉苗木基地采购栽种的。记得当时又去江苏南通苗木基地采购了白皮梧桐树、香樟树、红梅树、金橘树、垂梅树、五针松等,栽种在厂区道路、围墙边、空地上,厂区道路整洁,环境优美。

真如塔刹经三百多年的风吹雨淋,锈蚀严重。2008年10月23日至27日,嘉兴市博物馆将安放在人民公园内小土山上的真如塔刹,分段拆下搬入市博物馆(我全程目睹了拆下搬移过程),将对其进行除锈防腐处理。2009年6月1日,移入博物馆大厅,进行闭馆安放,并在9月27日为真如塔刹举行重新亮相典礼。

经除锈防腐处理后,已有350年历史的真如塔刹焕然一新,作为国家二级文物、嘉兴市博物馆镇馆之宝,它将长留在市博物馆内,供后人观瞻。

(写于2011年7月16日)

嘉兴七塔八寺中的"七塔"
是在何年被拆毁的

嘉兴名胜七塔八寺中的"七塔"是在何年被拆毁的?在我市公开发表的文章、资料、书籍中都虽有提及,但时间标注上却不尽准确,如:原嘉兴城内塔弄中的铜棺塔(又称孩儿塔),在《嘉兴老照片》画册中标注是"近年旧城改造新建华庭街时拆除"。又如,壕股塔在《嘉兴老照片》画册中标注是"'文革'后拆除"。还有东塔、真如塔、三塔的被拆时间标注也不太准确。

铜棺塔被拆和壕股塔倒塌时,我已参军入伍不在嘉兴,因此不是亲眼所见,但在父亲与我的通信中有提及。1968年9月18日我从部队回嘉兴探亲时,去塔弄看到铜棺塔已被拆除了,到环城南路看到铁路旁的壕股塔已倒塌,无踪影。同时我去二姐家(原东栅公社九曲大队,那时已改为"四新大队"),路过甪里街东塔弄,看到东塔已破败不堪,但还在。东塔被拆时我已退伍,在1969年7月去战友家(许安大队)时,路过东塔弄的东塔旁,看到已搭有竹脚手架在拆塔,东塔寺还存的半爿厢房也同时被拆除。真如塔在1970年8月被拆除,也是搭(竹)脚手架拆的。我曾多次在拆塔附近观看,拆塔时我师傅张炳甫病重送上海医治,医治无效病故,故记忆深刻。真如塔被拆时有多种传说,有说真如塔顶有定风珠,有说塔顶有夜明珠,更神奇的说"有一条大蟒蛇,头上长有像龙的角,拆塔前已飞走了。"三塔的拆除时间是在1973年3月,并不是1971年,我在《嘉兴三塔是在何年被拆的》一文中有详述。

嘉兴七座塔被拆的确切时间应为:

一、铜棺塔,1966年9月"文革"初期拆除。

二、壕股塔,1967年10月(秋)自行倒塌。

三、东塔,1969年7月拆除。

四、真如塔,1970年8月拆除。

五、三塔,1973年3月拆除。

(写于2010年1月8日)

上南、落北街

上南、落北街位于嘉兴城东北塘汇乡(现塘汇街道)太平桥集镇,镇以桥命名。太平桥原是石板桥,桥面和东西两侧桥坡都有各四块大条石板铺成,桥面两侧各用条石围栏,桥东、桥西各有六级、五级台阶,桥底用大条石作为桥柱,支撑全桥重量,桥下中孔为通航之道。桥下河流南连三店塘,北通马库、栖真水域。20世纪80年代初太平桥被改建成水泥拱形桥。

太平桥堍东为桥东街,向东延伸至冷水湾止。20世纪70年代中期,在冷水湾西岸塘桥北堍北空地处曾建有塘汇渔民新村,现已拆除。冷水湾北弯角处有一稻谷加工厂(碾米厂),整天谷糠灰飞,灰蒙蒙的。沿三店塘(俗称长纤塘、上海塘)北岸纤道可至塘汇镇、古窦泾等地（在冷水湾至塘汇镇的长纤塘中段曾建有歇凉亭，可在歇凉亭内休息或避雨，20世纪末新建07省道时拆除了歇凉亭，建造了跨长纤塘河的长纤塘桥）。

20世纪70年代初建造杭申（杭州至上海的公路，连通嘉兴、塘汇、七星、东进、嘉善、枫泾、金山等）公路时，建造了永政桥，自此后，塘汇、古窦泾等地村民都从永政桥经杭申公路前往嘉兴城内。永政桥未建造前，古窦泾、塘汇镇等地村民陆路进出，都从长纤塘北岸纤道经桥东街、上南街来往嘉兴。

冷水湾西南侧有一塘桥，原系石板桥，也在20世纪70年代初被改建成水泥拱形桥，桥下为三店塘河，向西与秋泾河相连。塘桥南曾建有师姑庵，新中国成立后停办，"文革"时被拆除。师姑庵东河上有五孔石板桥，现为市级"文保点"。冷水湾河面处有一个三面临水的水墩，在北侧临水处曾建有"小普陀"，香火极盛，"文革"时拆除，现已重建。水墩南河岸边建有为张家桥的石板桥（现为市文保点），可进出。

桥东街中段北侧建有百年历史的太平桥小学，现已并入塘汇实验小学，空关的校舍出租给他人办厂。

在太平桥小学西，20世纪90年代前曾办有塘汇油脂化工厂。我的战友韩龙友在1965入伍前曾在该厂工作过，退伍后在该厂担任过厂长。现塘汇油脂化工厂址为职工宿舍楼。桥东街东北侧建有塘汇供销社太平桥营业部，主要收购蚕茧（也称茧站）和收购小湖羊皮（出生不久被淘汰的小胎羊，小湖羊皮经加工后供出口）。桥东街都为二层楼的老式居民住房，少有店铺，门牌号从太平桥东堍编起。

太平桥西堍南为上南街，向南至原苏嘉铁路桥洞处止。苏嘉铁路桥洞西约20米处有平坡小石桥，名为"石灰桥"。过苏嘉铁路桥洞，至秋泾桥止为秋泾桥街。过秋泾桥、闸前街、光明街，可到嘉兴城内。秋泾桥街门牌编号从秋泾桥东至苏嘉铁路桥洞西止。秋泾桥街西北侧曾建有秋泾桥粮库,1960年5月在粮库北建起高约13层的我国第一座砖砌立筒粮仓(苏式)。以前每到稻谷收割入库季节,粮库南侧码头一字排开停满交粮入库的船只。村民们挑着装满稻谷的谷箩,排着长队,等候过磅入库。现粮库已拆除,建为秋泾桥公寓。

上南街与太平桥西堍南依次有塘汇供销社营业部、饮食店(面、饭店)、茶馆、烟杂店、理发店、点心店(售大饼、油条)、酒酿店、豆腐作坊、草纸作坊等。豆腐作坊在合作化时被建为塘汇造船厂,现已拆除。草纸作坊主要制作用于食糖、糕点、干果等包装的,稍大于普通草纸的,较粗糙的,俗称草纸的包装纸。1970年时,在东门大年堂前街的嘉兴制革厂搬迁来此建造了厂房。制革厂的到来,给上南街带来了更多的人气。上南街门牌从太平桥堍南起编号,直至苏嘉铁路桥洞止。

太平桥西堍北侧为落北街,向北约100米处东过小石板桥后,穿过田间小路向北即有乡间土路直通庙下桥、马库、栖真、油车港等地。落北街东侧有轮船码头,以前从嘉兴城内客运码头开船到马库、栖真、油车港等地的小客轮,途经落北街码头时都在此停靠。落北街西侧旧时曾建有太平禅院,香火不绝,解放前夕已破败,后拆除。太平禅院南,在太平桥西堍北旁还建有小土地庙,早在20世纪50年代初拆除。落北街门牌自太平桥西堍北侧由南向北编号。

落北街还曾有旧式"龙房"(即龙会,也称救火会或义龙,因灭火出水时似龙形而称"龙",20世纪50年代中期拆除)。以前,曾年年抬着木龙过太平桥,推着木龙(木龙底部装有铁轮,可在平地推着前行)到长纤塘北岸边出水演龙(每年的农历五月二十日水龙会)。我父亲年轻时曾是太平桥龙房义务救火员,有一年的一天夜晚(解放前),步云乡发生火警。他们连夜抬着木龙过田塍、越沟渠,摆渡过河向步云方向赶去,追着火警(有一火球,民间传说是

"火神")赶,直到天亮赶回到原出发地,还不觉得累(据说是"火神"在考验、保佑他们),父亲在世时经常说起此事。

我的祖母徐四妹,祖籍湖北省广济县(现武穴市)西门外陈文广村,在19世纪后期离开老家南迁,在长江边武穴码头乘船沿江而下,到南京居住二年后,又南下到嘉兴塘汇太平桥落北街小洋楼定居(落北街36号),用青砖和红砖相隔建成的石库门,近年被拆。1905年我父亲陈源金在此出生,后在太平桥小学就读,成绩优秀,年年成绩张红榜公布,均在甲等榜首。

我家在落北街东北侧施家浜石开坟处有四分墓地,祖父母百年后都合穴安葬在自家墓地内(墓前朝南除竖有墓碑外还设有石供桌),这里还安葬着我的外公、外婆和我的因病在5岁时病故的哥哥。墓旁南河边种有七棵大柏树,并托人看护守墓。1935年,祖父母和我父亲搬到了洋关旁的傅姓地主的墙门(院)居住。我未见过祖父母,在我出生前他们已仙逝。1965年我入伍前,每年清明节随父亲去扫墓时,都带有礼品送给守墓人。路过落北街小洋楼时,父亲总给我讲起在此居住和生活过的往事。"文革"期间,我家祖坟被平,柏树也被砍。父亲得知此事时,也觉无奈。

落北街小洋楼北的石库门里,还居住着我的外公、外婆,当年他们从宁波来嘉兴就定居在这里。并带来了外公的三个弟弟,分别居住在落北街和上南街。我的母亲林兰宝和她的妹妹林新宝出生在落北街。外公、外婆只生下两个女儿,两姐妹相依不舍。我母亲在1925年15岁时到上海日商纱厂申新九厂做纺织工,曾参加过反对帝国主义欺压中国工人的罢工运动,后为免遭迫害回到嘉兴,新中国成立后曾在南湖布厂(嘉禾布厂)工作。我的祖父母只生我父亲一人,没有女儿,从小就把我姨母过继做女儿,疼爱有加,视为己出。姨母在9岁时到塘湾街(新中国成立后改北京路)牌楼头旁的开盒头店(硬质纸板做成的放食品的包装盒)的邱家做童养媳,改为夫姓,新中国成立后合作化时,到解放路酿造厂东的军烈属纸本厂("文革"时改称红卫纸品厂)工作至退休。姨母家的四个子女都叫我父亲娘舅,而不叫姨父。

在我母亲多位表弟中,我只知道一位叫阿土的表舅,住在上南街。1956年合作化时,表舅到东栅木器社工作,上下班路过闸前街,有时碰到,母亲叫我叫他"娘舅",我才知道有这位表舅。表舅的几个儿子,也就是我的表哥,我没有见到过。说来有趣,1971年10月,嘉兴镇人武部在许安大队举办民兵训练,抽借建国路瓶山茶馆旁南湖浆糊社的章召娣作为连部工作人员,我当时作为军事教员也在连部。见她人小,还以为是小姑娘,开玩笑要她叫我大哥。后她说她已嫁人,丈夫康树在工艺美术厂工作,公公住在太平桥。讲到此时,我问你公公姓什么,她说姓林叫阿土。我即对她说,林阿土是我表娘舅,既然你是他的儿媳妇,所以我要叫你声阿嫂,不能做你大哥了。从此后,我与表哥表嫂多有联系。

太平桥一带的木匠在嘉兴是很有名气的,尤其是落北街和上南街的木匠。落北街上有我外公宁波老木匠外,还有沈姓的绍兴木匠,绝大多数沈姓木匠居住在落北街上,林姓居少,只有我外公兄弟几人。

以前,木匠分为五木,即大木、春木、小木、圆木、方木。

大木:以前造房都是木制结构,先由大木师傅搭好屋架,上梁、钉椽,再砌墙、盖瓦,故民间称会造房盖屋者为大木(称大木师傅)。

春木:指春暖花开后,一年的春耕即将展开。旧时农村没有灌溉设备,只能以人工踏水车来车水,或水牛戴着竹筒眼罩按逆时针方向牵着圆型牛车(用稻草扇搭建的牛车棚)车水灌溉。会制作这些木制水车、农具(犁、耙)等工具的称为春木(称春木师傅)。

小木:会制作家具如三连橱、五斗橱、写字台、方桌、椅子、箱柜、床架等为小木(称小木师傅)。

圆木:会制作如木水桶、木饭桶、木脸盆、木脚盆、锅盖、粉桶(放米粉)、马桶、以前农村施肥用的粪桶等的为圆木(称圆木师傅)。

方木:在我们沿海地区现已被淘汰,无活可做。但在西部深山老林,可能还有活能做,就是会做棺材的即为方木(称方木师傅)。

1956年合作化时,上南街、落北街上的木匠,纷纷加入位于落北街中段的原太平禅院废址上成立的塘汇木器社工作,主要生产各式家具。在20世纪80年代后期并入塘汇油脂化工厂。

那时早起的村民手提、肩挑着各种自种自采的四季时令地头鲜,或自养的鸡鸭蛋鱼鲜等,深乡老农下穿深蓝色百褶筒裙,脚穿老式土布鞋,臂挎着用本地土竹编织的元宝篮,装着各季时节做的小粽、糕团等,沿着乡间小路来到太平桥西堍西侧和上南街上的茶馆,在店门边摆放出售。沏上一壶早茶(以红茶为主)喝着,咬一口大饼油条,望着太平桥上东往西来、上南落北、络绎不绝的人群,耳闻着各种市井消息。各家店铺开门迎客,呈现出一派悠闲繁荣的小镇景象。

以前我因工作经常去农村,有迷路向村民问路时,被告之"上南落北"。这民间所说的"上南落北",也许是出自太平桥下的上南街、落北街,但无从考证。

太平桥集镇的原大户人家有桥东街上的顾家、李家、马家,上南街上的方家,落北街上的丁家、梅家。

近日再去太平桥集镇时,一片冷落萧条,落北街已被全部拆除,现已建为东方新家园(南区)住宅新区。上南街上的居民已全部搬迁,尚存桥边六间空关房还未拆除。塘汇造船厂也已拆除。随着开放改制,制革厂已停办,竖立的烟囱和空关着的厂房诉说着昔日的故事。居住在上南街上的我的表舅,也在几年前搬到三水湾牡丹坊,在2009年病故,享年98岁。

桥东街虽未拆除,但也冷冷清清,现有顾家、马家、李家住房被列为市文保点。

塘汇集镇已被拆除,据说将在塘汇至长纤塘和太平桥一带,规划设计重新建造具有江南民居特色的古镇街区,如能实现,也是幸事。

(写于 2011 年 5 月 25 日)

母 校 往 事
―― 杭州海关嘉兴分关侧记

母校,尤其小学时期的母校,是一个人知识的启蒙者和人生的起点站。不管她是简陋,还是一应俱全,都是印记在每个人心中的美好回忆。

我的母校就是如今的光明小学,位于嘉兴城北门外东北。她也是我姐姐和弟弟的母校,我们三人都在母校毕业,走向社会。虽无辉煌成就,但都默默地在各自的工作岗位上为祖国贡献了青春和辛勤的劳动。

母校前身

母校前身是 1896 年(清光绪二十二年)12 月 5 日浙江省杭州海关在嘉兴设立的分关,即嘉兴海关(俗称"洋关")。

嘉兴海关建关伊始,暂驻杭州海关提供的一艘官船及另外一艘小船上,在北丽桥下办公,过往轮船均受检纳税。1900 年(光绪二十六年),关舍建成后,占地面积 14 亩,迁入新址办公。其范围,南到闸前街北侧;西除留一宽约四米的路(现光明街,新中国成立前曾发生海关与傅姓地主为这一通道而诉讼之事,各段时期取名,中山路、洋关街、国货街、维新街、轿弄等,1952 年改名为光明街至今)外,直至运河边(设立码头及码头库房共四幢);北至傅姓地主大墙门南(嘉兴叫大墙门、石库门,新中国成立后有傅姓、沈姓、臧姓、李姓、黄姓、徐姓等十多户居民居住的大院),留有一宽约三米的小路;东至傅姓地主桑树地、菜地。海关四周砌有围墙(高约两米）。

嘉兴海关大门建在闸前街西，面向南，并建有一门房间（约八平方米），有围墙向东至嘉兴分关外勤人员住宅处，与闸前街分隔。在围墙西和码头库房相对处，各建有一小门，可便于来往办理海关事务。小门内北侧建有一幢坐北朝南二层、上下四间的西式楼（嘉兴分关办公楼）。楼后有水泥楼梯和上下二根白铁管扶栏，走上二楼，是水泥楼道，也有上下二根白铁管扶栏，有东西两侧房的小间（与楼上大间房不通）。西式楼东北侧有连接的小楼一幢，上下层各有一间房，楼上一间曾摆放我校少先队的鼓乐器。西式楼屋顶均盖有瓦楞形的铅皮瓦，楼内有楼梯可上下，楼梯及扶栏等均为西洋制式。二楼楼梯东西两侧各有一间约24平方米的房间，东侧房间东、南各有向外双开式的木门，南、北各有木窗一扇。西侧房间西、南各有向外双开式木门，南、北各有木窗一扇，楼上走廊边扶栏和楼板及室内外地板、门窗框和百叶窗均为进口松木（俗称洋松木）制作。墙体用红砖和青膏泥砌成，砖缝处用青膏泥抹成半圆形。楼上走廊朝南有五间拱形门券顶，东西各有两间拱形门券顶，底层走廊朝南为敞开式五间拱形门券顶，东西各有两间拱形门券顶，底层走廊铺有长宽约25厘米正方形红白相间的地砖，我儿时常在此地面上玩抽陀螺（地砖表面光滑，陀螺转得快而时间长）。底层距地面有高约60厘米的隔层，为不使地板霉烂，设有长方形的通风口，并装有铸铁花格栅栏，底层中段，地面与隔层有四级台阶可走上底层走廊。楼北的水泥楼梯旁挖有一口深井，井台高约1米、直径1.5米，用水泥砌成，装有揿按式取水装置（俗称"洋井"）。

挖出的土堆放在办公楼东约30米处，后被堆成小土山，小土山北、西、东用石块垒成高约4米，南有斜坡，坡前用小黄杨树围成小花园，种有小菊花、月季花等，小土山顶西、北、东三面装有长条石凳，并种有一棵朴树（我们上学时已长成直径40厘米、10多米高的大树),小土山北、东侧种有直径二三十厘米粗,高约八九米的银杏树。

在海关东侧建有一幢坐东朝西,二层楼上下六间的西式楼(嘉兴分关验货员住宅)。南、中、北各有室内楼梯可上下,二楼有三间各约28平方米的住房,靠南房间南、西各有一扇向外双开式的木门,并有东、西窗各一扇。靠北房间西、北也各有一扇向外双开式的木门,西、北各有一扇木窗。南北房中间的房间西侧有一扇向外双开式的木门,东、西各有木窗一扇。二楼走廊有西式扶栏,西有九间拱形门券顶,南北有各两间拱形门券顶。底层为三间各约28平方米的住房,门、窗设置同二楼,底层走廊也铺有与嘉兴分关办公楼相同的地砖,走廊西侧有九间拱形门券顶,走廊南、北各有两间拱形门券顶,底层距地面有高约60厘米的隔层,为不使底层室内地板霉烂,隔层四周设有长方形的通风口,并装有铸铁花格栅栏,底层隔层与地面从南、中、北三处有四节台阶可上下。楼后(东)还建有二层上下四间(各约八平方米)的小楼,楼中间有水泥通道与西式楼相通。

嘉兴分关办公楼室内北墙处建有西式壁炉,验货员住宅楼室内东墙处也建有西式壁炉。

嘉兴分关验货员住宅建筑用材与北西式楼(嘉兴分关办公楼)相同。楼下天井挖有一口小水井,挖出的泥土也堆在小土山处,并用水泥砌成井沿口,井周围地面用水泥浇平。

住宅楼东有一块空地,空地东为嘉兴分关外勤人员住宅,系两幢二层楼的中式结构的建筑,南幢前临闸前街,北幢北临桑树地、菜地,两幢之间有一天井,北幢底为大的厅堂,旁有厨房及柴间(堆放柴火),外勤人员在厅堂用餐,两幢楼上均为住房,两幢楼均各有楼梯上下,两幢房西侧墙建有一扇门可供进出。

验货员住宅楼北约20米处同样挖有一口深井,挖出的土也堆放在小土山处,井台高约1米、直径1.5米,用水泥砌成,装有揿按式取水装置(现农村井水提取均采用这种装置)。井台南侧有用水泥砌成的长约3米、宽约1.5米、深约1.5米的排水阴井(1960年疏通时,曾挖出几十枚黄铜炮弹壳和钢盔),上用木板盖住,排水管(水泥管直径约30厘米)与验货员住宅楼联通,经办公楼前地下直通运河边。

嘉兴分关办公楼(坐北朝南)南和验货员住宅楼(坐东朝西)西,有一片空地,后被学校改为操场,操场南有大片草地,后改为学生课间活动场所。操场与草地中间有一领操台(也称"司令台"),并竖有旗杆,还种植一排柳树,草地西侧种有桃树,被称为"桃园"。嘉兴分关在围墙内及两幢楼周围均种植香樟树、银杏树、桂花树、冬青树(女贞树)、朴树、乌桕树、大核桃树等。

嘉兴分关在运河边(运河东岸)建有用条石筑成的码头(长约10米、宽约1.5米),码头对面是杉青闸路(运河西岸),右侧斜对面是落帆亭。码头两侧也用条石筑成石帮岸,河岸上建有铅皮顶篷,四周敞开,用桥梁钢做支柱的钢架的堆货栈旁,有一幢验货房,坐北朝南;还有一幢货房,坐南朝北。两幢房子面对面,中间是走道,空地上种植梧桐树,货房南有一幢坐东朝西(面朝运河)的船员休息房,验货房北有一幢坐东朝西的小货房,都建在小路西侧一直线上,并筑有围墙,验货房与货房之间东侧有一小门,与分关办公楼围墙西小门相通可进出。建成后的嘉兴分关,其职能是:征收货税、烟土税以及管理经往运河的船舶和货物。

嘉兴分关码头验货房北侧是嘉兴最早的碾米公司大丰米厂(沿运河东岸边)所在地,采用砻糠燃烧的老式蒸汽碾米机。碾米公司向北是天主堂(文生修道院),天主堂北过养鱼塘是农田和菜地(现嘉州长岛,原与南陆地相连),20世纪20年代曾为纪念孙中山在此造林(孙中山曾到过嘉兴,原中山路在此命名)。清乾隆帝南巡时行宫亦在此,原建有御花园,清末时已无踪迹。

嘉兴分关大门前(南)、闸前街向东约300米处为秋泾桥。大门前(西)、洋关街向南约20米为双魁巷,再向南约20米右侧为端平桥。

1934年7月14日,杭州关税司将嘉兴分关暂行撤销上下客,改为"诚办上下客货所"。同年8月8日,总税务司署会同关税署联合发布指令称"将已裁撤之嘉兴分关,永久定为上下客货处所"。后嘉兴分关关闭,曾在此办国货馆、商业图书馆。嘉兴分关外勤人员住宅由陈姓地主买下作为私宅。

1938年11月嘉兴分关被借用开办学校,创设闸前小学。学校面积12054平方米,办公楼及验货员住宅楼两幢空关房被改成教室及教职工宿舍,并在小土山东建有厕所。初始学校设一、二年级各一个班,三、四年级复式一个班,共三个班,学生近百名,教职工五名。1949年5月嘉兴市解放,学校由嘉兴市军管会接收。9月,学校更名为嘉兴市新嘉区中心小学。

1951年,学校改名为嘉兴市解放镇中心小学。此时学生入学增多,都是居住在光明街、闸前街、北京路东段(原塘湾街)、杉青闸路落帆亭以南、鱼行街、香橼浜、钮家滩等地域的适龄学童,学校原有教室已容纳不下。此时,学校的领操台已改建在校围墙西侧内的两棵香樟树之间。领操台西有一条小路用细煤渣铺成,间做田径跑道之用,60米、100米跑步都在此测验,并配有竹竿做爬竿练习。

1954年,由嘉兴市政府拨款,在原分关办公楼东与小土山西之间建起了一幢71.6平方米的教师集体办公室(中式平房,坐北朝南),其后在操场北建造一幢155.6平方米的平房(三间)做教室,增至13个班(其中幼儿班一个,一至六年级各两个班)。1968年12月,学校由嘉兴地区航运公司嘉兴货运分公司接管,次年8月,学校改名为嘉航五七小学。1972年2月,改为嘉兴县解放小学。1984年2月,改称嘉兴市光明街中心小学。2001年至今为嘉兴市光明小学。

启蒙教育

我家住在学校北围墙外的傅姓地主的墙门内,与学校仅一墙之隔,我们姐弟三人,分别从1952年、1955年、1958年起在该校就读。记得我1955年8月25日报到,一位姓陈的男老师在点名时,把我的名字读成"陈珏弟",差一点被漏掉,后经核对把我的名字简化成"玉其"(其实应是陈钰麒),后参加工作、入伍都沿用这一名字,直到第一次领身份证时才恢复原名。

一年级时,我班在验货员住宅楼底层中间的教室,我的启蒙班主任是张淑贞老师,她是一位在我校任教多年的老教师,当时老教师中还有柴敏贤、杜老师、陈老师(男)等。张老师教学严谨,我班学生都很尊敬她,但也有一点怕她,她主要担任一至二年级低年级段的班主任,任我们班班主任到我们升三年级止。那时一、二年级为低年级,三、四年级为中年级,五、六年级为高年级(现为低段、中段、高段),四年级为初小,六年级毕业为高小,即为小学毕业。当时学校都有老校工摇铃(铜制的铃)上课下课,后在1958年才开始改用按电铃上下课。如今学校都用优美的音乐声来提示上课下课。

1956年的9月中旬,也就是二年级的上半学期,我被批准加入中国少年先锋队组织,戴上了红领巾,成为光荣的少先队员,后又被选为小队长、中队劳动委员。

我会唱的第一首歌是《中华人民共和国国歌》,是蒋碧云校长教唱的(蒋校长从1955年至1984年一直在母校担任校长、党支部书记,对我们姐弟三人很关心),在音乐室(在学校大门旁门房间东的平房内)用老式的手摇留声机放唱片,我第一次听到了庄严的国歌。

1957元旦,我校借用环城东路东侧的嘉兴搬运工人大礼堂(嘉兴红旗运输公司前身,主要搬运装卸大的货物,大的平板车两车轮装有汽车轮,称"塌车",该大礼堂在1967年"文革"中被焚烧,1970年时被拆除,后由冶金机械厂在此建造五层楼房一幢供职工居住)举行庆祝元旦歌咏比赛,我班男生在杨继光同学指挥下,合唱了一首《英雄的解放军叔叔》歌曲,现我只记得歌词的最后一句为"解放军叔叔顶呱呱",这次歌咏比赛我们班得了第二名。

1957年9月,我升入三年级(1)班。那时有升级和留级之分,每年级下学期期末考试不及格,不能升入上一年级,留在原年级继续再读一年,待及格后再升入上一年级。学分是按5分制计算,得5分为优秀,4分为良好,3分为及格,2分及以下为不及格。开学不久发现我班少了一位男同学,叫赵金富,后得知在暑假时已离开嘉兴到东北去了,在小学二年级前是寄住在嘉兴闸前街亲戚家。自中国著名小品演员赵本山在中央电视台春晚演出以来,每次看到他的节目,我都会想到赵金富同学。因他在我们班的两年学习中,活跃、搞怪、搞笑、调皮引得我们快乐难忘,并且在同龄人中只有他能讲一口标准流利的普通话。

三年级时班主任是沈美华老师,她从其他学校刚调到我们学校,住在验货员住宅楼东侧的小楼上,我们班也已从楼下换到楼上北一间教室。沈老师年轻、活跃、能歌善舞,经常在下午的最后一节课后,组织我们唱歌跳舞,做游戏,有时讲故事,我们全班同学都很喜欢她。歌曲《我们的田野》在那时最流行,我们常常唱起。10月中旬的一天,沈老师组织我班学生去嘉北乡的小姚坟远足(郊游)并野餐(那时叫"烧野米饭")。我们经端平桥、北京路、中基路、栅堰桥向西到小姚坟(现电控厂位置),小姚坟比大姚坟高大,墓前(南)很开阔,有石人石马,还有石羊和几棵高大的树,前有一条小河(电控厂南),有一小石桥(现洪波路与中山西路处),中午在小姚坟的空地上挖土埋锅烧咸肉菜饭(每人出一角钱,集中购买),大家自带碗筷,吃得津津有味。小姚坟在1958年建电控厂时被扒平。

这年冬天,雪下得特别大,有一尺多厚,下雪时我班同学(二十多个男生)撑着油纸伞(伞骨都是用小竹子制作的)和极个别的几顶油布伞,学舞龙状在雪中玩耍,后其他班级的男同学也加入到舞伞(龙)队伍中,队伍有四五十米长,有一顶黄的油布伞做绣球为领头,再是一顶深黄色的油布伞做龙头,龙头后是油纸伞做龙身,最后是龙尾,"雨伞舞龙"可能是全中国绝无仅有的一次了。

"大跃进"时期

进入到1958年,"大跃进"开始了。嘉兴师范学校(环城南路原嘉兴一中校址)西北角、嘉北三官塘桥西侧(当时叫嘉钢三厂,1962年起停办,1972年大办"五小"工业时在原址办起了嘉兴钢铁厂)都建起了"土高炉"炼铁。我们学校也服从这一总路线,并组织三年级以上学生参加劳动。上午上课,下午自带铁榔头从学校步行走到嘉兴师范学校(嘉兴教育系统办的"土高炉")和嘉钢三厂敲矿石,时间约达三个月。这已是我们升入四年级后的事了,教室已换到操场北的三间教室的东一间,班主任是朱杲老师。朱杲老师身体较弱、多病,参加劳动都由其他男老师带队。王志刚老师是给我们班带队最多的,他是我校的体育老师,把我校的体育运动搞得有声有色。王老师的篮球打得相当好,在嘉兴是很有名气的,尤其是有一招"志刚抓球"叫响嘉兴当年在工人文化宫的灯光球场,曾获"国家先进体育工作者"荣誉。我们班的同学与王老师的关系都很好。

"大跃进"是以贯彻党中央1957年制定的《一九五六年至一九六七年全国农业发展纲要》和农业"八字宪法"(即水、肥、土、种、密、保、工、管)兴修水利为发端的(在不到三年的时间内全国兴建了中小水库达八万多座,为以后的农业稳产增产奠定了基础)。《农业发展纲要》明确提出用12年时间粮食亩产要分别达到"四、五、八"的目标,即黄河以北400斤,黄河以南、淮河以北500斤,淮河以南800斤。

农业以粮为纲,各行各业支持农业,城市积肥下乡。我校各班级组织学生从家中带来生活垃圾(菜皮、菜根、煤球灰、杂草、柴灰等),担着箩筐统一送到就近的农村生产队,以增加粮食产量。学校同时开展勤工俭学,利用学校内围墙边的空地,分给各班种植蔬菜,并在校内北围墙边的空关小屋子里养起了猪、羊、小白兔等。同时组织中高段年级的学生到农村支农。我们班曾多次到塘汇乡秋泾桥村参加拔秧、插秧和割稻、种油菜劳动。盛夏季节到秋泾桥村的学校试验田用脸盆、水桶从河中取水灌溉干旱的稻田,秋冬季节抽干河水,挖去河底淤泥用作试验田底肥。并提倡以培养"又红又专"的多面手为革命事业接班人。

那时各班都有科技小组,我们在王老师的辅导下,学会了组装一种收音机,叫"矿石收音机"。是不用电源,而是采用矿石、线圈、可变电容器(调节接收电台)等装在木盒子内,外接室外蜘网天线、地线,接上耳机(电台发报戴的那种耳机)即可收听中央人民广播电台和上海、浙江等少数电台。当年一般劳动人民家庭是没有收音机的,我姨母公公家(以前是开店的)有一台老式的美多牌电子管收音机,我每次去她家,都看到其公公眯着眼睛收听广播(音质差,有杂音)。我在父亲的资助下自装了一台矿石收音机,每天放学后,做完作业,就戴上耳机收听中央人民广播电台的《小喇叭》广播(每天下午4点播出)和《星星火炬》节目、《孙敬修老师讲故事》等。我喜欢相声,那时听的最多的节目,就是侯宝林和郭启儒两位老先生的相声。有时父亲也戴着耳机听广播。这种矿石收音机到20世纪60年代初,被半导体收音机所替代。我们班的男同学还成立了学吹笛子小组,由会吹笛子的陈金富同学教吹笛子的方法。

在第一个五年计划期间,学校响应国家"大搞爱国卫生运动"的号召,在搞好校内卫生的同时,派出了少先队卫生监督岗(也称红领巾卫生监督岗)。我参加了这一活动,每天下午放学后或星期六下午和星期天轮流值班(每班一小时)。在北京路人行道旁,以电灯杆为距离(约30米),每杆旁设有卫生监督员(斜对面站立),从端平桥堍起至北丽桥堍止,拿着用白铁皮制做的喇叭筒宣传:"亲爱的叔叔阿姨们,请你们不要随地吐痰,吐痰要吐在痰盂里,果壳要丢在果壳箱里。"那时街道路边没有垃圾筒,只有果壳箱和加了盖的痰盂缸(痰盂缸是用陶土烧制的,上用木板盖住,木板盖上有一木手柄,吐痰时提起木柄将痰吐在痰盂缸内,有专人定时统一收集消毒处理)。居民生活垃圾有清洁员用垃圾车每天两次(上午和下午)定时统一摇铃上门收取。家家户户都张贴"爱国卫生公约"宣传海报,卫生意识极强。

大庆之年

1959年是新中国成立十周年大庆之年,各行各业都在为展示新中国十年来所取得的巨大成就而忙碌着。嘉兴县的十年成就展览在原嘉兴城隍庙内(新中国成立后为嘉兴市人民委员会,后改为嘉兴镇人民委员委,现在称人民政府),各殿、厢房内都是展室。连城隍庙后的楞严寺内也是展览场地,进入寺门即见到金光闪亮的铜菩萨。当时各单位、学校都组织观看,人流络绎不绝。

1959年中的五一国际劳动节、六一国际儿童节和十一国庆节,三大节日的庆祝活动,我都参加了。

进入4月,嘉兴三所中心小学,即解放镇中心小学、建设镇中心小学(在精严寺街东与少年南路段)和南湖镇中心小学(在大年堂前街),每所学校都从中高段年级的学生中,抽出男女学生约40名,先由各校自训,后再集中联训,女同学在前,男同学在后,分高矮前后排好,每天下午放学后在学校操场进行队列训练。

五一国际劳动节那天早晨,我们男同学理着学生头,上穿白衬衣(长袖),戴着红领巾,下穿蓝裤子,脚穿白袜子、白球鞋;女同学头扎蝴蝶结,上穿白衬衣(长袖),戴着红领巾,下穿花裙子,脚穿白袜子(长筒)、白球鞋,在学校整队后前往市区的体育场(后改人民广场,现戴梦得大厦处)。三校组合为少先队行列,在庆祝大会结束后,参加了庆祝游行活动。

在参加完五一国际劳动节庆祝活动后,为庆祝六一国际儿童节,全市(市区各学校)将在六一节当天在体育场举行第二套少年广播体操的团体操表演。由各校派队参加,我又被抽中参加广播操的表演,下午放学后进行广播操的标准动作练习。以前嘉兴市每年在六一节的当天,都会在体育场举行体育运动会(小学范围),参赛的运动员和啦啦队都有各校自带帐篷在划定的区域休息、待赛。但这年的六一节运动会在开赛前增加了广播操团体表演。这天早晨,我校的男女同学按照参加五一节庆祝活动时的着装穿戴(女同学穿蓝色裙子),提前来到了体育场。体育场草地上已用白石灰划成一个个白点,前、后、左、右、横向、纵向都在一条直线上,这是我们的站位点,在广播操开始前我们按规定已站立在各自的站位点。男女学生领操员也站立在司令台前跑道上摆放的约十只乒乓桌上,团体广播操表演开始,只见动作整齐划一,击掌声响一致,尤如军队一般。这次广播操团体表演,对各校的广播操(标准动作)有很大促进。

  与此同时,学校响应国家关于"教育要改革,学制要缩短"的号召,在校内操场南的桃树林和大草地上,建造了548.1平方米的标准教学房。开始把小学六年制改为五年制,并把初中三年制改为二年制,小学办初中的尝试,办起了两个初中班和一个由幼儿园直升小学二年级的跃进班(春季班)。9月,学校的两个初中班与建设中心小学的两个初中班合并为嘉兴第十中学,教室在我校新建的校舍内,第十中学校址也在我们学校,校大门口一边挂的是"嘉兴市解放镇中心小学"校牌,另一边挂的是"嘉兴市第十中学"的校牌,由此,形成了一个校园内小学、中学两所学校并存的局面。此时,我已升入五年级,我们班已换到西侧的第一间教室〔五(1)班〕,班主任是教我们体育的王志刚老师。

  9月中旬开始,我校对参加过五一节庆祝活动的同学,重新组队进行队列训练,在原来的基础上加以提高,在动作更加齐整后,结合呼喊口号的练习,参加新中国成立十周年的庆祝活动。"十一"前夕,到处呈现出喜庆的气氛,在勤俭路与建国路口的五芳斋和新联百货店处搭起了彩牌楼,牌楼上插着红旗、挂着贴有"庆祝国庆"的四只大红灯笼(一个字贴一只灯笼,内有电灯,晚上会亮),牌楼上装有彩色灯泡。

十一国庆节早晨,天气有点凉,我们按照五一节庆祝活动的着装穿戴,从学校步行来到体育场,与其他两中心校的同学组成少先队行列,成四路纵队,女同学在队列前,手持纸制花束,队列中间为由八名男同学轮流抬着的中国少年先锋队队徽(用三夹板等做成),我们男同学也手持花束在后。原来安排是在庆祝游行活动开始时,男同学手捧白色的和平鸽,当队列行进到主席台时放飞和平鸽。但当时嘉兴没有白色的和平鸽,少有人饲养的信鸽也只有灰鸽,所以改持花束。各工厂、企事业单位、机关、农村代表以及驻嘉部队参加庆祝游行的队伍,敲锣打鼓,喜气洋洋涌入会场。

嘉兴市庆祝建国十周年大会在雄壮的国歌声中开始。随后,由民丰造纸厂的铜管乐队作为先导的盛大庆祝游行活动展开,各路队伍都相继由北向南通过主席台,我们少先队行列行进通过主席台时,即挥动花束,有节奏地呼喊"总路线万岁!大跃进万岁!人民公社万岁!共产党万岁!毛主席万岁万岁万万岁!"并以走七步为呼喊间隔。游行队伍从体育场出发,过韭溪桥、中山路,转向建国路,向西转向勤俭路,过少年北路、荷花堤、中百公司、建国路,再转向勤俭路、环城东路,到儿童公园(现南湖大饭店处)结束。每到主要路口时我们都挥动花束、呼喊口号。游行队伍经过的道路两边挤满了观看的人群,不时鼓掌欢呼。

国庆十周年过后的一个星期六下午,王老师带领我们七八个男女同学步行到西丽桥址,摆渡过河到三塔塘。沿途经过一、二、三公墓、血印禅寺、岳王祠,再到达三塔和茶禅寺游玩,这是我们第一次到三塔。游览了茶禅寺后,在三塔湾凉亭休息,王老师给我们讲了《野火春风斗古城》,我才知道了杨晓冬、金环、银环跟日寇作斗争的故事,至今不忘。

共克时艰

二十世纪五六十年代,学校学习风气极盛,同学之间组成学习小组,互帮互学,我班的学习小组分别以黄继光、邱少云、董存瑞、刘胡兰等英雄命名,我们小组以向秀丽命名,为向秀丽小组。

向秀丽是广州一药厂的女工,为抢救国家财产英勇牺牲。其英雄事迹经报道后,在全国各地掀起了学习向秀丽精神的热潮。故我们小组以向秀丽命名,以她为榜样,热爱祖国,热爱集体。小组学习点安排在我家,下午放学后或星期六下午都来我家做功课,同学有沈培旗、周连根、邱雅铮、黄丽珠、邱敏华、沈爱珍等。1965年征兵时,我们班级有四位男同学同时应征入伍,有我和沈培旗、周连根、左光才。我和周连根同在南京军区陆军第一七九师(临汾旅)五三五团一营三连服役,沈培旗在海军北海舰队刘公岛基地服役,左光才在东北沈阳军区空军高炮部队服役,1967年曾随部队到越南参加"抗美援越",获二等功。

1959年是我国大庆之年,但天公不作美,发生了自然灾害,造成农业生产损失,粮食减产。这一影响在1959年底1960年初才显现,物资供应也开始紧缺。1960年春节前放寒假时,学校把饲养的几头肥猪杀了,每个同学分到了用稻草扎着的二两猪肉,手提回家。

再开学时,班主任已换成刘珍老师,她是我们班到小学毕业的最后一位班主任。

那年四五月间,学校把饲养小白兔的任务移交给我们班。为饲养好小白兔,我因是中队劳动委员,每天早晨到校后放下书包,背着箩筐与五六个男同学一起到杉青闸遗址旁的原北校场(也叫北大营,此时已改为中国石油公司嘉兴石油仓库基地)西侧和百步桥旁的桑树地拔青草,路过石油仓库北侧见有一石牌坊和一间古时的接官亭(从端平桥北到百步桥的杉青闸路,是我儿时经常去的地方)。在拔草的同时,采吃了桑树上长满的已是紫黑色、熟透了的桑果(桑葚)。为了不让同学们知道我们采吃了桑果,在回来的路上到运河边(原运河两岸边都没有块石堤岸)用河水和手指使劲擦洗嘴巴和牙齿,回校后用青草喂小白兔,没有影响上第一节课。由于刘老师严格教学,到暑假结束,新一学期开始时,我们全班一个不漏地升入了六年级。

那年暑假期间,王老师还在文生修道院北的运河东岸边用毛竹圈围起天然游泳场,我班男女同学每天下午到游泳场学游泳,会游泳的同学担任教练和安全员,好多同学就此学会了游泳。

1960年的国庆节,按当时国家的规定"十年一大庆,五年一小庆",因上年的十年大庆活动刚过,所以没有举行庆典活动。

10月下旬,农村的秋收冬种即将开始。10月27日,我们班除体弱的同学外,全部参加支农劳动,因要将近20天的时间吃住在农村,要自带背包(被子、碗筷等日用品及学习用品等)下乡。我们的背包等都送到停在海关码头的船内,由我们要去的南湖公社(现城南街道)六号桥大队第六生产队派来的船运回队里,因班主任刘珍老师待产,改由王志刚老师带领我们步行走到生产队。队里腾空的生产队库房,地上铺着稻草和草席,男女同学各自分住一间,早、中、晚餐都吃在生产队大食堂,每天有女同学在食堂帮厨。我们当时由生产队小队长安排,主要是收割晚稻,并在已垅好的田块里打洞种油菜和蚕豆,有时将已成熟的老毛豆梗拔起,堆在场地上晾晒好可打下黄豆。因生产队距离嘉兴机场(驻嘉空军部队机场)很近,劳动时经常看见飞机在我们头顶上轰鸣着起飞和降落。我们白天劳动,晚上复习功课。

有一天在我们收割稻子的田塍上,有同学捡到一张与我们写作业的本子一样的纸上书写的"反动标语"(简称"反标"),马上交给王老师,由王老师报告公安局。在调查期间,我们按要求书写有关文字,以比对笔迹,后经公安机关查实,系当时的一"四类分子"("四类分子"为地主、富农、反革命、坏分子)的子女,对社会不满书写的,此人受到了法律的制裁。

在秋收冬种结束后,我们才回到学校继续上课,班主任由王老师兼任。当时是1960年11月中旬,因为国家经济困难,物价上涨,原来买一斤青菜才三四分钱,此时已涨到五六角。胡萝卜(俗称丁香萝卜)以前少有人吃的,后作为营养菜素,也涨到六角一斤。那时我们班种在菜地里的青菜长得绿油油,拔除后扎成一把,需要的同学可带回家,只付五分钱菜苗费即可。大家都在一切从简、勤俭节约中平静地度过了1961年的春节。

毕业记忆

新一年开学后,我们抓紧一切时间学习,并利用课余时间到小土山上温习功课,做好毕业升学准备。

此时,高小毕业生赴农村下乡落户参加农业生产的动员工作已在我校展开,我们班的尤瑞华、沈传书、宋宝林等积极表态,后在毕业后随父母下乡落户农村参加农业生产劳动(俗称"全家下乡")。在1980年后,落实知青政策,沈传书返城在嘉航公司造船厂工作。

在1961年6月1日儿童节这一天,我在体育场参加完运动会开幕式后,在返回途中到建国路上的"生生照相馆",拍了一张毕业照(平生第一次拍照)。6月5日的毕业考试结束后,有的同学为即将开始的升学考试做准备,又紧张地投入到复习功课之中;有的同学放弃升学考试,或提前参加工作,或下乡务农。我征得父亲的同意,不再参加升学考试。直到当年10月参加工作后,再在市商业局职工业余夜校读完初中〔职工业余夜校在中和街小学内,后搬到少年北路的原嘉兴第一中学校舍内,班主任是我在母校六(1)班的班主任刘珍老师的爱人王川老师〕。

6月25日晚,学校为我们六(1)、六(2)两个即将毕业的班级同学,举行了全校各年级学生参加的篝火晚会(在学校操场边用课桌椅围成一大圈,并挂有彩灯,中间场地上有三堆篝火,都是用捡来的树枝点燃。),同学们跳着由老师编导的舞蹈,唱着优美的歌曲,憧憬着美好的未来。这是我至今难忘的一个夜晚。

6月28日,我班同学在刘珍、王志刚和徐时行老师的带领下,走过秋泾桥,到秋泾桥粮库的立筒粮仓内参观。立筒粮仓共有东西两幢相连,每幢有东西两排共10丛立筒粮仓,两幢共有20丛,是我国第一座砖砌立筒粮仓(苏式),为当时较为先进的贮粮粮仓。后各地均以此粮仓为样本,普遍推广建造。我们还乘升降梯到达粮仓最高层(13层),俯瞰母校及周边民居犹如火柴盒般大小,街路变成羊肠小道,这是我们第一次登高(当时为全市最高建筑,中百公司大楼也只有四层),也是我们离开母校前的最后一次集体活动。

7月1日,全班同学最后一次相聚在教室,聆听刘珍老师的谆谆教导,在领取了毕业证后,依依不舍地离开了教室,离开了母校。

1967年"文革"期间,嘉兴海关码头及码头旁的关舍被嘉航公司拆除,在原址建造嘉航公司职工宿舍,同时,母校原教师集体办公室东的小土山被挖除。原被改作教室的海关办公楼和海关验货员住宅楼,也被改作教职工的宿舍,并拆除了木扶栏,用红砖砌成墙。

母校发展

以后的岁月中,母校在各个时期都发生了不同的变化。

1980年后,随着政府加大对教育的投入和校企经济的发展,学校的校舍、设备设施得到了进一步的改善。1985～1989年,政府拨款42.8万元,拆除了原海关验货员住宅楼和操场北的三间平房(教室)及教师集体办公室,建起了总面积为2274.1平方米的两幢教学楼(三层)和一座扇形多功能厅及校区东侧一幢二单元五层的教职工宿舍。校办厂多次出资铺设校园水泥路,建造了水泥乒乓桌、花坛和紫藤花廊等。

1999年,因修建东升路需要,母校全部拆除,由政府投入1900

万元在原址东移重建(在重建期间,曾借用文生修道院内房屋,暂做教室继续上课)。新校区占地面积达 13489 平方米,除建有标准教室、多层办公室和田径运动场外,还拥有多媒体、语音、音乐、美术等教室以及实验室、仪器室、图书馆、体育馆、报告厅等教学辅助用房。

进入 21 世纪,学校逐步添置更新了教学设备、设施,有广播音响系统、电视台、校园网多媒体教学系统。2007 年 8 月,改建了塑胶田径运动场和篮球场。如今,母校已成为嘉兴市现代教育技术学校、浙江省标准化建设二类学校。

2011 年 7 月 1 日,适逢中国共产党成立 90 周年,又是我们离开母校 50 周年,谨以此文献给母校辛勤耕耘的老师们,祝母校年年更上一层楼,桃李遍天下。

(写于 2011 年 5 月 28 日)

新中国建立初期对城市小摊贩的管理

1949 年 10 月 1 日,中华民族在中国共产党的领导下建立了新中国,劳动人民当家做了主。新中国成立初期,农村实行土地改革,农民的觉悟和积极性空前提高。土改运动的胜利完成,解放了农村生产力,促进了国民经济的恢复和发展。在农村进行土改运动的同时,党的中心任务从农村转移到城市,对城市进行管理,以改变一穷二白的面貌。

1949 年 5 月 7 日嘉兴解放,6 月 21 日,中共嘉兴市委组织部任命孙礼孝为市工商科副科长(正科长暂缺),以对城市私营业者、私营工商业者给予支持和鼓励,并有计划有组织地对私营工商业者进行管理和改造。

1949 年 12 月 11 日,嘉兴市工商业联合会筹备委员会成立,其性质和地位是：中国共产党领导的工商界组成的人民团体和民间商会，是党和政府联系非公有制经济人士的桥梁和纽带，政府管理非公有制经济的助手。

在对私营工商业者进行管理和改造的同时，1950年7月，嘉兴市成立了嘉兴市摊贩管理委员会，简称"摊管会"，对分散在嘉兴市五个镇（现为解放街道、新嘉街道、建设街道、南湖街道、新兴街道，当时为解放镇、新嘉镇、建设镇、南湖镇、新兴镇）的小摊贩（本文只谈及饮食行业）进行了整合管理，每位从业人员均收到嘉兴市摊贩管理委员会赠送的《获税手册》一本。

小摊贩基本上是旧社会遗留下来的个体经营者，固定或流动的摊、担，都是个体生产或制作，起早贪黑沿街叫卖。如流动叫卖夜宵的馄饨担，以及拎篮、托盘、提桶、肩挑叫卖的熟食、糕团、酒酿、粉丝（嘉兴叫"丝粉"）、豆腐花、臭豆腐干等。初时，根据经营类别编成小组，如：五个镇中经营丝粉的统编为丝粉组，经营熟食小吃的编为熟食组，经营饭摊的编为饭摊组（像现在的快餐，有固定的地点），经营萝卜丝饼的编为萝卜丝饼组，其他还编有臭豆腐干组、素鸡豆腐干组、豆腐花组等等。并选举小组长，协助摊贩管理委员会对本组人员进行政策法规的教育，制定小组规章制度，毛利率额定，会费的收取上缴及制定每月的计划指标，搞好食品卫生等。我父亲陈源金曾义务负责这些小组的日常事务，同时还要管好自己的经营。在1950年至1958年这段时间，主要以小组形式，较松散的个体经营方式整而不合，国家在安排货源和分配原材料时，根据实际需要给予保证，或给予必要的支持。直到1956年社会主义改造高潮的到来，才打破这一整而不合的局面。

1955年12月19日，嘉兴市成立社会主义改造三人小组，组长沈如淙。

1956年元旦这天晚上，嘉兴市各界在体育场（也叫中山厅，现戴梦得商厦）隆重集会，迎接社会主义改造高潮的到来。会后举行庆贺游行,游行队伍从体育场出发经中山路、建国南路,穿过张家弄(现勤俭路)、建国北路,过北丽桥、北京路(塘湾街)、端平桥、光明街、钮家桥、鱼行街、解放路,到南湖布厂(原嘉禾布厂)止。游行队伍前由火流星(用烧红的木炭装入铁丝编成的圆球内,绳两头各系一只圆球,经甩动即为火流星,特别是晚上,火星闪动很好看)开导,后是写着"迎接社会主义改造高潮的到来"的横幅,接着是腰鼓队、民间传统锣鼓队、标语队(标语是竖写的,粘贴在麻杆上)、红旗队、高跷队、打莲湘队、各种彩灯队,我父亲抬着自做的大红双喜牌行进在游行队伍中。此外还有走马灯队、划旱船队、蚌壳队(俗称蚌壳精,由竹子和纸糊成蚌壳状,涂上颜色,蚌壳中有打扮成古装的女子一闭一开扇动蚌壳),还有打扮成《西游记》中的唐僧、孙悟空、猪八戒、沙僧和《八仙过海》中的八仙等人物造型,以及舞狮、舞龙队等,甚是热闹。那时还没有民丰造纸厂的铜管乐队。

1956年7月10日,嘉兴市摊贩管理委员会改为嘉兴市摊贩联合会,也称"摊联会",作为市工商联的团体会员。11月26日,市摊贩联合会召开第一次委员会议,推举胡松年为主任委员。

1958年,在"大跃进"和"人民公社化"过程中,嘉兴市个体经营的饮食摊、担(小摊贩)全部升级或过渡到合作商店,走上了集体合作化道路,从一家一户的个体经营转变成合作集体经营,原按经营类别编组的格式被打破,统一归并成立合作商店,如臭豆腐干组的竺阿毛(女)被安排到美味饮食店;素鸡豆腐干组的沈大中被安排到豆制品工场;熟食组的钱连生被安排到陆稿荐酱鸭店;李阿生、应寿昌被安排到美味饮食店;我父陈源金(丝粉组的)也被先安排到熟食工场,后到美味饮食店。个体私营时的生产和经营工具作为投资入股,并以商店为法人单位,独立经营核算,后由小店并大店,小核算单位并大核算单位。合作初始有坛弄内的熟食工场、中基路蒲鞋弄对面的豆制品工场("文革"搬迁到少年路平家弄处)、荷花堤运河旁的制面工场("文革"时搬迁到少年路平家弄处)、中基路高公升酱园对面的美味饮食合作商店、杏花村酒酿合作商店、东门宣公桥旁的东门饮食合作商店、建国路复兴汤团店、北丽桥中基路口的四味轩点心店、新嘉饭店、建国路孩儿桥旁的第九点心店等等。同时嘉兴市内个体经营的一家一户的夫妻店也加入到公私合营中,如张家弄几家粽子店合并为五芳斋粽子店(点心业);还有一乐园,位于北丽桥南塊东侧运河边,从风厢汇看是三层楼面,从北丽桥南塊看是二层,因一层与桥面等高为厨房,二、三层为店堂,房屋呈正方形,在1962年初重建北丽桥时拆除;吴震懋,在建国路塔弄对面,新勇洲理发店北,香花桥西塊南,是二层老式三间临街店面,底层两侧为店堂,北侧临桥是厨房,中间有楼梯可到楼上店堂,楼上临街处有走廊和木制扶栏,可凭栏观看街景;禾兴馆(北京路南)、刘禾兴(东门宣公桥中国旅馆旁)等菜馆也随社会主义改造高潮的到来接受改造,公私合营。陆稿荐酱鸭店曾归并熟食工场统一烧制,后单立独户作为公私合营独立核算经营,保持了传统风味。

公私合营和合作化后,原本沿街叫卖的拎篮、托盘、提桶、肩挑、设摊的个体经营户,全部入室进店固定经营,改善了经营环境,再也不用担心刮风下雨、冰冻天气。另外,劳动时间有保障(分早、晚班,八小时工作制,一星期可轮休一天),工资收入有保障(按个体经营时月净收入,由自报公议核定),伤痛生病有保障(可按比例报销医药费),原辅材料有保障(肉类、水产品、豆制品、蔬菜、禽类等都有定点采购)。这也极大调动了他们的积极性(我父亲当时就写下了"合作好"的决心保证),想方设法扩大多种经营,提高菜品质量,搞好店内卫生,餐具消毒。美味饮食店北丽桥分店(在一乐园菜馆南侧),在炉灶内安装铁管连通灶外水缸中的水,利用灶膛余热烧水进行餐具消毒,曾被嘉兴市卫生局和嘉兴市饮食服务公司(分管集体合作商店的是蔡人荣副经理)作为土法消毒(当时曾提倡技术革命、技术革新)先进典型而引得各方来参观取经。这一办法就是我父亲动脑筋制作的(当时我父亲是该分店负责人),至今仍有人提起此事。

合作商店中,现在仍令人怀念的有复兴汤团店的鲜肉汤团、猪油夹沙汤团(赤豆做成的,也叫猪油豆沙汤团),当时用水磨粉做汤团的全嘉兴仅此一家;还有杏花村酒酿商店的千张粉丝汤,以及美味饮食店北丽桥分店味美、价廉、量多的三鲜面和阳春面。还有人特地从东门、南门等地赶来品尝。在公私合营和合作化后,饮食业并入嘉兴市(后市改县)商业局下饮食服务公司管辖,直到改革开放时止。

新中国成立初期对城市私营工商业者的管理改造,是中国共产党执政后对城市管理和改造的成功尝试。社会主义改造的胜利完成,为我国国民经济的恢复和以后的经济发展奠定了坚实的基础。对当今社会的城市管理中出现的新问题,仍有借鉴之处。

(写于2011年3月18日)

交谊舞在嘉兴

中国的现代交谊舞,也叫社交舞,是从五四新文化运动时期开始的,是中国新文化的一部分。从20世纪20年代初期开始,交谊舞传入国内几个已是通商口岸的大城市,作为文明社会的一种社交方式在大都市流行,尤以上海南京路上的"百乐门"舞厅最有名。到"文革"之前,交谊舞在我国还是很流行的。

交谊舞在嘉兴的流行也有半个多世纪了,从新中国成立初苏联援华专家的到来和第一个五年计划实施时逐步兴起。有一首《青春友谊园舞曲》(也叫《青年友谊圆舞曲》),是当时比较流行的,乐曲优美动听。当年学跳交谊舞的都是嘉兴四大厂(即民丰造纸厂、嘉兴绢纺厂、嘉兴中丝一厂、嘉兴南湖布厂),以及其他各企事业单位中年轻文艺骨干和比较活跃的青年男女及各学校的青年教师等,他们的思想比较开放,易接受新的事物。说到嘉兴人学跳交谊舞,同时还有一事要说,就是那时全国上下都在向苏联老大哥学习,而苏联援华专家到嘉兴时都穿着花的衬衣(那时一般都是妇女穿花衬衣的),于是爱赶时髦的嘉兴男青年也学着苏联专家的样,穿着花衬衣招摇过市,回头率是百分之百,至今还有人不时提及此事。

当时学跳的舞种主要为一步舞、慢三步舞、慢四步舞,但也有跳快三步舞的,初学者在没有舞伴的情况下,在家中捧着长条凳子做舞伴练习舞步,被人当作笑话。那时社会风气还比较保守的,学跳交谊舞都不好意思让别人知道,不像现在这么开放。

1962年下半年开始,全国的经济形势好转,学跳交谊舞以及各种群体性活动广泛开展,嘉兴县总工会在周末组织多种活动,如灯光球场的篮球比赛(当时篮球打的好的有我们学校的王志刚老师和绢纺厂的大毛师傅等)、工人文化宫内大礼堂放映的电影、底楼室内的乒乓比赛。二楼楼梯旁的东西两侧室内装有红色和绿色的灯光,布置成挂有彩色纸球和纸彩条环的红厅和绿厅,举行交谊舞会。我们学校的教导主任俞老师很喜欢跳交谊舞,每到周末都去工人文化宫跳舞。

当时工人文化宫售票处只有一个窗口,电影票和舞票都在此出售,都是五分钱一张。1964年9月的一个周末,工人文化宫内放映电影,18:10一场和19:40一场,两场票子都已售完,但还有好多人挤在售票窗口,此时有一老人(五十多岁,男)不知电影票都已售完,见有人挤在售票窗口,随手将钱递进窗口说"买一张票",售票员将票递给老人,老人也不仔细看票子,还以为是电影票,拿着就直接到文化宫大礼堂门口等候进场观看电影。直到进场检票时,才发现买的是舞票,老人不相信,检票员带着老人到二楼红厅跳舞处,老人这才相信是闹了场误会。直到1966年"文革"爆发,交谊舞作为"封资修"的东西而取消。

改革开放后的1980年代初,邓丽君等人演唱的港台流行歌曲、台湾校园歌曲等传入嘉兴,便携式二喇叭、四喇叭录放音机也纷纷从外带入,赶时髦的小青年最容易接受,街头巷尾都在哼唱这些流行歌曲。同时,共青团嘉兴县以及各镇团委要求各单位组织团员青年学跳集体舞(当时有一首《年青的朋友来相会》的歌曲,曾被作为集体舞的伴舞曲),一股学跳交谊舞的热潮在小青年中慢慢兴起。那时不敢公开跳交谊舞,都偷偷地在家中学跳(没有舞厅,个别有条件的举行家庭舞会),教授交谊舞的都是在"文革"前就跳过交谊舞的人,都已年过半百了。学跳交谊舞种主要是慢四步舞、慢三步舞、快三步舞、一步舞(也有叫一步头的)、翘巴舞(嘉兴叫法,似翘脚跳舞是嘉兴独创,全国其他地方没有,其实是流行于20世纪20年代的普通桑巴舞,其舞曲是拉丁舞曲),当时伴舞的都是纯音乐的舞曲带,优美动听。

20世纪80年代中期,嘉兴电视台举办了嘉兴市第一届交谊舞比赛,地点在人民剧院舞台,参加比赛的都是以前("文革"前)跳过交谊舞的老前辈。在电视中我也看到了认识的李大经也参加了比赛,他与我同龄,是文艺骨干,比较活跃。这次比赛为以后的交谊舞推广奠定了基础。到80年代后期,一些单位内部的交谊舞厅也开始出现,如:荣军医院的大礼堂舞台、动力机厂的迪迪舞厅、石油机械厂工会舞厅、电控厂内二楼工会活动的太平洋舞厅、自行车厂工会舞厅等,嘉兴市总工会也在大楼的四楼开设了舞厅。社会性的交谊舞厅也随之开放。当时对社会上开放商业性舞厅还有过争论,尤其是文艺系统内部和社会上对人民剧院开办舞厅有不同看法,认为交谊舞是娱乐性舞蹈,不是正规专业性舞蹈,再加上受旧上海舞厅的思维影响,认为有失社会道德,是不务正业,应多组织一些专业剧团来演出(1973年9月,安徽省宿县地区杂技团曾在人民剧院演出杂技,连演一个月夜场,场场客满,一票难求,后加演日场)。但在争论中,人民剧院第一家开出了百乐门舞厅,随后嘉禾饭店的嘉禾舞厅、南湖饭店的夜总会歌舞厅等也相继开出,每到晚上舞厅内人头拥挤,真是热闹。

20世纪90年代初,嘉兴市内掀起了学跳交谊舞的高潮,各企事业单位的工会牵头,大都办起了交谊舞培训班,有的单位请了会跳交谊舞的老师,来单位教授厂级领导和中层干部学跳交谊舞(那时嘉兴蚕种场一位叫王月琴的女同志,在市第一幼儿园二楼教室办了十一期交谊舞培训班)。当时有一种讲法,认为按今后的发展趋势,会跳交谊舞是公关、社交活动的必需,人人都要会跳交谊舞。故有的单位作为任务,下硬性规定要求厂级领导和中层干部一定要学会跳交谊舞。我的战友唐惠泉,当时在嘉兴酿造厂担任厂长,很喜欢跳交谊舞,在全厂中层干部会议上要求中层以上干部都要学会跳交谊舞,否则要扣奖金。并把厂内工会活动室改为舞厅,增设了音响设备(当时该厂曾生产过大西洋啤酒,后有人把工会活动室舞厅改叫"大西洋舞厅")。这些中层干部起初还有思想顾虑,但由于会议上有要求,再者学跳交谊舞是当时社会上的时髦和流行,都参加了学跳交谊舞,后也没有发生因不学跳交谊舞被扣奖金的事情。

我受爱人的影响,也被迫加入到学跳交谊舞大军中来。后来我爱人工作所在学校(东栅中心小学)还聘请石油机械厂的陈志捷教授跳交谊舞。学校内除年老的教师外,都参加了学跳交谊舞。

为了学好交谊舞,1992年暑假期间,我爱人学校放假,我们借来了学跳交谊舞的录像带(中国第一批国标舞冠军任荣生、赵明的教学录像带)在家中拆了床铺,在房间内看着录像带学习舞步,并对着三连橱镜子练舞姿,摆架势,背靠墙壁练身段(挺胸、收腹、背靠墙、头部上抬左转45度、臀部脚跟紧靠墙、两手平伸似十字),并根据录像录音用文字记录、自编了学跳交谊舞教材,从这开始舞技大大提高,在短时间内学会了跳交谊舞。

许多有条件的单位在工会活动室购置了音响，安装了灯光改成舞厅，没条件的单位也购置了音响，与有交谊舞厅的单位搞联谊活动，舞会的入场券由工会免费发送。当时城南路上自行车厂工会主席小刘（其父是绝缘厂党支部书记）的爱人黄佩芳在我厂化验室工作，每到星期六小刘都让黄佩芳把自行车厂舞厅的舞票带到我厂工会，发给会跳交谊舞的，晚上去该厂舞厅参加交谊舞联谊活动。

当时所跳的交谊舞舞种又增加了探戈舞、拉手舞（嘉兴叫法，其实是由西班牙一步舞演变为平四步舞也叫平步舞，分单拉手、双拉手、交叉拉手等）、吉特巴舞（由水兵舞演变为吉特巴舞，也有叫四六步，吉特巴舞分四步跳法和六步跳法）、新翘巴舞（嘉兴叫法，其实是普通伦巴舞即方块伦巴舞的左并合步和右并合步的基本舞步演变而成）、并四步舞（即快四步舞，也叫蹦四步舞、并四步）等。

1992年3月8日至10日，嘉兴市第一届国标舞比赛在电控厂二楼工会活动室太平洋舞厅举行。国标舞分摩登舞和拉丁舞两个类别十支舞种，这次比赛主要以摩登舞为主（拉丁舞还没有人跳），分青年组和中老年组（业余选手），按预赛、复赛、决赛进行。在10日下午的决赛中，嘉兴石油机械厂的俞劲和陈志捷（女）获得青年组的冠军，民丰造纸厂的周林根夫妇获得中老年组的冠军。

随后掀起了学跳国标舞的热潮，并且成立了嘉兴市国际标准舞协会（由市总工会主办），简称国标协会。在紫阳街嘉兴游泳俱乐部开设了"国际体育舞蹈沙龙"舞厅。国标舞的兴起使普通交谊舞舞者的舞技有了很大的提高，开始有人模仿国标舞的舞姿、舞步，摆好架势像模像样地学跳起了交谊舞。市区内的各家舞厅和企事业单位内部的舞厅也如雨后春笋般开了出来。每到周末（星期六，那时还未实施双休日）晚上，三五成群的舞友相约在各家舞厅活动，男士穿西装系领带，女士穿裙子，路人只要看到如此穿戴就知道准是去跳舞的。周末各家舞厅都会比平时延长一个小时，一般是纯音乐的舞曲,有个别舞厅如"大世界"舞厅还邀请乐队在舞厅内演奏伴舞。舞会散后,大家走在路上都在谈论今晚的舞跳得好或差,或议论舞厅装潢的规模或舞池的大小。

现如今,嘉兴有市体育舞蹈运动协会(市体育局属辖)和国际标准舞协会等两个协会。

1993年6月,嘉兴市第二届国标舞比赛在纺工路上的绢纺厂体育馆内举办,除摩登舞外,还出现了拉丁舞(此拉丁舞是吉特巴舞,只有一对选手参加比赛),最终王珊这对选手获得拉丁舞冠军。

2001年第二届华东六省一市国标舞(体育舞蹈)邀请赛在嘉兴市中山路的嘉兴体育馆内举行,这次邀请赛上有国际体育舞蹈两个大类全部十个舞种,除摩登舞外,有拉丁舞的伦巴舞、恰恰舞、桑巴舞、牛仔舞、西班牙斗牛士舞(即弗拉明戈舞)。比赛结束时由曹洪、李利及中国拉丁舞冠军方俊老师进行了摩登舞、拉丁舞表演,为这次邀请赛画上了圆满的句号。

自此,嘉兴市年年组织国标舞比赛,分别在嘉兴、嘉善、平湖、海盐、海宁、桐乡等地举办。

从1988年第一家舞厅开始至今,嘉兴市区范围内的商业性舞厅和企事业单位内部的舞厅,最多时达一百多家,我知道的就有:勤俭路上人民剧院的百乐门舞厅、市妇保院的帝豪舞厅、第二副食品商店楼上的银桥舞厅、五芳斋楼上的鸳鸯舞厅、人民电影院楼上的舞厅、电力大楼旁的大光明舞厅、小百货批发部楼上的舞厅、东方俱乐部的红磨坊歌舞厅、嘉兴水电安装公司的大亨舞厅、建国路上嘉兴书场(原公益书场)的水晶宫舞厅、正春和布店楼上的金城舞厅、环城东路文华园宾馆楼上的歌舞厅、中山东路与环城东路交叉口北的长城舞厅、南湖大饭店的夜总会歌舞厅、物资中心大楼的舞厅、再向北的嘉房公司的舞厅、中山东路上的不夜城歌舞厅、中山粮油商场楼上的海之梦欢乐中心歌舞厅、丝绸大楼的舞厅、金龙门舞厅、工人文化宫四楼的舞厅和五楼的步步高舞厅、商业大厦楼上的舞厅、瓶山舞厅、荣军医院内的舞厅、劳务大楼上的汇丰舞厅、电力局大楼的舞厅、中山影城旁的夏威夷歌舞厅、原中山西桥东南侧的市运公司的舞厅、三运公司的舞厅、桥东北侧的金谷歌舞厅、过桥南侧西园商场后（南）七彩歌舞厅、中山饭店九重天歌舞厅、新鸿运的国标厅和摩登厅、金都宾馆的金都歌舞厅、交通大楼后的水上歌舞厅、建委大楼的三星歌舞厅、原嘉兴报社的新闻俱乐部舞厅、阳光大酒店的阳光歌舞厅、禾兴路上博物馆旁的红玫瑰歌舞厅、秀城饭店的娱乐总汇歌舞厅、嘉禾饭店的嘉禾舞厅、建银桥旁的星岛歌舞厅、青少年宫的新世纪歌舞厅、禾兴南路的南方歌舞厅，少年路上的宝岛歌舞厅、原图书馆楼上的舞厅、工商联大楼上的天外天舞厅、原建设小学内的舞厅、校企公司楼上的舞厅，紫阳街上原计量局的天宫舞厅、游泳俱乐部的国际体育舞蹈沙龙舞厅，斜西街老年大学内的舞厅、市群艺馆二楼的小天鹅舞厅和三楼的梦幻舞厅、宝中宝饭店的舞厅，吉水路上的原青少年宫的满天星舞厅和楼上的大世界舞厅（曾以乐队现场演奏舞曲伴舞，不放其他音乐）、红楼商厦的红楼舞厅及后来的红楼花旗歌舞厅、吉水菜场北楼上天声宾馆的天声娱乐部舞厅、吉运桥边的森林歌舞厅，吉安路上的花旗歌舞厅、军分区佳佩饭店的娱乐总汇舞厅，吉杨路吉杨大酒店二楼的吉杨舞厅、白云宾馆的白云舞厅，文昌路文艺会堂的舞厅，明月公园西北角的明月舞厅，洪兴路妇女儿童活动中心的蓝梦舞厅、三十六所职工文化娱乐中心歌舞厅，洪波路电控厂的太平洋舞厅、银利蓝歌舞厅、东升路上的富兴公司的富兴舞厅、东升宾馆的东升舞厅、秀洲区文化馆的天狼舞厅，城北路上的会新歌舞厅、皇中皇歌舞厅，城南路上自行车厂工会的舞厅、绝缘厂工会的舞厅（南凯舞厅）、环城西南路汽钢厂工会的舞厅，南湖路上武警医院的烟雨宾馆烟雨舞厅、蓝月亮歌舞厅，城东路铁路商场对面的天琴歌舞厅，角里街上民丰会堂门庭的舞厅、冶金机械厂工会的舞厅（靠河边），东栅镇上的石油机械厂工会的舞厅、东栅乡工业公司的舞厅,以及化肥厂、化工厂工会的舞厅,大新路上的星光歌舞厅,栅堰路上动力机厂的迪迪舞厅、市教研室楼上的舞厅、栅堰小学内的舞厅、水上运管处的舞厅,光明街嘉航公司内的舞厅(原文生修道院教堂在20世纪70年代初被改建成大礼堂,在80年代后期又被改成舞厅),另外还有电池厂、嘉丝联、毛纺厂、绢纺厂、第二毛纺厂、酿造厂等企事业单位都有小舞厅。当时舞票最高有三四十元一张,还不包括茶水或饮料,最低也要六元一张。到后期,舞厅增多竞争激烈,常以赠送舞票来聚集舞客。

随着改革的深入和企业的纷纷改制,如今各家舞厅大都已关张,尚存有总工会四楼和五楼的舞厅、瓶山的歌舞厅(炫情娱乐城)、星岛歌舞厅、阳光大酒店歌舞厅、天声娱乐部(舞厅)、南溪路上的中国城歌舞厅(2007年开张),以及在洪兴西路上于2010年11月开张的凤舞九天歌舞厅。2009年,由原嘉丝联厂房改成的新兴舞厅开张不久也关闭了。目前全嘉兴市内(市本级)商业性舞厅也只有上述七家。企事业单位的舞厅也只有在1994年开办的中国电子科技部第三十六研究所职工俱乐部舞厅一家(每星期二、五晚上开放)。

如今,教授国标舞(摩登舞和拉丁舞)的培训中心有:老年大学的教学培训、可培舞蹈培训中心(主以摩登舞培训)、彬飞舞蹈培训中心(主以拉丁舞培训),以及三水湾泾水路200号三楼的舞动奇迹舞蹈艺术培训中心(拉丁舞)、明日之星舞蹈艺术中心(幼儿、少儿、成人拉丁舞及综合性舞蹈培训)、鸣佳舞蹈培训中心(综合性舞蹈培训)等。

2010年11月,由加西贝拉集团冠名、龙森地板赞助的嘉兴广电集团举办的节目主持人"舞动禾城"舞蹈大赛,摩登舞由可培舞蹈培训中心、拉丁舞由彬飞舞蹈培训中心的老师教授或配舞,取得很大成功。

1996年,园林绿化工程公司在明月公园于晚上开放露天舞池后(那时各公园还未实施免费和晚间开放,收费一元)、洪波公园、吉运桥边小公园、城南公园(现范蠡湖公园)、望吴广场、解放路解放桥边小公园、南湖路原春园溜冰场等相继在晚上开辟为露天舞池。建国北路与三元路附近的露天舞池因附近居民反映噪音影响,只开放了一个月。如今又有东方路江南太阳城旁,塘汇街道茶香坊社区,三水湾公园,三水湾菜场大门南,东栅街道云阳社区即泾水公寓(由交谊舞爱好者自愿每人出资20元添置音响设备和舞曲带,社区提供电源,免费供舞者自娱自乐),东栅街道景湖花园、秀洲公园(由秀洲区政府投入十多万元购置音响设备,每晚除雨天外,免费开放露天舞池)等,晚上也有露天舞池开放。2010年11月6日晚8时左右,有三男二女五位美国朋友从上海到嘉兴旅游,在导游和翻译的带领下路过三水湾公园,听到优美的舞曲后,来到露天舞池旁。当得知改革开放后中国人民的生活很幸福,跳交谊舞已经成为中国老百姓健身锻炼的一部分,这五位美国朋友也加入到舞池中与中国舞者跳起了交谊舞。

  舞曲播放者也都是交谊舞爱好者,自掏腰包购置音响设备、舞曲,舞者可每天小费五角或一个月六元不等,均可潇洒起舞。加入到露天舞池的舞者都是中老年人,也都是改革开放后才学跳交谊舞者。

  而今,学跳交谊舞仅仅是以健身为目的的一种运动而已,生活在盛世社会的人们借以求健康长寿。

(写于2011年1月8日)

我的两封信

  在我的人生中,有两封信最值的一提。这两封信都是提建议的:第一封信是关于纸分币问题;第二封信是关于嘉兴中山路的。

从1948年12月1日至今，我国一共发行了五套人民币，其中第三、第四和第五套人民币均未发行纸分币。第二套人民币是在1953年印刷完成并开始发行（故收藏界将其称之为"五三版"人民币），1964年退出流通领域。其中1953版的五分、二分、一分纸分币自1955年3月1日起发行，纸分币全部印有罗马冠字头和七位阿拉伯数字，俗称"长号码纸分币"，也在1964年退出流通领域。在第二套人民币发行中，又于1955年制作了五分、二分、一分的硬分币（金属制成），并在1957年12月1日发行，随后每年都有限量制作发行。硬、纸分币的发行流通给城乡经济和商业经营中的零售找兑带来了极大的方便。

　　20世纪80年代，改革开放带动中国经济发展日新月异。随着商品销售不断扩大，商业网点的增加，特别是果品、饮食、副食品等行业的零售店，为了多做生意而增设摊位，对找零备用的硬分币需求量就相应增加。随着集市贸易的发展，农民自产自销出售农副产品后，也带走了大量的硬分币。由于分币币值低，人们不注意将硬分币及时投入流通，而是积贮起来，有的交给孩子投入储蓄箱（罐），再加上就业人员增多，群众手中的硬分币就更多。当时，全国各地城市公共交通发展迅速，都用硬分币购票和找兑，需求量增多。因此，虽然中国人民银行硬分币的发行量在1980年已经比1965年增加80％，但仍不能满足需求。另外，从1980年以来，社会上频繁出现"硬分币含有白银，可以卖高价""硬分币可换四喇叭录音机"（收贮若干斤可换录音机）等谣传，也造成市面上硬分币更加紧缺。

　　1981年5月27日，星期三，《解放日报》第三版刊登《市面上硬分币为什么紧缺？》一文，反映市场上硬分币非常紧缺，不少商店因缺乏硬分币找零而影响了正常的营业，人民群众也感到很不方便。见到此文后，我立即联想到嘉兴市面上也出现零售找兑困难，有的商店无奈只好用火柴、肥皂、牙膏等实物进行找兑。

1981年6月7日,我写信给人民日报编辑部请转中国人民银行总行,建议恢复发行1953年版的五分、二分、一分纸分币,以缓解市面上找零的困难,待市面上纸分币流通给商业零售找兑恢复正常,经流通一段时间后可逐步减少发行量,并最后停止发行退出流通领域。信发出后的当年7月1日起,嘉兴市面上陆续出现了1953年版的全新的五分、二分、一分纸分币在流通,取消了阿拉伯数字,只保留了罗马冠字头,俗称"无号码纸分币"。

1980年,中国人民银行制作了一圆、五角、二角、一角的铜镍合金和铜锌合金的硬币,此后逐年制作了一元、五角、一角的合金硬币发行流通。随着我国国民经济发展和人民生活水平的提高,分币使用领域不断缩小,使用数量越来越少,分币在货币流通中的作用逐渐减弱。考虑到分币在银行、超市、医院、电信等部门尚有一定数量的客观需要,为提高流通中小面额人民币整洁度,进一步推动和加快小面额货币硬币化进程,2006年9月26日,中国人民银行发布公告:经国务院批准,从2007年4月1日起,停止第二套人民币纸分币在市场上流通,第二套人民币硬分币继续流通。从2006年10月1日至2007年3月31日为兑换期,第二套人民币纸分币持有者可到各家商业网点进行兑换。

有钱币收藏者大量收贮,但1981年7月1日重新恢复发行的1953年版的无号码五分、二分、一分纸分币存世量大,收藏价值不大。

第二套人民币中的五分、二分、一分纸分币从1955年3月1日发行到1964年退出流通,这10年为第一阶段;1981年7月1日重新恢复发行到2007年4月1日退出流通,这26年为第二阶段,大大超过了第一次发行流通时间。

第二封信是关于嘉兴市区中山路的。

嘉兴中山路是由原荐桥街、县前街、集街、天官牌楼(百福弄口段)于民国三十四年(1945)连接而成,为纪念孙中山先生而命名为中山路(抗日战争前中山路在文生修道院北现嘉州长岛处)。中山路东起环城东路,西至现禾兴路口止,原长1.5公里。现禾兴路口至建国路口这一段,古为集街,旧称县前街,系宋代前城内唯一商业街,用青砖砖脊横排横砌而成青砖路面,历经年久路面高低不平,尤以路西段更为严重。据说,1964年4月5日,中共一大代表董必武同志重来嘉兴南湖,所乘坐的小卧车曾在中山路驶过。1964年下半年,嘉兴县政府对中山路进行改造,建成沥青路面,这是嘉兴的第一条沥青路。

1983年8月,嘉兴撤地建市,庄洪泽任嘉兴市委书记,周洪昌任嘉兴市市长。建市初始,决定对中山路拓宽并向西延伸。这是嘉兴改革开放初期的重大工程。随后,嘉兴城市开始了翻天覆地的发展。

中山路这条老街曾历经多少沧桑,一经拆除,必将以全新的面貌展现在嘉兴市民的面前。为能让子孙后代知道嘉兴中山路拆除前的面貌,1984年3月5日,我写信给时任中共嘉兴市委书记庄洪泽和市长周洪昌,建议"嘉兴市电视台、图书馆、博物馆等有关单位,用现在先进的摄像机、照相机将中山路摄录下来,作为历史资料加以保存留世后代。"随后,就有了嘉兴电视台摄录的中山路在拆除中的录像资料和摄影爱好者拍摄的中山路在被拆除中的照片资料。

中山路的拓宽必须是先拆迁后改建,世代居住在中山路两边的居民有难离故土的情怀,但是为了服从市政建设的需要,都按时搬离中山路。我厂原居住在中山路上的有朱国安、许放吾、陈国华、陈冬媚、华明生等同志,都顾全大局搬住在厂里临时搭建的过渡房,直到厂里建造新房后才搬入新居。

中山路东段与环城东路结合处原是T字路口,1968年底拆除了宣公桥,给前往火车站乘车出行的市民造成很大的不便。1969年初,在T字路口东段原万康药店址,拆除了万康药店和毛巾厂,建造了一座(单幅)钢筋混凝土拱形水泥桥,即中山路桥(东桥)。

与公园路(后为杭申路西段,现城东路西段)、嘉禾路相连。万康药店后搬迁到中山路南侧(即现中山东路华氏兰台大药房),原在其北侧的嘉兴毛巾厂并入嘉兴工农棉毯厂(在解放路螺蛳浜大新桥旁,后改建嘉兴第七中学)。

1970年,嘉兴县政府在原宣公桥旁的近水台茶馆(1968年底与宣公桥同时被拆)址,建造了跨过"车站河",通向南湖和南堰方向的钢筋水泥拱形桥,取名七一桥(在桥北有嘉禾路、公园路与中山路桥联通,宣公路旁的横跨车站河到洋桥洞和到火车站的小木桥被拆除),并与铁路形成平面交叉俗称平交道。在穿越嘉平公路和平湖塘与海盐塘交会处东,建造了与七一桥直行到南湖和南堰方向的钢筋水泥拱形桥,取名南湖桥(现武警医院大门北侧)。嘉兴环城南路穆家洋房西侧的壕股桥曾是木桥,1968年改建成三孔水泥拱形桥,更名为南湖桥(至今桥中心外侧拱形处有用水泥做成的凸出的"南湖桥"三字)。这样,在东门地域有两座南湖桥。原铁路洋桥洞对直的在平湖塘上往南堰方向的小石桥被拆除。前往甪里街、东栅等地都从嘉禾路过七一桥、平交道,少有人从洋桥洞进出。往南湖和南堰方向的都经过现武警医院旁的南湖桥。

中山路向西延伸发展,过天官牌楼,过京杭运河嘉兴小西门段,拆除西门米厂,建造了跨运河的钢筋混凝土水泥桥,即中山西桥,直至嘉北乡三塔村西止(俗称河西,原是大片农田)。

中山路紧张施工的同时,作为配套工程的铁路立交工程也在施工。现城东路西段南,嘉禾路东侧的原铁路公房俗称"十八间头"也全部拆除(日本侵华时建造的日式洋房,我厂职工钱培生之父曾在铁路工作,与父母在此居住至拆迁,我曾去过多次,在杭申公路西段与嘉禾路口第一间),后建为铁路商场。嘉禾路与宣公路口的东风副食品商店、中国旅馆、铁道旁的铁路公房(家属房,我厂职工盛华生曾在此居住)以及嘉禾路东的王长根草药店、大饼店、酱油店、腌腊店等等也为服从市政建设需要而被拆除。原中山路桥(东桥)北侧建造了两座钢筋水泥拱形桥,三座桥同为中山东路桥,2010年改为东门桥。

扩建后的中山路是横贯嘉兴新老城区的东西主干道,东起中山东桥,西跨运河直抵外环路(二环西路),全长3140米,宽40米,双向四车道(现改为六车道),沥青路面。于1986年11月全线通车,被称为"浙北第一路"。

建成后的中山路分中山东路和中山西路,中山东路从中山东桥至中山西桥(运河段)止,中山西路从中山西桥至外环路(二环西路)止。近年又改中山东路延伸至二环西路止,而中山西路从二环西路向西延伸至嘉湖公路。

如今,中山路已是嘉兴最繁华的商业街。

(写于2011年7月18日)

嘉兴市文史资料通讯

第七十一期

嘉兴市政协学习和文史资料委员会编　二〇一二年三月二十四日

目　　录

抗战前嘉兴的工业 …………………………………	计士雄（187）
从长安米市到硖石米市的兴衰演变回顾 ……………	计士雄（197）
嘉兴种桑养蚕的历史回顾和今后的走向 ……………	计士雄（203）
杭嘉湖两次严重污染损失春茧 13 万担 ……………	黄宗南（211）
一个小村庄，一部厚重的丝绸织造史 ………………	杨金根（254）
海鸥蜕变成凤凰	
——王店镇小家电产业兴衰纪实 ………………	梅晓民（264）

抗战前嘉兴的工业

计士雄

抗日战争全面爆发前的民国二十二年(1933),嘉兴全境工业为数甚少,就其荦荦大者,有造纸厂1家、电灯公司7家、碾米厂36家、丝厂4家、染织厂2家、纽扣厂1家、铁工厂3家、袜厂10家、小布厂9家、干电池厂1家和冰厂1家,兹分业陈述如下:

(一)造纸厂

民丰造纸厂为嘉兴最大的工厂,成立于民国十四年(1925),初名禾丰纸厂,地点在东门角里街,原由当地爱国士绅褚慧僧创办,因营业不佳,乃出租与竟成造纸公司。民国十八年(1929),竟成租约期满,又由民丰公司接办,于民国十九年(1930)方开始营业,额定资本50万元。设有蒸汽机、柴油机各2具,发电机2座;工作机分切草车、斩布车各2架,筛清机、细浆机各2座,打浆机6座,造纸机、成色机各1座,运料3座,卷纸机2座,总值36万元。原料年需破布3万担、麻袋5000担、废纸6万担、稻草7万担,总值28万余元。统计全年生产黄白灰纸板约5000件,每件420斤,售价50元至80元,总计约值42万元。内部职员31人,工人437名。职员薪金最高月计140元,最低20元;工人工资月计最多者80元,最少者13元。其产品多销往上海、南洋、香港、新加坡等商埠。

(二)电灯公司

嘉兴电灯厂共有七家,分设于城乡各地。永明、耀明、振新创设较早,立兴则因营业不振,后改组为星明;余者如泾明、新明、永利设立较迟,分述如下:

永明电灯公司 始建于清光绪三十四年(1908),由本地士绅金沧伯集资五万元发起筹建,首任经理是叶养和,末任经理是沈公达。

该厂设于城厢西河街,厂地面积八亩,规模宏大,设备较各厂为完备。系股份性质,每股20元,初集资为5万元,稍后又增资15万元,共计20万元,股息常年8厘,外有公债10万元。装有蒸汽机3座,550匹马力,计发电总容量为319千瓦。线用架空分为包线、裸线2种,全部设备总值291692元。发电总量年计470300度(灯户需用量,值9.7万余元,用户1958家,表灯每度2角7分)。全厂有职员9人,职员年薪最高的1300元,低者年薪360元,总计全年2872元。工人16名,月薪高者65元,低者19元,总计全年6700元。消费煤量年1561吨。民国二十年(1931)营业收入为97900余元,支出为7600余元,收支相抵,还有盈余。

耀明电灯公司 厂址设于王店镇,系股份制性质,资本实收二万元。

设置直流低压二线式发电机一座,柴油引擎一座,总值约2000元以上。

发电总容量为20千瓦。

用户150余家,电灯16支光,每月每盏收费1元3角,全年每盏电灯收费为15元6角。全厂共有人员12人,其中职员2人,工人10名,薪金支出全年总计为二千六七百元(最低者每月月支6元),年耗柴油20吨(价值为1600余元),年营业收支为4000余元。

振新电灯公司 厂址设在新塍镇东栅,合股资本为3万元(因抵前亏,实只为15000元),发电机系交流高压50周波三相三线,柴油原动机单双缸各一座,共16匹马力;发电容量为50千瓦;设备总值2万余元。年消费柴油为30吨,车油2500磅,值3400余元。用户280余家,收费灯每字0.285元,电灯16支光月计1元3角。内部职员和工人各6名。民国二十年(1931)营业约7000元,除开支略有亏耗。

明丰电灯公司　厂设于新丰镇,股本7500元,内部职员2人,工人5名。装有柴油引擎发电机一座,价值3500元,发电容量12千瓦,用户为128家,电灯约200盏,每盏16支光,月收1元2角,民国二十年(1931)总收入2800元以上,其营业在碾米厂部分述明(和碾米厂系两块牌子一套班子)。

泾明电灯厂　厂址设于王江泾镇,资本为4000元,装有柴油引擎发电机一座,发电容量为8千瓦。合计全镇用户百家,电灯180盏,每盏月收1元2角,路灯20盏半价收费,全年营业为2000余元。

星明电灯公司　厂址设于新篁镇,备有原动柴油机一座,计24匹马力,发电机一座,发电总容量为20千瓦,用户140家,计300盏,月收每盏为1元5角5分;厂内有职工2人,工人3名,资本13000元,营业年计4200元。并兼碾米业务。

(三)碾米厂

在嘉兴农村,因当地农民碾米的需求增大,碾米业就异军突起,成为农村工业的佼佼者,每年营业时间约八个月(7月至次年3月止)。碾米厂兼营米行的有七家,兼营电灯业务的有四家,兹列表分列如下:

厂　名	开设地点	工作机数	原动机数	职工人数	全　年碾米数(万石)	全　年营业收入(元)
大丰公记	塘汇镇	2	1	7	2.5	3750
广　丰	洋关	3	1	10	3.6	4680
翔　轮	凤厢汇	2	1	4	1.5	2250
泰轮良记	猪棚下	2	1	7	2.0	3000

续表

厂　名	开设地点	工作机数	原动机数	职工人数	全年碾米数（万石）	全年营业收入（元）
王义茂	芦席汇	2	1	7	2.4	3600
禾　昌	南堰镇	2	1	7	3.2	4800
大　有	东栅镇	2	1	7	3.0	4500
南　城	南门米棚下	2	1	7	3.0	4500
振　兴	南门米棚下	2	1	7	2.0	3000
屠正茂	新塍镇	2	1	7	3.2	4800
农　商	新塍镇	2	1	7	3.2	4800
振　兴	新塍镇	4	2	13	6.4	9600
朱合兴	王店镇	2	1	6	1.0	1300
振　大	王店镇	1	1	3	1.0	1300
潘雅记	王店镇	1	1	4	1.5	1950
皮立大	余贤埭	2	1	6	1.92	2880
复　兴	余贤埭	2	1	7	1.92	2880
大　有	余贤埭	2	1	7	1.92	2880
力　大	余贤埭	1	1	4	1.5	2250
大有沅	凤　桥	2	1	7	3.1	4650
利　农	凤　桥	2	1	7	3.0	4500
立　兴	新篁镇	2	1	7	1.6	2400
振　隆	新篁镇	1	1	4	1.0	1500
大　新	新丰镇	2	1	6	0.5	750
万　丰	王江泾镇	2	1	7	1.5	2250

续表

厂　名	开设地点	工作机数	原动机数	职工人数	全年碾米数（万石）	全年营业收入（元）
张兴盛	秀城桥	2	1	7	2.5	3750
沅　盛	塘汇镇	2	1	7	1.5	2250
天　德	北城门口	2	1	7	2.0	3000
同　昌	南汇镇	2	1	7	2.0	3000
鸣　盛	南汇镇	2	1	7	2.5	3750
屠同和	新塍镇	2	1	7	3.2	4800
恒顺兴	新塍镇	2	1	7	3.2	4800
泾　明	王江泾	2	1	7	2.0	3000
永　利	凤桥镇	2	1	8	2.5	3750
星　明	新篁镇	3	1	9	1.0	1500
明　丰	新丰镇	2	1	4	0.55	825
合　　计		72	37	240	80.41	119195

从上表计有碾米机72台,原动机37具,职工2240人,碾米量804100担,碾米工资119195元,碾米量占嘉兴全境产量的50%。

(四)丝厂

本境桑地遍野,农民育蚕者极多,每年新产蚕茧亦多,迨于民国九年(1920),纬成公司始于南堰盐仓桥设立分厂,收买蚕茧,缫丝出售,营业极佳。继起者有厚生、秀纶和福兴等厂。迨后,丝业衰落,各厂亏损甚巨,而相率停闭或改组,兹将各厂分述如下:

纬成庆记绢纺厂　该厂本是纬成公司裕嘉分厂,民国九年(1920)设缫丝、织绸、准备等部,营业好。于民国十二年(1923)秋季,复添设纺丝部,后因战乱频繁、国际丝价下跌,绸缎滞销以及日本人造丝大量输入倾销,于民国十九年(1930)因亏损而停业,历时三年有余。民国二十二年(1933),始由杭州庆成厂徐礼耕以独资10万元承租绢丝部全部。在厂名下加以庆记,组织开工,有职员47人,工人800余名。并聘厂医2人,药费由厂津贴。设置煤气引擎2台,600匹马力。各种绢丝纺织机180台,其他附属机20台。如机械全部开工,日能出绢丝7担,月约200担,平均每担450元,共计9万元。每年能得副产炼皂500箱、晶碱250袋、油类100箱。唯每年燃白煤1500吨、烟煤2500吨,合值67500元。其他什需约7.3万余元。原料双宫、烂茧、蚕吐、蚕衣,每担40元,年约1.5万担。制造程序:初将原料腐化,投锅烧煮,漂炼烘晒;次则配合各原料,赖机械的功能,使渣滓分离,然后制绵、排绵,经前纺(粗纱)、精纺(细纱),逐步加工,变成细条,复烧毛整理打包,如若制经,再加扬翻燃合,经制球、包装之后,方可销售,销路以南洋、印度及国内各地为主。商标分孔庙、羊、牛、双鹤、双象等七种。

  骏利制丝公司 厂设塘汇,原为厚生,民国二十二年(1933)春,方承租开办,公司性质,额定资本2万元。设备有柴油引擎马达各1具,马力26匹,英国缫丝机240台,检验机1台。全部开工,能日出丝一担60斤,月约40担,值28000元,所产之丝用"嘉禾三塔"商标。全厂有职员41人,童工740人,日计燃煤50吨,原料干茧六七担。

  协兴丝厂 厂址设杉青闸,为福兴改组而成。合资3万元,月租金720元。备有意大利缫丝车240部,引擎1台,马力20匹,烘茧土灶10乘,检验机1台。每日产量约2担,月计50担,值35000元。全厂有男工20人,女工500人,童工20人,职员30人。

  除上述三厂外,尚有秀纶丝厂,地址五龙桥,有意大利缫丝机132台、日本式50台、发电机、引擎各1具,惜该厂至民国二十二年(1933)六月尚未开工。

（五）织绸

绸产于王江泾、濮院两地。王江泾毗邻江苏盛泽镇，所产绸缎多由盛泽转销，共有机户千余家，每机时开时停，因此生产多少不一，平均每台每月约产13～14匹，总计年产14万余匹。内绢约1万余匹，印度纺1万余匹，中山葛2万余匹，其余均为大绸，总值约170万元。由机户直销盛泽者约80％，经绸庄转销上海者约20％。绢幅一尺一寸，长一丈八尺，每匹售价最低3元。印度纺、中山葛、大绸长宽相等，价亦相同，最高17元，最低6元。职工每匹8角，二日出一匹。

濮院所产者叫濮绸（俗名湖绉），为嘉兴特产，销路亦佳。近年来由于丝绸业不振，营业凋零，前后相差甚巨。其出品分花素大绸、厂绸两种。织机300余台，每年产量为1万余匹，售价每匹最高20元，最低七八元，总值15万元以上。在嘉兴界占十分之四，桐乡界占十分之六。

又有嘉兴纱，始于"洪杨"，盛于清末。前数年尚有六家，如西门张少记、缪亦记、陈绵记、市心街胡合记、宣公桥杨瑞记及鸣扬门之陈姓共有13机，出品都染元色，为妇女裙料之用，年产六七百匹，售价每匹10元。新塍从前亦产绸，由于量少从略。

（六）染织厂

嘉兴染织厂，仅嘉禾染织公司及辛康染厂两家，兹分述如下：

嘉禾染织公司　厂址设西河街，系股份性质，成立于民国十六年（1927）十二月，资本10万元，职员87人，工人438人。设备有柴油引擎3具，马力58匹，电织机180架，铁木脚踏机130架。其他附属机有：摇纡机3架，摇筒机2架，拉经机4架，整理丝光机各1架，合线机1架，总值2.1万余元，年耗煤及油类各项总计6800余元，年需原料棉纱600余件，值10余万元。全年产量：计条子漂布（商标为双兔牌）25800匹，格子漂布6900匹，毯子布18600匹，总产值267400元，销路以江苏为最大，约占产额三分之二，其余均销于本省各地,后来改出素布。

辛康染织厂　厂址设芝桥项家漾,成立于民国十五年(1926),资本4000元,独资。有职员9人,女工50人。有木机14架,月租24元。年产厂布1800匹,价值10800元,销路以湖属为最多。

(七)纽扣厂

利嘉纽扣厂设于塘汇西市,成立于民国十四年(1925),独资,资本500元,职员二人,工人15人。设备有头、二、三、四4种制纽扣机26具。其制法:第一次将蚌壳用车钻成圆形粗环,第二次摩擦使光,第三次起边(即扣面之圆形轮边),第四次打眼。复经磨光、拣选并钉板即成。每天能出纽扣2罗,每罗1728枚,值4元左右,商标为螺旋牌,均系包工制,工资每天高者5角,低者3角,平均工作约8个月,年产纽扣约1000罗,产值约4500元。原料来自本地,每担一元余,销往沪、杭二地。

(八)铁工厂

嘉兴城区有翻砂等铁工厂三家,概述如下表:

厂　名	地址	组合性质	资本额(元)	工人数(人)	工作机		营业数(元)	备　考
					车床	老虎钳		
原　兴	水墩	合资	400	5	1	2	800	无原动机,修理氧水机
顾良记	东门	独资	1000	8	2	3	2000	修理各种机件
三友公记	玄妙观	合资	500	6	—	—	1500	专营翻砂
合　计			1900	19	9	5	4300	

(九)袜厂

全境有袜厂10家,合计资本17400元,袜机800余台,职工

1200余人,全年产各色男女童袜28.5万余打,童袜约占4/10,男女袜占6/10。每打高价2元,低价4角,全年产值23.7万元,兹分别述之如下表:

厂名	地址	组合性质	职工人数（人）	资本额（元）	全年产量（打）	全年产值（元）	备注
永大	栅汇桥	独资	260	3000	80000	48000	各厂工人系将厂外工人并计
裕生	北门外	合资	131	5000	36000	29600	
大纶	集街	合资	125	1000	12000	12000	该厂系耀华改组
鑫大	东集街	合资	37	500	16000	11200	
昇纶	东门	合资	33	500	6300	6900	
亨利	王店	合资	47	1000	9000	8600	
华记	王店	独资	25	500	6000	7500	
天华	王店	独资	30	400	5000	4200	
春和	项家漾	独资	472	5000	100000	92500	民国二十一年（1932）停产
纶康	芝桥街	独资	47	500	15000	16500	民国二十一年（1932）停产
合计			1207	17400	285300	237000	

(十)小布厂

小布俗名土布,系旧式家庭手工业,王店镇计有许大茂、祥和、潘祥和、永昌、新兴恒、朱轮泰六家,新篁镇有周大昌、协和永、洪义盛三家,全境共有九家。内中仅周大昌和许大茂自备土木机数十台,其余各家,均只发原料织成交货,附近农村妇女利用农闲时间,备一二架土木机,即可从事工作。每疋每天能收入七八分之工资,以补贴家用。在王店有千余户,新篁约5000户,其产量因停织不时,多少不一,合计全年55万匹以上。可分染色和本色两种,本色每疋长一丈四尺至二丈四尺,幅为一尺至一尺一寸,每疋值三角至五角。染色者俗称谓改良土布,长四尺左右,幅为一尺四五寸,每疋值一元一二角。尚有加宽的土布,每疋值三四元不等。总值约60万元。用途其优者制衣,劣者为丧事可用。销路为上江各县外,它如上海、江北多有销路。

(十一)干电池厂

志成电池厂 设于新马路,成立于民国二十一年(1932),有工人7人,独资,资本500元,全年营业约17000元,销路以本境各乡镇为主。

(十二)冰厂

全境有竟成、胜品和益生三家冰厂,分设于城区中街及塘汇、南汇三地,均无机械设备,仅逢每年冬令季节掘窖藏冰,于夏令肩挑出售,全年营业3000余元,藉以为生者三四十人。销于熟食店、酒席和鱼鲞行为多。每担出售价为七八角。

(十三)烛皂厂

有鸳湖和增华两厂。前者开设于南堰,成立于民国十四年(1925),合资经营,资本5000元,有工人7人,职员4人,年产烛皂2500箱,价值27300余元,可分兰花、亚洲、仙鹤和"国耻"等品名。年用牛油、羊油、椰子油、泡花碱、烧碱和香油等总值2万余元。后者即增华厂则开设于杉青闸,成立时间较鸳湖厂为迟。有工人4人,职员及学徒3人,资本为2000元,年产肥皂700余箱,营业为8000元,各种原料年需四五千元。

上述各厂,就是嘉兴在抗战前的工业而已,实在少得可怜。

从长安米市到硖石米市的兴衰演变回顾

计士雄

长安镇和硖石镇都是海宁县属下的两个名镇。过去先后作为江南水乡的米市,为调剂周围城乡的粮食余缺,发挥过极其重要的作用,因而名噪一时。

20世纪50年代,我有幸多次到过那里,那些遗留下来的米市痕迹,给我留下了深刻的印象。而今,我作为高龄老人居家养老,闲来谈谈长安米市和硖石米市,根据历史的记载,陈述它们兴旺和衰落的过程,也许对史学界的研究有一定的参考价值。

从历史长河来看,一向以全国粮仓而闻名天下的长江三角洲太湖流域,到明代中叶,发生了巨大的变化。由于商品经济的高度繁荣,手工业和商业的迅速发展,一些经济发达地区包括嘉兴在内的农村经营的商品化倾向日益加剧,大量的粮地改种桑树、棉花、烟叶、苎麻和其他经济作物,以适应不断增长的市场需求。加上人口快速增加,粮地面积缩小,粮食供应的压力日益加大。

到了晚明,人们感叹:"吴中五方聚处,日食甚繁……吴所产之米原不足供本地之用,若江、广(即江西、湖广)之米不转浙属籍以济运,即苏属亦望为续命之膏",这是崇祯年间任应天巡抚黄希宪于崇祯十三年(1641)移牒苏州府长洲、吴县的檄文,从中可以清晰地看到:长江三角洲苏松常杭嘉湖等地,对湖广、江西粮食的依赖已非同小可,"望为续命之膏""藉以济运",殆非虚言。同时代人吴应文(1594~1645)可作为一个旁证,他的《楼山堂集》中写道,江南

"地阻人稠,半仰食于江、楚、庐、安之粟"。

进入清代以后,这种形势更趋明朗化,细读《雍正朱批谕旨》,可以发现,无论是封疆大吏的密折,还是清世宗的朱批,都不约而同地在探讨江浙仰给于湖广的问题。

不少官僚试图解析江浙仰赖湖广粮食接济的症结所在,除了地窄人稠的原因外,大半田地栽种经济作物是一个重要原因,请看浙江巡抚程元章对杭嘉湖的分析:

"杭嘉湖三府属地,地窄人稠,民间以育蚕为主,田地大展植桑,岁产米谷,除办漕外,即丰收之年尚不敷民食,向籍外江商贩接济。"

这一分析是中肯的,可以从地方志中找到佐证,康熙《嘉兴府志》中说,其地粮食"每不能自给,待食于转输者什之三四"。"鱼米之乡"的嘉兴府尚且每年要输入30%到40%的商品粮,其他地区可想而知。

长安米市就是在这一经济形势下兴起和建立起来的。

长安,旧名修川,北宋时成市,为南北往来运送所经。南宋建都临安,修川市扼其要津,地位重要,改名长安市,其后随着经济的发展,长安由一个鱼虾甚富的小市上升为镇。咸淳《临安志》中的长安镇,已是临安府的大镇之一,属盐官县,该镇上彻临平,下接崇德,漕运往来,商旅络绎,为官、商必经通途,元代在此设税课务及驿站,明代在此设置税课局,成为周围著名的商业中心,万历《杭州府志》上说:"长安镇上下两河商贾,经济繁荣,商业兴旺。"

清代前期,杭州府海宁县长安米市是在长江三角洲地区仅次于苏州府枫桥米市和吴江县平望米市之后而建立的三大米市之一。当时,有人把平望米市称作小枫桥、小长安,由此可以断言,平望米市是略小于长安米市一筹的。

长安镇河道四通八达,上河之水直达杭州水门,下河则可通江南及川楚各地,因而湖广、江西的粮食经运河南下,此地作为集散码头的优越性就凸显出来。长安镇就作为"通运之总区"。杭绍诸地商贩咸集,湖广、江西等处运抵此镇的粮食,不仅可就近销往浙西杭嘉湖一带,而且可转销浙东各府,故《修川小志》说,长安米市发达,杭、绍、宁三府咸资接济。

米市设在长安镇石塘湾,米市上"江南、川、楚之米无不毕集"。

商品粮的大量集散,使长安镇繁忙而兴旺,时人有诗云:"灯火长安镇,河流上下争。市分粟米价,坝转轴舻声。"

咸同年间(1864年前后),太平天国军和清军曾多次在这一带厮杀,长安米市因而元气大伤,当地人员大量伤亡、房屋被毁,人民财产损失惨重,遭此浩劫,长安米市已无法经营,硖石米市乃起而代之。

硖石镇作为水路交通的码头,以米市事权之集中,交易惯例的便利,不特能承袭长安米市之局面,而且连省城杭州之湖墅米市也望尘莫及。

硖石为一河两街型集镇,市河南分硖石湖之水,入市北往长水,穿越镇市,系南北舟航孔道,市河两旁为市街,南北长四里。明朱一是《硖石镇关厢水栅记》上说:"硖石通四道,西遏钱塘,东连武水,北经御儿,走吴淞、震泽各水","其港三十有六","日中为市,道遇不拾",得天独厚的地理条件,使它有可能成为一个理想的粮食集散地。明清之际,硖石已号称"烟火万户",并已成为海宁下属的名镇之一。

1864年前后,长安镇急剧衰落,全县贸易重心转往硖石镇,民国《海宁州志稿》上说,咸同以前,土产各货集散于乡镇,尤以硖石居多。

1864年以后,硖石米市取代长安米市,迅速繁荣,历数十年而不衰。

如今,谈及浙西米市,首推硖石,硖石米市每日交易之多,使人瞠目,连上海米谷交易市场上亦挂出硖石米市的行情。其成为米市的历史,即自太平天国运动失败之后。

硖石米市之所以继长安米市之后成为浙西米市的原因主要是:

第一,硖石河流纵横,交通便利,又有沪杭铁路,不仅本省的嘉兴、嘉善、平湖等地及江苏芦墟、同里、青浦和金山等处之米,均可以由水路汇集此间,即远如皖北之三河、皖南之宜城,常年亦有大量远来。

第二,硖石米市为一集散市场,萧山、绍兴二帮及海宁邻县均常年向此间办货,所以如此,要以硖石惯例,行家恒能待客垫款项等主因。其对萧、绍两帮的放账,常年均达巨额,且时有长达二三月,相互均具有信用关系。

进入民国之后,特别是到了民国二十年(1931)之后,由于日本人造丝倾销国内市场,蚕茧价格低落,许多农民视养蚕为畏途,纷纷砍桑种粮,太湖流域诸县农业经济格局结构发生重大变化,即蚕桑和种粮的比例由过去的7∶3转变为3∶7。据当年中国经济志记载:嘉兴县在民国二十二年(1933)产鲜茧九万余担,不及民国二十年(1931)的一半,农民砍掉桑树种植粮食。所以自民国二十二年以后,嘉兴一带粮食较前有所增产。

硖石米市不仅是本地区临近县镇米粮的集散中心,而且是浙、苏、皖米粮的转运出口地之一,浙东缺米地区如绍兴、萧山、余姚等地,也莫不以硖石米市为最大的米量供给来源。

硖石米市地处今米市街,一河二街的市镇,居然能使数万石乃至百余万石大米大进大出而游刃有余,其米市的运营机制,是由经售商、米行、碾米厂和零售米店四个层次构成,全部集中于硖石镇米市街市河两岸约半里长的街道上。

第一个层次——经售商:

经销商系外来米商与本地米行的中介者,在硖石米市街市河两岸设有行所(类似当今的房地产中介所),米客运货来硖石镇,均先投经售商,然后由他们向各米行接洽交易。按惯例,米客投行后,所有货色即归该行一家兜售,而米客来自远道,不能预悉行家有无买主,投行之后,若一时不能脱售,殊感不便,故有熟悉当地市场的中介人代为向各行接洽,由此形成了经售业。

20世纪30年代,硖石镇有经售商十家,经售外汇来米者有沈诚和、周大观、张恒升和李仁义四家,经售内河来米者有陈公大、汪三泰、陆源盛、徐义昌、许公义等六家,除了以上十家外,还有以个人名义代客兜售者三十余人,他们对来客米商而言具有绝对的信任度。

第二个层次——米行:

米行是硖石米市的主体,所有米谷的集散无不经过米行。民国十九年(1930)共有大小米行64家,由于营业范围的不同,可分为三类:一是大袋行。多做萧、绍二帮生意,交易范围大,资本雄厚。所用米袋可装一石五斗,故称大袋行。此类米行有七家:生大、和顺裕、广顺泰、何永丰、公顺隆、裕生隆和信顺昌。二是小袋行。专销本镇四乡和邻县,所用米袋可装一石二斗,故名之。此类米行亦有六家:大昌、慎义泰、正大、胜昌、协兴顺和徐永泰。三是乡货行。数量虽多,营业额却较小,且兼营杂粮,以收买、出售本地乡货为主。

第三个层次——碾米厂(糙米加工业):

由于运抵硖石米市的米粮,大多是糙米(约占三分之一),须经碾米厂加工为白米后再运往各地。此类碾米厂共有十家:泰顺福、开泰、泰昌、泰丰、泰隆、泰和、康泰、万有余、裕和成和顾永盛。

第四个层次——米店:

此类有多家,不仅在米市上有,硖石各街道亦有,专为当地缺粮户、镇民和渔民供应口粮。

在硖石米市上,外埠米船到达后,除了与上述各家打交道,还需经过三种人之手:一为接船——介绍米船于经售商的(限于外江船);二为"斛手"——斛量米石数量的专职人员,镇上有四十余人世袭操持此业;三为脚尖——起卸搬运工人,有百余人。

碳石米市到了抗日战争时期,由于战乱,全部停业,八年抗战胜利后,亦无复苏。新中国成立后,由于实行计划经济,在农村贯彻"以粮为纲",改革开放后,市场放开,由于交通运输便利,由各地自行采购互补粮食余缺,虽曾一度拟在嘉善建立"米市"之议,但终成泡影,乃作此文存遗。

嘉兴种桑养蚕的
历史回顾和今后的走向

计士雄

嘉兴,种桑养蚕生产历史悠久。

唐有秀州"贡绫千匹"的记载,宋有"宋绵人才出秀州"之说,进入明代中叶,万历九年(1581)推行"一条鞭法"以来,商品经济更趋活跃,社会财富增加,到嘉靖、万历间,随着社会分工的进一步扩大,整个社会商品货币经济与对外贸易的进一步拓展,农产品的商品生产比以前有更大的发展。

嘉兴地处长江下游太湖流域,境内自然条件优越,气候温和,地势平坦,土地肥沃,河流纵横,灌溉便利。工商业的侵入农业,引起了农业的专业化。在商品交换的刺激下,嘉兴广大农村,大量地种桑养蚕,以发展经济(见弘治《嘉兴府志》)。

明天启间,嘉兴府海盐县"桑拓遍野,无人不习蚕矣","比户养蚕为急务"(见天启《海盐县图经》卷五)。

种桑养蚕生产为生丝、丝织业提供原料,于是各地商人纷纷来嘉兴产地收购,如乌青镇在蚕毕后,各地商客投行收买(见张炎贞《乌青文献》)。

当时商业资本和高利贷资本已经渗入农产品的产销过程中,如蚕桑经营者,由于资金不足,往往向富裕者借高利贷。据董蠡舟《禾府》记述,蚕农养蚕之资向富裕者借贷,蚕缫丝后以贸丝偿还,而息其什一。

种桑不仅仅是为了满足自家养蚕的需要,已游离出一些农民专种桑树,把桑叶拿到市场上去出手,并出现桑市(亦称叶市),"叶莫多于石门,其牙行则集中于乌镇,买叶者以舟往之,谓之开叶船;饶裕者亦稍以射利,谓之作叶,又谓顿叶"(见董蠡舟《乐府小序》)。种桑百株成阴后,可得叶二三十石,以平价计之,每石五六百元,获利不薄矣。在《石门县志》第十一卷《巫谈》上,还记载着明万历七年(1579)打鸟村村民王财养蚕缺叶,以二儿易桑叶的故事。

由于嘉兴蚕桑叶商品生产的高度发达,从而出现了在农村专门种植桑苗的和私卖各种蚕种的商品经营者。

随着蚕桑商品生产的发展和生产技术的提高,人们在生产过程中积累了丰富的生产经验,当时在市场上曾出现几本有关种桑养蚕的专著,如《蚕经》《补农书》等等,都有有关种桑养蚕的记述。

明代中期,由于嘉兴地区大量耕地种植桑树等经济作物,以致粮食需外地供给,形成了农产品的专业种植区,也促进了农产品的商品交换。如嘉兴、石门田地相等,一年仅足八个月粮食,其余四个月则靠蚕桑易米而食。嘉兴粮食不足,每年从外地运入米麦以接济之。这样的农业生产布局,有力地促进了农产品的商品生产和商品交换。从而引起了嘉兴农村农业经营方式的变化。

进入清朝,康熙三十五年(1696),康熙帝在其《桑赋》序中说,"朕巡视浙西,桑树遍野,天下的丝缕之供,皆出在东南",嘉兴种桑养蚕已呈快速发展之势。

到了晚清,战乱频繁,人口骤然减少,现仍以嘉兴县为例:从乾隆以来,每年人口呈上升势头,至道光十八年(1838),全境户口甚至高达179675户,人口达到了1122437人。但是仅仅过了35年,即同治十二年(1873),户口和人口突降到61091户和292686人,比道光十八年下降了三分之二以上。

何故?

据查证,这期间(主要是在1864年前后),太平军曾以嘉兴为主战场,和清军多次在嘉兴境内战斗和厮杀,从而使当地人民和房屋财产遭受浩劫。这在嘉兴历史上是从未有过的。

上述浩劫,我作为嘉兴人,在孩童时常常听到周围老人谈及,都有谈虎色变、刻骨恸心之感。在他们的叙述中,当今作为游览胜地的瓶山,就是当年城内房屋被毁后,由瓦砾垃圾堆积而成的,不知是否事实。

在经历了这场浩劫后,农村荒芜,遍野桑地由于乏人耕耘和照料,逐年枯萎,嘉兴种桑养蚕生产转入低谷。

随后,外地人逐年迁来嘉兴城乡定居,在这些转移来定居的人中,以绍兴帮为主,其次是河南帮、温台帮、徽州帮和苏北帮,其中除徽州帮来嘉兴城镇经营金融业,苏北帮则来嘉兴城镇做苦力外,其余的都来嘉兴农村种田,他们渐渐地和嘉兴本地人融为一体。

多年后,随着社会经济的发展,农村经济逐步复苏,特别是国际市场蚕丝价格持续坚挺,嘉兴种桑养蚕生产又见反弹。主要标志是:1887年于平湖建立了第一座茧厂,以收购鲜茧供上海丝厂所需。

进入民国时期,自民国元年至十八年(1912~1929),是嘉兴种桑养蚕的黄金时期,也就是说,在第一次世界大战(1914~1918)前后的一段时期,帝国主义国家之间相互残杀、扩展势力范围和争夺殖民地,它们暂时放松了对我国的控制和掠夺,因而使我国民族资本利用这个有利时机开始兴起,种桑养蚕有大发展。现仍以嘉兴县为例:全县有桑地157950亩,叶行146家,建造改良种制种场4家,茧行105家,茧行资金多则十余万元,少则亦有二三万元,蚕茧产值达500万元以上,每担茧子价格持续在百元左右。

但自民国十八年(1929)之后,蚕茧生产又开始衰落。开始只是惯性的下滑,直至民国二十年(1931)后,由于日本廉价的人造丝在市场上大量倾销,蚕茧价格乃急性地向低价下滑,每担鲜茧价格一下子跌到20元,致使仅仅依靠养蚕生产收入来维持生活的农民,走向悲惨的境地。据抽样调查,嘉兴县在民国二十二年(1933)鲜茧约产九万余担,不及民国二十一年的三分之二、民国二十年的半数。首当其害的,是嘉兴的蚕农们,据抽样调查显示:蚕农在民国十七年(1928)的户均收入为63.13元,而到了民国二十二年的户均收入降为26.60元,蚕茧价格的波动,致使蚕农收入的落差之巨,使人寒心。

现以当年平湖县养蚕和茧子的价格为例:

民国十七年至二十三年(1928~1934)平湖县蚕茧产量及价格

年 份	蚕 茧		每担价格(元)			
	产量担(司马秤)	指数(%)	改良种		土种(余杭种)	
			价 格	指 数(%)	价 格	指 数(%)
民国十七年(1928)	22880	100	105	100	50	100
民国十八年(1929)	20607	90.1	80	76.19	52	104
民国十九年(1930)	18781	80.3	80	76.19	52	104
民国二十年(1931)	12800	55.9	75	71.43	47	94
民国二十一年(1932)	4600	20.1	35	33.33	29	58
民国二十二年(1933)	8020	35.1	38	36.19	28	56
民国二十三年(1934)	5797	25.3	24	22.86	14	28

从上表亦可以看出:一是因改良种蚕抗病率高、茧子茧层厚、缫丝率高,蚕农正逐步接受,当年蚕农养的改良种和土种(余杭种)的比已高达四比六,并逐年提高;二是受日本人造丝的冲击,茧价逐年下降,蚕农视养蚕为畏途,纷纷砍桑种粮和其他经济作物。

抗战八年,嘉兴全境被日本占领,桑地遭受严重破坏,特别是铁路沿线和公路两旁,桑树被日军全部砍光,房屋和蚕具被毁者亦极多。

抗战胜利后,由于国民党统治者挑起内战,嘉兴种桑养蚕生产恢复困难重重。如民国三十六年(1947)嘉兴县全年发放蚕种165261张,全年蚕茧产量仅为2.96万担,不及战前常年蚕茧产量的十分之三。

新中国成立之后,由于前30年国家实行计划经济体制,在农业生产的布局上,贯彻以粮为纲,政府对养蚕生产一直采取低价收购蚕茧政策。因此,在1965年以前,种桑养蚕始终徘徊不前,现将1952年至1965年嘉兴(五县两区)蚕茧产量列表说明如下:

1952～1965年嘉兴蚕茧产品统计表

年 份	嘉兴市蚕茧		其中:嘉兴县蚕茧	
	产量(万担)	指数(%)	产量(万担)	指数(%)
1952	19.35	100	3.88	100
1957	17.17	88.73	2.87	73.96
1962	9.61	49.66	1.20	30.97
1965	19.33	99.90	2.39	61.60

即使时间又过了14年,即1979年,嘉兴全市蚕茧产量亦不过达到48.91万担。也就是说,全市经过30年的种桑养蚕生产,蚕茧产量还远远未达到抗战前的最高水平。

党的十一届三中全会后,随着社会主义市场经济体制的确立,家庭联产承包责任制的推进,蚕农们逐步放开手脚,真正的有了生产自主权。国家根据国际生丝价格、蚕茧价格亦随之多次加价,嘉兴蚕茧产量呈快速增长的势头,现列表说明如下:

1980～1987年嘉兴市蚕茧产量统计表

年 份	嘉兴市蚕茧		其中:嘉兴县蚕茧	
	产量(万担)	指数(%)	产量(万担)	指数(%)
1980	55.50	100	8.73	100
1981	53.93	97.17	8.84	101.26
1982	52.30	94.23	8.31	95.19
1983	49.74	89.62	7.55	86.48
1984	56.66	102.09	7.45	85.34
1985	69.39	125.03	9.09	104.12
1986	73.05	131.62	9.09	104.12
1987	80.35	144.78	11.06	126.69

瞧!改革开放仅仅七年时间,蚕茧产量比前30年的增长还高出了许多,1987年比1979年的48.91万担增长64.08%,蚕茧增加幅度惊人。从上表可以清楚地看出,蚕茧价格的高低与蚕茧产量的多少有密切的联系,和政府的政策导向有密切的联系。改革开放,蚕农们已成为生产的主体,也是利益的主体,他们对市场的信息十分关心,为了自家的利益,当然会作出有利于自己的反应。

在商品经济社会里,商品之间存在着一定的比价关系,因此,它又受着市场供需关系的影响而有起落,这也是说,市场对蚕茧的需求存在着一定的周期律。市场上蚕茧供大于需时,价格就下落;反之,价格就上扬,这是不以人们的意志为转移的一条普适规律。在当今,在正常状况下,蚕茧价格在国际上的周期律一般是五年左右。

嘉兴蚕茧生产在浙江全省和全国都占有重要地位,在一般情况下嘉兴蚕茧产量占全省产量的40%,占全国产量的10%左右。

嘉兴蚕茧生产,受国际丝绸市场供求关系的影响,有多次周期律的上涨和回落,这是很正常的发展规律。嘉兴地区种桑养蚕的道路,就是沿着这条周期律的道路发展和壮大的,难道不是事实吗? 具体见下表:

1997~2001年嘉兴种桑养蚕生产情况表

年　份	蚕茧产量 (万担)	桑园面积 (万亩)	蚕茧市场价 (元/市担)
1997	94.30	47.07	860
1998	105.12	45.87	735.5
1999	94.82	44.99	686
2000	101.14	44.99	917.3
2001	117.68	43.65	880

但是,形势发生了变化。

自1992年邓小平同志南方谈话后,嘉兴和全国一样积极响应,以它独特的区位优势(和上海水连水、土连土),全市上下万众一心,加快接轨上海的步伐。各级政府都建立了经济开发区,逐年完善环境和硬件的建设,引凤迎凰,外资和港台人士纷纷抢滩嘉兴投资创业,当地农村劳动力大批大批地转移就业,从而带动了嘉兴二、三产业的大发展,也吸引了中西部地区农民工180多万人来嘉兴务工经商,集聚效益一下子显示出来。瞧!4500万吨年吞吐量的乍浦港的建成,秦山核电站三期工程的完成,高速公路网络的开通,铁路动车的启动特别是沪杭高铁的通车等等,嘉兴和沪杭同城,并已成为上海的副中心、杭州经济圈的前沿阵地,这已不是梦,而是活生生的现实。向以精明著称的上海人,也纷纷来嘉兴购房定居。据高铁嘉兴南站周围的社区介绍,社区里较好的楼盘,其业主绝大部分是上海人。在嘉兴,一座座的高楼大厦拔地而起,新的工业区、新的科技基地、新的景点等等,布满了嘉兴的大地,居高远眺,令人眼花缭乱。作为一个老嘉兴人,已不认识自己的故乡了,就像置身于万花筒中一样。嘉兴成为具有百万人口的大城市,已是指日可待。嘉兴经济发展已达到了一个新的层次,因而当地土地价格已飞跃飙升,寸土寸金,是经济规律,以最小的成本(土地、资金和劳力)获取最大的经济效益,是市场经济发展的普适规律。

在上述规律指导下,嘉兴的桑地面积逐年缩小了,养蚕生产也相对减少了,大批的蚕农转移到二、三产业。随着城乡一体化的推进,"两分两换"工程的发展,嘉兴农村人口已从"五普"时期的222万,减少到当今只有100多万,而且一般都是"老弱残兵",据调查,嘉兴60岁以上的老人,在农村居住的占70%。

2001年是嘉兴蚕茧产量的最高点,也是一个重要的拐点,自此以后,桑地减少、蚕茧产量逐年下降,是顺理成章的必然结果,是嘉兴经济大发展的必由之路,是大好事。就像过去日本养蚕一样,也有鼎盛期,但最后还是随着经济的发展而逐年消失一样。

种桑养蚕生产,为嘉兴人民作出几千年的贡献,是有目共睹的;而当嘉兴经济发展到进一步层次时,它将不得不告别嘉兴农村,走向我国中部、西部欠发达地区继续发挥作用,继续作出贡献。

杭嘉湖两次严重污染
痛失春茧 13 万担

黄宗南

自 1961 年起,嘉兴市的粮食生产连年增产增收,1960 年总产 14.9432 亿斤,增至 1970 年的 31.2005 亿斤,到 1980 年达到 32.4193 亿斤,比 1960 年增长 1.17 倍。这一情况促使多年来在桑地的粮食间作逐年较快地自动退出,为恢复和发展蚕茧生产奠定了基础。

为鼓励农民多售茧,1961 年浙江省出台了奖售规定:每出售 100 斤鲜茧,奖给化肥票 100 斤、粮票 20 斤、布票 10 尺、煤油票 4 斤。这激励了农民培桑养蚕的积极性。1960 年产茧 164688 担,增至 1970 年的 333140 担,到 1980 年达到 551425 担,比 1960 年增长 2.34 倍。

湖州市 1960 年产茧 148128 担,增至 1980 年的 431617 担,增长 1.91 倍。嘉湖两地当时均属嘉兴地区,1980 年合计生产蚕茧 983042 担,占全省 130 万担的 75.62%。那时,蚕茧仍是农村的优势产业,"蚕是农家宝,一年开销靠"。

俗话说:"屠户谈猪,秀才谈书。"养蚕时节,农民的热门话题是蚕和桑叶,如"养好小蚕一半收""二眠顶重要,宁可勿瞌觉""大眠眠出,状元考出"。养蚕怕蚕病,人们常说"头眠僵,二眠光,三眠烂泥塘"(全部倒入烂泥塘中了)。养蚕怕缺叶,缺叶要倒蚕。自 20 世纪 50 年代后期起,养蚕怕农药中毒。水稻、小麦、桑树、棉花、果蔬等农作物,曾经使用农药六六六、二二三、一六〇五、苏化 203、敌百虫、敌敌畏、杀虫脒、氯丹、乐果、杀灭速丁、杀灭菊酯、甲基硫磷、异稻瘟净、二氯杀螨醇、杀虫双、叶蝉散、速灭威、钾氯粉、甲胺磷、双效磷、马拉松、杀螟松、辛硫磷、井岗霉素等等。养蚕中毒屡屡发生,防不胜防。同时,工厂日益增多,附近桑园受到煤灰和烟尘的影响,加剧了养蚕新风险,增添了蚕农新忧愁。

一、1982年污染突然暴露,蚕区茫然无措

4月底5月初,春蚕生产自南而北陆续开始,嘉兴市饲养32.63万张,湖州市饲养23.40万张,即当年嘉兴地区饲养春种56万多张,占全省77.23万张的72.51%。

蚕种场饲养的原种是:苏12、浙农1号;杭7、杭8,东肥、华合,个别场试养新品种菁松、皓月,浙蕾、春晓、苏春、镇丰。

在农村饲养的杂交种是苏12×浙农1号(及其反交,以下同)、杭7×杭8、东肥×华合。农村收蚁日期比较集中,专业蚕种场因生产用房要套用,一般前后批要开差7~9天。

我在王店蚕种场(以下简称王店场)担任了21年技术主任,1981年由年轻的大学生陈凤娇接替我的职务,我被任命为副场长。我心里想,上有书记、场长,下有熟练工人,左右有培桑养蚕经验丰富的一批技术人员,自己可以松口气,宽宽心了。谁知1982年春蚕期,一场来势凶猛的废气污染,把蚕弄得一塌糊涂,全场职工也因之筋疲力尽;我因早年血吸虫病为害,肝脾肿大,蚕期结束就病倒了。

现在,沿海地区的蚕桑在较快衰落,但在国家"东桑西移"、"蚕桑西进"的策略指导下,全国从2003年的49.2万吨蚕茧,增加到2007年的78.9万吨,增加60.4%,就全国来说仍在发展。我把28年前一场污染的危害经过,如实叙述一下,或可起点借鉴作用。

气温、雨水、风力、相对湿度,不仅与养蚕有密切关系,而且与废气污染的程度密切相关。

当年 4 月上、中、下旬的降水量,依次为 33.1、24.0、14.7 毫米,合计 71.8 毫米,是 30 年(1953~1982 年)平均 114.3 毫米的 62.81%。5 月上、中、下旬的降水量,依次为 18.8、54.7、1.5 毫米,合计 75.0 毫米,是 30 年来平均降水量 132.3 毫米的 56.68%,4、5 两月降水量显著偏少。

4 月份平均气温 13.7℃,与 30 年平均气温 14.5℃相仿。5 月份平均气温 21.5℃(70.7 ℉),比 30 年平均 19.5℃提高 2℃。5 月 9 日最高 31.4℃(88.52 ℉),这一天 13 时,场内百叶箱气温 90 ℉,干湿差 14(相对湿度 46%)。5 月份平均气温是 30 年来最高的一年。

4 月份日照 173.9 小时,比 26 年(1957~1982 年)平均 156.2 小时,增加 17.7 小时。5 月份日照 204 小时,比 26 年平均 173.4 小时,增加 30.6 小时。

5 月上旬大部分蚕还在小蚕期。1976~1980 年平均相对湿度在 78.8%~89.9%范围内;1981 年因受干热风影响,相对湿度 71.1%,最为干燥,不利于饲养小蚕;1982 年为 75.5%,干燥程度仅次于 1981 年,气温条件也不好。

(一)王店场春蚕污染经过

4 月 26 日苏 12 收蚁,养蚕开始,蚁蚕用叶为桐乡青品种青蕻(青梗)上,自上而下第三叶,含水率在 78.9%~79.7%,属于正常。

28 日午后,相对湿度 60%,气候干燥。

29 日,采来 1 龄用叶的含水率只有 72.7%~75.0%,给叶前在叶上布湿。

5 月 3 日,早晨相对湿度 58%,晴天,太阳白乎乎,天空混蒙蒙,漫天黄沙。西风较大,下午更大;13 时百叶箱内 20.1℃(70 ℉),干湿差 14,相对湿度 36%,异常干燥。

4 日,嘉兴专署农业局钱德顺同志和嘉兴县农业局特产股吴春泉副股长一同来场,本场两位培桑负责人作了汇报。

朱汝璜:4月18日止桑叶生长正常,此后有点异常,桐乡青从6叶到7叶,17年平均是2.94天,今年要5天;从7叶到8叶,17年平均是3.85天,今年也要5天,青蕻叶不及去年。

杨樾:三眼叶不比去年差,青蕻叶(也称芽叶)自下而上第4叶13.3厘米×8.8厘米,去年是16.6厘米×11.3厘米,今年生长缓慢而成熟较快。

吴春泉:干热风比去年来得早,要求上午采足桑叶,重点保新鲜,含水率低,小蚕就难达到匀正度;桑叶产量估一估,可能有问题。

钱德顺:你们技术员不要去顶班(不要三班四段去跟班),应抽出来,思考天气问题、桑叶问题等去分析一下,并采取相应措施。

5月5日,吴春泉参加收蚁。他说你们场克蚁头数比嘉兴场少。于是在9时30分,开始收蚁时,用砝码校准1克。称了华合,他自己点数是2345头。到10时30分左右收蚁即将完毕时,再称了2个1克,由技术主任和检验员胡倩霞点数,分别是2470头、2471头。相隔1小时,相差125头。全场收蚁完毕,共收2400克。杭8头眠就不齐,2龄延长,二眠时也不齐。傍晚下了4.5毫米的雨水。

6日,看到桑叶叶尖上有淡黄色的泥沙,这是昨晚被雨水淋下来的,可惜雨太小了。

7、8、9、10日,一连四天,下午1时场内相对湿度依次为56%、54%、46%、61%,高温干燥,十分罕见。经商量后,由内场组负责人沈善贤安排人手,在蚕室南北凉棚下,再挂上一道芦帘,再用井水喷布降温。当时有的单位、工厂已用空调降温,我场是政策性亏损事业单位(企业管理),实在穷,买不起空调器。

5月8日晚上开业务会,贯彻省蚕种公司文件:"芷心芽(三眼叶)占发芽率的74.6%～79.0%,省原种场(饲养原原母种、原原种,制造原种)收蚁叶可溶性糖的含量有19.8%,去年为16%;余杭场有19%,去年为12%。"文件的中心意思是今年桑叶成熟快,含水率低，要早采叶，做好保湿工作。我场决定从明天起，早晨提前到5时采叶。

5月9~12日，组织各组技术员、工人代表相互检查，然后由检验员贯彻技术操作规程，结合相互检查后的优点和存在问题，进行讲解，以促进细心操作。

12日，晚上雷阵雨，降水46.5毫米，真是一场及时雨。

13日，原担心的杭8眠起不齐，今天更显异常。二组负责人何曙雯说，杭8到今天下午4龄2足天多，大大小小勿匀净，大的还像样，小的一点点。我们随即去调查：大的20头，平均每头0.71克，中的0.54克，小的0.34克，顶大顶小相差一倍多。在匾中一平方市尺内，大的47头，占11.8%；中280头，占70.8%；小的69头，占17.4%。这些小蚕伏在下面，从表面观察，看不到它们，要翻开桑夷子才能看到。晚上把这些小蚕放在电筒上一照，浑身绿莹莹呈透明状，把它们拣出另给桑叶，有的吃一点，有的呆着不动。这苗头不好，我们与二组的负责人，都心事来了，是什么原因导致发生大小蚕？

14日，开技术员会议，一阵热议之后，归纳起来几点原因：

（1）11日晨有雾，早采叶露水重，桑叶容易发粘，蚕吃坏了；

（2）杭8在11日吃的是王店公社东方红大队窑厂边的桑叶，煤灰特别多；

（3）嘉兴叶桑地分散，运叶路远，高温发热，容易变质，影响蚕的食下量；

（4）杭8在2龄时就吃到黄沙叶，影响了生长发育。

上述（1）（2）（3）点看法，虽是不利因素，但在两天内不可能使蚕个体间大小如此悬殊，认为黄沙为害的可能性最大。我联想到1974年春蚕期。

1974年4月28日0~6时，笔者在催青室值班，西北风颇大，天亮后风沙满天，日光暗淡，那次平均风速6.0米/秒，最大风速

12.7米/秒(嘉兴气象站资料),平均相对湿度60%。此后,整个杭嘉湖地区的蚕种场饲养的华合,特别敏感,吃了黄沙叶,普遍发生小蚕,唯独海宁蚕种场是例外。

当年,周洪昌同志在嘉兴专署农业局分管蚕桑,他及时电话通知技术主任到盐官场开会;我场派检验员熊慧君去参加。我带领技术员及各组一名工人到海宁场取经。

海宁场技术主任金雍钦介绍:华合5月4日收蚁,用尖头荷叶白青蕻上最大一叶上二叶喂蚕,这张叶尚未完全摊挺,落黄沙时还很小,而下面几张较大的叶子,泥沙就多……我们一听就明白了,他们的华合没有吃到黄沙叶,回场后就打电话给周洪昌同志汇报了海宁场情况;他当即转告了到会人员,而技术主任们议论纷纷,认为过去蚁蚕吃火桑,吃三眼叶,往后吃湖桑青蕻上最大一叶下一叶,再往后吃最大一叶,现在吃最大一叶上一叶,海宁场吃最大一叶上二叶,用这样的嫩叶好不好?我们连养蚕也养勿来了!……会后,嘉兴场把小蚕送到省农科院蚕桑所去镜检,没有发现任何病原菌。各场在给叶前,用湿布揩去叶上泥沙,以后雨水冲去了黄沙,再也没有发生小蚕。我场较老的技术人员都经历过1974年华合小蚕问题,所以相信1982年春蚕杭8小蚕是黄沙引起。

5月15日,在杭8的大蚕中,已见大眠头,平均重0.79克,比常年0.90克要轻12.22%;小的蚕像3龄蚕,大小相差4倍左右,而且小蚕仍在出现,看样子又不像是受黄沙影响。这些小蚕用蚕网隔出,并用手工拣出加以淘汰。与嘉兴场联系,他们杭8比较正常,大眠头平均每头0.92克。

5月17日,苏12为5龄6天,480克蚁蚕,已有1856匾蚕(比正常年少六七十匾)。抽查19匾计10785头蚕,其中空头病86头,脓病4头,发病率0.83%。病情较重,技术主任和检验员当即与该组技术员俞玉梅商量,所有蚕匾撒上新鲜石灰,技术员带头在撒,她们的头发与衣服上也飘落一层石灰粉,尽管戴上口罩,仍然咳嗽。

东肥 4 龄开叶,就因不齐不匀,分成 9 个批;华合已出现不少小蚕。这天下午 1 时,29.4℃(85 ℉),干湿相差 14,相对湿度 44%,桑叶含水率 69.3%,气候环境更差,蚕病恶化。

5 月 18 日,苏 12 空头病暴发,马上增添人工,拣出病蚕,并用含有效氯 1% 的漂白粉液,喷布蚕体,给叶、除沙。所用蚕匾、蚕网换出,开蒸汽灶消毒。桑夷沙沟、桑夷沙池、走道,均用漂白粉液消毒,蚕大病,人大忙。

这天,桐乡县大麻场技术主任盛雁铭来电话互通信息,他说,杭 8 不齐,整个桐乡都不齐,小蚕送浙农大检查,是煤烟中毒,一只大烟囱要影响周围 12 公里。崇福场原蚕区(利用蚕户房子、桑叶、劳力养原蚕,由蚕种场收茧制一代杂交种,各获其利)340 克杭 8、杭 7 大大小小,老曾(省蚕种公司经理)来看过了,不行,淘汰了,已改养普通种(一代杂交种)。黄沙不是影响大小蚕的原因,是煤烟,也与高温干旱有关。哦!原来桐乡也有大小蚕问题!

19 日,蚕病仍在发展,我向主管局如实汇报病蚕情况。

20 日,吴春泉来场,下午开会,陈凤娇先作汇报。

吴春泉:三组苏 12 暴发病毒病,看来是恶劣环境诱发。如果是细菌病或创伤传染,那是操作处理上问题,你们消毒上总有漏洞,现在要研究浙农 1 号(苏 12 的对交品种)问题。

张大奎(书记):今年消毒四面、六面很认真,桑夷沙池捻泥封闭也很好,顶大问题是嘉兴叶,运来发热,各组都不想吃,嘉兴叶在计划之内,仍要吃。

沈棣萼(三组技术员):我做了几十年,大眠开叶吃嘉兴叶从未有过,大眠开叶几天后,嘉兴叶拿来搭搭还可以。

吴春泉:省蚕种公司要求夜采叶,我主张露水叶还是要吃几回,这样高温吃嘉兴叶你们是失策的。

21 日,"苏 12"5 龄九天才上蔟,比正常情况推迟二天。每斤熟蚕 171 头,平均每头 2.924 克,从蚁蚕到熟蚕(胃肠无叶)增长

7018倍。而往年秋期苏12每斤熟蚕150头左右，从蚁蚕到熟蚕增长8000倍左右。上蔟开始，除各组当班干部外，其余干部都要排班值夜，以防蔟室着火等事故，这是常例。今天后半夜我值班，走进蔟室，听不到窸窸窣窣的做茧声，蚕呆着不动。往年健康蚕做茧时碰动蔟草，窸窣的轻微声汇合起来，好像小雨落在树叶上。

22日上午，嘉兴县委副书记宋明高、县农业局特产股股长蒋伯杨等5位来场，本场书记场长召集干部开会，先作汇报。

宋副书记：今天我才知道王店场蚕出了毛病，作为蚕种场干部，头脑要冷静，要鼓足劲头，不要有畏难情绪，养蚕养勿好，你们确实有流眼泪的。当前集中精力来养好，如废气污染，可把桑叶和蚕送杭州化验，作些分析，依据拿得出，缺少雄蛾问题，可与别的场打打电话，借借看，有什么问题，今后再总结经验教训。我原以为在蚕种场条件下，可以不来看，今后还是要来来，如何改进，今后再专门研究。最近在抓粮食三熟制，今天来看看，我还要到建设公社去……

大家感到宋副书记的讲话实在、体贴、恳切，鼓励我们去克服困难。

省蚕种公司的副经理林珊打来电话：污染桑叶的废气，主要是氟化物，桐乡、德清的蚕种场已送桑叶来化验，你们还没送来。后批蚕吃的叶要用清水洗洗，可降低氟化物含量20%。苏12发病吴春泉已汇报过，这就不是什么污染问题，而是你们消毒不彻底……

呀！直到今天，才知道是氟化物为害，原来宋副书记已知道了，所以叫我们把桑叶和蚕送杭州化验。

23日，我赶到桑场去采叶送检，窑厂附近的桑条已伐光了，只剩下两株倒向河面的桑树，因伐条困难而留下，我走下河滩，小心地攀着岸边的小树枝去采叶，下部叶已没有了，只采到上中部桑叶放在拎袋中。一路走回一边想：严重的蚕病是氟化物危害还是消毒不彻底？

近几年春期养的苏12,都未暴发蚕病,只是蔟中死蚕和蛹期死蛹多一些;秋期饲养的苏12成绩甚好,在全省蚕种场会议上,省蚕种公司安排我场作过介绍,而今年空头病如此严重,能说消毒工作做好了吗?

场内生产用房的消毒,问心无愧。全场生产用房144间,养蚕前冲洗后,用1%有效氯的漂白粉消毒,然后糊窗,用2%福尔马林石灰浆消毒,室内保持23.9℃(75°F)以上6小时,密封24小时,在蚕室等生产用房周围场地漂白粉消毒后,再开窗排除药味。上蔟室先漂白粉消毒,上蔟前按规定标准,用硫磺燻烟消毒。蚕匾、蚕网、芦帘、室内用鞋等等,都用蒸汽消毒。生活用房、附属室等均用漂白粉液消毒。我们最难控制的是桑地。桑地分布在嘉兴市区王坟山、嘉北顾家浜、南堰大圩及王店镇周围,王店公社等三四个大队,十多个生产队,他们也养蚕,如何隔得开。1956年公私合营时,嘉兴市周围的大八场、新兴、宙华、南湖、志农等私营场并到王店场。原有房子由主管局及当地有关部门占用,人员和桑地并入。而王店的桑地,自1926年创办"大有第三蚕种场"(后改名王店场)以后由资方陆续从贫困农民手中买入,所以桑地非常分散;管理不便,防病困难,运叶路远。

24~25日,胡倩霞把桑叶和杭8病蚕,送农大环保系化验;25日回场汇报说,病蚕是氟化物中毒,桑叶含氟量76.2~80.5ppm(百万分之一)。氟化物30ppm是蚕作安全的临界线。

当时,大家还不知道,苏12与杭8在氟化物中毒后,表现出不同反应的原因。下一年验证氟化物会提高蚕对病毒的感受性十多倍。当无机氟转变有机氟时,毒性增强数百倍。苏12与杭8相比,对氟化物的抗性特别差。此后,浙农大蚕桑系蚕病专家金伟说,氟中毒是由于大气受污染而引起的中毒症,多数是影响面大,如不加控制,属于毁灭性的蚕病。污染面内的防氟工作不做好,一切防病工作都要落空。

26日,持续高温干燥,午后1时31.1℃(88 ℉),干湿差14,相对湿度46%。内场组忙着开蒸灶,环境消毒、蔟室消毒,为降低温度,赵福明等爬上屋顶,喷石灰水共32间。

苏12两个饲育批共480克,采茧1799斤,平均每克3.75斤,只有前三年苏12平均收茧量的54.82%。估计茧内还有不少死蚕死蛹。

5月27日,上午省蚕种公司经理曾省、张家炘,县农业局副局长汪志成、吴春泉、叶庆饶,先后来到王店场。汪和叶分管农业局下属单位的经营管理,我场是政策性亏损单位,春蚕失败,亏损预算会大大超过,补亏经费哪里来?上午由书记、场长陪同,看了蚕室和抗高温情况。

下午,汪、叶两位向场领导、会计人员、场办胶木厂了解财务情况。

我陪着曾省经理、张家炘同志,从场边的独龙桥走向平桥,这一片是排列整齐的拳桑,桑园中间穿过沪杭铁路,来来往往的火车日夜奔驰,喷出的煤灰飘落在桑园。曾经理向北望去,有许多烟囱,我告诉他,镇上有轻工机械厂、五金工具厂、耐火器材场、钢窗厂、玻璃厂等等(后去调查,全镇工厂烟囱57只,食品厂、酿造厂等生活用烟囱43只)。他看后对我说:"从历史上看,王店场秋蚕生产比较好,也比较稳定,春蚕生产老在全省末几位,我们也有责任!"我苦笑笑,心里在想:这是我多少年来,难得听到上级面对下级说的一句自责话——"我们也有责任"。设身处地为别人想一想,换个位置看一看,说起话来就会客观得多。曾经理、张家炘、吴春泉想听一听意见。

晚上开会,书记场长主持,技术人员都参加。

吴春泉:苏12发病重,收茧量低,整个情况要分析一下。

沈棣萼(技术员,饲养苏12、浙农1号):苏12空头病怎么还能吃叶结茧?发病主要是废气关系,其次是高温,又吃了煤灰叶、嘉兴叶。

朱汝璜：你们组吃的嘉兴叶，是按计划吃的。（接着拿出采叶记录本，逐日逐块桑地采叶多少，分配给苏12浙农1号多少，报了一遍。）大家不要吃嘉兴叶，今后嘉兴叶怎么办？

陈凤娇：仉外婆养的苏12，未吃嘉兴叶也暴发空头病，这与废气污染是有关系。（仉外婆——老技术员，工作认真，为人和善，全场职工都称呼仉外婆。她养的5克苏12蚁蚕，是防农药中毒的，凡与农田相邻的桑叶，先试吃，后采摘。）

杨樾：我场桑园很大一部分与工厂相距一箭之地，有的是一墙之隔，受工厂煤灰废气影响的面积，估算一下，南场128亩、北场75亩、嘉兴34亩，合计237亩，约占采叶面积的55％。

谢琪梅（技术员，饲养杭7杭8）：去年杭8还算好，两个饲育批比较，还是吃嘉兴叶的饲育批好，大眠开叶，只有四五个饲育批（开叶批）。今年杭8三眠时就在叶上吐丝，一直勿齐，大眠眠得慢，隔了16个批，最后又隔出17、18两批，就淘汰了，从来未听到过吃叶声。

夏培良（技术员，饲养东肥华合）：东肥3龄时就不齐，已隔了9个批，第10批就淘汰了。同天收蚁的东肥，大大小小，迟早相差2天。华合，越来越勿齐，小蚕更多，比东肥还差。

张家炘（省蚕种公司）：为防蚕病扩散，石灰要多撒，把病蚕，特别是下痢蚕，打掉它。德清县庆丰场杭877區，其中36區撒石灰的蚕就好。桑叶污染可用清水洗洗，试试看，再用氯霉素添食杀细菌，不要怕湿叶吃勿得。

许洪魁（场长）：苏12死得多，雄蛾紧张，季节工来削茧的时候，如削杀一个蛹，扣5分或1角，你们研究研究看？（雌雄鉴别，由上世纪50年代初期，改鉴蚕为鉴蛹，鉴蚕误判率高，蚕也容易受伤；鉴蛹就要先削茧，然后鉴别雌雄，分开摊放，分室保护。正常年景，2400克蚁蚕，约有510万个茧需要人工削茧。）

曾省：这次废气中毒，14日桐乡先汇报，我们就去桐乡看，蚕头有些红，金伟（农大蚕病专家）肯定是氟化物中毒；15日，杨大桢（省农科院蚕病专家）来了，也肯定是氟化物中毒。16日，到海宁周王庙，真正看到许多中毒蚕，情况严重，17日向省委汇报……去年广东两个县废气中毒。今年高温干燥，氟化物扩散面大，加上地方工业污染，危害加重，老叶、适熟叶比嫩叶积毒多。春蚕期日照多，光合作用强，加速了积毒能力，危害特别严重。

胡倩霞（检验员）：1980年春蚕发病迟，死在蔟上不少。

黄宗南：苏12上蔟两天不做茧，爬在蔟上不动。想起去年春期2组杭8上蔟后，迟迟不做茧，我曾批评蒋虹煊（2组技术员）你们捉熟蚕时捉得太生了。现在看来也与废气有关。前天对蒋虹煊她们说，去年冤枉你们了！她们说，好，给我们"平反"了。

吴春泉：苏12一批收茧量不及格，另一批及格的，种茧要保护好。

曾省：苏12这样差，全省也少有，现在要靠浙农1号（对交品种）了，崇福场饲养几千克苏12、浙农1号，你们去借借苏12雄蛾，把浙农1号制种制好。（后来，崇福场苏12雄蛾自己也不够用。）

最后研究分工，分配我到杭嘉湖各场去借苏12、杭8、华合雄蛾。雄蛾不几天就陆续要用，生产紧急，28日一早我就出差了。

（二）杭嘉湖发生"六勿蚕"，蚕茧、蚕种损失巨大

5月中旬开始，农村大批蚕到达3龄时，杭嘉湖重点蚕区几乎在同一时间内，意外地发生了小蚕发育异常，桐乡、海宁两县约有占发种量一半的蚕，出现了大大小小情况，紧接着嘉兴、德清、余杭、吴兴、海盐等县都是如此七零八落。海宁县共发春种83691张，在5月12日进入3龄后，到14日统计，发生大小蚕异常情况的有18个公社2917只蚕室52814张蚕种，占全县发种量的63%，其中特别严重的有7369张，占发种量的8.8%，群众把这种小蚕称为"六勿蚕"：勿吃、勿大、勿眠、勿匀、勿下痢、勿死（不快速

死),各县蚕农都从未见过。桐乡县发种136230张,发生小蚕的占一半以上,特别严重的生产队,没有信心养下去。吴兴县受害蚕种26447张;德清县尤为严重,受害蚕种多达61591张,在东苕溪导流以东的16个公社全部发生大小蚕。嘉兴县、海盐县受害轻一点。蚕农埋怨蚕种不好,有的说是吃了黄沙叶发生小蚕,有的认为今年发种迟,桑叶老得快,也有说天气干旱,桑叶汁水少……众说纷纭,莫衷一是。海宁蚕农一批又一批到县农林局蚕林股去问个究竟,两间办公室常常坐满人,其他各县都有三五成群的人到县、到公社、大队去问个为什么。一时之间,大小蚕成为蚕区农民呼声中的一大问题。"桑是农家宝,蚕是聚宝盆",养蚕关系到千家万户的收入。大小蚕涉及范围之广,蚕户之多,病情之重,来势之凶,问题之怪,史无前例。

嘉兴专署农业局在5月中旬,原本在长兴县召开各县农业局局长、股长会议,报到当晚,听到农村如此严重的蚕讯,立即改变开会议题,连夜奔赴桐乡,紧急会议一直开到深夜,下一天都到羔羊公社安全大队查看蚕室,所查蚕匾均可见到小蚕不吃不动,群体不齐,不会翻身,个体间开差很大……

据湖州市农业局1988年12月《湖州市蚕桑发展史》二稿载:"省委于5月17日,在桐乡召开了有嘉兴地委、杭州市委和吴兴、德清、桐乡、海宁、余杭五个县委领导,并有专家参加的紧急会议,省委副书记陈作霖主持了会议。会议决定,密集蚕区有大量废气排放的有害工厂要停火5～7天,防止氟污染的再扩散,对受害春蚕研究了抢救应急措施。"

据2004年8月《浙江省蚕桑志》160页记载:"1982年杭嘉湖2400平方公里范围内春蚕受氟化物污染……5月17日省紧急会议,决定对排放氟化物废气的砖瓦厂、水泥厂立即停产5～7日;对受害春蚕采取抢救措施。"

停窑,使供需矛盾更加突出,影响建筑进度;不停窑,有了砖瓦而蚕茧的损失会更大。据1981年仅嘉湖两地的统计,有丝厂、绢纺厂237家,从业人员6.8万人,产值5.7亿元,占工业总产值的15.4%,为国家提供税利1.2亿元(据《蚕桑通报》1984年第3期,7页);如果原料茧供应不上,则直接影响到出口创汇任务。"两利相权取其重,两害相权取其轻",果断停窑,符合整体利益。

窑厂已暂停,而大气中已存在的氟化物不会立即消失。在养蚕技术处理上,采用清水或用2%~4%的新鲜石灰水清洗桑叶,晾干后添食氯霉素预防细菌感染。严格分批饲养,坚决淘汰病小蚕,桑叶多余的生产队,不采用三眼叶及老叶,选用较嫩叶吃。终究由于桑叶积毒已久,蚕病已经深重,损失已成事实。

1. 损失春茧

据《浙江省蚕桑志》160页记载,1982年杭嘉湖春蚕受氟化物污染影响,损失春茧2640吨(52800担)。

在嘉兴地区来说,桐乡德清两县氟害更为严重。桐乡县预期1982年蚕茧增产,实际比上年同期减产936吨(18720担),减产17.82%,张产茧63.12斤,同比下降16.72斤,下降21%。春叶大量多余,遂于5月下旬发放晚春蚕(有的公社称早夏蚕)共1万张,由于晚春桑叶积毒多,加以蚕期重叠,病原传播,1万张晚春蚕种几乎绝收。

德清县氟害严重的7个公社,受害蚕种24416张,占全县发种量的38.6%,张产茧只有53.5斤,同比下降30.8斤。其他公社受害蚕种31452张,张产茧68.3斤,同比下降15.3斤,全县损失春茧635吨(12700担),春蚕因受氟害而剩余桑叶8.5万担。吴兴县在练市区的善琏、含山、荃仁、洪塘、练市及菱湖区的溪西、千金等7个公社,饲养春蚕37177张,受氟害的达22770张,占61.2%,全县损失春茧215吨(4300担),剩余春叶46392担。

海宁县损失春茧250吨(5000担),嘉兴县损失111.45吨(2229担),海盐县的部分社队氟污染也严重,都有不同程度的蚕茧损失。

2.损失蚕种

据《浙江省蚕桑志》记载,蚕种场桑地受到氟化物污染,少生产蚕种13.9万张。

坐落在德清县污染区的三个蚕种场,计划生产蚕种167000张,因中毒仅生产101755张,只完成60.9%,减少65245张;其中德清场、庆丰场、东衡场分别完成61.3%、50.8%、75.5%。

王店场地处砖瓦窑厂和王店镇工厂密集区,春期仅制蚕种20648张,完成计划的53.4%,其中华合品种全军覆灭,少制蚕种18002张,占全省蚕种损失的12.95%。如果没有兄弟场支援雄蛾,连这点制种量也达不到。每当借来雄蛾运到场时,职工们的感激之情油然而生。

我从5月28日出差借雄蛾,所到之场都表示,只要有多余,一定尽量支援。盐官场副场长赵云甫、技术主任孙月庆;杭州场王书记、场长胡介泓、技术主任及技术人员范行慎、熊慧君、王曼琳;钱塘江场副书记沈祖庆、副场长周茂荣、副场长兼技术主任刘子民;吴兴场书记傅阿伍;嘉兴场副场长任仲昉、技术主任周寅琦、陆蓉蓉;海宁场汤书记、副书记张锦林、孙美仙、技术主任凌汉文;塔山场领导(忘记了记录姓名)都同情我场,热情接待,尽力支援。杭州场胡介泓场长表示:我们用汽车帮助送蛾子。吴兴场书记傅阿伍说:相互支援,场来场往,说不定哪一年我们养不好,也要大家帮忙。钱塘江场沈书记说,我们班子统一讨论后布置到队,把雄蛹(化蛾前运输死亡率低,也便于我们调节使用)支援王店场,有一个队不肯用蛹支援,副场长周茂荣专门赶去,动员他们把雄蛹拿出来。我真是非常感动。借蛾借蛹之所以顺利,是由于省蚕种公司预先联系,动员各场发扬一方有难、八方支援的精神。各场的行政、技术领导,绝大部分与我熟悉,也带来交谈求情方面的便利和通融。

从6月3日到17日,七个兄弟场共支援王店场苏12雄蛹65

匾、雄蛾84匾;杭8雄蛹20匾、雄蛾96匾;华合雄蛹11匾、雄蛾81匾。鉴于嵊县场的华合雄蛾,在高温下运输,蛾子不停地飞扑,汽车开了八小时运到德清水北场时,因脱力而死去三分之二。我场尽可能安排在清晨或夜里装运,场里临时抽出胶木厂负责人蒋有祥及职工姚月娟、黄金龙、祝建华、范甫祥等,分别到有关场装运雄蛾,远路雇用汽车,近路利用本场的机器吸泥船(吸河泥作桑肥用),挂上拖船,备好遮阳工具,运输雄蛾。

5月31日我到崇福场去借雄蛾。该场与海宁县的钱塘江场一样,都是制种大场,都是原蚕区蚕种场(利用农民的房屋、桑叶、劳力,集体饲养原蚕,国家收茧制种)。崇福场办公室只剩姚会计一人,他说钟伯炎(场长)他们都到李家埠原蚕点去了,我们场960克杭8,因蚕大大小小而淘汰了308克,苏12收茧量低,正式淘汰的还没有。一会儿副场长陆雪宝来了,她要去灵安公社蚕桑场大队原蚕点去,那里氟化物污染也严重。她告诉我:蚕桑场大队养不好原蚕的生产队(受污染),收入要减少5000元,养蚕的妇女们哭,连小队长也哭了,在那里指导生产的技术员忍不住也哭起来了。5000元值多少? 当年中等籼谷每百斤11.7元,中等粳谷13.6元,这5000元相当于427担籼谷或367担粳谷;而且,蚕养不好,农业线上的一批人,埋怨她们把蚕养坏了。

二、在经济建设热潮中窑厂应运而生

党的十一届三中全会以后,全国掀起了经济建设的热潮,农村的乡镇企业(那时称社办企业)像雨后春笋般建立起来。当时社会上流行说:"天兵天将搞工业,杨门女将搞农业,虾兵蟹将搞副业。"砖瓦生产是乡镇企业的一大支柱,农村的男女青壮年都向往到砖瓦厂务工;农村顺口溜说:"若要富,先筑路;想造房,办窑厂。""窑厂灵,泥土变黄金。"办砖瓦厂投资省,上马快,成本低,销路广,利润厚,工艺简单,原料可就地取土。因此,发展迅速,以致到了失控的地步。

(一)窑厂的数量、规模和效益

据1982年8月15日《浙江政报》第8期29页记载,杭嘉湖地区砖瓦轮窑,到1981年底已发展到289座,占全省613座的47%,产"85"砖57亿块,占全省的62%。而且这个地区87%的轮窑分布在平原地区,计有251座,平均每2.3万亩耕地上,就竖立着一座砖瓦窑。其中密度比较大的,海宁县每1.36万亩有一座,桐乡县每1.4万亩有一座,余杭县1.6万亩有一座。这里轮窑的分布还有一个特点,就是集中于河流两岸。海宁县主要河道流经的17个公社,建窑40座。在桐乡境内的41公里运河两岸建窑20座,平均2公里一座。

据1984年嘉兴市郊区的统计,王店、建设、洪合、蚂桥、余新、曹庄、凤桥、新篁、八字、高照、洛东等11个蚕桑重点乡(公社已改称乡),分布着20座窑厂和52座土窑,水泥、石灰、玻璃、陶瓷厂各1家。海盐县有窑厂17座、水泥厂18家,城区有砖瓦窑3座。

三年来,杭嘉湖地区新建209座轮窑,占现有轮窑289座的72.32%,占用土地16500多亩,每座占地78.95亩,加上原来的轮窑,共占地22814亩。以桐乡县为例,建窑所占5052亩田地中,水田占一半,桑园占30%,旱地等占20%。毁地取土,破坏农业生产。去年(1981年)杭嘉湖地区砖瓦厂所消耗的泥土,一年就挖毁土地1.2万亩。这一笔,一年损失粮食500多万斤,蚕茧6000担左右。

一座轮窑一年可盈利二三十万元,被一些社队视为"摇钱树"。当时,城乡建设需要大量砖瓦,有关部门盲目支持,物价部门1979年确定砖瓦提价26%～55%,税务部门规定办窑免税一年,银行还可以贷款。上海许多部门找上门来投资、供煤、购砖,促使窑厂加速发展。但省农委调查组认为:毁地卖土致富,无异于"割股啖腹",必须下最大的决心对轮窑砖瓦厂加以整顿和调整,保护土地资源,保护生态环境平衡。

6月12日,我从湖州联系雄蛾回场不久,准备明天与祝建华到海宁石井等候钱塘江种场的华合雄蛾,县农业局来了电话,要我到砖瓦厂去参加一个会议。我随即带了笔记本走去。走进会议室,一张乒乓台的周围已经坐着十来个人,一看来人是张天成同志,他原担任过省农业厅厅长,我曾听过他的两次报告。一问旁边的窑厂干部,才知省农委来调查组四五人,要了解窑厂情况。

省农委领导说明来意后,会议开始。

邱厂长汇报:我们嘉砖1959年从嘉善迁来,当时王店有八个土窑,大都用原煤(烟煤),是还原烧,废气从空中挥发。1969年改轮窑,青砖改红砖,1976年又改为隧道窑。1978年配套搞干燥室,窑中引出热量,利用干燥土坯。现在有两个轮窑一个隧道窑,年产砖6000万块,瓦250万块、石灰8000吨,石灰用立窑来烧,石灰石从长兴运来。有五个烟囱,其中磁砖还未开工生产;另四个烟囱分别高45、45、50、40米。每一万砖使用80公斤原煤,全年6000多万块砖,只要480吨,包括点火用10吨在内。上面分配我厂煤渣28000多吨。全厂约200亩土地,其中隧道窑占30多亩,产量3500万块。轮窑靠太阳干燥土坯。动力电每度5.5分,生产砖1000万块,要投资20万元,泥进砖出,只要四天,而轮窑要一个月。隧道窑生产11个月,而轮窑只能生产9个月,零下或1℃不能生产。

张天成同志静静地听,偶尔记一笔,调查组其他人员一直埋头记录。

张天成:土壤中含氟,烧后成氟化氢,烧煤问题倒不是顶大,氟化氢危害农作物、桑叶等。蚕吃了这种桑叶要中毒。

邱厂长:最近几年附近生产队养不好蚕,农民养不好蚕来吵闹,1978年赔了3万多元,1979年赔2.5万元,1980年赔8000多元,1981年也是8000多元。在半径9公里范围内共有8座窑,连本厂共12座窑（包括建设、蚂桥、余新3个公社），年产砖2亿块，要60万吨土，一个土方35担多泥，重约1.8吨，一万砖要30吨泥，平均一元一吨泥。全民制厂一年盈利30万元。包括集体制在内，一年上缴给国家利税90万元左右。现在有退休工人173人。

调查组最后提问了一些泥土来源、销路等问题，并问了我场当前春蚕中毒情况。会议结束，邱厂长等领着省农委调查组去看轮窑和坯场。

参加这次会议，使我印象深刻的，倒不是砖瓦厂的产砖量，而是省农委领导人的工作作风：深入基层，了解真相，没有架子和官腔。我一路回场，一路回忆往事：

1960年春蚕期，先热后冷，到5月20日左右，不论蚕种场和农村，普遍缺叶。省委农村工作部一位副部长和省农业厅培桑专家周占梅突然来场，先是场长仇大观、副场长毛长兴陪着在场内、厂外走一圈，然后回到办公室。周占梅同志来寻我说，某副部长作指示，你去听听。我走近办公室时，只听得在大声呵斥，我急忙进去坐下。那位副部长放大嗓门：缺叶、缺叶，为什么不想办法？农村在大鼓干劲，大"反右倾"，大力推广条桑育，节约用叶，你们为啥不搞？下午起一律改用条桑育……

他们午饭在场内吃，食堂只给添了一盆蛋花汤，饭后他们还付了钞票、粮票，然后到王店公社去了。

我们场里却难煞了。条桑育要连条带叶一同伐下，桑叶不落地怎么做到，运叶船要增加一倍，贮桑室也远远不够，蚕室养蚕是11层，空间利用率高。农村条桑育预先搭起平台，一般四层左右，大都在大眠开叶后使用，场内后批蚕还未大眠……这时王店公社来了电话，通知场领导和技术人员去开会。公社书记李培祥说：某副部长对你们已作了指示，如一时想不通，是右倾保守，那属于思想问题；如果顶着不执行，那是政治态度问题……我们一律沉默，心里明白，不能不执行。

下一天,不用说,伐条、运叶、贮叶的困难来了:条桑塞入匾中,一些蚕顺着桑条、青蕻叶,一直爬到上一层的匾底,蚕匾一抽动,有的蚕跌死,有的蚕轧死。桑叶吃完了,要把蚕从桑条、青梗上捉下来,再把桑条取出,另换条桑塞进去,劳动量大为增加,工人都埋怨技术员。那时蚕室二班四段,一日夜劳动12小时,技术人员上下受气。

以上两位领导,在两个不同的时期,深入基层调查,他们的思想方法、工作作风,对待基层干部的态度,真有天壤之别。

王店场处在什么样的环境中养蚕呢?我们在省农委工作组的启示下,在1982年冬到1983年2月,由陈凤娇、杨樾、毛小菊、夏培良在王店镇政府的支持下,对王店镇及王店公社的窑厂、工厂进行上门调查:1981年嘉兴砖瓦厂、王店砖瓦厂、王店公社大队办庄安等五个窑厂,共计生产九又二分之一(九五砖)黏土砖9322万块,平瓦307万张,土瓦158万张。在王店镇上仅走访23个工厂与单位,1982年用原煤9264吨、煤矸石4334吨、石煤99吨。原煤用量比1980年增加57%,煤矸石增加6倍(有少部分工厂婉拒调查)。王店场桑园附近有工厂烟囱57只,酿造厂、豆腐作坊、食堂等烟囱43只,桑园常年笼罩在废气烟尘中。自省农委来调查窑厂情况后,省蚕种公司、嘉兴地区及嘉兴县农业局,已把王店看作是"老污染区"。

(二)土壤、砖坯、砖、煤的含氟量

氟(F),浅黄绿色气体,非金属中最活泼的元素,能同几乎所有的金属、非金属元素起猛烈的反应而生成氟化物。通常包括氟化氢(HF)、氟化铵(NH_4F)、氟化钙(CaF_2)等。

据浙农大环保系(1982、1983年时称环境保护专业)汤良玉等老师的测定,桐乡县砖坯的含氟量在312.5~445.0ppm,和一般土壤的含氟量相当;砖坯烧成砖后,砖坯中的氟化物有85%成为气态。作为燃料的煤,含氟量在130~215ppm,燃烧过程中也多成为气态氟或含氟尘埃排放到大气中去。1982年该系在桐乡县调查民合、濮院等六个砖瓦厂,经测定砖坯的平均含氟量382.2ppm,砖55.9ppm,烧制后释放出的氟化物为326ppm,释放率为85.2%,每烧成一块砖所释放的氟化物为800多毫克。

该系对桐乡县同福、虎啸、民合窑厂的土坯进行测定,含氟量分别365.0、350.0、337.5ppm。在高温烧制时砖坯中的氟逸出情况如下表:

加热温度(℃)	80	300	400	500	600	700	800	900	1000
砖坯剩余氟(ppm)	270	270	270	270	260	130	41	14	0

当温度升高到1000℃时,砖坯中的氟100%逸出。

氟化物中的氟化氢,其毒性,要比煤中的硫化物毒10~100倍。

据有人测定,大气中游离态氟化物占13%,微粒态占64%,附在微粒上的气态占23%;这些大气中的含氟尘埃(微粒)为桑叶表面吸附,其含氟量高达620.5~986.2微克/克(620.5~986.2ppm)。

春季冷空气南下时,往往有大风刮起黄沙,气象学上称为"浮尘",北方富氟地区吹来的浮尘,作为氟化物的载体,降落在南方蚕区的桑叶上,能否被桑叶吸收尚待明确。1978年,国外有人在实验室研究,桑叶的吸收率仅为1.2%,这是由于黄沙中所含氟的97%以上是非水溶性的,可见黄沙不可能一次性造成桑叶中氟的大量积累。

4、5月份时值春蚕期,1982年4月下旬至5月前半月地面气象因子,与1981年同期基本一致,不是构成对蚕危害的原因。而据高温气象资料认为,4月21日至5月16日的26天中,有23天存在一个逆温层,4月下旬逆温层高900米,5月上旬高300米,范围300~

500公里。此时西北风与东南风交替出现,使工厂排放的废气悬浮上空,并不断积累,长期笼罩。4月底5月初有黄沙,小雨3~4毫米,曾几度破坏逆温层,使废气下沉。5月8日~12日,连日30℃高温,有利于废气扩散,从而使杭嘉湖地区的桑叶受到污染,毒害春蚕;桐乡县海拔较低,可能是废气中心沉落所在,故受害较重。

1982年4~5月杭嘉湖排氟情况

产品名称	4月份产量（吨）	5月份产量（吨）	两月合计排氟量（吨）	占总排氟量（％）
磷　肥	100	122	2.22	0.35
铸铁(钢)件	579	579	1.04(全区)	0.16
水　泥	76698	73040	86.084	13.51
燃煤量	28611	28611	13.1187	2.06
砖　瓦	3.81(亿块)	3.81(亿块)	527.685	82.80
玻　璃	7168(箱)	7168(箱)	7.168(全区)	1.12
合　　　计			637.315	100

资料来源:《蚕桑通报》1987年第2期。

火桑发芽早积毒多,1982年5月18日,桐乡县羔羊公社环桥头生产队的火桑,叶尖和叶缘出现黑褐色焦斑。羔羊大队和梧桐公社的新建大队,分别距离砖瓦厂、炼铁炉200米和100米,桑叶接触118小时,含氟量达129ppm,接触212小时,可达273ppm,远远超过警戒线30ppm。海宁县伊桥公社4只养蚕共育室,4龄开叶后不吃三眼叶的,没有大小蚕,吃四次的,小蚕明显增加,吃六次的小蚕特别多。嘉兴县王店公社群联大队一个生产队,在5龄4足天时,到窑厂边的姚家庄买了7担桑叶,蚕吃了变成"呆子",上蔟后两天不做茧子;建农大队一小队到镇西大队窑厂边的十五小队买叶 10 担,蚕吃了像吃醉酒一样不爬了,上蔟 2~3 天才做茧。

嘉兴蚕种场一批华合,克蚁收茧量 7.24 斤,成绩甚好;另一批华合吃的百步桥桑园的叶,旁边是一座大丝厂,附近又有一座土窑,产茧量只有 1.43 斤,不及格。王店场 360 克华合,吃了窑厂边的桑叶,收茧量只 1.41 斤。茧中的死蛹占 9.7%,在活蛹中雌占 67.8%、雄占 32.2%;华合抗氟力比杭 8、苏 12 还差,同是华合品种,雄性死亡率约比雌性高一倍。

余杭县东塘公社有社办轮窑,施家大队有队办轮窑,南面有沾桥公社轮窑,1982 年春蚕全社平均每张蚕种产茧 16.9 斤,只有常年平均产量的 20%。

(三)桑叶、蚕、蚕沙、蛹、茧壳、河水的含氟量

一片平常的叶子,谁能料到在一平方厘米的叶面积,平均有一万个气孔,桑叶也不例外。气孔不但是水蒸汽出入的门户,同时也是气体出入的门户,它的特点在于能开能闭,对光的反应非常灵敏;一般气孔在早晨日出后开孔,使光合作用得以进行,如遇乌云遮盖阳光,就会暂时关闭;它对湿度的变化也很敏感,到午后当叶内水分平衡对植物不利时就关闭起来。正由于桑叶叶面无数气孔的呼吸作用,大气中的氟化物能轻而易举地进入叶内。浙农大环保系说:在 1982 年晴热少雨的 6 月 6~23 日,各个叶位桑叶含氟量大幅增加,而在低温阴雨的 6 月 23 日至 7 月 3 日,桑叶中的含氟量却有下降。非污染区桑叶含氟量本底值为 10.5 ± 3.7 微克/克(百万分之几),污染区桑叶则为几十乃至几百微克/克。桑叶的含氟量与土壤含氟量没有明显相关,而与大气污染源有极其密切的关系,桑叶、桃叶、葡萄叶、柑橘叶、包心菜叶等若干种植物进行含氟量对比测定,桑叶和葡萄叶含氟最高。氟化物除从气孔侵入外,也有一部分是从叶缘的水孔侵入。桑叶中氟的形态以水溶性氟为主,桑叶吸收累积的能力,以刚展开的嫩叶最低,枝条下部的

老叶次之,生长最旺盛的中部功能叶最强。

1982年秋蚕期杭嘉湖部分单位在不停窑情况下,桑叶含氟量测定(浙农大环保系测)情况如下:

9月4日王店蚕种场采样

(叶位自下而上,含氟量 ppm)

桑地名	第20叶	第30叶	第40叶	第50叶
镇　南	111.7	96.4	76.0	66.2
东方红大队	87.6	69.3	57.9	35.9
平桥独龙桥	91.8	83.5	66.2	32.9
场　前	63.3	50.7	21.6	
林　西	111.7	72.6	32.9	
丰年桥	57.9	40.8	31.7	
万　北	66.2	60.5	26.7	
沿　河	123.6	76.0	26.7	

8月29日湖州塔山蚕种场采样

桑品种	叶位(自下而上)	含氟量(ppm)
早　生　桑	1～10	86.5
	11～15	68.8
	16～20	44.4
	21～25	39.1
	26～30	29.2
	31～35	16.6
荷叶白	1～5	60.2
	6～10	50.4

续表

桑品种	叶位(自下而上)	含氟量(ppm)
荷叶白	11～15	37.5
	16～20	33.1
	21～25	23.8
	26～30	13.6

8月26日桐乡县崇福蚕种场采样

试验区别	叶位(自下而上)	含氟量(ppm)
用尿素0.3%处理	第15叶	63.3
用石灰水0.5%处理	第15叶	66.2
用石灰水1%处理	第15叶	66.2
用尿素0.5%处理	第15叶	66.2
对照区	第15叶	69.3

8月25日海宁县狮岭公社采样

叶位(自下而上)	含氟量(ppm)
第15叶	144.4
第30叶	96.4
第50叶	72.6

9月6日临安蚕种场采样

(含氟量ppm)

3龄蚕用叶	31.7	在砖瓦厂下风5～7华里
3龄蚕用叶	27.9	在砖瓦厂下风1～3华里

续表

3 龄蚕	60.5	
3 龄蚕蚕沙	8.9	

9月8日余杭蚕种场豆腐桥桑地采样

（含氟量 ppm）

4 龄蚕用叶	130.1
4 龄蚕	117.4
4 龄蚕蚕沙	58.7

9月10日桐乡县大麻蚕种场采样

（含氟量 ppm）

3 龄蚕	152.4、115.0
3 龄蚕蚕沙	54.9、21.3

蚕沙的含氟量多少，随所用桑叶含氟量的增加而提高。化蛹前脱下的蚕皮中含氟量积累较多，蚕蛹中很少有氟化物存在。茧壳的含氟量很低，一般不超过 10ppm，与所用桑叶中含氟量的多少无关。王店场市河河水含氟量 7.8ppm，自来水 8.5ppm。

三、控制新建、扩建窑厂，春蚕期窑厂必须停火

1982 年 6 月 15 日，浙江省委、省政府 38 号文件《关于解决我省能源问题的会议纪要》中说："特别是杭嘉湖和绍兴地区的一些社队砖瓦轮窑、土窑不仅大量破坏土地资源，而且浪费、输出能源，必须坚决整顿、纠正和暂停发展；今后新建、扩建砖瓦窑，必须经省

计委批准,否则工商行政管理部门不准登记发证,有关部门不供应能源,不安排运输,银行不予信贷。"

9月3~5日,嘉兴地区行政公署召开各县(市)政府副县(市)长会议,贯彻省委、省府38号文件精神。9月16日印发202号文件《全区社队砖瓦窑厂调整会议纪要》:"凡土源和其他办厂条件符合上述原则的现有窑厂,都要重新申报,由县、市人民政府审批。今后导流以东地区不再新建扩建砖瓦窑厂。未经批准的,土地管理部门不准征用土地,银行不准开立账户和发放贷款。"

嘉兴地区桐乡、湖州、海宁、德清、嘉兴五个蚕桑重点县,在1983年4月28日前所设置的氟化物监测点,在65个数据中有36个超过30ppm的安全警戒线,随即向上汇报。

4月29日省府办公厅紧急电话通知,要求各主要蚕区"认真贯彻落实防止春蚕氟污染的各项措施,防止春蚕氟中毒,迅速调整砖瓦厂生产工序,五月份继续停火。"

5月4日省农业厅发出181号文件:《贯彻省府办公厅关于防止春蚕氟中毒的紧急通知》的通知。重点蚕区在5月1日已开始停窑。据嘉兴地区东片海宁、桐乡、嘉兴、海盐、平湖、嘉善县统计,有轮窑177座,在蚕期中停火15~20天的有129座。嘉兴、桐乡、海宁、海盐县建立了防氟领导小组,环保部门购置了测氟仪器,完善测试手段,加强了预测预报工作。

4月23日王店场意外高兴地迎来了浙农大环保系的汤良玉老师,他受农业厅的委托,带了仪器,结合生产测定氟化物。25日采了20块桑地的样品,叶位自下而上第3叶,含氟最高43.6ppm、最低25.1ppm。这一测量结果大大便利了用叶的安排,即把含氟量低的桑地,作为收蚁用叶和抗氟力弱的品种用叶。接着重复测定了同一桑叶的叶心和叶缘的含氟量,把桑叶从中心到边缘五等分,中心部分的桑叶含氟量只占最外一层的60%~80%,据此收蚁后的两天用叶,全部剪去外缘部分然后喂蚕。王店场周围的氟污染确实非常严重,场边一块密植桑,自下而上第3叶,4月25日含氟量已达40ppm,这张叶自展开到采样,只有14天,平均每天吸收积累的氟化物达2.1微克(40ppm减去桑叶含氟本底值10.5,再除以14天)。

1983年4月降水量达207.9毫米,降水之多为30年来第二位,5月份降水176.5毫米,而去年同期只有75.0毫米。4月12、16、20、28日四次大风大雨和冰雹为害,桑叶破损率高达34%,到5月17日天气才转好,但从23日到月底又以阴雨天为主。由于大范围停窑和不断的风风雨雨,除个别社队未停窑外,全地区基本无氟害,连王店老污染区的含氟量,在5月17日前也稳定在警戒线之内。因此,王店场调查抗氟力差的杭8,5400头蚕的结茧率达97.25%,死蛹率大大降低,平均一蛾造卵数596粒,达到正常年景的水平。

汤老师帮助王店场测定了不同桑园、不同桑品种、不同叶位、雨前雨后、不同蚕龄用叶及蚕体、蚕沙等共430个样本,有时工作到深夜,他的敬业精神、负责态度,深为全厂职工钦佩。5月25日他要回校了,场里开了小型欢送会。会上汤老师说:我最早带同学在嘉兴蚕种场实习蚕桑气象,也遇到煤灰中毒,1978年才成立环保专业。今年省里决定在王店场测氟,省农业厅要求结合生产分析样品,因为蚕桑生产时间性强烈,所以要不断测定,去年春蚕全面发生氟中毒,今春雨量那么多,那么大,窑厂也停。4月25日前各地含氟量是高的,余杭县六个测氟点,4月19日25ppm,到25日达59ppm,另一个点4月26日上升到40ppm。德清县雷甸大丰4月22日30ppm,25日升到39ppm。海宁县4月25日40.3ppm,28日升到50ppm。桐乡县坝桥4月15日14ppm,20日达到30ppm;梧桐15日13ppm,20日急升至53ppm。他说秋期我希望再来,秋叶与春叶不同,要进一步探索。我们抱着感激之情,依依不舍地一直把他送上火车。

7月26日省蚕种公司召开蚕种场会议,省农业厅特产处钱处长在会上报告:今春自然灾害时间长,4月份雨量比去年多六至八成,金华地区多一倍,杭州下了217毫米雨,日照只有119小时,8~9级大风,阵风10级,杭州达11级。两次冰雹,一次雪珠,春叶减产15.7%。全省发春蚕种812752张,比去春增加40452张,增加5.23%;生产春茧653390担,比1982年同期增加66541担,增11.34%,这是新中国成立后生产春茧最多的一年。全省蚕种场春蚕饲养蚁量114304克,生产蚕种1975589张,完成99.2%,在37个蚕种场,因阴雨缺叶等自然灾害,有18个场未完成任务。去年氟害严重的庆丰场,今春完成119.3%,王店场比去春增产40.54%,收入增加39600多元……

嘉兴地区组织了科委、农业、环保、气象等多学科协作预防氟化物危害,建立了54个监测点,从4月20日开始,每2~3天测定一次含氟量,一直测到5月25日止,每次测定结果及时上报。全区177座轮窑,在蚕期中停火15~20天的有129座,有些蚕桑重点社队的水泥厂、磷肥厂也同窑厂一样同时停火。全区生产春茧485610担,比去年同期增产53670担,增长12.43%;去春氟害严重的桐乡县,也增产17868担,增长20.50%。

四、窑厂防氟治理,科技部门试养抗氟蚕品种

(一)窑厂防氟治理

海盐县有关部门于1984年春蚕期,进行了窑厂防氟治理,在沈荡砖瓦厂烟囱旁边造两个水泥池,一上一下,上池化生石灰,下池盛放上池流入的澄清无渣的石灰水。烟囱离地11米处打下小孔,装好喷头的水管从小孔伸入烟囱中心部位,喷头装两个,一个向上喷,一个向下喷。4月24日,在省环境监测站科技人员的具体帮助下,对烟道喷石灰水前后的烟气含氟量进行测定,两次测

定石灰水的除氟率为 51.8%～55.2%。1984 年全县 14 个砖瓦厂在春蚕期都安装了烟囱喷石灰水装置,但部分砖瓦厂附近春蚕仍发生氟中毒,可能与停电停喷及喷水量减少有关,同时其他排氟工厂分布较密也有关系。5 月 1～23 日共记录风向 92 次,其中东风为主,69 次,占 75%。整个 5 月份记录风向 124 次,其中东风为主,71 次,占 57%。因此监测桑叶含氟量采样点定在正西方较为适宜。

海宁县防氟治理攻关组在 1984 年采用浙江大学所开发的兼有优良除雾性能的旋流板塔设备,用作窑厂除氟。在建材生产中排放的氟化物,由于其夹带大量水蒸气的作用,最终是以氟化氢及其酸雾的形式排入大气之中;依据这一状况及氟化氢极易溶于水的特性,将水吸收和烟气除雾工艺作为废气净化的手段。烟道气通过风机进入旋流板塔,沿塔壁螺旋上升,吸收液从塔板中央的受液板流到各叶片上形成薄液层,同时被穿过两叶片间隙的气流所喷洒,液滴随气流运动并受离心力作用到达塔壁,形成沿壁旋转的液环,然后由于重力作用而沿壁下流,再通过溢流装置到下一块塔板的受液板上,这一过程都与气体接触,特别是以细滴状态穿过气流时传热传质的强度更大,对以气膜控制起作用的氟化物吸收颇为适宜。省环保监测中心站在 1984 年 11 月,对旋流板塔除氟装置进行了连续三天的测试,平均对氟的总去除率为 82.33%,但尚需作进一步的生物试验,以求得到最后的论证。

嘉兴市环保局和嘉兴市郊区农林局在 1984 年合作进行泼水轮治理废气的研究,选择新农乡一个污染区及大桥乡一个清洁区,便于两区对照。鉴于氟化物常以氟化氢、四氟化硅(SiF_4)的形态排入大气污染桑叶,因此采用碳酸钙($CaCO_3$)、氢氧化钙[$Ca(OH)_2$]悬浮液作为吸收剂进行化学吸收,烟道气经过泼水轮吸收室,吸水轮将水泼起形成雾滴,使气液质发生化学反应,生成难溶的氟化钙或硫酸钙($CaSO_4$),烟气得到净化。另一个重要作用是通过气体接触有效地除去烟尘和气溶胶。经过实地操作,平均除氟率:气态氟 72.37%、尘态氟 82.16%、总氟 82.03%。为证实该装置的治理效果,于 1985 年春蚕期采取多点综合试验和农村生产分点试验相结合的方法,分设治理区,离窑 470 米、580 米、940 米处及清洁处各饲养 5 克蚁蚕进行饲养比较,结果新农治理区的幼虫生命率、结茧率产茧量、死笼率等指标,与大桥清洁区无明显差异。经过 1984～1985 年的实践,于 1985 年 10 月通过省级技术鉴定。(原文未注明生物试验供试的蚕品种——笔者注)

在 1984～1985 年,嘉兴市蚕桑密集地方的乡村窑厂,开始安装除氟装置,但有些窑厂宁可向附近被氟污染的蚕农赔偿损失,也不愿安装除氟装置。

(二)科技部门试养抗氟蚕品种

湖州市郊区含山乡砖溪村山西组,试养浙农 1 号×苏 12 及其反交(秋用品种)和杭 7 杭 8(春用品种)。该组农户桑地分布在村庄四周,村东有月产水泥 900 吨的乡办水泥一厂村庄东南是月产红砖 150 万块的湖州市含山制砖厂(离村 500 米左右),与制砖厂毗邻的还有磁性材料厂。近年该组蚕桑产量因受氟污染大幅度下降,春蚕减产尤为严重。湖州蚕桑研究所于 1985 年春期选择六户农家,每户饲养 0.5～1 张,村西三户饲养浙农 1 号×苏 12,村东三户饲养苏 12×浙农 1 号,六户均以杭 7×杭 8 为对照。六户用桑含氟量平均为:1 龄 57.3ppm,2 龄 25.0ppm,3 龄 64.4ppm,4 龄 55.8ppm,5 龄 36.8ppm。在饲养全过程中,各项指标进行了详细的记载和调查统计。结果:杭 7×杭 8,六户平均每张产茧量 15.7 斤,张产值 30.50 元;浙农 1 号×苏 12 及其反交,六户平均每张产茧 82.9 斤,张产值 149.21 元。调研结果认为在氟化物污染区,春蚕饲养夏秋用品种浙农 1 号×苏 12(正反交),是一个可行的办法。

余杭县东塘乡施家墩村,除自办一座轮窑外,还有村东 1600

多米处有一座乡办轮窑,村东南2200多米处,有宏磻乡办轮窑一座,氟污染十分严重,采样黄泥滩一块桑地的桑叶测定,壮蚕期时,含氟量在35～74ppm。1985年4月29日收蚁的14张杭7×杭8,三眠眠不下,只得全部淘汰,再到催青室补购14张浙农1号×苏12,于5月9日收蚁,尽管收蚁已很迟了,但最后平均每张产茧82.7斤。施家墩全村前后两批浙农1号×苏12共24张,平均每张产茧86.9斤,而杭7×杭8平均每张产茧只有38.4斤。

浙农大吴克敏、郑蘅教授在1982年,对现行饲养的四对一代杂交种进行抗氟力试验,结果为:华合×东肥最弱,以浙农1号为母本的杂交种抗氟力最强,但它的抗氟能力也有一定的限度。同时认为,在饲养中用水洗叶来降低含氟量,仅限于含氟粉尘的桑叶,如水泥厂附近的桑叶,有较好的效果,而对于进入叶片内部的氟化物,水洗效果不佳,桑叶在水中浸渍的时间较长,有损叶中营养,不宜采用。

五、杭嘉湖氟化物再次大爆发

1983～1985年,春蚕均获得好收成,特别是1985年,人努力天帮忙,嘉兴市平均张产茧96.84斤,湖州市高达102.59斤,全省72.8万多张蚕种,张产茧达94.60斤,均创历史记录。谁能料到1986年春蚕期,杭嘉湖爆发了来势更为汹涌的氟化物危害,损失超过了1982年。

1986年氟污染的特点是时间长、范围广、损失重:从5月11日开始出现氟中毒,13～18日春蚕进入3龄时,嘉兴市135个蚕乡中有107个乡698个村7636个村民小组的蚕,不同程度受到氟中毒。359730张春种,受害蚕种163800多张,占发种量的45.53%,虽经停窑和技术抢救,但基本无效的仍达19500多张,全市损失春茧29800多担。

湖州市氟污染范围涉及到湖州郊区和德清县的东西宽35公里、南北长45公里的43个乡（镇）。受污染春种达152857张，占饲养量的73%，其中严重受害的达130582张。湖州市郊区境内32个乡429个村，受害蚕种121722张，占郊区发种量166972张的72.9%，其中严重的27个乡99949张蚕种，因氟害爆发蚕病损失16788张。德清县有16个乡133个村31135张蚕种，因氟害发病，其中严重的30683张，损失10559张。湖州市郊区和德清县合计损失春茧58852担，比1982年损失的17000担，猛增41852担。

余杭县自1976年在勾庄公社首次发生春蚕氟化物中毒以来，到十年后的1986年，氟化物污染面已扩大到30个乡的201个村，中毒蚕种达15774张，占全县春种饲养量26228张的60.1%，损失春茧5211担。

据《浙江省蚕桑志》记载："1986年湖州市区、德清县、桐乡县、海宁县、嘉兴市郊区及余杭县的223个乡镇1567个村35.1万张春种（占全省春种的48.6%）再次受氟化物污染，损失蚕茧3870吨（77400担），直接经济损失1700万元；16个蚕种场少生产蚕种13.8万张。"

按省蚕桑志记载，1982年、1986年因氟害全省共损失春茧130200担，少生产蚕种27.7万张。

按《嘉兴市蚕桑志》记载，1982年、1986年因氟害全市合计损失春茧59800担。

按《湖州市蚕桑发展史》记载，1982年、1986年因氟害全市合计损失春茧75852担。

人们难免会问：1982年氟污染的教训处于当时的无知，而事隔三年之后，竟然发生了更为严重的氟污染，原因何在？

嘉兴市农林局的同志认为，1986年已有112家砖瓦厂、水泥厂开展防氟治理，仍发生大面积氟污染的原因为：

(1)没有治氟装置的砖瓦窑、水泥厂、磷肥厂、玻璃厂、冲天炉等排氟工厂,在蚕期没有及时停火。

(2)有些砖瓦窑虽装有治氟装置,但未严格按操作规程运转。

(3)有的厂虽有治氟装置,但增加了火力,增加了氟化物排放量。

(4)1986年与1982年同期相比,1986年5月4~20日的平均气温21.35℃,同比高0.85℃,30℃以上高温有5天,同比多2天,30℃以上连续高温4天,同比多4天;雨天为2天,同比少2天,降雨量10.4毫米,同比少51.3毫米;这些气候条件导致1986年氟害再次爆发。

湖州市农业局的同志认为:这几年来杭嘉湖及其邻近地区大量发展砖瓦窑、水泥厂、玻璃厂、磷肥厂等。市郊区1986年有窑厂39座(比1982年增加6座)、土窑176座、水泥厂32家、玻璃厂3家、其他污染工厂44家。德清县轮窑34座(比1982年增加13座)、土窑89座、水泥厂7家、玻璃厂4家。一般每一万块九五砖在烧制中排放6~8公斤氟化物。据统计,1986年5月,湖州郊区和德清县共产砖16909万块,就要放出氟化物123.4吨之多。5月8日郊区练市荃仁测氟点的桑叶含氟量34ppm,而到14日6个点平均达57.6ppm,20日平均115.6ppm,26日仍有89.6ppm。练市区有轮窑16座、土窑61座、水泥厂7家、其他污染厂7家,1982年氟害损失春蚕3880担,1986年春蚕平均每张58.8斤,比1985年减产45%。德清县钟管罗丰村庙前组41.3张春种,平均张产茧只有6.1斤,有九户23.45张春蚕颗茧未收。1982年5月2日起连晴九天,11日开始污染中毒,13日大雨58毫米。1986年从5月4日起,连续高温干旱16天,直到19日晚才下雨10.2毫米,在蚕桑生产区的郊区菱湖、练市、双林、南浔等降雨量分别为7.2毫米、5.0毫米、8.8毫米、12.3毫米。之后又一直晴至26日。工厂废气不断积累,空气和桑叶得不到雨淋净化。

余杭县农业局的同志认为:氟害爆发是氟污染源逐年增多的缘故。据余杭县现有排氟企业计算:(1)省市属大中型企业28家,年排氟化物3000吨以上;(2)33家砖瓦轮窑年产砖6亿块以上,排放氟化物480吨;(3)29家水泥厂年产水泥89万吨,添加氟石(也称萤石)0.5‰～3‰计算,用氟石10866吨,排氟2960吨;(4)各类铸造企业均使用纯度较高的氟石,年排氟3000吨以上。

以上四类企业年排氟总量已超过9000吨,比20世纪70年代末期的3000吨,增加了6000多吨。

部分地区的轮窑试用旋流板塔除氟装置,由于装置与轮窑的大小不配套,又无适当的除氟添加剂,加上运转费用高,耗电量大等问题,实际除氟效果远远未能达到使桑叶含氟量降到30ppm以下。

蚕茧和砖瓦是当时嘉兴市农村中两大主要经济收入,"停火保茧"涉及乡镇企业利益,在执行停火时,往往是"顺了姑心失嫂意",左右两难。一些乡村干部和窑厂领导,对窑厂停火和除氟装置远未取得认同,甚至相当反感。王店砖瓦厂一直拖到春蚕中毒相当严重时,才于5月18日停火,嘉兴砖瓦厂(也在王店)一直在等市经委停火通知,接不到通知就一直未停火。王店乡徐乡长说,镇上玻璃厂的污染非常严重,附近蚕户年年受到严重损失,打了几年官司,厂方拒不认账、拒不赔偿。王店乡1986年春种4823张,到5月17日已有1000多张春蚕中毒。郊区建设乡饲养春种5177张,建设村氟中毒特别严重,5月17日该村近百蚕户先后来到乡政府,要求解决春蚕中毒问题。蚕户们说,三座轮窑年年停火,年年停火时间很短。今年什么措施都在用,比如石灰水喷呀喷,但是没有停火,蚕中毒怎么办?乡领导说,窑厂已在治理,我也没有别的办法!一位乡干部反映:农村经常停电,柴油很缺,春粮增产,油菜三减(单产减、面积减、总产减);生猪降价,农药涨价,兔毛压级压价,菊花也不值钱了,现在春蚕又中毒,想到这些,有些蚕户禁不住大哭起来。余新乡的一位乡长说:"赔赔三千元,停停三万元"(即窑厂不停火,向邻近蚕户赔偿只花三千元,如停窑一个月,要损失收入三万元）。洛东乡一位乡领导干脆说，我就不相信有什么氟化物，氟化物、氟化物这都是农科院弄出来的！

杭嘉湖两次严重氟污染，最直接的受害者是众多的蚕户，其中不乏颗茧无收者。对于如此大范围严重的污染，事先既缺乏防患意识，事后又对除氟装置执行不力，甚至拒不安装，怎么办？有人说，最好的刀也砍不着自己的刀把，再好的外科医生也难以给自己动大手术；对于一些不想治理污染的单位、工厂的负责人，光是呼唤他们的良心不一定有效，应该有"异体监督"，必要时应增加惩罚力度。

六、蚕区环境污染给我们哪些历史教训？

杭嘉湖两次严重氟污染已二十多年过去了，现在除个别乡村外，蚕茧生产已大幅下降。嘉兴市1992年产茧113万担，到2008年降至68万担；各地的窑厂也大大减少。自1986年以来，没有发生大范围的氟害，然而作为一段历史，给了我们哪些启示呢？笔者谈一点肤浅的看法。

（一）遇到生产事故，首先弄清真相

出现生产事故，必然有其原因，首先要深入调查，调查是认识过程，真相不明，一切改进措施无从谈起。

回顾1959年春蚕期，嘉兴蚕种场一个组饲养瀛文、华十，小蚕吃了煤灰叶，由于瀛文抗性差，二眠、三眠时在桑叶上吐丝、发育缓慢，最终整批淘汰。当时蚕桑生产的方针是"大力发展，飞速跃进"，嘉兴场整批蚕淘汰，这还了得！蚕期结束，当事人连连检讨，场里组织批评整风。县农业局局长在全场职工大会上批评说，工作不负责任，消毒不彻底，操作粗放，工资却一月一月领，而蚕养不好，全国都在"大跃进"，你们……结果副场长张勤奋——全省有名的几位技师之一，被调离嘉兴场；技术主任袁世君——1950年毕业于浙江大学蚕桑系,是当时蚕种场技术主任中数一数二的青年才俊,不久也调往别地。技术员徐詠嫦、孙德贞以及刚从学校毕业不久的青年技术员任仲昉,组织上安排她们到长兴县泗安畜牧场养猪,当时叫下放劳动锻炼。

2010年7月28日,笔者登门访问了徐詠嫦。她回忆说:1960年3月16日,场里安排我与孙德贞下放泗安劳动,一同去的还有嘉兴专署下属单位的医务人员等14个女同志,临走前我们14人拍了一张合照留念。到了泗安畜牧场,孙德贞因坐骨神经毛病,被分配在饲料间,管管进出饲料;我去喂猪,一人管一个猪舍,数十头猪的吃喝拉撒。那年我37岁,养猪劳动不怕,吃勿消的是挑水冲洗猪舍,猪舍建在一个山冈(土坡)上,要到山冈脚下一个池塘把水挑上来,我一再要求给我做副小水桶,领导终于同意了。冬去春来一年劳动过去了。1961年三八妇女节,我们养猪的14个女同志,在猪舍旁边拍了一张合照,至今我已保存了近50年。可惜的是照片中有几位已离开人间。我的丈夫在新中国成立前就参加革命工作,他在治安单位,有时夜里也外出工作。我下放前,不得不从安徽请来我的阿公阿婆,帮助带三个小孩。这段时间我最伤心的是我的老母亲在洛阳去世了,我要赶到洛阳姐姐家中,去见母亲最后一面,场领导因无人顶替我的劳动,不准请丧假,我大哭一场,几乎昏晕过去。1962年春节前,组织上通知我们14人回原单位工作。当时我宁愿留在泗安,哪怕在小商店中卖卖油盐糕饼,也不想回场养蚕,但最终还是回来了。

2010年9月15日,天气转凉了,我访问了任仲昉。她说,嘉兴场桑园分三大块,即甪里街、百步桥和场附近的第一桑园。这些桑园的周围是民丰纸厂、矿冶厂、绢纺厂(稍远)、冷冻厂、火车站和中丝一厂等,桑地处于工厂废气、烟尘的包围之中。"大跃进"时,一年要养三四次蚕。1959年春蚕因煤烟中毒而淘汰了一批蚕,另一批蚕没有了对交批的雄蛾,只得把种茧运到德清去制种。后来又养晚秋蚕,结果一个品种只采到几匾茧子,又没有养好。袁世君与我把病蚕送到镇江中国农科院蚕业研究所化验。去镇江我正怀孕,大着肚子,行动不便,为了弄清蚕病原因而不得不去。经过专家化验,证实是煤烟中毒,专家指出煤中的硫化物能诱发中肠型脓病。回场后向领导作了汇报,但组织上并未减轻我们的责任。1960年春,场里通知我下放到泗安去养猪。任仲昉感叹地说:"生产上出了问题,不是去找原因,而是找人!"她说,1959年11月底,我产下双胞胎,女婴先出世,重6.5斤,男婴后出世,重5斤,比较弱小。下放劳动先去嘉兴专署报到,那时产后不到三个月,报到处的一位同志了解到我有两个吃奶的婴儿,这位好心人对我说你回到场里去劳动吧,我们会打电话与你场领导联系的。回场后,分配在桑场劳动,桑场组长何品纳照顾我,派我记记临工工账,带班捉捉桑虫,做点轻便生活。男婴弱小,留下自带,白天放在场内托儿所;女婴较强,送到上海阿婆家,因没有上海户口,无法买到奶糕,只得喂给米粉汤。阿婆向左邻右舍讨点奶糕票来,在老母亲的帮助下,我一心投入工作。岁月易逝,已到了1961年春蚕期,领导派我养蚕,兰溪5号品种对煤灰抗性甚强,成绩颇好,该年我被评为先进工作者,其实,我仍是像以前那样养养,并不特别卖力。

嘉兴场自业务场长、技术主任调走后,选择一位养蚕组组长担负技术领导工作。该年春蚕并未因为换了新的技术负责人,煤灰就不来污染了,瀛文品种到了2、3龄时,老毛病又发了。这时场领导看清了,县农业局明白了,省蚕桑领导机构认同了专家的化验结果。场、县、省经过数次研究,决定在嘉兴县东栅公社的普明寺和姚坟两处,为嘉兴场征用三百多亩土地,开辟新桑园,1962~1963年,平整土地种下新桑。

嘉兴场富有人才资源,从催青到制种、蚕种冷藏、浸酸等设备齐全,房屋总面积28731平方米,生产潜力大;加上1965年地处凤桥兴善寺新发蚕种场的并入及1971年凤桥农村原蚕区和1986年南湖农村原蚕区的开辟,全年制种量从1961年的56212张,增至1993年的23.25万张。从1965年新桑园投产后算起,到1993年止,共制蚕种313.1万张,对于1993年前一向缺种的嘉兴市蚕茧生产来说,做出了重大的贡献。

(二)学会发现问题,善于借鉴教训

以王店场为例,包括笔者在内的技术人员,看到1970年以后蚕种生产不稳定,而没有深入调查、发现问题。为了便于说明,列一小表如下:

春制种东肥华合(正反交)克蚁单产

(单位:张)

年 份	全省平均	嘉兴地区平 均	王店场	年 份	全省平均	嘉兴地区平 均	王店场
1975	15.03	14.50	15.76	1979	17.05	17.15	15.35
1976	14.50	13.70	13.50	1980	16.51	16.59	13.38
1977	15.01	14.41	13.10	1981	16.71	16.54	15.18
1978	15.10	14.88	14.93				

资料来源:浙江省蚕种公司统计资料。

1970年以后,春蚕期蔟中死蚕、不结茧蚕增多、蛹期死蛹增多,雌蛾残存卵多,散卵布落卵增多。由于思维定势作怪,把此现象归结于桑地分散,运叶路远,嘉兴叶运到场发热发蒸,收蚁前后批开差大等等。然而,秋蚕期生产成绩一直处于全省中上游水平,这是什么原因?我们做梦也未想到这与王店镇(乡)砖瓦生产量逐年增加有直接的、密切的关系。

直到1982年发生严重氟害,才惊醒梦中人,我们开始明白:王店场的大部分桑地,在三座轮窑的东南方,春蚕期常吹西到西北风,受氟污染机会多,秋蚕期则相反。秋期饲养量只占春期的50％左右,而秋叶产量占春叶产量的85％左右,秋叶可选择吃;更没有想到把桑叶送到科研、环保等部门去化验。有人说"探索比到达更可贵",我们特别缺乏穷根究底的探索精神。

省、地区、县蚕桑机构,对氟害的苗头没有在意,或不知道:(1)余杭县勾庄公社早在1976年就发生氟中毒蚕;(2)1978年嘉兴窑厂开始对受害蚕农赔偿蚕茧损失;(3)嘉兴县王店公社几个生产队,1980年与王店镇玻璃厂为氟污染赔偿蚕茧损失一事已经打官司了;(4)1978年7月11日,中国农科院蚕业研究所(在江苏镇江市)已测到桑叶含氟量高达248ppm;(5)1981年,广东省有两个县发生大范围的秋蚕氟中毒。如果警惕性高,派人深入调查和去广东了解氟害真相,把别人别地的教训拿过来作经验,或许1982年氟害的损失会减轻一些。"失败是成功之母","向后看是为了向前看",这是小平同志教导我们的。

(三)建议对僵菌污染的预警工作

据蚕病专家、原浙江省嘉兴农业学校校长朱志立调查:1972～1982年这11年间,在嘉兴地区共收购僵蚕13553.32担,其中1979年最少,为240担,1982年达5803.32担。每斤僵蚕头数在900条左右,由此推定1982年因僵病而损失的蚕茧约1.8万担;加上小蚕僵死和烧毁、抛弃的,全地区的蚕茧损失估计在2万担以上。

一条5龄白僵蚕,体表的分生孢子约有120亿～200亿颗,孢子离体散布空中,传播到桑园中的野蚕、桑尺蠖、桑毛虫而感染发生僵病,以致再与家蚕相互感染。据海宁县斜桥农科站调查:桑毛虫的僵蛹率在28.70％～77.78％,野蚕僵蛹率42.20％;平湖县秀溪公社调查桑毛虫僵蛹率为87.5％。嘉兴农校校园中的衰蛾幼虫的僵死率也高达71.15％。而这些僵病虫中的灰僵要占75％以上。由于僵虫尸体上存在大量的分生孢子,污染桑叶进入蚕室,在适宜的环境条件下,就引起了僵病的爆发和流行。

白僵菌球形的分生孢子,直径约 2 微米,比阴霾天悬浮在空气中粒径小于或等于 2.5 微米的颗粒物更小。蚕桑与环保部门密切合作,或可探测到空气中分生孢子的存在和其密度,以便作出预警,和更好的预防工作。

限于水平肤浅,本文的谬误和偏见难免,诚请蚕桑界、环保部门及各方人士,多多指教,以便匡正事实,不致误传。

本文承蒙前王店蚕种场党支部书记、高级农艺师陈凤娇提供了宝贵的建议。

非常感谢嘉兴蚕种场老前辈徐詠嫦和前副场长、高级农艺师任仲昉为本文提供了 50 年前春蚕煤灰中毒的实情。

嘉兴市蚕桑管理站借给我 1983～1988 年共 24 本《蚕桑通报》,秀洲区送给我 2009 年、2010 年《蚕桑通报》和《湖州蚕桑》作参考,表示衷心感谢。

嘉兴市大有蚕业科技有限公司王田青、钱蓉蓉帮助借来了 1982～1983 年王店蚕种场档案,深表谢意。

(写于 2010 年 10 月 31 日)

引用及参考资料:

1.《嘉兴市志》1997 年 12 月,第 1217、1276 页。

2.《1949～1993 年分期蚕茧产量表》,《嘉兴市蚕桑志》1998 年 11 月。

3. 湖州市农业局编写小组夏玉如等《湖州市蚕桑发展史》二稿,1988 年 12 月。

4. 姚李军:《嘉兴市蚕桑产业急剧下滑的原因与对策》,《蚕桑通报》2009 年第 4 期。

5.《嘉兴县气象资料》(1976～1982 年资料,黄宗南、朱汝璜、徐侃表抄录资料)。

6. 王店蚕种场 1982 年、1983 年文书档案。

7. 杨大桢:《当前蚕病发生的新动向》,《蚕桑通报》1983年第2期。

8.《浙江省蚕桑志》2004年8月,第160页。

9. 浙江省农会调查组:《杭嘉湖地区砖瓦轮窑问题的调查报告》,《浙江政报》1982年第8期。

10. 裘友淦、杨德根:《氟化物污染桑叶问题的调查》,《嘉湖蚕桑》1983年第1期。

11. 麻玉均、莫东生:《公害污染地区春期改养浙农1号×苏12与防治技术措施的调查试验》,《杭州蚕桑》1986年第1期。

12. 金伟:《当前蚕病防治工作中值得重视的几个问题》,《蚕桑通报》1987年第2期。

13. 汤良玉、刘超、吴方正、鲍家照:《一九八二年杭嘉湖地区春蚕大气氟化物污染情况调查》,《蚕桑通报》1982年第4期。

14. 凌百先:《氟在环境中的自然迁移对桑蚕的灾害》,《蚕桑通报》1984年第4期。

15. 陈志伟:《1982年杭嘉湖地区春蚕氟中毒原因浅析》,《蚕桑通报》1984年第4期。

16. 罗宗洛编译:《植物生理知识》,《科学出版社》1978年12月。

17. 求相超:《嘉兴地区今春防治氟化物污染中毒取得成效》,《蚕桑通报》1983年第3期。

18. 海盐县科委、农林局、乡镇企业局、气象站、环境监测站:《砖瓦厂烟道喷石灰水的除氟效果及风向对桑叶含氟量的影响》,《蚕桑通报》1985年第1期。

19. 海宁县防氟治理攻关组:《旋流板技术在蚕桑防氟上的应用》,《蚕桑通报》1985年第2期。

20. 宋和平、楼普灿:《泼水轮治理废气的研究》,《蚕桑通报》1986年第1期。

21. 陈端豪:《氟化物重污染区春蚕饲养夏秋用品种的试验》,《蚕桑通报》1985年第3期。

22. 嘉兴市蚕桑管理站:《嘉兴市蚕桑专题调查报告》1986年10月(执笔包言斐)。

23. 吴春泉、求相超、包言斐:《1986年春蚕氟化物污染情况分析》,《蚕桑通报》1987年第1期。

24.嘉兴市农林局、嘉兴市土肥站:《大气氟化物污染对我市蚕桑生产的危害及治理与防治》(《农业部全国农业环境质量调查专题报告》1989年9月6日(严强执笔)。

25.马秀康:《氟化物污染对桑蚕的危害与防治对策》,《蚕桑通报》1987年第2期。

26.张锡范:《桑蚕氟化物污染的综合防治》,《蚕桑通报》1988年第1期。

27.朱志立:《嘉兴地区桑蚕僵病为害情况分析》,《蚕桑通报》1983年第1期。

一个小村庄，
一部厚重的丝绸织造史

杨金根

小村庄坐落在嘉兴市秀洲区王江泾镇田乐村，原名田乐乡新农村（现田乐村是由历史上的新农村和永聚村合并而成，本文仅指合并前的新农村，以下简称"新农村"）。新农村东濒嘉善县，西与吴江市盛泽镇接壤，南距王江泾镇不足五公里，北与吴江市黎里镇相隔也在五公里左右，京杭大运河既是省界又是村界。村子很小，从南到北、由东至西的距离均不超过八百米，由"调下浜"和"上合路"两个自然村落组成。

新农村是生我养我的地方，也是我从学校走向社会的第一站。1973年9月，我在这里任大队出纳会计和团支部书记，后来又兼任了大队纺织厂会计和大队管理委员会委员，直到1979年9月因为工作关系才离开。几十年来，我一直关注新农村点点滴滴的发展变化，尤其是丝绸织业方面，因为我从能记事起就开始接触，曾是我家几代人所依赖的生活来源，我对此怀有很深的感情。

新中国成立前，村上可耕地极少，耕地集中度甚高。村上大多数农户没有自耕田，主要依靠租地主田耕种来解决口粮问题；而蚕丝织业是村民的最最重要的收入来源，这种"你耕田来我织绸"的生活方式延续至今。

我国蚕桑业生产历史悠久，早在原始社会时期便已开始养蚕和织造，河南荥阳青台村仰韶文化遗址出土的丝织物残片和浙江湖州钱山漾良渚文化遗址出土的丝线、丝带及丝织物表明，约在五千年以前,黄河流域和长江流域均已出现了丝绸生产。到了殷商时期,室内饲养家蚕已经存在,甲骨文中已有"蚕""桑""丝"等文字。目前能够看到商代的丝织品大多附着在出土的青铜器上,如安阳出土的青铜器上有平纹素织和挑织菱形图案的丝织物遗迹,这在一定程度上反映了当时蚕桑业生产发展的状况。到了周代,蚕桑、丝织在当时社会经济生活中已占有显著的地位,蚕业成了当时妇女重要的副业生产。发展到明代中叶,太湖南部的苏嘉湖地区逐步形成了相互联系、相互制约,具有明确结构和合理布局的桑蚕丝织区域经济体系。生丝的生产和输出中心逐渐整合到了地处湖(湖州市)、苏(苏州市)交界的南浔—震泽一线,丝绸的生产和输出中心则最终整合到了濒临苏、嘉(嘉兴市)交界的盛泽—王江泾一带。

"青丝线,彩绸缎,青丝变绸缎"是这个小村庄的传奇之处。村里人,不论年龄大小,不分男女,讲句大话,只要是新农村的人,即使拔个"锈钉头"也会织绸。

丝绸织业不仅为农户解决了生计,还带来了地位。如明清两代从织机旁走出了四个进士,即名声显赫的明代三进士卜大同、卜大有和卜大顺,到晚清时期又走出了浙北地区最大的清官,即封疆大吏、两广总督(官及一品)——陶模。村上妇孺老幼皆知的一句老话"同胞三进士,叔侄两尚书",现可概括为"一浜四进士,叔侄两尚书,一士二总督(因陶模还曾担任过陕甘总督)"了,大户人家也比比皆是。改革开放三十多年来,村里更是人才辈出,大学生几乎挨门挨户都有,他们的从业领域五花八门,足迹踏遍祖国的大江南北。后代人的崛起,对村里丝织业的蓬勃发展更起到推波助澜的作用。

新农村的蚕丝织品一直在江浙沪一带享有盛名,并起着领航的作用。从解放前到现在,这里的丝绸织造业从原料到工具乃至经营主体,都发生了一系列的变化。

一、丝织原料的更迭

（一）丝棉麻原料

新中国成立以前，我国还没有化纤原料生产能力，人们的衣着主要以棉、丝、麻为主要原料。村上家家户户以蚕丝作为主要原料，生产平素绸、斜纹绸和提花绸。以手工作业完成生产过程，存在生产效率低、成本高和质量不稳定等问题。

（二）人造纤维原料

新中国成立以后，随着工业生产的发展，一种利用植物为主要原料生产人造丝和人造棉的技术出现。人造丝是一种丝质的人造纤维，由纤维素（cellulose）所构成，而纤维素是植物细胞壁的主要成分。再生纤维类的粘胶纤维，人造丝（viscose）属于粘胶纤维的长纤，人造棉（rayon）是短纤维。

（三）化学纤维原料（锦纶、涤纶、丙纶、维纶、氨纶和晴纶）

1938年10月27日，杜邦公司正式宣布世界上第一种合成纤维正式诞生了，并将聚酰胺66这种合成纤维命名为尼龙（nylon，这个词后来在英语中变成了聚酰胺类合成纤维的通用商品名称），并在1939年底实现了工业化生产。在我国，是辽宁省锦州市首先引进聚酰胺66这种合成纤维作为纺织原料，所以称之为锦纶丝。新农村使用锦纶丝是在1967年，村里用日本进口1F20D锦纶丝织成尼龙纱，用尼龙纱经过深加工成为头巾纱。这种1F20D锦纶丝粗细相当于我国的天然丝，织造工艺与丝绸几乎相同，而且原料成本低，适用范围广，村里大多数织户从中获得了大利。

二、丝织机的不断改进

蚕丝织业除大量使用人力以外必须要有织造工具辅之。

(一)最古老的丝织机——射梭机

射梭机的发明人和诞生时间无法考证,随时间的推移,劳动人民在生产实践中不断加以改进,在较长时间内成为蚕丝织业的主要工具。射梭机以木头和竹子为主材,只在关键部位有少量铁器。机身的主要部件是两根长木头,织手面前有一副木架子,木架子主要为吊棕架所用。前机身有座机板、前轴、洋腔、筘、梭子、棕丝、交竹,后半身由后轴和压轴等零件组成。经条从后轴穿越交竹、棕、筘、洋腔到前轴。纬丝通过左右手射梭子来完成。织绸时,每条经线都毫不错乱地从筘中通过,依靠筘的推压使经纬交织构成织物。织男织女们左右开弓,动作必须十分协调。操作顺序是右手将梭子射向左边,右手拉洋腔一碰(洋腔里按有筘),把纬丝碰结实,左手接到梭子后,把梭子射向右面,再用左手拉洋腔一碰,不断循环往复,纬丝在经条上的平面垒加形成毛坯绸。然后经过染色、定型和整理才成为产品,基本原理与现代化丝织如出一辙。射梭机机身狭长,从机上下来的产品门幅约63厘米,折合市尺2尺。为啥只有2市尺宽?因为人的两臂基本上与人的身高等长,梭子长度1.2市尺,两个梭子长度便是2.4市尺,门幅2市尺,还要留有手接梭和射梭的空间。再说人的高矮不一,所以门幅设定在2市宽是有道理的。

射梭机生产效率十分低下,每分钟的纬速在20梭左右,一个工班下来(以八小时为一个工班计),产量不过3米。织造工艺不太复杂,只要在机反复实践,产量会达到常量水准,所以一般村民多能上机操作。这种机器延续时间长,新中国成立后这种丝织工具还比较流行。

射梭机以手工方式生产,产品以外销为主,大量蚕丝织品进入流通领域成为商品,换回生活的必需品。这种生产方式由于生产规模较小,又分散于各家各户,所以只能说是小作坊。

嘉兴解放前夕,由于受日本洋绸布的冲击,原始的射梭机的工艺落后了,产品档次又低,一时无法与东洋货抗衡。当地的能工巧匠琢磨着对射梭机进行改良。这便有了稍加改良的拽梭机。

在那个年代,农村里还没电,纯粹依靠人力操作,所以改造仍是从节省人力方面挖掘,拽梭机就在这样的时代背景下产生。改良后的丝织机,增加了打梭板、皮吉等零件,在梭子运行方面得到改进,原来直接用左右手来射梭子,改成间接动作来替代,操作工用手拽一根绳子,带动机上的一系列部件,把力传导到梭子上,梭子往返速度加快,两只手腾出空间来,再说手射的力度也远远小于手拽的力量。拽梭机的特点,一是手上力量得以充分发挥;二是梭子行运的距离比原先来得远了,从而机上的产品门幅可以加宽,由原来 63 厘米加宽到 90 厘米;三是纬速也得到了提高,产量也相应增加,由原来一个工班(以八个小时计)生产 3 米绸,增加到 4—5 米;四是产品的品相也有改观。

(二)跨越式改良的脚踏机

从生产成本看,拽梭机改良后虽解决了一些问题,但无法从根本上解决生产效率问题。相比之下,尽管泊来品远涉重洋来到中国,多了运输成本和商业成本,但它们已经是初级电气化生产,生产效率高,单位成本低,而且卖相好看,绸布经纬密度紧,既牢固又耐用,显然国货和洋货不是一个档次,在竞争中国货处于明显劣势。这一现实迫使众织户再次改良织造工具。那时还没有电,改良于是以手脚为出发点。因为前面两类机器只考虑到手的力量和动作,但操作工的一双脚未派上用场,改良的方向便从两只脚开始,在地上挖一个坑,安两块踏板,左右两足分别作向下踩的动作,带两番棕上上下下,减轻手的负担。原来操作工只有上半身用力,下半身闲着;现在,下半身一双脚加入进来,做到手脚并用,全身用力,这样力度更能发挥到极致。脚踏机的特点,一是操作工可以全身用力,手脚并用;二是进一步提高生产效率,降低生产成本;三是体现到产品上,质量稳定、外观漂亮结实。

（三）电动丝织机

嘉兴农村有电的历史可追溯20世纪70年代，虽说已经有电了，但由于电力供给有限，初期只能用来照明，不涉及生产领域。一个村或几个村一台30千伏的变压器，亮灯也是断断续续。那时生产队里开大会点油灯，生产大队里开大会用汽油灯。随着电力工业的发展，工业机械化生产才成为可能，村办绸厂开始使用从国有大厂中淘汰下来的"铁木机"和"全铁机"，从此结束了依靠人力织绸的历史，丝织产量大大提高，丝织产品质量也有了保证。

（四）喷水织机、剑杆织机、喷气织机

更为先进的喷水织机、剑杆织机和喷气织机则代表了现代化织造新技术的到来。其机械原理是电动机作圆周运动，通过一系列齿轮和零部件传导动力、改变转速、协调动能、势能和机械能，在全部机械零部件的共同作用下，借助水、气等媒介进行工作。

各类丝织机械几组指标比较表

	力源	皮吉	打梭板	纬数/分钟	米/天	每工人操作台数	门幅（市尺）	主要原料
射梭机	人力	无	无	20	5	1/1	2	蚕丝、棉和麻
拽梭机	人力	有	无	30~50	15	1/1	2.7	蚕丝、人造纤维
电动机	电力	有	有	150~200	80	1/2	2.7~3.6	蚕丝、人造纤维和化学纤维
喷水机	电力	无	无	1000~1700	330	1/10~24	5.4	蚕丝、人造纤维和化学纤维

三、经营主体的变化

(一)私人经营

嘉兴解放以前,由于连年战乱,社会极不安定,交通闭塞,民不聊生。新农村里的丝织业以单家独户经营为主,大部分农户有一至数台织机,以家庭人员投劳为主,零星有点雇佣工。由于织造设备十分落后,织造技术低下,产量低,质量不稳定,品种单一,供销环节有商人盘剥,织户手里的利润非常薄。

(二)集体经营

1958年全国进入了人民公社时期,私人经营不再被许可。为了维持生计,在1958年末大队开始筹办绸厂,大队工作班子里设有大队长、农业副大队长和工业副大队长。工业副大队长汝金生任厂长,配备若干工作班子人员,从10个生产队里挑选织绸老手进厂。最兴旺时全厂共有拽梭机60台,全厂从业人员达200人之多,规模十分宏大,新农村绸厂远近闻名。大队集体经济得到长足发展,社员收入也水涨船高。

1966年5月"文革"爆发,村里也不例外,斗"走资本主义道路的当权派",汝金生被揪下台,厂子一片混乱,只得歇业。

1968年下半年,迫于群众的呼声,村革命委员会重新开绸厂,厂子规模更大,兴盛时期全厂拥有近百台铁木机和全铁机,下辖一个针织厂。由于生意好,各个生产队也分别办起了生产队绸厂,全村半数以上的社员进绸厂工作。生产大队和小队绸厂一直到1985年才正式停产。

(三)个体经营和合伙经营

1983年,我国经济体制进入了转型期,嘉兴市全面推广农业联产承包责任制,生产大队和生产小队两级队办企业受到了不同程度的冲击。嗅到改革气息的新农村村民特别灵敏,先是第四生产队社员汝掌生挑头联合几户农户购买两台铁木丝织机,转眼间,第三生产队的汝金娜也组织了四户农户买了两台全铁机,同社员卜好生合伙办了经车,有的社员见状纷纷效仿。一时之间,大队干部乱了方寸,多次向公社作汇报,但公社干部也是半推半就,没有明确的态度。原因是允许办个体绸厂上级没有明确意思,取缔个体绸厂上级也没有明确的文件依据。拖一拖,结果全村办小绸厂就成了燎原之势。

在那个年代,物资紧缺,全国一统草绿色,人们对衣着的渴望达到了无以复加的地步。个体小绸厂正好迎合民众的心理,一开厂就获利。可是原材料问题却扼住了个体小绸厂命运的喉咙。白厂丝、棉纱是国家一类物资,当然不可能买到,唯一的办法是找国有大企业,取材于它们的下脚原料。因为国有大厂实行机械化操作,下脚原料往往是遗弃在废品仓库里睡大觉,至多作为回炉货,其价格低得惊人。而村里的小绸厂以手工作业为主,大厂废弃的下脚料通过手工整理就能变废为宝,放到机上仍可以织出上等品。社员史留福从吴江市丝绸公司买五吨废丝,一转手净赚了五万多元。消息一传开好像在村里投了颗炸弹,村里一时采购员满天飞,好消息时时不断在村里传开。一时村里的经车厂、绸厂和染坊遍地开花,全村不下百家小厂。小厂的兴起同时也带来了负面效应,在生产大队和生产小队绸厂里上班的社员人心浮动,缺工、请假甚至不辞而别现象屡屡发生,局面到了无法控制的地步。后来政策稍有松动,生产大队和生产小队厂里的设备纷纷变卖给小绸厂,集体企业寿终正寝。

(四)有限责任公司模式经营

村里私营企业和合伙企业从无到有、从小到大,从弱到强,但市场地位难于界定,特别是在经营过程中碰到种种难题,发展初期由于规模小、商品覆盖率低、流通渠道不畅,大部分商品用现金交易;随着规模的不断扩大,与国有大中型企业打交道机会逐渐增多,比如在法人地位、税务发票和银行账号等一系列问题都会卡壳,有限责任公司这种公司制的经营模式应运而生。国家工商部门给企业主们确立法人地位,政府部门在政策上给予松绑,金融部门给予资金支持。

目前,有限责任公司迅猛发展,丝织机械的数量以每年20%～30%的速度递增。以主营业务收入为例,可以归纳为千万元是小户,亿元是起步,十亿元以上是大户。

(五)呼唤股份制经营模式

现阶段,有限责任公司经营模式是村里丝织企业的主要组织形式,但在运作过程中弊病已露端倪。其一,这种模式起于家庭,扩展至家族,以亲情为圈子,以经济利益为链条,一旦某个环节出问题,整个企业就容易倒闭。其二,人才不足是这类企业发展的瓶颈,懂经营、会管理、又有技术的人才毕竟是少数,大部分企业存在着文化程度低、管理水平差等问题。21世纪最大的财富不是金钱,也不是土地,而是人才,谁抓住人才,谁就拥有未来。其三,目前的有限责任公司没有核心层。公司高层几乎是一人或两人组成,他们既是指挥员又是战斗员,一个脑袋决定一个厂子的命运,厂子倒闭事件时有发生。一旦发生经营挫折,老板一走了之,给社会、政府、银行和职工带来损失。其四是财务管理不善,内部管理制度不健全,往往是老子当老板,直系亲属掌控财权。时代呼唤新的公司模式——股份制公司,联合发展的道路才是唯一出路。

丝绸是中华民族的瑰宝,是中华民族对世界文明的重大贡献之一,在社会经济发展中具有不可替代的作用。栽桑养蚕、缫丝织绸,在我国有悠久的历史,蚕丝织造业也被国外誉为我国的"第五大发明"。杭嘉湖地区的蚕丝织造业历史悠久,在明清时期曾是全国蚕丝织造生产的中心区,其衍生的相关民俗文化已经深入人心,渗透到人们精神生活的方方面面,蚕桑丝织民俗文化是祖先留下来的人类非物质文化遗产。"中国蚕桑丝织"项目已跨地区协助申遗成功,于 2009 年 9 月 30 日列入了"人类非物质文化遗产代表作名录"。

时至现在,蚕桑生产风光不再,蚕桑丝织业的衰落则更加厉害,昔日日出万匹濮绸,现在已难觅其迹。蚕桑丝织业完全跟环境联系在一起,杭嘉湖地区由于经济的飞速发展,农业劳动力大量向二、三产业转移,东桑西进,养蚕效益下降。再则蚕丝与化纤丝相比优势不在了,新农村的蚕桑丝织业被化纤丝织所替代也是必然。

新农村只是蚕桑丝织业和化纤丝织业中的一个小小缩影,勤劳的人们用一双双巧手为人类织造了一个多姿多彩的世界。从蚕丝织业、到丝棉混织再到化纤丝织业,新农村的丝织业顺应了时代潮流。该产业在村里日益膨大:从外来人数这一指标来看,目前已有不下千人;再从国内生产总值角度来度量,村里农业占国内生产总值的比例只有 1~2 个百分点,小到可以忽略不计……可见小村庄的确不一般,"一个小村庄,一部厚重的丝绸织造史"确确实实是句真话。

(写于 2010 年 10 月)

海鸥蜕变成凤凰
——王店镇小家电产业兴衰纪实

梅晓民

引　子

梅里古镇,即现在的王店镇,镇中二条主街长龙耸尾般地夹着一条梅溪自东而西,长达 1.5 公里。古镇的尽头,窄窄的梅溪流到这里河面突然开阔,并伸展成形似一把打开的折扇,古人便根据地形雅称为"扇子汇",在溪南东边的街尾处有一过街骑楼,古色古香,传说这里曾汇聚了普天下有关扇子的传奇故事,而最有名的故事大概要算是大起大落、大喜大悲的"海鸥"电扇了。

一、演变过程

据《王店镇志》记载,早在 1923 年,王店镇就诞生了电器工业。1951 年 11 月,由当地七户铁器手工业者创建了位于梅溪街 195 号的利民铁工场,当时厂房、机器和设备均十分简陋,4 间老屋、7 只铁墩头和 12 把榔头就是全部的家当,资金只有 9850 元,年产值 10000 余元,职工 37 人。1954 年 10 月,利民铁工场改组为王店铁工生产社,1958 年改为地方国营王店机床厂。到了 1972 年,又改名为嘉兴市轻工机械厂,主要生产五金压铸机等,1979 年 5 月升格为县属合作工厂。就在那时成立了电扇车间,工人们凭着自己的智慧和勇气,用从上海拿回的边角料敲敲打打地拼装出了第一台海鸥牌电扇。时该厂占地面积3300平方米,建筑面积1600平方米,有职工100余人,年产电扇近万台。同年9月,经县革委会批准,对内一套班子,对外两块牌子(即轻机厂、电扇厂)。1980年12月,改名为海鸥电扇厂。1984年9月,升级为嘉兴市海鸥电扇总厂,并实行经济独立核算,成为轻工业部和省重点骨干企业。1989年11月,电扇、轻工两厂的行政管理和经营管理机构分设,而党群组织及保卫、后勤部门仍是统一管理。作为经济联合起步较早的企业,嘉兴电扇厂与轻工机械厂联合后,打出了海鸥电扇牌子,又同二轻和乡镇企业紧密挂钩,使协作厂从18家扩展到94家,一跃成为全国电扇行业的一个重点企业,就在这一年,嘉兴海鸥电扇厂被评为省级先进企业。1990年9月26日,浙江海鸥电器集团成立,拥有成员单位27家,员工1.2万余名。

经过20年的发展,电扇总厂的厂区面积达113818.78平方米(包括轻工机械厂),固定资产原值1248.71万元,净值830万元。拥有机器316台,其中主要机器153台,即电工机4台,车、刨、铣、磨、钻机108台,冲压、热加工机41台。设6个车间,并有厂长室、企业管理室及生产、技术、财务等部门。有吊扇、台扇及落地扇、定转子生产三条流水线。各流水线采用先进的测试技术与手段,达到"五个保证":保证使用安全、保证一定风量、保证计量正确、保证常规数据、保证在激烈的市场竞争中站稳脚跟。

二、"海鸥"奋飞

正是有了过硬的质量,才使得祖国的心脏——中南海点名要用海鸥电扇,这个利好的消息一下子影响了全国。"海鸥飞进中南海",这句不是广告语的广告语,让当时的海鸥电扇一夜成名,成了当时风扇行业的佼佼者。1984年,嘉兴市日用工业品展销会在上海展览馆开幕。海鸥电扇、皇冠灯具、益友冰箱、大雁自行车等轻工产品一亮相就大受上海市民欢迎,被《解放日报》等媒体称为"四大名旦"。对于曾先后担任过嘉兴市工业副市长的姚金林和赵冰而言,从这个春天开始,海鸥电扇第一次成了比五芳斋粽子更吸引上海人的紧俏货。

据桐乡市海鸥电器有限公司总经理徐宜平介绍,当年也正是借助了这个"天赐良机",才使"海鸥"飞进了寻常百姓家。但由于当时没有注册商标,品牌打响后,发现要用这个商标竟要向北京的一家校办工厂购买,而且花了30万元才买回来。

下面请大家来听听用户对海鸥电扇的评价:

海盐徐子祥:1974年夏天,我拎了一些礼品来到王店镇上,找到当时在电扇厂供销科工作的堂房外甥,花了120元买到了一台最普通式样的台扇,圆了我的电扇梦。当我抱着这台电扇回家时,乡邻们都非常艳羡。当晚我们全家也兴奋得整夜未睡,围着这台电扇,美美地享受了一个晚上。

衢州赵燕燕:天气渐热,电风扇又派上了用场。每年我都会在使用前给这台黑色的海鸥落地扇洗个澡。它伴随我度过了从单身到两人世界到三口之家,至今为止已不知搬了多少次家,许多东西都已毫无踪影,而这台电风扇却一直陪伴着我,让我清清凉凉地度过夏天。洗过之后的电扇,感觉还是和当年一样乌黑发亮。这台电风扇,是我1990年工作时因为宿舍里很热而买的,记得当时工资加补贴每月只有九十多元,购买电风扇花去了二百四十多元,是靠自己的存款再加上老爸的赞助,跑了好几个店才看中了这台整个身子都是黑色的"海鸥"。

网友贝齐:我家那台比我年纪大的海鸥电扇还在转呢,快30年了,还是好好的。

笔者本人也在20世纪90年代托人购了一台壁式摇头电扇,这台电扇至今仍挂在浴室里使用,而且没有加过一次油。

当年,嘉兴城郊广播电台每天都播放着由海浪、海鸥声交织而成的海鸥电扇广告。而一则由于消费者出差忘了关电扇,导致其虽运转一星期仍完好无损的新闻,成了海鸥电扇质量过硬的佳话。分布在广州、温州、衢州以及嘉兴市各县的九家分厂年销售电扇达70万台,成了当时国内最著名的电扇品牌。我有一次出差到广西桂林,看到一堵面积很大的墙壁上绘制了一幅巨大的海鸥电扇广告,心中顿生一种家乡的自豪感……

三、辉煌成就

为了在市场上站稳脚跟,海鸥电扇的技术主创人员不断开发新产品,先后推出了十余个类型的台扇、壁扇、落地扇、转叶扇、抽烟扇等新产品。这些产品采用具有国际和国内先进水平的16槽功率小、电机耗电省、喷塑防锈安全密纹网罩、轻触式开关以及多功能和超声波遥控等新颖装置。后又开发出造型时尚、线条流畅的圆底座和FT4018型台扇,采用塑料开关箱和风叶的FS4029C-1落地扇、FC1206超薄型吊扇等十多种新产品。

为了占领农村销售市场,总厂增加了维修网点,强化农村售后服务,每年派出60多人组成14个巡回服务队,赴全国286个经销点进行维修。

1986年是海鸥电扇总厂经济效益最好的一年,全年创利润905.09万元,缴纳税金655.34万元,分别占全镇工业利税的65.6%及63%。1990年产电扇33.26万台,总产值为6788万元,其中出口产值157万余元,在全市3518家乡以上工业中产值占第13位。产品先后荣获省、部级优质品称号,首届国际博览会银奖和全国家电展览金奖。产品销售国内24个省、市以及美国、加拿大、古巴和港澳等10余个国家和地区。

海鸥电扇总厂名特优产品

评奖时间	得奖产品	评奖名称	授奖部门
1983年9月	400毫米台扇、立扇	省优产品	省计经委
1983年9月	400毫米台扇	部优产品	轻工业部
1986年	系列电扇	最受消费者欢迎产品	全国32家大型商场
1987年	系列电扇	最受消费者欢迎产品	全国32家大型商场
1987年12月	400毫米台扇、立扇	部优产品	轻工业部
1988年12月	FC1200～1400毫米吊扇	部优产品	轻工业部
1988年	系列电扇	最受消费者欢迎产品	全国32家大型商场
1989年	系列电扇	最受消费者欢迎产品	全国32家大型商场
1989年7月	FT40011台扇	首届北京国际博览会银奖	轻工业部
1989年12月	FS系列立扇	全国轻工业优秀新产品	轻工业部
1990年	系列电扇	最受消费者欢迎产品	全国40家大型商场

从上述表格中我们可以看到,在1983年到1990年这八年的时间里,海鸥电扇共有六个系列产品荣获了"省优"和"部优",并连续五次获得了最受消费者欢迎产品,从而畅销全国。

海鸥电扇总厂1987～1990年的出口创汇情况如下:

1987年180.50万美元;1988年20.25万美元;1990年28.00万美元。虽然从数字上看后二年比前一年要差,而且没有1989年的数据，但要知道，在这四年间，王店镇全镇的出口创汇总数是989.66万元美元，而其中嘉兴海鸥电扇总厂就有228.75万美元，占了23.11%，仅次于王店镇的另一个龙头企业——嘉兴工具总厂。

四、折翅坠海

2011年9月，《嘉兴日报》记者在一篇通讯里写道："上世纪80年代，嘉兴'四大名旦'——海鸥电扇、皇冠灯具、益友冰箱、大雁自行车，风靡大上海，飞进中南海，产品畅销全国，曾经有钱难买。但是，由于技术含量低、管理方式陈旧、品牌经营意识淡薄，这些早期嘉兴品牌的生命周期很短，它们的影响逐渐萎缩，如今已逐渐被人淡忘。包括海鸥电扇在内的'四大名旦'，承载了嘉兴制造业品牌发展的莫大荣光，演绎了品牌巨大的市场效应，也留下了更多关于品牌力量为何失落和如何打造、经营品牌的思考"。可惜这位记者说对了一半，而忽视了另外一个重要原因——腐败。

1999年1月19日，嘉兴市纪委、市二轻公司纪委严肃查处了浙江海鸥电器集团公司（海鸥电扇总厂）原董事长、总经理张汉忠严重经济违法违纪案件。嘉兴市秀城区人民法院以公司、企业受贿罪，一审判处张汉忠有期徒刑八年，并依法没收了他的违法所得24万余元。张汉忠是1992年2月调任嘉兴海鸥电扇总厂党委书记、厂长的，以他自己的话来说，刚任海鸥电扇厂厂长的最初几年工作是努力的，对海鸥的发展也确实是动了很多脑筋的，所以1993和1994年厂里效益有所上升。但到了1995年，随着出差沿海城市次数的增多，业务上同个体户交往频繁，思想开始滑坡。主要精力已不再放在工作上了，而是整天沉湎于纸醉金迷、吃喝玩乐之中，甚至用公款包养情妇。1996年厂里效益下滑，作为一厂之长的他却不管不顾、听之任之，以至于厂里的情况落到了不可收拾的地步。

为了捞取个人利益,张汉忠还违反财务规定,将海鸥电扇总厂的大量支出反映在海鸥电扇经营公司的财务报表上,致使产生虚假利润,以达到骗取巨额奖金的目的。经查实,从1992年至1998年,海鸥电扇经营公司盈亏相抵,亏损额达2340万元。

体制问题、管理问题、企业领导贪污腐败问题等,在20世纪90年代的企业体制转型中,一一显露了出来,作为二轻企业的海鸥电扇总厂也不能幸免。到1999年底时,总厂的九个分厂中只有乌镇电机厂还在维持生产。陈旧的管理模式根本无法掌控这个庞大的集团,总厂最后沦落到只是收取商标使用费和贴牌费的境地。就在这一年,资不抵债的浙江海鸥电器集团宣告破产,著名的"海鸥"商标在拍卖中被海鸥集团联营厂之一的桐乡乌镇电器厂以105万元的价格波澜不惊地轻松取得。

2007年4月30日,嘉兴市产权交易中心在《浙江日报》刊登公告,将位于王店镇梅溪街212号的原嘉兴市海鸥电扇总厂房屋、土地及附属设施(包括房产建筑面积约30530.74平方米和土地面积约38606.6平方米),作为国有产权挂牌出让,并委托浙江天丰拍卖公司在南湖饭店会议室举行拍卖会公开拍卖。至此,年销售额曾达到10个亿的海鸥电器集团寿终正寝。

2001年,海鸥电扇的产销量仍突破了11万台。这说明,海鸥电扇当年创下的市场号召力直到集团破产之后,仍发挥着阵阵的余威。

五、艰难探索

海鸥电扇发展壮大的同时也带动了配套注塑和灯饰企业的兴起,这些历程与今日的王店小家电业是一脉相承的。

王店人拼装浴霸是从1995年开始的,那个时候的"海鸥"还艰苦地撑持着。棱光公司、振宏公司、宝兰公司等几家小型企业,试着生产单一的灯泡式浴霸,年产值不足2000万元,产品主要销往上海地区。

海鸥电扇破产后,迷惘的工人们徘徊在厂门口久久不肯离去,他们找到镇领导提出想自己干。镇领导表态:可以试试。于是,以个体私营为主力军,以浴霸为主导产品的王店小家电产业就这样正式起步了,而王店的工业史就此翻开了新的一页。

1997年,一些原海鸥电扇厂的技术骨干和工人集资或独资创办了小家电生产企业,浴霸产品逐渐形成了生产规模。到1998年间,大量小型企业建成投产,配套企业成批涌现,形成了集群式发展模式雏形,小家电开始进入高速发展时期,产品种类由原先的单一灯泡式浴霸演变为浴霸系列、暖空调系列、油烟机系列、消毒柜系列等产品,小家电产业链也得以延伸到上下游资源,显现出强劲的生命力。

不过,在当时的浴霸行业中,并没有"王店"这个名字,叫得最响亮的是杭州的奥普浴霸。而在王店,一时间以"香港奥普""香港奥普国际"等称谓制售与奥普浴霸产品混淆的厂家就有多家,其一年的销售额达数千万元,严重损害了消费者的利益与奥普公司的声誉。借着奥普浴霸的名气赚钱,不按常规出牌的发展模式引来了同行的非议和媒体的关注。

2001年,《中国经济时报》头版头条"有图有真相"地登载了一篇题为"'花都机'又回来了"的署名文章(所谓"花都机"指的是曾于1999年受到国家有关部门严厉打击和查处的仿冒影碟机,当时主要产地在广州市花都区而通称为"花都机"),揭露了王店镇一些浴霸小企业、小作坊在资本原始积累过程中大肆仿牌、冒牌,严重扰乱市场经济秩序的违法行为,新华社也刊发了相关文章《"傍名牌":经济领域的怪胎》……

没有规矩,何成方圆?"2002年1月15日,一支由浙江省、嘉兴市、秀洲区以及王店镇4级联动组成的工商执法队伍开进了王店镇。根据事前的摸底情况,执法队伍兵分多路、快速出击,仿牌、冒牌企业无一逃脱。根据这些企业的商标侵权情况,工商部门最终给予了从几万元到十几万元不等的严厉处罚。"(2006年8月《中国工商报》:《千年古镇的品牌自新路——浙江嘉兴市王店浴霸行业发展透析》)

六、浴火重生

王店小家电企业集体走傍牌之路,其实也可算得上是品牌意识的最原始体现。

面对严重的经营混乱问题,秀洲区成立了整顿和规范市场经济领导小组,开展了一系列行业整顿规范工作。

2003年和2004年期间,经过一年多清理整顿后,小家电行业基本摆脱大面积制假的局面,秀洲工商分局又开始致力于引导小家电行业规范发展,制定出行业规范经营规章制度和《小家电行业规范考核细则》,对近40家企业进行了规范化达标验收,并推动区政府起草出台了《嘉兴市秀洲区开展品牌工程实施意见》,制定出行业长期创牌规划。从2005年开始,工商部门致力于品牌基地建设,制定了《王店小家电专业商标品牌基地准入管理办法》,向国家商标局申报注册了"王店浴霸"集体商标。

当地党委、政府对小家电企业自主创新、品牌建设工作也制定了详细的鼓励政策:凡当年申请注册商标取得受理通知书的,镇财政每件商标补助500元;取得注册证的,每件补助1000元。凡当年被认定为市、省、国家级著名、驰名商标的,镇财政分别奖励2万元、5万元、50万元作为区、市政府鼓励政策的有力补充。这些政策成了王店企业争创名牌的强大动力。

2003年,名不见经传的王店镇成了全国乡镇企业在中央电视台做广告最多的"大户",宝兰电气、樱田卫橱、顶上电器、奥华电器、来斯奥电器、德莱宝电器、奥迪尔电器等,近十家小家电企业登上了中央电视台的品牌广告栏目。

2005年,王店小家电产业总值达到20亿元。

2006年11月6日,第二届王店·中国浴霸节开幕。当天下午,小家电行业十佳信用企业颁奖暨产业与品牌发展论坛也隆重举行。本年,王店镇有40家小家电企业通过ISO9002认证,浴霸产品已占据70％的国内市场份额和50％的国际市场份额。从假冒一条街到品牌一条街;从假冒伪劣重灾区到品牌基地建设的样板区,王店已涌现出一批像宝兰、奥华、顶上、品格、来斯奥等具有相当生产规模的小家电龙头企业。王店小家电行业基本完成了从区域性制假窝点到全市专业商标品牌基地领头羊的转变,让王店人真正感到理直气壮、扬眉吐气。

2007年,"同济阳光""来斯奥""品格"和"宝兰"四个商标被评为中国驰名商标。王店镇的区域品牌迎来了一个丰收的季节,在获得中国浴霸之乡称号之后,又获得了浙江省小家电专业商标品牌基地的荣誉称号。

成立于2000年、总规划面积5平方公里、位于王店镇北侧的王店·中国小家电城工业专业区,目前已拥有浙江宝兰、品格卫厨、浙江顶上、浙江奥华、浙江鼎美、浙江来斯奥、振宏电器、日信实业、浙江嘉珉、德莱宝电器、科大电器、帅普电器、泰南电器等一百多家企业,产品已形成浴霸、取暖器、电扇、厨房用品、消毒碗柜、饮水机、干手机、灯饰等十大系列上百个品种。

七、华丽转型

王店集成吊顶产业是在原有小家电产业基础上转型升级发展起来的。所谓集成吊顶,其产品是在原浴霸照明、换气、取暖等功能的基础上,添加了MP3、温度计等新型功能块。这些功能块可通过自由选择组合,成为一个新体系,这款新颖产品更加受到了消费者的欢迎。

从2005年起步以来,王店的集成吊顶产业通过"科技＋品牌""产业＋网络",实现了产品、营销转型和品牌提升,销售额的增速保持了年均50％以上。同时也实现了从"中国浴霸之乡"到"集成吊顶产业基地"的华丽转型。

2009年,王店已成为国内最大的集成吊顶生产基地,销量占全国的70％以上,占据世界50％的市场份额。同年7月,在广州举行的第11届中国国际建筑博览会上,王店镇的八家集成吊顶企业首次抱团参展,并在广州最大的展馆内举行中国·王店集成吊顶产业推介会。来自全国和世界各地的五万多名客商对王店集成吊顶的亮相深为关注,纷纷前来观展和洽谈。

2010年4月,在北京举行的第17届中国国际建筑装饰及材料博览会上,王店镇有十家企业抱团参展,其中六家跻身"中国厨卫吊顶企业十强",中国建筑装饰协会也正式授予王店镇"集成吊顶产业基地"称号。

2011年10月24日,中国建筑装饰协会厨卫工程委员会2011年度工作会议暨"双百峰会·合作共赢"发展论坛在嘉兴举行,席间发布了2011年中国厨卫行业百强企业名单,王店镇的来斯奥、鼎美、美尔凯特和今顶等五家企业跻身中国厨卫百强厨卫吊顶企业十强,这标志着王店镇在激烈的厨卫行业竞争中占据着重要的一席之地。

王店镇企业服务中心的数据显示,目前王店有300多家企业从事集成吊顶及相关配套生产,在全国各地拥有专卖门店6000多家,产品覆盖全国各大中城市,销量占全国的70％以上,成为国内最大的集成吊顶生产基地。

王店镇的现代家电企业围绕"双业并举,转型提升"经济工作主战略,加快科技创新步伐,推进低碳、节能、高效的绿色革命。

"十二五"期间,还将积极引导企业以技术研发为核心,提高自主创新能力,以区域品牌创建和标准化建设为突破口,提升区域产业竞争力,做大做强厨卫产业集群。

风雨过后现彩虹,来之不易的王店品牌不但要走遍全国,更要走向世界。

(写于2011年11月)

嘉兴市文史资料通讯

第七十二期

嘉兴市政协学习和文史资料委员会编　　二〇一三年二月十六日

目　　录

百年老店话沧桑
　　——记嘉兴正春和布店 …………………………… 龚行华（279）
拆城前后留下的记忆 ……………………………………… 黄国华（290）
《嘉兴路重建水驿记》碑再现经过 ………………………… 陆大雄（300）
苏嘉铁路与"王江泾站"碑 ………………………………… 怀国华（307）
1952～1955年嘉兴民政、城建若干历史资料 …………… 吴思伟（310）
1953年东栅工商摊贩名册 ………………………………… 薛家煜（316）
嘉兴老城区地名消失（演变）知多少 ……………………… 徐元观（322）

史料研究

民国以前基督教在嘉兴的传播 …………………………… 庄新桥（327）

百年老店话沧桑
——记嘉兴正春和布店

龚行华

"正春和"是嘉兴声名卓著的老字号绸布店,假四层楼,俗称"洋式门面",流行于二十世纪二三十年代的小城市。丰子恺先生在《艺术漫谈》一书中以为,"这种建筑但就城市全体看,又好比一个农夫的头颈里加了一条绯色的花领带,怪不调和的!"1999年建国路拓宽,新建华庭街,在现代建筑中仍然保留了假四层楼门面。这条"绯色的花领带",有人说见证了一个时代的商业活动,也有人说记录了嘉兴这座城市发展的一段历史,更有人说从一个侧面代表了一部商业资本家的辛酸奋斗史。

一

清光绪三十三年(1907),本邑塘汇人屠履之(颇有田产,是一位乡绅),与人合股在塘内北大街开了一只两开间门面的布店,原名振春和布庄。其时的北大街上已有永瑞兴、老介福等不少布店云集。旧时绸布店有城庄店及乡庄店之分,城庄店门面装饰富丽,店堂宽敞,橱窗整齐,时新货多,与上海同业关系密切,有的是上海的联号,具有一定规模兼营批发的布店一般称之布庄或布号。乡绅屠履之为了立足竞争,倾其家业,一心做大做强。

经营绸布店在当时也算是一种体面的商家,上柜要求穿长衫。旧时各行业营业员都为男性,如逢三伏夏天,满街店员都是赤膊上阵(其时汗衫尚未出现),唯独布店人员不能赤膊,穿夏布或白绸长衫。这位乡绅越发自信、精神,取名"振春和",期盼振足奋发,和气生财。

当年的穿着习惯,有钱的穿绫罗绸缎,一般老百姓都穿土布。嘉兴四乡,尤在王店、塘汇一带几乎家家都织土布,有染色条子、格子,印花的也只有两色蓝印花布,门幅在50～60厘米。此大街上开设的布店除绸缎外均出售土布。清末民初,洋布(即用电机织的布)开始充斥市场。由于用外来技术及国外染料,为国人所接受,以穿洋布为时尚。振春和瞄准这一行情,开店伊始,立足经营洋布为主,尤其是花布品种繁多,可谓独领风骚。从开张起,顾客盈门,给这古老的大街增添了新的气息。经过十年经营积累,合股资本增至约三万银元,每年有盈无亏。

1927年前后,嘉兴掀起旧城改造高潮。1928年开始拆除城墙,第一次拓宽北大街,从原来的石板路,改为砖侧砌路面。屠履之看准这一发展时机,在振春和布庄稍南面购进旧店面及地皮,请上海营造厂设计建造了西式门面店楼,并绘以彩色,这种彩色门面在上海西式建筑中也甚为罕见。新店楼投资为3.5万银元,前后花了四年时间,于1930年完工并搬入新楼,比永瑞兴所建国货大厦早一年竣工。店楼店容在当年堪称全省一流。

新楼建成,气象一新,正当大展宏图。可好景不长,店内有一郑姓的协理,利用其进货及资金运用权力,在上海搞"飞过海",即用店内进货资金,在沪搞私自买卖,能脱手的自己从中捞钱,不能脱手的运回店内作为进货。1933年上半年,郑协理以搞骆驼绒(一种绒料里布名称)为名,利用店内进货资金向钱庄借款,在上海纱布市场搞期货交易,结果被骗,血本无归。郑协理无脸回店交代,而店内则一片混乱。造新楼的钱刚刚摆平,就遭受进货无钱、钱庄催款的困境。屠履之看准同是塘汇的另一大户丁养才,恳请其帮忙入股。丁也看中屠这几年财富剧增,发迹甚快,及市上的名声,同意以当年四百担米代价入股,总算渡过危机。痛定思痛,接受教训,决心更改招牌,将"振春和"改名"正春和",意为正正当当做人、正正当当做生意。一字之改,更换经理,摆正位置,凭借自身的优势,诚信经营,经三年拼搏,在城乡人心目中树立了良好的口碑,营业销售额跃居同行业前列。

二

1937年"七七"事变爆发,日寇开始全面侵华战争,中国民族工业及商业遭到严重摧残,陷入奄奄一息的境地。

抗战开始,国民党嘉兴县党部新闻无线电行组合广播电台的发射天线设置在正春和屋顶。当地驻军第八集团军战地服务队参与了广播宣传播音,当然也为正春和做了广告。广播时间为18点至21点。11月上旬,日军在金山卫登陆后,电台停办。

"八一三"事变后,日机开始对嘉兴城区轰炸,市民一片恐慌,开始逃难,各商店纷纷关门。正春和也不例外,连续几夜,打捆布匹,雇船逃往马库汇、栖真方向乡下避难。店员大多各自散去。第二年元旦刚过,市面稍许平静,随店一同逃难的店员曹葆良进城打听消息。一到北大街,他看到大部分商店被烧,一片焦土,许多名店老店都付之一炬,包括永瑞兴大楼遭日机轰炸。正春和店面虽在,但店内设施破坏殆尽,未搬走的商品被洗劫一空,店门口拴着日军马匹。见之情形,一筹莫展。

约过两个月后,日军在嘉兴成立维持会,张贴告示要商店开业。逃难乡下,度日如年的屠履之,得到消息到城内,看到正春和原址已挂上日军招牌,知道回店无望,只得在原址北面租一两开间店面恢复营业。但市场极为萧条,日军在北丽桥等地设立"检分所",检查盘问入城市民。在北丽桥南堍朝东第一间,门前挂着日本太阳旗,下面挂着一条红黄兰白黑的五色条旗(即所谓满洲国旗),往来之人必须向日军行脱帽鞠躬礼,并两手平举,接受检查。

如脱帽不鞠躬者或鞠躬不脱帽者,或昂首径行者,轻者使之跪,重者痛打。年轻妇女时遭侮辱。旧时到布店买布的以家庭主妇居多,都不敢过桥进城,故开业后生意十分惨淡。

日军为了达到"以战养战",防止物资流入游击区,全面禁运物资。据原永瑞兴经理徐介融回忆,1939年春,正春和、永瑞兴、义昌福、纶华四家布店到上海进货两万元,结果货被日军扣在上海,要四家布店负责人到宪兵队,结果遭到毒打,还放出狼狗来咬。最后通过翻译与日军商谈,交纳六千元,才放人放货。

日本经济侵略的魔爪伸入各行各业,在嘉兴的日军洋行计有二十多家,这时正春和原址成了日军土桥物资交换所(后改称白木实业公司),成了一所大型收购兼营批发、零售百货、土产的商店。经营棉布要通过人民路丁家桥北首河步池洋行(又名河部时或河部氏),粮食要通过远大洋行,肥皂、火柴要通过大丸洋行,等等。日军用没有兑换价值,不能在全国使用的军用票和伪钞购买我国物品,排斥中国法币,以控制金融。一段时间内,市上法币不准流通,汪伪政府中央储备银行发行的中储券(又称储备券)又未及时发行,商品交换只好恢复前清做法,使用银洋、铜板,小额用"龙头"即邮票。

过了一年多,汪伪政府成立,北丽桥"检分所"的太阳旗下面改成国民党的国旗,并在旗的上面,加了一条黄色的三角旗,上面写着"和平反共救国"。日本人做太上皇,一批社会残渣,纷纷亮相,为非作歹,勒索民财,使开店经商者提心吊胆。如东门一汉奸在一小店勒财后还觉不满,乘店主上街之际,在人群中把自己的木壳枪塞进店主提的竹篮里,然后吹响哨子,大呼游击队进城,招来日军将其抓获,命运可想而知。中街救火弄口有一南货店,店主姓徐,其老婆被一严姓汉奸看中。一天,这个汉奸带着三个手下,挂着盒子枪到徐家要与其"谈谈"。店主闻讯后赶回家中,汉奸的三个手下甩出手枪,命其烧水泡茶待客。徐店主受到惊吓,不久离开人世。一些敲诈勒索、绑票事件更是层出不穷。面对黑暗势力,开店的老板终日惶惶,尤其正春和、永瑞兴这些颇有名气的商店,老板的命运更是朝不保夕。出于无奈,原本正经做生意的商人,不得不寻找靠山,由永瑞兴布店经理徐介融牵头,正春和、纶华、新华四家布店的经理一同去上海西藏路远东饭店,向当时号称"苏浙皖总司令"徐朴诚行投帖礼(俗称"拜老头子"),以求自保。

好不容易盼到日本投降,全国同庆,正春和更是感同身受,在店内用红绸扎成大大的"V"字,以示庆祝,并着手办理搬回被占领的正春和原址。1945年9月初,嘉兴县政府公布《嘉兴县敌伪占用不动产申请登记办法》,成立审查敌伪占用财产委员会。经该委员会会同法院等单位审查,确系占用者,分别发放原主。当时国民党人员在沦陷区接收,普遍贪污盗窃,人称为"劫收"。国民党各路接收大员处处刁难,借口房子虽属正春和,但日本人使用过,有的设施是日本人的,属于"敌产"。正春和用金子走通该委员会接权大员陆京士,才得以回迁。此君在正春和回迁开张之际,送一匾镜框,上书"开张大吉 陆京士贺赠"。此镜框放在临街样橱中央,与其说陆所送,还不如说是正春和用金子购来一张"门神"更为贴切。

1946年5月,正春和搬入原址,重新开业。是日轰动城乡,整条大街挤得水泄不通,不仅有铜管乐队在二楼阳台演奏,还用绸或布剪成三尺长约八九十块料子从三层楼散发,一时形成"天女散花",路人争抢,还请上海电影厂来店拍摄新闻纪录片。嘉兴人看过电影者有之,看拍电影却是第一次。在一片鼓乐、爆竹声中,商店正式开业,此盛况不仅嘉兴各报,连上海《申报》、杭州《东南日报》均有报道。

三

我是1947年进店的,当时第一印象是各柜台周围满是顾客。

那时一天营业额约三四千元,按棉布行业以40码龙头细布一尺为折算单位,相当于每天的销售量约合80尺龙头细布①。店内自有资金约4500尺龙头细布,按此推算,不到两个月就可完成一次周转,速度之快,嘉兴任何布店无出其右。当年嘉兴具有规模的布店有永瑞兴、纶华、同福昌、久和、天纶、义昌福、新华及正春和八家,正春和的销售额占整个同业的50%左右,其影响之大,可见一斑。

正春和之所以有此业绩,一是多年来积累了很多传统经营经验,除了笃守诚信、店规严格、制度健全、标新立异、经营精明外,在过去招收学徒和选聘店员时,要求品行端正、忠诚老实、头脑灵活、遵纪守规,一般先试用考察,才正式录聘。在经营服务方式上灵活周到,采用连带服务、上门服务、信用售货,故颇得顾客信赖,营业久盛不衰,居全城同行之首。

正春和直接与厂家挂钩,当时上海有一家英商七玫瑰布厂,该厂所产布匹可与丝绸媲美,花布花色多,翻新快,并用七种染料印染,产品为沪上及全国领先,各地都以得到它的产品为荣。该厂买办姓朱,海盐人,正春和特约其入股,成为股东,并在他的发行所派员常驻(当时叫申庄)。由于信息掌握及时,渠道畅通,只要上海南京路上出现七玫瑰的花色品种,不出两天,正春和的柜台上就会出现。正春和设置有临街玻璃大样橱(当年唯照相馆有),立有嘉兴唯一的一个女模特,只要新品种一上柜,即用八尺布料,以旗袍形式展示在模特身上,同时还配以其他商品,陈列柜琳琅满目。当年上海电台播放"三轮车上小姐真美丽,西装裤子,短大衣……"的歌曲,在时髦女郎穿着变化刚在上海滩显露时,正春和模特身上立刻换上西装裤子、短大衣的着装,并不断更换各种料子。这一引领时尚的风向标,引得行人驻足观看。由于店堂面积有近300平方米,橱窗、柜台都满货上架,出样的品种多达2000余种,可以说是包罗万象,加之花色、艺术的搭配,进入店堂,令人眼花缭乱。当年嘉兴只有晚上供电,正春和与隔壁的九洲理发店,购买柴油发电机自行发电,并在店堂内安装由上海设计定做的大型霓虹灯,时为嘉兴商业第一家,一米见方红色空心"正春和"三个大字,下方配以黄绿色的广告语"花色繁多,绸缎呢绒棉布,价廉物美",白天一开,店堂生辉,夺人眼球。除了霓虹灯广告外,利用其他大小场合宣传也是正春和促销手段之一。店内专人负责广告策划,小到包扎纸上都印有精美广告。当年嘉兴各报几乎每天都有正春和的广告,有时竟达整版;向寄园(当时戏院)赠送舞台布幕,紫红色绒布上镶缝"正春和"招牌及宣传语;在银星电影院播放幻灯片;春秋换季促销时,在开往各地的航快船上悬挂"正春和"招牌的旗子。其影响辐射周边县城,故不少附近县城(镇)布店前来批发,每天有五六家,少一点的自己带走,量多的店内打包,航快船托运送达。

凭借周转快、资金足,正春和多方开拓进货渠道:上海进棉布、呢绒外,杭州进丝绸缎类,江苏盛泽进纺类,硖石进劳动布(类似牛仔布),枫泾进里子布,江西万载进夏布,桐乡进丝绵,广东进拷皮(现称春云纱)。

为了同业公平竞争,免打价格消耗战,正春和负责人之一钱伯祥与新华布店徐姓老板二人,以上海纱布市场起伏而制定价格表,以同业公会名义分发嘉兴各店执行,一般毛利率在20%左右,各商店均能自觉执行,不会产生价格竞争。销售的每匹布上都有标价票签,用棉纸剪成长约3寸、阔1寸,插在布匹上。价目用中国字码,如三角伍分、一元二角这种传统标式。

正春和为了更好地为顾客服务,还代客加工中西服装,特约众安桥西服丽华与下塘街一金姓中式裁缝加工,兼营新娘礼服与出租业务。

1948年初,正春和从业人员有41人,其中上柜营业员23人、练习生7人、其他11人,各司其职。各营业员之间,不以资历分头柜、二柜,但都有固定的柜台,并个个都具有与店相匹配的形象,要求长衫笔挺,白色府绸衬衫袖口卷在外面,头发油光整齐,在柜台一站,显得英俊潇洒,年长一点的也红光满面,一副乡绅气质。他们都有一套过硬的量、剪、包、心算、着身配料以及熟悉商品知识的本领,深知回头客重要性,把每位顾客看作亲人与朋友。

过去衣着看门坊,不仅要掌握顾客心理与审美观,还要根据年龄、身材、肤色,推销商品,有的放矢,往往事半功倍。顾客临柜,一般只拿出三匹布,一匹对照,二匹任选,大多三匹必中其一。针对不同阶层,军政机关太太、地方工商界太太、小店小户平民、工厂采购,乃至南湖船娘等特殊要求,店里有专人接待。

有时碰到农村结婚顾客,往往来了一大帮人,双方父母、媒人、兄妹亲戚等。来店前,媒人说好做新衣及高档四季衣料五六套,结果剪到第二套,男方就现窘境,这时营业员看准新娘喜欢花色,推荐中低档布料替代,结果双方满意。

对一些有身份、比较傲慢的顾客,先端凳让座、泡茶敬烟并拉家常,到顾客开口要购某种布料时,才极力介绍,否则适得其反。在营业中稍有不慎,出言不妥,就有被老板开除的危险。所以当时营业员只有兢兢业业,来不点半点差错。

那时营业时间从早上七八点钟到晚上八九点钟,一班到底,不论手头有无顾客,都不能坐下。一年中除了春节停业五六天,平时没有假期,天天营业,有事可请假,不扣工资。

正春和的员工收入比其他行业要高,一日三餐由店供给,其收入可分四项:(1)鞋袜钱(相当于卫生费之类补贴);(2)工资(月薪制,从 0.8 石米到 2 石米不等);(3)利串(营业员每做一笔生意的 1%作为报酬);(4)红利(相当于现在的年终奖,净利润 1/3 投资人,1/3 职工分配,1/3 再生产)。

一个勤快点的营业员收入相当可观,一年约 10~12 两黄金(旧称 1 斤 16 两制)。没有退休制度和生病补贴,到年老体衰做不动时,一般店内发 3~4 个月工资安家,所以流传着"养儿防老,积谷防饥"。店内有一袁姓老店员,平湖钟埭人,家小在乡下,靠多年积蓄的在店收入,于1948年购进近30亩田(当时因内战动荡,地价较低),造了三间二进平房,养了一头牛,准备年老回家时颐养天年。

四

抗战胜利三年后,正春和资产逐步恢复到了战前水平。1948年秋,正春和与上海小囡牌绒线厂洽谈,在店里设特许经销点,销售该厂生产的粗纺呢绒、绒线,并负责浙江省内的业务,准备大干一场。正在此时,国民政府由蒋经国领导突然发起"限价"风暴。原因是当时社会物资紧缺,物价飞涨,蒋经国认为是零售商囤积居奇造成的,下令限制消费价格。清仓销售的限价风暴来势凶猛。嘉兴"青年军"是蒋经国嫡系,小蒋派出青年军清货、查价,正春和首当其冲。"青年军"对商店存货进行登记,查验货账,不准藏匿转移;上海限制物资出境;政府又规定不准商店关门,不准提价。无从进货,有销无进,十店九空,使许多商店亏损破产。正春和每天不得不拿出三四十匹布应付供应,所限价格与所谓黑市交易几乎相差二至三倍,限价销售等同于送人。正春和陷入前所未有的困境,几乎十橱九空。这场闹剧直到蒋经国上海滩"打老虎"失败,才草草收场。

同年8月,发行金圆券,法币①停止使用,称一百元金圆券与一两金子同价,必须兑换。店内也只得照此执行。当时不论大户、小户,收到金圆券后一律向中国银行兑换黄金,银行起先还能应付,到后来关门不兑。一时金圆券贬值之快,通货膨胀一发不可收拾,不是一日三涨,而是一时三涨。商店销售时已不及点款,只能以捆收款,用皮箱、麻袋,两三个人抬着方可存入钱庄。票面从当时发行的一元到一万元,最高到百万元面值,后来钱庄干脆不收金圆券,店内无法,只得将刚收到的金圆券拿到黑市换成银元。当时,我们几个练习生守在银台边,一有金圆券马上拿到黑市去换。

到1949年4月,嘉兴一部分机关、学校工资不发货币,改发米票。米票由米行发行,分一石、五斗、一斗三种,所以正春和营业款中又多了一种米票,每天收三四石。当年老板派我到临园茶馆把米票换成银元,一个布店的练习生做粮食票证生意,前所未有。

解放的枪炮声临近嘉兴时,社会上谣言四起,店内忙着昼夜防抢。商会要求驻军多待一天,以防真空商家遭抢,驻军以两千银元要挟。到解放前夜,7点多钟,因管区又要求拿两百银元,商会无法,只得请正春和解决。当晚正春和老板嘱我去交,送到嘉兴城防司令部(当时设在后来的中百公司大楼)。楼上办公室灯火通亮,有两三个军人在座,好像已等得不耐烦。当我送到时,当场点数交给,商会人员如释重负。今天回忆起来,从正春和到城防司令部虽近在百米,这晚街上无行人,枪声密集四起,灯光暗淡,未遭抢劫实属幸运。就在第二天,1949年5月7日,嘉兴解放。

解放这天,正春和派了代表,去环城西路迎接解放军进城。

五

解放后,社会刚刚稳定,在7月间,市面上突发一股抢粮风暴,人心惶惶,商店纷纷关门。嘉兴军管会在正春和店内召开各行业负责人会议,这也可以说是嘉兴解放后第一次经济会议。

10月1日,嘉兴在内教场(现戴梦得商场)举行建国庆典。正春和为全体职工每人做一套黄卡其布中山装,与绸布业公会一道参加庆典。因为统一着装,显得格外整齐,所以是参加庆典众多队伍中唯一一支统一着装的队伍。

1952年,国家开始实行棉布统购统销。嘉兴成立了花纱布公司,正春和中断一切进货渠道,向嘉兴花纱布公司进货,实行专业经销。好在当年人们穿着俭朴,男式服装以中山装、列宁装为主,女式服装则以蓝、黑、白三色两用衫为主。就在这年,花纱布公司由上级分配到一批苏联产的印花布,大红大绿,色彩呆板,销不出去,要求每个店员带头穿花布,尤其年长的已满头银发的店员,换下长衫穿上花布衫,反差甚大。

1953年下半年,正春和为起典范作用,提前一年在棉布业第一家实行公私合营。

1956年,正春和打破历史传统,第一次招收女营业员。同年开始凭票供应棉布。在1961~1962年最困难时期,居民定量每人每年6.5尺布,小孩、农民减半,布店营业额一度锐减,但像永瑞兴、义昌福这些较大布店已在50年代中期开始转并、搬迁,唯正春和历经不衰,渡过困难期。"文革"期间,改名为"勤俭棉布店",70年代店名改为"国营第二纺织品商店"。其时化纤品开始充斥市场,取消凭票供应。1986年恢复老店号。1988~1990年,开始实行承包经营责任制,三年销售额1453万元,利润95.82万元,人均创利在全省同行中名列前茅,1988年被省政府授予省级先进企业称号,1990年又被评为省"创三优"先进企业,正春和又一次声誉鹊起。

改革开放后,随着人民生活水平逐年提高,成品服装业迅猛兴起,人们传统的买布做衣服的习惯逐渐改变,大型棉布店由此退出历史舞台。2001年2月,主管投资单位嘉兴百货公司宣布破产,正春和消失了,留下的假四层楼门面如今也已成为历史的陈迹。

(本文由龚行华口述,黄国华整理)

注释:

①1947年一疋龙头细布的价值等同于一钱金子、一石糙米(150市斤),五元银元。

②法币,即法偿币。国民政府1935年11月4日实行法币政策,发行的纸币为法币,1948年发行金圆券代替已崩溃的法币。

拆城前后留下的记忆

黄国华

嘉兴城垣,据载始建于唐文德元年(888)〔一说建于唐乾宁三年(896)〕,历经千年。当历史走到近代,在城市近代化进程中,城垣却成了阻碍城市发展的一大障碍,于是从清末民初始,绝大多数城市先后将城垣拆除,嘉兴也不例外。

1928年嘉兴拆城,自此结束了旧城格局,开启了近代市政新建设。笔者十余年前曾向家父及其小学同学庄一拂先生了解旧城的一些事。这段史料内容及细节鲜为人知,遂为录之,为今人了解往昔年代嘉兴城垣和城市变迁,以及旧城社会风貌,且作参考。

一

家父黄维新生于1906年,拆城时已22岁。他小时候家住城外南门梅湾街,每次进城,必走南门城门,对城垣一些事记忆深刻,在他96岁高龄时尚能清晰回忆起当年情景。

在被拆除之前,城垣历经岁月沧桑,已很破旧。城墙崩坏很多,除四座城门左右两侧用城砖砌墙体外,其余四周城墙十分简陋,内外墙体均为泥版墙,不像南京、西安城墙全用砖砌。据知此筑墙法叫"版筑之法",是古代一般县城筑城通用筑法,即一层层用泥土或掺些三合土夯实加固,表面夹些大小不一的乱砖,仅城墙基础平出地面,只用两层石板(这与笔者以前看到子城围墙一样,也是泥版墙夹乱砖)。今天看来不甚牢固,但过去极常见,像杭州城里不少三层楼民舍,其承重山头墙也用版筑之法,能经历百年风雨而不倾圮。

四座城门左右及敌楼设有箭垛,其余四周城墙外侧无箭垛,内侧更无挡墙,仅有两层砖平出墙体路面,故上城头玩耍时很危险,每年都有小孩从城墙上掉下来摔死。城墙上面不是满铺地砖,只有中间走道约四尺宽铺上些城砖,其余都是泥土,且地砖风化严重,高低不平。

城墙上长满茅草,到了深秋季节,枯黄的茅草足有一人之高,那时经常有人放火烧茅草(也叫"烧野火"),烧时蔓延一片,黑烟压城,大家习为以常,想来一是为了城墙景观,不至于太荒凉,二是有利于来年春草生长。春时,有不少马匹在上面吃草,有时马匹也会从城头上失蹄摔下。南门一带城墙内侧不少地方被居民所占,在此搭屋建棚,多为苏北屡遭水害、流徙江南的灾民,以盐城、兴化为多。据说最早在19世纪中叶已来嘉兴,他们靠城墙用乱砖搭些披屋,但多为草棚,每户之间留有空地,当作菜园,沿街用乱砖围住,失蹄的马有时会摔在屋面上,造成房破人伤;有时摔入两户之间夹弄,无奈只有破墙救马。消息传开,一时围观者众,实为惊险一幕,一两天消息传遍全城。

城墙下有一条泥道小路,宽不足三米。最为荒凉一带属南门至西门段,城外村舍寥落,人烟稀少。在民国早年,濮院来的脚划船为当时最便捷的水上客运工具,停靠在西丽桥东堍南侧。乘客上岸如沿城墙下小道进南门或梅湾街(现为范蠡湖公园及沿环城南路一带),将会领略到两种截然不同的乡野风光。一方面,小道外土地都被坟墓所占据,大小土墩触目皆是,不下数百,土墩上长着长长的茅草,也有不入土安葬的棺木,放在地上周围用砖垒成小屋俗称"响铃棺材"。天长日久棺木外露,尸骨都暴露在外面。小孩下葬更为简单,被包裹在稻草或席子里。故进城沿路景观十分凄凉,入夜无人行走。在过去城郊结合地,只要是荒地都可入葬,即通常讲的义冢地,这种景象极为普遍。

与这沉沉死气相反,每逢雪后放晴,拾级登城墙,却别有一番风光。不少百姓扶老携幼,会聚城头,观赏雪景,尤靠近范蠡湖处城墙上为最佳观景之地。这里绝无市尘喧嚣,紧靠城下,范蠡湖一泓碧水,清澈见底,湖旁几棵千年银杏古树,围绕金明寺、西施梳妆台、湖天海月阁,显得格外幽静。宁静中,不时传来诵经与木鱼声。远眺城外,西丽桥、五龙桥近在咫尺;放眼望去,不远处西南湖,湖天一色,真如塔、三塔及塘路上众多的石牌坊尽收眼底。晴空丽日下可见碛石双山。此处极目旷观天地景象,是为大观,清朱彝尊有诗"湖天夜上高楼望,月出东南白苎村",所指即在于此。故当年拆城时,汪胡桢等人提出在西门外保留一小段城垣以点缀风景的建议,源出于此。可惜没有实行,至今城垣遗迹点无。

"城滩",即旧时南大营前城下河滩(现为南门沙龙宾馆至紫阳桥沿岸一带),为旧时集市地。这个古老地名,现已少为人知。过去,这里城下的壕河十分开阔,足有百米之宽,水上运输方便,木竹行、石灰行、砖瓦行、柴行、水果行等均设于此。河边货船、航船、农船云集,河中来往舟楫繁忙。拆城后城滩集市消失,城墙上的泥土大多用船运到对岸的铁路旁,使河道变窄。当年拆城筑路委员会规定:"泥土倾倒,需推卸匀平,不得堆积高墩"。后来铁路道旁又成了一片坟地。过去依城而建的苏北棚屋,被迁移集中在城滩一带,以致逐年增多,直至20世纪末,1999年环河绿化带建设时才彻底消失。

城滩北侧为南大营,旧为演武场。辛亥后子城内改兵营,又称西大营,西大营是相对于东大营地理位置而言的。民国初扩建南大营,嘉兴九寺之一朱福古寺被毁。过去南大营四围多荒地,常有人在此开垦种植。沿斜西街河边低洼地,也被人辟为水田,种植水稻。

南大营还有不少马棚,养马人将马饲养于此,一直延续到嘉兴解放初。旧时,马除了拉车外,还担负着其他功能。早年结婚人家迎亲,男方亦租马骑用。1919年,表叔汪胡桢结婚,汪家租了四匹白马,马夫随行。时我父年少,作为伴郎,第一次骑马。时城内多高桥,南大街上的腊坊桥足有15级踏步之多,桥陡马高,过桥时吓得心惊肉跳,虚汗直冒,险些摔下马。娶亲返回时,新娘则乘坐花轿。旧时轿子分官轿、民轿,官轿辛亥革命后即废,民轿分花轿、藤轿(又称凉轿)。20世纪30年代初还有几家轿行,供婚嫁之用。民国十年(1921)才出现人力黄包车,又称东洋车,这时西医出诊改乘黄包车,中医则乘藤轿。早年官员废轿后改乘马车,但不及上海滩上的西洋马车豪华。西洋马车前有铜铃,左右灯罩,车厢雕刻精细,一路铃声,路人避之。

拆城筑路后不久,意大利"威士顿马戏团"在南大营演出。这是来嘉兴的第一个外国马戏团,有大象一大一小两头,嘉兴市民第一次见到了大象。马戏团表演的马匹、大象等动物均自上海通过铁路运来,汽车入市。表演前夕,为招揽观众,在新筑环城路上举行大象巡演,路面被踩出硕大脚印,令人好奇。演出收费甚高,每人大洋二元,儿童减半。演出时排泄的象粪,被人扫去,如获至宝,因《本草纲目拾遗》里说象粪对治疗痘疹有起死回生之效。

第一批外国人在嘉兴街头经商,则早在1917年冬。这年,北门城头边出现了七八个沙俄人(也有人称白俄),头发蓬乱,衣着邋遢,身披羊毛毡毯,晚上蜷宿在店棚下,白天在城头边设地摊卖化学肥皂,引来市民围观。站在前排穿长衫的市民,一不小心,长衫角上被他们沾上印泥、墨汁之类,当众清洗,污渍顿消,现场表演专门瞄准穿长衫者。

值得一提的是,嘉兴城门的建筑,防御功能十分讲究,城门外还有月城。(据《辞源》解释:"月城者,临水筑城,两头抱水,形如缺月。")月城通常也称瓮城,即大城外用以障蔽城门的半圆形小城。围入侵者,如同瓮中捉鳖。(笔者曾注意到,以往有不少文章称嘉兴的大城为罗城。据《辞源》解释:"罗城则为加强防守,在城墙外加建凸出形小城圈"。看来罗城只是大城的部分建筑,不能代表大城之说法。)

四座城门的月城门,不是建在现在的环城路上。像南门的月城门,是建在过去的澄海路上,离南门城门相距有70米之远(现在环城南路与禾兴南路交叉往南约70米处)。月城门前有吊桥。吊桥在清末已废弃,改建成长条石板平桥,条石长近四米,横跨日晖桥河。此河东西走向,河南岸即现梅湾街金九避难处,东接壕河,西通西南湖(现范蠡湖公园东门处),为南门一段的环城河。此河在20世纪70年代初已填没,故现在环城河只差南门一段。(见文后示意图)

过去进入月城门,不能直接到以前的南门大街,必须走一段半圆形弯道,此道俗称"城弯",过城弯方可入南门城门。四城门墙上各有鸟兽人物石刻,颇为精细。

整个月城,城墙上内外都有箭垛。月城也是驻扎守兵的地方,古时城门失守或诱敌入城全赖城弯防守。拆城后,此城弯的弯道即后来的弧形后马路。

拆城后,当年大量标准城砖不知去向,且一直没发现用于嘉兴其他建筑上,给市民留下了一个谜团。拆城的石料、砖料归承包人所有,用以支付人工,或许被工程承包单位苏州常厚记营造厂运卖到苏州及外地了。其余大小不一的乱砖则用于铺设集街(中山路建国路口至禾兴路口)及北大街(北丽桥至勤俭路口)。

二

庄一拂(1907～2001),嘉兴诗人,学名庄临,启蒙于南湖学堂,时逢民国临时政府成立,故取名临。

2000年冬,笔者在荣军疗养院看望他时,向他了解城垣的事,昔日的往事,使他兴趣盎然。他回忆自己小时候很顽皮,全班有名,经常上城头上去玩,城头上是放纸鹞的好地方。那时从小西门(现勤俭大桥附近)至荷花堤段城墙荒凉残破,已是一段土墙,走不通。在拆城筑路时,此段因少城砖,包工头亏损因此逃遁,工期拖延甚久。

根据庄一拂的回忆,拆城筑路分二期,第一期从南门到东门段,第二期从北门到西门段,历时五六年。近代中国城市与西方城市的发展大不相同,辛亥革命前称城,民国废城为市,这城与市虽只是名称之异,但以前很少说城市一词,只说城,如杭城、申城,现在开始称市了。上海在辛亥年已拆除旧城垣,嘉兴拆城应受上海拆城之风影响,但晚了16年。1909年沪杭铁路通车后,东门车站一带渐趋热闹,旅馆茶楼,相继兴起,人流增加,道路狭小,城门既低又隘,车马往来,经常壅塞,行旅都苦感不便。

在民国早年有识之士曾提议拆城,历经酝酿,时嘉兴主张拆城者主要有:

王甲荣,举人,历任广西永淳、富川等县知县,候补直隶州知州、知府衔,晚年在嘉兴参与地方自治。

盛沅,进士,授翰林院编修,刑部主事,山西夏县知县,后回乡任嘉兴县董事,参与地方公益事业。

方於笥,同盟会会员,嘉兴辛亥革命重要人物之一,辛亥后任嘉兴军政分府民政长等职。

蒋志新,留学日本,同盟会会员,早年与褚辅成被选为嘉属代表,参与陈其美商议在浙江起义的革命方略。

这些人均是当时嘉兴的头面人物,主张拆去城垣,环筑马路。但此拆城之议,在当时嘉兴引起轩然大波,守旧派极力反对拆城,认为祖宗之物不可毁,城垣之在可以保全地方,以弥隐患。后来县知事汪莹要两派在明伦堂决议拆城事。会上保城派知理不足以取胜,便扬言有人主张拆城者,当飨以城砖之利,于是拆城派噤若寒蝉,不敢发言。会议一哄而散,两派意见分歧时久。后来出现折中派来作调停之策,提出先增辟城门,筑造马路,作为地方公益,利便交通。作为尝试,此议由汪莹转呈省政府,请于东北二门之间,增辟一城门,批准后由县公署委尤杰为增辟城门工程事务所主任。民国十二年(1923)春,增辟城门于玄妙观东首,并同时拆去东门月城。新开的城门称"新东门",并在玄妙观山门前筑一新路名"大新路",此路名沿用至今。大新路初建时仅两丈之宽,石屑、瓜子片碎石铺道,后用小石块竖砌。新路始成,市民趋向参观,耳目一新。过去所谓称街,必须傍有河道平行而行,故有"一街一河"之说。当时北门大街与南门大街、东门大街一样宽,隔路店距不足丈半。在此之前,只知道上海租界有某某路、某某路之称,嘉兴却没有一条行人街道称之为路的,只有街、巷、弄、滩等叫法。后来拆城后,东门至南门段叫东南路,西门至荷花堤段叫劳力路。这时才发觉道路与过去街、巷、弄、滩的区别:道路旁砌有侧石,设置人行道、人行树。中国过去城中的街道是没有这种设计理念的。人们开始逐渐接受"路"的概念,感受到"刷新市政"的必要。

新东门、大新路工程完工后,方便了人们从车站直接进城,虽然车站下来,还要走宣公桥(今"一大"代表雕塑处),沿城墙往北,入新东门至张家弄已大为便捷,不必经老东门走东门大街绕道入城。

新东门破墙,掀开了嘉兴近代市政建设的序幕。1927年前后,嘉禾第一桥、苗圃、车站路、公园路、中山公园先后开工。然而那时车站下来十分冷清,站旁隙地尽为沪杭铁路辟为苗圃。汪胡桢曾提出,此不能善为规划,以兴市场,殊为失着也。

在"嘉禾第一桥"建设时,姚望云愿独资建造,桥名用"望云"二字,县长徐庆彪集诸绅商议未敢应允。可见富商参与市政建设热情之高。

"刷新市政"与"建设新嘉兴"为当时口号,民众益悟改造城市之不容缓,这时辟门葺建后的城墙仍为"障碍之物"。新嘉兴平民社首提拆城筑路主张。平民社人员实际就是王甲荣等主张拆城者,国民党嘉兴县党部亦以订入县政大纲。1927年,县政府成立拆城筑路委员会。

拆城筑路委员会聘请的都是一些德高望重的地方人士和莘莘学子。陆初觉任主席,专门委员有董伯衡、汪胡桢、朱有卿、盛宓礽等人。庄老在回忆中特别提到汪胡桢先生。他与汪胡桢先生二人同住饭箩浜,有数十年交往,非一般泛泛之交。其时北伐军占领南京,汪胡桢先生所执教的河海大学暂时停课,因而赋闲乡里。汪其时正风华正茂,遂被该委员会聘为常务委员,负责起草该委员会的《组织大纲》,制订详细工程承包计划,及有关规定事项,例如:"工程承包队如遇古物、古碑,应掘出归公,不得藏匿"。后来在拆城过程中,果然先后发现"永安炮台碑"与"长乐炮台碑"古石碑,由省、县博物馆及时收藏,得以完整保护。

  谈及城垣的历史变迁,庄老讲起,嘉兴解放前他在省通史馆编嘉兴人物志时,借阅过不少嘉兴旧志,从而有相应了解。嘉兴城垣初建于唐代,元初时曾毁,明洪武年间重建。明代以来倭寇入侵,沿海扰乱频繁,江南一些县城城头大多建于这一时期。唐代城墙有12里,明重建时城西南缩了3里,故现在西丽桥草坪地一带被圈出环城路外(据《嘉兴新志》载:民国十六年(1927)六月,城围实测18555.5尺,合9.8里,其长度计算应为鲁班尺)。周长9.8里,这个数字现在看来是很小的,但与江浙其他建于明代的城垣相比却并不小。在古代,"七里之城"就算得上一座中等范围的城市了。故在明代宣德年间,嘉兴曾列为全国33个主要城市之一,堪称"江东一大都会"。嘉兴城垣因战乱破坏惨重,城内外尽成废墟。城垣虽破,但两扇黑漆城门依旧完好,包括月城门,大概是由于城门不受风雨日照侵蚀之故。城门旁水城门,门闸由杉木实榀作为闸门,每逢雨汛,城外豪雨泛滥,南来之水流经嘉兴,时关闸数天,起到蓄洪排涝等功能。以前四水城门很狭小,只容普通农船及小船进出,所谓"一叶舟穿妆阁底"也。到清康熙年间,因经济发展需要,增辟小西门。小西门也称水西门,实际上是个水城门,无旱门,比余四水城门要大,可通帆船。近年看到民国早期上海环球明信图片公司制作的运河风光明信片,其中有嘉兴运河水城门,旁无旱门,即为小西门风光。

值得一提的是,庄老早年在《嘉兴佛教历代传法大事记》中写道:小西门内河道,古称"爽溪",阔可二丈,其长萦行只半里许,东通韭溪(现为小西门横街,东通禾兴路),河上有爽溪桥,桥南有古刹水西寺,因寺在爽溪之西,故名。今月河殿基湾是其旧址。寺为禅宗四世孙黄蘗希运开山,相传唐宣宗李忱为王时,曾潜隐于此寺,栋宇之雄,冠于浙西。后李忱王在长安诗云:"殿角凌云接爽溪,钟声还与鼓声齐,长安若问江南事,报道风光在水西。"清顺治年间,僧慧门性沛应日本长崎兴福寺之请,在京都宇冶创建万福寺,遂为日本黄蘗宗(临济)之祖。清咸丰兵燹寺废,民国以来石柱犹存,寺基南建浙江第三监狱,因犯多达四百余人(刻有"爽溪"西安长条桥石,现仍弃置于嘉兴宾馆院内空地上。20年前日本禅宗佛寺代表团曾来禾寻访水西寺)。

在庄老的记忆中,过去的城门不是日夜都开敞的,为城内安全计,旧时是"黎明始启,黄昏即闭"。民国以前,城内外来往过客频繁,关闭城门时间延晚,但各城门关闭时间不一,东门、北门最晚,南门次之,西门最早。在闭门期间除官衙人员等办公事,或民间有急诊、接生、奔丧急事外,不准启门放人。官衙出入,须以火烙印木牌为准,也叫厅牌(厅,旧时指官府办公的地方,办公的事作厅事),一由出城者随身携带,一存于该城门,回城时经核准才能重放入城。民间急诊、接生、奔丧等须登记簿册,问明姓名、住址等方准放行。制度虽严,但不符上述之情,付钱一百文或小洋一角,也可通融过门,成了管门者的利。不过,对穷人和不愿掏钱的人来说,过城要付费,也还是困难或不甘心的事,于是夜晚闭城时曾常出现这种景象,当城门为一个出钱者开启时,在他后面会有一大群人准备跟着冲出门外,或一穷人等富人来到佯装跟随其后一起出城。而城外进城内不在此例,一般只出不进。

(写于2012年9月)

附：拆城后南门示意图

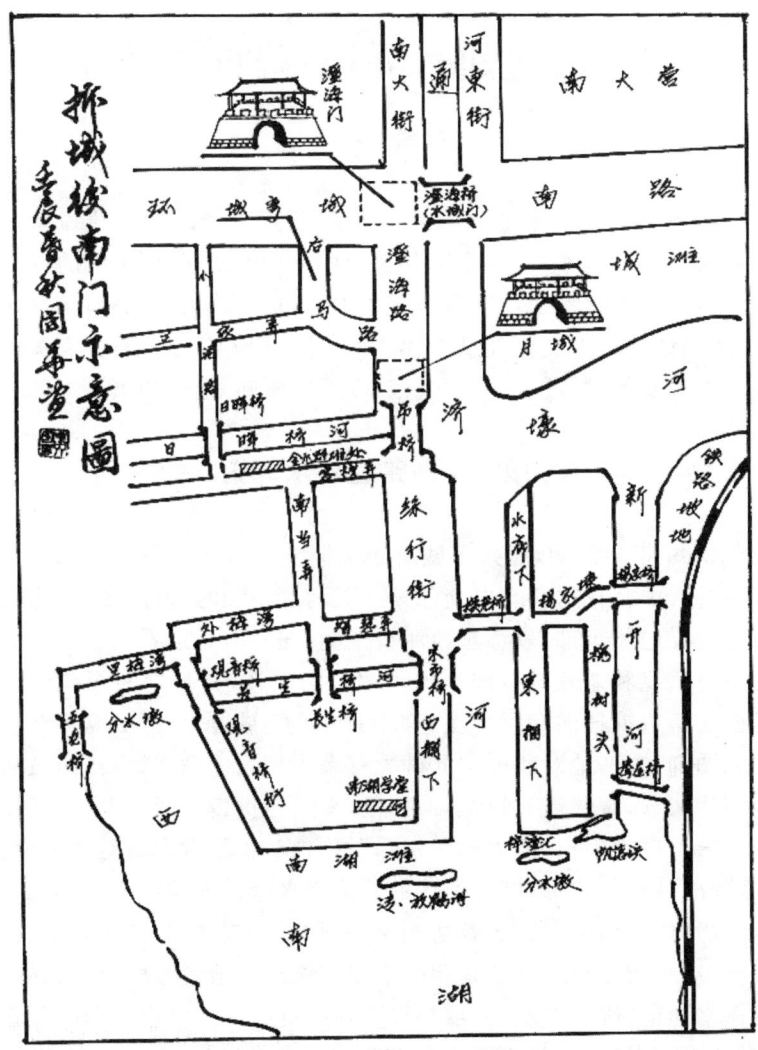

《嘉兴路重建水驿记》碑再现经过

陆大雄

1998年11月,嘉兴环城河绿化带工程启动。如今建成后的环城河绿化带树木参差,绿草如茵,曲径通幽,是嘉兴城市的一张"金名片"。而点缀在环城河绿化带中的《嘉兴路重建水驿记》碑碑亭,透着浓郁的古文化气息,不时引来过往行人驻足观看。有关此碑的发现及保护,还有一段曲折。今就我所知,记述如下。

一、初见《嘉兴路重建水驿记》碑

1999年6月初,嘉兴环城河绿化带工程拆迁工作正在如火如荼的进行中。在这春夏之交的某一天清晨,我和好友陈茂伟(嘉兴市公安局退休干部)晨练至西丽桥东侧,在三塔路边看到一块硕大的石碑。我和老陈对石碑产生了浓厚的兴趣,初步判断石碑应该是西丽桥边拆迁旧房时出土,移至这里的。老陈首先发现碑上有龙凤图饰,兴奋地对我说:"此碑大有来头!"我仔细观察石碑,虽然因年代久远,碑体已有缺损,但碑额"嘉兴路重建水驿记"八个篆体字清晰可辨。根据"嘉兴路""水驿"等内容,我很肯定地对老陈说:"这碑应该是元代的,碑文记述的是重修水驿的事。"

当时,我是嘉兴市集邮协会常务理事、省邮协文史征集委员,为省、市邮政史拾遗补缺是我的本职工作。我敏锐地感到《嘉兴路重建水驿记》碑的发现,将填补嘉兴邮政史的一大空白。老陈凭着多年的职业经验对我说:"石碑有如此价值,放在这里不安全。第一,这是拆迁工地,工程车开来开去有可能碾压到石碑,会造成破损。第二,如有不法分子发现石碑的价值,石碑有可能失窃,应向有关部门及时反映,妥善保护石碑。"

二、曲折的保碑之路

根据老陈的建议,第二天我将碑文制成拓片。又将拓片和碑文核对后,给我的邮友王天松看(时任嘉兴市政协副秘书长、常委,九三学社嘉兴市委会副主委),希望在保护石碑这件事上能得到他的帮助。王天松带我找到嘉兴市旧城改造指挥部西丽桥区域拆迁负责人,向其说明石碑的价值,希望能妥善保护。该负责人告诉我们,本来石碑是要运到新建的会景园"碑林"里,因为碑体比较大,无法运进去,所以暂时放在那里。据这位负责人说,在旧城改造中,此类石碑很多,没什么稀罕的。

这条路走不通。我就和《嘉兴日报》编辑陈家骥合作写了一篇《沉睡百年古碑今重现》的文章,刊登在《嘉兴日报》上,呼吁有关部门重视石碑。同时,我将石碑发现经过和现状写成报告,呈送时任嘉兴市邮政局局长、嘉兴市集邮协会会长魏连益,希望他向上级有关部门反映。我又写信给浙江省邮政文史委主任俞彩峰和《浙江集邮》编辑部执编、《邮驿春秋》作者施水浪,希望他们来嘉兴鉴定石碑的历史价值,了解石碑的现状。

这期间,我拜访了原嘉兴地方志办公室主任、《嘉兴市志》主编、嘉兴文史界的老前辈史念先生,了解嘉兴古驿史和西水驿史料。史念先生给了我他在1993年10月撰写的短文《嘉禾驿西水驿》,此文正是介绍西水驿的(见附件二)。

1999年7月26日,嘉兴市邮政局办公室主任王耿践通知我,要我陪同浙江省邮政局领导和省邮政文史委俞彩峰主任一行,去石碑存放现场踏勘。经勘察,大家一致认为《嘉兴路重建水驿记》碑是一件非常珍罕的邮政通信实物,应得到妥善保护。嘉兴市邮政局领导接到省局领导指示后,立即派车将放在路边的石碑运回市邮政局内,暂时保管。

接下来发生的事,应该是促成有关部门马上在西水驿旧址修建《嘉兴路重建水驿记》碑碑亭的主因。市文保部门发现石碑不翼而飞,立即向市公安局报案,声称《嘉兴路重建水驿记》碑被盗,要求市公安局立案侦查。市邮政局知道后,马上告知市公安局、市文保部门:石碑属邮政史文物,我们接到省邮政局通知,已加以保管。文保部门即指出:所有出土文物,都应由文保部门处理。市邮政局则反问:石碑出土已多时,被丢在路边任日晒雨淋,如果被不法分子盗走怎么办?公安局同志见石碑已得到妥善保管,也放心了;对文保部门和市邮政局的说法,认为双方都有一定的道理,同时也各有不妥之处。三方商定:(1)石碑暂存在市邮政局保管,要保密。(2)不准外人参观。(3)不准拍照,不准拓片,石碑的最后存放问题,由嘉兴市政府决定。

当年10月,嘉兴市政府在西丽桥东北原西水驿旧址建碑亭,将《嘉兴路重建水驿记》碑置于亭中,供市民观赏,碑亭遂成嘉兴一景。

石碑得到妥善保护,让人们了解它的历史价值和现实意义是我的初衷。在保护石碑的过程中,我尽了自己的绵薄之力,对这个完满的结果,感到很欣慰。

三、碑的历史价值、现实意义

邮驿是传递军政公文、情报,传送军需物资、贡品及保障过往官员、军人食宿的转运站。水驿就是以船为主要交通工具的驿站。

据《嘉兴市志》记载,远在秦代(前221~206),由拳县(今嘉兴)始设槜李亭(交通站),传送官府文书。光绪二十二年(1896)清政府决定"裁驿归邮",至民国三年(1914)驿站全部撤销,邮驿制度存在长达二千余年。嘉兴所有古驿,除《浙江通志》及各府县志中略有记载外,所有遗迹都已佚毁。《嘉兴路重建水驿记》碑的出土,填补了浙江古驿站无实物的历史,为研究古代邮驿提供了宝贵的史料。

嘉兴发现《嘉兴路重建水驿记》碑,并在西水驿旧址建碑亭的经过,已载入当年《浙江邮政年鉴》大事记。

《嘉兴路重建水驿记》碑在西水驿旧址建碑亭加以保护,秉承了文物必须原址保护,尽可能减少干预的原则。石碑发现之初,省邮政文史委主任、全国邮电文物优秀征集委员俞彩峰曾先后三四次来嘉兴,她告诉我此碑在全国也是极其罕见的,并建议我把嘉兴发现《嘉兴路重建水驿记》碑的事,写信报告中国邮电博物馆,如文物被征集,我将得到物质和精神奖励。我当时毫不犹豫地回绝了。我认为石碑是记录嘉兴历史的文物,嘉兴各级领导一旦知道它的价值,一定会妥善加以保护,作为嘉兴市民,保护文物是我们的义务。

今天,《嘉兴路重建水驿记》碑之碑亭,已经成为运河申遗的有力佐证,成为弘扬运河文化的生动教材。

四、《嘉兴路重建水驿记》碑简介

《嘉兴路重建水驿记》碑,碑净高 2.2 米,宽 1.1 米,厚 0.29 米,材质为青石,重约 2 吨。碑顶上有龙凤图饰,碑的边饰为祥云。碑额为"嘉兴路重建水驿记"八个篆体字。碑文 770 字,分 22 行,每行 36 字。碑文大意为:

长江以南,从镇江到杭州 700 里,有水驿 14 座,嘉禾水驿是其中之一。水驿在城西,鸳鸯湖北,后接平望驿、前连皂林驿。西水驿馆虽每年修葺之,但原有设施,已不能满足现有需要。至元五年(1339)四月,嘉禾郡守丁嘉议到水驿察看后,和幕僚商议,写文书给海盐州,得州十二个有钱人的捐款。按郡守意旨,即招工匠。由路史董之负责,拆除旧房重建。当年六月开工,不到一个月建成新水驿,建成后的新水驿立东、西两厅,两庭园,设施齐全,接待能力提升,得到各路官员的一致好评。入嘉禾看到这么好的水驿,就能知道郡守的政绩,从政绩可以看到郡守的为人。全国有驿站数百,好多已荒废。能大兴土木的寥寥无几,只有浔阳郡守、郁孤郡守、姑苏郡守。今在我们这里,继三位郡守后又有丁嘉议公。故我乐意为他撰文为之记(原文为"记之")。让后人看到他的政绩,佩服他的能力,以他为榜样。

第二年(1340)春二月十五日,将仕郎、建德路总管府知事俞镇撰写碑文。

江浙行中书省参知政事吴秉道书写碑文。

江浙行中书省平章政事马合谋用篆体题写碑额。

嘉兴路海盐州判官金佰宁负责立碑。

附件一:《嘉兴路重建水驿记》碑碑额

附件二:史念先生所撰《嘉禾驿西水驿》文

嘉禾驿西水驿

嘉兴郡城在唐贞观二十三年(694)建有安远驿(禾兴馆前身),宋代为嘉禾驿,属马驿,其址在府城西门西丽坊(今西丽桥附近),有驿马90匹,马户830名,船80只,船夫(户)760名。明初称西水驿,设驿丞,建筑有厅堂廨舍,有站船29只,红船58只,水夫740名,防夫40名,馆夫36名。万历时嘉禾递运所并入。清康熙时建仪门、厅堂、轩室、夫房,规模更宏敞。太平天国后复建,有座船12只,水手61名,站马10匹,马夫5名,陆夫144名,纤夫429名。清末撤销,辛亥革命后毁废。

该驿历史上接待过无数过往官员,明代曾有朝鲜使臣崔溥停息于此,题诗句:"今日又过嘉兴府,人自繁华竹自苞"。嘉兴西门外古代为水陆交通枢纽,至清末时犹见报载嘉兴府官员日常在该地排班鸣炮,接送官员。

嘉 兴 史 念
1993年10月

附件三:元代江南运河水驿站示意图

附件四:1999 年 10 月建成的《嘉兴路重建水驿记》碑之碑亭

苏嘉铁路与"王江泾站"碑

怀国华

一、苏嘉铁路

1932年"一·二八"淞沪抗战后,国民政府与日本签订了《淞沪停战协定》。出于国防备战需要,国民政府于1935年2月开工修建苏州至嘉兴段铁路,并于1936年7月15日建成通车。当时称"京沪铁路苏嘉支线",通称"苏嘉铁路"。苏嘉线起自苏州,沿运河南下,经相门、吴江、八坼、平望、盛泽、王江泾六站,至嘉兴,全长74.44公里。苏嘉线通车后,江浙两地的铁路交通得以避开繁忙的上海,路程也缩短了110公里,大大促进了沿线经济的发展,军事价值也日益显现。

就在苏嘉铁路建成后不足400天,"八一三"烽火燃起,苏嘉线立即投入到繁忙的军运中,为保卫大上海输送兵员和军需物资,顿时显示出巨大的威力。1937年8月15日起至11月中旬,日军对苏嘉线及沿线城镇狂轰滥炸。但在铁路员工和沿线军民的努力下,破坏了的设施被及时修复,保证了军车的顺利通行。

可惜,更深重的苦难迫使这条江浙人民寄予厚望的铁路不得不以日军入侵的悲剧而告终。1937年11月5日,日军在金山卫登陆,从侧面包抄国民党军。国民党军失利,日军得以长驱直入。11日,盛泽被占领,苏嘉线被切断,平望、王江泾、吴江也相继失陷。19日,嘉兴、苏州沦陷。沦陷后,苏嘉铁路被日军霸占,于1939年4月恢复通车。从站长到售票员几乎清一色日本人包办,中国人只能充当搬运货物的苦役。日军不仅在沿线疯狂"清乡""扫荡",而且还在沿线设检问所、拉电网,强迫百姓夜间看守铁路。日军的侵略和蹂躏激起了群众的强烈反抗,沿线游击队经常在群众的帮助下,通过拆铁轨、毁桥梁、炸火车、袭车站进行袭扰,使日军不得安宁。

由于太平洋战争爆发后,国内钢铁等物资极度匮乏,日寇便在沦陷区大肆搜刮钢铁,掠夺资源。1944年3月起,日寇悍然拆除苏嘉线铁路、桥梁,至1945年1月拆除完毕。至此,这条通车不到八年的铁路桥断路塌,灰飞烟灭。

如今,随着时间的流逝,苏嘉铁路遗留在人们视野中的痕迹越来越少,只有穿越运河残留的桥墩还依稀可见,铁路王江泾站的侯车室和旁边的碉堡勉强存在。苏嘉铁路也许将永远从江南大地上消失,但它作为一页历史,所铭记的日军的侵华暴行给中国人民带来的深重苦难,将永远烙印在人们的心中。

二、"王江泾站"碑

关于苏嘉铁路"王江泾站"碑的发现,还得从太湖流域北排水利工程说起。

2002年下半年,立秋刚过,秋风送爽,太湖流域北排水利工程正在紧张的施工中。工程的实施地块为王江泾的铁店港河段。按照要求,施工队伍对整个铁店港河段进行疏浚、拓宽,并在两岸修筑护岸及堤防。

那时我与北排工程指挥部的同志在铁店港北岸现场踏看,在一座排灌机埠边发现一块刻有"王江泾站"的花岗岩石碑。仔细一看,石碑上的字系楷书阳刻而成,十分秀美端庄。碑长214厘米,宽56厘米,厚22厘米。当时此石碑被用作机埠出水口的过道走路之用。随即我们问了当地村民,才知道是苏嘉铁路王江泾站的站碑。

  弄清了这块碑的身份后,我想,这块沉睡了半个多世纪的站碑是苏嘉铁路的重要标志和历史见证,如果损毁或遗失了将非常可惜,我们有责任把它切实保护起来。我就立即和施工单位——新昌水建公司的潘经理联系,请他代为装运和存放,务必保存好这块站碑。潘经理也很爽快,马上叫来七八个壮汉和一辆运输车,花了很大的力气才把它运走。

  如今掐指算来,"王江泾站"碑的发现已经过了足足十个年头。在这十年中,知道此碑下落的人寥寥无几。前段时间,我因为要给站碑拍照而再次见到它,亲切感和沧桑感油然而生。我想,这块历尽沧桑的"王江泾站"碑,理应引起相关部门和有识之士的重视,获得一个比较恰当的安身之处,让它能与更多的群众见面,更好地发挥出它的历史价值和文化价值:让人们永远牢记这段历史。

1952～1955 年
嘉兴民政、城建若干历史资料

吴思伟

从 1949～1958 年市县合并,有关嘉兴民政、城市建设方面的一些历史资料可能因机构变迁和人事变动而缺失,为了不被湮没,我把 1952～1955 年期间从事过的这方面工作记录下来,聊供参考。

一、接管天主教仁爱堂、圣心医院

抗美援朝战争爆发后,以美国为首的西方列强,对我国在海外的资产和设施采取强行冻结或没收的蛮横措施。我国政府对此采取相应对策,解散其在华机构,没收其资产,驱逐其违法人员。当时嘉兴具有代表性的有美国的基督教堂及其附属的福音医院(市第二医院的前身)、法国的天主教堂及其附属的仁爱堂(民间称嬷嬷堂,位于拔贡弄)和圣心医院,以及天主教神学院文生修道院,内有法、意、奥等国的进修教士。我们的重点放在仁爱堂这所以收养弃婴孤儿为掩护的伪慈善机构。市委、市府决定由民政科为主,组成工作组进驻该院,科长王文烈派我负责。仁爱堂的负责人是法籍修女(俗称"嬷嬷")白曼丽。该仁爱堂内设育婴、生产教养等部门,前者收养弃婴,后者组织幼、少年孤儿开展教育、生产劳动,各部门分别由中国籍修女负责。我们进驻后,修女们与我们接触时不肯吐露心声,往往一问三不知,当问及土改、抗美援朝战争等时事,都说不知道。她们从来不看报,也无报纸可看,几乎与外界隔绝；收养的孤儿们则回避我们，即使找他们谈话也不发一言，往往扭头就离开。

负责育婴部的修女朱仲言见我们去的次数多了，有点熟悉了，一次偶然吐露一句："我哥哥和你们是一样的。"经询问得知她是上海浦东人，哥哥在银行工作。她也只二十多岁，问及什么人可当修女，她说必须三代信奉天主教的人才有资格当修女。自此开始她很配合我们的工作。我们得知包括孤儿等所有人不肯与我们接触是"院主"布置的，说我们是"魔鬼"，接近了会"着魔"的！修女们每个周六的下午必须聚集在一起，一边做针线活，一边"谈心"，每人都要坦诚谈一周来的所想、所说、所做，错了，则向上帝忏悔。

当年根据仁爱堂的虐婴罪行，召开大会，由市长沈如淙亲自主持，当场宣布接管仁爱堂，拘捕法籍修女白曼丽，同时接管圣心医院。仁爱堂与市救济院合并改组为生产教养院，任命原育婴部修女朱仲言为院长；圣心医院则与市卫生院合并，在原址建市医院（现市第一医院的前身，后由周学章任院长）。

拘捕白曼丽时，这位50岁左右的妇女力大无比，奋力反抗，后由两名公安战士强制扭到人力车上拉到设在楞严寺的市公安局内（市政府设在其南面的城隍庙内）。当时在文生修道院进修的神甫们跟随至公安局门口集体静坐抗议。后白曼丽被驱逐出境，在文生修道院进修的德、法、意、奥等国的神甫同年也纷纷到民政科登记回国。

二、1953年开始修复
南湖烟雨楼与小南湖（小瀛洲）

1937年嘉兴沦陷时，南湖湖心岛被日寇侵占为疗养地，禁止华人登临。宝梅亭等改装成日式卧室。日寇投降撤离后，按历史沿习，依旧由一吴姓人家居住并负责场地清洁卫生和房屋的清理，并以经营供游人饮用的茶水酒饭维持一家生计。

经过战乱变迁,湖心岛所有建筑物,特别是烟雨楼几乎只剩空壳,连门窗都残缺不全。市委、市府决定从1953年开始,由建设科负责对湖心岛和小南湖进行修复。科里一位工程师王立尧负责门窗等设计。烟雨楼上下围廊的靠栏式样,依照书画中古代亭台楼阁中围廊靠栏设计,聘用有施工经验的个体建筑业主倪桂华指挥具体施工。除门窗等由专业木工制作外,一般普工则由市政工程担任。烟雨楼的各套家具,包括所有各小间的家具,除从本地寄卖商行、旧货店淘购外,我们还趁出差之便在上海、杭州、苏州等地淘购。当时适逢"三反""五反"运动,许多工商业主为筹措退赔款项,或一些大户人家为了减少别人的注目或为生活所迫,把各种名贵材质的古家具,有零星的、也有整樘的,在寄卖商行或旧货市场出售,所以很容易淘购到,而且价格低廉,最名贵的整樘红木家具只要150元左右。比较陈旧或破损残缺的家具,请建国路泗湘池浴室边上一家红木作坊进行整修刷漆翻新。现在烟雨楼底层三开间大厅的三樘整套的红木、楠木、榉木的家具,大楼和各小间的桌、椅、凳子都是那时淘购来的。

其时浙江美院一位老师来联系,计划绘一幅"一大"代表开会时的画,并介绍与会的13位代表,其中包括后来成为大汉奸的陈公博、周佛海。商讨决定,这几个人在画中只绘其背影。当时还不清楚会议是在一艘画舫上举行的,所以只能绘代表们在河埠上渡船的画面,后因考虑不成熟改塑毛泽东的一尊半身石膏像,布置在大楼的正中央。后来才知道会议是在一艘画舫中举行的,但不清楚画舫的式样。在一次随意谈话中,经管烟雨楼的吴姓人介绍,抗战前南湖中有几艘从无锡来的画舫,有单夹弄、双夹弄两种,船家可供游客整桌酒席,单夹弄船舱内可摆一桌酒,双夹弄则可摆两桌。

对小南湖的修复,重点是仓颉祠,其次是绿化和园林布置,放置假山,建亭子。仓颉祠年久失修,摇摇欲坠,且常年为流浪汉占作栖居场所,脏乱不堪,环廊四周支撑的木柱朽蚀变细,看上去有点难以支撑。按照倪桂华的建议,先用砌矮墩的方法固定支撑的木柱,再用木板围钉柱子,使其变粗大些,从外形上给人以稳固支撑的感觉,这是寺庙大殿加粗柱子的方法,只不过寺庙加粗成圆柱,我们限于经费和人力,只能用木板加粗成方形。这就是现在小南湖仓颉祠四周支撑的柱子呈方形的原因。

小南湖的假山原孤立地存在于大年堂前某大户人家已荒废的花园中。由搬运公司用土法——"神仙葫芦"吊运到小南湖。雪松是从硖石购买的。为使仓颉祠前的池水变成活水,在池的两侧埋设水泥瓦筒,左与河右与湖相通。这样的布局王立尧工程师笑说把小南湖设计成一艘帆船,前面的雪松是桅杆,后面的仓颉祠则成为船的驾驶舱了。

三、制订城市建设二十年远景规划——把嘉兴建成"东方威尼斯"

1954 年,同济大学城市规划专业来联系,选择嘉兴作为 54 届学生毕业设计实习地。经市领导同意,决定由建设科具体接待,借此时机制订嘉兴的城市建设远景规划。

同济的十几名学生在指导老师金经昌教授带领下进行调研设计,看到市区河道纵横,每条街道房屋都临河而建,靠河都建有河埠,真有"小桥流水人家"的味道。市区各条河均与环城河相连,沿环城河四周则有海盐塘、平湖塘、长纤塘、苏州塘、新塍塘、三塔塘等与周边城镇(海盐、平湖、桐乡、苏州、湖州、杭州等县市)相通。以市河为中心,形成蛛网式辐射水系,使水流畅通,四季绿水盈盈,旱不干枯、汛无内涝。市内有的街道边还古木参天,尤其是在几座古刹的前后及大殿前,树成荫,飞鸟成群翱翔,大树成了候鸟栖居处,在蓝天白云下,成为点缀城市的一道风景线。南湖、西南湖(并称鸳鸯湖,很遗憾当年被沪杭铁路分割成不相通的两湖。)中有烟雨楼、放鹤洲。河、湖、古刹、古树、飞鸟,幽静怡养人性。这种情景,师生们感慨称羡,建议把嘉兴建成"东方威尼斯",作为城市建设的远景规划,我们赞同这一设想。

具体设计规划:

(1)把沪杭铁路七星至马桥段约20公里南移。车站建在南堰外,把南湖、西南湖、烟雨楼、放鹤洲连成整体与市区连在一起。为此,我们以正式文件打报告给铁道部,获复文同意。因考虑国家即将实施"一五"建设,财政较紧,今后适当时候办理。

(2)整修疏浚市区河道。把建国路与人民路合为一条跨河的街道,拆除两边沿河的房屋,每隔一定距离建一座桥梁把两边连为一体,形成真正的"小桥流水人家"。

1954年召开市首届人民代表大会时,有代表提案,填没部分市河以拓宽街道。我们答复是非但不能填,还要疏浚,并对坍损的石帮岸由市政工程队重砌整修。因为这些市河对城市有如下作用:一是排水防止市区积水。当时的排水主要是雨水和居民生活用水。粪便每家都用马桶,每天早晨由环卫工人一家一户上门倒入粪车并代为初步涮洗。此时的粪便是个宝,农户们向环卫处排队购买,用船装运回去,处理后作为有机肥施到农田,不会排入河中。二是交通运输作用。农民们常把农产品用小船装载进城沿河叫卖,居民们还通过市河搭载小船出行。三是能调节城市的气候。夏天能降温,冬季对干燥空气能起湿润作用。此外整修具有水乡特色的沿河水廊下,南有东、西米棚下,北有猪廊下、朝北廊下。

(3)子城南环城河(铁路南移后)与南湖连成一片后,建一船埠,以备各种游船停靠。

(4)整修周边河道。如三塔塘、新塍塘、苏州塘、长纤塘、平湖塘、海盐塘等,拓展水上交通运输,同时保持市区河道的水成为活水,形成真正水乡城市"东方的威尼斯"。市区划分商业、学校、工业、居住等区。商业区以北丽桥为中心,包括北侧的北京路(今嘉禾北京城)、坛弄、中街(当时中基路以蒲鞋弄为界,东段称中街,西段叫殿基湾)、南侧的建国路。此外有南门丝行街,东门宣公路。学校区设在城市的西边环城西路以内,1954年新建三中(在府忠埭)、卫校(建在勤俭路的西端)。工业区考虑季风的影响,设在城市的东北边,从东栅至塘汇一片。

1954年,新建的冶金厂、化肥厂就放在东栅。当时民丰是老厂,难以迁移,其东边则有东塔(塔呈方形,这种塔式是宋代建筑)与东塔寺残垣,还有汉代朱买臣的古墓(京剧《马前泼水》等好几折戏中描写他的故事),这些古迹,准备有条件时逐渐加以修复。

非常遗憾,这"二十年城市建设远景规划"公布不久,因1958年县市合并,人事变动,成为"空中楼阁"无疾而终。此后为了备战实施"深挖洞,广积粮",市区一些河道被建成防空洞,一些宽阔的湖如天星湖、项家漾都被填没。许多河道填没后筑路,如禾兴路、中山路、斜西街、紫阳街都筑在河道上面……如此变迁,使水乡城市彻底湮没得无踪影了!

(作者系嘉兴广播电视大学副教授,已退休)

1953年东栅工商摊贩名册

薛家煜

几年前,我收藏了1953年编制的《嘉兴县塘汇区东栅镇工商业联合会筹备会会员名册》。从这份名册中,可一窥社会主义工商业改造和合作化时期,禾城一个水乡小镇的商业面貌和居民从业状况。

名册所涉的从业门类之广,从业人员之多,不胜枚举。其中光饭店糕团小吃的店摊就有34家,有名有号的茶馆7家。众多商号中,不少老字号是继承嘉兴解放前的。当年东栅镇街长才750余米,民房门牌编号不到300号,除一些店铺尚未参加"工商筹"外,名册中的121家商店临街而设,还有74个摊贩或当门设摊,或穿行街道。如此330多人从工从商的场面,展示了东栅百姓安居乐业的一个缩影。

东栅,自古为嘉兴郡城之哨口。四通八达的河流,促成了商贸的发展。民国《嘉兴新志》记东栅镇"有商店、作坊、栈行等97家"。1953年,东栅镇的商贩们所烘托的市肆,更似一幅《清明上河图》的现实版。

而今,时过境迁。"东栅工商联(筹)"中的商号早已销声匿迹,但它们记录了一个时代的商业特征,是嘉兴变迁的一个记号。重阅这本名册,可让我们回首嘉兴,回首东栅半个多世纪前的经济状态。

名册内容如下:

工艺制造业(30 户 86 人)

业别	户号	业主	人员	业别	户号	业主	人员
铁业	大有铁工场	杨顺才	27	弹花	德 记	倪锦云	1
铜店	吴宝兴	吴忠宝	1	弹花	唐正兴	唐田根	1
园作	胡福兴	胡沈荣	3	弹花	王静珍	王静珍	2
园作	永 昌	詹永昌	1	皮坊	华 记	曹庭华	1
园作	张鸿喜	张鸿喜	1	布伞	震 隆	曹利章	3
方作	森 昌	屠永祥	4	棕绳	肖恒盛	肖昌其	3
方作	泰 昌	蔡维钧	1	砖灰	义 昌	高玉书	2
方作	德 昌	高德奎	2	水作	杜惠卿	杜惠卿	2
方作	福 兴	罗阿毛	1	水作	戚立兴	蒋惠根	2
竹器	马云记	马其云	1	水作	高兴源	高宝钧	3
竹器	曹福喜	曹福喜	1	水作	张和森	张惠明	4
竹器	森 大	朱福山	4	水作	周同和	周庭土	3
竹器	曾国良	曾国良	1	船厂	洽 丰	吴阿顺	3
毛竹	德 大	左贵德	3	船厂	吴有记	吴有顺	2
印刷	民 生	潘怀和	1	车行	三 一	董顺康	2

烟什百货业(35 户 65 人)

业别	户号	业主	人员	业别	户号	业主	人员
烟什	公 大	顾钧德	1	烟什	奚荣记	奚荣甫	1
烟什	源 兴	莫少乔	1	烟什	龚娟如	龚娟如	1
烟什	高振观	高振观	1	烟什	王志记	王志荣	1
烟什	杜高如	杜高如	1	烟什	王文琛	王文琛	2

续表

业别	户号	业主	人员	业别	户号	业主	人员
烟什	戴文记	戴文斌	1	缝纫	姚雅英	姚雅英	1
烟什	王士贤	王继章	2	缝纫	曹慧玉	曹慧玉	1
烟什	蔡亦鹏	蔡亦鹏	1	缝纫	王逸仙	王逸仙	1
杂货	泰盛顺	龚振坤	1	缝纫	胡雪云	胡雪云	1
杂货	泰盛荣	龚振荣	1	缝纫	吴文华	吴文华	1
杂货	兴顺协	蒋文奎	3	缝纫	王佐槐	王佐槐	1
杂货	永泰祥	张永祥	2	缝纫	王伯林	王伯林	1
杂货	义 丰	沈松年	2	缝纫	倪凤鸣	倪凤鸣	1
杂货	薛传记	薛传经	1	缝纫	沈凤鸣	沈凤鸣	1
国药	泰 康	张凤岐	2	染坊	王元大	陈荷花	2
国药	同德生	王少英	4	理发	联合理发店	李三宝	15
国药	久 康	汪程湛	3	旧料	毛庆记	毛 大	2
缝纫	嘉 昶	龚仲良	2	旧料	姚德记	姚金龙	2
缝纫	钱瑞琪	钱瑞琪	1				

酱酒饮食业(32户60人)

业别	户号	业主	人员	业别	户号	业主	人员
酱酒	豫生恒	朱祥林	2	面饭	复 兴	盛锦文	2
酱酒	老聚丰	孙新泉	2	面饭	义 和	陈宗全	2
酱酒	嘉昌忠	潘忠豪	1	面饭	昌 兴	王欣水	2
酱酒	恒泰升	金振东	1	切面	新涌兴	夏金根	2
酱酒	祝国祥	祝国祥	1	切面	夏源茂	夏金寿	3

续表

业别	户号	业主	人员	业别	户号	业主	人员
切面	殷永盛	殷仁寿	3	茶馆	惠 芳	杜永坤	2
切面	葛万源	葛敖坤	2	茶馆	同乐居	任永梅	1
糕团	永兴隆	周春林	2	茶馆	嘉平园	高金观	1
糕团	王志元	王志元	2	茶馆	畅 乐	陈阿大	1
糕团	王阿二	王阿二	2	茶馆	雅 聚	陈宗泉	2
饭糍	张锦山	张锦山	1	茶馆	复聚顺	王荣观	2
牛场	合 记	唐良玉	5	茶馆	三 友	宋云宝	2
猪羊	同 昌	田兆丰	2	茶叶	方乾大	方祥枝	1
酱鸭	吕美仁	吕宝松	2	茶叶	姚森大	姚有根	2
鲜肉	蔡昌其	蔡昌其	1	粮食	第一代销店	江根源	2
鲜肉	朱宝其	朱宝其	1	粮食	第二代销店	金庭昌	4

南北干鲜业(24户45人)

业别	户号	业主	人员	业别	户号	业主	人员
南货	元 泰	许顺林	3	腌腊	徐大记	徐关泉	1
南货	义顺茂	曹茂源	1	腌腊	协 兴	沈文斌	2
南货	生 大	梁记石	1	茶食	乾 源	杜锡生	2
南货	同源昌	吴福荣	7	鱼鲜	东联复	高介民	3
南货	振盛兴	李瑞荣	2	水果	高振兴	吴五宝	1
南货	徐锦记	徐锦涛	2	水果	王德兴	王世麟	1
腌腊	王永顺	王晋卿	1	水果	张桂记	张桂玉	2
腌腊	梁大成	梁必正	2	水果	唐志涛	唐志涛	1

319

续表

业别	户号	业主	人员	业别	户号	业主	人员
炒货	王 荣	王欣木	1	神香	高顺馨	高顺宝	2
炒货	孙源记	孙其昌	1	神香	王同昌	王阿水	3
炒货	高恒盛	高仰之	1	神香	日新昌	金静候	2
炒货	高丽娟	高丽娟	1	糖坊	金甡茂	吴三宝	2

摊贩业(74户74人)

业别	业　　主	人员	业别	业　　主	人员
烟什	朱祥庭	1	水果	沈应生(地货)	1
烟什	薛传绅	1	水果	施金秀	1
烟什	蒋杏珍	1	水果	王贵宝	1
烟什	洪旭初	1	水果	张张氏	1
烟什	边波琴	1	水果	谢洪义	1
烟什	陈贵宝	1	水果	魏得法	1
烟什	金洪庆	1	水果	王寿福(咸菜)	1
烟什	姚景明	1	水果	王瑞荣	1
烟什	杨金英	1	茶叶	王世麟	1
烟什	许祥珠	1	茶叶	陆松贤	1
烟什	沈培英	1	蛋	张叔盘	1
烟什	孙海文	1	蛋	俞凤英	1
烟什	张祖耀	1	西药	孙炳炎	1
烟什	俞宝华	1	理发	谢玉堂	1
烟什	邹耀敏	1	棕绳	张福生	1

续表

业别	业主	人员	业别	业主	人员
洋铅	魏文宝	1	小吃	王秀英	1
纸扎	濮勤敖	1	小吃	许利文(粽子)	1
漆匠	姚宝贤	1	小吃	倪阿毛	1
鞋匠	宋云龙	1	糕团	王有宝	1
鞋匠	徐长庆	1	糕团	沈大宝	1
鞋匠	王德意	1	糕团	盛阿四	1
鞋匠	程关林	1	糕团	周莲文	1
小吃	王秀娟	1	糕团	丁志宝	1
小吃	王大宝(粉丝)	1	百货	朱余江	1
小吃	郑毛氏(臭豆腐干)	1	毛巾	顾子良	1
小吃	刘春荣(鸡蛋糕)	1	毛巾	郁金生	1
小吃	朱秀宝	1	伞店	罗杏全	1
小吃	成阿和	1	贩牛	张才土	1
小吃	沈克昌(馄饨担)	1	贩牛	丁满春	1
小吃	王吴氏(臭豆腐干)	1	贩牛	杨永绶	1
小吃	胡顺根(熟食)	1	贩牛	王水林	1
小吃	蒋永春(牛肉)	1	贩牛	樊金寿	1
小吃	吴希贤(豆浆)	1	竹器	李嘉泰	1
小吃	张阿三(酒酿担)	1	竹器	胡福观	1
小吃	盛影徽	1	芦席	沈美宝	1
小吃	刘佩英	1	元宝	朱兰宝	1
小吃	陈志章(豆浆粽子)	1	元宝	汤祥林	1

嘉兴老城区地名消失(演变)知多少

徐元观

嘉兴老城区的地名丰富多彩,有以水利设施命名,也有以植物花卉为名,或以方位、吉祥语、景点命名等,具有江南水乡特色。有的老地名使用时间很长,历数百年不变,大多地名不仅有故事,而且这些故事代代口授,流传至今。今有时散步于大街小巷之间,见城市增高变美不禁心喜。但也见若干年来,由于旧城改造,道路拓宽,不少小街小巷消失,随着这些小街小巷的消失,地名也随之消失:有的被拦腰截断剩下半截,地名虽存,但成为半消失状态;有的几条路相接,以其中的一段路名统一全路名称,其他路段的原名消失。老城区到底有多少街巷及其名称已消失或半消失?因无资料难以知道。有时外出留意观察,但因地形地貌改变,或新建筑拔地而起,原有街巷有些已难以指认。今据观察所得列出部分消失、半消失(演变)街巷的地名,把自己看到的这些街巷的现状作一简单介绍,使这些消失、半消失(演变)的街巷地名能够留存下来,为感兴趣的同志提供了解城市地名历史及沿革的参考。文中所列内容难免错误,请指正。

环城路内:

东门大街:西端因建康达公寓等而消失,仅剩东端路口数十米一段。

南门大街:已拓宽改建为禾兴南路。

西门大街:两端消失,仅剩斜西街以北的一段。南段改称天官坊路,北段已建住宅。

荐桥河东、荐桥河西:已消失。填塞荐桥河筑防空洞时,和荐桥河东、荐桥河西合并建成秀州路。

桠髻弄:原在荐桥河东(今秀州路),已开发房地产欣盛公寓,弄已消失。

大年堂后:已改名为府东街。

洲东湾:已为嘉兴商城。

市心弄:原是斜西街至中山路的一条小路,现已拓宽改建为禾兴南路。

南帮岸:沈钧儒故居前至实验初中原有河(名范蠡浜),河北岸名南门帮岸(南帮岸),现已填河拓宽为环城南路。

斜东街:原是紫阳街至府南街的小路,已拓宽为斜西街的东段。

西仓弄:原在建国路北端西侧,开发华庭街已消失。

火德庙直街:已消失。现为电力大楼和原中山路小学间的无名通道。

火德庙横街:已消失。现融入中山路。

朝南埭:原是河东街至南大营的一条小路,现为南杨路之东段。

广平桥直街:已消失。现为中山影城和戴梦得广场西侧边沿部分。

干河滩:与县南街相接,统名县南街。

报忠埭:已拓宽为斜西街。

酱园埭:今禾兴路至砖桥街一段,现改名为杨柳湾路。

弓箭弄:现和副总埭合并改名为府忠埭。

郑家埭:开发为开盛小商品批发市场西区。

丁家桥河下:填河筑路后改名丁家桥路。

财神弄:已消失。原在玄妙观西侧,现为新马路停车场。

馆弄:已消失。现融入嘉兴商城。

自由弄:原名贤娟弄,已消失。原址在中山路南建国路东的中国银行址东侧。

砖桥弄:原指斜西街至府忠埭一段,现与砖桥街统名。

当弄(北门):融入杨柳弄,已消失。

拔贡弄:在原市一院和电力大楼之间,东接紫阳街西通禾兴路,已为建筑物所占,消失。

采弄:已与砖桥街相接,统名砖桥街。

楞严寺街:原在楞严寺山门前(后在南湖区公安局南侧),已为建筑物所占,消失。

天宁寺街:东段开发为华庭街,仅存西段。

天后宫弄:扩建为嘉兴第二医院新大楼,已消失。

塔弄:东段开发为华庭街,仅存西段。

禅杖弄:原址在今建国路建业公寓一带,开发房地产,已消失。

虎弄:开发为华庭街,已消失。原址在今建国路北段西侧。

古栈弄:原址在塔弄内北侧自来水厂南,开发华庭街时消失。

宣寿里:在县南街西侧,开发为建南公寓,已消失。

百福弄:现存北段,南段已为市电信局。

樊公弄:开发房地产,原址已建开盛小商品批发市场西区。

杨柳湾:和其他路段合称杨柳湾路。

醋弄:原址已建开盛小商品批发市场西区。

风车弄:拓宽建国路后在现建国路633弄附近。

模范新村及模范新村一弄、二弄、三弄:开发房地产望湖公寓时消失。

人民路:和建国路合并拓宽后统名建国路。

建设弄:和勤俭路南侧的新辟路段合称彩虹路。

环城路外:

濠股路:已建环城南路环城河外侧绿化带。

车站路:西侧建立交桥后不能通行。

高升弄:已建环城东路环城河内侧绿化带。

狮子汇:已建环城东路环城河内侧绿化带。

打铁弄:已建环城河内侧绿化带。

高家湾:已建"春园"。

中山桥河下及沿河里弄:已建环城东路环城河内侧绿化带。

嘉禾桥河下及沿河里弄:已建环城东路环城河内侧绿化带。

南堰街:已建环湖绿化带。

南堰弄:已建环湖绿化带。

南堰一弄:已建环湖绿化带。

丝行街:填塞通济河后已拓宽改建为禾兴南路。

澄海路:填塞通济河后已拓宽改建为禾兴南路。

东米棚下:填塞通济河后已拓宽改建为禾兴南路。

西米棚下:填塞通济河后已拓宽改建为禾兴南路。

后马路:已拓宽改建为禾兴南路。

日晖桥(街):东部已拓宽改建为禾兴南路,西部已开发梅湾古街(西区)"韩国临时政府要员住址"前广场。

南当弄:已开发梅湾古街。

南湖滩:原为西南湖北岸沿湖一带,已开发梅湾古街(西区)。

梓橦阁:已开发梅湾古街(东区南侧)。

水廊下:已开发梅湾古街(东区北侧)。

船厂头:已开发为南湖景区苗圃。

北横街:已开发为南湖景区,在揽秀园北。

中基路:东部已开发为月河历史街区,西部尚有一段待开发。

北京路:已开发为商城嘉禾北京城而消失,在商城北部住宅区另行命名北京路。

便民街:已开发为月河历史街区的商业街道,并恢复原名蒲鞋弄。

栅堰北弄:开发房地产半岛公寓,已消失。

栅堰桥河下:开发房地产半岛公寓,已消失。

育才弄:开发房地产清风阁,已消失。

金针弄：开发房地产月河公寓，已消失。
居仁里：开发房地产清风阁，已消失。
祥润弄：因开发嘉禾北京城而消失，
洗帚汇：开发房地产清风阁，已消失。
缸甏汇：原在秀城桥北堍东侧，已建环城北路望吴门广场及绿化带而消失。
缸甏汇弄：已建环城北路望吴门广场及绿化带而消失。
风箱汇：原在北丽桥南堍北门市河东岸，已建环城北路望吴门广场及绿化带。
平桥湾：原在风箱汇东，已建环城北路望吴门广场及绿化带而消失。
荷花堤及荷花堤北街、南街：原在荷花堤，已建环城北路绿化带和荷花堤菜场而消失。
泥水弄、南北弄、劳动弄、向阳弄、殷家弄、胭脂弄：原在荷花堤，已建环城北路绿化带和荷花堤菜场而消失。
鱼行街及鱼行街数弄：秀州路跨环城河和鱼行街相接，鱼行街经拓宽后改名秀州北路。其他里弄消失。
钮家滩：自钮家桥西向双魁巷东南的沿钮桥河边的小路，现为绿化带。
香橼浜：开发房地产香橼别墅，香橼浜消失。
柴场湾：原是指解放桥至秀城桥（现至秀州路）的一段路为柴场湾，现统名为解放路。
南水弄、北水弄、春波桥弄及解放路沿环城河的里弄：已建成解放路沿环城河绿化带。
春波桥河下：填塞虹桥港支流（也名春波桥河），拓宽春波桥河下成路，以新建的嘉禾桥和勤俭路相连接，统名勤俭路。
窑弄：在解放路长水新河东侧，现开发房地产秀水人家。
青龙街：在解放路长水新河东侧，已开发房地产秀水人家。

史料研究

民国以前基督教在嘉兴的传播

庄新桥

基督教(Christianity)[①],产生于公元1世纪的罗马帝国犹太省(今以色列、巴勒斯坦地区),其后流传到中东、北非,进而地中海沿岸,再而欧洲乃至整个亚非拉,是当今三大世界性宗教之一。在其两千年的演进过程中,逐步形成了天主教(Catholicism)、东正教(Eastern Orthodox Church)和新教(Protestantism)等三大独立的教派。基督教在中国的传播,大致经历了唐元的景教、元朝的天主教方济各会、明末的天主教耶稣会以及清中晚期的新教等四次浪潮,尤其是近代以来,以坚船利炮为后盾的西方传教士,凭借宗教虔诚,克服重重障碍,到远东传播福音,客观上也为中国带来了科学、医学和各项先进技术。这或许是略带沉重和纠结的故事,但确实深刻地影响到了我们现在的世界。

自宋室南渡,江南一隅经济繁荣、人文鼎盛,又借大航海时代的交通优势,是天主教和新教苦心经营和卓有成效的传播地区之一。嘉兴作为江南地区的重要城市,也是中西文化交流甚早的地区,留下了丰富的历史遗产,是这座城市的珍贵记忆。遗存到现在的天主教文生修道院和圣母显灵圣牌堂已是省级文保单位、京杭大运河"申遗"的重要遗产点;天主教会创办的圣心医院(今嘉兴第一医院)、明德女中(今嘉兴三中)和新教教会创办的秀州中学、福音医院(今嘉兴第二医院),以及与新教颇有渊源的私立三一医院(今嘉兴妇幼保健院)等文教医疗事业虽迭经变迁而依然造福禾城百姓。因此,我们有必要追根溯源,梳理嘉兴近代化过程中这一绕不开的历史脉络。

然而,以中外交流视角下,基督教在嘉兴的传播过程和重要史实缺失尚多,研究还处于起步阶段。原因固然很多,重要的是由于历史的原因,中文档案损毁很多,而外文档案又囿于语言的隔阂和散藏于国外大学和图书馆的限制,收集起来颇为不易。近年来,由于机缘巧合,笔者在浙江大学沈弘教授、复旦大学章可博士等师友的帮助下,陆续收集到一批20世纪初来华传教士的著作文本和散藏于美国的原始档案资料,并参考相关领域的研究成果,整理了1912年以前天主教和新教在嘉兴地区传播的史实(民国以后的资料更为庞杂,尚未有时间及精力整理),为探讨既有志书的讹误和缺失,亦为新修志书和文史研究作抛砖引玉。

一

景教,即基督教聂斯脱里派,可能早在6世纪初便传入北魏洛阳。②有史可证的,则是《大秦景教流行中国碑》(781)所载,唐贞观九年(635),"大秦国大德阿罗本远将经像,来献上京",获唐太宗李世民接见,并兴建景教寺;高宗时,"下诏于诸州建景寺"。③该碑的书写者是"朝议郎前行台州司士参军吕秀岩",或是在浙江任职的景教徒,由此景教或已传入浙江。至唐武宗"会昌法难"(845年),景教受到波及,逐渐式微沉寂。④入元朝,大量色目人来到中国,蒙古的可烈、汪古、乃蛮等部也信奉景教,随着蒙古人的攻城夺寨,景教流传到大江南北。在江南,景教尤其兴盛于扬州、镇江一带,并在浙江省的杭州和温州建有教寺。

元朝时,基督教被统称为"也里可温",既包括景教也包括天主教。早在南宋末年,西班牙方济各会长柏朗嘉宾(Giovanni da Pian del Carpine)奉教宗之命出使蒙古帝国,淳祐六年(1246)抵达上都哈拉和林晋见大汗。至元三十一年(1294),意大利方济各会士孟高维诺(Montecorvino)以教廷使节身份来到中国,并获准在京城设立教堂传教,天主教正式传入中国。大德十一年(1307),教宗克莱门特(Klement)任命孟高维诺为汗八里(北京)总主教,同时派遣七位主教协助工作,其中只有三位抵达大都,居住五年后陆续经浙江抵达泉州担任主教。⑤泰定三年(1326),意大利方济各会士和德理(Odoric of Pordenone,1265~1331)来到杭州,住在一位奉教的蒙古官员家里进行传教活动,还曾到灵隐寺与僧人辩道,并称杭州有会士和教友,可见天主教已传入浙江。然而,元时的天主教过度依附蒙古统治者,同时又缺乏像孟高维诺这样有威望和能力的继任者,随着元朝的灭亡,天主教在中国又销声匿迹了。

  基督教前两次传入中国,虽然产生了一些影响,但最终都以失败告终。在唐代景教和元代也里可温教短暂流行的时候,也是嘉兴城市发展的重要阶段。嘉兴于唐代建筑罗城,经五代、两宋的勃兴和积累,成为江南富庶之地。至元代,嘉兴府的澉浦镇已经是帝国重要的对外贸易港,全国七个市舶司之一,是"远涉诸番,近通福广,商贾往来"的"冲要之地"(《元典章》卷五),各种宗教信仰的客商云集,是中西文化交流的重要地区。意大利旅行家马可·波罗(Marco Polo,1254~1324),在元贞元年至大德三年(1295~1299)游历中国,在其游记中记载澉浦:"这里是一个优良的港湾,所以从印度来的货舱,经常都在这里停舶。"⑥其时,具有基督教信仰的商人和游客已涉足嘉兴地域,但传教士立堂传教或本地人归教的事例则不见诸记载。

二

  正当明朝的军队扫荡了元统治者和依附于元朝上层社会的也里可温,欧洲文明走到了黑死病蔓延的黑暗中世纪,再也无暇顾及远东的"牧灵事业",直到天主教耶稣会士圣方济各·沙勿略(St. Francois Xavier)在广东外海上川岛试图叩开中国大门。⑦万历十一年(1583),利玛窦(Matteo Ricci)神父和罗明坚(Michele Ruggleri)神父自澳门来到广东肇庆府建立了内地第一个传教点。身在澳门的范礼安(Alexandre Valignani)要求利玛窦等人择机再去其他地区开教,于是通过与肇庆知府王泮的交游,后者邀请他们前往自己的家乡绍兴。万历十三年(1585),罗明坚和麦安东(Antonio de Almeida,1556～1591)前往绍兴,在王家祠堂住了数月,王泮的父亲领洗入教,另外还施洗了几个将死的小孩。⑧因此,浙江绍兴是明末天主教在中国内地尝试建立的第二个传教点。

利玛窦来华之初以西僧自称、袈裟装扮,但他与中国人的交往中逐渐认识到,中国社会的中坚力量是士大夫,于是改换儒服,以儒士自称,习中国礼俗,借助科学和西洋巧器,加之其博学亲和的人品,结交了包括徐光启、李贽、李之藻等在内的大批高官权贵、知名学者和文人士大夫。万历二十三年(1595),利玛窦由南京折返江西南昌,获准在此居住。翌年,他成功预测了一次日食,引起轰动。同时,利玛窦深谙中国人对"著书立传"的重视,编写了第一本中文著作《交友论》,一版再版,风靡当时的士大夫阶层。到崇祯初年,嘉兴府还刊刻过《交友论》。⑨

万历二十五年(1597)秋,九江推官兼摄瑞昌县令任上的著名文学家、嘉兴人李日华在南昌结识了利玛窦。利玛窦向李日华介绍了欧洲的情况,展示了玻璃画屏、沙漏和经书等所带之物,还谈到了天主教的宇宙观和他本人远来中国的艰辛。李日华对利玛窦的印象是"紫髯碧眼,面色如桃花……年已五十余,如二三十岁人",又说利氏"见人膜拜如礼,人亦爱之,信其为善人也"。⑩通过利玛窦的介绍,李日华了解到西方人信仰的天主教,"大西国……国中圣人,皆秉教于天主。天主者,以为最初生人生物之主也,立庙共祠之。"⑪这是嘉兴人最早认识天主教的记载。李日华和利玛

窦交游甚欢,听闻利玛窦没有归国打算,即诗赠利氏,可见对其敬慕,他也是明季仅见的三位有赠诗利玛窦的文人之一:

云海荡朝日,乘流信彩霞。西来六万里,东泛一孤槎。

浮世常如寄,幽栖即是家。那堪作归梦,春色任天涯。⑫

自利玛窦来华,天主教在中国建立根基,上海人徐光启、杭州人李之藻等相继归教。万历三十五年(1607),徐光启丁忧回籍,邀郭居静(Lazaro Cattaneo,1560~1640)神父到上海开教,翌年郭氏往住徐宅,旋即建堂。万历三十九年(1611),适逢徐光启三年孝满回京,李之藻又丁忧回籍,遂邀郭居静、金尼阁(Nicolas Trigault,1577~1623)神父和钟鸣仁(又名钟巴相,1595~1622)修士赴杭,同年五月八日在李宅举行了第一台弥撒,姻亲杨廷筠领洗入教,杭州开教。后世把徐、李、杨三人称为明末天主教"三大柱石",江南地区遂成为明末清初天主教传播的重镇。此时,作为沪杭间往来要冲的嘉兴府,传教士也有所涉足,据耶稣会士莫罗(Pierre Moreau)的考证,嘉兴府辖的桐乡县或于万历四十三年(1615)、崇德县(石门)于崇祯二年(1629),⑬嘉善县于崇祯十三年(1640)相继建立了耶稣会传教士的住院。⑭所谓住院,就是属于传教区的房子,由一名或数名会士居住,参考罗明坚和麦安东在绍兴的住院,可见是短期有神职人员居住的场所,最晚到1701年以前,这些住院都已经没有神职人员了。⑮

在信徒方面,影响较大的是第一批奉教的士大夫、嘉善人魏学濂。他曾为孟儒望神父(Joannes Monteiro)的著作《天学略义》(约崇祯十五年刻印于宁波)校勘,署"檇李(嘉兴)魏学濂、甬东朱宗元校正",可推测他在此前已为教徒。⑯魏学濂的父亲是明末名臣魏大中(1575~1625),早年就曾与传教士交游。其堂弟魏学渠也曾为方济各会士利安当神父(Antonio de Santa Maria Caballere,1602~1669)的《天儒印》作序,署名"康熙甲辰夏闰浙嘉善魏学渠敬题"。⑰可见魏氏家族中或已有多人奉教,这也和早期天主教通过奉教人的社会关系来扩展的特征相合。此外,约在明末,海盐县甪里堰一位吴姓天主教徒,举家迁徙到狮岭乡车辐浜村,嗣后远及周边乡镇的乡民受其影响,不少人皈依天主教,形成一处颇具规模的信徒聚集区。嘉兴车辐浜日后发展成为浙北天主教的中心。

伴随着天主教的传播,不可避免地引起各种纷争和冲突。在明代,影响较大的除了南京和福建的教案外,还有佛教对天主教的反击。利玛窦以"泰西儒士"自居,出于信仰的排他性,开始贬斥佛教,说"和尚是全国最低贱和最被轻视的阶层"云云,[18]引起了部分佛教信众的反击。曾中兴嘉兴楞严寺、发起刊刻《嘉兴藏》的"一代教主"紫柏真可大师,万历二十九年至三十一年(1601~1603)间与利玛窦同在京师,虽未曾谋面,但据利玛窦所说,紫柏大师曾以十分傲慢的态度对待天主教徒,送信给他,"要神父去他家,他许神父不遵行连大官都要遵行的礼节,即在他面前下跪"。而利玛窦也以牙还牙,派人告诉紫柏"若要会谈,请到神父住所"。[19]

晚明,反天主教文献的集大成者首推《破邪集》。《破邪集》又名《圣朝破邪集》,编撰于崇祯十二年(1639),刊刻者盐官居士徐昌治[20],曾因读《楞严经》而弃官舍儒,先后参学海盐金粟寺、桐乡福严寺等寺高僧。在他所撰《辟邪题词》中记述编纂缘由,是年"偶于中秋偕费隐禅师连舟诣禾(嘉兴),见其案前所列辟邪诸书",其中"南有宗伯,北有谏臣,娓娓疏论,于神宗显皇帝之前,已称直穷到底。闽诸君子,浙诸大夫,侃侃纠绳。……至于云栖有说、密老有辩、费师有揭。"[21]集子最后由费隐禅师编定,收录了南京教案与闽浙两省"破邪"先后两个时期的官方与民间、僧与俗的文献,影响很大。可见,当时的嘉兴,处于这场佛教对于天主教"破邪"运动的中心之一。

总之,有明一代,天主教广泛传入嘉兴地域,同时激起了两种截然相反的态度:文人士大夫和普通民众对传教士友善甚至欣然入教者有之,儒生和佛教徒对天主教义厉声驳斥者亦有之。此时的江南地区,已经是天主教在华的重要基地,但嘉兴相比周围的杭州、上海和宁波等地,教务尚不属发达,信众数也不为显著。当然,既然西教已经传入,势必也为嘉兴打开了一扇中西文化交流甚或冲突的大门,就像在帝国其他地方所发生的一样,逐步把嘉兴带入近代化和全球化的历史洪流中了。

三

顺治元年(1644),统治者即着汤若望(Johann Adam Schall von Bell,1591～1666)掌管钦天监,表现出比前明对传教士的更多信任。其后虽经反复,教案纠纷不绝,但清初的天主教还是在帝国、特别是在江南地区获得了极大的发展,嘉兴地区的堂口也逐步建立起来。海盐车辐浜和嘉兴城内大约在17世纪下半叶开始建堂,车辐浜堂是浙北地区第一座驻有神父的堂口,嘉兴堂或建在城内西门府学附近,持续时间很短,影响也不大。②康熙三十九年(1700),北京教区主教、意大利方济各会士伊大仁(Bishop Bernardinus della Chiese,1644～1721)和尚未祝圣的福建教区主教、巴黎外方传教会士颜珰(Charles Maigrot,1652～1730)到达浙江。3月14日,伊大仁在嘉兴车辐浜堂给颜珰举行了主教祝圣礼。颜珰在中国天主教史上占有举足轻重的地位,他是"礼仪之争"的主要当事人,直接导致了后来影响深远的"禁教"。

长期以来,葡萄牙一直享有中国的"保教权",但这也引起了法国的觊觎。康熙二十七年(1688),法国国王路易十四派遣的第一批耶稣会士白晋神父(Joachim Bouvet,1656～1730)等五人,在北京建立了法国传教区。康熙四十年(1701),法籍耶稣会士卜文气(Louis Porquet,1671～1752)神父到达中国,四十二年(1703)在平湖县城西建造天主堂,并主持了一段时间的教务。③教堂的遗址在清末改建为淑英女校,也就是今天的平湖艺术小学。该堂地基有二十多亩,据说教堂前的圆角石在民国时尚存,铁十字架就在淑英女校内。㉔1955年建造梯云桥小学礼堂时,还在原东王庙北角废墟上挖掘出一块"天主堂界"石碑。㉕

康熙四十七年(1708),康熙下旨耶稣会士测绘《皇舆全览图》,历时十年。负责浙江省测绘的是雷孝思(Jean Baptiste Regis,1663～1738)神父、冯秉正(Joseph-Francois-Marie-Anne de Moyriac de Mailla,1669～1748)神父和德玛诺(Romanus Hinderer)神父。测绘结束后,德玛诺留在了杭州并在周边传教。康熙五十七年(1718)和五十八年(1719),德玛诺曾两次到嘉兴、平湖、海宁、海盐以及王店、新丰等十多个教友点举行圣事,㉖并写信给耶稣会总会长汇报。六十一年(1722),德玛诺又到海宁传教,有高廷显等归教,其家人亦随从望教。至康熙末年,车辐浜的教友已发展到数家。㉗

再说正式祝圣为主教的颜珰从嘉兴回到福建,即凭借主教的神权,强力推行数年前发布的"禁令",包括禁用"天""上帝"称呼唯一真神;严禁在教堂悬挂有"敬天"字样之牌匾;不允许中国教徒祭祖敬孔;等等,激起了强烈的冲突。㉘包括这次冲突在内,旷日持久的"中国礼仪"之争和教宗克雷芒十一世(Pope Clement XI)两次重申祀孔祭祖为"异端"的态度,最终导致康熙皇帝对天主教趋于强硬,圣谕:"以后不必西洋人在中国行教,禁止可也,免得多事。"这项禁令于雍正元年(1723)后日趋严苛。㉙

雍正二年(1724)始,各地开始改毁教堂、驱逐传教士和禁止国人信教。四年(1726),平湖天主堂被改建为节孝祠,"平湖县的卜文气神父要不是地方官在其教堂门口设置岗哨使其免遭百姓粗暴之举,也可能就没命了。"㉚被驱逐的传教士先后动身前往广州,但卜文气一直隐匿在平湖周边传教,直到雍正七年(1729)才被驱逐。乾隆十一年(1746),浙江巡抚常安上奏,据海宁知县王纬查获本县高维学、高天升等,家中存有天主画像三张、西洋字一张和不全经书六本。原来是高维学故父高廷显二十多年前由德玛诺施洗入教的遗物,由于影响不大,似也不详纠了。㉛乾隆十二年(1747)苏州教案爆发,纠察出有西洋人王安东尼藏匿于嘉兴府蒯洪尚米行内,经浙江巡抚顾琮差人协同江省,在嘉兴孙景山家拿获王安东尼。㉜

雍正朝厉行禁教后,天主教的传播开始转入地下。此前外国传教士几乎垄断了神职,外国神父被驱逐,本国神职人员又极少,对于业已信教的人来说,宗教生活成为一个难题。于是培养国籍传教人员开始有所起色,同时也不时有外国传教士潜回。㉝历史学家方豪(1910~1980)神父曾在嘉兴车辐浜见有巨型麻袋和破铜勺,"教友相传大麻袋系装西洋神父者,破铜勺系教友伪装乞丐,自浙经赣入粤赴澳门,率领神父潜行入境者。或夜行昼伏,或密藏舱底,以麻袋伪装货物。"㉞德玛诺至少在乾隆二年(1737)又潜回杭嘉湖一带秘密传教。卜文气也曾于乾隆十三年(1748)潜回平湖。应该说,这需要极大的勇气,不仅有被告发的风险,而且要忍受极为严苛的生存条件。在江南河网密布的地形,通常的情况是连续几个月住在船上漂泊,忍受伏热严寒和蚊虫,随时躲避盘查。在感到疲惫不堪之后,卜文气于乾隆十四年(1749)返回澳门休养,次年7月13日病逝于澳门,㉟似乎象征着嘉兴地区一个传教时代的结束。

四

乾嘉道三朝"禁教"甚严,前后持续了一百多年,其间教案频发,殉道的传教士也时有耳闻。㊱另一方面,耶稣会经历被解散(乾隆三十八年,1773)和恢复(嘉庆十九年,1814)的重大变故,使遣使会取代耶稣会成为天主教在中国、特别是中国南方传教的主导力量。教会在这一时期颇为沉寂,直到鸦片战争中国惨败,道光二十二年(1842)的《中英南京条约》订约"耶稣天主教……自后有传教者来至中国,一体保护",加之其后一系列不平等条约的签订,为列强派遣传教士提供了坚强后盾,因而又掀起一股传教士来华的浪潮。此后,嘉兴地区的天主教发展迅速。

道光二十三年(1843)受难节,国籍遣使会士王儒翰(1809～1855)神父写信报告其自舟山经车辐浜,到杭州察看传教士墓地的经过。[37]至晚到道光二十七年(1847),法籍遣使会士顾铎德(M. Francois-Xavier-Timotheè Danicourt,1806～1860)神父重返嘉兴车辐浜传教,陆续建立起教堂、教会和孤儿院等,成为浙江省内继宁波(1839)和舟山定海(1842)之后的第三处遣使会教堂。[38]同年,在澳门攻读神学及拉丁文的傅道安[39]、袁伯铎、李安德等三位修生回到浙江,在嘉兴车辐浜继续肄业,[40]可见当时车辐浜或已建修院,或至少已有学问精深的神父——很可能即顾铎德神父——驻堂。

同治四年(1865)前后,法国人杨康伯神父(Flavin Gambart,1835～1870)在车辐浜传教,管理嘉兴地区教务。同治七年至十三年(1868～1874),由法国人刘安多(André-René Guillot,1820～1887)神父驻堂。[41]这期间,周边信教人数已发展到120余家,散布在乡间的祈祷所7处。于是教会开始扩建车辐浜堂,增添神父住宅、修女住宅、教友宿舍、读经楼等,共130余间,总面积为2424.41平方米,占地约22亩。[42]同时建成的一座圣母玫瑰总堂,可容纳2000余人,蔚为壮观。[43]光绪元年(1875),曾在车辐浜学习过的衢县麻蓬人傅道安神父从台州调任嘉兴车辐浜总本堂,同年,海宁谈桥乡施家场建成七苦圣母堂。根据法籍主教苏凤文(Bishop Edmond-Franois Guierry,1825～1883)向传信部的报告,当年嘉兴府属有教友点18个,教友975人,男校2所,女校1所,男女孤儿院各1座。[44]光绪十八年(1892)巴黎仁爱修女会进入车辐浜,法籍修女巴底希主持建起一所玫瑰医院。

虽然嘉兴府域的天主教传播已经相当深入,但嘉兴府城在19

世纪末以前,几乎没有任何外国传教士能够成功立足,相比周边地区而言,这是相当"另类"的。义和团运动以后,车辐浜总本堂、意大利人韩日禄(Ange-Joseph Asinelli,1871~1945)神父积极谋求拓展教务,并计划把嘉兴总本堂从交通不便的车辐浜陆续迁往嘉兴城内。光绪二十九年(1903)韩日禄在海宁硖石修建了一座砖木结构的祈祷所,同时又在嘉兴城内紫阳街沈家弄购置了7720平方米的土地,先在弄南设教堂,建三层楼的神父住房一幢。光绪三十年(1904),又将苦修会加尔默洛会(圣衣会)从车辐浜迁到城内府忠埭以北,原嘉兴三中南侧。至当年7月底的统计,嘉兴城内、王店、桐乡、石门、海盐和嘉善西塘等六处都已建立了小堂,遍布嘉兴府署七县和海宁州。

嘉兴府域,另一个教务发达之地是平湖县。同治三年(1864),法国人冯伯德(Protais Montagneux,1825~1877)神父就曾到平湖举行圣事。平湖地近江苏(今上海),在建堂前,教友多去江苏的堂口领圣事。光绪元年,衢州麻蓬傅道安神父自平湖新埭回杭州后就说,该地教友多受洗于松江府。光绪年间,匈牙利人吴纳爵(Ignace Urge,1840~1898)神父来到平湖,见郊外教友不少。此时平湖境内已建有新仓乡东木桥(约1880年前后)、南门安浜(约1890年以前)和新埭镇(约1890年)等数间小堂。光绪二十年(1894),吴纳爵在教友捐献的城西村一块土地上建起四间平房作为教堂,当年10月建成,并主持教务。二十四年(1898),吴病逝后,葬于车辐浜,意大利人白公(Basso)接管城西天主堂教务。

平湖县辖巨镇新埭,教友源出相距六里的金山县宋家库堂口。⑮在光绪十六年(1890)由教友王平安献出今南桥乡新浜的十亩沼泽田,建起二间平房作为小堂,其后信徒人数日增,到光绪三十四年(1908),已有教友近600人,于是韩日禄神父筹资建堂,两年后落成,此后教友进一步发展到1000人左右,遂又添造了神父住房及附属房屋。平湖城西堂和新埭新浜堂其后一度发展成为分属杭州教区和苏州教区的平湖总堂。

随着遣使会在中国传教的迅猛发展,教会开始在中国设立修院以培养神职人员。定海修院(1847年,后于1854年迁到乌龟山麓)、杭州大修院(1871)等陆续开办。光绪二十六年(1900)2月6日,法国人步师嘉(Louis Boscat,1848~1904)神父在其52岁生日的当天,被任命为中国遣使会会长。以他在培养修士的经验来看,坚信"当给中国神父神修上及学术的深度造就,为此当便利他们进入修会,为达到这目的,自然当在省中建立初学院和神哲学院。"⑥经巴黎遣使会总会长菲亚特(Fiat)的批准,光绪二十八年(1902),步师嘉率领樊国阴(Octave-Marie-Lucien Ferreux,1875~1963)等七位欧籍修士抵达上海,由于先期抵达的白嘉禄(Charle Barriére)修士尚未觅得土地,于是先在定海建立修院,由都止善(Paul Pie Dutilleul,1862~1929)神父担任院长。

此时,杭州海关为嘉兴分关购买土地,正与嘉兴北门外的傅志堂由于通道纠纷而打官司,恰巧步师嘉在嘉兴行医传教,借出面调停之机,购买到近百亩土地,开始鸠工兴建初学院和神哲学院。整座修道院院落占地47.5亩,院外50余亩,建筑面积5677平方米,坐东向西面朝京杭大运河。主楼建筑呈"凹"字形,正面九开间两层,中间带有钟楼,钟楼的背后还向东延伸出一幢能容纳三四百人的大教堂,地面全由进口的花纹地砖铺设。两翼十开间,南面两层、北面三层,一楼的内围式走廊,宽度有四米开外;二、三楼呈中廊式的格局,进口的红漆洋松木楼板、彩色玻璃的券窗。高高的教堂尖顶和肃穆的黄色色调,整幢建筑对称庄重又不失灵动飘逸,加之院内外遍植一百多棵郁郁葱葱的香樟树,体现出浓郁的法兰西建筑风格。

光绪二十九年(1904)1月14日,⑦嘉兴文生修道院落成,1月25日圣保禄归化瞻礼日,步师嘉神父祝圣了新修院,并担任首任院长,孟雷诺(René-Joseph Flament,1862~?)任理院,定海修院的中外修生和初学生共二十余人迁往嘉兴,共同研习教理。当年12月,步师嘉因长期操劳病逝,刘克明(Claude-Marie Guilloux,1856~1924)神父继任会长兼院长。后来"北方的初学生对嘉兴的气候,不易习惯",遂于宣统元年(1909)在北京栅栏另建遣使会修院,专门培养北方遣使会士。[48]这期间(1904~1909年),嘉兴文生修道院是中国遣使会的唯一总修院,又是总会院。到民国三十年(1941)的统计,文生修道院共培养出155位神父,其中包括胡若山(1881~1962)和戴安德(又名戴福瑞,André-Jean-Franois Defèbvre,1986~1967)两位主教,浙江、江西两省的华籍遣使会士均毕业于该院。[49]

至清末,天主教的势力已经深入到嘉兴府所有七个属县和海宁,拥有车辐浜总堂以及小堂十数座,信众以千计,医院、学校和孤儿院等社会慈善事业也相继建立。自天主教传入至清末三百余年间,思想冲撞、利益冲突或华洋对立以致酿成教案的不绝于耳,但嘉兴府域少有流血的教案,伤及百姓群众。进入20世纪,嘉兴文生修道院的修建,使嘉兴成为遣使会在中国的重要据点,同时也留下了丰富的历史遗产。宣统二年(1910),浙江代牧区划分为浙东、浙西两个代牧区,浙西代牧区管辖杭嘉湖、衢处严六府教务,田法服为首任主教。宣统三年(1911),"得到圣座的同意,我们(遣使会)在中国南方与北方各设一省……南省包括浙江的两个代牧区及江西的三个代牧区,初学院在嘉兴;刘克明神父为南方省会长"。[50]当年,辛亥革命爆发,光复共和。自此,嘉兴的天主教进入了新的发展阶段。

五

中世纪的欧洲,随着封建制度的逐步瓦解,以马丁·路德和加尔文等为旗帜的宗教改革随之如火如荼地进行着,到16世纪中叶,新教的主要宗派相继确立。嘉庆十二年(1807)9月8日,伦敦传教会(London Missionary Society)派出的第一位传教士、英国人马礼逊(Robert Morrison,1782～1834)到达广州,并开始翻译《圣经》。七年之后,第一个中国新教徒蔡高受洗。道光十二年(1832),普鲁士传教士郭实腊(Karl Friedrich August Gützlaff,1803～1851)在浙江沿海舟山、宁波等地搜集情报。次年,美北浸礼会玛高温医生(D. J. Mac Gowan)到达宁波。新教逐步传入浙江地区。道光二十七年(1847)8月,长老会传教士娄礼华(Walter Lowrie)经乍浦乘船返回宁波,途中遭海盗抢劫财物,并被扔进钱塘江溺亡。[51]

鸦片战争以后,教禁松弛,但直到咸丰十年(1860),订立《北京条约》,全面开禁西方在华传教以前,传教士的活动还仅限于开放的"五口"。[52]咸丰四年(1854)3月1日,22岁的英国传教士戴德生(Hudson Taylor,1832～1905)在上海登陆。当年12月16日,戴德生就和另一位传教士艾约瑟(Joseph Edkins)租一艘客船,挂上英国国旗,第一次冒险深入内地传教,目的地便是嘉兴。路过松江时,一个衙门的差役,假装搭船监视他们的行动,并向嘉善县丞报信。第三天,他们来到嘉善,发现被跟踪后,赶忙下船,尽速分派传单。此时,他们"恰巧"碰上了乘轿经过的县官大老爷。在禀明了此行目的后,县官告诫戴德生和艾约瑟"要到嘉兴府去实在是不智之举",但还是派人做了向导。到达嘉兴后,他们把船泊在南湖烟雨楼附近,戴德生替人诊病,艾约瑟则宣讲福音。人们争相乘船来看热闹,一些官吏和士大夫也来和他们谈论传单或者书籍的内容。[53]这次嘉兴之行颇为顺利,鼓舞戴德生深入内地传教,同时也是嘉兴民众第一次接触到基督新教。

此后,戴德生等人多次深入到江南腹地传教,一口上海话帮了他不少忙。咸丰五年(1856)1月8日,[54]戴德生和宾威廉牧师(Rev. William. Burns)分乘两艘船,带着华人同工钱(Tsian)、宋

(Song)和贵华(Keuihua)等人到达乌镇传教。当时乌镇尚未有外国人涉足,民众对他们派发书册和圣经感到十分诧异。戴德生等人在关帝庙、被火焚毁的空地上和茶馆等地做了几次布道,前两日都较为顺利。1月10日中午,在船上用午膳的时候,外面围观的百姓向他们索要书籍,由于没有送给不识字的私盐贩子书籍,他们便纠集了四五个人,向戴德生的船扔泥块,砸烂了一大片船舱。午饭后,戴德生等人照常出去讲道,回来的路上还去理了个发。到1月13日,由于前两日又收到私盐贩子的勒索和威胁,戴德生在躲避的时候擦伤了膝盖并导致发炎,于是一行人经江苏平望返回上海。⑤这次在乌镇的旅行布道持续了五天时间,大量当地百姓尾随围观、似乎像听说书一样听他们布道。其中也有像一位饶(Yao)姓店主、直隶人衙差或者一位和尚那样,表现出一些兴趣。这确实是一次艰辛而成功的布道之旅,也是早期传教士工作情况的生动写照。

咸丰六年(1856),经过第二次鸦片战争,戴德生在上海的财物损失一空,便启程前往宁波,途中作旅行布道。经过14天的缓慢行程,戴德生沿着大运河到达石门湾(今桐乡石门镇),由于所带的传单和书籍已经派发完,他决定尽快赶往海宁。在8月4日的日记中,戴德生写道"过了石门湾,再没有水路;于是我付了船钱,雇佣几个苦力,把行李挑往长安。"⑥当时的报酬,是每斤十文。戴德生先行穿过石门县城(今桐乡崇福镇)到达海宁长安镇,由于和苦力错路了,只得找客店住下,此时天色已晚,店里只有冷饭和灯油炒的蛇肉,难以下咽。晚上则在住了十来个人的通铺间,用雨伞和鞋子当枕头,对付了一宿。第二天,戴德生赶往海宁,途中还在路过的村庄宣讲福音。到达海宁后,从北门到小东门、大东门和南门到处打听仆人和挑工的行踪而不得,由于衙役的尾随,也找不到住宿的地方。到半夜一两点,只能独自躺在一座庙前的石碑上过夜,谁知这又引起乞丐的贼心,折腾了一整夜。

8月6日那天早晨鸣炮开城,对付了昨晚带路青年的纠缠,戴德生吃了早点,继续打听行李的下落,但仍一无所获,便于午前返回了长安,找了家客店休息。在南门外平复了失落的心情,并对附近的人宣讲福音后,戴德生终于打听到仆人可能卷了行李去往杭州,于是决定返回上海。第二天刚擦亮,戴德生起身赶往石门湾,准备搭船回去。从石门湾到嘉兴的船票是120文,从嘉兴到上海则是360文,可当天没有船期,邮船也已开走。在得到几个上海船夫的帮助下,戴德生稍微获得休整,又去关帝庙布道。最后终于搭了一艘轻快的邮船,于8月9日回到上海。⑰

虔诚的戴德生是最早在嘉兴地区布道的新教传教士。此后,作为上海和杭州之间的交通要道,在嘉兴建立传教区成为很多新教教会的努力方向。特别是美北长老会,从同治十一年(1872)起一直谋求进入嘉兴。光绪三年(1877),美北长老会杭州牧区北上试图开拓这座运河边的府城。两位本地的同工租到了一间小屋子并居住了一段时间,其中一位是小吃摊主,除了自己信教以外,还经常找机会宣讲教义。然而正当传教士陶锡祁(陶德,Samuel Dodd)抵达嘉兴的时候,一群暴徒显然是受到与官府密切相关的士绅怂恿,推倒了房子,并把年长的小吃摊主扔到附近的粪池。另一位本地人从后门逃脱,并跑到陶锡祁的船边报信,陶锡祁赶紧跑到衙门寻求保护。此时地方官优雅地扮演了保护者的角色,延迟多时后护送他往杭州方向行了数里地,并告诉他,"嘉兴的百姓蛮横,不好管理,因为他们不需要新的信仰,最好还是不要试图在他们这儿建造教堂。"⑱陶锡祁后来诉诸美国领事馆,但也没有获得赔偿或修复房子,他相信整个事件完全是精心策划的,那些"暴徒"也被下令不要伤及外国人。第二年(1878),美北长老会上海牧区又南下试图进入嘉兴,这一年的7月,惠志德(John Wherry,1837~1918)等四人欲在城内荐桥街租房传教被阻。在一个周六的雨夜,传教士王冯兰(音,Wong Vung-lan)拿着盖了这位地方官大印的执照,还是被差役从衙门赶到了城外。⑲跟随惠志德在嘉善待了一段时间后,王冯兰再次搬回嘉兴尝试建立传教点,但还是没有成功。

  在19世纪最后几年以前,无论天主教还是新教都没有能够在嘉兴府城内获得稳定的立足之地。相比江南地区其他城市竖立起来的一个个十字架,这确实是颇令人费解的。而更不可思议的是,这一切经常是如陶锡祁所碰到地那样"优雅"地达到的,诚然有冲突和纠纷,但嘉兴却从没有酿成过严重的流血教案。难怪美北长老会的来恩赐(D. N. Lyon)和裘德生(J. H. Judson)会感慨"嘉兴仍然是浙江省内迄今为止唯一一个成功排斥传教士的府城";范约翰(J. M. W. Farnham)也无奈"迄今为止似乎没人能够成功在这座重要的城市建立传教站"。⑳美南长老会毕来思(Philip Francis Price,1864～1954)也说过,嘉兴是浙江十一府中唯一没有新教传教站的。㉑但毕竟随着毕来思的到来,坚冰也开始消融了。

六

  毕来思出生于美国里士满的一个牧师家庭,在神学院学习的时候就利用假期联络教会、传教布道。光绪十六年(1890)被派往中国,先由著名传教士杜步西博士(Dr. Hampden Coit DuBose,1845～1910)带到苏州学习汉语,又在上海的传教士大会上认识了后来的毕来思夫人(Miss Esther E. Wilson)。光绪十八年(1892)4月6日,毕来思夫妇在杭州天水桥司徒尔夫妇(Rev. and Mrs. John Linton Stuart)的家里结婚。婚后不久,毕来思就多次造访嘉兴,试图开拓这个唯一没有传教士的府城。在城内租赁房屋不成之后,毕来思转而在嘉兴西南九英里的新塍镇落脚。同时,毕来思还把在杭州跟随司徒尔夫妇学习汉语的世交好友后来的卜德生夫人(Mrs. Brown Craig Patterson)带到新塍生活了一年多,直到

343

光绪十九年（1893）8月嫁给卜德生牧师（Rev. Brown Craig Patterson）后，跟随后者前往江苏清江浦和宿迁。毕来思"大量的时间都花费在应付围观的拥挤人群、与各式各样的人交往和不厌其烦地布道中"，[62]而毕来思夫人则办了个小诊所，从事一些医疗急救。两年以后，才有全县的第一个基督徒受洗，不久又建立了一个外部传教点站。与此同时，约在光绪十八年（1892），美北长老会的甘路德（J. C. Garritt）在海宁建立了传教站，[63]次年，英国伦敦会传入嘉善，在东门马路口设立福音堂。[64]

毕来思夫妇在新塍的家，也成为早期来禾传教士的据点。光绪十九年（1893），文渊博（Wade Hampton Venable）夫妇和花第生（Waddy H. Hudson）夫妇相继来到新塍毕来思夫妇家。[65]初来乍到，"在我们（和毕来思夫妇）共住的屋子以外，任何事情都看起来如此奇怪"[66]，但首要任务则是学习汉语。新来的传教士得到一本书、一张纸和一支铅笔，除此之外就是一位完全不懂英文的汉语老师。每天固定的学习时间是从早上9点到12点，下午2点到4点，毕来思等人每天会抽出一点时间来帮助他们的学习。花第生等人努力听老师的发音，并看他如何书写，他们学习的汉语，既包括本地的方言，也包括官话，同时尽可能学习一些经典文言。[67]在官话还没有普及的老百姓中，方言是极有用的工具。很多传教士都很注重学习和研究当地方言，毕来思就曾编写过一本中英文对照的嘉兴方言词典。文渊博是一位医学传教士，受过专业训练。他在学习汉语之余也在毕来思夫人开办的小诊所里帮忙，还曾施行了第一台外科手术。毕来思记载了当时的情形：病人是一位患白内障的妇人，"躺在我们家餐厅的桌子上，本地的麻醉师不知什么原因，没有起到充分的效果，激起了大的混乱，这几乎是一场暴动，她的亲戚和朋友引发了一场可怕的骚乱。"[68]

光绪二十年（1894）10月1日，花第生夫妇的长子花翘奇（George Hudson）出生在新塍。花翘奇后来也回到嘉兴传教，以使用一顶能容纳二百余人的大帐篷巡回布道而闻名。花翘奇出生后不久,花第生夫妇在新塍租了一座中式民居,尝试自己理家。花第生夫人雇用并培训了一位名叫顾道和的男厨,他为花第生家服务了超过二十年。顾道和的二儿子也就是我们熟知的近代著名教育家顾惠人。光绪二十一年(1895)2月25日,毕来思夫妇的长子毕范宇(Frank Wilson Price,1895~1974)出生在新塍。毕范宇在嘉兴度过了整个青少年时光,讲一口流利的嘉兴话,不仅是由"四书五经"培养出来的"中国通",日后也深刻地参与到中国近代的政治风云中。他曾把孙中山的《三民主义》翻译成英文出版,也在抗战期间担任蒋介石政府的顾问。此外,文渊博夫人的妹妹戴佩禧小姐(Miss Elizabeth Talbot)和毕来思夫人的妹妹惠理生小姐(Miss Rebecca Elizabeth Wilson)也于光绪二十一年和二十五年(1899)相继来到新塍,新教终于在嘉兴地区有了立足之地。⑩

光绪二十一年秋,花第生长衫马褂,戴着用花第生夫人的长发编成的假辫子,和文渊博一起雇用了艘民船,泊在嘉兴城外落帆亭对面的大王庙前传道行医。其后,经过多次努力,他们终于在嘉兴北门外端平桥附近闸前街租得六间平房,花第生在前间传教,文渊博则在后间行医,两边厢房供厨师和同工居住。甫一落定,即有"来了一个暴徒"的谣言四起,城里的官员带了士兵、警察和跑腿的一大帮随扈,出城来查看他们的场地,询问了很多问题,还斥责房东没有告知他就出租房子,但又说根据与美国的条约,可以允许居住并保护行医和传教,并且不久就发布了这一布告。⑦至此,基督宗教终于"攻陷"了浙江的最后一个府城。通过开办诊所,传教士很快打开了局面,交了不少朋友。翌年4月,诊所再迁至秋泾桥堍,但仍十分简陋。直到光绪二十二年(1896)9月,文渊博和花第生终于以合理的价格租到城中梧桐树街樊公桥东南首的一所五开间三进大宅子。这座宅子的主人朱恩锡,连遭变故,以为凶宅,才肯租借给外国人。

文渊博和花第生清理了垃圾和霉菌，拆除了地砖和隔墙，代之以上了漆的木板和成担的石灰，增加了空间，也改善了卫生设施。临街的前排中间开了一扇大门，西边两间作为教室，东边两间则是储藏室。带大天井的第一进有一个大客厅，作为候诊室和祈祷室，东边则是诊所和药房并且连接着厕所。第二进是两层楼，有五间朝南的卧室，北面是过道，楼梯在过道两头；楼下是起居室、餐厅、食物储藏室和两个大家庭的图书壁橱以及为造访者和同工准备的客房。第三进是厨房、洗衣房和佣人房以及储煤的木棚。[71]于是，文渊博夫人和花第生夫人也搬到梧桐树街，以及戴佩禧和一位国籍女布道员，负责向女病人及她们的朋友传教。嘉兴城里住着几个金发碧眼的"洋鬼子"，这在当时可真是爆炸性的新闻。嘉兴人"就充满好奇地过来瞧，一个人来的、搭伴来的，有时候十多个甚至二十多个一起来的，直到这个十数万人的城里似乎每个人都来'瞧'过我们了。"[72]

　　文渊博的医疗事业稳步发展起来。当时日就诊量，最高达到一百三十余人。花第生则带了一位中国传教士，向病人传教或去乡间旅行传教。借助医术的口碑，光绪二十二年初，终于有一个男人受洗，不久发展到六位教徒，又建立起嘉北堂。光绪二十三年（1897）后，美国总差会咨议邱史德博士（Dr. S. H. Chester）来禾查勘，鼓励在嘉兴创设医院。历经数次纠纷，包括美国领事和浙江省政府介入后，文渊博和花第生终于在北门城堍旧仓基购买到十数亩空地，开始兴建院舍和传教士住宅。次年，福音医院第一幢两层楼房开始兴建，一楼作为候诊室，足以容纳传教服务，并与诊所和药房相连接；二楼则是病房和手术室，以及储藏间。然后又相继建起文渊博和花第生家的两栋两层住宅。在房屋落成前，约在光绪二十四年（1898），花第生夫人招收太平桥教友子弟胡宏庭、唐老虎等三位小朋友，在梧桐树街租赁的房子里创办私塾，学生们自己带米，附膳在女布道员陈奶奶处。后来花第生募得教会捐款325美元,在福音医院地界建造艾格森堂(The Axson Hall)作为校舍。光绪二十六年(1900)5月,学堂迁入艾格森堂,由裴来仪(Mercer Blain)牧师担任校长,定校名为"秀州书院",制定章程和订立学膳费十元每年,招收教友子弟。初时有教员三人,学生包福庆(子莲)等七人。[72]这就是名校秀州中学的肇源。

再说留在新塍的毕来思,除了在新塍地区的传教,还于光绪二十七年(1901)开拓了桐乡教务,把买花厅(今大操场南侧)改建为教堂,陆续建造起五间楼房,办起小型的诊所和男子学校。还建立了包括桐乡县城和濮院镇在内的七个传教站,[73]桐乡取代新塍镇成为牧区的中心。光绪三十一年(1905),毕来思夫妇和惠理生小姐调往桐乡,宓志仁(Maxcy Smith)一家和马唯善(J. Y McGinnis)一家也先后来到桐乡。光绪二十七年(1901)以后,裴来仪逐步接手了嘉北堂的传教工作,花第生开始花费更多的时间考察整个嘉兴地区,并做旅行传教。正是在这段时间,他在嘉兴西南的王店镇租到了一间狭小、空闲的储藏间,建立了第一个外部传教站。其后沿着长水塘,花第生陆续建起了嘉兴南门、海盐沈荡镇以及海盐县城等传教站。[75]而平湖县也于光绪三十一年(1905)由上海教会英籍沈松林牧师传入新教,并设堂于县城黄家弄。[76]

短短十几年,新教已经传遍嘉兴府域和海宁州,可谓发展迅速。据光绪三十一年(1905)的统计,美南长老会在拥有嘉兴和桐乡2个牧区、14名传教士、3所教堂和9个传教站;共有21名中国同工、410人参加主日学校;拥有2所寄宿制男校,58名学生;1所医院、2所诊所,累计就诊病患10883人次,收到诊疗费1394美元。[77]到清末,美南长老会已经在嘉兴扎根深稳,嘉兴福音医院已经成为美南长老会在华中地区(Central China,美南长老会的专属名词)规模最大、设备最先进的医院之一,而秀州书院也已添置校舍、购置仪器、延聘教师,颇成规模了。美南长老会对于在嘉兴府建立牧区是极为重视和用心的。可以理解,作为一个从美国独立战争才脱离出来的晚近教派,面对其他教派早已"划地而占"的局势,唯一的重要城市处女地吸引着他们"急切"地去"征服"。⑬经过毕来思、文渊博和花第生等人的努力,以及通过医疗、学校等文教事业来带动传教的成功策略,美南长老会最终得以几乎"独占"了嘉兴府域的教务。当然,它也客观上把近代医学和教育带到嘉兴,造福乡民、培养了不少人才。宣统三年(1911),毕来思在度假途中接到调令,民国甫一建立,他就接任窦维思(Lowry Davis)在南京金陵神学院的教职,而窦维思则到嘉兴开始执掌秀州书院。民国以后,新教在嘉兴迎来了新的发展机遇。

注释:

①在中文语境中,基督教可指称信仰基督的全部宗教,也可特指马丁·路德宗教改革后的"新教",本文以基督教作为包括景教、天主教和新教等在内的基督宗教。关于这些名词的概念史流变,参见章可:《概念史视野中的晚清天主教与新教》,《历史研究》2011年第4期。

②《资治通鉴》卷一四七:"时佛教盛于洛阳,沙门之外,自西域来者三千余人,魏主别为之立永明寺千余间以处之。"

③"大秦景教流行中国碑"碑文,收藏于西安碑林。

④《嘉兴市志》"天主教"条目以元时澉浦有景教徒,反推"基督教早在宋元时即已在嘉兴传播",谬矣。须知唐以后景教散落于西北边疆,有宋一代几不见汉文文献,遑论在嘉兴传播。如果说元代嘉兴是否有景教还值得商榷的话,宋代则可以定论嘉兴没有景教流传的证据。

⑤徐宗泽:《中国天主教——自清入关至康熙朝》,《圣教杂志》1937年第6期。

⑥《马可·波罗游记》,大众文艺出版社2009年版。《马可·波罗游记》的版本很多,笔者查阅了不少版本,均未见《嘉兴市志》所说其在澉浦遇到景教徒的相关记载。

⑦明朝大部分时间实行严厉海禁,嘉靖年间,海盗集团王直等人控制浙江宁波甬江口的双屿岛(今属舟山),成为与葡萄牙和日本互市的港口,鼎盛时有包括八名传教士在内的一千二百多名葡萄牙人在此居住,建有议事厅一

处、医院二所、大教堂一座、小教堂六七处。后因葡人横行村镇,"浙江巡抚遂于嘉靖二十七年(1548)遣都指挥卢镗,副使魏一恭等捣双屿贼……镗入港巷,毁贼所建天妃宫(天主教堂)、营房、战舰、贼巢,自此荡平"。(《明实录》)葡人著作中也有提及此事。参见浙江省爱国会编:《浙江天主教史略》(稿本)。关于西文文献中"Liampo"即宁波双屿港的详细考证,参见方豪:《十六世纪浙江国际贸易港Liampo考》,收录于《方豪六十自定稿》上册,(台北)学生书局1969年版。

⑧关于绍兴之行,麦安东写有日记,意大利文版于1588年出版,西班牙文版于1591年出版。日记记载中国之富庶,"顿开欧人的心目"(徐宗泽)。《嘉兴市志》"天主教"条目载:"万历十三年罗利坚和麦安东即北上至嘉兴,把嘉兴当作第二个传教地点,其传教情况不详。后罗经嘉兴去杭州,至万历三十九年杭州即建天主教堂,故嘉兴是天主教最早传播地区之一。"此段有三处错误,其一,罗明坚误为"罗利坚";其二,所谓北上之地和"第二个传教地点",实为绍兴。罗和麦得以前往绍兴,正是"藉隶浙江山阴之王太守泮任肇庆府知府"。此误源出徐宗泽,《中国天主教传教史概论》,上海书店1990年重印版,把绍兴误印为嘉兴。其三,"后罗经嘉兴去杭州",似乎着意强调此次"北上之行"的影响,突出"嘉兴"在天主教传播史上的地位,实则为附会。罗和麦在绍兴居住两个月后即返回,没有留下太多宗教影响,此后杭州开教建堂,无论与绍兴(嘉兴)之行还是罗明坚本人,都没有关系。

⑨《交友论》并不是一本宣扬天主教义的书,而是通过收集西方名家的交友格言,阐述友谊的重要和交友的原则。《嘉兴市志》"天主教"条目载:"明崇祯初年,嘉兴曾刊刻利玛窦著作,可证明末天主教在嘉兴已较有影响",是为妄断。

⑩⑪李日华:《紫桃轩杂缀》卷一,凤凰出版社2010年版。

⑫同上。此诗另收入《澳门纪略》下卷"澳藩篇",作"西来九万里";另一个版本:"云海荡落日,君犹此外家。西程九万里,东泛八年槎。蠲洁尊天主,精微别岁差。昭昭奇器数,元本浩无涯。"收录《帝京景物略》,方豪认为是同一首诗。参见方豪:《明末清初旅华西人与士大夫之晋接》,收录于《方豪六十自定稿》上册,(台北)学生书局1969年版。

⑬也有认为早在泰昌元年(1620),传教士即到崇德设立亚加大堂。参见浙江省爱国会编,《浙江天主教史略》(稿本)。

⑭⑮[法]荣振华(Joseph Dehergne S. J.,1903~1990)编,耿升译:《1552~1800年在华耶稣会士列传》,收录于《16~20世纪入华天主教传教士列传》,广西师范大学出版社2010年版。

⑯方豪:《中国天主教史人物传》,中华书局1988年版。黄一农曾对魏学濂的生平和奉教情况做了详细的考察,并对魏大中与传教士交游一事提出了与方豪略有差异的见解,参见黄一农:《两头蛇——明末清初的第一代天主教徒》,(台湾)清华大学出版社2005年版。

⑰㉞㊲方豪:《中国天主教史人物传》,中华书局1988年版。

⑱[意]利玛窦、[比]金尼阁:《利玛窦中国札记》,何高济等译,中华书局2010年版。

⑲紫柏圆寂后,利玛窦对他的评价也极尽刻薄:"这个达观(紫柏字达观)是个相当有学问的人,奸诈狡猾,熟悉所有的宗教派别,视情况需要而充当各派的辩护人。……他死后,他的名字成了那些枉自吹嘘不怕肉体受苦的人的代号;但是他忘记了自己的吹嘘,当他挨打时他也像其他凡人一样地呼叫。官员有令,他的尸体不得收葬。他们怀疑他只是装死,他可能施展了这样那样的诡计逃脱。"参见[意]利玛窦、[比]金尼阁:《利玛窦中国札记》,何高济等译,中华书局2010年版。

⑳徐昌治,字觐周,浙江海盐人,约生于万历三年(1575)后,终年91岁。少为诸生,由思贡生考授通判,不就。崇祯四年(1631)成为佛教大师海盐金粟寺住持圆悟的弟子,后来又成为释通容的弟子。著有《四书旨》《周易旨》《通鉴灿》和《昭代芳摹》,两举乡饮宾。

㉑"云栖"即云栖莲池大师,明末四大高僧之一;"密老"即密云圆悟禅师,在海盐金粟寺弘法六年,影响甚大,世称"金粟和尚";"费师"即费隐通容禅师,中兴桐乡福严寺的高僧。

㉒车辐浜村位于海盐县与海宁县的交界处,隶属于海盐(1950年划归海宁),但离开海宁县硖石镇较近,习惯称为"硖石车辐浜堂"。当时海宁隶属于杭州府,海盐隶属于嘉兴府,传教士往往难以分清,各地堂口统计的文献中把其归为海宁或嘉兴的情况都有。据徐宗泽统计,康熙时嘉兴地区共有海宁、嘉兴两堂属葡萄牙耶稣会,平湖一堂属法国耶稣会,当指此车辐浜堂、嘉兴堂和下文述及卜文气所建平湖堂,参见徐宗泽:《康熙时圣教传到地》,《圣教杂志》1936年第5期。另,《重修浙江通志稿》第102册宗教卷(稿本)记载,明

末嘉兴即有天主教堂,在城内西门府学,但该书记载浙江早期天主教史极散乱、多有缺失,根据前文所述莫罗1701年前的两次统计的原始资料,可推测海宁和嘉兴的堂口大约建于17世纪下半叶,并且到1700年时都已没有神父驻堂。嘉兴堂的位置是否在城内,还是有很大疑问的,只是没有其他资料可证,权且采之。

㉓[比]顾学德主教(Mgr. Noel Gubbels), Trois Siécles d'Apostolat Histore du Catholicisme au Hu- Kwang Depuis les origines 1587 Jusq u'a 1870 Imprimeur,(湖北武昌)法文出版社1934年版。

㉔杨进德:《平湖老天主堂考》,《圣教杂志》1927年第1期。

㉕裘志禹口述,王达钟整理:《我所知道的平湖天主教发展史》,《庆祝中华人民共和国建国60周年、人民政协成立60周年文史通讯专刊》,平湖市政协文史委,2009年。

㉖浙江省爱国会编:《浙江天主教史略》(稿本)。《嘉兴市志》"天主教"条目认为是康熙五十八年(1718)和雍正三年(1725)两次,但雍正二年已"禁教"德玛诺即被遣返,《浙江天主教史略》的说法应更可信。

㉗《海盐车辐浜圣母玫瑰总堂五十周年志庆》,《圣教杂志》1921年第12期。

㉘参见吴旻、韩琦:《礼仪之争与中国天主教徒——以福建教徒和颜珰的冲突为例》,《历史研究》2004年第6期。

㉙关于礼仪之争的历史和影响,可参见李天纲:《中国礼仪之争——历史、文献和意义》,上海古籍出版社1998年版。

㉚冯秉正:《耶稣会传教士冯秉正神父致本会某神父的信》(1724年10月16日于北京),收录于[法]杜赫德编:《耶稣会士中国书简集》,郑德弟、朱静译,大象出版社2001年版。

㉛《浙江巡抚常安奏报严查地方天主教折》(1746年11月4日),收录于中国第一历史档案馆编:《清中前期西洋天主教在华活动档案史料》第1册,中华书局2003年版。

㉜周萍萍:《十七、十八世纪天主教在江南的传播》,社会科学文献出版社2007年版。

㉝徐宗泽:《雍乾嘉道时之天主教》,《圣教杂志》1937年第7期。

㉟[法]荣振华(Joseph Dehergne S. J.,1903～1990)编,耿升译:《1552～

1800年在华耶稣会士列传》，收录于《16～20世纪入华天主教传教士列传》，广西师范大学出版社2010年版。

㊱详细可参见徐宗泽：《雍乾嘉道时之天主教》，《圣教杂志》1937年第7期。

㊳de la Congrégation de la Mission,Catalogue des Maisons et du Personnel,1874.

㊴傅道安（1823～1885），道光三年（1823）出生于衢州石梁乡麻蓬村一个老教友家庭，圣名味增爵。二十三年（1843）进入遣使会开办的澳门修院，二十五年（1845）加入遣使会，二十七年（1847）祝圣六品执事后返回浙江，到车辐浜继续学习，不久转入定海十字路堂。二十九年（1849），由浙江代牧石伯禄主教（Pierre Lavaissiere,1813～1849）祝圣为神父，是浙籍第一位遣使会神父。先后在舟山、杭州、台州等地传教和担任本堂，光绪元年（1875）调任车辐浜本堂，三年（1877），又调任杭州本堂。十一年（1885）10月6日在台州闸桥安息主怀。译有冯伯德神父（Protais Montagneux,1825～1877）所著的《圣教鉴略》。

㊵㊹㊾浙江省爱国会编：《浙江天主教史略》（稿本）。

㊶de la Congrégation de la Mission, Catalogue des Maisons et du Personnel，1874.

㊷《海宁市志》，汉语大辞典出版社1995年版。

㊸《海盐车辐浜圣母玫瑰总堂五十周年志庆》，《圣教杂志》1921年第12期。关于车辐浜圣母玫瑰总堂的落成时间，一般认为是光绪元年（1875）（浙江省爱国会编：《浙江天主教史略》稿本），但也有同治十一年（1871），未见原始出处。然民国十年（1921）举行圣母玫瑰总堂50周年庆典弥撒，浙东主教赵保禄、浙西主教田法服，"暨中外司铎十有九员"咸来瞻礼，规模空前，似乎应采同治十一年（1871）之说。

㊺王康恤：《浙江新埭天主堂近来教务盛况一览》，《圣教杂志》1935年第6期。

㊻［法］樊国阴（Octave-Marie-Lucien Ferreux,1875～1963）：《遣使会在华传教史》，吴宗文译，台湾华明书局1977年版。

㊼㊽公历1904年1月14日，尚未过阴历新年，故为光绪二十九年。

㊿［法］樊国阴（Octave-Marie-Lucien Ferreux,1875～1963）：《遣使会在

华传教史》,吴宗文译,台湾华明书局1977年版。

(51)J. C. Garritt, "Historical Sketch of the Ningpo Station", in J. C. Garritt ed. Jubilee Papers of the Central China Presbyterian Mission, 1844-1894. Shanghai: American Presbyterian Mission Press, 1895.

(52)广州、厦门、福州、宁波和上海。

(53)史蒂亚(Roger Steel):《挚爱中华——戴德生传记》,梁元生译,中国友谊出版公司2006年版。

(54)公历1856年1月8日,尚未过阴历新年,仍为咸丰五年。

(55)(56)(57)戴德生:《献身中华——戴德生自传》第5版,陆中正译,香港宣道出版社2000年版。

(58)D. N. Lyon and J. H. Judson, "Historical Sketch of the Hangchow Station", in J. C. Garritt ed. Jubilee Papers of the Central China Presbyterian Mission, 1844-1894. Shanghai: American Presbyterian Mission Press, 1895.

(59)J. M. W. Farnham, "Historical Sketch of the Shanghai Station", in J. C. Garritt ed. Jubilee Papers of the Central China Presbyterian Mission, 1844-1894. Shanghai: American Presbyterian Mission Press, 1895.

(60)参见J. C. Garritt ed. Jubilee Papers of the Central China Presbyterian Mission, 1844-1894. Shanghai: American Presbyterian Mission Press, 1895.

(61)(62)P. Frank Price. Our China Investment. Nashville, Tennessee: Educational Department Executive Committee of Foreign Missions. 1927. 本书复印本由沈弘工作室提供。

(63)D. N. Lyon and J. H. Judson, "Historical Sketch of the Hangchow Station", in J. C. Garritt ed. Jubilee Papers of the Central China Presbyterian Mission, 1844-1894. Shanghai: American Presbyterian Mission Press. 1895.

(64)《嘉善县志》,(上海)三联书局1995年版。是志把"美国籍花第生"误为"西班牙籍花迪生",余未考。

(65)文渊博夫妇于1893年9月26日抵达上海,第二天在上海由杜步西博士主婚,其后来到嘉兴新塍。花第生夫妇婚后数天从美国启程,1894年1月24日到达上海,毕来思接站,三天后到达新塍。当时尚未过农历年,因此仍为光绪十九年。

(66)(67)Hudson, Waddy H. The Kashing Story. 1957. 微缩胶卷复印件由

沈弘工作室提供。

⑥⑧ P. Frank Price. Our China Investment. Nashville, Tennessee: Educational Department Executive Committee of Foreign Missions. 1927. 本书复印本由沈弘工作室提供。

⑥⑨ 另外还有一位白先生(Mr. W. B. White)，于光绪十九年(1893)前后来到新塍，二十年(1894)以后由于感染结核病而返回美国，不久病逝。14年后，马唯善牧师第一次经濮院、嘉兴到达新塍巡访教务的时候，一个老百姓还向毕来思打听白先生的近况。参见 Ann E. McGinnis Baskin. Anna & James McGinnis: Missionaries to China 1893-1940. Unpublished. 未刊本。

⑦⑩⑪⑫ Hudson, Waddy H. The Kashing Story. 1957. 微缩胶卷复印件由沈弘工作室提供。

⑬ 秀州中学，《秀州钟》三十周年纪念刊，1929年。

⑭ 包括梧桐、濮院、新塍以及隶属于江苏吴江县的坛丘(Danchiu)、南麻(Nanmo)和严墓(Yenmo)等，毕来思曾带着新来的马唯善牧师寻访上述地区的教务，并在坛丘碰到派到那里工作的惠理生小姐。参见 Ann E. Mc Ginnis Baskin. Anna & James Mc Ginnis: Missionaries to China 1893-1940. Unpublished.

⑮ Hudson, Waddy H. The Kashing Story. 1957. 微缩胶卷复印件由沈弘工作室提供。另据《海盐县志》载，光绪二十九年(1903)花第生和范桂方来海盐县城(武原镇)传教，设传教站于董家弄，旋于寺西大街建海盐耶稣堂，由范桂方主持教务。宣统二年(1910)，在沈荡镇东石桥南塊建沈荡福音堂，由樊启忠主持教务。参见《海盐县志》，浙江人民出版社1992年版。是志"花第生"误为"花茅生"，余未考。

⑯ 参见《平湖县志》，上海人民出版社1993年版。

⑰ D. MacGillivray ed., A Century of Protestant Missions in China, 1807-1907. New York: American Tract Society, 1907.

⑱ 新教教会对于传教区的划分有默认的谅解，以先占为原则，只有人口20万以上的大城市才是"公共传教区"。"急切"这个词，参见 D. MacGillivray ed., A Century of Protestant Missions in China, 1807-1907. New York: American Tract Society. 1907.

嘉兴市文史资料通讯

第七十三期

嘉兴市政协学习和文史资料委员会编　　二〇一三年二月十七日

目　录

解放初参加嘉兴县接管工作的片段……………………倪　谦（357）
我在民丰造纸厂工作的回忆……………………………杨振林（360）
嘉兴市商品猪基地建设记忆……………………………朱文祥（378）

史料研究

张元济先生捐赠祖宅考释………………………………杨成其（385）
沈大瓒和嘉属七县联中史料补遗………………………徐元观（390）

解放初参加嘉兴县接管工作的片段

倪 谦

1949年4月,我正在浙东纵队司令部所办的燎原学习班浙北小组参加学习,"百万雄师渡长江""南京解放"的特大喜讯传来,国民党兵败如山倒,共产党大军势如破竹,学习班所在的诸暨县枫桥镇沸腾了。纵队司令部下令部队前去解放绍兴古城,燎原学习班全体学员跟随部队进驻绍兴城。我在绍兴解放的过程中,感受到老百姓对共产党大军的热烈欢迎,和他们对平安生活的向往。两天后,燎原学习班接到中共浙江省委组织部指示,全体学员去杭州向省委组织部报到并接受分配工作。

我们到杭州的第四天,省委组织部决定:原浙北小组学员全部分配至嘉兴地区,协同山东南下工作团进行新区地方政权建设。

当时,嘉兴专员公署设在湖州,管辖吴兴、长兴、德清、崇德、嘉兴、嘉善、平湖、海盐、海宁、桐乡十个县。我们一行约30人的队伍自杭州搭乘轮船从水路抵达湖州城时,山东南下工作团已先期到达,并已组建成十个县与嘉兴市、湖州市的全套党政机构班底,正处于整装待发之际。经中共嘉兴地委研究后,我们一行人分别分配至各个县。我、潘文炎、朱楚翘三人被分配至嘉兴县。嘉兴是我的第二故乡(第一故乡是上海,嘉兴县王江泾镇是我父亲的故乡,我们全家在抗战时曾避难于王江泾),如今能回到家乡参加人民政权建设,自然感到非常高兴和亲切。

嘉兴县工作团的成员包括县委书记杨铭和县长郑寄民,全团一百多人,全部山东籍,机构人员配备俱全,连食堂炊事员同志也包括在内了。我们是在黄昏蒙蒙细雨中,从湖州搭乘木船,由小火轮拖驳,从水路向嘉兴进发的。这夜细雨未停,凌晨三点多,拖驳船静悄悄地驶入了嘉兴港,在北门塘湾街船埠靠岸,全团人员也是静悄悄地有序上岸,随即在大街两旁商店屋檐下席地而坐,等待天明。

我们这个队伍的到达,丝毫没有惊动市民的美梦,最多是二三人进行轻轻的耳语交谈。偶尔有火柴擦拭时的火花,那是团员们在点燃从山东带来的家乡土烟以解寂静。细雨的夜空中,一丝丝烟云在浮动。这种春雨绵绵的江南街道夜景,静中有动、神秘而又迷人的色彩,我第一次欣赏到,感到非常动人。想到家乡父老已经度过漫长的黑夜,即将迎来黎明的曙光,并将开始过上平安幸福的生活,禁不住从心底里发出微笑。

天微明时,第一个市民走出家门看到街头景象时感到惊讶!他感到似乎熟悉而又陌生。从穿着黄色军服、胸戴"中国人民解放军"佩章来看,这是一支中国人民解放军的队伍;但从三五一群的闲散场景,又看不出部队的整齐、严肃。市民们是无法理解了。上街的市民越来越多,都以新奇的目光远远地盯着我们打量,私底下交头接耳议论,可他们绝不会想到这是"嘉兴县人民政权领导班底"的队伍啊!

在市军管会的具体安排下,县政府的临时机构驻地设在南门报忠埭几座大房子内(即现斜西街、杨柳湾区域),我和潘文炎、朱楚翘被分配在县文教科,县委宣传部长汪林村兼文教科科长。当时全县中小学并没有因战争而停课,一切按原状进行,学校正常上课,教师仍按原有的对口部门领取每月的薪金。因此,县文教科建立初期也没有大的动作。我们在汪部长领导下,经过具体研究后,科内三个人进行分工,各自到区政府所在地去了解有关学校活动情况,定期返回县政府进行汇报交流,整理成书面报告提交县长审核。

嘉兴解放初期,农村被一群流窜武装散匪所干扰,为自卫保护,我们下乡前夕,领导发给我和潘文炎各一支手枪并有三发子弹(朱楚翘同志已被公安局借调参加围剿游散土匪)。那时我们穿军服,胸戴"中国人民解放军"佩章,腰间挂有皮套子的手枪,确有些英武之姿,即使遇上散匪,这批乌合之群也会被震慑而逃的。这支手枪伴随我近一年多,只派过一次用场。那回是专署文教科召开全区文教工作会议,各县文教科的同志都要参会。我和潘文炎及嘉善县文教科商阳同志(他也是燎原学习班的同学)三人同行,搭乘从嘉兴至湖州的长途汽车。当汽车从南浔站往西行驶遇上交接车时,对方驾驶员告知:"前方不到半公里,有土匪拦劫!我们的车刚好开过,土匪虽鸣枪企图拦阻,幸我们已经进入安全区了。"这位驾驶员善意建议:"你们最好等一段时间再启动,以保安全。"这时车厢里的旅客吓怕了,不敢继续前行。我们三人随即对旅客说:"大家不要怕,土匪是胆小鬼,正是我们抓捕的好机会。"就请驾驶员继续向前开,并说:"若前方发现土匪,你就停车,我们下去捕捉。"这样汽车就继续前进,我把仅有三发子弹的手枪握在手中,并把子弹上了膛。我想,这一回真的要用上手枪了。可是当我们开过时,土匪早已流窜得无影无踪了,汽车畅通无阻地直达湖州城,我这支手枪并没有发射一颗子弹。

全县的剿匪战斗进展顺利。在很短时间内,残留散匪被迅速肃清,社会秩序恢复稳定,再也不需要带着手枪了。这时,军管会也完成了历史使命,我们胸戴的"中国人民解放军"佩章也拿下了,组织上发给的枪支弹药全部回收。我这支手枪和三发子弹原封未动地上交了。于是,我就成了道地的文职人员,开始了人民公仆的工作时期。

我在民丰造纸厂工作的回忆

杨振林

初来民丰　面临污水难题

1966年3月4日,正在吉林造纸厂工作的我,突然接到轻工业部王新元副部长从嘉兴发来的一封电报(当时轻工业部"四清"工作队正在浙江省嘉兴民丰造纸厂搞"四清"工作),叫我立即动身去嘉兴民丰造纸厂参加"四清"工作队。5日,我把电报交给王大维厂长和厂党委看过之后,就让厂办秘书王忠禹同志去火车站给我购买一张6日去嘉兴的火车票,乘坐火车在8日晚上到达嘉兴民丰造纸厂。

到达后,王新元副部长让我先到招待所去休息,第二天早晨8点到业余大厅参加会议。3月9日早晨8点,我到业余大厅时,看到已坐满了人,是全厂干部会议。谁知我一进门,王新元就迎上来,把我拉过去介绍说:这是新来的厂长。我被这突如其来的消息给震惊了。

我要来嘉兴民丰造纸厂担任厂长的消息,事先连吉林造纸厂也不知情,就连调令也是在三个月后才由轻工业部下达。我这才知道,我调来民丰造纸厂是由轻工业部自行决定的。

3月9日那天,王新元在会上宣布之后,就拉着我走出业余大厅,到工厂门前的运河边上乘船到乍浦,沿途察看民丰造纸厂排放出来的制浆造纸污水对运河污染的情况。当时为了解决沿河两岸农民吃水问题,给农民打了不少井,对捕鱼为生的渔民安排了转业,在乍浦海边修建了往海里排放污水的泵站,准备将民丰造纸厂的制浆造纸污水铺设管道往海里排放。但是往海里排放污水也是不允许的。所以民丰造纸厂的污水处理就成了一个大难题。王新元对我说,对造纸你是内行,先不用管,先熟悉一下情况,首先考虑如何把废水处理好。

嘉兴民丰造纸厂虽然只是一个中型造纸企业,但却是一个生产多品种纸张的造纸厂,是轻工业部直属造纸企业之一。由于所生产的自制稻、麦草浆和麻浆所产生的制浆及造纸污水中含有大量烧碱和短小纤维等物,不经处理排入河道,严重污染水质,不仅危害渔业生产和沿河两岸生活用水,而且在河水倒流的时候还严重影响本厂所生产的纸张产品质量。污水处理问题如果解决不了,就会影响到民丰造纸厂的自我生存和发展。所以王新元要我首先想办法解决这个问题。

经过一段时间的了解和研究,我认为制浆造纸污水既不能排放,也不可能全部采用生化处理的方法解决。因为用生化处理的方法虽然能处理好,但是制浆造纸的污水量很大,一天有几万吨,如果要全部进行生化处理,费用是非常高的,生产成本承担不起。所以必须走碱回收的路子:一是将污水中的短小纤维过滤回收给生产箱板纸掺用,二是将制浆污水的残碱回收再利用,三是将回收之后的水再生化处理。这样处理费用就比较低了,生产成本也是可以承担得了。

但是难度最大的问题就在于碱回收。因为木浆碱回收国内外都已有了成功经验并且还有可观的利润。而草浆则因为用碱量少,而且制浆污水当中含硅量都很高,不易蒸发,国内外还都没有回收的先例。由于我不懂碱回收技术、没有经验,就找吉林造纸厂的张福书工程师请教。因为佳木斯造纸厂在"一五"期间从苏联引进一套木浆碱回收设备,而张福书到佳木斯造纸厂实习过,吉林造纸厂的自制木浆碱回收的技术工作也是她在负责。当时,她也认为草浆碱回收难度很大,但不一定绝对不行。于是,我就请吉林造纸厂支持,把张福书调来民丰造纸厂。

民丰造纸厂的自制浆有三种,一种是稻草浆,一种是麦草浆,还有一种是麻浆。危害最大、数量最多的是麦草浆。我们决定首先从解决麦草浆黑液开始。上海制浆厂有一套年产一万吨木浆的碱回收设备在生产,规模大小和民丰厂的万吨麦草浆相当。所以就计划先按上浆厂的碱回收设备原型订购一套,建起之后用来实验回收蒸煮麦草浆浓黑液当中的残碱,再边生产边实验,逐步摸索探讨进行改造,使之逐渐适应麦草浆碱回收。轻工业部同意了这个方案,并立项分期拨款进行筹建。还指定由轻工业部造纸管理局、造纸研究所、发酵研究所、北京设计院、上海设计院参加或配合此项工作。

但此后不久,"文化大革命"爆发,"四清"工作队准备撤出民丰造纸厂,让我回吉林将家属接到嘉兴来,以便安心在民丰造纸厂工作。我家人并没有长期留在南方居住的思想准备,所以大儿子世杰仍留在吉林造纸厂工作,大女儿洁萍也留在吉林造纸厂子弟中学读书,只有妻子秀琴和我带着较小的女儿洁华、二儿子英杰和小儿子少杰一起迁到嘉兴。住房方面,民丰造纸厂将被调走的厂党委书记王震的房子安排给了我,他的住房当时还算是比较宽敞的,但我为了体现和职工群众同甘共苦,不搞特殊化,将这套住房让给一车间的一位劳动模范,他们家有七口人,叫总务科在48间楼下另外找了一套能住五口人的房子给我住。虽然担任厂长,但我要求不要给我加工资,还按照当时吉林为六类地区、嘉兴是四类地区,将工资由117.80元再降低5%,以利于开展工作。

当我从吉林接家属回到嘉兴之后,"文化大革命"的浪潮已经蔓延到嘉兴。从1966年下半年开始,工农群众也和学生一样,到处自发地成立各种各样群众组织,拉山头、搞帮派,到处造反夺权,领导干部全部被打倒或靠边审查,党政机关和工厂企业逐步瘫痪,管理人员下放劳动，绝大多数企业的生产和各项工作陷入停顿或半停顿状态。我个人虽然受到冲击，但是始终坚信真理必胜，只要自己是为了革命和生产工作而问心无愧，只要自己认为正确就坚持，对错误的人和事就去反对，坚信在运动过去之后，必定会被解脱和平反昭雪。所以，我从1967年8月被关进"牛棚"到1971年1月被"解放"和1973年恢复原职正常工作期间，都一直在考虑如何把民丰造纸厂搞好，并思考着如何治理"文化大革命"造成的严重混乱及不良后果。

想方设法　调动职工生产工作积极性

我在恢复原职后，针对职工思想上的混乱，首先对全厂职工进行一次阶段教育，以提高职工的阶级觉悟，增强主人翁责任感，激发革命热情，调动工作积极性。我除在全厂职工大会上作报告之外，并用举办"振兴中华"学习班的方式让职工学习讨论，在新招收进厂职工的学习班上也让他们首先学习，收到了很好的效果，有效地提高了全厂职工的主人翁意识和生产积极性。

在全厂进行普遍政治思想教育之后，党中央为拨乱反正，决定在全国范围内开展"工业学大庆"运动，要求全国各省组织学大庆代表团赴北京开会和去大庆参观学习取经，嘉兴地区十个县的县委书记或主要负责人各一人参加，嘉兴地委指派我也参加嘉兴地区代表团。我们先在北京人民大会堂开了几天会议，其间，华国锋主席和叶剑英副主席、李先念副总理等中央领导同志都到会接见了全体代表并合影留念，会议开得非常隆重。会后全体代表去大庆油田参观取经，深刻领会大庆油田铁人王进喜等人的先进事迹和一心闹革命的艰苦创业精神。回厂后，我就发动全厂职工开展"工业学大庆"运动，大庆精神鼓舞了全厂职工的生产积极性，取得了较好的效果。几年来，我厂有不管风吹浪打，始终坚持在业余时间读马列和毛主席著作那样的青年业余读书小组;有一车间八号机丙班那样1973年以来,全班没有一个人请过一天假的先进集体和先进生产工作者;有坚决与"四人帮"及其在我厂的地下指挥中心作不屈不挠斗争的广大职工,保证了生产一天也没有被他们全部搞瘫下来。

政治思想教育以外,创办综合分厂,安排待业职工子女就业,以解除职工的后顾之忧,也是调动职工生产工作积极性的重要措施之一。由于十年动乱,造成很多职工子女待业,在"文化大革命"期间又很少有新的工业企业建成投产,使职工子女没有就业机会,给职工思想上和生活上造成沉重负担。为了解决这个问题,选派朱金水等四名干部负责筹建一个全民办集体的综合分厂,以自力更生为基础,以纸品加工为主导,以为老厂服务为重点,在一无厂房二无设备的情况下,利用工厂可以利用的一些有利条件,办起了小造纸厂、纸箱纸盒厂、印刷厂、卷纸芯厂、电容器厂、拣料工场和建筑工程队等,安置了七百多名职工子女就业,以后又发展到一千三百多人。在安排职工子女的时候,考试出的小学试题,仍有四个人的答卷是零分。开始不收他们,他们的家长来找我下跪,也只好将他们招收进来。经过一番努力,总算比较妥善地解决了这个问题,使职工充分感到工厂这个大家庭的温暖,极大地调动了职工的生产工作积极性。

筹办职工大学　培养专业技术人才

"文化大革命"期间,学校基本上都是停课或半停课状态,造成专业技术人才严重缺乏和青黄不接的实际问题。考虑再三,决定由工厂自己开办职工大学,培养所需要的技术人才,以适应工厂生产发展和技术进步的需要。

民丰造纸厂职工大学自1978年下半年开始筹办,1979年初经浙江省第一轻工业局批准同意开办,在工厂职工内招收政治思想表现好、生产工作积极、年龄在 30 岁以下、在工厂工作两年以上且身体健康的青年 40 名,分为造纸工艺和造纸机械两个班。

职工大学作为工厂的一个行政单位,受厂部直接领导,由我兼任校长,设两名专职副校长,分别主管教学和行政。师资方面,主要是从工厂抽调五六十年代大学本科毕业并有生产工作实践经验的人员任教,并聘请部分兼职和代课教师授课。正规大专院校的学制为三年,考虑到厂办职工大学师资和教学的软硬件设施等条件都不如正规大专院校,第一期的学制暂定为三年半。

毕业考试时,职工大学的学生参加华南理工学院的毕业考,考试结果出来,我校学生的平均分数还略高于华南理工学院的毕业生。开始我还不相信,后来该学院的教授来嘉兴时,亲口证实是真的,我才完全相信。究其原因,可能因为我们的学生已经在工厂实际工作过两年,有了一定的实践经验,在听课时更容易理解和接受,所以学习成绩比从学校到学校的学生要好。

职工大学的上级主管单位为浙江省轻工业厅,教育业务受浙江省教委指导,学生考核接受省教委的监督和检查。毕业文凭由省教委验证颁发,国家承认大专学历。职工大学办学十年多,先后培养具有大专学历的毕业生 6 届 170 余名,回民丰本厂的 110 名余名,为本省及外省兄弟造纸厂代培毕业生 60 余名。回本厂的毕业生绝大多数都被评为工程师、助理工程师和担任中层干部职务,光荣入党的有 30 余名,有效地缓解了"文化大革命"造成的专业技术人才青黄不接的问题,对工厂的生产发展和企业管理发挥了一定作用。

攻坚克难　解决制浆造纸污水问题

1966 年经轻工业部批准的碱回收项目,由于受"文化大革命"

的干扰,直到1977年9月才建成。经过边试验边改进,在采用上海制浆厂使用回收木浆黑液中的烧碱的设备基础上,先后改进一百余项,终于获得成功。1978年正常投入生产,平均日回收处理黑液220吨,回收烧碱5吨左右,碱回收率达到50%,缓减污水对河道的污染。成功之后,苏州华盛造纸厂、杭州华丰造纸厂都相继采用了此项碱回收办法,获得了较好的效果。

碱回收之后的中段污水,由陈国础工程师、轻工业部造纸局许文章工程师和北京设计院的于惠芳工程师共同进行生化处理试验,几年之后也获得成功。由轻工业部上海设计院设计,建造一套日处理一万吨的生化处理设备,投入生产之后,污水处理率达到70%,BOD_5(生物耗氧量)达到90%以上,COD(化学耗氧量)达到80%以上,基本上解决了漂白麦草浆所产生的污水问题。

然而,生产箱板纸用的稻草浆所产生的污水,由于用碱量比麦草浆还少,黑液的黏度更大,比麦草浆黑液更难处理。碱回收蒸发技术很难突破。在张福书和轻工业部造纸研究所陈仁悦两位高级工程师的共同努力之下,经过多次反复试验,最后,将生产卷烟纸用的麻浆所产生的黑液和蒸煮稻草浆所产生的黑液混合在一起进行回收,较好地解决了技术难题。

经省轻工业厅和轻工业部研究决定,1982年批准建造第二套碱回收项目,这套碱回收项目建成投入生产之后,即可处理好民丰造纸厂三种自制浆的全部污水,比较彻底地解决制浆造纸污水的危害问题。主要资金由轻工业部拨给和工厂自筹一部分解决。1983年,先由省轻工业厅预拨民丰造纸厂20万元开始进行设计征地。但此项工程因我调离民丰造纸厂到轻工业局工作,最终没有进行。

在碱回收项目投产之后,又出现了新的问题:苛化烧碱每天产生含50%水分的白泥约有28吨,如不妥善处理掉,也危害环境,造成二次污染。听说四川省有一个糖纸联合造纸厂,将白泥用于掺烧水泥取得成功，我准备也采用这种办法，但遭到一些人的反对。他们担心将水泥厂建在工厂边上，水泥厂产生的烟尘会对产品质量造成危害，其次苛化用过的石灰所形成的白泥，是否真正可以用于烧水泥也令人怀疑。我找到轻工业部造纸局的潘家宜工程师，请他和我一起去四川实地"侦察"。我们事先不和该厂打招呼，开一辆吉普车直接闯到小水泥厂里，结果看见他们确实在用白泥加黏土烧水泥。他们生产的是 500 号水泥，虽然用的是比较小的土炉子，但是因为采用湿法备料，也没有什么污染。回来之后，就决定根据以后工厂可能产生的白泥数量，建造一座中小型水泥厂，采用回转窑袋式除尘和湿法备料，在烟筒上又加装静电除尘设备，以预防可能产生的烟尘。建成投产之后，不但有效地处理了碱回收所产生的白泥，平均每天还能生产 425 号水泥 50~60 吨，办成了环境优美的花园式水泥厂。

生产优质产品为工厂一切工作的总方针

在制订工厂的生产方针时，厂领导班子主要考虑民丰造纸厂生产名、优、特产品为主的特点和原材料资源短缺的实际情况，提出"优质、低耗、安全，在确保产品质量的前提下力求增产"的方针，不过分强调追求产量。

在 1978 年，提出"生产优质产品为工厂一切工作的总方针"，无论生产、辅助和各管理部门都要围绕提高产品质量这个总方针进行工作，力争经过两年左右五个主要产品质量达到国内一流水平。到 1983 年工厂所生产的全部产品质量达到全优，实现优质产品工厂的目标。为达到这一目标，我们首先从提高全厂职工质量意识着手，全面提高工作质量，加强全面管理工作。将全国各造纸厂及世界各国的同类产品各项指标进行逐项分析比较，找出差距，针对存在的缺点找出原因，制定切实有效措施逐一进行解决。与此同时，还将工厂的产品质量标准在部颁标准的基础上提高一个等级，就是将已达到一等品的产品作为二等品处理，以达到民丰造纸厂的产品优于全国各造纸厂产品的目的。

电容器纸是国防工业用纸，也是高精尖产品，主要有民丰和上海红卫造纸厂生产。我就去上海红卫造纸厂参观取经，并去上海轻工业局拜访，向轻工业局党委书记李滋普同志提出和上海红卫进行挑战，看民丰和上海红卫哪个厂生产的电容器纸的质量更好。李滋普同志很感兴趣，并答应红卫造纸厂，要什么设备给什么设备，要什么人给什么人，要多少钱给多少钱，只要能使生产的电容器纸的产品质量超过民丰，什么条件都可以给。

我在红卫造纸厂参观，发现他们的脱盐水设备比民丰多，进车间的风道条件比民丰好，回厂之后就给三车间增添阴、阳离子和混合床各一台，增加了脱盐水，改善了生产水质；在停机大检修的时候，将普通钢板制作的进风管道全部拆换成不锈钢板；空气过滤也由18层纱网过滤再加上泡沫塑料进行过滤，使送进车间里的空气更加纯净；还将造纸机的所有传动部分改为可控硅传动，使造纸机的各部分速度更加一致和稳定。为了改善车间外面环境，又购置一部喷水车每天对车间周围和厂外的马路进行冲洗，有效地防止空气当中的导电及半导电体进入车间。

这一系列措施使电容器纸的产品质量明显提高，所生产的电容器纸在1979年荣获国家银质奖。1980年，经四机部将民丰造纸厂生产的电容器纸的各项质量指标和几个国家的进口纸进行测试对比，结果是民丰电容器纸的综合平均质量指标优于进口纸，决定使用民丰造纸厂生产的电容器纸发射卫星、导弹和铺设海底电缆。该年度，民丰造纸厂生产的电容器纸又被国家授予金质奖。与红卫造纸厂的质量竞赛，自然也取得了胜利。

当时，在国内只有民丰造纸厂的一台造纸机生产描图纸，数量供不应求。从纸的质量看，虽然可以使用，但是和进口的优质名牌产品相比还有一定差距,主要是存在透明度比较差和存放一段时间之后纸面起泡泡纱等缺点。我就首先考虑改造这台生产描图纸的老三号机的问题。这时,恰逢我在吉林造纸厂工作时的一个工友邢贵福到嘉兴来看我,他当时在中国人民银行直属的四川旺仓专门生产钞票纸的造纸厂担任生产副厂长。我就问他:钞票纸的紧度非常好,是什么原因?生产设备都有哪些优点?他说该厂的造纸机是用高价从法国引进的,和紧度有直接关系的是用复合压榨。我说:可惜你们厂不许外人参观。他问我是否想去看看,我说是,想去看看有些什么特点。他答应回去后想想办法。果然,邢贵福回去不久就来电话对我说,厂党委已经同意我去参观。我很高兴,并同他约好了时间。但是不凑巧,就在要动身去该厂之前,轻工业部来电话要我亲自去北京领取电容器纸的金质奖,我只好委托总工程师陈志蔚和二车间主任邬仁义带领设计人员去该厂。临去之前,我要求他们一定要把复合压榨部分全部测绘下来,其他由他们自己看看还有什么好学习借鉴之处。回来后,按照他们测绘下来的复合压榨部分为主,重新设计出了两台生产描图纸的造纸机。生产厂房采用双层结构,以拉大干燥空间的距离,使蒸发出来的水蒸汽得到扩散;加长网案和增加烘缸,以解决老纸机的强干燥等问题。在上海造纸机械厂订制两台,安装试车投产一次性成功。产品质量达到了国际名牌英国盖特威的同类产品质量水平,在数量上也满足了全国的需要。

民丰造纸厂所生产的卷烟纸,在国内虽然还算是比较好的,但和进口卷烟纸比较起来,外观上比较差,在高速卷烟机上使用容易断纸。

1981年1月,应日本东海总局邀请,浙江省轻工业厅组织民丰、华丰、杭州三个造纸厂各一人参加,由钱同元副厅长带队赴日本考察卷烟纸制浆造纸生产技术和有关生产设备等情况。我们参观访问了三岛制纸的原田工场与吹场、本州制纸的岩测工场、十条制纸的都岛工场等生产卷烟纸的工厂以及王子制纸的春日井工场、北越制纸的市井工场、东海纸浆工场以及制造半干压螺纹等设备的佐野铁工厂、十条东京卫生纸厂等九个工场和静冈县政府，找出我国生产的卷烟纸和日本生产的卷烟纸在产品质量和生产设备等方面的差距。

日本三个卷烟纸厂的四台造纸机的日产量也都在10吨左右。纸机抄速每分钟是130米到140米，个别最高可达180米，略比民丰、华丰高些。但他们只是设备上比较先进一些，如果我们自己进行改造，完全可以达到他们的水平。

我国当时生产卷烟纸仍旧使用比较落后的水印辊压螺纹，而日本和世界其他国家都已采用比较先进的半干压螺纹，所以纸的外观要比我们好。我们就请制造半干压螺纹机的三井物产和东棉的佐野铁工厂分别报价进行比较。最后华丰造纸厂订购一套，民丰造纸厂订购一套外加上下两只螺纹辊和聚胺脂胶辊，到货之后自己将螺纹辊和聚胺脂胶辊配套制作机架成为两套，安装在两台造纸机上，使卷烟纸在外观上达到了国际水平。

另外，在考察中还发现，我们生产的卷烟盘纸用在高速卷烟机时断纸有两个原因：一是我们卷烟纸是用红黄麻等普通麻料，而日本则规定必须使用从中国东北进口的亚麻，亚麻的强度比红黄麻要高。二是日本用来分切卷烟纸的分切机很先进，分切出来的盘纸刀口光洁规整，不会带出微小锯齿裂口，盘纸卷的很紧，在卷烟机上卷烟时速度稳定，不会被拉断。而我们用老式分切机，不但分切出来的盘纸盘面不光洁，而且还会出现微小的裂口，从而在高速卷烟机上造成断纸。回国之后，我们决定从国外引进分切机取代老式分切机，解决此类问题。关于是否使用亚麻，我们经过试验，发现强度提高得并不太多，加上成本也过高，而未采用。

民丰造纸厂一号造纸机生产的书写纸、胶版和铜版原纸的产品质量比较好，但是纸的匀度还不够理想。该造纸机从来没有使用过水印辊,而可以改善纸张匀度的水印辊在当时轻工业部机械局没有订货供应,市场上更买不到。我了解到以前和我在吉林造纸厂工作过的曹学仁同志在中国人民银行直属企业保定造纸厂担任生产副厂长,而该厂生产钞票纸和邮票纸使用的水印辊是该厂自己制作的,我就请他给一号机制作一只水印辊。用上去之后,纸的匀度有了明显改善,一号机生产的产品质量有了进一步的提高,所生产的书写纸在香港供不应求,胶版纸及铜版原纸的质量同样得到改善。

到1980年,电容器纸荣获国家金质奖,描图纸、书写纸、胶版纸、特白卷烟纸、仿羊皮纸等五个主要产品达到全国一流的目标。1983年实现了优质产品工厂的目标,电容器纸、描图纸、书写纸、胶版纸、条纹牛皮纸等几个主要产品的质量,达到了国际同类产品的质量水平。

合理布局　　降低能耗

在低耗方面,民丰造纸厂较大的举措是调整原有不合理的生产布局。一是在火车站专用线和运河码头边上建造一座新的动力车间,更新原有的老式危险锅炉和发电机组,既解决煤炭及煤渣的无效往返运输,降低生产成本,又消除了安全隐患,还为今后的生产发展打下基础。二是在稻草场和水运码头边上新建一个制浆车间,取代原来建在工厂中心的一、二造纸车间的各自生产稻麦草浆的制浆工段,集中生产稻麦草浆,供给一、二两个造纸车间,不但可以解决稻麦草的往返运输,节省大量人力和运费,降低生产成本,也使生产流程趋于合理,还解决了工厂到处是散落的稻麦草等环境卫生问题。

与此同时,在全厂大力开展节约各种原材料和水、电、汽等工作。利用供应西安电力电容器厂电容器纸的关系,搞到比较短缺的电力电容器,由电气工程师许公度负责加装在电气设备上,取得了明显节电效果。对全厂的上下水道和蒸汽管道也由龙葆生工程师负责全面彻底地整理改造,对蜘蛛网一样的架空电线也进行合理改造并换成电缆埋入地下,既安全又节电。在全厂反对浪费,厉行节约取得的显著效果,有些方面是令人吃惊的。例如,由于十年"文化大革命"时规章制度被破坏,在生活用电方面无人管理,从厂内到厂外住宅和单身宿舍到处都是大灯泡、长明灯和私烧电炉子,每月用电量都在57000度左右。为了切实有效地解决这个问题,我决定由工厂出钱,给每户安装电表,计量收费。由市供电局供应的居民生活用电是每度0.16元,由工厂供电每度只收0.08元,比市内供电便宜一半(因为工厂自发电的成本只有0.04元),所以职工也愿意接受。工厂又从海宁灯泡厂用出厂价购买20瓦和5瓦的日光灯,给职工家里换上节能灯泡。结果生活用电一下子降低到8000多度。开始我不相信能节约这么多,但连续几个月都是8000多度,我才不得不相信这一事实。由此可见,工厂里存在的浪费较多,只要认真加强管理,节约潜力是巨大的。1976年工厂的利润总额是620万元,1977年上升到1149.6万元,除增产的因素之外,降耗的因素占了很大的比例。

保障安全生产

民丰造纸厂是个老厂,不少厂房都是木结构,生产也以草类原料为主,安全问题是一个时刻令人担忧的事情。

民丰造纸厂的稻麦草在全省各地分散收购,晒干之后全部运到工厂打堆存放,是一个大的隐患。在"文化大革命"后期,由于一个电工违章作业引起火灾,工厂边上的整个稻草场火势蔓延成片,52个堆垛烧了51个。幸好没有蔓延到厂内来。为防止火灾的再次发生,首先采取了将稻麦草场的全部电气线路改为电缆埋入地下,草场内外安装避雷网,安装贯通整个草场的消防水源和加强安全防火等管理措施。但是稻草场和工厂连在一起,对工厂的安全仍然是一个最大的威胁。若要比较彻底地消除这个大的隐患,就必须设法将稻草场迁离工厂并建在一个安全的地方。

我了解到嘉兴农业局在郊区大德桥有一个农场,有一百多亩土地,农场的工人基本上都是在社会上收容来的。因经营不善,工人收入过低等原因,经常有人闹事,农业局正苦于无法处理,有意将这个农场转让给其他单位或部门管理。我就找农业局联系,愿意将这个农场接管过来。农业局很愿意给我们。但在办理移交过程当中,县里认为将100多亩都给民丰造纸厂太多了,只同意给50亩。最终决定是将50亩土地和10多名工人接管过来。工厂有些同志担心,这些人接过来不好管理。我经过调查,发现这些人都没有什么大的问题,主要是一个人每月的收入只有十几元钱,不但养家,连自己一个人的生活费也不够,所以才经常闹事。接管过来以后,这些人仍留在大德桥工作,待遇则按民丰造纸厂正式职工待遇,定为国营企业二级工,享受全劳保待遇。他们都很高兴,工作很积极,表现也很好。

从农业局接管的这50亩地,有两面是30米宽的运河,于是我将另外两面也开挖成25米宽的河道,形成一个四面环水的孤岛而与外界隔绝;又购买了一台东方红牌推土机将全地推平,打造成一个规模比较大的稻草场,在全场范围内安装上避雷网、地下电缆以及消防水源等防火设施。收拾停当之后,便将在各地收购的稻麦草全部贮存在这个草场里,每天按照工厂生产的实际需求量送到工厂使用。同时,在每个草堆里还安装上远红外测温器以防止发热自燃,比较彻底地解决了草场安全问题,成为全国第一个安全样板贮草场。

工厂的大礼堂原建在厂内生产电容器纸车间的边上。工厂召开大会或放映电影等活动都在这个礼堂,职工图书馆也设在这里。

不但工厂职工不断进进出出,职工家属和外来人员也可以进入。而与大礼堂相邻的电容器纸车间,是个保密车间,同时对周围环境的要求也很高。大礼堂设在这里,对电容器纸的生产和安全管理自然很不利,我就考虑必须将大礼堂迁出工厂外面去。先是让设计室考虑设计一个比较好的大礼堂。有人提出对照嘉兴中山电影院或湖州电影院来设计,我不太满意;他们又设法从广东空军司令部搞到准备要建造而尚未建造的大礼堂图纸,我看了很满意,但因为建造费用比较高而未动工兴建。

后来,在一次嘉兴地区人防会议上,要求工厂挖防空洞,我就提出自己的意见,认为在嘉兴地下挖一米就出水,挖出来的防空洞都被地下水泡上不能使用,是劳民伤财的事,要建就应该搞平战结合的永久性建筑。人武部说,南京军区有一个沉箱试验项目,还拨给经费,问我愿不愿意干。我就接受了这个试验项目。回厂后,就和设计人员研究把这个试验项目和建造大礼堂结合起来:先建0.8米厚的钢筋水泥沉箱地下室,再将这个沉箱地下防空洞作为基础,把大礼堂建在这个地下两层的防空洞上面,这样就形成了上面两层观众厅和大舞台、中间一层周围环水的图书馆、下面两层地下室的上下共五层的一个大礼堂。两层地下室作为厂人民武装部的办公室和武器库,用的人防试验费,上面的礼堂造价就很低了。礼堂搬迁出来后,老的礼堂改造为可安装两台造纸机的厂房,既解决了礼堂问题,也解决了厂房和生产环境问题,一举三得。

为了工厂"优质、低耗、安全,在确保产品质量的前提下力求增产"的方针全面实现和工厂的进一步发展,就必须把基层工作做好。为提高班组长的领导水平和工作能力,在1979年下半年举办了班组长脱产学习班,把全厂的班组长、工段长、值班长全部轮训一遍,使之组织领导能力得到提高,在生产工作当中发挥模范带头作用,团结和带领全体职工完成生产工作任务。

因为得到工厂广大干部群众和有关领导部门的信任和支持,

所以在粉碎"四人帮"之后,民丰造纸厂的生产恢复和发展都很迅速,几年以来不断地取得预想不到的好成绩。1976年到1983年实现的主要经济指标如下表:

	1976年	1977年	1978年	1979年	1980年	1981年	1982年	1983年
纸及纸板总产量(吨)	19479	26157	28860	30334	31198	33409	3369	33705
工业总产值(万元)	3834.43	4965.9	5501.64	5816.3	5912.59	6759.69	7118.93	7261.44
成品率(质量)(%)	86.64	89.72	91.34	92	92.29	92.51	92.36	92.19
耗浆量(用料量)(公斤/吨)	1063	1040	1000.4	998.22	998.99	974.08	973.09	972.38
耗煤量	1158	937	859.42	820.34	645.58	636.81	630.51	680.81
耗电量度/吨纸	1071	877	820.21	826.77	844.80	794.42	790.42	874.33
利润总额(万元)	620.7	1149.6	1479.6	1562.7	1601	1729.86	1740.7	2084.33

对于民丰造纸厂未来的发展,从1978年开始我就考虑制定技术改造和"三废"治理的总体规划,计划在我1987年离休之前可以全部实现。经浙江省轻工业厅和嘉兴地区组成的联合调查组在民丰造纸厂进行一个月的调查研究,同意了我制定的规划,并写出调查报告一并报到轻工业部。轻工业部审查批准了这个总体规划,并同意协助和支持尽快实施。

按照这个规划方案,可将民丰造纸厂改造和建设成为一个产品质量在国内最好,同类产品的各项消耗在国内最低,实现利润率最高,纸及纸板总产量5万吨、年产值1个亿、年利润5000万、经济效益最好并且没有环境污染的花园式工厂。

然而,在1982年,正当紧锣密鼓地进行实施技改方案之际,国务院下发一份关于"干部四化"的文件,要求工厂的厂长年轻化,年满55岁就要从领导岗位退下来,让位给比较年轻的人。经嘉兴地委领导决定,我于1983年初退居二线,从此结束了35年紧张而繁忙的工厂工作。

民丰造纸厂也在新的领导班子带领下,进入了新的发展时期。1984年被国家评为国家二级企业,1985年上升为一级企业,并被评为全国绿化先进单位。

后　　记

1983年10月,嘉兴地区撤地建市,新的嘉兴市成立轻工业局,我被调任嘉兴轻工业局任局长兼党委书记,同时被选为嘉兴市第一届人民代表大会代表和市纪律检查委员会委员。此前在浙江省评定高级技术职称的时候,我被推荐评审高级工程师,因轻工业局为行政部门没有批下来,1989年局改公司,我被评定为高级工程师职称。1989年末离职休养。

虽然自己为革命工作劳累一生,但是在离职休养之后的晚年,看到国家以经济建设为中心,实行改革开放的政策,社会主义事业蓬勃发展,欣欣向荣,国家日益繁荣昌盛,感到十分欣慰和自豪。尤其是党和国家对离休干部给予比较优厚的政治及生活待遇,为我们安度晚年提供了保障。

我个人的兴趣和爱好是养花。早在1949年在吉林造纸厂四车间工作的时候,我就自己花钱买一些花种在车间前及两侧的空地上(原来吉林造纸厂内一棵花木也没有),有的人就议论我不专心生产，养花养到工厂里来了，还说是资产阶级情趣。时逢朱德和宋庆龄以及东北人民政府主席高岗等人到吉林造纸厂视察，朱德和宋庆龄看见车间这些花草很感兴趣，对工厂领导说，工厂应该把空闲的地方都种上花草树木。因此，我不但没有被领导指责，反而受到称赞。从此，吉林造纸厂每年都进行植树绿化和种些花草，以后又成为首批全国绿化先进单位。"文化大革命"之后，我组织将民丰造纸厂所有简易仓棚拆掉，清理空地上的垃圾开展植树绿化，并在工厂河对面建造一个花园苗圃，美化工厂环境。1985年，民丰造纸厂也被评为全国绿化先进单位。调到轻工业局工作以后，动员所属工厂企业搞好厂区绿化。当时从淳安县千岛湖接管搬迁过来的军转民企业浙江钟厂，因是新建厂，经济比较困难，也由局里支援给该厂一万元进行厂区绿化。

离休之后，我义务帮助在嘉兴的浙江省第四茧质检定所和嘉兴热电厂进行绿化。我自己也在离开工作岗位之前早做准备，购买了一些木本花和树桩盆景。有时还将死掉的形状比较好的树桩加工成根雕，自己观赏，自得其乐。

我对于书画也比较感兴趣，有机会认识画家也求来书画观赏以陶冶情操。还有幸结识了早期已在国外学画成名的油画家沙耆老先生。此外，我偶尔还收藏一些普通的古钱硬币，自娱自乐，可以说是过着既充实又幸福的晚年。

嘉兴市商品猪基地建设记忆

朱文祥

嘉兴市区的商品猪基地建设始于 1986 年,之后随着政策措施的日趋完善,效益不断提升,基地规模逐步发展壮大。商品猪基地的建立,为稳定生猪生产和消费市场,满足市民"菜篮子"需求奠定了基础。我在市商业局工作期间,作为业务分管,经历了商品猪基地建设的全过程,至今回忆起基地建设的前前后后,感受颇多。

一、建设商品猪基地的背景

1985 年之前,我市生猪的产、购、销、调、存都按计划经济模式运行。生猪生产采取派养、派购及养猪有奖(一是奖励饲料,二是猪粪折算成工分纳入生产队统一分配)的办法,落实至农村散养户。生猪收购由食品公司及其下设在每个公社(乡、镇)的食品站(组)统一组织。收购来的生猪,除留出少量就地供应外,全部上调到市食品公司,其中大部分生猪经屠宰后供应嘉兴市场,首先保证驻嘉部队需要,其次是供应医院、学校、机关、工厂和企业食堂,再次是供应城镇居民。多余部分按计划上调省、上海市,或由冷冻厂屠宰后冷藏备用。那时,生猪由农民千家万户散养,调控比较困难。受各种因素的影响,生猪一会多,一会少。有业内人士曾用"多啦多啦,少啦少"来戏言生猪产销的艰难。在计划经济的时代,生猪的产销只能维持在一种低水平的平衡状态,城镇居民需凭票购肉。

改革开放以后,随着农村家庭联产承包责任制的全面推行和乡镇企业的兴起,以及 1985 年贯彻中央 1 号文件《关于进一步活跃农村经济的十项政策》后,开始放开生猪经营。

生猪经营放开后,计划经济下的安排模式受到了冲击,产、销两个环节发生变化,原来紧张而脆弱的产销平衡被打破,具体反映在以下方面:一是农村有相当一部分劳动力转移到乡镇企业就业,养猪量锐减。据统计,1985年嘉兴市生猪饲养量(包括公猪、母猪、苗猪)仅为368万头,同比下降20%。之后又有先富起来的农民为改善居住条件,拆掉了猪棚,盖起了楼房,养猪户越来越少。有资料反映,在1988年3月末,嘉兴农村养猪户比"六五"期间净减2.9万多户,而吃肉人口反比"六五"期间增长了17%。农村猪源的减少直接影响到生猪的上调、外贸和内销的计划安排。二是生猪经营放开之初,市场上猪肉仍需凭票供应。新涌现的个体私营户分流了部分猪源,却不承担供应猪肉的责任,甚至有的把生猪贩卖到外地,扩大了本地市场供应的缺口。三是生猪经营放开后,生猪的收购和销售实行议购议销价。猪肉销售价格瞬间上涨,1985年4月,市本级猪肉销售价格每公斤2.63元,比1984年的每公斤1.94元上升了36.7%,市民反映强烈。

面临社会转型期出现的新情况、新问题,政府一方面积极采取一些应急措施以解决燃眉之急,如动用冷藏贮备肉,组织力量加强收购(包括向外地采购生猪),实行肉价补贴(1987年起鲜肉销售价格提高到每公斤3.21元,公职人员每人每月补贴4元)等以稳定市场;另一方面重点抓生猪生产源头,着手研究商品猪基地的建设,从根本上稳定和发展商品猪生产,以保障市场需求。

二、商品猪基地的模式

根据当年嘉兴的实际情况,经过反复酝酿,我们选择了一条以农村为基础,多种渠道和多种形式相结合的办商品猪基地的路子。确定以养猪专业户(年提供商品猪15～30头)和养猪大户(年提供商品猪 31 头以上)为主体,以上述"两户"相对集中成片的乡为商品猪基地的主要模式。

经过广泛深入的调查摸底,我们分析比较了各乡(镇)饲养商品猪的基础条件(包括劳动力、土地、猪舍、饲料等)、对生猪饲养的重视程度(是否把生猪业视作新型产业,并列入当地产业结构调整内容)以及总饲养能力(即能否确保市场供应和上调任务)等,然后研究确定商品猪基地的对象。在具体选择时,我们主要把握三条原则:一是该乡对建立商品猪基地有自愿要求。尽管有的乡(镇)受条件限制,工业发展不快,但副业结构较合理,并有领导分管,专人具体负责,也作为考虑对象。二是该乡提供商品粮较多,生猪饲料有来源,发展生猪业有潜力,猪粪也有出路。三是所在地的食品站(组)有能力为当地的生猪饲养当好参谋,做好协调和服务工作。经过筛选,最终从市本级 31 个乡(镇)中确定 13 个乡(镇)为商品猪基地。这 13 个乡(镇)归属凤桥、新丰、新塍三个片,拥有耕地面积和粮食产量占市区 50% 以上,共有养猪专业户和大户 1937 户,占市区"两户"总数的 85.29%,这是商品猪基地的主体。

其他基地分四种类型。一是非基地乡的养猪户,达到"两户"水准的,视作基地户,有 334 户,年合同交售商品猪 2.9 万头。二是市食品公司利用技术人员和富余人员自办三个养殖场,年产商品猪 1.4 万头。其中胥山养殖场原属冶金厂闲置地,经政府协调后,租赁给食品公司办场,年提供肉猪 6000 头、肉禽 20 万只、禽蛋 6 万公斤。三是国营农场和乡办、村办牧场 13 个,年提供商品猪 1 万余头。四是乡(镇)企业自办畜牧车间,主要自给自足,解决职工吃肉和协作业务需要。

三、怎样办好商品猪基地

商品猪基地是计划经济向市场经济转型时期的新事物。回想起来,当年为了办好基地,可谓兴师动众,想尽一切办法。

为研究部署商品猪基地建设工作,市政府多次召开专题会议。对生猪的产、销和肉食品市场安排等重大问题,市长都亲自研究拍板。1988年,市政府更是把办好商品猪基地列为首件实事,作为重点工程来抓。为了建好基地,市政府要求市食品开发办公室具体抓好这项工作;城、郊两区各指定一名副区长分管基地工作;基地乡(镇)成立生猪基地领导小组,这样自上而下形成一个职责明确的三级行政指挥系统。并把商品猪基地建设工作列入各级政府及相关部门政绩考核的主要内容。同时辅之以激励措施,明确由食品公司按"两户"交售的肉猪数量,每头支付一元劳务费,其中70%为乡政府支配,用于生猪专管员的工资补贴和奖励业绩突出的乡、村两级干部;余30%由食品公司支配,用于奖励积极支持和参与基地建设的相关部门及有关人员。

由市政府牵头,动员各有关部门围绕商品猪基地建设,从资金、饲料、建材、科技等方面提供具体帮助。例如市财政局从1986年至1988年三年中,分别提供100万元额度无息贷款和贴息贷款;税收方面,减免了食品公司经营环节的部分税款,用于补贴猪饲料的平议差价;农业银行和信用社专项安排了畜禽贷款指标,1987年实际贷款517万元,1988年又安排800万至1000万元的贷款额度,利率按五厘四优惠;对"两户"和基地专业牧场所需的议价饲料,粮食部门实行凭卡优惠供应;等等。

当时,还想方设法筹措新建和扩建生猪基地所需资金。学习上海郊县经验,建立副食品基金,实行"谁投资、谁得益、谁吃肉、谁出钱"的办法向社会集资。经市政府同意,由财政操作,从机关团体、工矿企业单位的福利基金中提取人均50元交食品公司办基地,共筹集到资金300多万元。食品公司则按等价发给集资单位肉票,分三年兑现猪肉供应。

为进一步鼓励生猪养殖的积极性,对基地养殖户实行四项优惠政策和四项配套服务。这四项优惠政策分别是：一是饲料优惠。凡年交售15～30头的，每交售1头，供应比例价饲料100公斤、尿素15公斤；年交售31头以上的，每头再增加比例价饲料25公斤。二是资金优惠。凡用于购买饲料、苗猪的周转性贷款，利息为五厘四，每头贷款额度为40元左右。对提供百头商品猪以上的，还可以适当放宽。建猪舍所需的基建性贷款，视规模大小，信用社给予不同额度的一次性贴息贷款，利息由食品公司承担，列入成本。三是用地优惠。对于养殖户申请的建养殖场和猪舍用地，按审批权限给予方便，并视同农业用地免交耕地占用税。四是建材优惠。建猪舍用的建筑材料，砖瓦由乡解决，水泥、钢材由市里给予价格补助。另外，"两户"饲养公、母猪的也给予一定的饲料补助；对企业办的牧场，除尿素外，也按"两户"的标准补助饲料。上述优惠政策实施后，养殖户从每头猪可得净收入30～40元。

　　四项配套服务包括：一是繁殖服务。建立5个人工授精站，13个人工授精点，负责生猪良种繁殖。1987年，人工授精的母猪1.6万多头，比1986年增加了52.1％。二是饲料供应服务。1987年国家取消收购生猪奖售饲料后，市政府从各方面筹集比例价饲料500万公斤，继续实行奖励。市饲料公司供应的议价饲料每百斤优惠1元。为方便供应，在4个饲料加工厂的基础上，增设了37个饲料供应点。三是防疫治病服务。以乡（镇）兽医站为中心组建防疫网络，贯彻落实"防重于治"的方针。1987年商品猪基地的防疫密度达98％以上。152名兽医人员工作在一线，把养猪技术送到千家万户，有效地控制了病疫。四是收购服务。对基地养猪大户和专业牧场，食品公司经营部门一律实行上门收猪，并严格执行指导价和保护价相结合的生猪收购价，以维护养猪户的利益。

　　当时，国有食品公司既是商品猪基地建设的参与者和服务者，又是猪肉市场供应的主要承担者，扮演着重要角色。为此，特别以合同形式明确了市食品公司的相关责任。合同规定，市食品公司在1988年至1990年的三年中,向基地收购商品猪须分别达到10万头、12万头、14万头;年供应市区城镇人口的鲜猪肉不得少于10万头。每超一头奖励一角,其中20%奖励给承包户,80%奖励给企业全体职工;完不成任务则相应扣罚。

食品公司为了履行好合同,专门抽调7名干部成立了基地办公室,下属13个乡(镇)食品购销站配备了21名工作人员,明确其任务包括推广良种、调剂苗猪、技术辅导、疫病防治、饲料供应、资金贷款、签订合同和上门收购等服务工作。公司上下努力而为,发挥了企业的桥梁和纽带作用,促进了商品猪生产的发展。

四、商品猪基地的作用

实践证明,建立商品猪基地有利于发展生猪生产,保障市场供给;有利于调整农村产业结构,促使养猪业成为相对独立的新型产业。如1987年元旦春节期间,全省出现"买肉难",而嘉兴则非但依托基地提供5.4万头肉猪,保证了本地市场供应,还超额完成了省下达的10万头上调任务,实际上调10.3万头,支援了外地市场。

养猪效益提高了,农民收入也随之增加。凤桥镇新东村63户养猪专业户,通过规模化生产,1987年平均每户提供商品猪116头,每头净收入34.4元。当地农民高兴地说:"年养百头猪,收入超三千,不用正劳力,赛过工商户。"八字乡养猪大户冯福金,1987年出售商品猪678头,平均每头净收入35元,全年从养猪业中获益2.4万余元,成为远近闻名的富裕户。

从商品猪基地建立之时起,嘉兴逐步扭转了猪肉供应紧张的局面。据统计,1986年当年就发展养猪重点户374户,交售商品猪1.8万头。至1988年一季度,与市食品公司签订购销合同的"两户"已达2271户,根据合同,年提供商品猪9.85万头,加上食品公司系统自办养殖场,基地生产能力已超过 12 万头。1989 年取消肉票,计划供应退出了历史舞台,随之而来的 1990 年,市区猪肉销售 25.63 万头,人均吃肉 40 斤。

嘉兴走建立商品猪基地的路子,效果明显,得到了省政府的肯定。1988 年 10 月,省政府在嘉兴召开现场会议,来自全省各市、县及省级有关部门三百多人参加。许行贯省长到会作重要讲话,嘉兴市政府作了经验介绍,会后参观了凤桥基地,杜云昌市长陪同省商业厅厅长周张燮一同前往考察。同年,全省商业厅局长会议上,嘉兴市商业局也作了专题汇报。

时至今日,原属基地内的养猪专业户数量增加了,规模扩大了,养 200 头猪已算小户,一般养 500 头左右,最多达两三千头猪。原基地凤桥镇(含新篁、曹庄)、新丰镇(含竹林、净湘)年出栏生猪达 100 万头以上,除满足本地供应外,大量进入上海市场。养猪量增多的同时,也带来了环境污染问题,这是当初办基地时始料未及的。虽然各级政府先后花了大量人力、财力治理,但尚不彻底,许多地方还不尽如人意,环境整治仍在努力。

(作者系原嘉兴市商业局副局长。本文经严学明同志整理)

> 史料研究

张元济先生捐赠祖宅考释

杨成其

张元济先生(1867～1959)是我国著名教育家、出版家、商务印书馆奠基者。他的一生是爱国的一生,为中华民族的文化、教育、出版事业的发展作出了杰出的贡献。他热爱家乡,为家乡公益事业尽心尽力,尤其突出的是将祖宅无偿捐赠办学,造福海盐人民。几十年来,有关张元济捐赠祖宅的事,传为美谈,海盐人民对张元济先生及亲属的义举,深表感激、崇敬。

张元济先生哪一年捐赠祖宅?众说不一,有以下几种:

一、1946年说

据《嘉兴师专学报》载《海盐名人张元济》:"抗日战争胜利后,海盐县中校舍被毁,张元济闻讯后,于1946年把祖传三十六间房屋及六亩半宅基地全部捐赠给海盐县中,使学校迅速发展起来。今天的海盐中学的校舍就是在这块土地上逐渐扩建的。"[①]

王绍曾著《近代出版家张元济》:"一九四六年,海盐县中因抗战期间校舍被毁,无法复校,张元济闻讯,决定将祖传住宅三进,包括大小房屋三十六间,并宅基地六亩半全部捐赠给海盐中学,使学校迅速得到恢复。今天的海盐中学,仍然办在这块土地上。"[②]

二、1951年说

《张元济全集》:"致海盐县立中学 敬启者,敝处有先人遗产房屋一所现租与贵校者。敝人愿将该产全部捐赠贵校,永远作为校舍之用,业经函达县政府备案,因长房所有权人在青岛及北京,现正办理捐赠手续,今有佣工蒋天顺君回家之便,属将家堂神位及昔年敝人所树科名匾额移出焚化,敬祈允许即在前厅空地上举火施行,此为清除私产遗迹起见,特此陈明,伏乞垂鉴。此上海盐县立中学台鉴。一九五一年八月十一日。"③

三、1952年说

张树年著《我的父亲张元济》:"捐赠虎尾滨故宅海盐中学,创立于1945年底月,借冯宅(即冯姑母家,时冯姑母已去世。)三乐堂做校舍。次年房主索回房屋。校长吴鹿鸣与父亲相商,父亲慨允将虎尾滨故宅租与校方使用,仅年收一石米象征性房租。解放后,父亲决定将旧宅捐赠海盐中学。因系祖产,而大伯母、树源夫妇均已去世,事先就征得祥保、庆侄同意,于1952年将旧宅36间全部捐出。"④

四、1953年说

柳和城著《张元济传》:"这一年,张元济得知家乡海盐县立中学校舍不敷使用,慷慨地把虎尾滨祖宅借予学校使用,还将存于旧宅的一部《通志》赠予该学校。他像四十年前一样,关怀着家乡的教育事业。1953年,他又把故居无偿捐赠县立中学作为校舍。"⑤

朱立乔、吴骞主编《嘉兴文杰》第1集"张元济年表":"1953年(癸巳年,张元济87岁)8月,将海盐虎尾滨祖宅无偿捐赠海盐县立中学作校舍。"⑥

张宅何年赠送?几说并存不可能,经查证考释,当有定论。

1946年是租借而不是捐赠。海盐县立中学的前身育仁中学,抗日战争时期以教会名义办学。1945年8月抗战胜利,改为县立中学,与教会脱离关系。原育仁中学师生成为县立中学师生,教学设备、图书、课桌椅、仪器、教具一律归盐中所有。在教堂内继续上课已不可能,遂借冯三乐堂(冯宅)作校舍,租屋订约一年,一年到期,冯氏以修理冯宅为名催搬甚急。"校长吴鹿鸣,委托在上海经商的朱凤蔚(海盐人、国民党政府国大代表)与商务印书馆张元济先生联系,商借张家坐落在城中五车桥(虎尾滨)南侧的空置祖宅作为校舍,张老先生对家乡、对教育极为热心,与吴鹿鸣又是亲戚,一经商议,欣然同意将宅第计三进三十六间及周边余地共六亩五分八厘供海盐县中使用,每年收象征性租金大米一石。校舍问题得以顺利解决。"⑦

1987年10月10日至13日由中华全国出版协会和商务印书馆主办首届张元济学术研讨会,10月11日山东大学教授王绍曾与张元济先生哲嗣张树年先生约见我,了解张宅赠送办学的经过。我把了解的情况告知他俩。王绍曾教授说:"我是根据《张元济先生生平述略》(《海盐文艺》1982年)刊物为依据写到书上的,以后再版时改正过来。"此后多年,未见王教授再版书刊印出来。从《海盐文艺》刊出文章的作者,原是海盐县立初级中学的学生,他曾在张宅内读书,误以为当时张宅已经捐赠了,这样就以讹传讹,把"租屋"误为"赠屋"。因此,1946年赠屋说是不存在的。

1951年赠屋说,已在《张元济全集》3卷刊出,并且作为张元济先生唯一一封写给海盐县立中学的信函,收录在全集书信中。但是捐赠是双方的事,一方捐赠,一方接受捐赠,最后何年双方达成一致尚不明了。仅从一方开始提出捐赠,当然还不能说已经捐赠。

从1951年起至1952年,张元济先生为捐赠租宅与海盐县人民政府互通信函,1951年4月,张元济先生致海盐县人民政府县长耿志义函中表明:"愿将祖遗(坐)落城内虎尾滨现租与县立中学之房屋全所并余地捐与该中学为校舍。后因考虑祖产系三房合有,应共同处置。"1951年7月11日先生致海盐县徐、段正副县长信函中说:"现在将捐献征文托人寄之山东青岛与长房所有权人办理手续,尚未寄回。一俟寄到即当呈上。"张元济先生父森玉(1842～1881)、母谢太夫人(1845～1900),生三子二女:长子元煦、次子元济、三女元淑、四子元瀛、五女元清。元瀛,1892年病殁,无后代,长房指元煦一房,侄儿树源赴美国留学费用,全由先生供给,在处理房产时仍尊重长房意愿,后得长房幼辈同意(树源病故,由其妻许廷芬、子庆怀同意捐赠),先生将《捐赠虎尾滨房地与县立中学征文》寄海盐县人民政府。征文中说:"前清光绪巳卯年(1879年),在海盐城西南隅虎尾滨买地10亩有余,筑室三进,大门内为厅三间,二门内正厅五间,左右各有厢房二间,后门内平房五间,前厅左厨房三间,楼厅左右各厨房二间,四周墙垣俱全,四首墙外有长巷直达河干亦属于我……遗产全部增与县立中学。"赠房产具名人为"张元济率子树年,张许廷芬率子庆怀"。1952年9月3日,海盐县人民政府复函说:"张委员元济鉴:呈文已悉;为捐赠本县城内虎尾滨先人遗产房屋全部交由该县立中学,永远作为校舍之用,所有余地并备推广建筑之需要等语;经本府研究此项遗产系张委员自愿捐赠送与办教育事业,本府并无意见,并已转告县立中学遵照办理。"当中学校领导江健在全校师生大会上,宣读了张元济先生两房捐赠张宅房产信件和县人民政府通知后,全体师生鼓掌,掌声经久不息。从此,可以有一明确结论,捐赠张宅为1952年。

1953年说是怎么一回事?张树年主编《张元济年谱》载:"1953年9月3日海盐县人民政府致先生函,言呈文已悉,……遗产自愿赠送,本府并无意见,并已转告县立中学遵照办理。"[8]

柳和城著《张元济传》和朱立乔、吴骞所编《嘉兴文杰》,均依据《张元济年谱》,将1953年定为捐赠张宅的年份。其实是在年谱编写中出现了错误:1952年被误编为1953年。当年谱出版后,我告知张树年老先生,他核实后,认为应该是1952年。遗憾的是,不少编著仍误定为1953年。张树年先生在1997年著《我的父亲张元济》,已经把年谱中1953年修改成"于1952年将旧宅36间全部捐出"。

张元济先生两房亲戚将祖宅先"租"后"赠"的慷慨大义之举,为海盐县立中学的立足与发展奠定了基础,在历次编写的校史中,都以显著的地位编入,作为向师生进行校史光辉典范教育的资料。

2002年8月,海盐中学搬迁新址,踏上飞速发展轨道。虎尾滨校址面临两种选择:这块翰林府地风水宝地,处在县城繁华闹市中心,属于"寸土寸金"的朝阳路黄金地块,如果出让可带来可贵的财政收入。海盐县委、县政府作出了另一选择,校舍给职成教综合班使用,给新办第二高级中学使用。职成教新校扩建后,二高独居办学。2011年,二高新校扩建搬迁,虎尾滨校址再次面临选择,县委、县政府又作出决策,向阳小学迁入,又把原气象站、卫校、宿舍区划入,按现代化一流设施新建学校。县委、县政府重视教育,使张元济先生赠送祖宅时心愿,永远作教育之用得以实现。

注释:
① 《海盐名人张元济》,《嘉兴师专学报》1983年第1期,第95~97页。
② 王绍曾:《近代出版家张元济》,商务印书馆1984年版,第15~16页。
③ 《张元济全集》第3卷,北京商务印书馆2007年版,第645页。
④ 张树年:《我的父亲张元济》,东方出版中心1997年版,第209~210页。
⑤ 柳和城:《张元济传》,南京大学出版社1996年版,第387~388页。
⑥ 朱立乔、吴骞主编:《嘉兴文杰》第1集,当代中国出版社2005年版,第184页。
⑦ 《海盐高级中学校史》,2007年,第4页。
⑧ 张树年:《张元济年谱》,商务印书馆1991年版,第572页。

沈大瓒和嘉属七县联中史料补遗

徐元观

在那腥风血雨的嘉兴沦陷时期,日寇经常"扫荡",对我游击区不断进行骚扰,位于县政府驻地游击区胡庵(在新篁镇西北约三里)的嘉兴县战时临时补习中学难以继续坚持,师生离散,学生失学。敌伪则乘机以利诱逼迫手段,让青少年进入其所设立的学校受其奴化教育。嘉兴籍著名人士、省参议会常驻浙西参议员、省商联会浙西事务所主任陆初觉邀集嘉属七县负责人商议办学事宜。他提出倡议:为使沦陷区的青少年不受敌伪毒害,必须在后方筹设战时临时中学,以收容嘉属七县学生。倡议得到各县和浙西行署、第十区专署的支持。

1941年9月,浙西行署成立嘉属七县联中理事会和嘉属七县联中筹备处。理事会以陆初觉为主任,由七县负责人和知名人士褚辅成、沈钧儒、张印通、丰子恺、张天方、周仰松等组成。筹备处主任由嘉兴教育界知名人士沈大瓒担任,由浙西行署委任。

沈大瓒字锡侯,嘉兴余贤埭(位于今嘉兴市南湖区余新镇)人,系嘉兴辛亥革命前辈沈文华[①]之子,毕业于北京大学。毕业后回乡曾任省立第二师范学校、省立嘉兴中学教员多年,以后又先后二任嘉兴县教育局(科)长,在任期间力谋发展嘉兴的文化教育事业,取得一定成绩,在嘉兴教育界颇有名望。浙西行署成立嘉属七县联中筹备处时,沈大瓒正在开化县华埠镇任开化县战时初中补习学校校长,接到陆初觉邀请函电,毅然辞去开化县战时初中校长之职去昌化赴任,以遂服务桑梓教育之夙愿。

沈大瓒到职后即投入全部精力开始建校的筹备工作,从选择校址、筹划落实校舍、聘请教师,直至购置图书仪器等事务工作,事无巨细皆必躬亲[②]。1942年2月下旬,嘉属七县联立临时中学(简称"嘉属联中")正式成立[③],浙西行署委任沈大瓒为校长。此后嘉属七县联中在后方办学历时三年半,直至抗战胜利才迁回嘉兴。

沈大瓒是嘉属联中筹备主任、首任校长,因积劳成疾于1942年8月21日病故于任上。虽然他从筹备创校、掌校至病故仅为一年时间,但他呕心沥血开创了抢救青年学生,育才于民族危难之秋的嘉属联中,为抗战时期嘉兴的教育史留下了光辉的一页。

一、踏访嘉属联中旧址

为挖掘和充实地方历史文化,沈大瓒家乡有关领导十分重视此段历史,组织人员专门去当年的嘉属联中所在地——颊口镇踏访嘉属联中旧址,以搜集沈大瓒和嘉属联中有关史料。现就踏访情况作一介绍。

当年的颊口镇所在地,现属临安市清凉峰镇,并改名为颊口村,清凉峰镇政府驻该村。为踏访事,我们在2012年曾联络清凉峰镇政府请求协助。镇政府请一位78岁的退休教师许遵宏负责此事,并邀请当地嘉属联中的学生陈四莫(83岁,养和堂中药铺后人)、陈寿昌(90岁)、邵农新(82岁)三人和80岁的邵友仁(在颊口小学读书时和沈大瓒儿子沈世焜同班同学,后入嘉属七县联中)等陪同我们实地踏访。

嘉属七县联中从1942年成立,到2012年整整70年过去了,我们在70年后去踏访当时属于抗战后方的这片土地,心情十分激动,因为我们的许多前辈和青年学子,在那腥风血雨的年代,在这里为我们书写了抗日战争时期嘉兴教育史的光辉一页。

2012年1月13日早上我们出发了,三个多小时后到达目的地。我们的车就停在镇政府院子内。镇政府院子没有院墙,面积也不大,院子的东西两侧有两幢三层楼房,东侧楼房靠山,西侧楼房临溪。因镇长外出开会,由许遵宏先生接待我们。相互介绍后,许先生指着东侧那幢三层楼房说:"这里原是嘉属七县联中所借用的龙凤乡一、二、三保联立国民学校的旧址,是嘉属七县联中的主要教学区和师生活动中心。你们停车的地方和西边的那幢房屋的地基是嘉属联中的操场。"大家听说这里就是嘉属七县联中故址,就以崇敬的心情环视周围,特别对东侧的那幢楼房的环境仔细观察起来。据史料记载,嘉属七县联中是借用当地小学校舍创办的。那时颊口龙凤乡第一、二、三保联立国民学校有新建的校舍一幢,是九楼九底的楼房,因经费不足,尚未全部竣工而空着。时任筹备主任的沈大瓒考虑,此校舍为理想的办学场所,虽未竣工,但稍加修葺即可使用。于是他和当地有关部门协商,结果由嘉属七县联中筹备处付给该校建筑补助费两千元后借用。

现在,这里是一幢九开间三层楼的普通建筑,是改革开放前后拆去旧校舍建造的镇政府办公楼。这一幢建筑位于一座小山的山坡,正门在中间,房子已很旧。许先生介绍说:"这幢建筑的地基是以前学校的老地基。"我们从房屋侧面看,墙后岩石笔立,窗台离岩壁确实很近,几乎触手可及。山上树木青葱,可见当时校舍环境逼仄。许先生又说:"这幢办公楼后来不够用了,镇政府又盖了溪边这幢楼。溪边这幢的地基是嘉属七县联中操场的一部分,操场是嘉属联中成立初期由沈校长亲率师生自己动手,平整校舍前的山坡而成。"听了介绍,我们绕院子兜了一圈,又看了原校舍的房基和屋后的岩壁。现在这里虽是清凉峰镇财税所的三层办公楼,但我们脑中却浮现出这是二层的教学楼,好似听到隐隐的读书声从那里传出来;镇政府的院子似乎也变成了操场,操场上仿佛有一群青年学生在追逐戏耍。

邀请的四位嘉属联中的当地校友到了,我们之间就以嘉属联中为中心相互交谈。几位老人都十分热情地介绍了当年在嘉属联中的情况。据称,嘉属联中初称海北中学,当地至今仍习称这一校名(因嘉属七县在"海北")。沈大瓒是首任校长,当时他住在桥西的教堂里,他的子女和他同住。虽然海北中学在颊口只存在三年半时间,但在当地老一辈人中印象深刻,这所学校不仅收容和培养了沦陷区来后方的嘉属七县的青年学生,而且也为当地培养了一批既具有抗日爱国思想觉悟又有科学文化的中学生。当时昌化县西片的昌西地区还没有一所中学,当地青年学子以能入中学读书为荣,对当地教育的发展具有深刻的影响。几位老人和他们的同学,是昌西最早的一批中学生,对于当时的学校生活至今还念念不忘,自豪之感时时溢于言表。

他们说,学校初办时玄帝庙(关帝庙)也做校舍,那时大殿做礼堂兼餐厅,其他偏殿做学生宿舍,养和堂中药铺和租用的几处民房都是女生和老师的宿舍。随着学校发展,又搭建草棚并借用陈氏、章氏、邵氏等"香火堂"(祠堂)为教室。后来又添建名为"思安堂"的简屋一排为教室,旁边还设有校长办公室、会客室和事务处。当谈起这些时,几位老人如数家珍,对于各种细节还相互补充完整。

几位老人还说,抗日战争时期昌化县虽是后方,属于安全地带,但这里离沦陷区不远,又地处杭徽公路浙、皖交界处,昱岭关形势险要,所以当地民众也在公路上遍设路障,积极做好各种应急准备防御日军窜扰,但直至日本投降,日军仅进犯至昌化县城至河桥镇一线,未到达过颊口。

座谈交流后他们就带我们去联中各处的故址实地了解访问。访问从桥西开始(颊口镇中心溪上的大桥以西称"桥西",以东称"桥东")。

首先到桥西138号,这是当年沈大瓒校长的住处,他的三个儿子两个女儿当年也在颊口小学和嘉属联中读书,也住于此。这是一幢北向传统的中式石库门建筑,石库门前方和左右都是邻居住房,中间形成一块空地,是公共活动场所,东面有一条小弄直通杭徽公路。门墙有楼,两侧有高耸的封火墙。我们从边门进入院子,院子在石库门内,面积不大,石板铺地,两侧是厢房,有楼,南面是厅堂,有堂楼。整幢房屋所有木质构件都雕有花卉等图案,现在房屋虽已破败成为无人居住的危房,但所有雕刻仍十分清晰。当地人称这幢房屋是"教堂",但我们仔细察看,看不出有教堂的丝毫痕迹。周边上了年纪的人都知道,抗战时这里住过海北中学的沈校长和他的女儿、儿子,至今还记得他们的名字:女儿沈宜、沈芳,儿子沈世煌、沈世焜、沈世耀。据老人们说,(1942年8月)沈校长就病故在这里,在这里办丧事,做了七天七夜道场,他们和其他同学都来吊唁、祭拜,学校还开了追悼会。后来我们沿右前方的小弄前行,老人们边行边说,当年出殡时沈校长的灵柩就是经过这里上公路的。为纪念沈校长,后来把学生自己铺筑的新校舍通往思安堂的鹅卵石小路命名为"大瓒路"。

我们沿小弄走上了公路,走上镇中的大桥,过桥转向北面一条冷落的街道,街上少有行人。据说以前这条街是该镇商业区,因为杭徽公路改道,这条街上店铺外迁所以冷落了。养和堂药铺就在这街的中段,门牌:桥东108号。

我们到达了目的地却感到十分遗憾:养和堂已拆除,仅存后埭的石库门及门内被白蚁蛀蚀的破败建筑,老人们仅能在养和堂的遗址上对我们讲述这里的往事。一位老人还指着北侧一幢新楼房说,这房的地基上原来的旧民房是嘉属联中的一间高中教室,他还清楚地记得教室黑板上方贴有"忠厚笃实"四个大字,他说:"这是学校教导我们的做人准则。"养和堂虽然见不到了,但长长的门墙街沿石仍静静地躺在街道边沿原处,从这些石条可以看出养和堂的建筑规模。老人说,这房子是当时全镇最好的建筑之一,约建于清末,所有的门窗都雕有花卉、人物。我们就到石库门前向内张望,虽然房屋破败,但木质构件和横梁上的花卉、人物仍十分清晰。我们就问那位养和堂的后人："为什么拆了？"他说因为雕刻精美被临安市内拆去易地重建。街对面的桥东113-115号，有一幢两间相接的木结构的老房子，是当年留存至今的原物，现在仍是住宅，嘉属联中第三任校长吴恕身（任期：1943年夏至1944年夏）曾住这里。养和堂北的桥东168号后是陈家香火堂，那时祠堂和隔壁民房都设有高中和师范部教室。现在祠堂已破败不堪，民房的原址上也竖起了新楼房。据史料记载：嘉属联中自1942年3月开学后，嘉属各县纷纷护送青年学生前来就读，自发结伴前来或经介绍前来的学生也不少，至1943年已增办高中和设立简易师范部，全校已有7个班级257名学生（学生增加后也增租民居和香火堂）。

1944年，高中班学生转入浙西第一临时中学等校就读，但初中仍有6个班学生311名，简易师范部有3个班学生88名。昌化当地学生也踊跃投考该校，学生增加，学校就在附近的山坡边搭盖了一排草棚做教室，在草棚边添建简屋一幢，命名"思安堂"，作为教室、事务处、会客室和校长办公室。如今这个山坡上新建了中心小学，教学大楼前是操场。当年的草棚教室就在今临街的操场边沿。

最后，老人们又领我们步行数分钟到凤凰岭，这是一座不足百米高的小山，杭徽公路绕于岭下。我们沿着石阶到达关帝庙。关帝庙在面南的山腰，当地人称该庙为"玄帝庙"，与九楼九底的校舍隔公路相望。这里原是第三保国民学校旧校舍。当时嘉属联中借用后，把大殿做礼堂兼膳厅，侧楼做女生宿舍。据记载，当时由于日伪封锁，学校经常陷于困境，礼堂（膳厅）里的墙上贴着格言："一粥一饭，当思来之不易；半丝半缕，恒念物力维艰。""威武不能屈，富贵不能淫，贫贱不能移。"1942年8月，沈大瓒校长病故后就安葬在凤凰岭上关帝庙侧后的山坡上。老人们说，抗战胜利后沈校长墓由其子女迁至别处。现在关帝庙已不存，其旧址上已有人家建造了住房，原沈校长墓地因位于半山坡，为保护山体，防止塌方滑坡,已用石块垒砌了护墙。

　　踏访结束后,我们与几位老人依依惜别,感谢他们为我们介绍了嘉属联中的若干细节,领我们凭吊嘉属联中的故址,也感谢当地群众在抗战时给我们嘉兴在这里办学所有的帮助。但我们还未结束行程,还要去瞻仰昱岭关。昱岭关位于浙皖交界的山岭之间,形势险要,离颊口约20里。在那腥风血雨的战争年代,为育才于民族危难之际,选择在此一带办学,一者这里相对较为安全,二者这里是两省交界之地,有昱岭关为屏障,一旦时局紧张日军向西侵扰,则师生出关即可进入皖南山区。

　　我们驱车十余分钟即达昱岭关。只见这座古关关隘雄伟,关门上方"昱岭关"三个字特别醒目。从关门内通过的杭徽公路向浙皖两侧伸向远方,虽然公路宽阔,但关隘前后却通道狭窄,来去仅各一车道,且两边山峰笔立,有"一夫当关万夫莫开"之险。关东是浙江,两侧有对联:"巍名矗立震烁古今,□① 逍贯通熙攘来往";关西是安徽,两侧对联是:"堂皇伟绩古郡山高,光复丰功雄关气壮"。当我们穿过关门仅跨出一两步,手机即传来了短信讯音,大家不约而同打开手机,一看都是安徽黄山市的短信:"欢迎您来黄山!"真神奇!可以说,这时我们跨出的那一只脚刚着地,而跟进的那只脚还在浙江呢!

　　行程到此结束,我们也踏上了返程。

二、《沈故校长锡侯先生事略》这份资料的来历

　　为了搜集有关沈大瓒的资料,吴上德和邹宝方等同志,在余新当地通过各种渠道多方了解沈大瓒先生后裔的下落,但都无果,成为憾事,但也无奈。

　　2012年2月18日下午,石敏学先生来我家,带来了一份《沈故校长锡侯先生追悼会启》,以及所附的《沈故校长锡侯先生事略》

的复印件。这是一份已经过整整70年岁月的原始文件,文件叙述的内容和一些细节,对于充实嘉属联中和沈大瓒生平提供了史料。今特照录于后:

沈故校长锡侯先生追悼会启(略)
沈故校长锡侯先生事略(未定稿)

　　沈故校长讳大瓒,锡侯其字也,世居嘉兴余贤镇。父一均先生,早岁曾留学东瀛,返国即奔走革命,慷慨任义,公而忘私。民国成立,被选议席,直言谠论,乡里敬仰。先生幼年,即有乃父风,在学敏慧倍群儿,间党姻娅,咸以大器相许。迨入北京大学,受师长之熏陶,感军阀之跋扈,参加吾党奋斗,予同乡党人,时加周济。毕业后返里,执教省立二师,课余闲日,则领导民众,宣扬主义。人言可畏,而先生气不稍馁,洎乎家乡重光,与初觉等共谋桑梓建设。吾乡习俗,遂以学成远游为荣。时百废待举,人才颇不易得,爰依为民先锋之训,任县党部执委兼教育局长,后改教育科长,夙夜擘划,十载一意。于焉,县图书馆也,师范讲习所也,民众教育馆也,相继创办。一区一中心学校,一乡一初级小学。方期匝地春风,遍植桃李,何意弥天烽火,满街狼犬,簋覆未竟,寇祸播迁。渡江过衢,暂驻华埠,功弃一旦。正值忧时之切,清风两袖,复遭鼓盆之痛,环境煎逼,已伏病源。迄二十九年秋季,初觉应同乡之要求,受党政之委托,设办嘉属七县联中,乃函电劝驾,先生毅然辞去开化补中,来任校长,以欲遂服务桑梓初愿也。冬即开始筹备,奔走事务,延揽教员,筚路蓝缕,独柱支厦,翌年学校固赖以得立,先生则痼疾已成,然仍扶疾以视,芥蒂之微,亦必躬亲。视学生如已出,呵寒问暖,子弟不能须臾离彼保姆;视教职如昆仲,焚车轻禄,家人势必时刻就此主管。半年旰食宵衣,心力交瘁。夏七月,以出席校长会议,冲暑冒雨,行前已羸甚,归后更病亟,膏肓已入,群医束手,延至八月二十一日仙逝,享年四十有四岁。遗嘱厝于学校礼堂侧之凤凰岭,以其地可瞰视全个学校也。先生教人,素以良心为主,其临终也,尚孜孜于办学对得起良心,以教育始而教育终者,先生其人欤!先生遗四女三男,二女已于归,余尚幼鬌云。

同邑陆初觉敬识

注:原件无年份。在"追悼会启"下有手写文字如下:

沈衡

留存1942于瑞金

霖森

看到《沈故校长锡侯先生追悼会启》和《沈故校长锡侯先生事略(未定稿)》,令我十分高兴。20世纪末,我曾参加《嘉兴市教育志》的编纂工作,阅读过编纂室采集的有关嘉属联中的史料,但是未曾见过这份资料。我忙问石敏学先生这份资料的来历。他笑眯眯地说出了经过。

石敏学先生和卢婵娟先生是市教育局姜正中老局长的学生,今春老局长因病住院,石敏学和卢婵娟相约同去探望。谈话间石敏学先生说,不久前曾和其他几位同志到颊口踏访嘉属七县联中旧址,搜集和充实沈大瓒和嘉属七县联中的史料细节。谁知石敏学先生这不经意地一说,卢婵娟先生却说她家有一份沈大瓒和嘉属联中的资料,石敏学就要求看看资料。第二天她就拿来了这份资料,石敏学看了真是喜出望外,征得同意后就复印了数份给有关人员。这是一份反映沈大瓒生平的资料,那么卢婵娟怎么会有这份资料呢?原来卢婵娟的丈夫沈世耀是沈大瓒的儿子,这份资料不仅充实了嘉属联中史料的部分细节,文中所叙沈大瓒的生平,填补了沈大瓒史料的空白。不经意的一句话,不仅找到了资料,也找到了沈大瓒先生的子女。真是"踏破铁鞋无觅处,得来全不费功夫"。

三、沈大瓒逝世前的几件事和
逝世后《浙西日报》的新闻稿、短评

为了深入了解沈大瓒的生平及细节,吴上德和邹宝方等领导决定访问沈大瓒先生子女,并请卢婵娟先生牵线联络。因沈大瓒先生子女有三户定居杭州,故约定我们赴杭晤面。

6月27日,在卢婵娟先生引领下,我们冒雨去杭州晤面。到达目的地后,双方一一作了介绍。他们到场的除卢婵娟外,有沈大瓒大儿子沈世煌夫妇、二儿子沈世焜夫妇和沈大瓒小女儿沈芳。他们对此次晤面十分重视,不仅在杭嘉两地大瓒先生的子女、儿媳都到齐了,而且还带了有关资料数份。从他们所带的资料和访晤中所谈的事情,使我们知道了有关沈大瓒和嘉属联中史料中的细节,填补了部分空白,充实了史料。现简述于下:

(一)带着五个子女上任

1937年抗日战争爆发,嘉兴县城沦陷。沈大瓒率全家至浙南开化县华埠镇大女儿沈韫家避难。1938年,家乡余贤埭的祖居被日寇焚毁。消息传至开化,原患肺结核的夫人陆秀英病情加重,悲愤交加,不久病故。1940年春,开化县战时初中补习学校在华埠创办,聘沈大瓒为校长。1941年9月,被委任嘉属联中筹备主任(后为校长),遂辞去开化补中校长职务。那时夫人亡故,子女年纪尚小,故自己先至颊口赴任,至当年冬将子女接至颊口。先住九楼九底新校舍,后此处让给陆续到职的教师居住,自己全家迁至桥西教堂居住。那时教堂里住着一位丁牧师和女儿一家,两家相处融洽。那时三女沈宜考取"简师",在联中读简师,大儿沈世煌、二儿沈世焜在颊口小学读书,小儿沈世耀和小女沈芳还未上学。时至今日,沈世煌还记得丁牧师一家。

沈世焜先生写了一份名单:

父 沈大瓒(1898~1942)		母 陆秀英	
大姐 沈韫		二姐 沈衡	
三姐 沈宜		大哥 沈世煌(1931年生)	
二哥 沈世焜(1932年生)		小弟 沈世耀	
大妹(婴时夭折,未有名)		小妹 沈芳	

从此名单中可知沈大瓒、陆秀英共育三男五女,其中一女夭折。

沈大瓒任嘉属联中校长后,除大女儿、二女儿已结婚外,其他三子二女均同往颊口。

(二)遗嘱:厝于凤凰岭

1942年8月,沈大瓒一病不起,终因病入膏肓,医生无回天之力,他也自知不久于人世,但念念不忘在困境中创立的嘉属联中和从沦陷区流亡至后方的莘莘学子。临终前留下遗言:厝于学校礼堂西侧凤凰岭山腰,因此地可俯视全校。他终生从事教育,至终不忘学校、学生。1942年8月21日,沈大瓒病逝,遵遗嘱:灵柩厝于凤凰岭山腰。

1945年8月抗战胜利,奉省教育厅令,嘉属联中迁嘉兴。9月,由校长冯熙率领全体师生迁返嘉兴,改名嘉兴县立初级中学,继续办学。

1946年,沈大瓒的子女将厝于凤凰岭山腰的沈大瓒灵柩移葬家乡余贤埭沈氏祖坟。

(三)临终托孤

沈大瓒因受丧妻之痛,渐伏病根,再因在艰苦环境中创建学校,工作千头万绪,夜以继日而积劳成疾。1942年7月间,沈大瓒抱病出席校长会议,冒着酷暑赶山路,半路又逢雷雨而受风寒,回校后即一病不起,经医治无效,于8月21日病逝。临终前自感别无牵挂,唯子女年幼已失去母爱,此后他们将陷入无人照管之困境,实难瞑目,乃召弟子(省立第二师范学生)余刚夫及金文韶至病榻前,托孤于二人。

(四)1942年8月26日《浙西日报》的新闻稿

嘉中沈校长逝世　金主任电沈家属慰唁

[本报讯]嘉属七县联立临时中学校长沈大瓒氏,因积劳成疾于八月二十一日病逝昌化颊口,年四十四岁。按沈氏锡侯,嘉兴人,北平师范大学毕业,历任嘉兴县教育局局长,浙江省立第二师范暨第二中学教员,浙江省政府浙西行署参议等职。办理教育,成绩卓著,为人谦温有礼,奖掖后进,不遗余力,生乎亲戚好友,闻之莫不伤悼。浙江省党部浙西办事处金主任闻讯后,于昨致电沈氏家属慰唁,原电云:昌化颊口嘉属七县联立临时中学转沈校长锡侯夫人礼鉴,倾闻锡侯先生病逝昌邑,不胜怆悼。先生生前桃李盈门,□巳江南,兹虽物化,永垂典型。尚祈节哀顺变,善视诸孤,继述遗志。特电慰唁,诸维亮詧。弟金越光未有。

(五)1942年8月26日《浙西日报》的短评

悼沈氏锡侯先生

[短评]嘉属联中沈锡侯先生,突于八月二十一日因积劳病故于昌化颊口,消息传来,所有知好,为之伤悼不置,这不仅为沈氏逝世惜,也为教育界丧失人士惜。按沈氏一生,与教育事业相始终,虽然时局怎样的演变,但沈氏总是一贯的守住自己的岗位,不为功名利禄所动,不为权威势力所屈,这是很难得的。抗战以后,尤能抛弃家乡,潜来后方,苦心孤诣,创办嘉属联中,于极度困难的条件下,经营擘划,不遗余力,在短短的半年时间里,将校务整理得井井有条,使海北数百青年,得到求学之所,沈氏之功,诚不可没。我们于追悼沈氏之余,尤其希望海北青年继承沈氏的遗志,励志立学,以为国家民族效力的准备,与不辜负沈氏尽瘁教育的意义。

(六)关于"沈衡 霖森留存1942于瑞金"

"沈衡 霖森留存"中的沈衡、霖森是谁?"1942于瑞金",怎么又"于瑞金"?

沈世煌先生面对我们的疑问说:"沈衡是二姐,霖森是二姐夫,姓丘,他们当时在江西瑞金。父亲病故后,是我把《追悼会启》邮寄去的。《追悼会启》题下手写'沈衡 霖森留存 1942于瑞金'是二姐夫的笔迹,是他写的。"沈世煌先生的一番话,顿使我们知道了《追悼会启》题下手写的"沈衡 霖森留存 1942于瑞金"数字的来历。我们看到的《追悼会启》和《沈故校长锡侯先生事略(未定稿)》,就是沈世煌先生当时寄去的那份原件。

注:

①沈文华(1875～1934),字一均,早年留学日本,加入同盟会,与孙中山、褚辅成、沈钧儒等有交往,曾任嘉兴县参议会议长、省参议会议员等职。

②招生工作由各县负责,实行保送或介绍入学。多余名额也招收昌化当地学生。本次踏访的对象就是嘉属联中的当地学生。

③嘉属联中成立后初名海北中学,不久改为嘉属七县联立临时中学,简称嘉属联中,曾名浙江省十县七县联立临时中学。

关于"嘉属联中"的有关情况,在《嘉兴市文史资料通讯》第13期冯熙的《抗战中嘉属七县联立中学情况回忆》,第14期薛九皋、顾为人的《抗战时期的嘉属联中》和《嘉兴市教育志》的有关章节已有叙述,这里不再重复。

④此字字迹不清。

嘉兴市文史资料通讯

第七十四期

嘉兴市政协学习和文史资料委员会编　　二〇一三年二月十八日

目　　录

八十回顾……………………………………………马加泽（405）
董民声传略…………………………………………凌春林（409）
去台老兵李亚根的百年沧桑………………………徐子祥（417）
忆嘉兴第一批援藏干部李小眉、姚秉文同志………赵明本（423）
金庸与嘉兴渊源深厚………………………………陈启文（427）
嘉兴市越剧二团二度蜕变之路……………………朱家祎（432）

史料研究
明代著名象棋谱《桔中秘》的作者朱晋祯是
　嘉兴海盐人………………………………………朱学范（435）
明清时期三塔塘牌坊群初探………………………徐元观（443）

八十回顾

马加泽

我出生于1926年。光阴似箭,人生如寄,如今已是耄耋之年的老人了。回忆过去八十多个春秋,有些事至今还历历在目,记忆犹新,令人感慨万千。

我的青少年时期,是在战乱中度过的。20世纪三四十年代,祖国十分贫弱,饱受外来侵略,尤其受到日本帝国主义的压迫和欺凌,给我留下十分深刻的印象。"九一八"事变、"一·二八"事变相继发生,震惊全国。抗战前我在小学求学时,老师经常教育我们勿忘国耻,要奋发图强、挽救国家。抗日歌曲《毕业歌》《大刀进行曲》《义勇军进行曲》等,至今还在我的脑海中回荡。1937年7月7日,日本进攻卢沟桥,掀起全面侵华战争。接着上海"八一三"淞沪抗战爆发,中国军队奋勇抵抗。当时看到中国军队浴血奋战,保卫祖国,民众纷纷起来支援,同仇敌忾,抗日情绪十分高涨。由于敌我力量悬殊,中国军队在上海坚守三个月后,便节节后退,祖国大好河山,大片陷于敌手,我的家乡嘉兴也很快成了沦陷区。之后,经过逃难,回来时见到嘉兴城内已变成一片废墟,房屋烧毁殆尽。在日本人的铁蹄下,我们痛苦又无奈地接受奴化教育,受尽欺辱。但是中国人民百折不挠,前赴后继,历经八年抗战之后,终于在1945年8月,日寇宣告无条件投降,抗战胜利,家乡光复。我也相继完成了初中高中的学业。其间,1943年初中毕业去上海,由姑夫介绍进入日商三井洋行当练习生一年。1944年夏回家,又进入嘉兴中学完成高中学业。1947年春,毕业于浙江省立嘉兴中学高中部,后到步云镇做乡村小学教师。

抗战胜利后,老百姓欢天喜地,盼望着今后能过上安定幸福的生活。不料,国民党接收大员一来,官员腐败,胡作非为,社会一片混乱,货币贬值,物价暴涨,民不聊生。接着三年内战,在中国共产党领导下,人民解放军势如破竹,节节胜利,1949年4月横渡长江,很快解放了南京、上海及家乡嘉兴。

当时我受到进步思想的影响,准备家乡解放时,即参加革命队伍。1949年5月初嘉兴解放,第二天,我与几个在小学执教的同事一起,瞒着家人,寻找部队,参加革命。我们加入了人民解放军十兵团二十九军文工团。同年7月,从苏州出发,进军福建。火车行至浙江江山县,当时福建还很闭塞,没有一寸铁路,于是我们背着背包行军,在崇山峻岭中盘旋而行,翻越了浙闽边界的仙霞岭。那里几十里路不见人烟,每天步行50华里,二十多天后到达福建闽北重镇南平县。8月中旬省会福州解放,我们进驻福州。随后继续沿着福厦公路,一路解放莆田、泉州等城市。

在泉州,欣逢中华人民共和国成立。10月1日这天,我们和泉州人民一起,举行庆祝建国的火炬游行。市民倾城而出,人山人海,军民同欢,盛况空前,口号声、鞭炮声、欢呼声响成一片,游行至深夜才尽情而归。

过了国庆,解放厦门的战斗便拉开序幕。厦门,是个海岛,解放军仅靠几只调集来的木船渡海作战,难度很大。部队经过短期海上练兵,10月中旬,在一个没有月色的夜晚偷渡登上厦门岛。经过激烈的战斗,两三天便宣告厦门解放。我们文工团随军部进入厦门市区。一进市区,我们便在思明大戏院演出早已准备的歌剧《白毛女》,慰问前线部队官兵及厦门市民,连演三个月,得到他们的欢迎和好评。

在厦门市驻军一年多,至1950年底,抗美援朝掀起高潮。我们随部队北上,部队跨过鸭绿江,赴朝作战,我们文工团留在上海,改编为华东防空部队政治部文工团。1953年底,我患上肺结核病，进上海防空部队医院治疗。1954年春，转入浙江诸暨康复医院疗养，后病情好转，转业地方。

1954年9月，我回家乡进入嘉兴人民电影院工作，先担任宣传组长，后提升为副经理、经理等职，直至1987年9月离休。离休后又留在电影院继续帮助工作近十年，实际在电影战线上工作长达四十余年，可以说终生服务于电影事业。我从小就喜欢看电影，对电影可谓有不解之缘。

在20世纪50年代初，电影院大部分放映苏联影片。50年代末，国产影片逐渐占领市场。1959年，我院与全国影院一道，举行建国十年电影展。国产片《林则徐》《聂耳》《烈火中永生》等得到群众的好评与欢迎。当时电影作为寓教于乐、教育人民的一种工具，影响了一代人的成长。

1966年"文革"开始，江青一伙把新中国成立17年来拍摄的影片一概打成"毒草"，一律禁止放映。"文革"十年可映的仅是八部样板戏电影，当时群众讽刺地说："八亿人民，只看八部样板戏。"群众文化生活十分枯燥。

1976年，打倒"四人帮"，文艺得解放。所谓"毒草"影片，逐步解禁放映。经过十年"文革"的浩劫，群众似从沙漠中走来，看电影如饥似渴。那时国产片、香港片、外国译制片，互相争艳，电影放映进入黄金时代。尤其是重新放映舞台艺术片《红楼梦》时，达到高潮。观众如潮水般地涌向电影院，通宵排队购票，电影院通宵放映，但电影票仍一票难求。观众如此热爱电影，乃当时电视尚未普及，电影是群众唯一的娱乐项目。那时不但放映《红楼梦》受到欢迎，其他影片亦场场满座，供不应求。影院当时场地设备很差，夏天没有空调，观众观看一场电影，总是汗流浃背，有的甚至昏倒在场内。即使这样，观众仍乐此不疲。

长期来，为争取新片早日上映，每档影片要充分安排好场次，电影票要分配到各单位职工。我与票务人员，经常工作至深夜。把大部分影票分配到单位,留少量应付门售,因此又造成售票窗口纠纷不断。如何千方百计满足群众看电影的需求,经常是影院的一大难题。那时工作十分繁忙,每天工作十几个小时,基本上没有休息。

  至20世纪90年代末,我才完全脱离了工作岗位,那时已是古稀之年了,感到一身轻松。休息下来至今也已十多年。因为我平时爱好较多,如购书阅读、订阅报刊、集邮、摄影、听京剧,以及外出旅游等等,所以工作停下来,并不感到寂寞或无所适从。前几年,每年与老伴或带着儿孙辈,到处旅游,跑遍了北京、西安、厦门、海南等全国主要旅游景点。

  20世纪50年代初,社会秩序稳定,经济恢复迅速,人民生活也在提高。但后来政治运动不断,导致人们思想混乱,国民经济跌入崩溃的边缘,人民生活水平下降。现在的年轻人或许不能理解,但我们毕竟经历了那个特殊年代。

  1978年党的十一届三中全会全面纠正了"文革"的"左"倾错误,拨乱反正,解放思想,纠正冤假错案,实行改革开放。经过三十多年努力,祖国强大崛起,国际地位提高,经济社会建设欣欣向荣,人民生活蒸蒸日上,社会面貌焕然一新。我晚年能看到这样翻天覆地的变化,从内心感到由衷的欣慰。

  我因为在新中国成立前参加革命,按照政策享受离休待遇,党和政府对我们的优厚关怀无微不至。往事如烟,岁月如歌,如今我晚年生活过得充实、幸福、健康,家庭和睦可亲。目前社会虽然还有些许弊端和不尽如人意的地方,但正在逐步得到治理、改善、不断前进。我们现在的幸福生活来之不易,应该倍加珍惜。在安享晚年的时候,我常想还应做些力所能及的工作,来回报社会。

  在党的十八大即将召开暨纪念干部离退休制度建立30周年之际,谨写此文,以作纪念。

(写于2012年7月1日)

董民声传略

凌春林

董民声(1915～1999),男,汉族,浙江嘉兴新塍人。中国著名耳鼻咽喉科专家及医学教育家。

董民声早年就读于新塍正蒙学堂,和凌云(前国家安全部长)是同班同学、挚友。他们二人深得陈典卿校长的器重,被寄予厚望。毕业后,他曾先后入浙江省立二中和秀州中学读书。

"九一八"事变后,东三省沦陷,日寇侵略的魔爪伸向我国华北。在民族危难之际,全国掀起了抗日救亡的热潮,中学毕业的董民声深受激励,以满腔热情报考了国防医学院,从此踏上了医学救国之路。

1940年董民声从国防医学院毕业,立即投入到抗日救亡的洪流。1941年,在贵阳图云关,他师从国际著名的生理学家林可胜博士,参加了中国红十字会救护总队。他到总队报到后,没几天就向湘赣边界进发,最后被分配到江西修水县六二二队。他是队长又是医师,下属只有四个护理人员,他们安顿下来就立即开展工作,除给抗日将士做治疗外,还给当地老百姓免费治疗。

当时董民声刚刚毕业不久,临床经验比较欠缺,只凭学校所学的一些知识,工作起来实在有困难。他遇到问题就翻阅随身带去的几本医学书籍求助,并想办法克服设备缺乏的难题。没有消毒设备,他们就利用蒸笼蒸、开水煮,来达到消毒目的。他深深感受到当地老百姓缺医少药的苦楚,以一个医生救死扶伤的良知,热心地为他们服务。

50年后,他回忆道:"有一次在江西漫江,遇到一位高龄产妇,三天生不下孩子。主人家请了几位接生婆亦没有办法,后来请巫婆背了催生菩萨到产妇房中催生,也没有效果。最后在没有希望的情况下,主人家想到红十字会救护队的医生,可接生婆说,'男人怎么能接生?这些二十多岁的人,懂什么?'我在产科实习时虽然接触过助产,但多是顺产,没有见过难产,因此不敢主动去揽这活。但那位产妇的当家不顾一切来请我,我硬着头皮去了。经检查胎位正常,只是经过几个接生婆的折腾,产妇体力衰弱,宫缩无力。这时我心里有点底了,首先将自己的紧张心情平静下来,将那些接生婆请出房外,让产妇喝了些热汤,等安静下来又给她注射了点葡萄糖,在产妇的配合下,经过几番努力,孩子顺利生下来了。但生下的孩子不哭不呼吸,我用力拍了几下婴儿臀部,孩子立即发出响亮的哭声,把躲在窗外看热闹的几个接生婆惊呆了。孩子是生下来了,可是胎盘怎么也下不来,窗外又哄动起来。我只好在严密消毒下试行胎盘剥离,又成功了。当时我汗流浃背,暗自庆幸。"这件事发生后不久,当地发行量很大的《开平日报》进行了报道。一时,红十字会救护医疗队名声大振,求医的人源源不断,董民声真有点应接不暇了。工作条件是有限的,求医人数却越来越多,工作也愈来愈难,但他都能努力想办法克服。

  有一位青年农民在弄雷管时,将一只手炸掉了,血肉模糊地来求医。从实际情况看,病人非截肢不可。于是他连夜弄了一把木工锯,经过严格消毒,又给病人注射了破伤风抗毒素,在没有来得及清创的情况下将患肢前臂的三分之一用最原始的方法截去。术后他让病人吃点药,又用点消炎粉,不但伤口一期愈合,感染亦被控制了。50年后,董民声教授回忆起这件事时,说:"这是病人抵抗力强,也是我的运气。"

  就这样,一个年轻医生,出于抗日救亡的激情,在奋斗中与当地百姓结下了深厚的情谊。当他1942年调回贵阳总队的时候,当地的民众远途洒泪相别,恋恋不舍。半个世纪后,他感叹道:"当时只知整天工作。我这个初出茅庐的年轻医生竟能独当一面,也不知道是怎样搞下来的。"

董民声教授所在的江西修水一带驻着一个集团军。应军队的邀请,由董民声等五位年轻医生为军医办起培训班,他担任局部解剖学和生理学的讲授。讲局部解剖没有教具不行,学员们弄来一具遗弃尸体(刚巧是冬天,腐化程度不高),于是就在一个地主农家后院的一间房里,董民声抓紧时间为学员们讲解,虽然时间短,却起到十分好的效果。后来他说:"通过这段实践,我体会到没有受过学校训练的人,如果只在临床学会几手本领,那就是知其然,而不知其所以然,是不能进一步发展成才的。""我教生理时,虽然不能做实验示范,但能讲通道理,对提高临床训练亦有较好的效果。"

1942年,林可胜教授被排挤出红十字会,大多数医护工程技术人员都转到由林可胜领导的战时卫生人员训练所(林教授带领部分战时卫生人员随中国远征军转战滇缅公路。后来日军截断了英军退路,林教授从缅甸辗转到印度,受到印度领导人的欢迎。直到抗战胜利,林教授才回到贵阳)。董民声也离开了修水,到贵阳战时卫生训练所附属医院外科工作。工作一段时间后转入贵阳陆军总医院,并于1945年担任外科总住院医师。因陆军总医院没有设立耳鼻咽喉科,他被调任耳鼻咽喉科医师,并赴重庆歌乐山由沪转移来的上海医学院耳鼻咽喉科学习。

几个月后,日本投降,董民声教授回到了贵阳陆军总医院,并主持耳鼻咽喉科的工作。在贵阳陆军总医院工作期间,他与出自名门的江苏医学院毕业生、只身来到西南的钱芳女士喜结良缘(钱芳女士后随董民声教授抵达河南,任河南医科大学微生物与免疫学教授)。

抗战胜利,林可胜回到贵阳后,将各军医学校及战时训练所改组成国防医学院,迁往上海。1946年8月,林教授有计划地组织出国人员考察,招考一大批年轻医生赴美国留学。董民声考上耳鼻咽科专业,在美国波士顿墨菲氏总医院及波士顿眼耳鼻咽喉科医院进修。次年回国后,任国防医学院耳鼻咽喉科副教授。

1950年,河南大学医学院向全国招聘人才,时任南通医学院教授的董民声欣然受聘,来到河南。他在河南从教半个世纪,成为河南省耳鼻咽喉科专业的主要奠基人,并成为我国著名的耳鼻咽喉科专家及教育学家。

任教期间,董民声教授与时俱进,勇于创新。器械缺乏,他就自己绘图,请河南大学铁工厂(郑州柴油机厂的前身)的师傅参与,制造了扁桃体剥离器及骨凿等医疗器械。

有一次,董民声教授接诊了一个气管异物患儿,名叫程爱国,因花生米卡在气管内,情况十分危急。为了救人,在缺乏基本设备的条件下,董教授采用最原始的方法,将气管切开,并顺着异物的活动方向将异物取出,从死神手里夺回了程爱国的生命。这件事轰动了当时的开封城。之后,有位在洛阳市从事援建工程的苏联专家夫人,因食道鸡骨异物,被用专车从洛阳送到开封。董教授又在极其困难的情况下顺利取出异物。

在董民声教授的带领下,河南医学院(原河南大学医学院于1952年从河南大学分出,更名为河南医学院)的耳鼻咽喉科很快跨入了国内先进行列。耳科手术在国内处于领先地位。如开展了治疗耳源性眩晕的迷路手术,1952年开始在乳突根治中采用耳道内侧端切口径路,这种径路与传统的耳后切口相比,具有损伤小、愈合佳、不易发生耳道狭窄等优点。1955年在全国较早地开展了喉全摘和上颌骨手术。1956年9月开始用裂层皮片修补鼓膜穿孔。就当时的46例统计,成功率为65.2%,高于国际上当时57%的成功率。

董民声教授是国内早期使用直视食管镜的专家之一。1953年,他在食管镜下发现了人体美丽筒线虫病例,从而打破了国外学者认为人体美丽筒线虫只寄生于人口腔黏膜的结论。他在耳硬化症的研究上,创造了钻镫骨足板安全手钻及发夹式人工镫骨,使耳硬化症治疗的安全性及临床效果达到了国际先进水平。

他积累大量的临床经验,撰写了《梅尼埃病》专著,他对位置性眩晕的研究,突破了美国学者认为是壶腹崤帽沉石症的论点,并提出壶腹崤微循环障碍新理论的假说。对不能控制眩晕的梅尼埃病,首创用圆窗膜上放置氯化纳晶体的手术方法,以此改变内耳的血流变化,从而消除眩晕。董民声教授首创的这一方法,与内淋巴引流、分流、减压和迷路破坏手术相比,不仅简化手术、减轻病人痛苦,而且明显提高疗效。

20世纪60年代初期,由于抗生素应用范围比较狭窄,海绵窦脓肿有较高的发病率。而海绵窦一经感染,形成血栓,虽然能用抗生素阻止病变发展,但常不能避免局限性化脓,如不适时加以引流,则会导致死亡。当时没有较好的引流方法,死亡率甚高。董民声教授接触到首例病人后,就以敏锐的判断和熟练的局部解剖知识,创造了从眼内眦眶上手术引流的方法,从而拯救了不少病人,在国内外产生很大反响。

董民声教授对聋儿的康复亦给予高度重视。在他的倡导下,20世纪80年代,河南省耳鼻咽喉学会在全国率先举办聋儿听力言语康复训练班,并成为目前河南省残联聋哑康复中心的前身。

随着时代的发展,董民声教授把研究重点投向了内耳疾病的攻关。1978年,他开始招收硕士研究生。1981年,他成为首批被国务院学位委员会批准的博士生导师,河南医科大学(1984年,河南医学院更名为河南医科大学)耳鼻咽喉科专业随即成为博士授权专业。此后,董民声教授把全部心血注入到研究生教育。他白手起家建立实验室,通过多年一贯的不懈努力,对内耳疾病的研究在国内已处于领先地位。由他主编的《内耳疾病研究进展》一书,我国著名耳鼻咽喉科学者刘铤教授认为"本书独具特色,一是内容新颖,着重在进展,介绍新技术新研究成果,对一般的内容并不作赘述;二是着重介绍自己的研究成果、认识和经验体会,这正是本书难能可贵之处。"

董教授一生有多部医学专著问世,在国内外专业杂志及学术会议上发表过许多优秀论文。《内耳疾病研究进展》一书,荣获1998年河南省优秀图书一等奖。

多年来,董民声教授一直致力于医疗器械的技术革新,总是不遗余力。他根据实践亲自绘图,并骑自行车到工厂请有经验的工人师傅一同研究创造。经他创造的专科器械,如上颌窦鼻内开窗凿,替代了用骨凿凿骨的痛苦;鼻后孔闭锁环钻凿,简化了复杂的成型手术操作,消除了术后再闭锁的不良后果,并取得了国家专利;三爪式反张钳和电热螺丝钻,解决了因圆珠笔帽嵌顿于支气管异物取出的难题,其成功率可达100%,从而解除了患者的疾苦。

1985年,董民声教授因晚期胃淋巴肉瘤做了广泛胃切除术。在治疗期间,单位领导看望,他丝毫不提病情,却提出"将来耳鼻喉科怎么办"的问题,当听到"在全国重塑河南医科大学耳鼻咽喉的形象"的回答时,才满意地点了点头。在住院治疗期间,他依然坚持读书。

自1985年至1999年12月这14年,是董民声教授与病魔抗争的14年,也是他为我国医学发展作出更大贡献的14年。在此期间,他仍旧担任河南省政协副主席等社会职务,坚持参加会议和工作。由于重病及化疗、放疗后体虚,受凉引发病毒感染,患了带状疱疹,疼痛难忍,但他坚持与疾病作斗争,带病坚持查房、做手术、上专家门诊、做科研、带学生。他总是把病人放在第一位,虽然已经八十高龄,每逢门诊,他总是早早便到诊查室等待病人。不管患者的地位如何,他都一视同仁,认真诊治,且不让限号,常常从早上8点看到午后很久。在这14年的时间内,他培养出19名硕士研究生和9位博士研究生。董老初发白内障眼病,看字久了感到费力,他用放大镜,一丝不苟地从早上8点,一直看到晚上10点,整整花费了12个小时,论文的空白处布满了蝇头小楷和圈圈点点。他的学生去董老寓所拿论文时,看到董老伏案修改论文的情景,眼睛立即湿润了……

董民声教授在给他的两位女儿董明敏和董雪蕾的遗言中写道:"我一生坎坷,少有成就,只是业精于勤,着实工作而已。望汝辈能踏实专业,不图虚名,生活日丰,但仍应勤俭持家。"这种业精于勤、不图虚名的精神和品格是他一生奋力工作的真实写照。

1999年12月5日,董民声教授病故的噩耗传出,他的学生从全国各地云集郑州,沉痛悼念敬爱的导师。河南各界都为失去了这样一位医学界的楷模而痛心。河南省政协、省委组织部、省委统战部、省委老干部局、省教育厅、省卫生厅、省民政厅及学校组成治丧委员会。许多人从省外赶来参加告别仪式,治丧委员会还收到从德国、台湾等地发来的唁电及挽联。在董民声教授的家乡嘉兴新塍,人民悼念这位当代名医,里人有诗云:"一代宗师,杏林留芳,望重泰斗,慰我桑梓。"

董民声教授于1951年12月加入中国民主同盟。1982年3月加入中国共产党。曾当选为全国人民代表大会第三、五、六、七届代表,河南省人民代表大会第二、三届代表,河南省政协第四、五、六届副主席。曾任民盟河南省委员会第五届副主任委员。在学术领域,他曾长期担任河南省科协副主席、中华医学会理事、中华医学会河南省分会副会长,同时又是耳鼻咽喉科学会的创始人和开拓者。他曾担任全国耳鼻咽喉科专业多种教科书、参考书和耳鼻咽喉科全书的编委、副主编或主编,任多种医学杂志编委。1992年,他被英国剑桥大学授予世界名人"再成就者"证书,并被聘为名誉顾问,学术声誉远播。

后记

2008年5月5日,92岁高龄的凌云老人来嘉兴。凌老动情地回忆当年正蒙学堂的老同学和挚友董民声教授,怀念他们儿时在正蒙学堂一起读书的情景。在正蒙学堂旧址古老的小石桥——颖桥旁,凌老默默凝视,仿佛听到当年那悠扬的上课钟声……

(本文根据凌老的回忆整理,以此纪念一代名医董民声教授。)

去台老兵李亚根的百年沧桑

徐子祥

　　清光绪三十一年(1906)二月二日,李亚根出生在海盐县最东北角的海塘乡方家埭村(现归属西塘桥街道东港村)一户非常贫穷的农家,父亲叫李永昌,母亲叫庄珍宝。濒临杭州湾的几间破旧茅屋里蜗居着李亚根一家六口人,仅靠父母租种几亩薄地,外加趁退潮时下海抓鱼捉蟹,聊以为生。在李亚根7岁那一年,天大的不幸降临到李家,亚根的父母因为患上白喉病,竟相隔五天就先后病故,撒手西去,抛下了尚未成年的四个儿女,这时排行第三的李亚根与两个姐姐、一个弟弟只能靠远近乡邻接济和外出乞讨为生。12岁那年,李亚根开始给人家放牛割草,艰难度日,每天与牛吃、睡在一起,相伴为生。童年的李亚根不要说读书识字,连起码的温饱都难以维持,尝尽了人世间的艰难辛酸。随着年岁的逐年增长,李亚根的个子渐渐长高了,也有了几分力气,到了18岁那一年,放牛郎也成了财主家的长工。财主家的四季农田活,家中大小事都要他来干。本来在当年的农村,二十多岁的小伙子都早已娶妻生子,成家立业;但父母双亡,家境赤贫,身无分文的他又哪来的钱财娶妻成家呢?所以这人生的大事一拖再拖,一直拖到1944年,当李亚根已经38岁时,他才到平湖县的转塘桥(此村原来归属平湖市前进乡,现已并入曹桥镇,与海盐西塘桥街道紧邻)杨家做了上门女婿,根据当年的老习惯,做了女婿的他更名为杨进昌。妻子杨杏宝(现已去世)比他小14岁,婚后生育了几个孩子,而前面的两个孩子均因饥寒交加而夭折,仅剩下1948年6月出生的小女儿杨金妹活了下来。

1948年11月,解放战争进入了最激烈的状态,此时辽沈战役已经结束,而淮海战役又紧接着打响。国民党在军事上一败再败,各个战场上损兵折将,减员十分严重。为了维持摇摇欲坠的蒋家王朝,国民党只能用摊派壮丁的办法来补充日减月损的兵员,向前线输送新兵。而当时李亚根家家境贫穷不堪,欠债累累,难以养家活口。在万不得已的情况下,42岁的李亚根在当年11月以八石大米的身价卖了壮丁,抵了转塘村所摊派到的壮丁任务,但这卖壮丁所得的八石米依然被那些闻讯而来的债主们半路上劫掠而去,妻子杨杏宝粒米未得,人财两空,悲愤万分。

穿上一身国民党军装的李亚根告别了28岁的妻子和只有5个月的女儿,先进了平湖县团管所接受短暂的军训,后经嘉兴来到上海,编入当时驻防上海的原国民党九十九军五十八师师长李友南的司令部直属警备营第二连,当了一名最低档次的补充兵,而同一连队的大部分新兵年龄上比他年轻了一半左右,部队当时驻扎在上海青年路的青年学校内。在上海待了仅四个多月,解放战争的形势就急转直下。1949年4月解放军百万雄师渡过天堑长江,占领南京,向着上海进军。1949年5月,解放军兵临上海城下,李亚根所在部队慌慌张张乘坐军舰,经吴淞口撤到海上,先在当时未解放的舟山逗留了一个月左右,接着又向台湾撤退。经过一个多月的辗转漂泊,在1949年的6月份抵达高雄港,驻扎在高雄市郊,后来又随部队来到台东,修建公路,也从此开始了李亚根长达51年之久的远离祖国大陆的异乡生活。

1950年海峡两岸形势紧张,战云密布,李亚根又随国民党部队匆忙来到了福建,驻防在与福州市隔海相望的马祖岛上。马祖岛与福州相隔仅几海里,真是近在眼前,但此刻的国共两党正处于严重的敌对状态之中,马祖岛成了台湾当局重兵防守的反共最前线,因此咫尺天涯,相见不相通。李亚根站在马祖岛上,遥望着一水之隔的青山绿水、城市乡村,思乡之情油然而生,他思念着家乡,思念着妻女,但海峡两岸的严重对立,使李亚根的思乡之梦在当年根本无法实现。李亚根在马祖岛上驻扎了一年多,1951年又随部队调到花莲市,此时他仍是一名下士,每月饷银仅为旧台币18元。因此他利用空闲时间,给同是浙江人的原台湾"国防部"军事干部教导队大队长陈守成(浙江东阳人,曾给蒋介石做过秘书)家踏三轮车,主要任务是接送他的几个正在读书的孩子上学和回家,由陈守成给他每月50元旧台币的津贴。但踏了没几个月,就遇上了麻烦事。有一次,这个身穿军装、踏着三轮车的李亚根遇上整肃军纪的宪兵队,被宪兵队查问,认为李亚根是现役军人,竟踏三轮车,赚外快,有违军纪,于是三轮车被查扣,人被关押。数天后,多亏陈守成作保,才从拘留所中放了出来。这时李亚根原来的上司召他回部队,先训斥了一通,然后指出两条出路:一是继续当兵,饷银提高到每月50元旧台币;二是退役,自寻生路。李亚根此时已将近46岁了,还是个下士兵;自己又大字不识一个,在军队中混下去也不会有啥前途的,而且这50元旧台币也实在太微薄了,于是他决定退役。1952年,他办理了退役手续,结束长达四年之久的军旅生活,成了一介平民。

成了老百姓的李亚根在台湾无亲无戚,无依无靠,他只得去投靠同乡人,给当时住在台中市的台湾立法委员、浙江绍兴人秦吉先生踏包车,每月薪金300元旧台币。每天载着秦先生穿街走巷,上班下班。由于他是长工出身,还有几分力气,因此也应付得了这辛苦活。大约踏了三年左右的包车后,七十多岁的秦吉先生病故,李亚根的踏三轮车生涯也就此结束。1955年后,李亚根又去花莲市当了几年的石矿工人,担当了工薪较高、但具有较大危险性的点炮工,也干了一些其他的苦力活。

1961年,李亚根通过曾在一起当兵的熟人的介绍,来到当时住在台中市模范乡的熊式辉家中做厨师。熊式辉是江西省安义县人,曾在抗日战争前后担任过江西省主席,抗战胜利后担任过东北行辕主任(东北行辕主任是当时东北的最高行政长官)。熊式辉先后共有四位夫人,原配夫人叫戴淑贞,二夫人顾竹君和三夫人顾柏君是亲姐妹,四夫人名叫张翠凤,其中顾竹君去世较早。除了原配夫人戴淑贞没有孩子,后面三位夫人前后给熊式辉生养了八个儿子和十个女儿,后来大多在美国、香港等地留学、工作。熊式辉曾经是国民党军政界高层人物,军衔为上将。1954年经香港来到台湾定居,蒋介石认为他对在国共内战中丢失东北负有责任,因此失宠,做起了寓公,但家中颇有资产,生活较富裕。李亚根在熊家烧饭、做菜、包饺子、下面条,从事厨师工作,每月薪水600元台币;同时熊式辉或其家属打牌、搓麻将时,让他陪伴在一旁,由他点烟、倒茶、买小吃等,这样他每月又可得到外快600元台币。这段时间里,李亚根的收入相对较高,生活也还可以。同时熊式辉的原配夫人戴淑贞见李亚根老实巴交,大字不识一个,便抽空教他识字。所以后来李亚根能初通文墨,能阅读和书写简单的家信,都是熊太太当年帮的忙。熊式辉因病于1974年去世,享年81岁。熊死后,李又在熊家帮厨了13年,故他在熊式辉家先后帮厨达26年之久,与熊家结成了较深厚的交情。1979年1月1日中美两国建交后,中美两国关系好转,但当时台湾与大陆的对立还相当严重,不通书信。而此时离别家乡已三十多年之久的李亚根思乡心切,就于1982年通过在台湾与美国间经常来往的熊家子女带了一封书信,从美国寄到平湖转塘桥打探家人的生死信息。后来,这封珍贵的家书又转到早已出嫁到海盐县元通乡九里村二组(现已并入海盐县元通街道电庄居民委员会)的女儿杨金妹家中。这封来自遥远的大洋彼岸的简单书信终于将中断了34年之久的夫妻情、父女情又连接了起来。杨杏宝、杨金妹母女俩得知久别家人、生死不明的李亚根如今竟然还健在,欣喜万分,托人写信给在美国的熊家子女,请他们将信转交到在台湾的李亚根,告知家中情况。此时年逾古稀的李亚根收到从美国转来的家书,得知不但离别三十多年的妻子、女儿安好,而且还新增了女婿及两个外孙一个外孙女,人丁兴旺,生活幸福时,再也抑制不住心中无比激动的心情,流出欣喜的泪水。尽管此刻李亚根心中多么想立刻回到大陆,与久别了的亲人相见,但当时海峡两岸政治上的坚冰尚未解冻,回乡探亲一时难以梦圆,李亚根只能再苦苦等待,企盼着回家团聚这一天的早日到来。同时李亚根也常与在台湾的海盐同乡(大多是1949年撤往台湾的退伍老兵)联系,互相交流所得到的有关家乡及亲人的一鳞半爪的消息,其中来往得最多的是老家同在海盐县元通乡电庄村的宋阿金(此人原在台空军中服役,七十多岁时病故在台湾),他们就以此方法来慰藉久别亲人、孤居台湾的思乡之情、思亲之情。

到了1987年,此时已年高81岁的李亚根年老体衰,结束了在熊家26年的帮厨生活,进了设在台南县七股乡三股村的佳里荣军所(这是台湾当局安置大陆赴台无家属老兵的养老院)养老。自20世纪80年代中期后,海峡两岸关系开始解冻,1987年后,普通民众可以赴大陆探亲了。思乡心切的李亚根在80年代后期首次回乡探亲,此后的十多年中又先后四次乘飞机经香港抵达杭州机场,回家乡海盐探望久别的妻女及以往从未见面的女婿、外孙等。他每来一次,总发现家乡的面貌日新月异,家人的生活水平逐年提高,同时随着年岁的增长,长期孤身一人、独居台湾的李亚根那种"树高千丈,叶落归根"的情结也愈深。因为在家乡海盐不仅有着他的妻子、家人、亲戚、乡邻,有着他熟悉的桃李桑园、小桥流水,有着他听惯了的吴语方言,见惯了的乡村茶馆,更有着他难以割舍的一腔浓浓的乡情,这一切促使他下决心回乡定居。世纪之交的2000年2月18日,坐着轮椅的李亚根终于回到了家乡,回到了亲人的怀抱。回家定居,李亚根结束了他长达51年之久的在台湾的漂泊生活,实现了长达数十年的夙愿。

李亚根回到家乡,受到了家人的悉心照料,吃到了可口的家乡菜,和家人朝夕相处,共享天伦之乐,感受着家庭生活的温馨。

2000年下半年,李亚根家花了20多万元,建造了一幢占地140平方米,总面积为420平方米的三层楼房。房屋设计新颖、美观,通风、采光都是一流的。老人住在二楼西侧朝南的房间里,非常舒适、惬意。有时他也走到二楼中间宽敞的阳台上,眺望四周美丽的田园景色,观看不远处车流如织的盐嘉公路,深感居住环境的优美,晚年生活的幸福和社会发展之快速。近几年每逢中秋节、春节,海盐县委统战部、西塘桥镇政府(合并前是元通乡政府)总会派人携带礼物,前来慰问,祝他健康长寿,这使李亚根倍感亲切。心情的愉快也促使他身体的健康,2000年回乡时,他还靠轮椅代步,而回乡后的李亚根的身体反而比两三年前更硬朗了,有时还独自拄着拐杖,到附近的乡村小茶馆喝茶聊天。有时侯,他还在女儿、女婿的陪同下,乘上汽车来到海盐县城武原镇,看看县城面貌所发生的巨大变化。在秋天和熙的阳光下,李亚根身板硬朗,精神矍铄。回忆起自己坎坷曲折的一生,他多次无限感慨地说道:"金窝银窝不如自家的草窝","树高千丈、叶落归根"。这是一位饱经沧桑的老人发自内心的肺腑之言啊!

2005年2月2日,李亚根迎来了他的百岁生日,望着鲜花、蛋糕和画家马飞熊用一百个不同字体的"寿"字绘成的百寿图,儿孙满堂的李亚根激动地对前来看望他的县委统战部和县台办的领导说:"谢谢党和政府的关心,这几年我生活得很开心。树高千丈,我这棵老树现总算叶落归根,实现凤愿了。"一个多月后,百岁老人李亚根走完了他的人生之路,溘然长逝。

忆嘉兴第一批援藏干部李小眉、姚秉文同志

赵明本

1987年改革开放以来,我市一批又一批援藏党员干部到西藏去支援西藏的社会主义经济建设,一般是在西藏工作锻炼两年后回来提拔任用。我曾和一位援藏回来的副处级干部聊起过援藏的工作和生活情况,他说:"西藏高原缺氧,气压较低,冬天寒冷、气候干燥,刚去的时候不适应,感到有点气闷,但毕竟自己年纪轻、身体好,后来逐渐适应了,有心脏病的人去肯定不行。西藏的生活条件比较差,但是锻炼两年,牙齿咬一咬就挺过来了,在少数民族地区工作政策性很强。"是啊!在西藏高原特别是在冬天恶劣的气候条件下工作二年是艰苦的。

但是,我们嘉兴的第一批援藏党员干部、公安干警在西藏工作七年,有的甚至一辈子战斗在西藏高原直至退休,他们更为艰苦。在纪念伟大的中国共产党建立90周年之际,我介绍一下我们嘉兴1965年第一批援藏的共产党员、公安干警李小眉和姚秉文同志在西藏高原艰苦奋斗的事迹。

1965年4月的一天,嘉兴县公安局局长吴庆春召开局干警大会,宣布县委组织部的任命通知,任命李小眉同志为秘书股副股长、姚秉文同志为政保股副股长。"文革"前地方上提拔的干部较少,而且事先没有一点风声,比较突然。10月15日晚上,吴局长又召开公安局干警会议,宣布了上级的一项决定:"决定调李小眉、姚秉文同志进西藏工作,支援西藏的社会主义革命和社会主义建

设"。吴局长接着讲:"在三天内办好工作移交和安排好家里的事情,10月19日到省公安厅报到集中后进藏。"会议结束后姚秉文同志在会议室找吴局长谈话,姚说:"局长,我作为共产党员应该服从组织调动,但我两个小孩还小其中一个是残疾人,生活不能自理。我妻子在五金公司工作是常日班,平时我们俩人照顾瘫痪小孩就很艰苦,我走了以后妻子无论如何也照顾不了两个孩子,局长,你是知道的。"吴局长很严肃的告知姚秉文同志:"这是上级决定的,你们到西藏去有重要的工作,一定要去的。"姚秉文同志迈着沉重的步子走出了会议室。李小眉同志的孩子只有五个多月,妻子是中山路小学教师。李小眉同志进藏后妻子生活也很困难。可是共产党员、公安干警高度的组织性、纪律性,克服种种困难,三天后两位副股长乘火车到杭州省公安厅报到集中后赶赴西藏工作。

直到"文化大革命"中吴局长才透露:"姚秉文、李小眉同志进西藏工作是省公安厅根据党中央的指示,在全省各地挑选的公安干警去加强西藏的公安工作,要求中共党员,30周岁以下,身体好,姚秉文29周岁,李小眉28周岁,俩人符合这些条件,被挑中了。先提副股长锻炼半年后再进藏,这是上级决定的。"

姚秉文同志到西藏后曾来过一封信,介绍他们到西藏的工作和学习情况,他们的主要任务是加强西藏的公安工作。首先学习骑马和西藏的语言,也简单谈了一下西藏的气候和生活情况。可是他们进藏六个月后的1966年5月16日,史无前例的"文化大革命"爆发,联系就中断了。

两位副股长进藏后,他们妻子的生活十分困难,特别是姚秉文同志的妻子郭美英,二个儿子还很小,其中一个儿子瘫痪在床上,自己又要上班,当时工资较低,请保姆根本请不起,真是累坏了。郭美英同志打报告要求丈夫姚秉文调回嘉兴,可是在"文化大革命"的动乱时期,正常的调动根本不可能。"批林整风"期间,社会秩序稳定了一些,组织上考虑到姚秉文同志家庭确实困难,于

1972年终于同意姚秉文同志调回嘉兴县公安局任股长。1979年,姚秉文同志被提拔为副局长。姚秉文同志在西藏工作七年十分艰苦,他虽然不适应高原气候,但还是带病坚持工作,积劳成疾,调回嘉兴后特别是担任副局长后,工作十分繁忙,终于病倒了。1982年,姚秉文同志因病医治无效逝世,享年46岁。

姚秉文同志为人正直,待人和气,工作勤勤恳恳,业务能力很强,有严格的组织性、纪律性,坚决拥护党中央粉碎"四人帮"的英明决策。我是很怀念这位老党员、老公安的。

李小眉同志1965年10月调西藏工作后,我就一直没有见过他。2011年5月中旬,我得知他退休回到嘉兴的住址后,于5月19日去看望了这位阔别了46年的老领导。只见他已满头白发,但精神很好,虽然当过地委副书记,可没有架子,很热情地接待了我。他和妻子许天箴老师与我谈起了过去在原嘉兴县公安局的一些往事,还关心地问起了公安局的领导和老同志的情况。我问了他在西藏工作和生活情况,他说:"1965年10月19日离开嘉兴到省公安厅报到,省厅把援藏的共产党员组成了一个临时党支部,指定我为支部书记。到了西藏后,我分配在自治区公安厅政治部工作。刚去时,因整理材料加了两个夜班,人突然昏倒了,抢救醒来后人没有力气,大概西藏高原缺氧吧。休息了半年,稍为好一点又坚持工作了。西藏的冬天比较寒冷,冰天雪地,不过现在也稍为转暖一点了,生活比较艰苦。原来交通不发达,下乡或执行任务靠骑马。有时骑了一天马,连自己屁股都痛,晚上睡不着。后来虽然修了一些路,但山路窄高低不平,冬天冰雪路滑,但遇到紧急情况要立即出发。遭遇过几次车祸,有一次汽车掉进了坑里,是附近解放军帮助抬出来的,受伤最严重的一次缝了四十多针。调到昌都地委后,先担任组织部副部长,后担任地委常委、组织部长。1987年担任地委副书记、政法委书记,1999年退休。"许老师说:"胡锦涛同志在西藏自治区担任党委书记时曾看望过李小眉。"许老师还说:"西藏高原除缺氧、气候寒冷外,冬天还吃不上新鲜蔬菜,生活比较艰苦。80年代后期交通发展了,才吃上新鲜蔬菜。李小眉在西藏几次遭遇车祸,总算命大能退休回来。"

李小眉同志工作努力,刻苦耐劳,笔杆子很好,组织能力很强,有革命的坚定性,公而忘私,把毕生的精力献给了西藏的社会主义革命和社会主义建事业,是我非常敬佩的老党员、老公安。另外,姚秉文同志的妻子郭美英和李小眉同志的妻子许天箴这样好的党员家属,这样好的警嫂,是值得表扬和学习的。

谨以此文,向读者介绍我们嘉兴的第一批援藏共产党员、老公安李小眉、姚秉文同志的高度的组织性、纪律性,在西藏高原艰苦奋斗的优秀事迹,以表达对他们的怀念和敬仰。

(作者系秀洲区人民法院退休干部)

金庸与嘉兴渊源深厚

陈启文

著名武侠小说大师、香港明河社出版有限公司董事长、香港特别行政区基本法起草委员会委员、原香港《明报》社长金庸(查良镛)先生,自改革开放三十多年来,先后四次来嘉兴探亲观光、讲学、投资办企业、捐赠文化教育事业、赈济洪涝灾害,造福人民,乡亲们称颂他为"爱乡楷模"。因工作关系,在金庸先生四次返乡中,我均有幸参与接待,并陪同访问,与先生结下深厚的情谊。我还曾参与海宁市编修《查氏家谱》五卷本,计150万字,得到先生赞誉。在接触过程中,我亦深切体会到先生一片桑梓情深,现将所知略述如下。

金庸,系海宁查氏第22代孙,全国查氏第84代孙,于1924年农历二月初六出生于浙江海宁袁花镇赫山房(现新袁村一组)。查氏望族著称"钱塘江畔查半天""文宦之家""一门十进士,叔侄五翰林"。清康熙皇帝为海宁查氏题写门联:"唐宋以来巨族,江南有数人家"。据《海宁查氏族谱》记载,查氏历代考中举人49人、亚魁7人、儒士8人、监生6人、副榜10人、贡生70人。金庸祖父查文清,系清光绪十六年(1890)进士,任江苏丹阳县知事,清政廉民,为丹阳教案之事,被镇江府台革职回家,这对金庸影响深刻。元至正丁酉年(1357)秋农民起义,为避兵乱,金庸祖先查瑜率妻子自江西婺源凤山岗一路水系富春江—钱塘江—运河上岸到嘉兴子城边栖息居住,时年32岁。翌年春,闻悉海宁袁花里(今袁花镇)有个龙山,面临钱塘江,潮水滚滚,土地肥沃,水稻蚕桑物茂,人情敦厚,想到老家婺源凤山岗与龙山"龙凤呈祥",于是就偕妻率子迁居海宁龙山脚下居住。查瑜一家人虽住嘉兴时间不长,可对嘉兴的自然风光、人情胜景恋恋不舍。

金庸于1936年秋袁花镇小学毕业后,不去硖石镇读中学,也不去杭州读中学,而是到省立嘉兴中学(现嘉兴一中)读书。一年中,金庸浏览了嘉兴名胜古迹,读了嘉兴史志,了解了嘉兴人情风俗习惯,产生对嘉兴的眷恋之情。1937年卢沟桥事变爆发,金庸跟随校长张印通翻山越水,风餐露宿,冒着日军飞机轰炸的危险,脚穿草鞋,死里逃生步行千里,流亡读书,辗转到丽水碧湖镇吴公庙坚持上课读书。在嘉兴籍校长张印通的关心爱护教导下,金庸进入联合高中学习。他积极宣传抗日,反对投降。学校教务处训导主任沈乃昌系投降派,戴着一副金丝边眼镜,到处阻止师生抗日,时而在校门口监督学生讲话,时而窜入寝室收集学生情报,引发爱国师生愤怒。金庸就在校壁报宣传栏写了一篇文章《阿丽丝漫游记》,形象地描写训导主任沈乃昌像条毒蛇,东张西望吐毒舌,喷毒汁,狂言叫喊:"如果你们活得不耐烦,我就叫你们不得超生。"该文轰动全校,大家都去看这篇文章,有的老师还拍手叫好说:"查良镛人小志气大,爱国抗日有胆量。"训导主任沈乃昌利用职权拉拢校内投降派,逼着张印通校长开除金庸学籍,张校长忍着气迟迟不表态,留金庸在校读书,训导主任沈乃昌联合校外敌伪势力,强行贴出"公告"开除金庸学籍。在走投无路之时,张印通校长伸出援手,给金庸写了一封介绍信,介绍他到衢州中学读高中。时隔半个世纪后的1992年12月3日,金庸首次访问嘉兴就提到张印通校长,说:"张印通校长是我恩师,我一辈子忘不了。"金庸到母校嘉兴一中讲学,讲到抗日战争时学校遭难,他不幸被开除学籍,全靠张印通校长的挽救。金庸按捺不住内心的激动,眼泪直淌地说:"我与嘉兴缘分深,感谢张校长恩师。"金庸为师生演讲后,为母校嘉兴一中题字:

当年遭寇难,失哺意彷徨。

母校如慈母,育我厚抚养。

去来五十载,重瞻旧学堂。

感怀昔日情,恩德何敢忘。

金庸捐赠港币一万元给嘉兴一中为张印通校长建造铜像,还赠送了他写的15部小说给校图书室留念。金庸下榻嘉兴宾馆,在接受母校嘉兴一中小师弟师妹采访时说:"嘉兴是我第二故乡,我的祖先查瑜住过嘉兴南门,我爱嘉兴,因此在我写的小说《射雕英雄传》中,第一、二回好多处提到嘉兴府、秀水县、南湖、南湖菱、南湖船、江南七怪、醉仙楼比武、法华寺练功等等,以手写心,从嘉兴开始写人和物,延伸到大漠风沙的内蒙古草原,深山峡谷奇岩至成吉思汗射大雕。"在座的小记者们听得津津有味,久久不想离开。在参观南湖时,金庸挥毫写下"旧地重游,烟雨如旧"。回到嘉兴宾馆休息时,金庸还为市政府题字:

檇李古邑文化之邦,吴越分界嘉禾呈祥。
南湖一会发皇鹰扬,新道吐秀改革开放。

从字里我们可看出金庸对嘉兴历史的了解,感叹改革开放后的新变化。金庸损赠港币300万元给嘉兴高专建造金庸图书馆。回港后又来信捐赠港币20万元给图书馆购置书籍刊物。金庸图书馆现藏书逾万册,成为嘉兴爱国主义教育基地,嘉兴高专现与浙江冶金经济专科学校合并,升格为嘉兴学院。金庸在参观嘉兴高专时鼓励师生题写了多幅墨宝:"徒有理论不足以成专家,若无实践难裨益于社会","读书当独立思考,具鉴别眼光。文学评论可读,但不必盲从跟随其意见";为《嘉兴高专报》题写:"客观报导,独立思考。坚持正义,重视公益";为金庸图书馆题字:"以我之名为图书馆命名,实深感谢。愿此图书馆为嘉兴文化事业作出长期贡献"。在参观嘉兴日报社时金庸题字:"有容乃大,无欲则刚"。这些题字的字里行间,充满着金庸对嘉兴的厚爱和企盼。

1994年4月3日至5日,嘉兴一中举行建校90周年校庆活动,金庸应邀前来嘉兴参加校庆讲学,并捐赠港币5万元设立金庸奖学金,同时参加嘉兴高专金庸图书馆落成典礼,金庸以《感我桑梓,赐以嘉名,愿尽菲薄,助振斯文》的演讲,道出了肺腑之言,眷恋嘉兴的深厚感情,感动了与会人员。嘉兴市人大常委会授予金庸为"嘉兴荣誉市民"称号,市政府聘请金庸为嘉兴市人民政府高级顾问。金庸接受《嘉兴日报》记者采访,为《嘉兴日报》题字:"我为嘉兴添锦绣"。接着,金庸到大桥镇中华化工厂参观访问,看到农民出身企业家朱贵法虽然文化不高,可精明能干,企业管理有方,就投资32万美元,合资创办嘉兴市安发化工香料有限公司,生产香料出口创汇。1996年11月12日,金庸应邀到海宁参加海宁市金庸学术研究会成立大会。第二天到嘉兴大桥镇中华化工集团有限公司访问,看到该厂为嘉兴经济建设作出较大贡献,金庸又投资205万美元,合资创办嘉兴农村首个村办企业发电厂——中华热电开发有限公司。金庸回港不久,又派人来中华化工集团投资216万美元,合资办起纬安化工香料有限公司,生产多种香料销售国际市场,其中久珠牌香兰素成为国际著名商标,出口免检,所生产香料品种多,质量好,现改名为中华化工有限责任公司,生产的香料产量成为世界第二位,亚洲和全国第一位,为亚洲和全国生产香料基地,被评为省市先进企业,全国化工行业"排头兵",列入全国500强先进企业,为嘉兴争得了荣誉。该公司总经理朱贵法被评为全国劳动模范,省优秀共产党员,所在地中华村被评为省市新农村建设示范村,农民住进小别墅,奔小康。

2003年10月23日至27日,"2003年浙江嘉兴金庸小说国际研讨会暨金庸小说改编影视作品研讨会"在嘉兴举行,金庸应邀参加大会并演讲。来自美、法、德、韩国、日本、越南、澳大利亚、新加坡、加拿大、香港、台湾等国家和地区及全国13个省市文学艺术专家、学者150多人荟集一堂,研究21世纪金庸武侠小说新发展,找出新路子,取得新成就。24日晚,金庸在新闻发布会上作了《南湖论剑》演讲,获得与会专家、学者赞誉。在会议期间,金庸热诚接待了市侨办退休干部、海宁市金庸学术研究会特邀研究员陈启文的采访。陈启文撰写的《金庸传》,经参加本届大会北京电视电影研究员陈墨先生指导修改稿纸,金庸审阅认可,由嘉兴市政协文史委编入《嘉兴文杰》一书(第一、第二集)出版,发行全国,让更多读者了解金庸。据悉,中国大陆出版的《金庸传》有七八十个版本,金庸只认可陈墨先生写的武林文宗《金庸》和陈启文写的《金庸传》两个版本,其余都未认可。此次会议期间,金庸还到大桥镇中华化工有限责任公司投资美金165万元,合资办嘉兴市明华热电开发有限公司。会议期间,嘉兴市长陈德荣在南湖醉仙楼为金庸先生做八十大寿。与会人员纷纷举杯向金庸祝寿,金庸身穿红绿绸缎古袄,激动地说:"我与嘉兴有缘分,从小读书到嘉兴,受到嘉兴老师同学关心,特别是张印通校长在我遭受迫害时,挽救了我的读书,今天还为我做八十大寿,我很感激,谢谢乡亲们!"

金庸还出资人民币1400万元,在杭州西湖风景区"双峰插云"下,建造了一座古雅的藏书楼,由汪道涵先生题字命名"云松书舍"。藏书楼建成后赠送给杭州市人民政府,藏书万余册,对外开放,成为爱国主义教育基地。前来藏书楼看书的青少年络绎不绝,在这里学得科学知识。杭州"云松书舍"与嘉兴金庸图书馆南北遥相呼应,一脉相通。1991年七八月间,当长江大地遭受洪涝灾害时,金庸向北京红十字会捐赠港币100万元,赈济灾民。

2007年9月,金庸捐赠北京大学人民币达1000万元,设立金庸国学研究基金,并兼任北大名誉教授。金庸多次到北大讲学,支持北大国学研究工作,发展中国国学文化。他捐赠港币100万元给浙江大学人文学院、设立金庸人文基金,支持浙大办好人文学院。金庸还将海宁市政府落实他家祖传房产政策补偿款1.64万元,捐赠给小时读书母校海宁市袁花镇中心小学建设图书馆,受到乡亲们赞誉。

(作者系嘉兴市侨办退休干部)

嘉兴市越剧二团二度蜕变之路

朱家祎

嘉兴市越剧二团是由市锡剧团与街道凤凰越剧团跨剧种兼并而成的,是成功实施异种嫁接、蜕变求生的一个范例。建团不久又因市越剧团为实现演员队伍年轻化,需要充实新生力量,越剧二团又与市团优化组合建成新的嘉兴市越剧团,完成二度蜕变。

嘉兴锡剧团的前身是三友常锡剧团,原是江苏的一个民间职业剧团,1955年5月办理民间职业剧团登记时正在嘉兴,按政策就地登记并属嘉兴管理,改名嘉兴市锡剧团,性质为地方国营,后改大集体。1970年被解散,人员分散安置。"文革"结束后,拨乱反正,原锡剧团人员集体要求恢复锡剧团,下放、转业人员按政策归队。

嘉兴锡剧团在"文革"前是嘉兴六个半剧团中经济基础较好的一个团,同时又由于锡剧团在浙江省仅此一家,故而有"浙江一支花"之誉。嘉兴文化主管部门考虑到锡剧团的历史因素,为了保护这个稀有剧种和群众的积极性,经上级批准于1978年冬恢复锡剧团建制。

嘉兴锡剧团重建之后,由于时代的变迁,面临着前所未料的两大困难。一是观众基础起了很大变化,上座率萎缩,导致演出成本加大。二是经历十年沧桑,人员老化,青黄不接。更重要的是在嘉兴找不到"纳新"的对象,去江苏特招政策上有困难,即使招到一二个人也解决不了根本问题。随着时间的推移,面临的困难逐渐加剧,必须谋求新的出路。文化主管部门的领导深切地体会到,恢复建制已很不容易,而再次解散一个剧团会严重伤害一群人的感情,非到万不得已不能动大刀。为全力保护这个群体,文化主管部门决定超出常规,实施嫁接组合之法,将锡剧团改成越剧团。当然这个决定事关重大,需要锡剧团全团人的认同。锡剧团的同志是顾大局、识大体的,特别是经历"文革"中下放农村或转业二轻工业、合作商业的同志,不管姓"锡"姓"越",留在剧团总是最佳选择。因为老同志们有着丰富的演出经验和管理经验,即使上不了前台,也能在后台发挥自己的作用,毕竟戏剧的规律是相通的,艺术的表现手段可以通用假借。京剧就是以徽、汉为主,吸收昆曲、秦腔及其他民间曲艺融合而成。越剧的发展也是汲取了昆曲的营养。

嘉兴凤凰越剧团是"文革"后由东门街道创办的。当时嘉兴建设街道也办了个群艺越剧团,两个剧团竞争,造成了嘉兴越剧的大好形势。对于这两个新兴民间剧团,文化主管部门尽力予以扶持,经常派员进行实地考察和指导。选择凤凰剧团作为嫁接对象主要基于两个方面:一是凤凰团的队伍整体素质比较而言要好一些,拔尖人才也多一些,与一般县级剧团不相上下。二是锡剧团属大集体编制,收编凤凰人员在政策上没有障碍。当然收编组合需要双向选择,从思想上高度统一,才能成其事。从街道一方来说,办职业剧团不是必须的任务,剧团工作千头万绪,牵制着街道领导很多的精力,而更不容易的是如何解决演职员的能进能出问题。演戏这项职业,除了艺术大师,普通演员都有一个舞台生命周期问题,到了青春不再之时,必然会面临走下舞台、何去何从的问题。主办单位应及早准备,以解决剧团人员的后顾之忧。街道领导当然会意识到这一点,故而对政府部门的收编持积极态度,这就叫"见好就收"。从演职员一方来说,被收编为县级剧团,意味着有了更好、更大的发展空间,后顾之忧也小一些、少一些。

1983年6月,嘉兴越剧二团正式组建。演员阵容令人耳目一新,特别是拥有几名素质很好的青年演员,如从吴江引进的戚继仙、毕继芳、高承芳,前两人用的是艺名,原来她们是上海著名越剧演员戚雅仙、毕春芳亲授的学生,高承芳学的是尹派,故以承芳为名。

1984年9月,江、浙、沪越剧青年演员电视汇演在上海举行。嘉兴市选送七名演员参赛,市本级杜佩英、高承芳、毕继芳、戚继仙、费静雯,桐乡郝利民,嘉善刘轶华,均获荣誉奖。杜佩英工老生,费静雯参演《黛玉葬花》,此两人是不是二团的?记不清了。江浙沪越剧青年演员电视汇演之后不久,嘉兴市文化局决定将越剧二团从郊区划出,收归市属,与市越剧一团重新组合。这其中有一个历史的因素,原来撤地建市时,原地区越剧团新秀青年队和京剧团留在湖州,原地区越剧团老演员队分到嘉兴。地区老演员队与原嘉兴市越剧团合并组成新的市越剧一团。如今,经过上海电视汇演的检验,市越二团显示出新秀群体活力充沛的优势,市局领导想到了强强联手,优化组合。郊区文教局领导为了顾全大局,更重要的是为二团人员的发展前途着想,同意将二团向市输送。1984年底,嘉兴市越剧二团的历史画上了圆满的句号。

嘉兴市越剧二团存在的时间甚短,然而她终究是嘉兴戏剧史上的一个特例,故其历史值得研究。

(作者系秀洲区教文体局退休干部)

史料研究

明代著名象棋谱《桔中秘》的作者朱晋祯是嘉兴海盐人

朱学范

朱晋祯是明代著名象棋谱《桔中秘》的作者,但其籍贯与家世,三百多年来,却湮没于历史长河中隐晦不彰,有关史料非常匮乏。《桔中秘》刻本卷一卷端署"东海(卷二作'陈海')进之朱晋祯辑,侄子长朱尔邺、子于朱景萧(卷二作'肃')校阅",卷三"残局说"一文下标"武原朱晋祯进之甫辑"。另外就是一篇大名鼎鼎的《〈桔中秘〉叙》。除了这些可谓最直接的少量史料外,我们基本对朱晋祯一无所知。他究竟是哪里人?所谓的"东海""武原"究竟是指哪里呢?

著名棋书作家李浭先生认为"古时'东海'地名很多,愚考为江苏东海县",至于"武原",他也无法解释,认为"有的版本作'武原'人,待考"。[①]此说影响甚大,很多棋书和象棋史研究者都认同这一看法,如宁波大学教授张如安先生也认为,"朱字进之,明末江苏东海人"。[②]至于如何考证出"东海"即江苏东海县,李浭、张如安先生都未交代,很可能只是一种揣测。

最近,南京审计学院国际文化交流学院陈圣宇老师从《〈桔中秘〉叙》着手,在我的多方帮助佐证下,考证出朱晋祯是浙江海盐人,因此序还牵涉到序作者生平考证,故全文移录如下:

"夫人精神所及,一往而深,金石为开,天地为变,上之可以润色鸿业,允武允文,功成名立,天下莫之媲。次则多才多艺,寄心于中,极其所至,神巧出焉,亦足自树,以希不朽。余往岁薄游中外,常与季弟进之氏偕,每见其锐志下帷,思入微渺,篝灯丙夜,靡以他念,紫阁丹墀,几乎反掌间,余心实慑之。既而为家累所牵,不遂厥志,旁涉雕虫,悉造其颠,而于象戏,犹得三味,即明眼人鲜不敛手,称"无敌"者。人咸谓进之资性素敏而抑知其殚精求详,盖匪朝伊夕也。余林泉休暇,进之偶出所辑《桔中秘》相示,见其多所发明,更以新意点缀,灵机跃跃满楮,余叹服之。其沈深智勇,若可为时艰借一筹者。因忆曩昔,奉节滇云,值逆酋匪首以数十万入寇者再,予昼度夜思,厉兵秣马,以象战克之,歼其渠帅,吾圉危而复安。迨己巳(崇祯二年,1629)驱车入都,又以群丑纵横,京师骇恐,余任守广宁门,身当众冲,披甲仗剑为士卒先,亦以炮击走之。纵微功可录,然而局已烟销,往绩成虚,恍如枰收对垒,令人羡神仙出世,潇洒襟期,益信手谈,闲消日月。桔中虽隘,自觉天地之宽;胜负虽分,竟忘角逐之想。进之得此意甚深,而苦心更不可泯。余赞付梓人,公诸同好。且诏世之纷纷名利者,亦可以此作清凉散也。

崇祯壬申(崇祯五年,1632)孟夏无住居士泰书于胥川草堂。"[3]

据陈圣宇老师考证,序作者为浙江海盐县武原镇人朱泰祯,《桔中秘》作者朱晋祯乃其弟弟。其理由如下:

1. 朱泰祯生平大事与《〈桔中秘〉叙》中记述在细节上多处吻合。查光绪《海盐县志》卷十五朱泰祯传记有这样记载:

"朱泰祯,字白岳,……中万历丙辰进士,授福建龙岩县知县。……徙漳浦,举卓异,召拜福建道御史。……巡按云南,时黔寇断滇道,驻节成都,发蜀中兵开道建昌,踰大、小丞相岭,绝金沙江,擒贼首乌利,长驱入云南,申约束厉将士,载守毕备。三月,水西、东川、乌撒三大寇,倾巢数十万犯沾益,守兵仅六千人,董率道将破走之,斩首数千级。五月,水蔺乌复大举来犯,炎方无城郭,树木为栅,泰祯监诸将,设伏以俟。贼九十八营并进,殊死斗,诸军驱象横击之,贼大奔溃,遂擒竜戈资,俘斩之,筑四石城于炎方。……遂以战守定滇黔,诸夷咸戢。事竣还朝,道闻父丧,奔归。……服阕趣朝,闻都城戒严,冲烽火入都,捍守广宁门,事平,补南京畿道御史,以族人谒选事牵引,谪徽州府知事,稍迁南京兵部车驾司主事,句稽侵牟,宿弊一洗。卒于官,祀乡贤。"

传记中述朱泰祯在天启中曾任云南巡按御史,指挥平定少数民族叛乱,并曾在崇祯初年归朝时参与捍卫北京,与《〈桔中秘〉叙》中自言,"奉节滇云,值逆酋匪首以数十万入寇者再,予昼度夜思,厉兵秣马,以象战克之,歼其渠帅","迨己巳驱车入都,又以群丑纵横,京师骇恐,余任守广宁门"记述一致,尤其值得注意的是"以象战克之""余任守广宁门"与传记中"诸军驱象横击之""捍守广宁门",在细节上都完全吻合。

2. 朱泰祯子朱尔邺、朱景肃就是列名《桔中秘》的校阅者。

查光绪《海盐县志》卷十八有朱尔邺、朱景肃兄弟传记,节录如下:

"朱尔邺,字子长,泰祯子,纯孝笃行,髫年咏泮,举明经。当泰祯按滇,留家侍大父母,备极色养。捐祭田,建祠墓,葺梁施椟,善举甚多。岁乙巳,举宾筵。生平曾入水不濡者三,厚德之徵也。所著有《曲台约旨》《苇读斋初问》。

朱景肃,字子于,尔邺弟,选贡生。孝友豪迈,尚义好施,以臬司佟公荐,征授常山学谕,不数月归里。筑圃郊西,颜曰:喻园。日以著述自娱,不问户外事,而当事愈重景肃,邑大利病,必咨之。康熙庚戌,吴江苕水饥,乞食来盐者数千人,景肃倡捐粟百余石,商之邑令,集饥民欸城镇,各给米,善遣之。后邻邑咸被流民盗劫,盐独无恙。人称景肃先见云。"

据此可知,朱尔邺、朱景肃均为朱泰祯子,且两人名、字与《桔中秘》刻本卷二卷端"侄子长朱尔邺、子于朱景肃校阅"记载一致("肃"字,卷一卷端误刻作"萧",理由见下)。从辈分上看,朱泰祯为晋祯之兄,则尔邺、景肃正是晋祯之侄。

众所周知,古人取名、字,两者之间通常存在某种联系。明中叶著名爱国者于谦,谥号"忠肃"。"朱景肃"名"景肃",即"敬仰于忠肃(于谦)"之意,故字"子于"。著名明遗民,海盐武原镇人彭孙贻为朱景肃同乡好友,有诗《朱二景肃胥川草堂,观黄鹤山樵十二家山水歌》(彭孙贻《茗斋集》卷十一,《四部丛刊》续编本),亦可证"朱景肃"之名是正确的,而《桔中秘》刻本卷一卷端校阅者刻作"朱景萧"则是错误的,当如卷二卷端刻作"朱景肃"才对。当今许多棋书,提及《桔中秘》校阅者,均误作"朱景萧",当正之。

3. 史料可证朱泰祯有别号"无住居士",与《〈桔中秘〉叙》落款吻合。

赵潘、李根源在《鸡足山志补》卷二中有这样记载:"悉檀寺藏……明巡按朱泰祯无住居士遗像立轴。绢本。长八尺,宽三尺余。帧首朱自赞自书,署年天启丙寅。朱曾游鸡足,与本无为方外交也。"④

朱泰祯明天启年间曾任云南巡按御史,这是他在天启六年丙寅(1626)游云南鸡足山悉檀寺,与方丈本无和尚(即释禅)交往时留下的遗物,据"明巡按朱泰祯无住居士遗像立轴",可知朱泰祯确有别号"无住居士",这与《〈桔中秘〉叙》落款"无住居士泰"吻合,此处"泰"即为"朱泰祯"自称。

云南著名考古学家孙太初先生《鸭池梦痕》云:"悉檀寺,为鸡山八大寺之一,是丽江土官木增于万历四十五年(1617)出资延僧释禅修建的。天启四年(1624),敕颁藏经,赐额'祝国悉檀禅寺'。崇祯二年(1629),建法云阁以贮藏经。此寺居鸡足满月山形胜处,建筑宏丽精整,为鸡山诸寺之冠,可惜已毁于十年浩劫初期。1953年秋,我曾去鸡足山作过文物调查,在悉檀寺得到木增画像、云南巡抚(当为巡按,朱泰祯为巡按御史,非巡抚)朱泰祯画像、九莲菩萨像等珍贵文物,现藏云南省博物馆,得免于难。"⑤由此可知朱泰祯的画像尚未被毁,现藏云南省博物馆,如能将其刊之于世,当能依稀想见《桔中秘》作者朱晋祯的模样。

4. 朱泰祯序文落款之"胥川草堂",史料可证为其子朱景肃居所,当为继承其父的产业。

浙江海盐武原镇人彭孙贻为朱景肃同乡姻亲好友,明亡隐居家乡不仕,常与朱景肃宴饮酬唱,其《茗斋集》就有《探梅小憩朱二子于胥川草堂》卷六、《饮朱二胥川草堂,观梅,席上呈甬东范吏部潞公》卷十、《朱二景肃胥川草堂,观黄鹤山樵十二家山水歌》卷十一等。朱景肃居所"胥川草堂",当即朱泰祯《〈桔中秘〉叙》落款"崇祯壬申孟夏无住居士泰书于胥川草堂"之"胥川草堂"。由此可知,胥川草堂从明末至清初,父子相传,并未更名。

5. 从姓名、取字来看,亦可旁证朱泰祯与朱晋祯之密切关系。

以上四点主要证据,足可判定朱泰祯为晋祯之兄,即《〈桔中秘〉叙》之作者。从姓名、取字上来看,亦可旁证朱泰祯与朱晋祯的兄弟关系。

"泰祯""晋祯"之名,有相同的辈分排行字"祯"。笔者所见绝大多数史料,包括《明史》⑥、《明实录》等均作"朱泰祯",《明清进士题名碑录索引》亦作"朱泰祯"。⑦葛嗣浵《爱日吟庐书画别录》卷二录有"朱泰祯行楷一通",为泰祯致友人之信,末有"泰祯再稽首"。⑧此信为泰祯亲笔所书,"祯"字从"礻",不从"木"。南京图书馆藏有朱泰祯著《礼记意评》四卷(天启五年杨师孔刻本),今收入《四库全书存目丛书》,卷端均作"东海道子朱泰祯著",⑨"祯"字亦均从"礻"旁。因此《桔中秘》刻本刻作者"朱晋祯"名为"朱晋桢"是错误的,棋界至今沿袭《桔中秘》刻本之误,当据正之。

光绪《海盐县志》卷十五云"朱泰祯,字白岳",但"白岳"乃朱泰祯号,非其字。葛万里《别号录》卷九有"白岳朱泰祯,道之"的记载,即指泰祯号"白岳",字"道之"(笔者按:朱泰祯另有一字,字"道子")。杨廷福《明人室名别称字号索引》有"道之朱泰祯"的记载。⑩朱泰祯字"道之",与朱晋祯字"进之",取字方式一致,且"道""进"皆为走字底(辶),此亦可为两人兄弟关系之旁证。

证明了朱泰祯与朱晋祯的兄弟关系,《桔中秘》刻本中"武原"和"东海"都可以得到确凿的解释了。《桔中秘》刻本卷三"残局说"下标"武原朱晋桢进之甫辑",其"武原"就是指浙江海盐县武原镇,也就是作者朱晋祯的家乡。

至于《桔中秘》刻本卷一卷端署"东海进之朱晋桢辑",也可以得到解释,南京图书馆藏朱泰祯著《礼记意评》四卷(天启五年杨师孔刻本),卷端均作"东海道子朱泰祯著","东海"当指朱泰祯、朱晋祯兄弟的家乡浙江海盐县,绝非江苏东海县。

陈圣宇老师在得知我是尚胥里朱氏后人并保存有完整的光绪《海盐县志》和《尚胥里朱氏家谱》后,曾数次与我联系要我帮他查找出处。据《尚胥里朱氏家谱》记载:朱晋祯是后山公支十三世孙(生:万历乙未1595年;卒:顺治辛卯1651年,为堂弟),朱泰祯是三峰公支十三世孙(生:万历己卯1579年;卒:崇祯壬申1632年,为堂兄);其长子朱尔邺,字子长(生:万历甲辰1604年;卒:康熙戊申1668年)、次子朱景肃,字子于(生:万历乙卯1615年;卒:康熙甲子1684年)。吾族分支,始于十世祖之兄弟行,其相传至今者,共十一支,即东溪公支、北溪公支、后山公支、可六公支、可三公支、三峰公支、廷瑞公支、龙沙公支、鹤溪公支、龙溪公支、廷珍公支。还有,尚胥里朱氏祠堂堂号叫胥川祠堂,朱泰祯之胥川草堂当是其对自己家舍的谦称。家谱记载更加佐证了陈老师的考证——明代著名象棋谱《桔中秘》的作者朱晋祯是海盐人。

朱晋祯虽然在象棋发展史上取得那么伟大的成就,但在古海盐的史籍和文献中却很难找到他的情况介绍,毕竟象棋在古代不被重视,朱晋祯的直接资料,历代正史和方志都没有记载。现在我们应该为这位棋圣和《桔中秘》立碑以志。

(作者系海盐尚胥里朱氏二十四世孙)

注释:

①李浭等:《象棋古谱新编——桔中秘》,北京体育大学出版社1997年版,序言第1页。

②张如安:《中国象棋史》,团结出版社1998年版,第250页。

③朱晋祯辑《桔中秘》四卷,清江左书林刻本,《故宫珍本丛刊》第468册,海南出版社2000年版,第1~3页。

④《鸡足山志补》,江苏广陵古籍刻印社,第32~33页。

⑤孙太初:《徐霞客诗翰墨迹》,《鸭池梦痕》,云南人民出版社1992年版,第24页。

⑥张廷玉等:《明史》,中华书局1974年版,第6463页。

⑦朱保炯等:《明清进士题名碑录索引》,上海古籍出版社1980年版,第2594页。

⑧《续修四库全书·子部艺术类》第1088册,上海古籍出版社2002年版,第637页。

⑨《四库全书存目丛书·经部》第94册,齐鲁书社1997年版。

⑩杨廷福:《明人室铭别称字号索引》,上海古籍出版社2002年版,第368页。

附:《橘中秘》及有关介绍

中国象棋的历史十分悠久,两千年前楚辞的《招魂》中就提到了它的名字,不过那时候每方只有六个子,所以又叫"六博"。后来棋子数量逐渐增多,并在棋盘中间加上了"楚河汉界"。

1600年前东晋干宝(海盐人)《搜神记》载:古时巴丘人家的桔园有一大桔,剖开后,内有两老叟相对象戏。后遂称象戏为"桔中戏"。

由于这篇神话的影响,古人便把下象棋称作桔中戏、桔中乐。海盐籍的棋圣朱晋祯,他的传世之作也因此引用它取名叫《桔中秘》。

朱晋祯,字进之,尚胥里朱氏十三世孙,生于明万历乙未,卒于清顺治辛卯(1595~1651)。他青年时期屡试不第,科场失意,但聪明过人,诗词歌赋琴棋书画无一不精,尤以象棋著称于世,驰骋棋坛三十多年所向无敌。其堂哥朱泰祯曾任云南巡按御史,亦酷爱象棋,是《桔中秘》序作者;朱泰祯儿子朱尔邺、朱景肃,对象棋造诣也很深,曾参与校订《桔中秘》。

据《中国大百科全书·体育卷》介绍,《桔中秘》是我国象棋史

《桔中秘》插图

上划时代的巨著,在此之前,曾流行过象棋谱数十种,残局上千个。然而《桔中秘》一问世,各种名谱如《金鹏谱》《梦人神机》《象棋秘》等均销声匿迹,真可谓"一扫万古凡马空"。

《桔中秘》共四卷。一、二卷为全局着法,分得先、饶先与让子三类,着重介绍斗炮局的各种变化,具有快攻速决、激烈相博的特色;三、四卷载140局实用残局,详细剖析各种胜局和棋势,另附《全旨》(通称《桔中秘·全旨》)与《残局说》两文以及凡例、歌诀等,对战略、战术的棋理进行综合阐述和分析。朱晋祯把千余年来象棋研究的成果,加以采集、归纳、充实、发挥,同时在分类和棋谱的编写方法上也有新的创见,成为后世的典范。《桔中秘》条理清晰,品评精湛,容易掌握和运用,因此受到后世象棋爱好者的欢迎和推崇,成为我国流传最广、版本最多、影响最大的一部象棋谱。(屠景明等:《桔梅新编》,上海文化出版社1982年版,前言第3页。)

明清时期三塔塘牌坊群初探

徐元观

以前,嘉兴城西门外西丽坊矗立着二十多座牌坊,除壬戌进士坊在西丽桥北外,其他都集中在西丽桥西南的三塔塘上,从西丽桥到三塔茶禅寺的不足三华里的塘路边,牌坊鳞次栉比,蔚为壮观。这些牌坊均建于明清两代,每座牌坊都有自己的故事,记载了嘉兴诸多的人文掌故。这些牌坊大小高低不一,古朴精美,雕琢粗犷而不失庄重。有的牌坊除坊额外还有石匾,石匾上镌刻着建坊对象的姓名和事迹。有的正背题额。有的牌坊顶端有二三座小石楼,雕饰着云纹花卉等图案。这些牌坊有皇帝旌建的,有府、县官方建立的,也有民间建造的,其中明代建造的有 16 座,清代建造的有 8 座。现根据笔者搜集的资料,将明清时期这一带的牌坊,以及牌坊所涉及的人物、掌故作一简单介绍,以共同探讨三塔塘沿运河牌坊构成的特有的文化景观。

1. 壬戌进士坊

明嘉靖四十一年(1562),嘉兴有项笃寿等 19 人考中壬戌科进士,为此建牌坊纪念,名"壬戌进士"坊。这 19 名壬戌科进士名单和简况如下:

项笃寿(1521~1586),秀水人,字子长,壬戌科进士(以下各人均为同科进士),授刑部主事,官广东布政司参议,改任南京考功郎中。

项　钶(1529~?),嘉善人,官刑部江西司主事。

沈懋孝(1537~?),平湖人,未廷试,授编修,改庶吉士,任南京国子司业,两淮盐运使判官,起河南巡抚(未任)。

张大忠(1536～?),平湖人,字国桢,官刑部主事,庐州知府,江西按察使,广东布政使。

冯敏功(1526～1585),平湖人,字元卿,官礼部主事,江西参政,河南参政。

钟继元(1530～?),桐乡人,授福建安福令,擢刑部主事,官广东按察司佥事,移湖广佥事。

戚于国,秀水人,任御史。

戚元佐(1530～?),秀水人,字希仲,官至礼部主事,历员外郎、中郎、尚宝司少卿。

宗宏暹,字进甫,嘉兴人,知丰城县升刑部主事,后任山东廉访使,积劳而归。

卜　相,字梦良,嘉兴人,历官云南参议。

沈元华,字瑞伯,秀水人,任大理寺卿。

王钖命,秀水人,官参试。

郑履淳,秀水人,任光禄少卿。

张应治,秀水人,任副使。

俞南金,平湖人,字国良,授刑部主事。

钱　贡,桐乡人,官新建知县,刑部郎中。

李　芳,秀水人,字权承,未廷试,令曲周县,迁饶郡丞,遂投檄归里。

赵　严,崇德人(今属桐乡),任佥事。

王　俸,嘉善人,授参政。

2. 科甲绳芳坊

为徐必达、徐学周、徐学曾、徐世淳立。

明万历年间徐必达任南京兵部侍郎,朝廷追溯其祖孙三代均为科举入仕,故立此坊以表彰徐氏家族。

徐必达(1566～1635),秀水县人,徐学周之子,万历壬辰科(1592)进士,任南京兵部侍郎。

徐学周,字尚文,秀水县人,徐必达之父,嘉靖四十三年甲子(1564)举人,经"三举会试"登副榜,选知蜀嘉定州。

徐学曾,秀水县人,系学周弟,徐必达之叔,嘉靖四十三年甲子(1564)举人,经"三举会试"登副榜,选知州。

徐世淳(1585～1641),字仲明、中明,秀水县人,徐必达之子。万历四十六年戊午(1618)举人,赠太仆,授永嘉教谕,历重庆府推官、随州知州。

3.翼世犹显坊

为徐镗、徐学周、徐学曾、徐行远、徐必达立。

徐学周、徐学曾、徐必达简介见前条。徐镗任应天府尹。

4.状元及第坊

系当地士绅表彰朱国祚高中明万历癸未科(1583)状元,后又出任吏部右侍郎、翰林院侍读学士而立。背额镌刻"天卿大夫"四字。

朱国祚(1559～1624),字兆隆,号养淳,秀水县人。明万历十一年(1583)举进士第一,授修撰,进洗马,为皇长子侍班官,又进谕德。万历二十六年(1598)被超擢礼部右侍郎,不久代理尚书。不久转为左侍郎,转吏部。后引疾回乡18年。泰昌元年(1620)光宗拜朱国祚为礼部尚书兼东阁大学士。天启元年(1621)朱国祚升加太子太保,进文渊阁大学士,翌年任会试总裁。三年,进少保、太子太保、户部尚书,改武英殿大学士。后辞官回乡。次年去世,赠太傅,谥文恪,赐祭葬。

5.忠著三朝　清师百世坊

为朱国祚立。朱国祚简介见前条"状元及第"坊。

该坊额面镌书"忠著三朝",额下石匾镌有"明万历癸未状元、光禄大夫、柱国少傅兼太子太傅、户部尚书、武英殿大学士、赠太傅、谥文恪朱国祚"。背额镌"清师百世",背额下石匾镌有"赠太傅大学士朱文恪公"。

6.万古精忠　三吴遗爱坊

为宋知嘉兴军宝谟阁学士岳珂立。

岳珂(1183～1243),字肃之,晚号倦翁。汤阴(今河南汤阴)人,岳飞孙。宋宁宗时以奉议郎权发遣嘉兴军府兼管内劝农事,有惠政,自此家居嘉兴金陀坊。绍定六年(1233)被陷以罪。嘉熙二年(1238)被重新起用,官至户部侍郎,淮东总领制置使。

该坊上额为"万古精忠",下额为"三吴遗爱",左方有额镌"连枝启秀",右方有额镌"群凤朝阳"。

7.万古精忠坊

万古精忠坊树于岳王祠前,上层额面刻有"万古精忠"四字,系岳飞七世孙岳元声、和声、骏声兄弟三人建于明万历年间(1573－1620),明末毁于战火。至清,岳飞裔孙岳经五见祠毁未复十分痛心,立志复祠,临终时嘱子岳鑑必须尽力复祠。岳鑑流泪受命,"一木一石铢积寸累",经三十余年的努力,终于在乾隆五十二年(1787)复祠,祠前重树万古精忠坊。

岳元声(乐元声),字之初,桐乡人,万历十一年(1583)癸未科进士,知旌德县,改大名府教授,迁国子博士转监丞,兵部侍郎,卒后赠南京兵部尚书。

岳和声(乐和声),字之律,嘉兴人,元声弟,万历二十年(1592)壬辰科进士,授汝阳令,擢惠潮道参政、补九江,升金都,巡抚蓟辽,天启间起补延绥,后辞官归乡。

岳骏声,原名岳金声,后改为骏声,嘉兴人,万历二十四年(1596)中举、三十八年(1610)庚戌科进士,自刑曹历太常寺卿、通政使。

8.两朝元辅　四世宠纶坊

为明天启年间(1621～1627)宰相施凤来所立,颂扬其祖先四代。施凤来父为施应埙,祖父名施灯,曾祖父施雷。

施凤来(1563～1642),字羽王,号存梅,平湖人(祖籍湖州),万历三十五年(1607)丁未进士,榜眼大学士,授翰林院编修。以礼部尚书入阁,阿附魏忠贤。崇祯帝即位为首辅,旋被纠,告归。

施应垻,字士和,平湖人,施凤来的父亲。年轻时曾代昆弟服徭役,曾在路边拾得别人遗落之金归还失主。后入赘于曹,曹家虽富有但无子。曹氏去世后应垻将曹家财产全部分给曹家亲属,被地方列为孝义之士。

坊额镌书"两朝元辅""四世宠纶"。

9. 青宫硕辅　紫诰重褒坊

系表彰詹事府少詹事、翰林院侍读学士陈一德、陈懿典父子二人而立。

陈懿典(1573～1657),字孟常,秀水人,万历二十年(1592)进士,历官翰林,至中允。神宗时皇储未建,中贵横行,群议"三王并封",懿典屡疏切谏言。诏补掌院学士(辞不就)。

坊正额镌书"青宫硕辅",背额镌书"紫诰重褒"。

10. 兄弟名臣坊

明万历四十七年(1619)为孙光启、孙光裕兄弟而立。

孙光启(1557～1609),字子贻,嘉兴人,明万历十一年(1583)癸未科进士,授刑部典铨,出守广东惠州。

孙光裕,字子长,光启弟,嘉兴人,明万历二十九年(1601)辛丑科进士,授江西建昌令,官光禄少卿,授南御史。

11. 司宪坊

为明正德十六年(1521)辛巳科进士张徽所立。

张徽,字德卿,秀水人,以进士授大理评事,后擢南雄府知府,在任上时,带民垦荒田、释流民、开商市、清军屯,多著惠政。

司宪坊原在城内碧漪坊,后因损坏,万历年间由其外孙岳元声移建于三塔塘上,即今血印禅院山门前之石坊。

12. 宠贲三世坊

为孙仁、孙志道立。

13. 孝义坊

为表彰窦文照、沈文镕、项穆、窦国元等人的美德而立。

窦文照,秀水人,国子监生、光禄寺丞。万历十七年(1589)大旱时赈饥,施棺埋骼。

项穆(? ~约1596),字德纯,号贞元、兰台,秀水人,国学生,万历初官中书舍人。明书法家、诗人,项元汴长子。置义田以资助族中人,并资助嘉兴府学以及嘉兴、秀水、嘉善三县县学中家庭贫困的学子。

14. 旌表坊

为蔡士能妻赵氏立。

蔡士能妻赵氏,名真女(一作真安),28岁时丈夫亡故,从此不穿色彩鲜艳的衣服,也不戴饰品,邻居也听不到她的笑语声。赵氏精心钻研所事的技艺,因而家业兴旺。两个儿子在她的教育下均成才。在她72岁那年,金事辛访、知府延详知道这件事,赐旌。以后次子(蔡)济任辽东苑马寺主簿,就将母亲接去。赵氏有子、女各二,长子蔡宣,次子蔡济。成化八年(1472)85岁那年病故,成化十二年(1476)三月安葬于新塍祖坟。

15. 烈女　天地正气坊

为周应祈未婚妻项氏立。

16. 节孝慈惠坊

为附监生胡潢妻郑氏立。

17. 节孝坊

为张衍麓妻邹氏立。

嘉兴县渔闲里王家坊监生张衍麓,娶同里邹晏安之女邹氏为妻,张衍麓病故,邹氏年仅21岁,无子,绝度悲伤痛不欲生,誓以身相殉,幸有公婆劝导才免。自此孝侍公婆,操持门户。她心地善良,时常施济于人,受到邻里一致好评。守节33年,于道光八年(1828)去世,终年52岁。先于道光四年(1824)旌建节孝坊于秀水县三塔塘。

18. 节孝坊

为程作璜妻陆氏立。

19. 真节流芳坊

为曹淇生妻张氏立。

20. 孝义维风坊

为邹世麒立。

邹世麒,字鲁传,秀水人。弱龄丧母,徐号不止,父宗仁谕以大义始节哀。父坐卧小楼,日夕侍奉,有很多燕子在楼下筑巢,人们称小楼为"百燕楼"。他对继母也十分孝敬,孝行十分感人,据传,他继母死后有一对白鹤绕坟而飞。邹世麒临终前还捐银修崇圣祠,并嘱儿子必须实现他的修祠遗愿。

21. 节孝永思坊

为劳而智妻吴氏立。

22. 贞节坊

为程之远妻周氏立。

23. 乐善好施坊

为陈振声、陈廷声立。

陈振声,字集斋,庠生。陈廷声,太学生。二人系兄弟,凡地方的慈善事业都踊跃参与,慷慨解囊。

为使贫家孩子能入学读书,二人于嘉庆七年(1802)在报忠坊(今斜西街西段一带)建陈氏义塾。道光六年(1826),陈振声、陈廷声、陈宗柏(陈振声子)捐资改建西育婴堂(在西丽桥),陈振声捐银1255两,陈廷声捐银1093两,陈宗柏续捐银7000多两。育婴堂改建以后,以道光三年(1823)捐赈余额3000贯存款的利息,再加新的募捐款为育婴堂开支经费。道光十九年(1839)陈宗柏又捐水田504亩1分2厘为后续开支经费。育婴堂年收养婴儿300余人,为人抱养的每年百余人。

24. 圣世完人坊

清雍正十一年(1733),为孝义何汉伟立。

何汉伟字居阶,秀水县人。幼时遭乱被抓,父在乱时被杀。何汉伟获释后,和兄长设法寻找父亲尸骨予以埋葬。时嫡母(父亲的正妻)曹氏病重,汉伟"刲股肉,以小炉就床侧煮"。曹氏于昏迷中闻到肉香而苏醒,并要吃肉。吃了儿子汉伟身上刲下的股肉后,不久病就痊愈。后汉伟生母有病,他一如照料嫡母样照料生母。后来自己得病,病很重,自知难以治愈,让儿子把佃户的佃逋券全部烧毁。

后记

嘉兴西门外三塔塘上,在明清两代立有很多牌坊,有状元及第坊、万古精忠坊、乐善好施坊等,还有多座贞节坊、节孝坊。这些牌坊历经数百年,至新中国成立尚存十余座。改革开放后在三塔路段又立牌坊两座:一是茶禅夕照坊,这是一座新立的牌坊,原来是没有的,茶禅寺已毁,嘉禾八景之一的"茶禅夕照"也不存,光是一座牌坊不能恢复"茶禅夕照"一景;另一座是状元及第坊,三塔塘上原来虽有状元及第坊,但我辈所见的状元及第坊是为朱国祚高中明万历癸未科(1583)状元而立,坊上除正额镌有"状元及第"外,其下方还有一长方形石匾上镌有朱国祚的简历等。但今立之状元及第坊仅有坊名,也不知为哪位状元而立,且石额上状元及第的"状"为简化字,与此牌坊不相匹配。另有一座是2011年刚恢复的万古精忠坊,树立在新的岳王祠前。

2012年10月23日,市文史研究会换届大会暨运河文化专题研讨会上宣读了部分运河文化的研究论文。会后细读汇编中部分论文,见有关于三塔塘牌坊的内容,读后深有启发,即将原收集的有关三塔塘上各牌坊的背景和一些有关的掌故进行整理,以供挖掘三塔塘牌坊历史文化的参考。但有的牌坊资料未曾搜集到,其中贞节坊、节孝坊立坊的对象是妇女,当时不使用妇女的姓名,仅用其丈夫的姓名加某氏,如"某某妻某氏",资料不仅少而且也很难找,所以有的还是空白,特别是贞节牌坊空白尤多,有待充实。以前有同志曾写过有关三塔塘牌坊的文史资料,本文仅作一点补遗,请指正。

(写于 2012 年 11 月)

嘉兴市文史资料通讯

第七十五期

嘉兴市政协学习和文史资料委员会编　　二〇一三年二月十九日

目　　录

嘉禾拾穗(上)……………………………周咬脐　孙亮侨(455)
序……………………………………………………………(455)
一、石佛悬壶杨九牧……………………………………(456)
二、兰台药局徐大椿……………………………………(459)
三、禾城南栅米市埠……………………………………(463)
四、汉塘蚕宝上茧笼……………………………………(467)
五、百年磨坊怀裕泰……………………………………(471)
六、高氏酱园出乾隆……………………………………(475)
七、秀州皮箱朱氏铺……………………………………(479)
八、云锦衣香夺天工……………………………………(483)
九、同乡义举建会馆……………………………………(487)
十、夜半笙歌谁家弄……………………………………(490)
十一、永明电灯放光明…………………………………(494)
十二、实业救国创民丰…………………………………(497)
十三、商舶辐辏小火轮…………………………………(501)
十四、老街织声度残冬…………………………………(505)
十五、中街塘湾一水牵…………………………………(509)
十六、银钱典业露峥嵘…………………………………(513)

嘉禾拾穗(上)

周咬脐　孙亮侨

序

嘉兴简称"禾",又曰"禾城",是一座历史文化名城。嘉兴历史地名也与稻禾紧密相联。三国"由拳野稻自生",吴大帝孙权视为"祥瑞之兆",改禾兴县,因避讳定名"嘉兴"。唐大历间嘉禾屯粮食丰收,建高丰庙奉祀。李翰碑云:"嘉禾在全吴之地最腴,故嘉禾一穰,江淮为之康",史称"江南粮仓"。五代嘉兴晋秀州,其义"抽穗扬花曰秀";北宋政和擢嘉禾郡,所谓"甘露降,风雨时、嘉禾兴"。宋嘉兴稻"一茎九穗",遂命名禾城庆丰桥。清末民初,尤以嘉郡禾商百年肇兴,开启一代新气象。综观禾地商界,遗落此"穗"何其多,待人拾之。

周咬脐、孙亮侨为《新禾商》"春秋"专栏撰稿,三年期刊,每月连载。周君撰述文稿,统编条目;九旬孙老主持校勘,时有若干资讯辑入。其两人搭档,以亲身经历或所见所闻,俯拾坊间之"陈年夙古董"。藉商海钩沉,博采百业之长;聆温古知新,常念创业之辛;成就一段商业史话,"存世为鉴"颇引各界关注。诸篇以典故做由头,字里行间飘逸老街、老店、老掌柜之乡土风情,以不同角度折射20世纪嘉兴百年老店、老招牌之风采与禾商形象,以缅怀先贤,激励后人。

嘉兴商业集中在北大街(建国路)、塘湾街(北京路)和中街(中基路)一带,自古"人丰禽集,市井骈阗"。兹举禾商各业以民生为先。作者竭其所能,道出"大有大的难处,小有小的精彩"。所取题材各具侧重,包罗禾商业态,间或采撷乡俗俚语,拉近读撰两者距离,故脱窠臼而辟新意也。真是:"嘉禾拾穗难尽,史海寻贝无穷。"

今精选是编,汇辑 30 篇,结集上下两册,以飨读者。

一、石佛悬壶杨九牧

中华医药历史悠久、博大精深。战国扁鹊、三国华陀、唐初孙思邈为其之佼佼者,人们耳熟能详。浙北历代名医前辈,有禀承家学或由儒精医,有名师传授或刻苦钻研者等,比比皆是而青出于蓝。

植根于嘉兴老土地的传统医药源远流长,唐代宰相郡人陆贽,住宣公桥侧;留心医学,积集而著《陆氏验方集》,遂成遗世绝响。

北宋末年战乱,宋军节节败退,宋廷康王偏安杭州。随高宗南迁之太府医官流落江南,有些则定居秀州(嘉兴),以施医卖药为生计。严子成随父秋蟾,由河南汴京卖药至秀州,宋咸淳间占籍嘉兴,租屋于竹篱弄,悬壶市庐,精医杏林;乐为贫病者搭脉施药,民敬其德,咸称"药师"。严氏由药而精医,是医药统合之范例,故文敏公为作《杏林图》传世。

宋元战乱,一些宫廷秘方、验方也由此时陆续传布于嘉兴民间及"草头郎中"。

明永乐十年(1413),太医官严震之子严乐善,在郡城天星河市南,置药材室加工炮制药片。

清同治间,嘉兴北郭塘湾街(北平路),集中开办药材批发的百年老店同善堂、广生昌、天德甡记等三四家药材行一字排开,而名气最大药铺当数老同善堂药酒店。龚氏世代以中医中药为业,传有秘方,所制之药酒,名闻江浙。同善堂老字号何以能取信于民,石佛为何物、药酒之由来,待笔者解说。

(一)雍正时施医救贫

清代雍正年间(1723~1735),嘉兴同善堂药铺草创于北郊马库汇镇,迄今已逾280年,后迁东门甪里街之侧。两浙针灸名医杨九牧,字莲峰,江苏南汇人,本姓龚,承杨姓,后人以龚姓传世。杨氏以中医郎中起家,问诊号脉,治疾疗伤有奇效。杨氏亦提囊行药于民间,病家赞其医药皆通之妙,故名噪一时。他精针灸术,能拔盲为明,针药并施,名震杏坛。尤擅长疯痨臌膈杂症,医术远播汾湖三泖以东,旁达周遭数县,或驻足埠头,或云游乡间,老幼妇孺闻名求医者络绎不绝。

杨九牧药酒店,有名已久,每岁杭州烧香之期,嘉郡各埠绍兴快班船,途经北门塘湾街,购者甚众。

杨九牧擅长研调丸散,自制"松、坤、巽"字号等数十种丹膏丸散,长年造福乡梓。民间治病向以草头药为大宗,杨九牧另辟蹊径,由他亲理药材浸渍"风湿药酒",投药酒疗治风湿顽症十七种三大类。

其一用健虎丸、巽风丸、松盛丸驱风寒湿邪;

其二以利湿丸、一四丸、兑泽丸专攻癣疥湿症皮肤病;

其三藉祛风丸、景深丸固阳培本,尤其对麻痹语塞、半身不遂有特效。

杨氏独创之风湿药酒,舒筋活血、壮骨强身,散瘀祛寒、通脉解痛;屏风痨冷气、积滞暗宿,治顽疾固症、解民痛苦,传布"良药利病"之医道也。

嘉兴的药铺大都为前店后作场,聘用药工名手制作丸散、膏丹、露酒等。牛黄宝丹、清心丸、六神丸、紫金锭、行军散、辟瘟丹中成药及疗疮膏药。有预防时疫、养心补气、固本培元之功效。尤以由杨氏秘方浸泡之风湿药酒,独门配方,制作考究,疗效显著,倍受江浙一带百姓的追捧。

(二)乾隆间妙手回春

乾隆盛世,皇帝六下江南沿线水路,即京杭大运河,八巡南湖烟雨楼,筑驻跸石坊于南湖河埠。

乾隆二十八年(1763)，杨九牧由浉北淞南一路行医返故里，由水道经嘉兴东郭，见其市井闹猛，商贾麇集，是个安身立命之处，迁同善堂药肆于甪里街投药坐堂行医。城东宣公桥，系乡民进城关隘，经数百年人烟聚居，遂形成嘉兴府城东门外甪里坊、北板坊之嘉邑市集，一时百业称盛。

时杨九牧以岐黄济世，道行高深，医术如日中天。药铺阶前求诊者熙来攘往，全靠把脉问诊，良帖一方；亦能提药囊上门施医解难，偏方救贫；往往是药到病除，妙手回春，为病家称道。

乾隆近臣，乡贤钱太傅陈群历事康熙、雍正、乾隆三朝元老，深得恩宠。乾隆十七年(1752)引疾归乡，优游故里。杨氏曾用秘制风湿药酒治愈钱太傅足疾，钱阁老赠药铺对联一副云："功深九转丹成鼎，病却千人药在囊"。由名人捧场，则非同凡响。

乾隆间龙虎山张有义天师，慕杨九牧名，投刺求医偏枯愈逢春，酬赠杨氏"人世天医"匾额。张天师精星相，于风水之地命立石佛以镇宅，杨氏权作独家标记，光绪《嘉兴府志》有传。

石佛者肩宽一尺六寸，高可四尺五寸，大小如常人。双手捧一枚槌子，面相慈祥似菩萨，俗称"石菩佛"，简称"石佛"；以"同善济世"为菩萨化身，石佛直立堂檐阶前，供人顶礼膜拜。

此后四乡八埠叩诊者，相约买舟趋禾，遂以"石佛"为记识。嘉庆年间(1796~1820)，杨九牧恢复龚姓并入籍秀水(嘉兴)，嗣族累世行医甪里街；裔孙奎克增补贡生，继承祖业，光耀门庭。

(三)同善堂厚德载福

清咸丰十年(1860)，太平天国在嘉兴建政"听王府"四年，惨遭湘军与"洋枪队"双重镇压。嘉兴东门宣公桥外漕渠绕城，东厢九坊荟萃之地顿时灰飞烟散，兵燹后同善堂成一片瓦砾。

同治六年(1867)，遂于环城运河北岸上下埭，由北丽、端平两桥之塘路设置塘湾街。杨氏药肆由龚族本家裔孙传承，相地择址，于塘湾街重新复业开张抡记药酒店。两年后，龚族隔九爿店面开榆记药酒店,力维老祖宗杨九牧药酒正宗品牌。同门设擂,竞技高下,业界啧啧称奇。

抗战前1934年,塘湾街商市与之北大街相酽,遂以两桥名拼字为之,改称北平路,一直沿用至嘉兴解放。

民国三十四年(1945)抗战胜利后,龚心亮在一片废墟上重建药店,北平路上埭92号合股复业,并传龚菊生经营主理。龚德铭亦于上埭74号独资兴业,恢复经营,两店均以专卖"风湿药酒"为号。

1951年,嘉兴重新整理路名门牌,遂更名为"北京路"。次年,嘉兴抡记同善堂生产之"风湿药酒",向中央私营企业局注册登记,并获批准。

"文革"前,杨九牧药酒店之"石佛"完好,后被"红卫兵"砸成两截,弃用"石佛"商标。时任杨九牧药酒店副经理龚鸣晓(今仍健在),连称:"可惜!可惜!"

1983年,杨九牧药酒店以"杨氏风湿药酒"命名,载入当年出版的《浙江省药品标准》。

1985年,杨九牧药酒店破败不堪,在原址翻建三层楼新房,仅数年因旧城改造建"北京城",遂迁吉杨路,图个吉利。

1993年3月26日,嘉兴市工商联藉以国家重视百年企业商标,广泛征集本市老字号名录报批。

经浙江省工商联核准申报的嘉兴老字号名录中,"杨九牧药酒店"榜上有名。

2002年,新世纪初为完善嘉兴市区药店布局,再迁城北路190号今址营业,延名医号脉。

二、兰台药局徐大椿

在嘉兴的"国药"老行当中,兰台药局为乾隆盛世时之遗子,距今已有250年的悠久历史。

时吴中名医徐大椿,悬壶济世,施药治病,创办兰台,医案等身,被泽禾人,缅怀至今。

嘉兴兰台药局遵照《太平惠民和剂局方》之焙剂制药发售。主要经营中成药、精制饮片、丸散及参茸、官燕等补品。原本清宫太医秘方安息葆元贡丸、太乙神针、玉液金丹、全鹿丸与九制首乌、二十四制金柑等精制丹丸,名著江南苏沪杭。药店虽易数址,仍是两浙遐迩闻名的百年老店。在晚清至民国的半个世纪中,此清宫秘方便是嘉兴兰台药局的镇店之宝。

前店后坊之药局原设有炮制工场,悬匾"葛洪流辉"遗训,警示药工,遵古炮制,别坏了规矩。中药饮片的切片加工,以名贵到一般分门别类,由刀工分三个档次操作,年级相当严格。

2010年,嘉兴医药公司"兰台药局"荣获浙江省老字号称号,值得庆贺。随着旧城改造及企业重组,还会有一些老字号从人们视野中淡出,老嘉兴无不为之痛惜。仅以百年老店为例,今幸存兰台药局、童天成药局两家,杨九牧药酒店则更名为健民店;且仅留《史话》一篇,梅花鹿标本一只及药酒一柜,供禾人追思缅怀。

(一)乾隆太医徐大椿

嘉兴兰台药局创始人徐大椿,字灵胎,号洄溪,原名大业。康熙三十二年(1693)五月十三日,出生于吴江西城松陵镇下塘毓瑞堂。祖父徐钎,康熙翰林,纂修《明史》;父徐养浩,聘修《吴中水利志》等述著,亦为历代宦官嘉郡名门望族。

灵胎出生翰林府第,书香门庭,自幼习儒,旁及百家,聪明过人。因家人多病,三弟患痞疾,父亲遍请名医诊治。徐大椿有机会天天陪同名医讲论,并亲自制药,医理稍通。接着四弟、五弟相继病故。父亲因悲伤成疾,终年医药不绝,深感医学之重要。他遍阅家藏数十种医药书,朝夕披览,日久通其义。年近三十而致力医学,攻研历代名医之籍,速成深邃。

他往来吴淞、震泽,专以草药活人;虽至重之疾,每能手到病除。江浙求医者不顾旅途劳顿,沿驿道找上门来,名声直达京城。

徐大椿曾两度奉诏赴京。首次在乾隆二十五年(1760),皇帝下旨,访各地名医为文华殿大学士蒋薄治病,大司寇秦惠田首荐徐大椿。正月赴京诊治,徐密奏"过立夏七日则休矣",果然应验。徐氏直言质朴,医术高明,深得乾隆帝赏识,留之太医院行走,赐居兰台阁。此阁乃清宫收藏历代医籍药典宝库,他埋头阅读医书,整理医案,抄录宫廷秘方。仅居四月,徐太医不惯宫中生活,坚辞南归。一面行医著书,一面在秀水县(今嘉兴市区)选址筹建药店。

由明入清,大年堂药铺式微,缺少名医坐镇。时延请七十高龄太医徐大椿执掌大年堂,借用清宫太医院兰台阁之名,重建"兰台药局"于甪里街,以振兴大年堂。咸丰后迁秀城桥西河街与鱼行街口,系城北秀水与运河漕渠交汇处,小菜行聚鉏家桥,商贾云集西河街米市。因医药为民生所系,缘于名医效应及人脉之聚,兰台药局呈现生机勃发,医药皆盛之局面。

清代医界一贯沿袭明代"温补派"治法,用药全不顾病家体质,仅执一二温补之方,通治万人各异之疾,所谓"执一驭万"也。药方往往十有九味为参、姜、术、熟地等补辛热品,其后果药证相逆,害人无数。他摒弃旧习,创《兰台轨范》,树一代新风。

乾隆三十六年(1771),徐第二次奉诏时,年已79岁,自知不豫,携次子徐爔同行,至京三日逝,帝赠金归葬,徐自拟墓联"满山芳草仙人药,一径清风处士坟",谓平生写照。

(二)著述等身泽后人

徐大椿初以诸生贡太学,后弃儒从医,洞明药性,悬壶济世。其云:"余少时颇有志于穷经,而骨肉数人疾病连年,死亡略尽。于是博览方书,寝食俱废。如是数年,虽无生死骨肉之方,实有寻本溯源之学。"闻诊验方之50年间,经他批阅医药经书逾千卷,泛览药典秘方万余卷。

徐大椿潜心医学,业精于勤。他一边行医,一边著书。将临床实践经验与药证医案验方相结合,总结前人成果并加以整理提高,撰写十余部有价值的医学论著。先后成书有:雍正五年(1727)著述《难经经释》、乾隆元年(1736)辑纂《神农本草经百种录》等等。

乾隆二十二年(1757),完成首部医学专著《医学源流论》,成为日后奉旨进京之敲门砖,晋阶太医之奠基石。嗣后,乾隆二十四年(1759)《伤寒论类方》《内经诠释》及《六经病解》《薄贴论》等书传世。虽曰遵经诠释之作,皆其所评论阐发,然其真知灼见亦不少。

江南名士袁枚交游徐大椿,时抱恙求助,"清谈竟日",临别赠丹一丸,服后即愈,袁枚感概为其立传。《名医徐灵胎先生传》载:徐大椿两度奉诏赴京,深得乾隆帝恩宠。

徐大椿治学严谨,一丝不苟,著述与论证往往十年磨一书。《难经经释》序云:研究医学十余年乃注《难经》,越十余年才注《本草》,再十余年汇总《医学源流论》,又五年方著《伤寒类方》。其时徐已满67岁,脱稿后潜心钻研七年,五易其稿而成。

徐开办兰台药局后,自知来日无多,即奋笔撰述,加快著书进度。乾隆二十九年(1764)纂《兰台轨范》,乾隆三十二年(1767)撰《医贯砭》《慎疾刍言》等,均能一扫成见,另树一帜,实中医史上千百年独见之医学评论大家。后人将其宏著硕篇辑集为《徐氏医学全书十六种》梓板行世;流传甚广,影响极大,后学皆奉之为金科玉律。

(三)民国药局石库门

兰台药局设在北大街(今建国路)。石库门堂格局谓清代药局遗风,墙门内有天井,靠南侧二间设曲尺形柜台,内置药橱,北侧靠墙设有茶几坐椅,并备医案给坐堂医师问诊把脉。穿堂直通后院,墙弄北侧筑小屋一间,设木栅以养鹿,亦可供人观瞻。兰台药局之道地饮片、秘炼丹丸十分有名。制"全鹿丸"取之鹿,因此常年养鹿店内,春季截鹿茸、取鹿胎制药。

民国时,嘉兴兰台药局门首,悬长联"采自云贵川广道地药材,欢迎惠顾"以广招徕,颇有引发市民古人采药"云深不知处"之幽思。别看一颗小小丸丹,往往由数十味中药原料调剂而成。制药处理须经焙、煅、炒、炙、淘、漂、蒸等多种行法。须由老药工严格把关,经去杂、烘干、焙研、碾粉、切片、配比、制剂、成型十多道工序,由计量、灌瓶、贴牌,直至包装完成,方可上柜应市。

咸丰兵乱,甪里街弥望焦原,兵燹后商贾咸集塘湾北大街。同治十年(1871)兰台药局设北大街338号,重新开张营业。清末民初流行昆曲,嘉禾"兴工"风靡江浙沪,嘉兴县商会执委、兰台药局业主徐怡声好昆腔。民国九年(1920)组织怡情曲社于张家弄寄园,后迁精严寺西栖房之金兰坡"云深处"斋室。

民国十九年(1930),药业公所更名药业公会,大德堂经理赵芹香为首任理事长。北大街上大德堂、童天成、兰台三家大药房,鼎足而立,竞争异常激烈,童宜珍任兰台经理。

嘉兴沦陷时焚毁北大街,兰台药局于众安桥直对,合股重建三开间石库门店堂。1945年抗战胜利,由裔孙徐明之重新登记,资本额50万元。商标兰台国药号,年营业额100万元。

时宁波帮童涵春等药商抢滩禾城,或独资或合股联营广设童天成、兰台、广生昌等八家大药店,年营业额占业界六成之多。民国间争夺兰台药局之经营权日趋明朗,民初吴江裔孙徐怡声、抗战前宁波童宜珍、抗战胜利裔孙徐明之、徐贻生执掌,嘉兴解放后由宁波夏祥尧接任。

世纪之交,以"兰台"为核心组建嘉兴市华氏兰台大药房连锁有限公司,冠盖禾城药业。

三、禾城南栅米市埠

中国稻米的出产,远在7000年前江南已有籼稻种植,嘉兴马家浜人已知渔猎与种植谷物。我市桐乡石门,发掘7000年前罗家角文化遗址,出土碳化稻谷156粒;粳谷55粒、籼谷101粒。谷种经培育演化,籼谷蜕变粳谷,嘉兴因而成为中国"稻作文化"之发祥地。

殷商时,华夏民族以南谷、北粟为主要食粮。在发展欧亚交通以来,稻米谷种由中国传播五湖四海,中国大米产量稳居世界首位。唐大历间,大理评事朱自勉主持嘉兴屯田,产粮"岁登亿计""数以浙西六州租税垺";并成为"嘉禾一穰,江淮为之康"的全国重要产粮区,向有市集稻米交易。两宋时,稻麦两熟,构筑富饶的"江南粮仓"。明永乐元年(1403),"越贾吴商,樯船云集"。清代初中期,浙江已形成以嘉兴为中心的大米集市。

清代禾城有北板坊(解放路)之北米市与南门东西米棚之南米市,俗称"米市埠""米码头"。每年夏秋两季时节,四乡八埠之农户摇船粜谷,舳舻相接,亦带动南门外丝行街商市的兴旺发达。

(一)鱼米之乡

嘉兴素有"米码头"之称。嘉兴的米市,远近闻名,以清代最盛。朱彝尊《鸳鸯湖棹歌》云:"父老禾兴旧馆前,香粳熟后话丰年;楼头沽酒楼外泊,半是江淮贩米船。"米商四出占据各县城集镇及交通要道,既经营本埠"杜米",也贩运外地"客米"及进口"洋米"。

光绪初,嘉兴已有米栈、米行之设。北门外殿基湾徐元泰米号、朝北廊下森泰米行与南门同亨米栈最负盛名。盘底大米均超万石,以圈囤苞积为主。清末民初,米业重心向米行或米店转移。民国二十三年(1934),嘉兴城厢设米行、米店107家,其中米店60余家。

禾城米店要数北门外塘湾街之大丰米店与城内北大街众安桥首天德米号实力较为雄厚。米行以东郊凤桥镇袁正大米行、东栅口石鸿盛米行及王店镇潘恒茂米行,均系独资开设,囤米万石,资本最足。这些米老板均为本埠世代工商地主,拥有庞大资产,在收购货源时,不必向银钱业借贷筹资。仅每年的租米收入,均在一二千石上落,而且世代传承,与本地农家及租佃户关系深厚。大户米商有赖于附近佃农,有账必赊,有借必贷,实谓拉拢人心。故每至粜米时节,这些老实农户必至东家米庄投售稻谷,老米行固然老到,往往营业之盛,独霸一方,无出其右。

陆志鸿《嘉兴新志》记载,民国二十六年(1937),日军侵占嘉兴,交通受阻,日伪勾结,食米流通被限制,米商抽资出逃,一度为军米商取代,米市败落。抗战胜利后,亦官亦商,囤积居奇。禾米渠道初复,但投机猖獗,与民无补。一是摊派军米,按乡保田粮数,以低于市价,上门强行收购保甲粮,贪污大行其道,虽出具收据,农民实质"皆分文无着",盘剥啃害农户利益。二是统制收购米谷,全县划分八个统制区,组建"米粮采办商同业公会",由军米商承办收购军米,搜括老百姓血汗钱,大发国难财;米价也由此狂涨,市民遭殃。

解放前一年,嘉兴城厢米行米摊共有240家,但粮食的行销量已大不如前。

(二)米业行当

米行采取囤积惜售,是谓待粜"居奇"。其业界所谓切中时机,看准"当口";业界便有"进在瘟潮、卖在风潮"之说。加之售米量具"大斛进、小斛出";还有如"斛口赚"手法,路人皆知。米店沿袭"陋习"定"章法",升斗小民只能逆来顺受,就是眼睁睁吃亏也无法更改。

各地大米行,赚钱法道千奇百怪,应时变换手法,无所不能;对农民盘剥也巧妙伪装,朴质农夫还有不自知者。有道是"日进斗金",狂赚佃农血汗钱,死要铜钿那怕"天打煞"!时有荒年,破产农户直至舍弃"养家活口"几分薄田,抵债廉卖,东家掠地,却悔悟已迟。嘉禾农民的本性老实巴结,与米商的狡诈"笑面虎",形成鲜明落差,哪有不受欺凌之理。

中华民族以农立国,数千年来,农民与土地有了不解之缘。农民离不开土地,米商离不开农民;农民种田靠天吃饭,米商经营则以"奸诈"为本。民国之时,虽然战乱不息,但特大天灾,除民国二十三年(1934)嘉兴大旱,南湖见底,颗粒无收外,似乎未见忧愁,城里粮食尚能维持供应。究其原因不外乎有三:一是嘉兴耕地面积大,复种指数高;二是农户世代种田,养蚕织布勤劳持家,以及外来移民耕种者众;三是雨水充沛,土地肥沃,大自然环境破坏少。

嘉兴县城北门、东门、南门三大商业中心,米业、银钱业、油业、绸布业四大行业左右商市,因饭食为民生所系,与米市丰歉上落息息相关。

米行米店盘剥。一预购米粮:对殷实户免利预购,以待秋后获得米源。贫苦农民则压价预购,交货时将米低价折成现金,再加利息。米商既获米源,又得低价与利息之双重红利。二放款:一般人借款须以田产抵押,交付田契,或写借契;预具书明"到期不能本利照还,则行卖绝"字样为凭,农户由此丧失土地者甚多,地主由此吞并土地起家。三借粮:蚕农养蚕时向米行借粮,待蚕丝上市,按当时粮价折钱归还。初时为蚕加一;至30年代,连二成利息仍难借到现款。县署粮仓27所,虽储量6.5万石,若逢灾荒,却不敷平抑米价之需。

(三)南门米市

嘉兴河网纵横,良田万顷,稻谷满囤;阡陌桑柘,缫丝织布,六畜兴旺;即使旱涝之岁,也少有流离失所。"一方水土养一方人",禾谚"鱼米之乡、丝绸之府"所言不虚。自宋室南渡,嘉兴为"畿辅重镇"。嘉禾城厢设72坊:府后桥通大市,名通阛坊;故有蔡织纱巷,以天孙巧织云锦裳,称织云坊等。街坊向城外拓展,从南门外丝行街米市,由毗邻濠股街与城东相接,复转高家湾直下南堰白苧桥,绵延数里"人烟稠密,灯火万家"。明清时,嘉兴南门外市肆繁盛,亦禾城南北两米市集散之地。尤以东米棚下、西米棚下与附近五龙桥一带,形成以丝米为主的沿湖商贸带,曾屡遭兵燹之毁灭性破坏,"烟火数万家,尽成灰烬";南门米市何能屡废屡兴,缘于水上交通优势所赐。

清初浙北形成以嘉兴为中心的大米市。据民国《中国实业志》记载:"浙江有六大米市,即嘉兴、硖石、湖墅、临浦、兰溪、永嘉米市。后五市以集散为特点,唯嘉兴以产销著名"。无愧乎"江南米市"称号。南门依米业催生百业旺,据民国十二年(1923)统计,商号一百五十余家,与北门商市犄角呼应。仅娱老桥一带充斥绸布百货、糟坊酒店、栈房茶馆、斛斗栲栳、牙行经纪及兼修铺与代购代销业务,收取佣金,形成禾城独特的南门米市集散之活码头。

民国十八年(1929)前,嘉兴米市输往硖石与湖墅米市的大米交易量,约70万石之巨。检阅《浙江粮食运销调查》,仅嘉兴县城米市交易量,民国二十年(1931)收购四乡白米35万石,上海转口洋米20万石,运销境外各地50万石;第二年,收购糙米、白米与运销境外两项为65万石、50万石,越年这两项分别为60万石、46万石,民国二十三年(1934)70万石与55万石。四年中进出口往来米斛,每年均出超百万石之上;嘉兴粮食运销与南门米市交易,均独帜江南。

日伪时期,受"军米统制"之害,也能节衣缩食,渡过难关。抗战胜利后,南门米市渐呈复苏之象。嘉兴解放前夕,南门米价一日数涨,众多米店被饥民抢食或捣毁,店主亦遭损与落财。由此说明国统区禾中人心向背,盼日出迎解放,如大旱之望云霓。

嘉兴南门与北门两大米市之兴衰,也构成清末嘉禾米市埠的一段"渔樵史话"。

四、汉塘蚕宝上茧笼

明清时"桑柘遍野、茧箔如山、蚕丝成市"。春秋两季,禾农或卖茧缫丝或织绸家纺;曾列"禾城八景"之一"汉塘春桑"至今传为佳话。描写当时嘉兴东栅会龙桥经新丰至平湖六十里汉塘两岸,连绵万亩桑园地,桑叶葱葱,桑葚累累;农户家家养蚕宝,麦杆茧山,吐丝结茧;汉塘道上,蚕担成龙;大运河畔,舟楫连云,呈现千船万担售茧之热闹场面。

禾地农户以种田为主,解决了一家吃喝问题;养蚕种棉副业,解决一家衣被穿着问题。养蚕被农家称为"宝宝",名副其实。远在春秋《诗经》中载有"植桑养蚕"文字。民国时怎样来改良蚕种,遍植桑苗,恢复天然丝的国际贸易,免受东西列强茧丝倾轧,已成为专家的紧迫议题。嘉兴俗称江南"鱼米之乡、丝绸之府",养蚕缫丝自古有之。

就蚕茧产量而言,民国十九年(1930),以春蚕产量计,全县干茧进库量高达24797担有余,比1912年增长六七成之多,仅逊吴兴县三万担,居浙江次席。

(一)养蚕利农

我国蚕桑丝织品,起源于远古黄帝时,《禹贡》云"桑土既蚕""厥篚织贝",向夏王朝贡贝锦之类丝织品,迄今逾五千年。华夏茧丝历来独占国内外市场。自传入日本、法国、意大利后,改良蚕种,机械化缫丝,超越华夏,至民国时遂一蹶不振。以1927年为分界线,之前全县均饲土种蚕,之后采用改良蚕种,民国二十四年(1935)改良蚕种已达十万张,产量首超土蚕种,占总数的56%,扭转数千年农户循习未变之养蚕旧俗。

嘉兴一带水乡,每逢清明春蚕时农户全家老少齐上阵,汰蚕匾、选蚕种、采桑叶、饲蚕宝,进而以麦秆扎茧山、土法煮茧缫丝,是一项受惠匪浅的农家副业。嘉禾民间至今仍保留手剥清水丝绵、扯丝绵兜、缫土丝、织土绸等传统手工技艺,这是蚕农发家致富的门道,而今申报"非遗"成功。

农家养蚕,首先碰到的是如何选蚕种。民国时,嘉兴设数家改良蚕种场,供应蚕种。其中有外月河胡云深"志农"、精严寺街胡笃平"嘉兴"、顾家浜顾汉勋"宙华"、盐仓桥陈蕴玉"新兴"、栅堰桥陈象超"大有第八"等五大蚕种场,为十万农户提供改良蚕种,为确保养蚕售茧年年有余,促进缫丝织绸双得利的家庭副业收入而"取之有道"。

敌伪时期,嘉兴丝茧、大米之大宗批发业务统归日商经营,设宣公桥"太平洋公司"及"太和洋行"经营茧丝。福兴丝厂由日商褚本哲夫执掌,纬成公司归日商中丝业公司经营。并开设春波桥"华中制种场",于甪里街置"浙江"及"明明"制种场,把持嘉兴蚕种市场。

姚家西丽桥裕记茧厂在嘉兴沦陷后,原址被夷为平地,业主捐作福安第一公墓。战后,嘉兴光复。嘉兴纬成公司、中丝一厂因美国剩余物资倾销,比战前大为逊色。嘉兴全县农户以植桑养蚕为副业,每逢本埠"蚕汛",亦成为嘉兴城厢商业旺季的"推手",禾城商家营业额则陡增数倍;既增加了农民收益,又促进了禾地商市之繁荣兴旺。

(二)贸茧兴商

全省的鲜茧价格由浙江省建设厅蚕丝统制委员会统一规定价格,茧业公会不得自行议价。茧厂每年开业前,经由县政府转呈向省财厅领取行帖,民国十六年(1927)前,每帖缴 136 元;1928 年至 1932 年,行帖按灶数计算;每灶单乘 7 元,双灶每乘 14 元,有效期一年。次年起,省财政厅实行统制,每行行帖 20 元,有效期为一季。如春秋三季收茧,须领帖三次,蚕商有争议,由于省建设厅核准,省财政厅颁发,行帖至 1928 年缴换新帖,也只能遵照办理。

嘉兴茧行茧厂始创于清光绪间,由于蚕农习惯于缫丝卖丝,故全城开设茧厂为数不多。日后土丝销路下降,卖丝不如卖茧,茧厂逐年增加。以建厂之先后,分成"元、亨、利、贞"四番序号。凡在光绪年间开设者可称为元字号或亨字号,民国十五年(1926)之后,概称为利字号或贞字号。当时茧业公所曾有规定,新建茧厂需距离原茧厂周围 20 里,以后逐渐开放。

茧厂业主本身不一定是茧商。茧商往往向业主租其茧厂借之收茧,或免建厂万金之累。民国十九年(1930)时,全县有茧厂105家,开秤收茧最多91家,占86.67％;两年后最低开秤15家,占14.29％。沦陷期间跌至低谷,抗战胜利后稍事恢复,随即回升至80家。租金每年也需两千多元,茧商收茧资金一般年份需三万元左右。上海丝商来禾租厂收茧为多,最多时有50家,杭州、硖石茧商次之。

茧商的经营方式,是在鲜茧登场时开秤收茧,临时雇用职工从事看茧喝价(干潮成分)、司秤、发款、烘茧等。以看茧喝价薪金最高(专业)。茧子烘干后,除与本县丝厂外,大部分销往上海。民国二十四年(1935),嘉兴开秤收茧厂家有38家。

1946年4月,在全县登记丝茧厂时,须大经大丰茧厂以40万元稳居榜首;褚凤章以秀纶丝厂20万元,秀纶第二茧厂、第三茧厂各2万元,继为次席;陈警先之益大、恒大第一、第二、豫大、升大与复大等独资或合资联办六茧厂,计资金20万元,排位第三。

(三)丝绸出洋

中国是蚕丝故乡,相传远古黄帝时嫘祖发明养蚕缫丝,而全世界之蚕种也由中国输出。早在汉唐时期,泱泱华夏就与西域及欧亚各国开辟历史上有名的"丝绸之路"。至清朝末叶,江南蚕丝生产便有了相应发展。据记载,嘉兴丝绸出口已有一千多年历史,宋元明清各代,均有土丝与丝织品畅销海外。在中国出洋诸物中,历数丝绸、茶叶、瓷器最为珍贵。

康熙时经乍浦出口日本有生丝、绸缎、棉布等279种,政府禁止生丝与丝织品出洋时,对赴日采铜船则特予优待,允许每船带绸绫33匹。乾隆二十四年(1759)在禁运前,广东、福建商人动辄携数十万、上百万银洋巨资,来湖嘉采购生丝转口出洋。

乾隆二十九年(1764)又令,每船配带糙丝可不超1200斤,出口易铜。道光十年(1830)前90年间,由乍浦出口日本的物资中,仅各式丝、棉、麻织物4.92亿平方米。战前之1935年《中国经济志》载:嘉兴分海关当年出口干茧1万担,值105万元;绸15万匹内,值159万元。

在敌伪时,日本加紧侵华,嘉兴丝绸产业极度衰落,出口萎缩。其时,嘉兴几家大工厂全被日军夺取,纬成丝厂(改绢纺厂)、福兴丝厂(改嘉丝联),均为华中公司蚕丝会社所有。还掠夺嘉兴蚕种场,侵占城郊大批土地,掌控蚕种发放,迫使华商蚕种场纷纷倒闭。

日本劫掠战略物资,以战养战,每年收购蚕茧均由日蚕丝会社垄断。仅1939年7月至1940年12月,嘉兴输日蚕茧约240万元,丰厚的利润,几乎全部由日商侵吞,华商则惨遭破产。

新中国成立后,加大扶持力度,丝绸生产兴旺发达;丝织品经深加工,出口额大幅提升。历来出口生丝拉力强,抱合好,丝质细,色泽优,染无斑点,织绸缎不易起毛,制丝织品光彩柔软,花色品种有:纱、罗、绸、缎、绢、纺等,为世界所称道,成为嘉兴重要出口商品。

商家办厂烘茧缫丝,发展到设绸厂手工织绸或机械化生产。每年大宗蚕丝出口之贸易,换回宝贵外汇,在发展国民经济中占居重要地位。

五、百年磨坊怀裕泰

麻油是坊间常见的食用油与调味品。初见元人杂剧《刘行首》中打油诗:"教你当家不当家,及至当家乱如麻;早起开门七件事,柴米油盐酱醋茶。"别小觑不起眼的麻油,亦能创出一番天地。

在郡城北门外原塘湾街122号怀裕泰磨油坊,1804年由怀仁德创设,师祖发迹,七代传承,商脉络绎,延续至今。本邑商业自古兴旺发达,南北货、腌腊、酱园及绸布诸业为支柱,而大米、丝绸、菜油等传统贸易占全邑商号总量十之六七。

禾人喜食菜油,因芝麻油量少价昂,故其商号鲜有涉足。怀氏能打出"怀裕泰磨油坊"这块牌子,当经深思熟虑,确信麻油商机勃发且市场益广。在闹市设坊尚属首创,倘若走得进去,麻油系列产品得以滚动开发,待琢出门道后便越发不可收拾。

嘉兴百年老店中,一家怀裕泰食品有限公司想准备入驻月河历史街区,近值双百盛世喜临门。日前,由浙江省老字号协会,授于嘉兴"怀裕泰"省级老字号证书。老磨油坊由清嘉庆四年起家,不以财脉见长,却教独门技艺称雄;其珍品芝麻酱、小磨油享誉禾城,怀裕泰延伸二百年经营之道,于嘉兴府城簇拥百家老商号当中,方楞出角,名至实归,啧啧称奇。

(一)塘湾老磨坊

时值嘉庆年间,由城东湘家湖怀家亭馆的嘉禾名门望族,走出落泊裔孙怀仁德闯荡江湖。他怀揣祖传手艺,在嘉兴城外塘湾街糟坊弄落户,以包销芝麻油酱料磨油作坊现身手,探索小本营生的招数。怀裕泰作坊出品的正宗小磨油,黏稠适度、素腻香醇;落壳芝麻酱,弥酥无渣、酱色纯正。在经营时亮出祖上看家本领,一则麻香浓郁,二则和气招财,靠的是怀氏绝活之独特工艺,并广揽行客生意。做到一分生意一分货,价廉物美,童叟无欺,地道品牌,一炮打响。因原本手工磨油,量少供不应求;在完成原始资本积累后,购进两头壮驴,拉磨碾芝麻,使麻油质量大幅提高,作坊油此走上批发兼零售的对外拓展之路。怀裕泰的祖训与店规作为怀氏家业的宝贵精神财富被全部传承下来,并继续发扬光大。为了杜绝仿冒,还专门请人用红纸拓印"百年老号 货真价实"八字为店训招示。为二十斤装缸甏、二斤半装陶罐,用此纸包装,招揽外地大户批发业务。麻油是个好东西,既能作素油炒菜,又能当调味品。但是,清末民初的生活水平仍较低下,穷者多富者少。麻油的销量大多由城里"九寺十三观"素斋为大头,嘉兴北大街(建国路)设一家功德林素斋馆、以香油打蘸之供及回教设春华园清真馆用素油炒菜等。

嘉兴民间有"男供阿弥陀,女拜观世音"之俗,全城僧尼善信四众,以斋日常备素馐食馔以供。清代怀氏儒商相地择业,看中京杭大运河傍城流经之地,系嘉兴城北最繁华的商业中心。麻油坊位于中市上埭,前店后坊坐北朝南,两楼厢房出角。店铺斜对牌楼头轮埠,方便下货,客商如织。怀裕泰为培育市场作了两件决策。其一是"功德林"素斋香油需求大,应根据香客多寡适时调整麻油投放量。其二是民间普佛世俗化,促成禾城信教群体膨胀。除四时俗尚外,居家吃素老太与善信居士,年年求神拜佛胜会应接不暇。稳定城厢及周边乡镇两块麻油市场,借江南水网有利条件,开辟固定航班的代销业务,定时定点把麻油和酱料,送往四乡八埠的托运代销点,扩大经营范围。经几代人上下求索,总结一套扩大批发营销与代销的供销管理模式。基于嘉兴位于沪苏杭中枢,水陆交通便捷;主要当家产品小麻油、芝麻酱等系列调味品已经拓扩并独家经营。建立东至上海、松江,西至湖州、长兴,北至苏州、木渎、吴江等地,方圆五百里麻油酱料市场;并跨越长江于扬州设置下庄,培育潜在购物市场,贮备企业发展后劲,以立于不败之地。

(二)嘉兴老品牌

在手工艺当红吃香的月岁里,谁掌握了麻坊行当的"独门绝活",谁就拿到了发家致富的"金钥匙"。芝麻油的生产工序主要包括炒芝麻、磨芝麻、加水稀释、端摁、油分离、灌装等十几道工艺流程。当时怀裕泰的制作工艺很复杂,极为细致。炒芝麻、端麻油、落壳芝麻酱,人称"裕泰三绝"。两百年老店怀裕泰,在加工食用调味品上,精工细作,刻意追求完美,必欲把好原料第一关。该磨坊不仅在制作食品加工时,一心格按标准采办原料,几代当家人都委托同一家信誉卓著的稑陈行,确定为磨坊长期稳定的供货商。由曹仲光经营的东栅友记稑陈行,虽在城外六里之遥,但送货上门、当场验货、银物两讫等代理业务,赢得客户信赖。由稑陈行代办采购上等芝麻原料,进店还必须选颗粒大、油光足、颜色纯的当年芝麻进库,摒弃秕壳脱皮芝麻等陈年货,附带查验嘉兴海关完税凭证日戳,以确保质量。

在沦陷期间,店铺焚毁,原料断档,支撑维艰,经营极其困难。没有骡子就得自己用人力磨油做酱。即使芝麻采办脱节,绝不会偷工减料;宁可少做生意也不会销售非本坊加工之成品,力保怀裕泰品牌纯正。创始人立"为信者"规矩,柜台卖货或预订麻酱,生意不分大小,承诺不短斤缺两,坚持诚信经营。抗战胜利至解放前夕,怀裕泰苦苦挣扎,开开停停,麻油生意一落千丈。

新中国成立后第二年,怀雅云独资开张怀裕泰复记,转业主营蒲包草绳,兼卖麻油,仅半年便关门歇业。1952年1月,怀明珠与公昶店合作,转杂货业并移址开一家公泰联合商店。合资经营棕麻、草包、麻绳、竹匾等,并停止加工麻油、麻酱,支撑两年半到公私合营高潮。

东家与伙计兢兢业业以坊为家,百年如一日,赚取口碑,竭诚维护怀裕泰这块金字招牌。为此,历代掌门人都不断磨砺修炼,更新经营理念,提出更高目标,赢得业界同行的尊重和理解。至今仍有禾城塘湾街老乡邻耆宿89岁童先翔夫妇、88岁龚鸣晓、85岁韩良德、85岁王森荣诸老,还依稀记得怀裕泰的如烟往事。

(三)浙江老字号

"怀裕泰"前辈祖师爷由小磨坊起家,借"脱壳"独门绝技,香飘禾城几春秋,享誉苏南浙北。怀仁德之薪火接力者:怀南山、怀少卿、怀政孚、怀雅云、怀明珠、怀明道和童凝冰等七代传人,火脉传递,绵绵不绝。嘉兴商界也罕见如此茂族世家,谱牒八传,名至实归。

祖上官宦世家、名门望族,因磨难而弃笔从商。传以老牌麻油制作精良,八大系列产品,应声入市,花开墙外,名声远播。尤其在抗战前,怀裕泰小磨坊进口的芝麻原料年消耗量达24担,年产各式酱料麻油逾5吨,一度攀登历史之巅,创造辉煌。岁月流逝,物移境迁,禾人依旧怀念当年老字号磨坊的怀裕泰招牌,难忘老街弥漫阵阵芝麻油香之情景。"忆塘湾,长相思,芝麻油,回来吧!"耄耋老人常常聚之唠叨,惦念已经消失的老街、老店、老掌柜。

怀氏祖师爷当年经深思熟虑之策划,打出这块闪亮的怀裕泰金字招牌,开张磨坊必深信麻油商机勃发,市场广阔。在禾城北关设磨坊尚属首家,发掘第一桶金,信心陡增。倘若麻油系列产品源源不断,滚动开发,凭着一脉相承的祖传手艺为之助推,怀裕泰前程则殷殷可期。

如何继承祖业接好班,第七代传人怀少卿重外甥童凝冰肩上的担子可不轻。身为嘉兴三珍斋食品公司副总经理、中国食品工业第二届国家级评委的他,意识到百年老字号资源越来越少,不可再生;不仅寄希望当地政府的政策扶持,还需更多发动老企业审时度势,改制增效,亮丽转身。

为使百年老字号重获新生,童凝冰感念至亲眷属的关爱相持,经过近年的挖掘整理,重新注册嘉兴怀裕泰食品有限公司。继承两百年的祖传工艺,酬诺恢复性试生产,蓄势待发,复业履新。

接力非物质文化遗产,代代相传,期待怀裕泰老字号托福中兴,后人至今从头越。

六、高氏酱园出乾隆

嘉兴唐宋始称酒乡,其集镇邨坊历来有"春酿杜酒夏晒酱"之俗。唐陆广微《吴地记》记载:嘉兴酒盐两税居吴郡(苏州)七县之首,宋代秀州(嘉兴)于郡城瓶山署都酒院,设立二十处酒务(含新塍酒务),酒税称雄两浙十五州。嘉兴产"五木酒、月波酒、清若空"等名酒,曾有"香醪五木隔年储"诗颂。至今,在新塍西栅竹行斜对过,还有高公兴酱园旧址的老酒库与河埠头遗存。

新塍高公兴酱园创建于清乾隆三十三年(1768),嘉兴中街高公升酱园设于光绪二十七年(1901),及清末时新塍开业的高公顺酱园,都是禾中巨贾新塍高家桥高氏家族的资产。

民国初年,高公兴、许大生和高公顺酱园在新塍三足鼎立。高公兴的硬壳鹅糟蛋、入口即酥的酱萝卜享誉酱坛。用酱园糟烧配以橘皮,打开酒坛,淳香四溢,令人不饮而醉。

(一)乾隆酱园

嘉兴酱酒业,以新塍西栅创建的高公陞酱园最负盛名。光绪时立酱园公所,设会所于城内童军路鸣阳门。酱园业分酿造与经营两部分。酿造称官酱园,原先向盐运使登记核准后,颁发"烙牌",以制酱缸数决定用盐量,每年征收盐税。民国后改由盐务管理局发给"缸照"为其合法经营。大酱园都设全套作坊,其中有酱作、酒作(黄酒)、吊作(白酒)、醋作、水作(乳腐)、酱菜作,并附设坛作、篾作等修理工匠;分别酿造制作咸酱、酱油、黄酒、糟烧、米醋、腐乳、酱菜应市。禾城南门莲花桥张鼎昇酱园,坊间俗称其酱园"晒油质厚不花",老品牌亦有百年历史。

专营商店门售业务的称为干酱园,户数多,分布广,除经销酿造厂产品外,还兼营食油、食盐及自制各种酒类的零售业务。距初创酱园仅六载,海盐张燕昌客桐诗云:"烂醉矶头卧浅沙,随身渔笠与渔蓑。鳜鱼肥处桃花涨,日日新塍载酒过。"随后乡贤朱彝尊侄孙朱麟应诗:"玉壶沽得新塍酒,来听繁弦脆管声。"

新塍在唐宋时始称柿林乡,为嘉郡西北的水陆码头,商埠重镇。唐时建镇,宋设酒务,明万历十年(1582)《秀水县志》记载:新塍镇,其民男务居贾,与时逐利,女攻纺织,居者可万余家。清嘉庆八年(1803)有诗云"江乡秋景画屏中,枫柏深围酒斾红。不及柿林骈火实,更饶霜叶照晴空。"民国《新塍镇志》曰:其人十农四贾。

嘉庆十五年(1810)十月初八,嘉兴县民钱泰兴、沈永和、钟永源、钱春和等开张酒馆,守业糊口。因厨司本无当官名色,凡有差使均系厨头承值(指官府对工商业主的盘剥方式),不堪负担,故有

44户酒铺联名要求"永禁厨司当官"。据嘉兴府《奉宪永禁厨司当官碑》记载,这44家酒铺为沈永和、钱泰兴、钱春和、钟永源、陆士贵、许景春等。

(二)民国酱业

旧时,本埠俗有"三只缸"之称,即指酱坊、酒坊、染坊。此三坊都离不开水,少不了缸甏,利润丰厚最有名。其造酱、酿酒都与民生有关,生产经营稳当牢靠。因工艺简单、工具原始,投资成本低,赚头好且资金回笼快,一向被禾商看好。所以禾城酱酒业盛行。

清光绪二十七年(1901)中街高仰山高公升酱园(民国时由陈伯瑜主理)、北大街沈福、塔弄口万生酱园、中街朱泳舫泳兴泰记酒号、万裕酿酒糟坊、复润友糟坊、柴场湾济风糟坊、胡培之胡大隆糟坊、东门外福顺酱园、南门莲花桥张鼎盛酱园、北门源丰酱园、下塘街鼎昌酱园、沈端夫的宣公桥永茂酱园、秀水兜源兴糟坊、陈人和东米棚下陈仁泰酱园以及长润酱园、大生酱园、裕隆酱园等。还有刘志芳宝康糟坊、沈石荪同润坊、徐殿臣万生成记、章毓庭万源、张梦生源新洽记、蒋佐荣同昌泰记等。太平桥的源隆顺、塘汇的同顺酱园等,遍地开花。

民国十九年(1930)12月,成立酱酒业同业公会,张泰嵩任理事长,会员52户、181人,设署钮头桥。民国二十三年(1934)有同润、高公升、万生、鼎升润、胡大隆、长润、高公兴、文和、豫升、源丰升诸商号。塘湾街源丰陞以地处市中心,营业颇盛。

抗战前本邑酱酒店约80家,以塘湾街永大、北大街昌协、南门同润南号为最大,东门潜记、菩萨桥恒瑞森次之,营业额高者当逾万元,低者仅千余元。酱园同润为最高,年均4万余元,高公陞次之。该业酱园行业后增至90家,专卖店12家,余者均为零卖店家。抗战胜利后,朱泳舫连续当选两届酱酒业同业公会理事长,有会员52户。

嘉兴高氏名门望族,投身商界,才俊辈出。清光绪三十三年

(1907)高子辛两任嘉兴商会总理,字宝铨,新塍茂族殷商。民国三年(1914)高如沣连任四届总理,字叔鉴,以田产起家,创办嘉禾布厂,始富遂筑紫阳街高家洋房。民国十八年(1929),高锦华绸布局之经理高仲兰,合股集资出任嘉兴商业银行行长,并当选嘉兴商会会长。

(三)公私合营

禾城酒业起始较早,北宋熙宁十年(1077),秀州20处酒务(包括兼管3务)税17万贯,在城内瓶山设熙春酒楼。清光绪十三年(1887),设烧酒公所于杉青闸落帆亭北施王庙隔壁,建酒神祠祀之。民国二十一年(1932),本邑城厢全行业有52户,从业人员181人。

宋代嘉兴原产名酒,有月波酒、清若空等名酒,官府设都酒院征税。明代绍酒、苏烧侵销,本地酿制者日渐减少。禾人喜嗜酒,尤以绍酒为上,市区酒肆相望,多数由绍兴人经营,酒多运自绍兴,主要有花雕、远年、加饭、善酿等,也供应苏烧酒。民初以来,本邑专门经营烧酒的商号颇具发达,主要经营苏烧、绍烧和土烧等白酒,以批发为主,业务较好,酒肆逐渐增多。

酒业行会建立较早,民国十九年(1930)始成立烧酒业公会,由酒业公所改组而成。民国二十一年(1932),由吴剑寒出任理事长,会所设城内荐桥街,会员7户,员工33人。

民国三十五年(1946),嘉兴烧酒业与酱酒业两个行业合并,改组后新设立酱酒业同业公会,朱泳舫任理事长,有会员合计52户,换届履新后,朱泳舫又得以连任。

新塍高公兴酱园,1953年由高公兴、大生、张恒昌(高公升)三家作坊合并而成。占地1.4万平方米,职工99人,主要生产黄酒、白酒、米醋、酱油、酱菜、乳腐等传统产品,除门市销售外,批发业务遍及沪、苏、湖、嘉及太湖流域等。由轮船或绍兴快班船驳运各地,从早至晚,酒甏酱缸装船,络绎不绝,盛极一时。

1949年嘉兴城乡酱园黄酒、糟烧673吨,1956年公私合营时,由泳兴、源兴、万裕、高公升及泰兴等五家作坊组成嘉兴酒厂。

最近获得省商业厅颁发的"浙江省老字号"证书的嘉兴市酿造厂,由中基路酱酒坊、原荷花堤油厂、新塍酿造厂与王店大有酿造等厂商联合组成。原迁建塘汇东。近因城市扩容,或传将迁往新塍酿造厂,抑或在市区东郊移地扩建厂房,该规划正在分步策划中。

七、秀州皮箱朱氏铺

宋嘉禾郡"百工技艺与苏杭等"。嗣后代有名匠远播、良工接踵,所谓"江山不老,往迹可陈"也。其传世工艺品之翘楚,尤以元朱碧山银搓杯、明张鸣岐铜炉、清朱合盛皮箱等历代珍品,为其佼佼者。

1843年上海自开埠通商口岸后,城市急剧扩张,江浙移民蜂涌而入,人口迅速膨胀,因县令官衔行政级别较低,因此难以掌控洋商权势与帮会实力之坐大,遂成县衙、租界与帮会"三分天下"的尴尬局面。历时一世纪,地处长江三角洲之上海一跃成为中国、乃至远东最大的都会,光怪陆离的十里洋场上海滩,成为"冒险家的乐园"。国内浙江的宁波帮、湖州帮举足轻重,然嘉兴府海盐帮之酱作势力亦不可小觑。携资发迹于咸丰同治间海盐酱园纷纷抱团结盟,立足上海滩。形成盐帮特色行会,跻身沪帮(上海)、盐帮(海盐)、宁帮(宁波)等沪埠同行三帮之首。

历史演绎竟如此相似。在外资抢注上海滩的潮流中,盐邑皮箱业挟海盐帮之势,或由禾挺进大上海,凭借上海县邑城厢,生产拷皮及箱皮之作坊鳞次栉比,初具规模的硝皮坊提供了优质皮张。清光绪元年(1875),海盐朱鸿元于上海南市小东门内东街176号,开设朱合盛皮箱号,站稳脚跟,占据上海半壁江山。

制革业明代有之,因北方胡羊在江南驯养大量繁衍后,禾地农户拥有牛羊逐渐增多,羊皮供需趋旺,推动硝皮业兴起。嘉兴城便有从事熟皮制作的民间硝皮作坊,《秀水县志》载:明万历二十四年(1596),有熟皮匠19户。清中期,前店后坊的鞋箱皮铺络绎开张,为皮箱业崛起创造条件;晚清禾城开设多家皮箱鞋帽与皮件铺,占领市场。至20世纪60年代后,禾商继承百年传统,天天牌皮革航空箱脱颖而出,漂洋过海,走出国门。

(一)上洋朱合盛

清末民初,60年之变迁,朱鸿元在事业做大的同时,也遭遇国内业界的残酷竞争与倾轧,假冒商号,招摇撞骗,虽各色产品由晚清至民国均受追捧,但在20世纪初已出现大量仿制品,今网上有全国各地拍卖的朱合盛皮箱及箱饰锁鼻,真假莫辨。其一,箱盖内置《牌记》,铭文书:"本号开张上洋大东门内东街姚家弄口,坐东朝西门面,自造真牛皮箱,各色俱全",朱合盛皮箱底有买家书"清光绪八年",此为130年前古物。其二,有套红铅印"寿鹿为记"注册商标。"丁巳三月为始加印仿单",丁巳指民国六年(1917),距今95年。仿单载上海朱合盛,本铺开设上海小东门内东街中市第176号门牌。证实民初已有门牌,且标明上海,弃用上洋。再有,这假冒伪劣皮箱在九十多年前很猖獗,遂称"近有无耻奸徒,将次货假冒本号招牌见证,欺骗客商,有碍本号名誉"。可见"滑头货"由来已久,上当者屡见不鲜。

此两帧皮箱《牌记》和《商标》,见证上海开埠的历史性跨越。上洋变上海,朝向变门牌,板模变铅印,牌记变仿单。此注册商标揭示了旧上海十里洋场到21世纪亚洲大都会的百年变迁。其原配原件,外有商标,内贴防伪仿单。皮箱之规格:长68厘米、宽44厘米、高29厘米。

民国十年(1921),上海市面上最流行三星阁牌的红与黑上洋朱合盛皮箱,还出品原版本色皮箱。

古时,凡漆器都以土漆刷木制家具或皮箱等。割山上漆树汁用火反复熬制,过滤杂质而成,也称"生漆"。然后用猪血等动物血搅拌,石膏打底,砂纸打磨平整,用漆刷上多遍即可。该漆在阴天干得较快,反之则干得慢,效果亦逊之。漆制皮箱初显黑色,经长期使用后渐变深枣红色,俗称"朱漆"。缘由动物血内含铁成分及血红蛋白与漆揉合后产生的化学反应。该漆防腐防水,色泽光亮,经久耐用,便于长期保存。嘉禾其精湛制箱工艺,坊间代代相传。

(二)嘉兴朱瑞盛

民国时吾本家曾设自强嫁妆店,至于清代制作的嘉兴皮箱与牌记等实物,从未经眼过目,甚憾!

近有海盐鲍翔麟先生来函,并附朱瑞盛号皮箱与《牌记》两帧彩照,惊动了笔者。一则关乎嘉兴商业的宝贵史料,一则涉及鲜为人知的"发客"往事。

该皮箱长70厘米、宽46.5厘米、高31.5厘米;皮板呈枣红色,工艺上乘,憾铜饰铜环被撬掉。箱盖内正中贴《牌记》一方,宽6厘米、高9厘米,中规中矩。《牌记》横披首署楷书"朱瑞盛号"四字;直文5行,每行7字,35字,端庄醒目。云"本铺开设嘉兴北门内大街中市,自造真牛皮箱、帽笼、官箱、礼盒、朱漆妆箱,一应俱全,发客"。商号店招古有之,明清木雕《牌记》有别"商标"铅字印刷,此皮箱昭示朱铺出品的年代特征。铺与店之区别,前者谓设肆或作坊之商铺,后者仅租屋"卖买"而已。

嘉兴北门内大街是晚清时称谓,民国称北门大街,老嘉兴俗唤"北大街"。据此,朱氏铺应创于清末还没有门牌之前。该铺址署街坊地段而无门牌,嘉兴何时施行门牌制度?上海《申报》给出准确时间"1925年2月25日"。其云:现城厢内外各居户门牌……在北门大街一带先行编订。据《申报》光绪三十四年(1908)某月日报道,上海太古保险公司"在嘉兴北门内大街,保元药局内设立经理处,专司驻理"或可作为注脚。《牌记》"中市"指孩儿桥一带,"发客"即发送告知顾客,俗有"不发客"俚语。

晚清时期,闹市设肆卖买,即"古谓铺,今称店"之业态。简而言之,加工制作本埠传统工艺品或经营手工作场,形成自产自销之交易形式。其时,嘉兴城厢有八九爿铜作铺开张,道光十九年(1839)王寿增补《古禾杂识》说:"幼时住西河街(今解放路),见一铜店,元旦不闭门……为时最早。"道光二十年(1840)叶德盛铜作设铺天宁寺街。今之《嘉兴市志》仅简述"民国初年,海盐城内天章鞋局生产皮鞋,为全市最早"之句。今感慨晚清嘉禾皮箱铺之例,不仅增添嘉兴商业史一份珍贵史料,还可弥补志书之缺典。

(三)嘉禾皮箱铺

嘉郡近代手工业肇创发韧之初,前店后坊逐渐演化为厂商合一之业态,并涌现首批外地商人的身影。

同治三年(1864)嘉郡被太平军攻占。越二十年光绪十年(1884),《申报》云:乱后,嘉兴市面唯北门已复旧观,南门次之,至东西二门,则瓦砾荆棒,依然如故。又云"皮货店亦无顾问者,其他行业更无论已"。民初禾城皮箱商号聚集北门大街,时有杨振茂、朱合盛、生大三家。为降低成本,熟皮取自硝皮坊;铜店定做箱饰锁鼻,内置麻织品夏布由海盐澉浦腰机织就;只须雇箱作漆作工匠四五人足也。

至民国十九年(1930),嘉兴县商会《会务报告》曾载:皮箱业杨振茂五人,店主嘉兴杨绍椿;朱合盛五人,店主嘉兴朱云洲;生大五人,店主上海汤根生;另有皮革业沈茂兴六人,店主江苏沈增桂等八户。据"只此一家,并无分出"俗定,因而推知。嘉兴朱合盛皮箱号,或海盐人朱鸿元始创禾城北大街商铺,续闯上海滩淘金。父过世后,其子朱云洲,或离沪返禾,或落籍嘉兴,栖身商界,继承遗志而重操旧业。业主此时62岁,生于同治八年(1869),或殁于八年抗战。可以想象,嘉兴朱合盛皮箱号是前清老店重开,也应当有"此一家老铺,并无含水另开"之仿单,谨防假冒。

漆皮箱为木胎，呈紫红褐色，内外各贴头层牛皮或夏布，经加固烫平后再表面揉漆而成。质轻坚固、抗湿防潮，古雅美观，多用于保存名贵书画、皮衣缎匹等，虽遗存百年，经久不坏。清末漆皮箱，箱内羊皮里，木胎外包牛皮，末道工序烫平髹漆为率。包浆厚重，造型规矩大方，制作工艺考究，质轻坚固耐用。此类皮板箱在江南很普遍，因黄梅天湿度较高，家中棉被或皮袍、绒衣等，只能放在樟木箱或皮箱中防潮防蛀。旧时嫁妆店陈列款式多样的皮箱、妆箱等类皮箱，衬里为夏布，较之清初皮箱"里外包皮"，以及描金花纹，银铜箱饰，锁钥精致，做工考究，尤以型制款式，光鲜庄重，且不可同日而语。

八、云锦衣香夺天工

凡系国计民生的吃穿两事，历朝历代都非常重视。史前曾传帝后嫘祖教民养蚕传说，西汉时期开辟东方丝绸之路，此时的江南织锦工艺已有较高水平。做官衣锦回乡是莫大荣耀。汉元帝时史游著《急就篇》曾描绘"齐国给献素绪帛，飞龙凤凰相追逐"，以及马王堆出土的丝织物均为明证。史云：周褒姒撕帛之戏。

中国历朝建都北方，长安、洛阳、开封之地为中心。万匹绸缎均为江南漕运贡品，纵览各帮千帆竞发，蔚为壮观。唐廷设霓裳之舞。专制封建社会，帝王富有四海，物华天宝，归皇室所藏，穿绫着罗是官宦之家的享受。其时衣着等级森严，真所谓是"遍身罗绮者，不是养蚕人"。北宋建都汴梁，江南丝绸的运输更加便利，《清明上河图》中所描绘的水运情况，一派繁荣景象。到了明代，嘉兴的商业十分兴旺，经营棉布的商家都兼营绸缎嘉绫。虽然主销的是农民大众常穿的棉布，因绸缎利润较高，销售对象为名门大户，故趋之若鹜。但是，商人地位低下。大贾富商非得捐个员外郎等官衔，方能衣锦荣华、光耀祖宗。

(一)云裳衣影

隋唐开凿大运河畅通无阻,江南纺织业尤为发达。杭嘉湖乃产绸之地,嘉兴居其中心,产之绫罗,花纹优美,名谓"嘉绫"。清初,朱彝尊在《鸳鸯湖棹歌》咏叹云:"濮绸光滑胜吴绵,花似嘉绫巧并传"。当时,濮院盛产"濮绸",百年后创办的濮院羊毛衫市场,冠盖全国,并非偶然。

古代称裙子为"裳","轻歌曼舞曳裙裳",显得婀娜多姿。不同的时代有着不同的式样,裙子的变化也因时而异。民间婚典大礼时,穿着不受限制,所谓"小登科"。男子帽顶插金花,红袍玉带;女子凤冠霞帔,身系彩裙。清代以降,新郎官头戴礼帽,长袍马褂或背心;新娘子梳发结戴花冠,绣袄红裙,高雅大方。红裙上绣的是"凤穿牡丹"为时尚;"石榴花开"祝福生子,故有"拜倒在石榴裙下"之谚;贺喜女眷大多绸袄绣裙,争一时之艳。新娘头上还蒙上红巾,民间入洞房便有用秤"挑头巾"习俗。

民国初期,女子上学,学生装斜襟宽袖,黑色短裙,显得天真无邪。美人出门,妇妆多系素色长裙。后至欧风东渐,提倡文明结婚时,男人铜盆帽,长衫皮鞋,女子花箍卷发,织锦旗袍,雍容华贵。还有的男着燕尾服,女披白婚纱,洋气十足。之后男尚穿中山装、西服;女扮长袖或短袖旗袍,时髦要挑连衫裙,原来的老式围裙已成"古董",淡出历史。

嘉兴城厢客来四方,城厢郊区及桐乡、嘉善、新塍、王店等地农民顾客。各店聘请"头柜先生"立柜台督阵,促使服务跟进,使顾客乘兴而来,满意而归。所以绸布行业说它是商会中的一颗明珠,名副其实。

嘉兴解放以后,崇尚俭朴,不追求时尚。男女新婚,穿列宁装,胸佩大红花,显得英姿飒爽。改革开放以后,尤以女裙花式日新月异,愈来愈短。婚纱摄影行业的兴起,婚纱礼服一日数易,紧跟世界潮流。

(二)布业兴起

嘉兴的纺织业,源于民间的手工纺纱织布,始于唐宋、盛于明清;夙称"日出万匹,衣被天下"。禾中乡村小镇出产"小布",俗称土布,系旧式家庭女工手艺业,如城郊王店有织机1000余户、新篁5000户;年产50万匹,价值60万元。新篁周大昌、王店许大茂等布庄自备土木机数十台,散布农家者将发原料,织布交货。就农户备一二架土木机,日均每匹之收入七八分铜钿。土布分染色或本色两类,本色每匹长一丈四尺至二丈四尺,幅宽一尺至一尺一寸,每匹值三至五角。染色者称改良布,长四丈,幅宽一尺四五寸,每匹值一元二角。在嘉兴南门外壕股塔一带形成纺织品市场,江淮万商云集,由运河贩运至各省。清朝近三百载,棉纱布匹行销于本埠、上海、江苏及长江各省外,还远及关东、外销南洋诸岛。

鸦片战争后,洋纱布倾销国内,家庭手工土纱土布受到挤压。沪杭甬铁路全线通车,加速嘉兴近代纺织业的形成和发展。最早引进机械设备兴办工厂有嘉兴城厢的咸益布厂、培利布厂、谦益染织厂(手织机200架、脚踏机100架)、芝桥辛康染织厂等,机械纺织工业相继兴起,形成百花齐放的局面。

上世纪二三十年代,民国时嘉兴绸布业为全盛时期,望吴桥首,永瑞兴、久纶、纶华、老嘉福四强对峙;北大街上,正春和独占风流。大洋房钢骨水泥,霓虹灯金字招牌;西乐队减价宣传,商场货满橱窗。沿街店旗飘扬,顾客门庭若市。各店备货充足,呢绒后来居上;以青或灰条呢做长衫,流行红、黄格呢制旗袍。每逢蚕汛及秋收季节,更是应接不暇。递烟奉茶,招待周到。生意上的竞争,促进了服务上的一流。其时货分七类:棉布、绸缎、呢绒、床上用品、丝绵、麻织品、云纱(拷皮)。

(三)时代沧桑

当时正春和绸缎部主任张纯之后任经理,顾速明任县商会会长。正春和绸布店,初创时投资3万银元,民国十七年(1928)复增资1.8万元,批零兼营,擅长广告,造就名声卓著的嘉兴绸布大商场,成为绸布行业的一颗明珠。世事难料,日寇入侵,嘉兴沦陷,北大街店面焚烧一空。几家洋房结构,因房屋坚固,外壳犹存。正春和原址被日商占领,开设了"白木实业公司"。后来日伪当道,北大街兴建砖木结构店面一百数十间,各布店陆续回来维持市场,但已实力大损。抗战胜利后,正春和广告云:"到嘉兴而未游烟雨楼,说不出鸳湖之胜景;剪绸布而不到正春和,看不到花色的繁多",颇能吸引顾客眼球。

嘉兴解放初三年恢复时期,生意大有起色。布店首创基本工资加"厘串制",员工收入倍增。其他布店群起效尤,引起与其他行业的职工工资相矛盾,半年以后最终奉命取消,恢复固定工资,为以后的全行业工资改革,取消传统的供应膳宿,引进女职工铺平了道路。此时曾经大力宣传,号召人人购买苏联花布,领导带头穿红花衬衫以示中苏友好,轰动市面;布店接受国营公司经销代销,摆脱困境。1956年进入全行业的公私合营,其时推出上青或灰色卡其而大行其道,男女服装无差别,市民身着衣装盛行大翻领的列宁装、中山装,延续数十年不变。经过"文革",拨乱反正,社会开放,人民生活水平显著提高,衣着方面又起了重大变化,而时装模特作为形象大使,推波助澜,争奇斗艳。

"春风又绿江南岸,云想衣裳花想容。"改革开放30年,人民生活水平显著提高,衣着再起新潮。服装行业兴起替代绸布行业而崛起。国有企业转型改制,衣着消费都买现成为时髦;绸布业成历史名词,唯一的痕迹,在华庭街上仍保留着原假四层门面遗迹,"正春和"的外观旧貌,供人怀旧观瞻。

嘉兴市工商联组织,因新禾商的大量私企厂商加入,尤其是少年路"女人街"等服饰行业进一步壮大,必将再创世纪辉煌。

九、同乡义举建会馆

"人生何处不相逢,相逢何必曾相识。"用这句老话来解惑清末会馆,再恰当不过。只要是同乡,乡音未改,在异地相遇,乡愁话不尽,格外亲切。外籍客商来禾经商后获利,集资创建会馆,作为同乡聚会议事之所。乡谊联盟起到法理保障及维护权益。同时,土特产来源多元化,扩大客禾两地物资互补,共同促进商市经济的繁荣,实为后期成立同乡会和同业公会之滥觞。

任何经济活动都是在一定历史文化背景中进行的。会馆是一种工商同业、同乡的组织,几乎都与某种宗教信仰有联系。其供奉神祇不外乎职业保护或地方保护。在尊神敬鬼封建意识占统治地位的明清两代,求助于宗教影响力有利于工商者自发结社。

会馆又称公所,是民间传统社会自治组织,旨在"敦睦乡谊,以辑同帮"。明清之交,禾城商界已萌生民间商社雏形,尤以城厢设各地同乡、同业客帮商贾组成十三家会馆行会。在客帮抢滩禾城之际,本埠商社的建立既是禾帮形成的重要标志,也是禾帮求生存谋发展的组织基础。晚清兴办丝业、茧业、米业、酒业、典业等十八家公所。民初,随着近代工业的兴起,嘉秀工业公所亦应行而生,并设建筑、教育、医师、律师、记者、报业、中医师、梨园等自由职业组成八公所。民国十九年(1930)奉令一律改同业公会。

(一)同乡重义

查阅揽秀北园围墙陈列十余块石碣,有清乾隆四十二年(1777)《重建江西万寿宫会馆碑记》及《捐款碑铭》,乾隆五十年(1785)《全闽会馆碑记》三通碑刻,为本文提供翔实的史料。

福建会馆多为经营南货干果的福建莆田商人,在嘉兴北关端平桥西堍建立天后宫,俗称福建会馆。祀妈祖天后为越海避风涛之险的保护神,明崇祯年始建。古之"红荔曾博妃子笑",自是生意兴隆,回报丰厚,故各地客商移禾者日增。

福建会馆在清中叶俗称大王庙,朱福清《鸳湖求旧录》转引《曼陀罗阁琐记》并自注云:"庙故漕舟祀神处"。今概略之:嘉兴北乡农人朱大,家贫事母孝,以力役供菽水。一日淫雨为灾,因役闻川(王江泾),欲归无舟;虽东家招留宿,朱以母病毅然易草履趋归。天昏黑,几经没顶者再,放声大哭。忽有官舫经此,朱哀号求济,脱履登舱。黑暗中行不多时,抵端平桥之大王庙前。朱仓皇登岸,忘携草履。越数日有事至大王庙,见神舟后悬草履,正遗物也。知为神祐,焚香叩谢而返。此事此人,一时传为佳话,时道光三十年(1850)也。

何谓大王庙,即称金龙四大王庙。旧谓神姓谢,讳绪宗,钱塘人氏。明天启四年(1624),封"护国济运金龙四大王",清顺治二年(1645)加封"显祐道济"额,毁于光绪时。

嘉兴府境七县均有大王庙,嘉兴便有两处:

其一是光绪《嘉兴府志》称:"天后宫,在南十三庄北称字圩(即端平桥西);明崇祯间创建,兼称福建会馆,为厝族榇之所。"

其二是在"洋关"之河埠,《嘉兴市志》载:清光绪十九年(1893),美国传教士文渊博,雇佣民船,停泊落帆亭对岸大王庙前,传教行医卖西药。前者堪与姚庄路天后宫则阴阳有别。

清乾隆至光绪年间,嘉兴由外地商帮组成的福建、江西、安徽、广东、新安、淮扬、江镇及浙江绍兴、宁波、温台处、东阳、兰溪、富桐等会馆勃发,外商云集,百业俱兴。

(二)同馆相助

人有生老病死,店有兴衰盈亏。各地商帮的同乡会馆都拥有一整套慈善公益设施,生活上互帮,生意上互助。主要设有神堂、议事厅、养病所、厝屋、义冢等。会馆置休养院,是同乡生息休养与治病之所,还应时举办施米、施药、施衣等传统善举。殡舍为同乡死后暂厝棺枢之所,需返原籍安葬。义冢为无力或无盘川同乡而设,故使同籍商人在外埠帮扶说理、互助共享,是谓颇具影响力之民间行会组织。

安徽会馆于乾隆四十六年(1781)募建新安义园于白苎乡露字圩作停厝之用,抗战期间少人顾问。胜利后经新安理事长洪仲良、秘书洪明哲着手整顿,1946年春举行一次盛大聚会,乡情横溢,重申徽商的经营之道,遵循"诚信为本,和气为贵,重义轻利,互助共享"之训,本埠商家也纷往道贺,共庆昌盛。其他行业会馆均着力弘扬传统,各张其道。同行互帮互谅,同乡尊神重义,信守行规,融入禾地商界,以至落地生根,会馆凝聚力可见一斑。

新安会馆又称徽州公所,时寓禾典当业、茶叶业、菜馆业徽人较多。由徽厨捐资建造于广平桥直街。民初在嘉兴创办"燕乐、民乐、一乐、添乐"四大徽菜馆,珍馐纷呈,以及大中华、大中国、鸿运楼、老东园等面饭店,撑起嘉兴餐饮业半爿天。

江西会馆地处北大街竹篱巷弄口,其碑云:"江右商人于乾隆十二年(1747),公捐己费,在秀邑灵光坊置买房屋,地基一亩二分,设造江西万寿宫会馆。又,二十年,公置田七亩九分,立许旌阳户内,每年取息,以为办粮;备朔望香烛及看司启闭,饭食之需。"会馆由赣商捐资创建,勒石载铭:官府7人捐银58两,职事7人捐银80两,赣商122人(含重复者3人)捐银342两有奇,合计480两纹银,助建会馆。馆内设关帝殿,宣扬孝义。客禾者以经营菜馆居多,清季之初赣厨刘太公于西埏桥设九江楼餐馆,亦曾名著一时。

(三)同谋发展

上海开埠于19世纪中叶,成为中国最大的商业中心。嘉兴毗邻上海,习相近,人相亲,各种往来自是密切。禾商闯荡沪埠"十里洋场",人称"冒险家的乐园"。郡人徐冠南、姚慕莲等起而邀寓沪商贾,集资创建嘉郡会馆于上海卢湾区二十七保十一图,占地八亩三分有奇,耗银四万余元,有二厅二楼、土地祠、养病所,居舍旁列,有七十余间,规模宏大。其时禾商志高瞩远,商界发展宏图已剑指沪上。会馆至民国六年(1917)始竣。由嘉郡名宿沈曾植亲撰铭文《上海创建嘉郡会馆记》志纪。碑文云："周礼遗人之职,郊野委积以待宾客,野鄙委积以待羁旅。业各有馆,馆各有积,所以安远人谋公益也。"设立嘉兴旅沪同乡会,也有助于嘉郡工商业的有序发展。

兰溪会馆位于东门外春波桥北,由经营蜜枣南货之婺商集资创设。名气虽不大,有一件事却轰动全城。民国元年(1912)12月8日,革命元勋孙中山先生莅禾,出席在兰溪会馆广场召开的嘉兴各界人士欢迎大会,上台演讲,载入史册。会馆占地三亩,设戏台一座,台前广场能纳数千人,故能幸逢韵事。综观会馆建舍,均属自建永久建筑。虽因地域及宗教之不同而各具特色,体现乡谊深厚、福祉共享之宗旨,与当地商界和谐相处,历数百载不衰。

随着时代进步,禾商的观念发生转变,神祇作用逐渐淡化。因商品交换范围不断扩大,商贸日趋繁复,新兴行业替代落时行业并快速更新。业务交错,纠葛纷呈,带有封建迷信色彩的会馆组织显得力不从心,逐渐失去原有的作用而名存实亡。

晚清,非同乡纯同业的新生行会勃起,称公所。同业公所大都制定互相制约的行规行约,划分经营范围,维护业界利益,限制同行间的非理性竞争;力求同等条件下的公平经营,恪守行会信用,各得其利,以减轻同行相妒之摩擦。

十、夜半笙歌谁家弄

20世纪50年代初,嘉兴解放不久,位于初觉路上(后改人民路)嘉兴市工商业联合会办事处驻地,其49号临街石库门内天井院落里,一群年青人在原旧商会的会议室,集议如何办好文工团。他们七嘴八舌,各抒己见,气氛热烈又紧张、严肃而活泼。值此百废待举,以整顿组织为首务,学习任务与评税工作夜以继日进行。

为配合当年激进时代以及推进宣教工作向纵深发展,成立的文工团,大礼堂暂作排演厅,排演节目日夜不辍。琴声悠扬、锣鼓震耳,革命口号,热血奔腾,引来观者如云。

这段难忘记忆,虽属《百年商会志》之短暂一瞬间,但身处这个特殊年代的特殊组织,留给我们的印象却十分深刻,可称得上"空前绝后"之举。那时的姑娘小伙,如今都已白了少年头。就缅怀所及而稍费笔墨,不使这朵小小浪花淹没在历史长河之中。

(一)禾地春雷

嘉兴是江南水路戏班演练与彩排场所。清末民初嘉兴已建梨园公所,设南湖之滨高家湾老郎庙内,后搬迁鱼行街香橼浜吊嗓。每岁六月神诞,在禾逾十家水路戏班歇夏联袂义演,有不少票友与爱好者携手前往观摩与借鉴。其中,由嘉兴高玉蘅、朱颂权筹组的禾社票房,设在城中精严寺藏经阁,活跃于抗战时期。聘请红生霍姜君以及林小卿、陈兆霖等票友四十余人,其中不少票友为美眉女胞,后来有部分人都加入到工商联文工团中来。

1949年5月7日,嘉兴解放。嘉兴市工商业联合会筹备会成立,接管旧商会及其50个同业公会下属组织。工作千头万绪,实行对原工商业者采取思想改造、和平赎买政策,深得人心。社会上商业复苏,荡尽污垢,呈现一派欣欣向荣的新气象。全社会则安定团结,《东方红》歌声响彻云霄,秧歌舞队伍满街起舞。

春雷一声,万象更新;威震四海,天下归心。在人民当家作主的欢欣鼓舞日子里,嘉兴各界的文工团组织,风起云涌。市工商联文工团凭借雄厚的财力和人力资源(包括工商界家属子女)应时而生。团员虽来自不同行业或工种,则天天排练,夜夜歌声。吐故纳新,识前途之宽广;兴高采烈,喜希望之无穷。因此,文工团成员愈来愈多,活动节目丰富多彩。逐渐消除原有的疑惧心理,坚定了跟党走社会主义道路的信心。为实现嘉兴工商界全行业的公私合营,创造良好的开端。

解放之后,因禾社票房成员大多为工商界人士,经有关部门同意,更名为嘉兴市工商联文工团,排演地点设在风车弄工商联。文工团最早团长金守义、副团长朱颂权,演职员配置:演出股徐云岩,海报宣传凌国华,盔箱任新华,衣箱郭维仁,报刊宣传徐世富,灯光苏梁、徐德咸,另聘教师胡玉昆、点鼓师沈奎、操琴沈绿荫等。为扩大阵营,增强演职班子,还吸收商界外颇具名声票友,如邮电局谢家珍(旦)、银行孔祥灿(生)诸票友,有意助兴加盟。

(二)满园春色

回忆起来,嘉兴市工商联组织文工团是个创举,颇具"解放文艺"的机缘。全团下设编导组、京剧组、越剧组、话剧组、歌咏组和大乐队。文工团的编导设计及布景、灯光、道具、效果等行当都由原工商业者或子女义务担当。其有利条件是:京剧组成员全由旧票房原商界票友充任,歌咏队则汇聚工商界子女中的音乐爱好者;越剧组荟萃多位"粉丝"或追随者,连琴师亦为商会中人积极参与。唯排演新历史京剧《野猪林》和《唇亡齿寒》等,特聘外来京剧到工商联担任教师。灯光、道具、布景一应俱全,余如司鼓、操琴或雇用专人司职。其京剧的全套行头,刚好得悉水路戏班黄汉培京班解散,就协商全部买下,所费不赀。文工团编导设计孙亮侪组长,力主改编旧曲调为新唱词,以及山东快书等曲目送嘉兴有线广播电台,日夜播放,还为京剧组担任舞台监督,编写《说明书》发给观众。

1950年5月1日,《中华人民共和国婚姻法》刚出台,越剧组就排演全本《梁祝》,协助政府宣传新婚姻法,主办方都搭台彩排,并且深入基层,演出十多场次,载誉而归。继而掀起"抗美援朝"高潮时,京剧组排演《唇亡齿寒》新剧,讲述春秋时期,晋国向虞国假道伐虢的历史故事,引以为戒。当剧目在新开张的南湖大戏院隆重公演时,受到全市各界群众好评,达到预期宣传效果。话剧组也演出由本团编导组改编《好女儿》独幕话剧,荣获嘉兴市委宣传部二等奖。

为丰富商界生活,活跃文体活动,嘉兴工商联另组体育总队,包括乒乓球、足球、田径运动等,并组团参加嘉兴市第一届全市运动会(在市区中山厅体育场举行),在跳高项目中获奖。嘉兴解放初的三年经济恢复时期,本会文工团搞得有声有色,表达了全市工商界的爱国主义热情,可谓"满园春色关不住,一片丹心报春来!"

(三)花开春暖

本市商界文工团组织,原为解放区以及新中国成立初期的产物,在宣传各个历史时期的政治运动与鼓舞人民群众斗志中,起到一定的引导与助推作用,我市工商联文工团也不例外。究其所有演出节目与内容,立足于劳动人民翻身当家作主人的"草根文化",发扬革命乐观主义精神,以至为大众所喜爱。由于文工团的宣传内容因时而异,自然会取得意想不到的宣传效果。同时,在不经意之间,也改造了自己的思想行为,丰富自己的业余文化生活,旧商人的思想意识,脱胎换骨,积极融合到人民群众中去,从而为社会主义建设事业,作出奉献。若干年后,曾为文工团一员的经历,于今在回忆中得到验证。"青春已逝应无悔,老当益壮而非晚。"

文工团现象,在新中国成立初全国工商联范围内是一种独特的现象。在工商联宣教股的指导下,团员没有报酬、自愿参加,不分领导,通力协作,登台献艺,各展所长。参加大游行,乐队先行,打腰鼓、扭秧歌,井然有序。歌咏组大唱解放歌曲,风琴伴奏,男女二重唱,唱出水平。编导组创作新节目被广播电台采编,形式也为之耳目一新。

近年来,一些原工商联文工团老团员,在嘉兴组织联谊会,寓居外地团员也应邀来禾,不禁喜从中来,回忆往事,感慨颇多,"戏剧演人生,人生如戏剧"。一别半世纪,双鬓已如丝。人生聚散是常事,互道珍重,但愿人长久。

嘉兴市工商联办事处原设于初觉路,后更名人民路,被商界形容为一座"枯庙"。1994年筹资自建大厦于姚家埭2号,与之昔日会所不可同日而语,于今依然。搜索记忆,要数人气最旺、场面最闹、日夜激昂声喧的岁月,当然首推流行文工团时期的这所深宅大院。

60年转眼即逝,江山变得更美,人事已属全非。当年文工团旧人,至今健在者无多。如京剧组的朱志辉、编导组的孙亮侪、音乐组的钱善福等人,尚能健步行走,祝愿九旬诸老养生有道,青春常驻!

十一、永明电灯放光明

清光绪三十四年(1908),近代禾商金沧伯等人召集有识之士,通过上海洋行引进一套英国制造的90匹马力西洋柴油机和60千瓦的直流发电机设备。在环城河东春波桥之西河街(今解放路)94号,购地2500平方米建造厂房,临河煤栈置码头供驳煤船停泊。经过严密筹划,民国元年(1912)正式创办禾城第一家永明电灯公司,奠定近代嘉兴民族工业的基础。受电区域由府城初始,继而扩至塘汇、东栅、南堰等四郊,直至拉线送电到南湖烟雨楼,开启空前未有的用电照明的新事物工程。

缘于永明电灯公司在禾城工商界的特殊地位,继民丰造纸厂后,走出了三位商界领袖。其一,民国十六年(1927)11月18日,叶昌焘经理当选嘉兴县商会主席;其二,民国二十六年(1937)蒋抚青经理于沦陷前曾代理县商会主席,民国三十五年(1946)任商会常委;其三,1949年四五月间,沈公达经理组织嘉兴各界人士联合办事处,兼职主任,迎接解放军进驻嘉兴,并积极参与创办嘉兴首届工商业联合会的筹建工作。

(一)油灯夜伴

年轮转至清代末叶,电灯虽传入中国却专供皇家之用。坊间老百姓夜里用的照明灯仍沿袭传统的油盏灯,火苗忽闪忽闪,光线昏暗。后渐改由旧玻璃瓶用白铁皮固定，在瓶盖头装上纱带灯芯，有把手可移动照明或可挂在墙上。因灯火淡暗，遇风易吹灭，灯芯由纱带附汲燃油维持照明，瞎火矇瞳，非不得已均不开夜作，以示节约，且避免火烛蔓延成灾。一般民宅如有急用，往往用以火柴引燃蜡烛。民国时叫白蜡烛，或称洋蜡烛，用石蜡制成，较柏油熬制的红蜡烛耐用，红蜡烛通常则用于祭祀拜神。夜里摸黑出门，靠红灯笼照街路，所谓"烛影摇红"是也。灯笼执之于手，顺街沿路走来，老远就能看见人，黑夜里是万万少不得的照明用具，为夜行人必备之物。

民国时期，洋货横流。在塘湾街开出三爿美孚石油公司输入煤油，俗称"洋油"。嘉兴城里时兴舶来品洋油灯，俗称"美孚洋油灯"，由可贮存煤油的玻璃灯座和可以旋转升降灯芯的灯头，附之玻璃灯罩的三件套组成，既可防风，又可调节亮度，且移动方便，故为城镇家庭之照明首选。时有烟灰熏黑之虞，该灯虽流斯明亮，但煤油点燃时产生烟黑凝结玻璃灯罩周壁，故每天须将灯罩用软纸拭擦干净，使其光洁明亮继续使用。

吾辈这代人都是数十年如一日，甚至一生就是这样寥寥度过的。今日健在的八旬老嘉兴，孩提时大多经历过那段难以忘怀的伏案读书辰光。

想当年，吾等挑灯夜读，亮度仅支光烛影而已。天道酬勤，尔后成才者车载斗量，且少有患近视眼疾。换之今朝，城厢大部分家庭条件优越，而学生视力反而下挫，学子少儿郎，小小年纪戴眼镜者比比皆是，也是个不解之谜。

(二) 路灯放光

嘉兴永明电灯公司是禾城百年老工业厂商之一，经历了创业至转型的三大转折点。

其一是初创时正值辛亥革命，因社会动荡，开业延期，使资金周转发生困难，嘉禾县商会总理褚辅成促债权双方和解，化干戈为玉帛。由禾城金融巨擘程辛伯经营的豫源钱庄,融资5000银元,民国元年(1912)7月1日正式并网发电,开创嘉兴民族工业电力新纪元。

其二是由上海青浦人叶昌焘(字养吾)主持,进行该公司第三次社会集资改制,投20万元,成立了嘉兴永明电气股份有限公司,安装德国西门子公司制造200匹马力卧式蒸汽机,120千瓦发电机组一套,全年三台发电机发电量50万千瓦时,扩建厂房3443平方米,扩大供电街区范围,职工32人,形成嘉兴最早的电力工业雏形。该厂还倡办九九曲社,由经理叶养吾为社长、蒋抚青为副社长,因时局多变,仅半年光景即"曲终人散"。

其三是抗日战争胜利后,公司董事会改组,由嘉兴知名人士私营德心医院院长蒋志新出任董事长,蒋抚青为经理。公司适时增资扩建,集资12亿法币,力邀民丰造纸厂总经理金润庠兼任公司董事长,认股4亿法币,本埠工商界与老股东各出资4亿元法币,购置美国600马力柴油机,406千瓦发电机,总装机容量714千瓦,年发电量82.3万千瓦时,全城24小时供电,员工56人,成为浙北最大规模电厂。其时,嘉兴六镇均设立电灯公司,除永明电灯公司外,以创办规模梳理呈之:新塍镇振新电灯公司,3万元,30千瓦;王店镇耀明电灯公司,2万元,20千瓦;新篁镇星明电灯公司,13000元,20千瓦;新丰镇明丰电灯公司,7500元,12千瓦;王江泾镇泾明电灯厂,4000元,12千瓦;凤桥镇永利电灯公司,5000元。

(三)华灯夜市

嘉兴电力为振兴实业立下汗马功劳,单就电灯的功效十分明显,当然最受惠的是戏馆业和绸布业。嘉兴城厢的寄园、新兴、文明三大戏院,其舞台与剧场内外照明原本都用汽油灯来撑门面,舞台两角挂两盏汽油灯足够雪白铮亮。它是将煤油通过加压汽化而实现的,经手动打气加压后,煤油汽喷至经化学处理的灯纱罩上,使其燃烧发出白炽光芒。街坊的民间红白婚丧喜事,也常借此灯照明,格外耀眼、十分明亮。现代的大戏院有了数码电子设备,充分发挥彩射光源,循环跑马电路,尤其是激光技术的应用,出神入化似天宫仙境。每家影院戏馆门前更是灯光灿烂,背景辉煌,凸显挑梁名角,后起明星,光彩夺目。其间常闻闹场的锣鼓声,足足闹场半个钟头,把禾城老街市井的人流吸引过来,茶馆饭庄,宾朋爆满,银楼商场,门庭若市,行人驻足,视为新奇。

北大街闹市中心各大绸布庄,如正春和、高锦华、元昌盛等竞相装饰一新,霓虹灯五光十色,店堂内外华灯四射,立地橱窗,流光溢彩,将禾城北大街店面映衬得如同白昼。此时上海的十里洋场,更是光怪陆离,城开不夜。"海"风劲吹禾城,嘉兴市民也开始尝试新鲜的夜生活。华灯初上,禾人纷纷走出家门,扶老携幼去听书看戏、观武打影剧,逛北大街,着实过一把都市生活的小资情调瘾。遥想当年很"酷",很时髦的新潮流,整整影响了一代嘉兴人。

永明电灯厂经历了日伪时期最黑暗的日子,于抗战胜利后复称永明电灯厂。嘉兴解放至公私合营,一直以"嘉兴永明电灯公司"为金字招牌。

今日嘉兴电业部门成为国家电网之一,尤以海盐秦山核电厂与嘉兴电厂组成华东最大的现代化电力基地。但作为其前身的嘉兴永明电灯公司,百年跨越,谱写光辉,永为禾人惦记。

十二、实业救国创民丰

中国的近代工业,是十九世纪六七十年代伴随洋务运动兴起而萌生的。嘉兴的开明乡绅、官僚和禾商的民族骨气受此激发,开始重视民族资本的运作与投向,参与兴办地方实业,重商救国,出资出力。

清末民初,打出"自强、求富"的旗号,以振兴实业为己任,联合同道,推动与发展已经成型的民族工业,办创嘉兴第一批近代工业化企业。将禾埠的传统缫丝织布、碾米榨油之前店后坊或小型加工场,改造为电机织、造纸印刷等先进新兴行业,逐步推进加快民族资本在嘉兴县城工业化厂商的投资进程。

民国十二年(1923),尤其是禾商抱团集资,在城厢开办大中造纸厂和禾丰造纸厂等,分别投入资金40万元、36万元,奠定了嘉兴近代工业的基础。民丰是嘉兴近代工业的一个缩影。借90年的发展,今日民丰纸厂已改制为民丰特种纸股份有限公司,这又将是一番新气象。

(一)救国之梦

民国十二年(1923),由盛亮周、陈佑云、褚辅成、王畏三等集资36万银元,褚辅成、褚凤章父子策划筹组禾丰造纸股份有限公司,在嘉兴东门角里街东马桥购地建厂。购地30亩,买机器、置设备、招工人、聘技师,确是一件惊人之举。非但投资巨大,创办之初,当时厂区规模颇小,全厂职工仅178人。且无把握,风险甚高。褚君只是看不惯国家到处受到西方列强的经济侵略,日甚一日,实业救国之梦,油然而生,其勇可嘉,其志可佩。

民国十五年(1925),禾丰造纸厂开始以生产黄版纸为主,投产运行。此举,惊动了一批日本纸商,他们在上海十里洋场,邀集各地纸商密谋对策,决定抢在禾丰投产前,把黄版纸的价格剧降40%大搞赊销,并向各地纸商抛出足够两年之用的黄版纸强占市场。这种违背商业经营的做法,果然使后来禾丰投产后的黄版纸,打不开销路,陷入经济困境,负债累累,资金周转不灵而停业。

民国十七年(1928),为偿还债务,禾丰造纸厂被迫倒闭。同年再办竟成纸厂,后又歇业。但原董事褚氏,决心不让禾丰从此关闭消失,任由日商独霸纸板市场,与沪上产业界协商对策。褚氏将禾丰以低价28.5万银元,转让给上海工商界人士竺梅先和金润庠,继续经营。他自己则走弃商从政之路,虽没有达到抗击帝国主义经济渗透的目的,却为嘉兴的造纸工业奠定了坚实的基础,树立了不畏强权的创业精神。

(二)续梦难圆

民国十八年(1929)春,竺梅先和金润庠接盘禾丰纸厂后,改名为民丰造纸股份有限公司,竺任经理,金任协理,集资50万银元开办民丰造纸厂。以"帆船"为商标的船牌黄版纸,次年2月出厂问世,给上海的日本纸商以当头一击。为供应卷烟纸的主要原料黄麻,先在嘉兴十八里桥辟地50亩,后又在杭州笕桥购地100余亩,开辟大型种麻场,保证了黄版纸的原料供应。民丰以后逐步增加花式纸板,变单一产品为多个产品。

鉴黄版纸供大于求,转而生产白板纸、卷烟纸,至民国二十二年(1933),全年营业额达百万元之巨。两年后再增资75万元,扩建了中国第一台卷烟纸机。1937年上半年再增资175万元,扩大生产规模,在抗日战争爆发前,先后投资300万银元。竺氏家族离实现"实业救国"的理想,并为之继续奋斗,已是一步之遥。

"七七"事变,抗日战争全面爆发。1937年11月,嘉兴沦陷。次年,日商通过德商天利洋行要求与民丰"合作",被竺梅先坚决拒绝而避居宁波。1938年,竺梅先父子在云南昆明昆阳县筹建云丰造纸厂。后来,日商以"王子制纸株式会社"的名义,通过日本占领军强占了民丰造纸厂。1942年改为强租,利用民丰纸厂设备,生产大批"太阳牌"卷烟纸,行销各地,日本纸商财团也着实发了一笔横财。

1945年,抗战胜利,天日重光。金润庠从日本人手里收回民丰造纸厂,当时派孙定阳厂长来禾办理接收事宜,召回技术人员、工人复厂,金润庠任经理,竺梅先之子竺培农任副经理。但胜利并未给民丰带来发展,由于官僚资本的上海扬子公司低价倾销美国卷烟纸,使民丰生产的卷烟纸陷入低谷,库存大量积压达8000箱,包括华丰一部分,价值100万美元。资金难以周转。此时职工已逾千人,日常开支浩繁,只好转产部分文化用纸用以勉强维持运行。后改由留德专家陈晓岚担任厂长和总工程师,原总公司推销部主任竺培元(竺培农堂兄)任副厂长,此时金润庠任上海民丰华丰造纸总公司总经理,竺培农任副总经理,外出奔走推销民丰卷烟纸,业务顿有起色,缓解了企业之困。

当时美货充斥市场,民族资本处于危机,内战未息,实业救国之梦,还是有梦难圆。

(三)梦想成真

1949年,人民政府通过银行贷款给民丰纸厂以支持,国家严禁外国卷烟纸进口。民丰的卷烟纸才有了广阔的市场。依靠党组织的领导,广大职工通过工会参加了企业的民主管理,合理调整工资,精简机构,激发职工的劳动积极性,使企业由复苏趋于稳定。嘉兴解放初,该厂有职工1100余人,造纸机3台,年产纸张3200多吨,为全市五大厂之首。

抗美援朝期间,厉行增产节约,开展劳动竞赛,劳资双方完成捐献二架战斗机的代金任务。"一五"计划后,中百公司包销民丰企业的全部产品,从此原料供应和产品销售,都纳入国家计划。

1953年11月公私合营,民丰成立临时管理委员会,代行董事会职权。1956年8月11日成立董事会,公方领导张华墀任董事长,金润庠、竺培农任副董事长。当时私股占70.85%,公股占29.15%,经营纸品业务,蒸蒸日上。

"文革"期间,民丰也是一派乱象,资方受到严重冲击,生产大受损害。但从公私合营起至1980年,全厂职工4186人,9台造纸机,年产各色纸3万余吨,总产值近6000万元,上交利润1601万元。

至1989年底,民丰纸厂共向国家上交税利7亿多元,相当于该厂固定资产原值的7倍,成为已拥有17台造纸机,职工逾5000人,成为年生产纸和纸板能力为5万吨,纸浆2万吨的大型造纸企业。先后试制和生产新纸品90多个,多种产品进入国际市场。其中,船牌电容器纸连续两次荣获国家金质奖。

民丰纸厂创建90年来,在民族资本家和现代企业家中,先后走出褚辅成、孙定阳、陈晓岚(副职)、竺培元(副职)、竺培农、张贞契(副职)、吕士林、商人龙(副职)等八位嘉兴商会的正副会长。

十三、商舶辐辏小火轮

嘉兴地处江南,湖泊众多,水网密布,自古以船为水上交通主体。嘉禾码头,八水绕城,水陆往来极为便利。特别是轮船推广,密切城乡水路联系,为扩大集镇贸易和文化传播,起到不可替代的作用。百年轮船航运,旧称"小火轮",始用燃煤蒸汽机作动力,有烟囱与轮轨上的火车类同。

嘉兴航快船早已有之,清光绪间已设航业公所于北门外殿基湾。民国二十年(1931)1月,县商会组织轮船业同业公会,李吉民任理事长,旗下29艘客轮,设会所荷花堤59号。越三年,辖永济、宁绍、乍嘉、通源、泰昌、和济、王清记和招商等八家轮船行公司。在境内营运25艘轮船,载重161吨,船工291人,营业额34万元。其水路航班始发地或中转,嘉禾轮船航班至苏、沪、杭、湖与遍布嘉属各县及城郊乡镇二十余条水路航道,客旅称便。

清末始有轮船,占尽速度快、班点准、载客多之优势,吾禾快航业的搭客生意受到冲击。面对逆境行船,增橹添桨,多揽货运,快班船仍占水上运输一席之地。老古话说"六十年风水轮流转",凭借四个轮子转动的汽车,犹如历史车轮滚滚向前,非人力所能扭转的。

20世纪前50年的振兴实业,江南运河上汽笛声声、黑烟袅袅、机声隆隆、白浪滔滔,交织成一幅商舶辐辏、舳舻相接,客轮货船、铁驳摆尾之水路航运图。当年轮船发轫之初,资金并非雄厚;或因船东大小有别,三教九流之人都有门道;立足"靠水吃水"

之行业,以聚人脉为要务,资本则退而求之次。20世纪末轮船业出现困境,旅客多舍船就车,内河客运繁忙不再,并逐渐退出人们的视线。

(一)内河之王

自清宣统元年(1909)始,嘉禾百姓的传统出行,以船代步走水路者比坐火车者多,近郊农民入城者较嘉属各县行旅至府城者为多,仅此两项观之,嘉兴境内古运河水系的轮船通航,缘于清末民初当局大力提倡兴办实业,推动民资购轮开航,起到非常重要的作用。

一是提升集镇商贾与农民入城进货或购物次数,加快城乡货物交换、资金流通的频率,扩大城乡供需一体化的进程,从而推动府城内外工商市场之百业兴旺。二是嘉兴出版的商报日报、杂志刊物及外埠往来邮件民信,都能随轮船航班到埠,及时分发至集镇乡村,沟通府城与各地的商业、金融、交通、文化等各行各业信息。三是嘉属各县及乡镇的小学毕业生能按时到禾城两所名牌中学报考住读,使大批农家子弟来禾深造或为进城打工揽活者提供便利。时有嘉善范崇武、桐乡沈雁冰、海盐黄源诸前辈,嗣后都成为知名人士,时称社会贤达,并非偶然。当年各县输送的学生,人才辈出,起到"十年树木、百年树人"的培育和深造作用。

想当年,驻禾各轮船公司股东,合伙集资或租赁轮船或建造停泊码头,或设立办事处,精心布局通达邻县乡镇水路要冲的固定航班,客货并举以扩大业务,与航快船展开强势竞争。嘉兴始发轮埠都集中在城北荷花堤至洋关沿河驳岸,三里水路46座河埠,半数可停靠轮船。其中胡子林独资设捷达轮行,张友生合股设达利轮行,胡正陆合股设新嘉轮行,杨玉成合伙设新塍轮行,朱宝龙设永和轮行,吴鹏翎合股设振兴轮行,顾思德独资设新兴轮行,查笃善独资设和兴协轮行,余云堂设顺新轮行,叶梅婷合股设联合轮行,沈根泉独资设通源轮行,俞义忠设协记成轮行,顾桂初设宝兴轮行,俞小和设胜利轮行,杨德发设利商轮行等22家。

各式火轮驳船驶遍内河水道九转十八湾,栉风沐雨、同舟共济,迎来送往,成就辉煌。此时,将航快船称为"内河之王",并非为过!

(二)群舸之首

吴鹏翎籍贯嘉兴,出身油车港栖真村教师之家,自幼随父吴辅平诵读古文,发坚固志,投身航运。他见证了嘉兴轮船业由盛转衰的缩影。

1948年秋,26岁吴鹏翎于荷花堤94号开设振兴轮船行,出任经理。资本金大米45石,股东九人集资人均大米5石入股,就这样租船雇人营运起来。初有越商号、嘉陵号两艘拖轮,行驶嘉兴至湖州与菱湖航班。1949年5月7日嘉兴解放,7月1日,振兴明华轮行起步。9月9日,他与傅振福合伙创办振兴志成轮行兼经理,次年国营华东轮船公司在禾设立分公司,省航务局也附设航运分所。之后,全市境内的水上运输秩序及航运管理才逐步走上正轨。

1950年6月,张振明与吴鹏翎联手组织嘉兴合营轮船行,联合七家航商与一艘驳轮,资方10人,员工104人,客货联运,轮行入驻公共码头。据商会史料记载:在"私私联营"号召下,吴以153万旧币购船入股,兼副经理。航线沿途停靠站点均为合同制,并设法租佣几艘铁驳和跳板等船具。碰巧抽得嘉兴至湖州、菱湖、双林等西北方向航线经营权,以侧重货运为主。他发动股东增资50万旧币。主要是租赁船东与部分职员及家属,购置"保泰""保康"两艘木质客轮,实施客货并举的扩张,增强公司的客货运输实力。

同年8月25日,成立嘉兴县轮船同业公会,有委员11人,航商28家,10月增3家,推选28岁吴鹏翎为主任委员。行政上由市工商联领导,业务受省航务局管理。

吴上任伊始,接管轮船业临时办事处。他以身则则,带领业界会员,推行民主评议营业税,督促税款如期入库,完成购国债、捐飞机大炮以及运送伤病员等各项任务。文件规定:轮船航商必须自备船舶船具,否则淘汰出局。同年9月,吴独资新设振兴合星轮行,船工6人,开乌镇班,驻荷花堤85号,兼任第四家轮行经理,遂跻身业界大户行列。

(三)"强弩之末"

1955年4月25日,成立公私合营嘉兴轮船公司,5月1日正式挂牌。公方代表凌泽丰任经理,私方张振明副职,任命吴鹏翎为公司财务股长,缘由他自学西式会计,得以运用自如,其他资方均得到妥善安排。1956年,又有五家轮行和四艘私轮及一家运输行加盟公私合营。至此,全市轮船业完成历史性的跨越,提前实现全行业的公私合营。自1957年起迄的20年间,是嘉兴轮船公司主宰水上交通的鼎盛时期。老城四隅:东栅、南堰、栅堰桥和杉青闸(北)均为嘉兴水路重要关隘,各条航线,沿途阡陌桑柘、田野风光赏心悦目。在返航进城前站立船头,眺望茶禅寺三塔相轮葫芦顶与天主堂双钟塔拱顶两尖,便是水乡最高的两座禾城地标建筑,乘客见此就知道"嘉兴到啦!"。吴鹏翎在公司勤恳工作,凡事出于公心,颇得领导信任。

时至1966年"文革",公司造反派成立"海总指"战斗队,不以生产为重,每天学习或游行雷打不动。"黑五类"不准加入,吴鹏翎只能白天打算盘,夜里参加私方学习。如此"大锅饭"吃到1984年7月加入工会后退休,又留用两年,连续服务40年。其时公司已遭重创,勉强度日。改革开放,公路建设突飞猛进,全国掀起修建公路高潮,"若要富、先筑路"深入人心。公路修到哪里,哪里的轮埠便失去客源及业务,嘉航公司与汽车公司的竞争呈现"一面倒"。轮船业虽发奋追赶,汽车客运公司继续发力领跑。乘客出行因选择汽车而客源锐减,嘉禾桥堍公共码头停运的轮船越来越多,航线渐行消亡。公司为维持职工的生产生活,可说煞费苦心,然成效甚微。常见轮船拖着长长的铁驳船队,在市河中鸣笛驶过,已成"强弩之末"。嘉航公司作最后一搏,在中山西桥堍新建轮船码头,设计两艘游轮用租金还贷以提振航业。此后,公司只能依靠出租轮埠房屋所得维持公司运作,直至全体职工享受社保退休为止。轮船业的彷徨与失落,令人感慨!

十四、老街织声度残冬

甲午战争后,清政府迫于内外交困的双重压力,调整统治方略。重新审视确定重商政策,在经济上鼓励兴办实业,宣布实行"新政"。光绪三十二年(1906),嘉兴府属各县先后兴办实业,振兴民族工业且大型机织行业逐渐成型。民国之初,嘉禾布厂与谦益布厂相继崛起,后抱团融为一体。

新中国成立后的嘉禾布厂经历南湖染织厂、南湖色织总厂到南湖色织集团,四十年跨越三大步,形成纺织、染色、织布、服装一条龙生产系列。改制"洋帅"后半数老职工分流,身份由全民转为打工者,缺乏凝聚向上的动力与信心,企业宣告破产并整体拍卖,职工另行安置。嘉兴最早的近代纺织工业先驱,具有94载春秋的百年老企业南湖染织厂遗憾陨落,为商家留下一个难以承受的沉痛历史教训。

2006年嘉兴在线新闻网以"一家企业'两次破产'的启示"为题,深层次地剖析倒闭起因及根治良方,推动当今禾商吸取"反骄破满"与"审时度势"的营养,厚积薄发,与时俱进。

(一)顺势频发

清光绪三十四年(1908),嘉兴绸布公所会董胡迺照,动议以绸布公所之五万元积金开设培利布厂,虽获众赞同,因时局靖难未竟。民国元年(1912)四五月间,由嘉兴军政分府与禾商合股创建培利布厂于西河街(今解放路)94号,聘周玉清为经理,制定"嘉禾"商标,呈部立案开办。置手拉木机50台,当年生产平条厂布

14万米。该厂虽有原料可赊欠,成品销售优越便利,业务拓展无忧。缘美、英、日列强之洋布在华倾销,本埠厂布销售市场收窄,公司无财力徐图发展,时届董事易人,支撑维艰。

民国四年(1915)周经理邀请嘉禾富商高仲兰、蒋莱仙绅商加盟,增股金、添设备、拓新厂布种类,更名嘉禾布厂,另订月兔牌注册商标,年产棉布三十多万米,周因得以连任。

嘉禾布厂成立后,立马增购铁机,引进技术生产市场紧俏货高档线呢等新品种。越两年,该厂铁木两机增至160台以上,附属机件亦极周全,一跃成为禾城近代机织行业的一匹黑马。此时,一则周任事日久,历练老辣,颇得上海纱号信誉相互关照;二则在禾各绸布庄亦因公所公积金关系所在,仍得广泛支持,营业日趋正常,盈益尚可。经十载练功,吸纳兼并谦益布厂,改组为嘉禾南湖染织公司。

嘉兴最早工厂化纺纱织布兴起于清末民初。海盐人沈守廉在官府的认可与支持下,初定资金20万两,计划在嘉兴盐仓桥购20亩土地,准备开办咸益纱厂,并有部分缴款投入筹划事宜。但因各方扯皮而胎死腹中。

民国五年(1916),禾商高叔谦,独资创办于南门梅湾街的谦益布厂,前程多乖,起伏较大,最终仍逃脱不了被兼并的命运。新塍高家桥之高氏,为嘉兴名门望族,叔谦为县商业银行行长高仲兰之弟,在禾城有许多产业与商铺。其著者有乾隆年间在新塍开办的酱园高公陛、清末高公盛,也在嘉兴中街开设的高公兴等,在城拥有陞源纸店和五堆栈处,四兄弟各分得现金五万元,多处老铺仍为共有族产。

高氏见嘉禾布厂有利可图,独资建厂,并聘留学日本的王店屈冠春为经理。仅一年因租屋不慎失窃,遂自移地柴场湾(今解放路)建厂房,添织机设备,由原20台手拉木机,增至80台木机、20台铁机,准备大干一番。

由于抵挡不住嘉禾布厂的竞争和西方列强的倾销,十年亏九万余元,不得不并入嘉禾布厂。

后有辛康与美大两家织布厂开设,规模虽小但也能生产线呢毡布而畅销嘉湖一带,抗战前歇业。

(二)蓄势待发

民国七年(1918),时值第一次世界大战期间,因进口棉花锐减,而国产纺纱价格成倍暴长,民族资本家以为是施展拳脚的大好时机,蓄势待发,跃跃欲试。嘉兴商会领袖高仲兰、蒋莱仙均为禾中绅商巨子,也看好机会,接盘培利布厂,并改名为嘉禾布厂。为扩大蓝条平布的产能,购地20亩建厂房车间。其时手拉木机已达200台,女工增加一倍,产量翻番。并自设染坊,新建原动车间,自办发电机组,添置电动织机100台,初具规模。每每开工时刻,400名女工蜂拥而至,拉响汽笛上下班,禾城首家,气势如虹,成为沪杭线上的佼佼者。

民国十一年(1922),新厂房落成,增添电力织机100台,职工400人,年产110万米,产品行销数省。此后七年,褚杏轩、鲍介之巨擘决定增资十万元改组布厂,更名为嘉禾染织厂,规模达240台电动织机、200台手摇织机、140台脚踏织机及配套辅机,生产双兔牌维礼纳呢及各式花呢、哔叽,扩大条格绒布、漂布、色丁、府绸及法兰绒等新品种,年产240万米,并在上海设立发行所。

高君原在西河街旧址办谦益布厂,差强人意,又于塘湾街创办嘉兴商业银行,自任行长。蒋君为顺昌衡茧行出身,在杉青闸创富兴丝厂,沪上办绸厂,均雄心勃勃,大干一场,不料事与愿违,跌了跟斗。"一战"结束,东西洋列强重新卷土而来,洋货充斥市场,国货受到排挤与冲击。尤以银行、钱庄两业首当其冲,颇受企业借款之累而纷纷倒闭歇业。仅十年光景,禾城商业银行也难逃厄运,高仲兰不得不关闭高锦华绸布局,偿还债务,减压避险。其时蒋莱仙只能忍痛割爱,退出股东之列,坚守茧丝业的最后一块阵地。

嘉禾布厂为了维持继续生产和稳定员工温饱的饭碗头,由褚、鲍两人在危难之时,增资十万银洋,改组为股份有限公司,三聘周玉清为经理,朱羡欧为协理,设门市部于北大街孩儿桥堍,还在上海汉口路延康里设批发所,并重新注册双兔商标,打开产品销路。褚鲍大亨联手掷巨资,在城基路与望吴桥十字路口,开设四层六开间豪华门面的永瑞兴绸布局,梳理产品流通渠道与销售市场,汇聚与延伸禾埠各大布店都成为"嘉布"的固定客户,打造成产、供、销一条龙的棉布基地。

时值"多事之秋",布厂因销路呆滞,货价受洋布倾销,国货商市不景气之影响而逐渐衰落。北门外香橼浜萃华袜厂刚发生工潮尚未结束,嘉禾布厂亦步其后尘,商界为之震动。

(三)颓势不发

纵观老北门丽桥头永瑞兴、久纶与老嘉福、纶华四大绸布庄,灯箱广告魅力四射。颇乘五万巨资气势,永瑞兴绸缎局领航,愤发实业救国之理想。正当布厂生产形势稍有起色,民国二十五年(1936)4月,布厂因工人反对克扣工薪,爆发罢工。

此时,日资的经济侵略渗透中国市场。嘉禾布厂在这种形势下惨淡经营,负担不了苛捐杂税,厂方有意压低薪水待遇,工人忍受不了盘剥欺压。厂方无奈在《嘉兴商报》上刊登公开出盘广告,终究无人愿接手经营。"七七"事变爆发,日军大举侵华,全国抗战爆发,战火蔓延禾境,嘉禾染织公司的部分厂房与织机被炸。业主厂商解散全部工人为求自保,只留少许属下与亲信,将未装运外埠的布机与零件藏之坚壁,又将永瑞兴店内之存货与厂里剩余棉布,合并打包分运县郊栖真、乌镇等地。褚、鲍老板则在上海招来原嘉禾布厂部分女工,另组"华棉"等布厂。留在本地的失业职工,摆地摊做小贩或打短工的都有。老布厂就此铁门紧闭,一片残垣败屋,任凭无家老工人暂居栖身,过着铁蹄下的悲惨生活。

沦陷后,汪伪商会理事长朱尚文,见嘉禾布厂闲置的机器有利可图，便以生产合作社的名义，开设了利济布厂，整修40台布机开工牟利。安插内侄周文麟任厂长，招收原厂部分女工100人，成立生产合作社棉织工场，以条漂产品销售本埠布店。每天做工10小时，一人挡一台织机，西河街又响起了织机声。计件工薪仅能糊口，真是"肥了鳄鱼苦了虾"，因非常时期不开夜班，月夜老街厂区悄无人影。该厂曾经是东门外的老牌布厂，最盛时工人当在千人上下，所生产匹段均行销国内各大商埠。尤以受商业衰退影响，士林布屯积如山，在嘉禾四乡农户破产，虽自设门市部，亦因购买力薄弱，金融殊难周转，布厂颇形亏蚀。

抗战胜利时，布广因属敌产而关门歇业，周某携带所有潜逃上海，职工星散。国民党接收大员见无油水可捞，只贴上封条也置之不顾。原股东鲍介之委托代理人徐介融为之代管机器厂房，以致厂区墙倒屋坍，杂草丛生，战争伤痕随处可见。此后为缓解内外压力，布厂乃维持少量织造运作，直至嘉兴解放。

新中国成立后，嘉兴南湖染织厂喜庆重生，颇能回顾之冰火两重天的历史缩影，成为商家借鉴之宝典。

十五、中街塘湾一水牵

嘉兴是座水陆码头，得益八水交汇，运河环城，上街见桥，出门坐船。旧时流传民谚："天下三大苦，摇船、打铁、磨豆腐。"船家从早辛苦到晚，若遇狂风暴雨或冰雪天气，仍要顶风、敲冰开航。摇船的营生，四处飘泊，以船为家，与水逐利，糊口活命。水路不太平，企求"刘王菩萨"照应，也难免受湖匪劫掠、水霸欺凌、军警勒索，甚至丧生。

逝水东流，民国时期的嘉兴商业中心由南北移，北门外中街（中基路）、塘湾街（北京路）商市崛起。两条古街以批发兼零售，形成270家商号集市，与北大街（建国路）比肩称盛。借助京杭运河流经城湾，禾城北市船埠头集中沿河设置。两岸商肆栉比，卖买摩肩接踵,黄金水道百舸争流,推艄扳艄一路繁忙。

（一）商市北移

明代嘉兴"衣被他郡,机轴之声不绝,各地客商云集,商旅四通",成为全国33个主要城市之一。嘉靖时城东甪里街称"买卖街",人烟物资麇集,倍于城中。万历"我禾百货所萃,莫盛于郡城东隅"。先受倭患,复遭清初兵烬,精华毁于一旦,始迁府城。乾隆间嘉兴城内宏文馆前直街,自韭溪桥至西埏桥,重整市井:"赶集者列肆市中,百物辐辏,喧哗杂沓,昼夜不已"。百年后,历咸丰兵燹磨难,商业荟萃之区再度北移塘湾街,由北丽桥沟通北城内外。

光绪三十一年(1905),张鸣珂就嘉郡北关商市曾云:禾中自兵燹后,阛阓互市,悉聚北郭。地当孔道,商贾麇萃,舟楫帆樯,往来如织。又分设洋关,浙西观察使兼委稽征税务。

民国十八年(1929),陆志鸿编纂《嘉兴新志》中说:"六十年以来,塘湾街因运河交通之便,遂为南北货商所聚。"陆君主导绘测拆城筑路,汪胡桢开新东门架桥,都为打通城厢商路竭尽全力。

越五载,嘉兴商会魁首顾速明致函上海总商会:苏嘉路畔、洋房高耸,北丽桥下、帆影如云,俨若十里洋场,竟如通商巨埠。光绪三十二年(1906)至抗战前(1937),嘉兴县商会办事处,一直设署塘湾街古坛里清凉禅院后堂,创办商余夜校,服务塘湾街之商业中心。

（二）公共码头

嘉兴水运发达,河流上驿运客航不绝,以船代步,交通便利。唐嘉禾驿、宋禾兴馆至元华光楼均以此发端,北丽桥东侧塘路人烟始聚,渐成草市。嗣后,客旅辐臻,商贾云集,肆廛林立。晚清咸丰至民国80年间,京杭运河迳北廊端平桥,杉青闸落北苏州而去。客商看中水路运输便捷,中街湾塘街与对岸两侧设水运埠头46座。形成南北货、腌腊、水果、煤油、药材等大型批发市场,物资进出口的流通储运集散地。附近多设工厂、仓库、客栈,沿途多条航线轮船、航船设埠停靠。

同治八年(1869),北丽桥至端平桥这段塘路始名塘湾街,历史最终选择为嘉兴近代商业中心。两条古街全长三华里,1928年的统计材料显示:连接城郊的中街殿基湾商肆120户,塘湾街店铺150户,与北大街280家商号等量齐观,珠联璧合。1927年拆城筑路,1934年塘湾街更名北平路。

光绪八年(1882)官府于塘湾街中市创设公共码头,系乾隆皇帝六下江南之御用河埠遗构。该条石河埠宽6米,长10米许,有三门石坊牌楼一座,俗称船码头。位于塘湾街119号121号之间,改造露天码头后,两侧仅配备牛鼻头而已。光绪末王清记轮船公司创设于此,民国时有21家航船在此停泊。初建狮子汇南湖游船河埠,1946年抗战胜利后,城东嘉禾第一桥北塊建露天公共码头,定为客货兼营专用泊位。1960年重建风雨无虞的候船房与堆货场,轮船码头暂设荷花堤,1988年整体搬迁中山西桥北塊,此为后话。

(三)水埠林立

荷花堤至端平桥三里水路北侧,中街设五座河埠头,为四乡八埠农民提供进城便利。中街西埠常驻协大茂轮运行轮船,经营上海、杭州、苏州、湖州四条客货航班。朝南埭新兴轮行开辟嘉兴至芦墟航线,救火弄河埠停靠15家绍兴快班船,击钲噇噇以揽客。渡弄专为摆渡荷花堤客官服务。小猪行河埠一天到晚猪叫人喧交易兴隆,中街堪称江浙农户采购苗猪首选之地,每年黑猪、"两头乌"成交量高达10万只以上,是城郊的大型农贸市场。

塘湾街繁华商贸街区,多数为批发商,街面房后埭沿河用石条、木条搭建水码头22座,一长串架屋水埠,占据大半段河道,十分壮观。航船往来穿梭运送行客,船上满载南北货、腌腊火腿、八鲜水果等候接驳上岸。设7家轮船行,起航周边都会及邻县市镇。83家绍兴航快船且客货兼运,专业运输公司拖船参与商品联运,搭客少则三五人,多则八九人,当天返回或隔日航班诸客称便。有专设轮埠,也有大昌水果店、肥雍行、彩心茶楼、聚宾茶楼与公兴鱼行等老板设埠赚"水"钱。

夏季炎热,海鲜鱼虾、水果熟食需大量冰镇保鲜,塘湾街许家坟(中街竟成厂)、杉青闸晶莹、塘汇益生厂供应冬藏自然冰时有脱节。王义茂粉坊业主王金海,赴沪采购嘉兴第一台进口冰机,日夜制冰满足市场需求。端平桥南临水房设河埠,驻有多家客货兼营航船,定期航班,在此上下。

运河南岸荷花堤设河埠9座,其中轮埠7家、运输公司2家,主要转运五金百货大宗货物或少量搭客业务。漕渠与秀水交汇处分水墩、芦席汇、钮家滩、平桥湾、缸甏汇、风箱汇设8处埠头。除缸甏汇、芦席汇河埠为专业码头,分水墩设摆渡口外,其余均为轮船行或运输公司往返泊位。

(四)三里水埠

嘉兴老北门荷花堤有南北两条古街,北街东起胭脂弄可转南街,与北大街丽桥头连通,西至殷家弄即南起环城北路,落北可至运河条石驳埠。荷花堤沿河构筑200米长、3米宽的石板路北街,河埠头一字排开之石驳,设置十多个石帮岸河埠,可停泊数十艘轮船或绍兴航快船。

荷花堤经端平桥至洋关街河埠三里水路,在民国最盛时设46座条石驳岸码头或停靠上下客船等水埠。

轮船码头有荷花堤口:胡子林捷达、北街4号张友生达利、李子华茂华货运、37号胡正陆新嘉、50号姜瑞生大通货运、85号杨玉成新塍、吴鹏翎合星、93号朱宝龙永和、94号吴鹏翎振兴、牌楼头王清记轮埠和167号颜欣才永康货运。中街西埠:傅高生协大茂。塘湾街水埠:142号查笃善和兴协、151号余云堂顺新、173号叶梅婷联合、利兴,189号沈根泉通源、195号顾良富宝兴、201号俞义忠协记成、207号江文荣通利、209号徐季清德康、211号沈根泉福利与217号顾桂初宝兴。平桥湾石埠:22号俞小和胜利及另有章克明昌兴。芦席汇石埠:查笃善和兴、21号邬茂生梅丽。维新街石埠:傅高生协锦、洋关金双全金记和官商合股利商等。

航船停靠埠头：塘湾街22号卢阿四卢合记、小弄河步阿根顺记、91号范昌麟航船、159号余金茂航船、160号张秀宝航船、大弄河埠倪仕宏航船（驻五家船行）、177号停八家航船、181号余锦茂永利和221号顾六八航船。端平桥河埠上下客、缸甏汇河埠朱天锡专设、分水墩风箱汇、钮家滩河埠，货船上客下货或中转集散地和农副产品转运业务。

另有中街小猪行、渡弄、救火弄，塘湾街木渡埠、粪埠等，虽屈指可数，但仍为专属之用。

十六、银钱典业露峥嵘

嘉兴夙称"财富之邦"，明清嘉属七县商业中心。禾产以丝米为大宗，盖浙省重要农产区。其地河流纵横，水路往来四通八达，沪杭、苏嘉两铁路交会于此，水陆交通称便。所有土特产运销，大抵汇聚禾城，形成中转或集散。由于丝织业兴起，商品交换频繁，开设典当质押，钱庄放债取息，故商市交易称盛。鸦片战争后，为推动近代民族工商业兴起，货币经济起了关键作用。

嘉兴底子是小农经济，本埠与农业相依为命，八年沦陷，经济衰落飘摇，唇齿之间休戚相关。金融业陷于通货膨胀，经济崩溃，工商枯竭凋零，钱业积弊难返，典业横遭倾轧，银行难有作为，该业首当其冲，尤难独善其身。为办理农工商贷款而设立仓库一所，以谋挽救之策。

民国时期，嘉兴金融业与典业如何维系生计，待我们回眸历史，略涉以概。

（一）钱业老大

晚清嘉郡城厢以恒丰庄、滋源庄、豫源庄为大。光绪六年（1880），禾人屠吉甫在塘湾街开设恒丰钱庄，谓首家"剔拨庄"。辛亥革命前,旧有元大、滋源、豫源、德昌、复大、亿昌、通裕、鸿大、振裕、厚昌、萃和等11家钱庄,嘉兴光复后仅存4家。钱庄由票号改进而来,分汇划庄与剔拨庄两类。

汇划庄:裕大庄与复大庄经理张子远、亿昌庄经理祝心梅、源长庄经理陈文明、元大庄经理沈似兰、瑞蚨庄与海源庄经理徐幼曾、生源庄与元昌庄经理张荫堂、正裕庄经理徐云岩、豫源庄经理程辛伯、滋源庄经理程沁泉、通吉庄经理童禾泉、义康庄经理张凤楼、永泰庄经理祝云秋、义盛庄经理胡剑霞、正兴庄经理张伯宜、聚源庄经理张景华、大亨庄经理冯立三等。

民国以来相继设立银行,实际掌控禾城金融者,仍由钱庄操盘执牛耳。钱业在民初十一二年间,堪称鼎盛,计钱庄12家,放贷200万元,资本金1万至4万不等。营业种类分存款放款、汇兑外埠及同业收解诸项。"九一八"事变后时局趋紧,仁泰、通吉、元大三庄相继倒闭,大亨、义康步其后尘,营业日渐衰微,商业信誉大为逊色。又因县农行内窃东窗事发,滋源、聚源、衡源亦跌入整顿清理。幸存大亨、义盛增、永泰昌三家,专做零星买卖门市兑换,惟此康泰钱庄朱菊卿。

清末有沈伯涵元大庄、沈希平滋源庄、祝浚明豫源庄。民国有陈文敏源长庄、张凤楼义康庄、北丽桥正兴庄、张荫堂元昌庄等。塘湾街有胡剑霞义盛庄、祝浚明衡源庄、陈普周聚源庄等。另有北丽桥康泰庄、北大街禾新庄、韩笃初仁泰庄及通吉合记、裕源庄、厚生庄等。

1937年日军全面侵华,钱庄全部停业,战后规定敌伪时开业者不准复业。仅陈养真永泰昌记钱庄、金寿仁复业;安慎萱、陈宝善创义盛增钱庄,董事长张木舟复业;葛季辉创设大亨庄由张惠民复业;昇大钱庄由姚一楠任经理。

(二)银行居上

嘉兴银行业为金融大鳄,分官办与私营两类,主要经营业务有法币改革前发行货币,吸收各种存款,贷放工商企业及交通公用事业款项,向银钱业之同行拆借,亦曾一度试办农村生产合作社,以干茧、土丝等农副产品抵押担保贷款。

民国时银行四家,因受时局之影响宣告清理,仅存中国银行、浙江地方银行和嘉兴农民银行。中国、浙江两行营业状况不恶,社会信誉尚待提高。然农民银行其专营对象农民及合作社之放款,以往成绩未见拓展,虽经改组整顿,改观甚微。

驻嘉官办银行:中国银行前身的大清银行创于清末(设塘湾街),光复后改中国银行嘉兴支行,1914年8月,金寿先设中国银行嘉兴支行于望吴桥,堪为禾城金融龙头。浙江地方银行嘉兴分行创于清末,李颖叔筹组建业银行业务量居次席。1937年交通银行嘉兴支行黄勉哉设置。冯立三创上海绸业银行嘉兴分行,抗战撤至上海,在总行内部另辟嘉兴支行部,由顾速明负责业务,胜利后返回嘉兴复业。中国农民银行嘉兴分理处由杨在滆组建。中央合作金库嘉兴分理处业务不广。1931年嘉兴县农民银行沈咸恒首创。陈志巩设立半官半商嘉兴县银行。1922年高仲兰创私营性质嘉兴商业储蓄银行。1945年浙江建业银行嘉兴分行由高雨辰复业。浙江兴业银行嘉兴分行战后成立。另外,张韵笙组建浙江丝茧银行嘉兴分行,陈涵设立浙江邮政储金汇业局嘉兴办事处,姚一楠组建浙江商业银行嘉兴分行,上海实业银行,浙江典业嘉兴分行等陆续开业。

民国十八年(1929)4月28日晚6时许,一批太湖帮抢劫塘湾街中国银行嘉兴支行库房,席卷银元、钞票69087.90元,枪杀警卫、击伤行员各1人,震动全国。中国银行嘉兴支行将被劫款分三年列入报损项目,于当年5月16日恢复营业。

(三)当铺日下

史载清乾隆五年(1740),嘉秀两县典商设当铺有汪源聚、邵洋和、金丰泰、盛源和、张恒隆、朱永兴、沈存茂等40户。晚清典当行业一度发展,县邑有鼎源、大和、人和、阜康、鼎丰、协鑫典等16户。民初全县典当增至60户,达到历史巅峰,抗战前尚存29家,至胜利后仅复业4家。

清末民初,当铺分四等,典业以典为大,当与质次之,押头殿后。工商业时有资金周转困难,可凭身价信用融资,讲定息率与归还期限即可贷款。

本邑开设典业甚早,该业早期有行会组织,并设典业公所,置典业工会、典业同人学术研究会。民国十九年(1930)改典业同业公会,设会所小落北上埭,以后逐潮衰落。战后李馥承任理事长时,会员仅存七户。

嘉兴典业除大锠典停歇外,尚有八家营运。利息按月二分计,限期为十八个月,利市较丰润。因禾城商市萧条,业界不景气,至典者纷纷,赎者寥寥也。城厢称之"满当"者皆为衣件,成本高且比新置市价为昂。该业非待无利可图,且多亏耗赀者,典当跌至"押头",其窘境可知,此亦嘉禾典业之隐患矣。

就县城当铺而言屈指十数,以创设序次叙之:1871年叶绍奎塘汇镇鼎源典,设王江泾代步当,1930年由陆士谔坐庄主理;1882年郑洪九南大街大和典,1888年孙廉君众安桥人和典,亦设南汇代步当;1909年创办塘湾街协鑫典,程仰勋设东大街鼎丰典,1914年李志期创东栅口义昌典,1915年张锦华设中街大锠典。另外,尚有塔弄正大典与鼎泰典,初觉路厚生典等等。

抗战胜利后,李馥承先生于北丽桥埭水关桥办一家押头当,窥见嘉兴典业江河日下也。

(写于2012年)

嘉兴市文史资料通讯

第七十六期

嘉兴市政协学习和文史资料委员会编　　二〇一三年二月二十日

目　　录

嘉禾拾穗（下）……………………周咬脐　孙亮侨(519)
　十　七、四厦高耸丽桥头……………………………(519)
　十　八、三洲理发美颜容……………………………(522)
　十　九、嘉兴戏院几许家……………………………(526)
　二　十、评弹汇集忆珊凤……………………………(531)
　二十一、一篙点月夜航船……………………………(534)
　二十二、月河客栈喜相逢……………………………(538)
　二十三、久久粽香五芳斋……………………………(542)
　二十四、禾菜掌故四乐园……………………………(546)
　二十五、斟酌柜台一壶酒……………………………(550)
　二十六、歌唱桃花扇底风……………………………(554)
　二十七、近水品茗千家楼……………………………(558)
　二十八、学海无涯书肆稠……………………………(562)
　二十九、估衣喊摊八成新……………………………(566)
　三　十、风雨摊贩显神通……………………………(569)

嘉禾拾穗(下)

周咬脐　孙亮侨

十七、四厦高耸丽桥头

清初乡贤朱彝尊《鸳鸯湖棹歌》百咏云:"郎船但逐东流水,西丽桥来北丽桥。"诗中两丽桥均建于宋初。横跨运河越千载,其石梁关隘,气势如虹。真可谓开嘉禾之风气,通城乡之枢纽。水城门外津梁对峙,环桥洞里舳舻相接。西丽桥乃士女郊游之所往,北丽桥头则成禾城购物之总汇,此北关之要津,凤旧未变。"丽"寓秀丽之意,禀具成双捉对之旨。追溯民国这段岁月,有诸多天不从人之愿矣。北西两桥几经沧桑,见证民生疾苦,时代数易。当年西丽桥四尊石狮子镇城隍,雄风犹存;北丽桥由拱桥、平桥乃至巍巍廊桥;勘古今两丽桥,诚不负众望于当代盛世也。

(一)禾城商圈

二十世纪二三十年代,望吴桥畔高楼栉比,北丽桥下货运如流;市井喧闹摩肩接踵,人来车往熙熙攘攘,颇呈繁华气象。立丽桥头南眺,北大街与城基马路十字街口,商肆店铺招幌林立,南来北往人流如潮,地当要冲。奈何好景不常,东邻觊觎,日货倾销,爱国商人群起抗争,抵制日货,推崇国货,扬我泱泱中华。

1931年,老北门拆除老城墙。北丽桥南堍始筑城基马路,由梅馥园创纶华绸布庄时,经理王锦堂率先相中望吴桥地块,建造三层西式洋房。禾城绸布业巨子陈静安亦不甘人后,继以续构三层大厦,开设上海老嘉福绸布局嘉兴分号,凡掘金者志在必得。

1932年,禾商巨子高仲兰作股东,一掷千金,购地丽桥南塊至城基路口,建造四层高大欧式洋房,移地迁入营业。自滋源钱庄等三家钱庄宣告清算,高氏执掌之商业银行因存户挤提现款大受影响,资金终难周转,于当年10月18日宣告破产,转由业董与股东接盘经营,"久纶"方始脱颖而出。时膺县商会掌门人顾速明,广泛宣传不用日货,提倡国货。遂与旅沪禾商褚杏轩商议,联络大鳄鲍介之,凭一股振兴实业热忱,联手斥巨资五万,圈地丽桥塊荷花堤口,建造四层商厦,开设嘉兴国货公司。这是当年雄踞禾城最高之钢筋水泥建筑。随后商界褚杏轩与业董鲍介之,紧靠"久纶",联手打造六门面商厦,以国货为主的"三街一区"商贸中心。

(二)闹市中心

房地产大股东褚君为盘活资金,于原址创设永瑞兴绸布局继续营业。由58岁经理褚杏轩、71岁布业行家协理卜舜卿及搭档徐介融组成"铁三角",硬撑市面。七八十年前的嘉兴商兴中心是何等模样,可通过史料来揣摩一二。嘉兴拆城筑路始于1927年,分段拆建城基马路。三年后,北城基路竣工后,丽桥头北大街形成十字路口,商肆林立,尤以北丽桥与望吴桥转角一带构建T形商贸街区,其中枢地皮腾贵。不久便有纶华绸布店大厦落成,由王锦堂经理执掌,胡飞潜协理,虽同是"三十而立",不可不谓之目光远大,禾商生意经以薄利多销,注重宣传为要务。随之嘉禾绸布业巨子陈静安经几度争租波折,毗邻开设上海老嘉福绸布局嘉兴分号。继者复以金融业董高仲兰执掌,陈永年经营之高锦华绸布局藉迁地为良,四层洋房拔地而起。届时三座大厦并立,高耸入云,出奇争新,三尺柜台,顿成神仙世界。

禾市老店义昌福、正春和、元昌盛绸布之同行巨鳄,与新兴三店,互争一日之长,奈嘉兴本"活码头",贸易辐射四厢八埠。陡尔新增三厦竞相销售,倾轧难免激烈。在这场绸布大战中,原本岌岌可危之冯雨声经营,宓云翔协理之元昌盛绸布店,遭影响率先出局。高锦华绸布庄因回笼资本考量,出盘给久纶绸布店。至此,北门商市基本奠定以永瑞兴、久纶和老嘉福、纶华商号轮流坐庄的"四驾马车"格局。

(三)时运不济

嘉兴北门丽桥头相继崛起四座商厦,位于沪杭中枢的嘉兴市容为之一新。永瑞兴、久纶、老嘉福、纶华四大绸布店,犹如沪上十里洋场之永安、先施、新新、大新四大公司光鲜出彩。自开门迎客以来,虽说生意平淡,确也热闹一番。以北丽桥闹市中心为商贸纽带,形成数百号店铺商圈,五万人之嘉兴城被誉为"小上海"。

每至春蚕上市,四乡诸客带果携浆,蜂拥进城,由此带来商机与人气。凡百货绸布各业,均分得一杯羹。嘉兴除轮船码头、火车站、汽车站外,水陆四通八达,过路客商汇聚。绸布业各帮商行,利用宣传广告高招迭出。由吴江籍经理钱沚连、协理沈连明搭档正春和布店,尤如一匹黑马,义昌福布店随其后,各股东递增资金,信心百倍,商战日厉。

嘉兴老嘉福绸布局为上海分号,全禾公认绸布花色专家。"其丝毛棉羽印织色色兼全,美丽坚韧便宜面面顾到;不独花色新并且花样多,不惜货真实并且定价廉。""老嘉福绸布由上海三大联号辅助采访,花色当然比众丰富,由全国各大名厂特约经销,定价当然比众便宜"。

1933年嘉兴大旱,且天灾人祸接踵而至,农村连年凋敝,民众购买力骤减,百业均蒙损失。加之县农民银行内外勾结,盗用库银,影响所及遍城厢。嘉区商业之大半依赖各乡镇农人。每届年中买卖鲜茧稻谷,城区商业交易顿兴,往往倍于平日;而全城绸布店于年终结账,红利盈库;倘若谷贱茧跌,即使商号大吹大擂,亏损难免。

(四)国货公司

在西方列强之货物倾销与挤压下,禾商提出"振兴实业,购买国货"口号,维护商权已成必然。嘉兴商会因势利导,倡办国货展览会,即投入会展的组织工作。租赁原洋关大厦、东门新兴舞台及童军路(今少年路)民教馆等阔敞场馆。

1934年3月,嘉兴富商顾速明、倪巨川提倡国货及振兴禾城商市起见,特与上海国货产销合作公司商洽,筹组嘉兴分公司。所有各货均由上海总公司见新供给,定价与出厂价相等能就近购买。租丽桥头城基路四层大厦布置。在三层楼上增辟游艺场,布置就绪后即行开张。

1935年开办嘉兴国货公司,时值年岁荒歉,社会经济崩溃,民间购买力薄弱,虽竭力经营,卒以营业额日少,库存积压日多,致不能维持。国货公司开张半年即关门歇业,这便是嘉兴经济萧条之缩影。嗣后多次筹办国货展,囿于时运不济,或改场地或延展销,时不如昔。

国货公司由义昌福经理倪巨川租赁经营,虽给日货以强硬回击,但国势日蹙,亏损难以支撑,商场经营仅越年而停业。

嘉兴沦陷后,在北关丽桥头,东门宣公桥一带,日军于桥头设岗,严厉盘查来往行人,时人视若畏途,除非不得已办事,行旅乡民均不敢进城。众安桥首伪警察局岗哨林立,荷枪实弹,刀光剑影,五平方公里商业街区一片萧条,人身不得保障。八年沦陷,嘉兴百姓遭殃。原本自给自足之县城,因敌伪统治,物价飞涨,商市凋零,若非身历其境,焉知亡国之痛矣。

十八、三洲理发美颜容

古人推崇束发,民间尚存挽髻之俗。稚童凤称"髫年",正如陶渊明《桃花源记》云"黄发垂髫,并怡然自乐"是也。在发型如潮之年代,流行千载的发髻则少见了。

清末民初,嘉兴城里开设剃头店铺亦逐年增多。民国二十年

(1931)，理发行业已初具规模。北大街最繁华"新三洲"相距百米，超越"老三店"居禾城榜首。

嘉兴设理发店多为镇江人，于秀州学堂对面天星湖河埠西畔，始建本邑镇江公所。抗战前后，县城北大街（今建国路）设立王芝珊亚洲、谢立琦涌洲与丁明生合伙之九洲等三家理发店成新宠，俗称"新三洲"。时行中西发式争奇斗艳，禾城女士男宾趋之若鹜。

（一）镇江一绝

嘉兴城厢最早开设的老字号理发店，有清光绪二十六年（1900），王学仁王凤记店，设南门外丝行街 2 号，江振善振兴店，设北门外中街 63 号。次年吉金观之胜利店，设东门外南堰街 92 号。剃头店大都设在进城要道旁，均与米业茧丝业之水陆集散码头有关，其客源不受城门或水门关闭之限制，是一条各行各业非常实用的选择店址经验。

在设店之镇江人中，唯谢、王、丁三氏并雄，尤为罕见。如谢明志 1941 年设畅乐店于高升弄 4 号；谢百年 1942 年设南洲店于南堰街 58 号；谢云礼 1945 年托盘合伙经营九洲店，后复归丁氏；同年谢玉堂设春江店于东集街；谢武科 1946 年设源记于南堰街 100 号；谢有禄 1949 年设新雅店于初觉路 128 号；谢东生次年设东升店于维新街（旧洋关街），越二年又开张一新店于光明街 36 号等。

1919 年王严氏设王荣记店于太平桥落北街 2 号；1936 年王学财设民民店于童军路 8 号；1940 年王朱氏设新新店于宣公路 43 号；1941 年王春根设大兴店于东门城基路 16 号；1945 年王广金设王金记店于仲权路（张家弄）；1948 年王增友设杏林店于建国路 42 号；1950 年王金贵设王记店于仲权路 6 号等。

丁鸿林 1945 年设"协兴鸿"于东栅中市；丁志源 1950 年设"华美"于中基路 221 号；丁明生同年再设时美理发店重操旧业；丁长春 1951 年设嘉中店于童军路省立中学。或同宗兄弟结伴开店，或堂房叔伯试试财气,或子承父业以永绵绵。

剃头是扬州人的拿手好戏,俗称江北人的行当。扬州人靠"三把刀"技艺,即剃头刀、切面刀、扦脚刀闯天下。镇江、丹阳籍师傅则以"剪发、修面、吹风",样样在行。禾城剃头师傅中,十之八九为镇江人,理发行业离不开他们,吾辈不得不肃然起敬。剃头师傅道行深、修面刮胡须后,还用剃刀头在眼窝外那么轻轻一刮,痒奇奇地惬意,浑身舒坦。最后一道敲背工序,双手敲脱骱"空心拳",从头颈双肩至背梁脊快慢有节奏敲得个全身痛快。剃完头便拿一面圆镜前后照一照,指出尚待改进之处,修理到满意为止。临别有礼貌地鞠躬,再道一声"欢迎光顾,下次再见",顾客心里热乎乎的。

(二)三洲称雄

民国时,北大街172号亚洲店,1935年设于张家弄口;214号涌洲店,1923年设于塔弄口;368号九洲店,1945年开设,毗邻正春和绸布庄。涌洲、亚洲两家日营业额在两千法币上落,旗鼓相当;九洲则减半,稍逊一筹。全县理发摊店有百余人从事该行当,落户后成家立业。但在行业公会中,没能如徽厨那样颇具气势,执掌禾城菜馆业之牛耳。

1955年公私合营,"三洲"变化较大。谢氏涌洲店业主因年前亡故,遗孀谢史氏老板娘将店租赁给肖金林,肖妻月支伙食九元六角,肖本人不支薪,仍旧独资经营初觉路114号,于抗战胜利时开设福利林记理发店。他不闻不问,经营消极,当年营业额一直跌至3710元,仅居第三。店主谢史氏无奈将自备的一台发电机出租,以补贴店堂及家用开销。

王记亚洲店,业主支30元,其妻女各支15元,本店地段适中,缘由理发师傅技术好,服务态度和善,资方2人,员工8人,年营业额8452元,从而跃居榜首。

九洲公司资方6人,员工4人,店东分配按拆账制支薪,经营不温不火,历年尚无升降。年营业额7535元,稳居同业老二。

20世纪二三十年代流行苏杭卷发,女子发式最为花俏,便有长波浪、短波浪之分。当时,"三洲"理发店时尚又新潮,引来权贵、老板、小开、阔小姐轧台型,生意可称不恶。全套理发之外,附带刮眼、挖耳、绞面、提筋、敲背、挑痧、推拿、通泪道等义务项目,从不收取分文服务费。所以,怀旧的老人非常惦念这种笃悠悠、慢节奏的休闲美容方式。有关男女发式而言,其时西风劲吹,禾人皆以上海滩摩登女郎、奶油小生招摇过市为荣。大都会十里洋场,女子发式大多模仿欧罗巴式,以剪去发髻谓时髦。剪发后用缎带束发或夹戴各款发箍;时髦者心仪青丝染成红、黄、棕褐褚色以炫目,被捧为掼派头之"潮儿"。镇江剃头师傅大多为"三考"出身,从小经受严格训练,拜师习艺真来不得半点马虎。这三家店堂,内部装璜十分考究,一色白瓷砖铺墙,浅绿或浅黄色台板与镜框,一排落地白瓷汰头瓷盆,克铬米双嘴水龙头,冷热分设;二长排对开镜面,光怪陆离,洋派十足。

(三)"九九归宗"

涌洲理发店创于民国二十三年(1934),该店原设于塔弄口一间头弄堂房。嘉兴解放后,涌洲理发店迁至张家弄,经过26年发展,与"亚洲"强强联合,再迁五芳斋对门,拓为四开间临街房,营业面积210平方米,定名"新涌洲美发厅",始成业界老大。店堂设新式转椅,首次用电吹风,电烫、染发;推出长波浪、短波浪、飞机头等新款发型。除理发外,并附带刮眼、挖耳、推拿、敲背、提筋等服务项目,深受顾客欢迎。坊间有一句口头禅叫做"剃头要剃新涌洲",从一个侧面反映出嘉兴人解放后的绚丽多彩之生活面貌。

新涌洲配置双开门,两侧为落地玻璃橱窗。该店分设二楼女子部、街面男子部、美容化妆部与化妆品零售门市部等。新式男女座椅26把,每台配套电烫、电轧剪。理发用的水银镜都是英国舶来品。技艺高超,服务热忱,市民喜欢到新涌洲理发,男士头上光鲜有派头,姑娘烫发犹如"花蝴蝶"。男红女绿排队剃头,成为街头一景,吸引路人驻足观瞻。

电推轧剪分粗牙细牙两把交替使用,虽耗工费时需功夫到家。热毛巾擦七八十来遍,剃个头至少个把钟头。顾客若稍事打盹小憩,师傅的手脚放得更软更轻,丝毫不打断幽梦。一觉醒来,师傅的剃刀还在脸颊上来回削刮,吾辈有体验。顾客剃头有时会认准一位师傅,直至弥留之际,还惦记着催促家人请师傅上门剃头。一天有时剃三四次,老话说剃一次头,就等于多活一个月,这多迷信啊。

在城里最高档的"三洲"理发店都集中在北大街,是美容美发好去处。店堂宽敞整洁,窗明几净,圆顶玻璃灯罩60支光电灯,照得雪雪白、铮铮亮,门外珠帘转灯日夜走马放光。过去天热给一把蒲扇已是一种享受,有点规模之店堂,天天雇人不停地拉动单联或双联布扇隔空送风;夏季炎热,新涌洲美发厅还自备发电机发电,改由电吊扇、电风扇为顾客送清凉。傍晚夜市,华灯初上,街路车来人往,流光溢彩,为充满活力的江南小城带来勃勃生机。

新涌洲拥有著名理发师臧雪飞,他与亚洲店王克昌等,代表业界最高水平。以时尚烫发技艺深得女宾追捧,培养出沈爱珍、祁根娣等特级理发师。经理窦根海经常组织技术练兵,聘请上海刘瑞卿名师示范辅导,传授技艺;引进美容设备,增设纹眉、蒸气按摩等服务项目。不断推出适应时代新潮流的女子发式和时髦化妆,赢得市民交口称赞。

十九、嘉兴戏院几许家

宋元时,嘉兴郡城内设有熙春楼、勾栏、瓦子及梵宇赶庙会、祠堂唱堂会之燕游戏台,以清明蚕汛、中秋潮汛及冬至祀祖为盛。明末清初嘉兴城隍庙、曹王庙两观戏台亦谓城内外的郡县庙。城厢则以天妃宫、江西会馆、兰溪会馆及高家湾老郎庙之戏台拔地而起。专业戏馆肇始于清末民初,如寄园戏馆、文明戏院与新兴舞台。民间短期农闲社戏之娱乐,则临时搭草台班子助兴而已。民国二十年(1931)前,嘉兴梨园公所设于南湖高家湾老郎庙,每岁六月十一日"喜神"诞日演戏,正火伞高张时。其时,因客民聚集于此,设戏园专演地方戏,武林班吴祖修曾于此登台演出。

近代嘉兴娱乐业的重生与拓展,催生三大戏园。鱼行街的文明戏馆、张家弄的寄园剧场和宣公桥城基东路的新兴大舞台,尤为鼎盛。还涌现鸣阳门大华影剧院,以及蒋氏租赁童军路启秀女校,设京戏、杂耍和电影场所,因地处城中,卖座亦行俏。

京剧前身,即谓之昆曲,经历数百年变迁,改编创作质优量多的传统剧目与新编历史剧。依仗阵容强大的专职队伍,以及其表演艺术和音乐、服饰、化妆方面优势,始成流行最广、影响最大的剧种,为国之瑰宝。

居次越剧,在浙江嵊县一带由"的笃班"发展起来。它如地方戏沪剧、淮剧莅禾演出,仅为走场子。文明戏馆、新兴舞台之京剧与时装戏及寄园剧场的昆曲、越剧均能产生轰动效应。这三家戏馆都设有数百只座位,每日发放戏单,更换剧目。门前高挂彩牌,光耀夺目,招徕看客。不仅为民众平添生活乐趣,也为传播历史文化、弘扬正义起到潜移默化的作用。

(一)文明戏馆传文明

鱼行街南起西河街(解放路),北至钮家桥,长不过50余丈,设鱼行因名之。光绪二十八年(1902)在北端设嘉兴分海关署,茶肆酒楼应运而兴。光绪末开设城北首家文明戏馆,俗称"戏馆街"。据1928年陆志鸿《嘉兴新志》记载:鱼行街处于车站与塘湾街之间,清季始于此设戏馆,市面遂呈勃兴之象。文明戏馆经理孙玉良为青帮中人,戏馆楼上正中建戏子祭奉"大仙堂",不限戏迷,信者颇众。后渐为本埠居家,梨园弟子所给奉,以至更远地方咸来烧香点烛,祈求不息。当时名角小三麻子出演《走麦城》曾风靡一时。

钮家桥某茶楼因近戏馆,咫尺香橼浜空旷地可晨起吊嗓,故江南水路戏班都集会膳宿于此,故冠名"集贤"。

中国文艺界受五四运动影响,掀起改革之风。现有滑稽戏的前身,称为"文明戏",穿近代服装,说白用各地方言,唱民间曲调,令人耳目一新。就在文明戏馆唱"文明戏"的渲染下,如新编时代文明剧《枪毙阎瑞生》和阔小姐与汽车夫私奔之滑稽时装戏《黄慧如与陆根荣》等剧目,无不场场客满。然而,新编戏目却很难立足连台上演的大排场。

京剧在徽班基础上也有了新发展,突出京腔韵白及夸张之特色,形成唱、做、念、打的统一风格。戏馆业主不得不更弦易张,延揽京班戏以扩大业务。嘉兴三家大戏馆各出新招,互相角逐,突出各自的特色,无形中凸现三分天下的鼎立局面。北门外文明戏馆兼收并纳,城中寄园剧场专营越剧,东门新兴舞台专演京剧;都有各自观众群,出现歌舞升平的景象。直至二十世纪三四十年代,基本上仍维持这样的格局。文明戏馆在濒临关闭之前,还请来了两场大京班好戏。其一上海李仲林剧团的猴王戏,其二杭州宋宝罗剧团的《新蝴蝶梦》,连演连满,脍炙人口。李仲林剧团特有的足球队,还与塘湾街久纶新布店组织之久联足球队,在中山厅体育场踢几场友谊赛,互有胜负。剧团的武生球员踢球如作猴子舞戏,观者如堵,一时传为佳话。

宋家班兄妹等演出亦精采纷呈,宋义增在《新蝴蝶梦》中扮演"二百五"者,功夫老练,久立不动,堪与上海名丑刘斌昆媲美。宋宝罗《借东风》,唱腔高亢有力。新中国成立后宋君参加杭州农工民主党,白须飘然,即兴表演,嗓音洪亮,老当益壮,实属难得。

(二)寄园何处寄悲情

城中张家弄寄园,犹如沪上之"大世界",业主孙石荪,慧眼相中原钟家桥东塅空白地,光绪十年(1884)建起一座包罗万象的游乐场所寄园。在京剧形成之前,江浙沪流行昆曲,嘉兴"兴工"尺工调为其一支。宣统元年(1909),兰台药局业主徐怡声创办怡情曲社,率曲友经常在寄园藻香馆开拍,票房收益不恶,后寄园易主庄益三经营,自此延续三十多年。

的笃班之声腔优美动听,表演真切细腻,优秀剧目众多,长期延请来禾演出,果然连场客满。的笃班由来已久,开始全是男演员,后来全部变成女班,演出《梁祝》《秦香莲》《孟姜女》等剧目,均以悲剧结局,赚人眼泪,也为剧场赚钱不少。相传当时女士相邀看戏,必带手帕。越剧的当家戏《盘夫索夫》与《碧玉簪》,均以唱功抒情见长,博得观众的同情,百看不厌,禾城女眷一时倾倒。若去寄园消遣,首选观看的笃班越剧,已成为禾人时尚。

民国十六年(1927)7月,寄园剧场自开演申滩及化装剧以来,营业尚称佳。该剧团系绍兴的笃班之变相,置办簇新行头。叹好景不长,次年8月9日,当局以演出剧目谓靡靡之音,有伤风化遭查禁;驻鸣阳门警所出动巡警封闭剧场,所有艺员限时出境,名曰"以重治安"。

民国二十三年(1934)翻建剧场时,占地三百平方米。翌年重阳节,寄园剧场新屋落成,邀仙霓社昆班莅禾连演数天。最后三天,庄一拂邀上海平声曲社串演《百顺记赏菊》。昆曲名家穆藕初为苏州昆剧传习所创办人之一,曾来嘉兴拍曲;怡情曲社特在寄园大厅开锣同登,以示欢迎。时值"九一八"事变,举国奋起声讨,《嘉兴商报》载文有"曲友不知亡国恨,寄园犹唱后庭花"之评。八年抗战胜利后,虽几经更名,仍复寄园旧称。

定名越剧,当在20世纪40年代之后,经过数辈艺人提炼,颇与京剧同列,亦造就一批著名演员,唱腔自成一派。如袁雪芬派深沉流畅,尹桂芳派高雅潇洒,范瑞娟派隽永典雅,王文娟派韵味醇厚,徐玉兰派高亢奔放,戚雅仙派缠绵深情,毕春芳派春莺婉转等等。每有名角串演,禾城为之轰动,看戏观众每场爆满,尚有甚者模仿生旦身段,戏迷满街追逐。

(三)新兴舞台爆新闻

民国十八年(1929)拆城筑路后,宣公桥堍新造新兴大舞台。东门"新兴舞台"四字为刘山农所书,开锣同时杨萧侬出演《黄金台》,以为利市。东门新兴大舞台业主季葆真,曾入青帮,为警界中人,出身北方,堪与京剧有缘。剧场建成后始终上演京剧,与跑江湖的江南水路京班多有联络。当年水路京班名角孙柏龄、王少楼、筱小毛豹等均来此登台亮相。京剧又称"皮黄",乾隆年间徽戏三庆班首先入驻北京。经过不断改革创新,念唱与做功上富有鲜明的舞蹈性及强烈的节奏感,诚为观众所喜爱,新兴舞台由此长盛不衰。

季氏邀请水路京班"达子红"来演,老生"达子红"、花旦"万里云"、长靠武生王全芳及短打武生王鑫芳兄弟俩,老家就在鱼行街文明戏馆对面。可海报刚贴出戏班就出事故。王鑫芳半夜溺水身亡。调查透露王半夜私宿"万里云"船舱,因不谙水性而不慎身亡,是谓梨园惨案。"万里云"遂不再登台,惋惜恐投他班。嘉兴京剧票友在商界者居多,缘由拍曲而起,始尚清曲,后改锣鼓说白,若戏子登场。伙同京昆票友,打出"九九社""春雪庐"诸旗号,自发结社,以曲会友。京班演戏,戏规颇多。后台设梨园始祖像,演员登台,都要虔诚礼拜。特别演关公戏,要拜戏神之关老爷香烟缭绕。但最忌排演《走麦城》,只演《古城会》《华容道》等折子戏。王全芳后来自带戏班演关公戏,八面威风,颇具名声。想唐明皇自谱《霓裳羽衣曲》,亲为杨玉环吹笛伴舞。这位风流皇帝因始创梨园演戏,后世奉之为"梨园始祖",岂能始料所及。

嘉兴解放时,新兴舞台危房欲倾拆之,于原址新建一座南湖大戏院,旧貌换了新颜。原先,部分工商界之京剧爱好者成立禾社票房,聘师教唱,后也成为过眼烟云。如今著名京剧团和越剧团结构庞大,成本高昂,跑码头演出不堪重负;只能在"空中剧场",向全国电视观众献艺,各展所长。其怀旧者云:"人面不知何处去,碧波依旧向东流。"

二十、评弹汇集忆珊凤

珊凤书场位于塘湾街小坛弄,居嘉兴城厢十大书场之首,借娱乐起到弘扬民族文化、雅俗共赏的作用。书场与评弹艺人之间,主客和谐,共存共荣。

艺人与听客结为知音,水乳交融,艺人跑遍江湖,就数嘉兴为江南书场的"大码头"。民国时,小小县城书场最老为坛弄大甡,次为北大街乐园与集街集贤、下塘街之大观园等。其著者有坛弄钱金奎之珊凤书场、张家弄杜镒声之高乐书场、建国路童福春之公益书场、椿树弄钟文荣之南园书场、仲权路周信孚之鸳鸯厅书社、荷花堤沧洲书场等。

珊凤书场业主钱金奎,待人厚道和气,对艺人招待备至,提供膳宿。书场开张则请李伯康弹唱《杨乃武》谓"青龙档";各地大牌名档闻风而至,纷纷进场献艺,余音绕梁,生意称盛。忆其沈丽斌、沈玉英为集贤书场"青龙档";而夏荷生初登乐园书场弹唱,因得罪听客被逐下堂。

每届年终在苏沪浙一带书场,都要举办隆重的评弹"会书",名家广集一堂,听客满座,此乃敬亭之遗风。究其四百年南明王朝评弹始祖,则以供奉南京的江湖名士柳敬亭之神祇。他针对朝廷腐败,以说唱形式,切时弊砭朝政,所谓"嬉笑怒骂皆文章",受到民众爱戴。

(一)老传统:天涯为邻

评弹数辈老艺人,由明清至民国,为弘扬传统文化,风雨无阻,送曲客乡;不辞辛劳,四海为家。评弹何以能有如此强盛的生命力,不仅需具备扎实的艺术功底,又簇拥一大批忠实听众和数以千计城镇书场及乡村茶馆的广阔市场。

评弹艺术的登台表演,包含说、噱、弹、唱、演之基本功及身段手法;还在各档书目中,回回设"关子",场场爆笑料,欲罢不能伏玄机,吸引来客连续听。误档者虑断茶饭之虞,老听众日久敦曲座上宾,保持较高卖座率;一档精彩好书,听书客流往往一二只月盛演不衰。

清代著名弹词家马如飞先生,系秀才出身,由他自编长篇《珍珠塔》大书,下海献艺,自创马调唱腔,影响深远。其于江湖上收徒授艺,代代相传。在此基础上发展成为各式唱腔流派,形成"百花齐放"的可喜局面。苏州组织光裕社,并设总部,声誉日隆。

评话多为单档男演员,大都独闯天下,全凭一张利嘴吃"开口饭"。演员只需一把折扇、一块醒木两样道具,边说边演公案侠义故事,彰显其英雄本色。弹词由单档演员或男女档或夫妻档组合,男女搭档,阴阳调和,虚实相间,主次分明。并且辅以三弦、琵琶乐器为主,弹唱伴奏,花腔说表,则自成体系。内容主打才子佳人或忠奸史篇,跌宕起伏,迂回曲折,引人入胜,颇合小市民之胃口当非虚言。弹唱双档尌唱词押韵,念之朗朗上口,辅以圆润声腔,优美曲调,确实迷倒一批"粉丝",崇拜者四方追随之。

唱词大都可独立成篇,俗称"开篇";放在每档正书之前演唱,起到定场定音之功用。说书先生每唱一回书后,放下身段不耻下问,向老听客虚心求教,诚请耆宿修改剧本。经年累月,终使传统书目的说表技巧更趋完善,全档曲目内容更加为之丰富。此举不仅提升评书品位,且名声远播,广受欢迎。

书场为招徕生意,凝聚人气树品牌,纷纷与名档签约,要求献演大牌曲目,以图利市三倍。

(二)老曲艺:天生妙韵

评弹起源于苏州剧种,评话俗称"大书",与弹词谓之"小书",统其总称。故而江南评弹演唱均系吴语,说表悦耳动听,夙称"吴侬软语"。民间有句老语说:"宁愿与苏州人相骂,也不愿与绍兴人讲话。"吴语具有2500年历史,被誉为"江南雅韵"。遥想吴越争锋战国时,吴王夫差怎会爱上一位满口绍兴土话之西施姑娘,奈之不得其解。史称范蠡大夫巧施妙计,调教吴语及礼数,方使"美人计"

得逞，最终完成灭吴兴越、逐鹿中原称霸大计。大凡弹词开篇，都请墨客雅士创作，采自历史典故与民间传说，且都为妇孺耳熟能详。所以，一段开篇往往等同于听一段故事，字字珠玑，掷地有声，是谓呕心沥血之作。以至说者柳暗花明，听者津津乐道，韵腔婉约，导之入迷。每当预约外地名档开演广告一经露布，风靡禾城各个角落，届时观众扶老携幼，倾巷而出，路为之塞。

在名家演出中，自然涌现各种题材的成名开篇，以各地流派唱腔来装点弹词的华丽大度，更能凸现上佳之艺术巅峰与轰动效应，堪以名档流派轮番上阵，江南评弹可谓名重一时。

吾辈最熟悉之蒋月泉蒋调《宝玉夜探》、徐云志徐调《狸猫换太子》、朱雪琴琴调《潇湘夜雨》、杨振言言调《剑阁闻铃》、徐丽仙丽调《新木兰辞》等等，均为老听客所追捧。老开篇之所以"百听不厌"绝非偶然，正是经历千锤百炼，韵味浓厚纯正，新老诸客耳熟能唱，用以休闲解愁或自得其乐，均有益身心健康。开篇的每一句词语，都是扣人心弦的。"一步一思一沉吟"之唱段源自《狸猫换太子》，早已被徐云志先生唱得回肠九转，道出寇宫人手捧宝盒之复杂心情，亦使"徐调"红遍了江南书场的半壁江山。

杨振言先生将《剑阁闻铃》"我不是江山情重你美人轻"，唱得柔肠寸断，听众为之心碎，好似真的看到了君王掩面之凄惨情景，杨调也由此蜚声书坛。老艺人说表做功，炉火纯青，赢得听客青睐，由此可见一斑。

(三) 老艺人：天才逸群

天才不是真的由天带来，但艺人有灵性、悟性，靠的是勤奋，"业精于勤"便是这个道理。以上成功事例很多，光环惠顾于逆境中磨难登顶之强者，在艰苦环境中逼出来的，倒也不假。

剖析说书人大多出身贫寒，拜师学艺，环境异常艰苦。学成满师后单枪匹马"跑码头"，只手空拳"闯江湖"。或路宿野餐，或栉风沐雨，走遍了江浙山山水水，练摊设于集镇茶馆，需以千百个日日夜夜的数载年辰,有时一部大书最长可连续说唱两个月。依业界行话印证:"身怀三部书,衣食不用愁"。

从学徒到名师的成长过程,就是自我奋斗的过程。在前辈引导的脚步声中,不知耗费多少青春韶华,不知淘汰多少应有前程的"青苗",方能"化蛹为蝶",立足于十里洋场大都市或评弹发源地苏州之"响档",铸成弹词世家,有人还在电台直播或灌制唱片而走进万户千家。

在评书的名人圈里,不乏有擅唱《杨乃武》的严派名档严雪亭,有享誉江南的长篇评书《顾鼎臣》,缘于两位兄弟响档张鉴庭、张鉴国自成一派,其精彩段子亦同步传遍大街小巷。蒋月泉先生的新派蒋调,时称后起之秀;由姚荫梅先生演唱现代书目《啼笑因缘》,犹如一匹黑马,巧妙地运用各地方言,一人装扮多种角色,辅以另类声技,塑造人物个性,使书坛形象大为改观,受到青年听众欢迎。新流派的姚调别树一格,被称为"书坛怪杰"。说亦奇怪,在师承姚派门生中,竟有一位艺名蒋云仙的女胞,身手不凡,演技高超而一举成名。由此见地,姚师可称业界伯乐而"慧眼识英雄"了。

数百年来,评弹这朵"江南奇葩"越开越盛,光耀吴越故地。如今堪称中国一绝的苏州评弹已列入"世遗"名录,综观全球,世界乃至天涯海角,凡有华人居地都有一批爱听爱唱苏州弹词或开篇的人,他们往往成立曲社。苏州评弹不仅有许多抒情开篇,还拥有优美动听的丝竹伴奏,国学大师俞大纲先生,由此曾赞誉评弹为"中国最美的声音"。

二十一、一篙点月夜航船

水乡嘉兴,自古出门坐船,临水之家几乎必备,以此代步。笔者祖上亦水上浮宅,一篙起处,放乎中流,其悠然自得之状毕生难忘。孙先生忆随父游湖,13岁上丝网船品船宴,惦念75载。吾辈情牵狮子汇河埠公渡,1956年初迁盐仓桥石牌坊南湖渡口。念端阳竞渡,历久不替;观荷诞放灯,选胜一时,梦回最忆"摆渡船"。

南湖许家村民率为生活所累,向以渔耕为业。禾谚:"先有许家村,后有嘉兴城。"如此说来渔村尚逾千载。民间谓许网船人属真正之嘉禾土著,余皆谓侨籍。男人筑簖结网、施罟捯鱼,女驾瓜皮小艇,往返烟雨楼头,接客游湖。他们世世代代以湖为生,亦为渔、亦为菱,尤以摆渡船娘掌故最为脍炙人口。

(一)百年棹歌

嘉兴南湖,俗称"鸳鸯湖",自五代建烟雨楼为登眺之所,历宋元至明清韵事多多。自从有了烟雨楼,也伴随衍生了南湖摆渡船。千百年来,船娘艄公都会唱船歌(称棹歌)。宋代诗人杨诚斋借船歌书《竹枝诗》咏之:月子弯弯照九州,几家欢乐几家愁。清初乡贤朱彝尊之《鸳鸯湖棹歌》百首,更是将船歌提升为"嘉兴民歌"。乾隆皇帝南巡,八次往返驻跸嘉兴南湖,题诗刻碑,烟雨楼由此名扬天下。郭沫若曾诗:"鸳湖四百棹歌外,国际歌声入九陔。"民歌反映黎民百姓的心声,也唱出了浓郁的禾中风土人情。

每届农历六月二十四日为荷花诞辰,又是嘉兴本埠之诗人节。可以追溯到明英宗正统五年(1440),嘉兴诗人在南湖聚会,成立鸳湖诗社前身之鸳水诗社,棹歌和者众。汲取与采纳船工撑船拉纤时和韵之谣,继承唐代嘉兴诗人刘禹锡,创作竹枝词形式与铺排手法,开创秀水诗派的一代新风。

1933年7月的一个夜晚,一轮皓月天上挂,圆圆月晖照彻连绵西南湖畔一排明清老宅。在南湖滩梅湾街一幢深宅大院的后埭石阶河埠旁,悄无声息地撑出一条鸭头瓜皮艇。突然间,一根长长黄竹篙,篙尖包着乌光铮亮的铁篙头,刺进水面,捣碎了月影,形成一圈一圈水纹,伴随着忽闪忽闪的波光,渐渐地扩散消失。篙撑小舟箭似驶离石帮岸,划向南湖辗转游荡,在烟波中隐踪匿迹。这位南湖船娘便是朱爱宝,主演一幕帮衬韩国金九躲避日军追捕的"船娘传奇"。

金九先生担任大韩民国临时政府主席,曾撰《白凡逸志》涉避难事。此后,嘉禾鸳鸯湖诗社的钱筑人社长,咏诗为证:"独立精神遗迹存,梅湾遁处月黄昏;浮宅鸳湖金九笑,船娘来自许家村。"

南湖儿女革命业绩,可歌可泣。近代巾帼女杰有二。其一,1921年七八月,中共一大代表由上海转移嘉兴南湖丝网船,完成最后议程,望风者王会悟为嘉兴乌镇人;其二,在南湖船娘掩护下,韩国临时政府领袖金九数次化险为夷,船娘朱爱宝许家村人氏。

(二)十里菱花

环南湖之滨,蟹舍渔村,十里菱花;户户垂杨,家家流水,若桃源仙境。三面环湖之半岛北湾一水村,芳名许家村,世代以养菱为业。至采菱季节,所谓"菱花十里棹歌声"。姑娘们习惯水上生活,坐着小小菱桶,荡桨划出菱田水径,竞歌采菱,以至晚霞夕照菱塘,追逐嬉闹而归。缘于沪杭客蜂拥而至,船娘船菜供不应求;六十户丝网船、档板船、头篷船、网船等船娘,抱团组织南湖游船同业公会,首任会长沈寒蕊女士,其中许姓船主或船娘占九成。"竹篙撑开杨柳岸,橹声欸乃楚腰轻。"数十位驾舟美艳船娘如检阅,集体亮相狮子汇公渡河埠,鸳鸯湖畔平添一道亮丽的风景线,"南湖船娘"美名不胫而走。

船娘朴实无华,脚登白球鞋,身着士林蓝旗袍,一篙在手,"别有一番姿态在船头"。外地慕名一睹风采之游客大有人在。有报纸杂志广为宣传"推波助澜",带动南湖菱、五芳斋粽子旺销。渡船业的新军突起,一改百年载客烟雨楼的单纯"唤渡"功能,开创起步水上观光、船菜游宴、划舟采菱之先声。

跨越八十年,"南湖船娘今安在,中韩依然成美谈"。嘉兴解放后,船娘纷纷改行,渡船业成为旧社会代名词。船娘朱爱宝也备受关注,口碑称抗战胜利后开茶馆营生。查阅民国二十五年(1936)10月17日县商会登记表,朱有宝明园茶社设东棚下,独资法币五百元。战后重新登记时,朱氏是否曾唤"朱有宝"则不得而知,存疑求证。

清宣统元年(1909)8月21日,由上海环球社出版的《图画日报》第六号(指第六天)第十页登载《鸳湖盛会》图文,可一睹南湖丝网船的百年倩影。

南湖专业游船,源于同治光绪间之无锡灯船,到嘉兴南湖"摇生意",有双夹弄、单夹弄(指舱内通道)之分。150年后,南湖风景区旅游公司置办丝网船,嘉兴南湖船菜馆、陆稿荐、贵族酒楼与江南名庄等均租一至二艘仿制丝网船,合计大型游船十余艘,久违的南湖船菜将重新搬上餐桌,禾人有福焉!

(三)一代船娘

船娘者,以南湖摆渡为生计,农历六月二十四荷花诞日与七月初七之七夕拍曲最为热闹。许家村"不重生男重生女",女则操桨摆渡,徘徊宣公桥狮子汇,周旋鸳湖三塔落帆亭。

旧时,南湖最大特色是美艳船娘,摇船打桨、烹肴唱曲,多由妙龄少女充当。点竹篙、驾小舟,轻把橹、哼禾谣。正如方志远书法云:"出东廓门半里之遥,春水绿波,处处美人画舫。"

南湖丝网船摇船妇,一般由老妪与年轻美貌姑娘分工,统称船娘。许多网船妇从外地购入小女孩,相依为命称姆妈;平时以摆渡或导游为生计,以渔家女风姿招徕游客。中舱设草席与棉被枕头,任由少女陪客品茗聊天或嬉戏玩耍,老妪不问不闻。船娘大多以不卖身为主,偶有不规亦生活所迫;如有中意者,均多给些船资或小费借以"热络"。许氏船娘出嫁尚"红颜伴白发",或因劳燕分飞,凄凉一生。有的船娘迫于生计,烟花粉脂,沦落风尘。民国二十五年(1936)《嘉区汇览》曾叙之报章。

二十世纪一二十年代,沪上耆宿穆恕斋,民国十八年(1929)寓南湖畔盐仓桥建屋藏娇,纳船娘阿珍为妾。嗣后于城基东路构筑"四美居"穆家洋房,面街临河,尾沼鸳湖,备汽艇往来为神仙居。

穆氏办寄园秋心棋社,阿珍聪慧善昆曲。未几即逝,阿珍下堂,遂成镜花水月。

1932年4月29日,流亡上海进行抗日复国活动韩国临时政府领袖金九,策动虹口公园爆炸事件(尹奉吉殉难),日高级将领伤亡惨重。日军悬赏大洋六十万缉捕金九。时上海抗日救援会会长褚辅成不顾生命安危,接受韩国独立运动骨干朴赞翊请求,掩护金九等人到嘉兴避难。金九寄居南湖船娘朱爱宝网船上,四年间往来各地从事秘密活动。禾籍人撰写《船月》小说,描述嘉兴船娘与金九的传奇故事。吾友薛家煜《寻找东栅》章节亦续前缘:朱氏何时弃船上岸于南门开茶馆店?或40岁那年迁东栅杨庙弄,更名朱桂宝。1988年逝世,享年82岁,其生前小照由韩国金九裔族保管。

二十二、月河客栈喜相逢

嘉兴的客栈古已有之,俗称旅舍。留宿八方客商或上京赶考士子,真可谓:"未晚先投宿,鸡鸣早看天。"

清末至民国;沪杭及苏嘉铁路相继通车,嘉兴成为沪苏杭"金三角"交通枢纽与货物流通集散地。因而市井老街的各档客栈公寓应运而生,或更名旅馆、旅社。嘉兴火车站建于清末,设东门外宣公桥车站路周遭及迎紫桥一带的客宿栈房,也相对集中。抗战前逐步转向禾城北门大街(今建国路)、张家弄(今勤俭路)、塘湾街(北京路)、鱼行街和南门丝行街一带。

成立旅馆同业公会,1934年业界统计:旅馆28家。多数客栈以诚招客,颇受欢迎;间或聚众赌搏,窝娼之媚事,屡遭当局查禁。旅馆行业中鸡毛小店虽布局城厢,但并不被嘉兴县商会看好。

民国时嘉兴私娼充斥,南湖船娘、张家弄流莺、送子庵尼姑等"海陆空"横行,以致娼妓流毒社会、危害民众至巨至深。时也查禁并无成效。1935年12月,当局竟然要提出实行公娼制度,引起社会不满。在妇女会的强烈反对下,"设置三百名歌女"计划最终流产。针对不取缔杜绝私娼、反而公开纵容宣淫;推行公娼之质疑,禾城各界团体提请当局应严办旅馆诱客招妓,难除暗娼之毒瘤,有识之士则无可奈何。

概略近代嘉兴旅馆业之发展史,"三梦"依稀,百年可追,剖析表象,亦能窥其一鳞半爪。

(一)"一大"开元

民国九年(1920)始建鸳湖旅社,旧址在城内张家弄寄园东(今人民剧院)。旅馆北傍张家弄,南靠小河道,东与施鹤年针灸诊所相接,西为寄园出入巷口。旅馆系中西式三楹二进砖木结构洋房,砖砌外墙均线缝镶青砖。转角墙与门框置四条长方型砖柱,设置两扇花格彩玻对开门,东西向配月洞窗彩玻进光,半圆形门框上档玻璃题隶书"鸳湖旅馆",与窗檐眉突砖砌拱券相对称。中为天井,上覆玻璃天棚。整幢三间头两层楼房门面,设置红漆栏杆假饰阳台,坐南朝北及后楼回廊相接,栏杆前后贯通。每间客房以福、禄、寿、禧匾额,实属高档宾馆,与嘉兴姚氏望族置办房地产的北望云里、东望云里两处高档公寓相埒。

《北京晚报》曾载1921年7月31日,中共一大代表劳顿憩息于鸳湖旅馆,步行至东门狮子汇公渡,乘坐丝网船附设拖梢船游烟雨楼,分别登上南湖画舫续会。旅馆老板徐祥生,曾更名"扬子饭店",至嘉兴解放前夕改称"嘉禾旅社"。1956年,因拓建勤俭路时被拆,此是后话。

时有人前来嘉兴城内张家弄鸳湖旅馆,预订客房匆匆离去。这本属寻常事,不意越数十载之新中国,才爆出重大新闻。当年歇脚人都是参加中共一大的各地代表,自沪上转嘉兴南湖画舫开会的。那位女士便是李达夫人王会悟,1898年7月8日出生于桐乡县青镇(今乌镇),在嘉兴读过书,1919年赴沪任上海女界联合会文秘,投身革命,次年与李达结婚。中共一大在沪召开,她担任会务与保卫工作;具体安排一大会议转移至南湖画舫上续会,在南湖会议上通过了《党章》,中国共产党由此诞生。

1993年10月20日,王会悟病逝北京寓所,享年96岁。"人间亲情在,无处不相逢",姐弟俩此前终未谋上一面,望断故乡路,甚可叹也。女士不曾想到,她到嘉兴城里订客房、雇中型单夹弄丝网船,备一席南湖船菜,护卫中国"开天辟地"星星之火而名垂青史。

(二)八载沦陷

民国时,嘉兴地处沪杭、苏嘉两线交会所经,公路航运四通八达,货物阜积、贸易鼎盛,商贾行客、川流不息;靠近火车站宣公桥大东旅馆是首屈一指的客栈公寓。普通旅馆的投宿对象,以沪杭游客、流动摊贩或四乡进城农民为主。间或出租礼堂,为民间举办婚典、团拜、聚餐之用,经常爆竹声声、鼓乐喧天,给禾城市井平添一份闹猛。

1937年11月19日,嘉兴沦陷,民众逃难四乡。日伪统治时期,陆续返禾难民在一片废墟上建房设摊,以维生计。重建之北大街、塘湾街和中街已非昔比,周边乡镇仍遭日军"扫荡";农民破产,整个商业处于低迷状态。那些依靠欺诈勒索、大发国难财的当局军政要员及汉奸密探,寻欢作乐、醉生梦死,在张家弄、香花桥一带夜市,搞得花天酒地、通宵达旦,禾城旅业却显畸形繁华。

每当夜幕降临,城中各旅社成为地痞恶棍的天堂,他们搜刮民财、任意挥霍,麇集客栈,抽头聚赌,吸毒嫖娼,无恶不作。那时小业主为了生存,均拜洪帮老头子为师,交结帮派中人以求庇护。不料他们的"打秋风",三日一寿诞、五日一团拜,广发帖子;借各旅馆做礼堂,大摆筵席、大收礼金,商家忙于应付而有苦难言。此后,日伪对粮食、棉布等商品实行管制,沪嘉之间货运不通,因此刮起"跑单帮"之风。一帮"娘子军"租客栈为货物贮藏点,串通铁路"红帽子"和火车司机,居然冲破"封锁线",代替嘉兴商家完成绸布、药品等装卸偷运,收取佣金长达一年之久,亦云怪哉。其时,每天火车人满为患,连脚跟也站不稳,有的乘客由客车窗口爬入,就连车顶上也有人敢坐,真是险象环生。那些女单帮却安稳躲在火车头混蒙过关。嘉兴商家坐镇旅馆包厢,设立办事处,操控偷运物资,旅馆也赚了不少"红利"。抗战胜利旅馆重新登记时逾30家,嘉兴旅馆同业公会事务所,设仲权路(张家弄)84号扬子饭站内。

(三)十年动乱

新中国成立初,整顿改组并成立新的旅馆业同业公会,吴梦熊代理理事长,管辖40户会员,由商界的主管部门厘定为特殊行业,必须严加管控。凡需住宿者应先出示身份证明,如实申报填写相关事项,便于查询。营业额因此衰退,申请歇业者日多,旅馆渐有为时势所淘汰之虞。

嘉兴市工商业在全行业实行公私合营后,旅馆业已被国营单位附属的招待所代替。唯耶稣教堂则以大落北(今建国路)84号为主,依瓶山所建的三层洋楼基督教教会交际站,被原封不动地保留下来。该楼由美籍传教士花弟生其子花翘奇兄弟出资建造,他们曾在此主持交际站开办补习班和英文夜校。1966年"文化大革命"爆发,社会秩序紊乱,嘉兴工农业生产受到很大影响。

在"红海洋"的年代,红卫兵大串连,跑遍全中国。各地招待所奉命免费接待,供应膳宿,交通部门为红卫兵免费乘火车提供方便。解放路蚕种场改作招待所,成为最大的"红卫兵接待处",笔者与陈琪、丁宝山烧锅炉,为洗澡、煮饭提供蒸汽。然而嘉兴设十多个招待所,怎么也挡不住成千上万蜂拥而至的红卫兵。此时基督教交际处已改为"无产阶级专政司令部";擅自抓人关人。这种无政府状态,导致全市工商业营销停滞,经济处于崩溃边缘。

1976年,中央果断粉碎"四人帮",结束"文革"十年动乱。拨乱反正后,实行改革开放政策,嘉兴乘势而上,旧貌换新颜;政通人和,商业繁荣,星级宾馆酒家上升到六十多家。去年,月河历史街区新建一座高级宾馆,匾额"月河客栈大酒店",庭院假山、小桥流水,陈设考究、古色古香,令人发思古之幽情。

二十三、久久粽香五芳斋

誉满中外的百年角黍嘉兴粽,品味出"粽","粽"横江浙。嘉兴俗传"南门大粽子""北门范家粽"等多处知名品牌。《食谱》记云:角黍,今呼之为粽。"凡煮粽,锅内入稻草灰或石灰少许,易熟",古人就是这么做的。历史上嘉兴城毁灭多次,都在废墟上重建,客民移禾颇众,因而是一座包容性很强的多元化城市。经千载积淀而形成独特的粽文化,此印记在其他城市极为少见。

端午吃粽源于吾郡习俗,今演化为不拘时节、四季常用的大众食品,并早已名声远扬。民国时期,本埠城厢食摊上流行灰汤、白水、赤豆尖角粽、湖州咸甜圆筒粽、兰溪火腿四角粽"三大流派"。嘉兴老街张家弄突现三家五芳斋,以粽起家,同行竞争,出典颇奇。老嘉兴庄一拂、沈茹松、吴藕汀作《续鸳鸯湖棹歌》,曾众口一辞说五芳斋粽子源自湖州。有诗云:"若比五芳诸老大,同根菰米有精粗。"此时两地粽子始分高下,嘉兴鸡肉粽则略胜一筹。叶浅予《游记》赞道:"凡坐过沪杭甬火车的旅客,路过嘉兴不会忘记买一串粽子,尝尝江南的著名美食。吃过一次,回味无穷,下次还想吃。……谁不知这正宗老牌美味,出自嘉兴老街的五芳斋。"

新中国成立初期,三家店融为一体,于今形成四角六楞、香糯可口的五芳粽。其形态别致美观,竹箬芬芳香润,粽糯而不腻,肉酥而鲜嫩。若用筷分夹四块则块块见肉,独具江南风味。五芳粽经历整合创新而独标一格。由民间手工作坊走向工厂化、机械化生产的五芳斋集团,以"稳健、管理、品牌"为战略目标,在新世纪曙光中与全市30家同行一道携手奋进,迈向现代化国际化大舞台。

说起五芳斋"粽子大王",禾城妇孺耳熟能详。不能忘呀不能忘!1985年,国家扶植传统品牌,恢复特色老字号,嘉兴五芳斋店争取到53万元翻新改造。1992年抓住改革开放机遇,组建公司,次年被授予"中华老字号"。投资2000万元易地建造全国首家粽子专业厂,借扩张之道在周边大中城市开设专卖店。在体制改革浪潮中,国营转民营,激流勇进,构建现代企业管理体制。五芳斋年产粽子7000万只,产值12亿元,一举跨入全国粽子行业之首,被誉为海内外向往的"东方快餐"。五芳斋粽子作为国家历史文化名城的一张嘉兴名片,成了全国食品行业的佼佼者。

(一)百载粽香

嘉兴乡俗,食尚角黍。嘉兴盛产粽子而五芳斋最有名,粽糯肉香,百吃不厌。不仅是馈赠宾朋亲友的时令佳品,还成为传播华夏食文化的使者而香飘海外。有"中华老字号"之称的五芳斋粽子总店,日夜供应近百种各式香粽美食、奇点异汤,品目繁多,现烹现卖。

探究五芳斋由来,漫长曲折。创始者吴县陆墓采莲人沈氏,清道光年间于齐门外开一爿甜食铺起家。咸丰四年(1854)迁苏州玄妙观,正式起用"五芳斋"商号。在苏州五芳斋启名150周年之际,于虎丘七里塘老街重开"咸丰老铺",悬挂楹联"迎南来北往四处美食客,送古朋今友五芳精致味"以示招徕。始于咸丰八年(1858),上海姑苏五芳斋经营糕团汤点。民国十三年(1924),北京五芳斋开张,传至关外哈尔滨的五芳斋主营面饭宴席。纵观五芳斋业态,几乎囊括甜食、糕团、面饭、米粽及百果汤料诸品,为食客所钟爱。

五芳斋粽子肇始于20世纪20年代,寓居城北天宁寺街兰溪人张锦泉,以弹棉花为生计,睹禾人嗜粽,自己擅长裹兰溪粽,遂动了做粽生意念头。先摆摊于北大街孩儿桥塊,叫卖兰溪火腿粽,未几移至香花桥临街设固定粽摊,尝者日众,赚了个钵溢盆满。其他兰溪同行都想分一杯羹而竞相效仿。以肩挑手提洋铁桶,内置钢炭热粽,往火车站、汽车站、轮船码头、戏院茶室四处叫卖,以绵薄之力养家糊口。

1938年间,兰溪人张锦泉、嘉兴人冯昌年与海宁人朱庆堂合伙,于张家弄北侧开出一家"六味斋"粽子店,一年后自行拆股抽资歇业。次年冯氏率先开业经营,1941年前后,朱氏与郭氏也相继设店。老街一下崩出三只五芳斋,打破独家经营局面,各家招数愈出愈奇,自此同行间展开最火辣的竞价枭粽。

(二)民国沉浮

张锦泉是个聪明人,提篮小卖、设摊售粽、合股开店等均未历练顺利。十多年的风风雨雨,使张锦泉明白"品牌就是市场"的经营之道。那年那月招唤五位同乡,租张家弄店面房,挪用上海五芳斋老招牌为粽店商号,升屋开张。以鸡牌为商标,推出火腿鸡肉与重油夹沙两大系列重磅招牌粽。

先是吴江郭士荣看中张氏粽店,遂生吞并之意,借日本人之手将业主关进特务机关严刑拷打。张锦泉被迫将店转让给郭氏,此后该店更名为荣记五芳斋。首先提出挑战的是冯昌年之合记"老五芳斋"。一个"老"字否认张氏为五芳斋创始人。紧接着东门宣公桥近水台茶室侧香味斋经营粽子,朱庆堂挟其实力加入竞争之列,在郭氏粽店之侧开庆记五芳斋,后任潘新明(继者周转)改"友记"商号,以"顶顶老"王牌店招向前者叫板。郭士荣也极尽鼓噪之能事,打出"顶顶真真"的牌号,鼓吹正宗品牌,非他莫属。一时间三家五芳斋品形鼎立,孰先孰后,争得死去活来。业主老板各争雄,你说"老老",我说"真真",互争老大,莫衷一是。因味道出"粽",果然好吃,顾客盈门。此后,合记、友记、荣记三家五芳斋,惨淡经营相峙16年。其中冯昌年的合记粽子店规模较大,二开间的门面有楼朝南,以粽为主,冬做年糕,夏制冰淇淋,兼而售之。友记、荣记两家的门堂朝北均单开间店,前门立两只大铁锅煮粽,店内设两张八仙桌供堂吃,虽起早摸黑劳作,生意清淡依旧。据寅生老人回忆,当年的粽子有火腿粽、鸡肉粽、赤沙粽等。火腿粽料肉采用本地腌制的腊肉,做成的粽子特别香。赤沙粽拌之赤豆沙为馅,中裹猪板油,外包米粒仅二三毫米厚,工艺精巧,食之油糯,齿颊留香,极具特色,沪杭客旅争食之。老街粽店有冯氏"老五芳斋"昌记、朱氏"真真五芳斋"友记、郭氏"顶顶真真"荣记等以示区别。这三家老街五芳斋粽店较小,仅一两个沿街门面,由于粽子质量上乘,好名声口碑流传。在江浙沪一带尤以"冒险家乐园"之上海滩,不少人都知道嘉兴有香糯可口的美食,他们说"五芳斋粽子味道好极了!"

(三)盛世五芳

新中国成立之初,三爿五芳斋只能艰难维持。1956年2月公私合营时,与东门香味斋粽店合并,设店于闹市张家弄5号,职工17人,公方代表姚九华、资方代表冯昌年,总资产1074余元,组成新五芳斋粽子店。1979年,顾杰用美国红松做木牌,请任政题"粽子大王"字匾置于堂内南墙,并重新注册"金鸡"商标,次年做木雕"金鸡"与匾牌同挂大门两侧。重建明清风格五芳斋,古香古色的街面房为卖粽堂吃,二楼新辟鸳鸯酒楼,堂口宽敞明亮。中国"江南粽子大王"的名声也由此叫响。2005年5月嘉兴举办首届中国粽子文化节。在全国粽子技艺交流演示会上,由五芳斋集团与嘉兴市餐饮行业协会联合制作的江南盛世百粽宴获金奖。笔者曾参与12平方米景观台的创作,感受到文化寓意浓重。五芳斋粽子在改进工艺、提升口味上相互融合,博采众长。借鉴兰溪火腿大肉粽、苏州猪油夹沙粽、湖州枣泥豆沙粽,集江南口味之大成,结合嘉兴赤豆粽特长,发展近百品种。如今江浙一带食粽口味与形状已被五芳斋粽子同质化,还连获数届全国粽子大赛金奖。五芳斋裹粽技师一分钟包六只,获颁中国电视吉尼斯的奖牌;重一千公斤"天下第一粽"打破上海大世界吉尼斯世界最新纪录;全国人大常委会原副委员长费孝通题"嘉兴五芳斋,粽子第一品"。

18岁的兰溪人姚九华,从1948年进店当学徒工做到经理退休。年年端午在店里帮忙裹粽,不领薪水的女工江彩香,1959年由临时工转正。三年经济困难时,工商联牵线搭桥由她带领一班工人进入火车站开辟粽子工场,还在水陆码头卖粽,帮五芳斋度过艰难岁月。1976年进店的老工人周观琛,接过老一辈传统接力棒,职工比二十年前仅增七八人,从小到大,办起粽子车间任副主任,粽子产量翻番。三十多年资深老职工张伏金,在政工岗位上见证五芳斋的拓展壮大。原五芳斋旧业主之一冯昌年,1978年实行改革开放政策时,于人民路远东旅馆门口摆粽摊重操旧业,一炉一锅地叫卖"冯昌年粽子"。其子冯月明自幼在粽店长大,对制粽的环节耳濡目染,并顶替进五芳斋,后晋任五芳斋副总经理。1997年注册"昌记""真真老老"商标。2003年完成企业股份制重组,以后成立食品有限公司建厂房。2009年5月26日,由真真老老食品有限公司创办的全国首家嘉兴粽子文化博物馆,在月河历史街区开馆。藏品之丰,颇具深厚的嘉禾粽文化沉积,该馆落户嘉兴是历史的选择。

二十四、禾菜掌故四乐园

清末民初,嘉兴县城的商业中心在北大街(建国路)、塘湾街(原北京路)。先后有安徽水村许元兴、许文璐,坑口胡普童、胡涛安在杭州、嘉兴、湖州等地开设大中国、一乐园、聚园楼等徽州酒菜馆。吃食店以如意春汤团店、黄龙宝烧卖店、春鹤轩包子称雄,茶食老店野荸荠、稻香春、味香斋则各占一席之地。这等民食精华全毁在日军飞机轰炸及大火之中。抗战胜利后虽一度复兴,但元气大伤,后劲不足,至嘉兴解放时,还未恢复。

(一)徽菜款式翻花头

民国时,嘉兴饮食行业饭店、菜馆、酒肆、点心、熟食及茶楼逾200只,城厢设餐馆业同业公会,抗战前有餐馆会员40户,战后激增至71户。著名餐馆有：徽帮菜一乐园、燕乐园、老东园，江西帮禾兴馆、同兴馆、东兴楼，禾帮有吴震懋、大加利，湖北帮老正兴，广帮庆丰馆，苏帮陆稿荐，河南清真帮春华园及本埠素斋馆功德林等八馆竞争。嘉兴之南湖船娘、船菜亦颇具特色，吸引沪杭诸客蜂拥而至，名著一时。

嘉兴徽菜的款式，在长期适应消费需求的过程中，逐步形成徽菜的套路，日常款式为筵席大菜、和菜、五簋八碟十大碗、大众便菜和家常风味菜等。

筵席菜式是筵宴宾客的菜式。通常由冷盆、热炒、大菜（包括汤菜）和数道精细面点与适量水果拼盘组成的系列菜式。菜品用料视售价多少而定。因原料上乘、烹调工艺复杂、调味精美、餐具讲究、服务周到，很受高层次消费群体的欢迎。和菜（也称合菜）介于筵席菜与大众便菜之间，是一种限定数量的组合菜式。常用于三朋四友的聚餐和人数较少的集体用餐，方便灵活、经济实惠。

五簋八碟十大碗，是安徽民间红白喜事或重大节庆、寿诞筵宴宾客的传统菜式。大众便菜是城厢饮食店普遍供应的一种快捷方便、经济实惠的菜式。大体可分点菜、客菜、大锅菜三类。

家父世业厨档，主勺鸿运楼菜式，曾差伙计送菜塘汇卢家、南堰陈家、北门姚家，城南沈家等。其中姚庄路之姚老太喜食徽菜，账房孙先生总管三日两头差遣帮办到塘湾街中市预订徽菜。

（二）四乐园里筵席开

燕乐园：坐落东门外宣公桥西侧，临秀水城濠，店主徽厨耿焕文。中式砖木结构，楼上楼下两堂口极为宽敞，设精致雅座，临河落地长窗，品酒赏景两不误，店伙九人，八仙桌逾二十台，规模居禾城老大。坊间盛传官府设宴、婚庆寿诞、游客聚餐属首选之地。

民乐园：位于北大街（今建国路）香花桥塊，有掌勺徽厨与跑堂六人，排行老二。当年38岁徽籍业主汪廷光，亲理店堂兼上灶大厨，人缘极佳，财源香火旺。清末民初继皖南邵在雄于沪上十里洋场设民乐园迎客,汪君随后苴禾独资运作,业绩不恶。民乐园在小炒堂吃中率先推出和菜,嘉兴当即于年底大放盘,和菜一律两只"龙洋"(指银元),款式风靡禾城。徽菜馆倡导二元一桌和菜,十元一桌筵席,食者趋之若鹜。禾人喜挑食,徽菜天天"翻花头",适时推出数款新肴尝鲜,介大(杜)的吃食生意分而占之,其他各帮餐馆只能硬撑市面。

一乐园:设店面闹市丽桥头,经理徽人许元山很有一套经营理念。徽厨许元甫,挟入行33龄资质揽得"头灶",以父子两代主厨嘉兴机场之绩溪名档高耀赓执掌"头墩"。一乐园徽馆在丽桥周边同行中一枝独秀。缘于内战日剧,江河日下,至嘉兴解放前夕难以为继。虽维持至新中国诞生,又遭三年经济恢复期的磨难,营业额仅得开销。1951年初,重立门户三十余载的一乐园菜馆,改行新记茶社,许元山任经理。合股者许文瑜、许炳堃及许元甫、许文超、许文璐、许元法等七人集资,艰难支撑。1954年,茶楼在重新登记时,恢复一乐园徽菜馆老字号招牌。

添乐园:店堂设塘湾街,虽列末位,但经营特色,灵活应市,颇有建树,傲视中市牌楼头。

(三)重建徽菜新四馆

民国二十六年(1937)11月19日,嘉兴沦陷后,日军纵火抢掠东门宣公桥,北门塘湾街、北大街及县南街、丝行街等并焚烧四天,"四园"徽菜馆惨遭燔火之灾,一个好端端的禾城繁华闹市,饮食业的食肆行当,遭受兵祸,驻禾徽馆,损失惨重。

徽人在沪抱团取暖,于战后返禾重建"新四馆",即鸿运楼、大中华、老东园和大中国等四家驰名徽菜馆。

鸿运楼菜馆,由沈聚康开设塘湾街一家协记鸿运楼,民国二十四年(1935),许长庚等合股盘下店面由家父执掌厨灶,经营筵席饭菜。推出红烧划水、池地鲫鱼、杨梅圆等纯正徽肴,食客冠盖禾城。

大中华菜馆:抗战前徽人许文璐,在北大街香花桥(指下塘街、初觉路)重新开张,经营筵席菜面。当年胡元堂等拼股扩资,同行相向扶持,看家菜有红烧头尾、腐乳炸肉、大血汤,市面大有起色。

老东园酒菜馆:在东门宣公路45号原品芳楼茶社,由老行家项森田操盘,因日军轰炸店伙星散。民国三十四年(1945),由徽州名厨胡安生托盘,主营特色清炒鳝糊、红烧肚裆、鸳鸯冬菇、菊花锅等徽菜;重饰三楼三底木构建筑店堂于东门宣公桥,沪杭旅客坐火车进出嘉兴,均由顺风顺水人气旺之食肆就餐。

大中国面饭馆:许元山投股东门头宣公路35号设新馆,抗战胜利当年9月19日开张,自任菜馆经理,拿手菜排档菜单:炒鳝背、炒虾腰、走油拆炖、煨海参。八方宾客、饕餮竞食、业绩攀升、再创优绩。

(四)徽馔禾肴各峥嵘

"商场如战场",原龙头老大的吴震懋餐馆因歧分两派而式微,被后来居上者"大加利"执掌帅旗,迎接挑战。先以牺牲(猪头等)火锅菜为招牌菜,比拼花色功底。该店制定"美味碗菜、神仙笃鸡、应时汤炒、经济面饭、节约和菜"20字之应对策略,在《嘉兴商报》上大手笔刊登连载广告,做食客导向。新增晨市蒸鸭大面,虽啄利蝇末,能坚守禾菜阵地与徽菜打个平手;徒弟向师傅叫板,令业界刮目相看。禾菜在徽菜挤压下,尚能争得生存之空间、冯昌年老板的顽强应市,难能可贵。火星四溅的徽禾两菜竞争,各有所长,由此窥豹一斑。

向业五芳斋粽子的冯昌年,托盘张家弄京帮大加利(后改禾帮菜馆),终以骄人业绩,压倒本帮大鳄吴震懋,坐上禾菜馆头把交椅。嗣后,生意越做越大,店号不胫而走。当年蒋经国都指名要到嘉兴大加利享用一番。

抗战胜利,嘉兴商会之餐馆同业公会重新成立,有餐馆会员33户,其唱台角的餐馆中,徽馆有老东园、鸿运楼、大中国、大中华四家,禾馆有吴震懋、大加利二家,赣馆有禾兴馆、老正兴二家,形成三足鼎立之势。业界翘楚徽帮菜,技高一筹、实力雄厚,唯禾帮菜能"双龙抢珠",余皆望其项背。

由名徽厨许元山、许长庚(加盟庆丰楼)正副理事长主持同业公会,这是嘉兴餐饮史上,首次由客帮徽厨领衔,统辖禾地吃食。翌年,餐馆同业公会换届履新,徽厨胡安生任理事长,许元山、冯昌年任常务理事。本贯冯老板首次当选常务理事,禾菜馆总算挽回一点脸面。

两年后换届履新,改选徽厨胡一介为理事长,徽厨项森田、本帮冯昌年仍兼常委。次年5月7日嘉兴解放,12月11日嘉兴市工商联筹委会成立,冯老板众等移交菜馆同业公会印绶,再留任一届。

"人事有代谢,往来成古今。"曾经显赫一时的禾城徽菜馆,位于宣公桥东堍的东园徽馆在新中国成立初走下坡路。当时拆建中山东桥,原江西菜帮刘禾兴馆,也迁址桥西堍改称江南春菜馆。以后徽厨撤换禾厨,更名为向阳饭店,终因旧城改造、拓宽环城东路时,饭店被拆。在20世纪中,徽人以五芳斋公方代理人之身份,荣晋嘉兴饮服公司经理。

二十五、斟酌柜台一壶酒

《诗经》之"且以酌醴"与《战国策》云"仪狄作酒,禹饮而甘之",均言其中国酒文化的源远流长。历史典故"曹操煮酒论英雄"和"宋太祖杯酒释兵权"更为人们所熟知。嘉兴的酒业起始甚早,至北宋熙宁十年(1077),在城内瓶山上已设都酒务之熙春楼,是为嘉兴官府酒专卖管理或包销。越时八百载,清光绪间设酒业公所。张寿堂,字菊溪,秀水国学生,居塘湾街,隐于酒业,号曰"圣源"。他倡造杉青闸园林"落帆亭"之太白祠为嘉禾酒业公所,堪称社庙之雅构。

"皇帝万万岁,臣民天天醉。"这句老话是评论封建朝廷的子民百姓,浑浑噩噩过日子的糊涂心态。元人张可久曲:昨日春,今日秋,清闲随我。旧酒犹香,小玉能歌;百年人,千年调,烦恼由他。乐事无多,良夜如何;去了朱颜,还再来么?南明小王朝在重重森严宫闱中,竟悬挂"万事莫如杯在手,一生几见月当头"的抱柱楹联;缘由腐败,终究亡国。高士奇诗云:艳句魂消随花柳,侠肠酒酹秦淮月。事过三百年,如今"六朝金粉"之地,重现秦淮风光;世事难料,往昔那堪回首,尤可再倡之"温故知新,警钟长鸣"!

　　清末民初禾城有张圣源、陞源、公信记及同和等四家酒行。民国中叶城厢亦有建国路龚炳记、谢大昌,中山路大昶鑫、北平路三阳泰合记、城基北路源源裕记和宣公路元大昌等六家绍酒店相继崛起。民国二十一年(1932)从酒业公所分离出来,重新设立绍酒同业公会,理事长李炳镛,有会员23户36人。

　　绍酒店之绍酒,初重啖"竹叶青"。自清宣统元年(1909),开通沪杭火车,至民国二十五年(1936),苏嘉铁路投入商业运行,使沪、苏、禾近代商业中心形成中国最大的"金三角"。其时南来北往商旅之客口味已融一统,堂吃渐重酱色绍兴花雕,此后遂成禾中乡俗待客惯例。

　　(一)穷途谋生

　　嘉兴自古兵家必争之地。明清以降,更是战乱频起。商业精华之区几经焚燹,数次于废墟之上重建,业界苦不堪言。大商店一时难以复苏,如若茶食酒肆之类商号,则易于复业。几斗米租金也可升屋开张。店堂备几条桌椅、几坛老酒、几碟小菜,便可开门迎客,粗罗应市。嘉兴城厢有众多绍酒店,以维生计,均属此类。店主揣摩顾客的心理,以最低的价格,入味的下酒菜,如蛤蜊海蜘、开洋香干、花生蚕豆等,以迎合顾客。每家酒肆店面,竖起招牌和匾额,或题"太白遗风"或曰"阮李停车",以广招徕。说它是酒文化也不为过,千百年坊间相传,都是这么个模式开张迎客的。自民国以来,民众生活俭朴,但求地方太平已烧高香,享受"酒足饭饱",已愿足矣。于是乎,唐宋郡人嗜酒成风,明清延至民国,杯之物笃悠悠,不亦乐乎。禾城是产酒之地,糟烧、黄酒尤为"杯中物";全家老小,一醉方休。故裕记酒肆常客不绝,生意兴隆,店家与酒客,天天打交道,亦相安无事。人们一天劳作下来,去柜台吃开烧酒,也是个"小乐惠",得其所欲亦快哉。街面最常见的风景,常有三二酩客,靠着酒店街沿前的高脚凳入坐,相对攀谈、倚柜而饮。手执锡壶,唤几碟家常菜,自斟自酌、边谈边喝,妙趣横生。有人问为何不去店堂开怀畅饮,偏要在门口柜台上过足酒瘾,原来也有奥秘于此中。一是大脑神经感官异常兴奋,忘记了一天的辛苦;二是眼观前面大街上人来人往,阅尽人世百态;三是口中畅谈张家长、李家短,无所顾忌;四是鼻孔嗅得店内酒甏散发出喷喷酒香;五是耳闻店堂酒客的连篇醉话。戏说五官都能得感官的享受,明天又多了谈资笑料。酒徒对醪,相约成俗,坐着不走无人问,常作风雨夜归人,颇现当年社会的众生相,也为百废待举的商业街点缀出寒冬将尽的一抹春色。

(二)虎口余生

原北大街(建国路)市面不及塘湾街(北京路),因消费对象有别,而胜之有如银楼、绸布庄、旅馆酒肆等。酒店大多指绍酒店,业主多绍兴人,民国初里中尤以来恒大藏酒最多,硕丰泰、立人绍酒店稍次之。禾城酒店主顾常客,已从前朝的权贵名士变为平头百姓,成为他们一日辛苦下来恢复疲劳之歇憩地。连杯狂饮,只是过路之客;柜台细酌,此乃嗜酒老柑高阳之徒。他们吃柜台酒,专买花雕、亦供苏烧;犹可自斟自酌、自得其乐。奈好景不常,民国二十六年(1937)11月,日寇入侵,嘉兴沦陷,好端端的商业市街,顷刻化为灰烬。商家与市民四散逃难避祸,已到穷途当哭、路不择径的地步。

时隔两年,嘉兴已由日伪统治,并采取怀柔政策,在原商业废址上沿市河建造起上岸下岸百余间临街"昭和房"店面,租于陆续返禾之商家复业,以粉饰太平。其时已将北大街与大落北两街合而为一,更名"复兴路",有道是复了吸毒、兴了赌场、苦了百姓。其正当行业如绸布业兼营蚕种以增收入;小的如绍酒业只存堂吃,以薄利招客保本;因为眼看街上醉态日兵伪军,时时胆战心惊。时有"窝里反"发生,某天朱姓翻译突然被绑对门电杆木上,过路百姓吓得绕道而走,几天的生意也就此"泡汤"。规模较大的当数源源绍酒店。经理丁德欣,绍兴东湖人氏,清光绪二十五年(1899)二月生,祖上世业酿酒。他16岁离家至禾谋生,在嘉兴北城外中街(中基路)来恒大酒店做学徒,自民国三年(1914)2月至二十六年(1937)10月,勤勤恳恳,任劳任怨,一口气干了23年,深得业主倚重信赖。嘉兴沦陷,日军一把大火将北大街、中街和塘湾街的四五百户沿街商铺烧得焦望弥原,一片瓦砾。遂逃难绍兴老屋,帮家一年后重新返禾,招呼九位原店里的伙伴,合股于北平路借已歇业之"来恒大"的招牌开办绍酒店,薄利多销,生意不恶。在嘉兴解放前1939年至1949年的十年间,积聚一定的资本,迁址于荷花堤南街口,与丽桥头北大街的繁华商市。至公私合营,已成为一家小有名气的绍酒店。仅半年光景,迁利益丰酒店旧址上开张经营源源酒店。

(三)浴火重生

绍酒店凭着绍兴人刻苦耐劳的习性,在嘉兴打出一片天地。丁德欣与吴家楠等一班小弟兄在望吴门城内将其店搬迁至原利益丰酒店老址开张。1946年5月,方才迁在城基西北路12号,开张营业源源酒店,渡过重重难关,终于迎来新中国的诞生。新址在城基北路与新马路西南口,酒店朝南的沿街双开间堂口,铺面稍狭,中设一米宽的楼梯,柜台临门朝东,台上一排锡酒壶,壁厨盛放酌酷下酒菜,有醋大蒜、海螺蛳、油盐豆、五香花生、开洋腐干、盐津豆等,柜上置烫酒锡筒热老酒。楼梯下放老酒甏,也备厨灶烹小鲜。店堂仅设三四桌,可随意小酌,楼上堂口宽敞,雅座临街窗户洞开,城基北路与石板路丁字口,因西侧设汽车北站而车水马龙,店址区位特优,城乡客旅候车人流,或逛商场,或歇脚斟酒,"放飞心情、品味悠然",则呈另一番景象。

那时刻日伪翻译、密探,张牙舞爪,向商贾大户开刀,敲诈勒索,无恶不作。小店小铺不在他们眼中,在小酒店沽酒斟酌的常客,有些名士感到寒酸,斯文扫地,却也能直言无忌,醉话说个痛快。所谓"树大招风起祸殃,一声醉唱破寒霜。"述当初,大批寒士吃柜台烧酒的先辈,他们佯作狂态,却不狂饮。而是细细斟酌,倒也符合现代人提倡"饮酒要适量"之精神。直面楼梯置大镜,环窗洞开,一览无遗。其前辈祖训"买主是我伲衣食父母",该店别出三招:其一是碟菜下功夫。今朝马兰头、醉螺蛳,明日雪菜麻雀、鲤鱼干,令吃客时时尝新头,天天换花样。其二是代客叫炒菜。日夜提供一乐园、禾兴馆与同兴馆三家名菜。其三是服务态度好。"热天冷毛巾、冷天热毛巾",夜深有员工陪同打道回府,还可送酒菜到家,次日收壶。增添碗菜卤汁油豆腐及供应加饭酒招徕和热络附近绸布店之常客。而酒店又可记账赊欠一项,故最受欢迎,一时门庭若市。

1954年,源源酒店在同行中率先独享"四马分肥"的政策甜头,是政府批准的一家酒店。次年,城厢绍酒店只剩六家,源源与三阳泰列入公私合营,而另四家只能组织集体合作商店。此后源源裕记绍酒店,迁入烟糖公司对面,原仓桥址单间店铺,称烟糖公司酱酒门市部,后更名工农兵酒店。丁德欣经理一直做到退休养老,终身从事酒业。其店直至兴建华庭街拆去,为现代超市替代。丁久汾子承父业,今88高龄尚健在,过着幸福生活。

二十六、歌唱桃花扇底风

中华民族的扇文化,在各式扇面之上题诗作画,是世界上独一无二的。作为夏令必备之物的扇子,最早出典西汉。《春秋繁露》中所说"以龙致雨,以扇逐暑"为是。历史上,有关扇典故何其多?早在三国之时,流传杨修替曹操画扇"误点成蝇"的掌故;诸葛亮运筹帷幄,胸藏百万兵,善用羽毛扇施"空城计"的蜀国军师,更是妇孺皆知,脍炙人口。

北宋流行折扇,扇骨由七八根增至逾十,以雕镂技艺刻之花纹,更具装饰性与观赏性。历代绘画之风甚盛,明代吴中四大家唐伯虎、文征明文士都留下扇面墨宝。传世折扇佳品有沈周作画与吴宽写诗的推蓬式册页扇面。考古发掘江阴明代剪纸竹骨扇,在阳光下素扇面呈梅雀报春图案。南明时,"秦淮八艳"之一李香君"血溅桃花扇",在当年孔子后裔孔尚任所著的《桃花扇》戏曲中,描写可歌可泣的多才女子形象,反映一代名妓反抗权贵与异族统治的不屈精神。

禾城文化老人吴藕汀《嘉兴山歌》云:"名笺鸳水缀云阁,红白对联三晋斋。"原北大街两家缀云阁笺扇庄、三晋斋扇庄店肆,笺扇诗画相当有名,不相仲伯,誉满杭嘉湖笺扇业界。

嘉兴金兰坡于北门大街314号开设大雅堂,塘湾街69号赵良如推出翰香阁笺庄(后继者顾益铭),建国路224号(原北大街57号)李仿莲福昌兴等均为业界佼佼者。

以资本金在千万元级上下有三家,其如周履与周祥明父子联手经营建国路123号双桂堂,另有许四宝于丽桥外中街开张"许云龙"商号,吴德身在中山路设一言堂笔墨庄等数家。姚金发创办石爱文笔墨庄于建国路146号,门庭若市,买卖两旺。

(一)风骚独领

扇子最早流行于宫廷的仪仗,一对长柄宫扇由宫女交叉拱卫,环伺皇帝左右,颇显天子九五之尊。晋代崔豹《古今注》云:"舜作五明扇","殷高宗有雉尾扇"。原侍者手执长柄扇,为帝王障风蔽日之用,遂渐演变成皇室仪仗。

扇之形状,繁花似锦。有圆、长圆、扁圆、宫团、梅花、海棠、葵花形等;其用料可分绢扇、羽扇、罗扇、竹扇、纱扇、绫扇、纸扇等,民间流行纸折扇,合之尺柄,携带方便。羽扇前身为古之商周的掌扇,汉武帝时纨扇业已成形。究其扇写字绘画之风,始于三国。晋代书画家王羲之、宋大家苏东坡都有题扇、画扇轶事传颂,因成垂世艺术佳品。

扇柄种类也多,有玉雕、牙雕、木雕、骨雕、紫檀雕、竹根雕等十余种,民间女子对扇情有独钟,如小宫团扇,用很细之绢丝制作,又称"纨扇",犹如天边满月,象征团圆与幸福。令人联想起红妆闺秀之"轻罗小扇扑流萤",富有浓浓的诗情画意。

宋室南移,许多画扇艺人和制扇工匠随宋室南渡临安,杭州由此成华夏著名画扇产地。旧有一条扇子巷,即当年制扇作坊的原产地。于今杭州王星记扇庄,闻名大江南北。嘉兴毗邻杭州,故迄自南宋明代两朝,禾城的笺扇业也甚兴隆。

明清之际,纨袴子弟模仿赴京俊士,手执扇,童牵马,通都大邑流行折纸扇,大比之年尤盛。君不见,墨客骚人与风流雅士,逐香猎艳,招摇过市。折扇越做越考究、越做越豪华,扇骨选用上等象牙、鸵骨、玳瑁、沉香等名贵原料;扇骨雕名家山水花鸟,摇动时骨柔风轻。至于玲珑小巧的镂空檀香扇,是专为小女子而特制。檀香是一种十分名贵的香木,产于印度,有"扇存香存"之特点,所谓"日日花香扇底生"。清代以降直至民初,各式扇子做工日渐讲究,传统技法精湛,持扇标榜书生气度之遗风。

(二)风格独异

嘉兴笺对行业古已有之,虽无高雅下里之分,尚属笺扇有别。城厢裱画店的大堂四壁,常常悬挂款式多样的扇面画轴,透出书香与隽秀,被视为十分雅致的考究装饰。业主附雅所崇为迎合上流社会风尚,经营装裱书画、中堂条幅,销售南北流派的各式折扇、团扇业务。

嘉兴笺扇业的店家经理大多粗通文墨,与本埠秀才士子颇有交往。延聘书法名家和画家在白纸扇面或白绢丝绸上作诗绘画,顿生利市数倍。作者获润笔膏资,市民乐得购之欣赏。举止行走,画扇轻摇,显其风雅。最老的文秀笔墨庄,施善昌于民国九年(1920)设张家弄3号营业,抗战后再重新登记,一直延续至新中国成立初公私合营时。随后有翰香阁、大雅堂、福昌兴等六七家笺扇笔庄,碑拓字帖店相继开门迎客。

民国时,男子身着长衫,折扇藏袖或斜插肩领,携带称便。就是到了烈日炎炎暑夏,既可挡尘遮阳又是扇风送凉的艺术品,使国人的生活笃悠悠地自在。折扇开合或在摇与不摇之间,同样也能得到视觉感官上的多重享受。

古代美人用纨扇障羞,谋士羽扇这么一摇,必将计上心来。扇的作用何止于此,在说书艺人手中,一把折扇便可任意发挥:或作为赵子龙的长枪,也可当作胡大海手托的千斤石,是缺不来的煽情道具;关子头上栲朝烟,全凭折扇左右逢源,噱头横空出世,妙语联翩来。

古扇沿至今日,折扇占其大宗。折扇除扇面绘之书画之外,扇骨子的雕刻艺术也是供人把玩与鉴赏的。珍藏品如湘妃竹扇、檀香骨扇,也有象牙骨扇的种类尚多,花纹漂亮,令人爱不释手。倘若夏日时节,扇风送清凉,莫若芭蕉扇或蒲葵扇来得实惠,既可驱蚊蝇,又可避小虫叮咬。炎夜乘凉,挥动大蒲扇驱热才过瘾。早晚两炊,街坊邻里引火生煤球炉,扇风非它莫属。团扇折扇仅能"半作欣赏半扇风",在提升观赏性的同时实用性却大打折扣。

(三)风采独存

中国传统的扇文化,可称得上是东方艺术,不仅国人钟爱有加,外国人也很喜欢,得之如宝,叹为观止。域外之西洋画如油画、水彩画,根本不可能描上扇面,文字更是如此。中国古诗念将起来,抑扬顿挫,有律有韵;挥毫正、草、隶、篆四体文字书法泼墨纸扇,再辅以水墨技法,"诗中有画,画中有诗",顿成一件不可多得的艺术品。

新中国成立后,首倡劳动持家,文质彬彬的折扇已格格不入,只好藏之他处;原本中式民居中堂对联之类的装饰已无法施展。由于城市人口骤增,住房拥挤,何来客堂、书房悬挂,只能束之高阁,笺扇行业因之冷落或自动关门歇业。昔之大户人家,客厅里东西厢房弄堂直贯内堂,居中供桌之上,一幅中堂画配以书法对联,前后可观瞻抱柱楹联,旁有四对太师椅茶几招待宾客献茶敬烟。凡厅堂布置如春季牡丹、夏日荷花、桂季黄菊、腊月红梅,都随四季时序变化而更替。又如端午将至挂钟馗像,新春降临,家家户户悬财神画祈福。

乱世动武,盛世修文,历来如此。改革开放三十多年来,经济繁荣,百业俱兴,世道又重新呈现勃勃生机。浙北古城面貌焕然一新,嘉兴茶楼酒家,复古装饰逐渐时兴,古香古色笺扇装潢则大行其道,中堂对联又成当今时尚潮流。应时推出装裱书画、匾额、中堂、寿幛等笺扇为主档,一批上档次、有特色诗画社、装裱店又悄然兴起。一方面得益于市老年大学重新开办书法、绘画班课程,学者甚众,起到渲染烘托作用;另一方面市政府着力推动全市文化建设,掀起爱好国学古典、书法艺术,吟诗作画之和谐社会新风尚,檇李诗画之古风又一次吹绿嘉禾大地。

二十七、近水品茗千家楼

古人云"偷得浮生半日闲",游步那个天放晴的闲情兴致好日脚,品茗重登望吴楼。风清云淡,丽桥傍运河;宁静致远,花草亦逸情;追索六十年前之民国茶馆,其乐融融!

嘉兴民间向有"三饭六茶"之习,一天三餐饭六碗茶,与提倡现代养生保健十分吻合。嘉兴自古好客,用"时新茶叶陈年酒"来招待亲朋好友。"茶七饭八酒十分",讲究泡茶何需太满,七分足矣;饭盛八分,劝酒满杯表敬意,陈酿十分;颇显府上礼数周到与待人之道。究其何时始设摆摊供茶水,何时于城关街衢或临水埠头设摊卖茶,以至开办茶社行当营生,非笔者所能道其周详。

民国时期,嘉禾城厢茶馆生意鼎盛。投资开设茶馆的禾商越来越多。如北门塘湾街177号至179号端平桥之聚宾楼茶馆、东门宣公路36号近水台茶室、南门丝行街31号开设星园茶社及毗邻望吴桥商业中心城基东北路118号之望吴园茶楼,受益得天独厚风水宝地或闹市中枢,"闻香驻足",生意自是兴隆,始成禾城茶馆业执牛耳之佼佼者。尤以东门外茶楼最旺,时有宣公桥上品芳、桥东近水台、桥南东园、洋桥洞南得意楼、快哉楼及铁路隧道外之鸳湖升平楼三间,为沪杭旅客憩歇之地,楼下有炉饼颇佳。

在鳞次栉比的老街小巷,茶馆的炉台旺火透红,茶博士手提长嘴铜壶,在桌椅与杯盏的光影谈笑中如燕穿梭,放松心结,忘却忧愁,店堂里充盈祥和惬意的自由空间,乐享时光。

(一) 老农吃早茶

嘉兴茶馆大街小巷林立,民国时城厢尚有百余家。茶店有早茶、午茶与晚茶三个市头,或洽谈生意,或聚侃家常、或作憩息休闲之所。"一日之计在于晨",茶馆内摩肩接踵,人声鼎沸,老农吃早茶已成每天的第一堂"功课"。为了生计,一早携带本地自产禽蛋与农品进城自销,找茶馆歇脚,习以为常。茶馆为乡客提供面水、热茶、坐凳休息,一壶茶还可慢吞吞地"孵"上半天,随坐随走,来去便当。年来岁往,茶馆都见常客,人们往往信步上茶馆休闲品茗。

民国时,北门外塘湾街牌楼头是嘉兴百年闹市之商业中心,熙熙攘攘,好不热闹。有家俗称"逃得快"茶楼,后门设河埠可停靠航船,凡候船之人,均于此喝茶候船,船到埠头,乘客逃上船,谐音"逃得快"。店名大众化,生意做得活,全凭"茶博士"周旋巧安排。塘湾街中市聚宾楼茶社,由吴锦泉1939年3月独资所设,后吴廷芳执掌继之。聚宾楼烟号附设堂内，1945年10月间吴锦华兄弟经营；同年登记之杨文记理发店，杨文彪亦步其后尘。茶楼后埭沿河帮岸设木架河埠，协议停靠八班定点定班绍兴航快船。

塘湾街商市称盛，毗邻中市牌楼头聚宾楼茶馆，位居水陆要冲，为商旅与行客歇脚之所，楼上楼下装饰气派，街面车水马龙，运河百舸争流。茶馆楼上前后长窗面街临河，堂口宽敞，备有靠背藤椅，是腌腊业老板、火腿行经理光顾之地。观之楼下挤满吃茶候船的平民百姓，楼上则为腰缠万贯的阔老板，两界人能相安无事，也奇哉！茶楼后门河埠有固定航班停靠，楼下茶客均系候船返乡之人，一俟绍兴快班船击钲开船，各路候船乘客一窝蜂逃上船头，从不误时，街坊邻居便把这爿茶楼叫做"逃得快"。外乡客都愿意来此吃茶乘快班船，能免日晒雨淋之苦，成就一段禾城茶典"掌故"。店东宁波人吴庭芳经理，名声在外，生意做得活络，曾任茶馆业公会理事长。

（二）洽谈雅集荟

旧时茶馆为微利营生，依据各自条件与社会需求，茶馆开设"店中店"，靠经营互助生计。堂口高敞茶楼设说书、唱曲、牌九；亦或兼营理发、香烟或修补摊等便民摊位。城厢有些茶店还为赴苏杭烧香老太服务，代办车船膳宿，兼营盆汤沐浴；有的涉赌娼吸鸦片，亦鱼龙混杂。一般茶社均以楼、园、社、馆名之，堂名好记，问人便知，口碑叫得铛铛响。南门外娱老桥下东西米棚可尝"一元茶香"之便；晨起河濠捉鱼虾，向晚米棚一元茶。

随着商业的日趋繁荣，茶馆的档次越来越高。行业之间竞争促进设施的改善，讲究堂设装潢且不题，茶具精良别致，茶叶也越来越高档；服务项目的多样化人性化，红利当然日渐丰厚。登楼觅雅座，便民服务，呼之即来，招至立办。商人借此洽谈生意，茶道极受追捧，颇受商界青睐。茶馆、茶楼逐渐成为商业行市之发祥地，早晚行情市价之传播点。中街怡园茶楼成米市场交易所；大落北瓶山阁茶室,供报社老记采风交流或中介雇用帮工;南门丝行街茶店,聚成茧丝交易之落单地;东门宣公桥的"近水台",行客择此歇脚。一爿茶馆店带动一条街的财脉人气,这也是旧时代的特征。

茶馆业在商界中的地位逐年攀升,同时也受到禾中豪门望族以及文人雅士之欣赏。他们自命清高,兴趣广泛,组织诗社、曲社,集此品茗。弹唱吟咏,发远古之幽情;说古论今,聊社会之百态。以张家弄老爷厅寄园茶室清净和混堂弄口瓶山阁茶楼之高爽最负盛名。地理环境闹中取静,短笛长吟、拍曲会文,极一时之盛。若听新闻掌故,"茶博士"便打开话匣"木佬佬"。嘉兴解放后曲终人散,茶馆失去原生态依存价值,仅留存历史印记。

改革开放以来,嘉兴市区仿古茶楼,异军突起,生意称盛,是谓禾城商业的一道亮丽风景线。招待服务推陈出新,食品供应自助自选;陈设交关时髦,一跃而为同学聚会、亲朋好友迎送话别的理想之所,今日茶楼已成为市民交际或休闲的好去处。

(三)相知叙心曲

江南水乡活码头,嘉兴自古茶馆多。农民赶集,商贩结集,文人雅集,三集荟萃于此。茶馆收费不多,为八方茶客提供方便服务,颇受欢迎;缘由社会所需,形成商界不可或缺的自然行业。因其对象来自不同阶层民众,也极易转型,故茶室、茶社、茶楼由此应运而生。茶叶的品种繁多,良莠不齐,由此衍生茶叶行业,茶道饮品由私家走向社会。唐朝陆羽撰茶叶专著《茶经》,从此闻名天下;西湖龙井茶由乾隆皇帝巡幸,封之"御茶"。嘉兴塘汇章园茶味醇芳香,宣统二年(1910)获颁南京劝业会的金牌,曾封晋京"贡茶"。

民国旧时青年男女幽会,"月在柳梢头,人约黄昏后";不用花多少铜钿,抑或少花钱,一包瓜子便可消磨半天辰光。他们纯粹是情爱的寄托,富寓诗意。同时叫板封建礼教束缚,冲破父母包办买卖婚姻旧俗篱笆,选择男欢女爱自由婚姻。牵线搭桥全由茶馆中介铺排,"茶不醉人人自醉,物换星移几度秋";于今"谈朋友"方式转变，印证宽容大度社会和谐。

近年来，投资者看好新式茶楼的"钱景"，体验"茶客之意不在茶，而在陶醉之间也"。店家择址闹市，招幌霓虹灯闪闪亮，还将营业时间定位五小时最佳方略，以迎合顾客需求。茶楼正朝茶食或咖啡拓展，在自助自选食品上着手，求类广却不求精，茶食蜜饯、粥煲面食、点心水果，应有尽有，着意价廉而易取，使之缩短聊天或便餐用时。店东经营之道，价格按时段盈缩，亦能为常人所承受，业主则赚了个钵满盆溢，获利颇丰。

旧茶楼为三教九流麇集之所，随着社会的开明进步，也渐为各式人士交际的主要场所。在市场经济日趋繁荣，人民生活水准逐年提高之际，消费观念的转变也在情理之中。

展望茶馆业发展空间，"一杯香茗一片情"，发挥"中式咖啡"潜功能，此举来之迅猛，新式茶吧遍布城厢。茶馆业经历六十年变迁，续写辉煌，恐为人们始料不及。

茶楼前世今生：反映旧中国吃茶方式的一个时代结束与新世纪品茗休闲的一个变革诞生。

二十八、学海无涯书肆稠

书籍是人类进步的阶梯。嘉兴自古文化昌明，手抄木刻本始于北宋，明清两代有官府、书院及私家刻书业的兴起。光绪间吴受福刻书较多，鸳湖书院刻印光绪本《嘉兴府志》等，禾地私家刻书一直延续至民国。1935年，谭新嘉辑《嘉兴谭氏遗书》，次年便有金蓉镜、金兆蕃续成《檇李丛书》初刻本。其间，嘉兴的图书发行业则竞相发力，禾城内外陆续开设一批私营书店，结集禾城商业中心的建国路，书招牌记相望，文化气息浓郁。

民初以大同书局为最早，禾城北大街孩儿桥北堍，为苏州人殷剑华所设首家书店，专售线装古籍，并收卖旧书，以石印本、木刻本为招徕,经营或印刷古籍旧书为大宗,书香味尤重。政界、教育界、商界人士相继扎堆,门庭若市。而嘉华书局、嘉兴书局、世界书局并列孩儿桥南堍上岸。至于佛教界功德林亦设分销处,代售佛藏经书,称得上文化掌故。经与上海功德林经典流通处、杭州玛瑙经房暨上海翼化堂善书局联系。便于居士善信购阅,主理佛典流通者范古农、顾企先之常务董事,身望了得。

1922年商人顾瑞来于北大街(建国路北)303号创设印刷所,职工十余人,经营图书、课本,毁于火焚。次年盛泽人沈颂夔在孩儿桥南堍下岸创办昌明书局。1930年书商张柏森于大落北竹篱弄口设世界书店嘉兴分销处,开张七年于抗战爆发时歇业。1932年陈智仙在北大街254号至260号开设四门面的嘉华书店,营销文具用品、课本和图书,基本垄断商务印书馆、中华书局在嘉属七县、江苏吴江和湖州南浔中小学的课本发行,1937年11月焚于沦陷时。其他如洪宝书局、新时代印书所、东南印书所等,同时翻印《千字文》《百家姓》《神童诗》等儿童启蒙读本,提供批发、零售,还经销旧版小说供市民阅读消遣。

(一)名家藏书万卷

嘉兴素称文化之邦,人文发达,积淀厚重,源远流长,是江南吴越文化渊源主要发祥地之一。

嘉兴历朝科举人文荟萃,俊士辈出,不乏藏书大家,民国时嘉兴万卷藏书家众星拱月,光彩照人。沈曾植,《艺林散叶》云"家有海日楼,屋数间,纵横皆书架";王金荣、吴晗称"藏书极富至三万余卷及手稿一篋";祝廷锡,《南湖文史》说"筑有知非楼,藏书三万卷";金蓉镜,《嘉兴市志》称"清末倦官归来,惟积书数万卷"。禾人酷嗜典籍,独炫藏书之乐。

嘉兴地处上海、杭州、苏州间及咫尺古都之南京。民国时期以上述四地书肆印所林立,为江南主要古籍图书流通市场。沪渎"十里洋场"谓海派诞生地、百年开埠的大都会,成为中国出版业最为发达的地区,全国出版、印刷的文化中心。有知名商务印书馆、中华印书馆和文通书局诸机构。嘉兴广受四地影响,先后设立大同书局、世界书局分销处、洪宝书局、昌明书局、嘉华书店、文化书局设署出版线装典籍,禾版尺牍及年画历本等。

也应看到,民间的私家编撰单部著作尚不在少数,故民国初年自行刻印者良多。且多为石印或铅字排印,均委托本埠印刷所发刊承印,以节约成本。凡从事书籍印刷的书肆商家,仅嘉兴城厢有振兴印务社、新泰印刷所、时代印务局等七八所。其时虽然全国藏书日渐衰退,但嘉兴藏书家与藏书量均比其他地区得以拓展与提升,也成为国内最繁荣的出版中心之一。清末民初战争频发,私家藏书迭遭变故,但是民国嘉兴藏书"流风犹存",仍然是浙江或全国藏书之重地。就嘉兴城厢的主要藏书家及藏书楼有沈曾植海日楼、沈曾桐软古堂、王荫嘉兄弟二十八宿研斋、金蓉镜香岩庵和祝廷锡知非楼等,校版锓梓,翰墨飘香。

(二)昌明书局称雄

1923年,吴江盛泽人沈颂夔于北大街322号孩儿桥堍创办昌明书局,独资经营嘉属课本。

1932年1月承印《浙江第二中学一八春始学级毕业纪念刊》,首次登载昌明书局、生生照相馆的广告,生意不恶。但好景不常,日军侵占嘉兴时,北市商业精华被付之一炬。1938年日伪搭建百间"昭和房"商业店面房供出租。在日伪统治时期,正当的工商业户经常受到敌宪翻译、密探敲诈勒索,甚至被关进宪兵队或警察局。书局重新开张不久,日商看中昌明书局闹市地段,意欲吞并。昌明书局老板沈颂夔、沈焕奎父子,无故被宪兵队关押数天,不得已通过翻译花了钱获释。经此番折腾惊吓,沈老板一病不起,由26岁大儿子沈焕奎任经理,重新登记时转为昌明业主。当年电影时兴,热销明星照片唱本。1949年6月,进行重新登记,资金旧币298万元,员工9人,成为全城最大的书店。筹组图书文具业同业公会时,沈焕奎被选为常务理事,两年后任理事长,他还被推举为嘉兴市工商联常务委员,两次当选市人大代表。

沈焕奎胞弟沈鑫与妻张月华易地开设光明书局,1954年迁建国路昌明书局对面,租屋经营。解放初沈被判刑,书店歇业,妻被安排十间头鞋帽商店当营业员。改革开放时,沈鑫于少年路靠近平家弄口开一爿外文书店,店门挂"日文补习学校"招牌,成为禾城书店办校的第一家。

沈氏兄弟书贾生涯辛酸泪,令人叹息。

(三)新华书店开张

1949年5月7日嘉兴解放,四天后市军管会宣传部抽调人员,拨款200元筹建嘉兴市新华书店。6月1日向浙江省新华书店调拨进店一批毛主席著作单行本及解放文艺丛书,设摊于文庙,门上挂"新华书店"横幅,昭示国营书店的正式开张。月底,市委宣传部调拨建国路251号单门面一楼一底为店址,从此有了新华书店的营业门市部。10月,地委、专署机关由湖州迁嘉兴城区,书店归属地委宣传部领导,命名"新华书店湖嘉中心店",经理刘盛源,职工八人。随后的市县分合及管理权限的隶属变更,店名多次改变。1956年,在勤俭路建三百余平方米的新华书店门市部。

新中国成立后,国家专门安排专业出版社发行图书。1958年8月,嘉兴地委组建杭嘉湖人民出版社,社址设在嘉兴新华书店内,出版农业、农村、农民之《英雄人物看今朝》(上、下)、"三农"普及读本等四十余种图书,出版五期《杭嘉湖文艺》月刊,1959年8月停办。

1961年1月,新华书店将昌明书局旧址收归国有,开设嘉兴古旧书店。1963年,随郭沫若题匾更名南湖书画社。嘉兴古旧书店在收购古籍中抢救不少珍品,如明刻本《萝轩变古笺谱》、旧拓《麓山寺碑》、清代钱仪吉稿本、近代吴昌硕诗文底稿本等,历代书画有明清画家张复、盛茂烨、蓝瑛真迹以及吴昌硕、蒲作英、张大千、黄宾虹等大家名作。后期卖图画年历本和临摹字帖,转而经营文具。1973年,经营半世纪的古旧书店(原昌明书局),正式关门歇业。

20世纪60年代初,毛泽东秘书田家英在嘉善调研时,曾多次来嘉兴古旧书店门市部淘宝。改革开放后,新华书店快速发展,建国路重建新华书店,中山西桥建新华书店大楼,四层楼书架全部敞架营业。

古人读书以博取功名为幸事,用现代理念诠释:知识改变命运,学习成就未来。至此,书香传世之古意未坠,阅读游学,承前启后,错趾接踵矣。

二十九、估衣喊摊八成新

嘉兴素有"衣被天下"美誉,最早估衣公所建于清乾隆年间,在府城北大街塔弄方家厅设会所。清末民初,城内估衣铺有赵公昌、鼎昌、大成新记、大昌、元大、同盛、大丰、义昌等十多爿商号。"人生在世,吃穿两事",事关民生,旧衣供需市场销路行情看好。

旧时穿衣等级分明,黎民百姓俗称"布衣",只能穿粗布短衫。嘉兴城厢的闹市商业中心,崛起于晚清中街(中基路)、塘湾街(北京路)。此时因打小工者收入微薄,若不能省吃,也只能省穿。想穿新衣做不起,常穿旧衣又不甘心。一般的普通人家只能到估衣店去淘旧衣,购置半新不旧的衣衫聊以自慰,且出客劳作都能穿,也比较经济实惠。为了满足部分低收入人群的购衣欲望,在嘉兴市面上便有了估衣店,就成了所谓穷人的购衣"天堂"。

推翻了封建帝制是谓民国,民生仍旧作不了主。俗语"着衣看门坊",虽不限制你,但坊间世俗观念约束你,缘于家庭经济条件限制,收入高低决定衣着。其时便有了"长衫辈"与"短褡辈"的称呼,长衫辈可以尊称为"先生",短褡辈如佃农及干粗活的长工,连称呼

"先生"的资格也没有。

(一)万紫千红不是新

嘉兴南门夹河两岸的东西米棚下河埠,20世纪初形成禾城最大南米市码头,每年进出大米总量百万石之半。仅丝行街汪熊祥元昌衣庄、许崇远太和商号和东米棚金紫庭开办协康等三家衣庄,都曾赚得盆溢钵满,前者老板还在东栅口开张元昌衣庄照样盈利。

另有周涵三之维生、万颂钧之合泰,于塘汇古渡老街觅得商机,估衣店遍及城厢。

经常光顾估衣店的粮食搬运工,多数沦为捐谷进仓的大批漕帮贫民,磨破披肩,衣不遮体,背纤号子,响彻京杭大运河两岸……

说起旧社会的男女服饰,因要适应一年四季的气候变化,花样繁多。冬天有羊皮袍子、棉絮大衣,深秋有灰鼠衬里、衬绒袍和骆驼绒袄、夹袍,夏天则长短丝绸衫,春天有单衫、夹袄。面料更是多样化,故选择性较强。而估衣店内则四时衣服,应有尽有,显示了店老板的精明和灵活应用业界的生意经。

衣庄商号的货源,全靠老板的算计和筹划。除与上海大衣庄进货外,首先要与当地典当业拉拢关系。典当典衣到期不去赎,"当头"就算"没"了。这些衣服的典价不到半价甚至还要低廉。一俟满期,当方一揽子将典衣转手倒卖转给衣庄,两得其利。衣庄不是完全没有新货,他们将普通面料大面积套裁,裁剪成衣,省工省料。然后发给贫穷人家的妇女缝制成不同尺寸的服装,工本低廉,称为"发新货"。农民买到,认为便宜。进货渠道如是,那么认定推销的对象和推销的方式更颇显估衣业特有生财有道。劳苦大众衣着不耐穿,短褡衣破再来买,又是一笔顺顺当当的生意。

民国十九年(1930),估衣公所易名为同业公会,移驻繁华张家弄,有会员14户,141人。

日伪时期,禾城百业逐年萎缩凋零,呈下跌趋势,冯子祺为估衣业行头,抗战胜利卖买平庸。

(二)讨价还价不是真

清代以满服来同化汉人,引起强烈抵制,采取"剪辫不易服"的让步来缓和民族矛盾。普通男子服饰一般指马褂马夹、袍衫短袄;女子服饰为身披云肩、氅衣围巾和各色旗袍。

由清入民国,穿着多样化,为衣庄的销售带来生机,以前不曾被看好的估衣业,也有"咸鱼翻身"的时机。制度的变革和社会的进步,更给水乡服饰带来前所未有的机遇。

同样在中街小猪行一带城乡结合部,近郊农户进城枘猪,或添置御寒冬衣等都在此交易。短短百米中街,就集中了项成基元记、戴廷舟恒大福记、杨锦文天兴、褚伯良公信、钟芝庭勤昌与许柏生的顺昌等六家衣庄,资本金当在200万法币上下。嘉兴商贾巨擘陆新初、陆柏生等,于禾城商业中心北大街相继开设吉记与隆泰衣庄,执估衣业之牛耳。陆新初大佬以50万法币独资称雄业界,荣膺两届该业同业公会理事长。

店称估衣,一看便知衣服没有标准定价,全凭经纪人"估"出来的,双方认同便可成交。因为货物成本连店主都算不清楚,只能"毛估估"。凭良心讨价,系由布料与款式的千秋各异,故经多次讨价还价作成交易。所谓"漫天讨价,着地还钱",就是各庄各店的同样品种价格也高低不一。因为估衣的推销对象都是劳苦大众,生性朴实,还你一半价,当是塌着"便宜货"。店家心里有杆秤,只要你还价,这笔生意就有成功的希望。生意经里从来没有真话,以当前商业行规来讲,也不能将自己的商业秘密泄露出去,讨价还价之风,至今未绝。当时估衣业与其他行业的进货渠道有所不同,估进估出,填补了平民衣着方面的一个空白,在相当长一段时期里,也装点了嘉兴商市的畸形繁荣。

(三)婆婆妈妈不是亲

"喊摊"是衣庄店推销商品的一个特色。就是靠伙计在临街店门设摊吆喝,把一件件衣裳拎在手里,沿街叫卖,编成许多有助推销的好听话,提高嗓门如唱曲似的说明该衣质地厚实,耐穿耐用,货真价廉,并开出明价吸引过街农民驻足围观,最后试穿成交。口里伯伯、婶妈叫个不停。更有干练伙计临场发挥,声调悠扬,故称"唱摊"。过去上海四马路衣庄连接,唱摊之声不绝。此风传至嘉兴,商家群相效仿,果然起色。言之亲切,听之动情。不是亲来也像亲,以至交易便成真。颇证"叫人不吃亏"的道理。喊摊由资深伙计担当,薪水为昂,有的主顾特地去听喊摊,权当听戏曲一样,带便看好就买。假作真时真也假,穿着"新"衣转回家,这也是进城购物的农家乐趣所在。衣庄店的服务态度一般要比其他行业略好,因为他们接近并熟悉下层民众,使农户与市民主顾感到亲切,也做成了下回生意。所以尽管后来大布店门堂豪华出彩,但小衣庄依然有自己的老主顾和回头客,所以生存无虞。

抗战胜利后,禾城典当业濒于破产,押头典已不成气候,估衣业也只能以新货应市,旧衣门类归并调剂行业,渐进为中式服庄店的模式。嘉兴解放初盛行统一的列宁装与中山装制服,长衫与短裙等旧式衣服,被社会所淘汰。估衣业处境维艰,经不起西式服装业的最后冲击,与原来经济实力雄厚的绸布业,同时退出了嘉兴的商业市场。

当今之时尚服装,真正成为眼花缭乱的云裳世界。新潮流谁都跟不上,市民们钱袋鼓起来了,生活越来越富裕。服饰内涵日新月异,穿着打扮各人各喜欢,仅此展现吃穿生活的一部分。走在大街小巷上,人人穿戴时髦靓丽,容光焕发。

三十、风雨摊贩显神通

江南商埠扩展,自古以来都是以城建为中心的。城外挖河、城内兴市,是谓"城市"。禾城东南西北的水陆两途均设城门,月河绕城,以维戍守。城厢通衢集贸兴市,其民临水安居;视百货骈萃,市井繁荣。商贾麇聚交易，四乡之民云集，出摊设肆，鳞次栉比，摩肩接踵，人头攒动。

以嘉兴府城为例：规划坊间棋盘街，官衙设子城，民宅居深巷，商铺客栈集中闹市，固定或流动摊贩分散四周角落。如圆木担、铜匠担、洋铅皮修理担，或茶摊、粽摊、大饼摊、酒酿摊等，占据坊间空白场地。老话说"大店欺客，小店客欺"。凡做小本钿的贩夫走卒生意难做，赚钱不易。基于推销与竞争本能，无不以吆喝或走街叫卖的方式，直接招徕顾客掏腰包交易。这种叫卖市声已延续数百年，虽经风霜雨雪，却长久不衰。

经营商铺掷金逐利，要有一定的流动资本、固定场所和工友伙计，缺一不可。但缺少资金的劳苦大众也只能拜师学艺，满师后方能独立谋生。芸芸众生为养家活口，或托盘肩挑，或背桶携筐提篮小卖，或剃头绞面削刀磨剪子等，全凭独到手艺的看家功夫，发挥各自创意，去挣钱填肚皮。反之，只能东家长工西短工出卖苦力，这就是挣扎在民国社会生活底层的贫民众生相。

嘉兴城厢解放后，经人民政府统计，全市城乡小摊贩1219户，业者7000余人。曾组织嘉兴县摊贩管理委员会，1956年7月10日改嘉兴县摊贩联合会，主任委员胡松年。由本地或外乡组成的流动摊贩，为全城民生起到拾遗补缺的作用。

（一）庙会集市

嘉兴的庙会集市自古有之。至清乾隆间，以城隍庙庙会最盛。清《古禾杂识》云："正月间，城隍庙集市，百货俱集，歌吹之声，不绝于耳，茶坊酒家至不能容膝。"民国间，以王江泾刘王庙网船会著称一时，九秩笔者曾目睹万船进香的热闹场景。"舟楫云集，尽是进香之客，摊贩栉比，只为蝇头之利。"臭豆腐与豆腐花担辣味浓浓，套泥佛头与酒酿担上抽牌赌兴冲冲；"踏白船"争先如蛟龙出水，"老爷轿"抢轿似猛虎下山；锣鼓喧天，把戏依次出场，喇叭齐鸣，菩萨打道回府。真是：刘王庙前无隙可居，长虹桥畔有径难行。如此规模迎神赛会或隔年举办一次,象征国泰民安,祈求五谷丰登。

吾辈也曾见新塍灯会,月夜台阁,蓄电池照明,颇显珠光宝气,大有"火树银花不夜天"之感。甩火流星开道,双捐百盏鳌山灯,管弦丝竹竞奏,三六行街轮转,盛况空前。西北乌镇、严墓、炉头、濮院、陡门、盛泽、闻川、栖真等方圆数十里众乡邻,无分男女老幼,携浆带果纷至沓来。沿街列队静候观瞻,八方小贩选定寺街白场蹲点买卖。镇中闹市交易会布满临时搭建茶摊、小吃摊、糖果摊、杂货摊,摊摊相接,人山人海。不邀而至的戏班杂耍也都按期赶到,各占地盘。有马戏三丈吊、髦儿木偶戏、越剧的笃班、耍猴舞棍变把戏都拉开了场子。

从东栅虹桥延至西栅观音桥,摩肩接踵,人来船往。夏至搭凉棚吃喝,冬令置炭盆招客,四时设摊,天天交易。鸡叫出摊、过午不衰,至晚挑灯夜市,电石灯"吱吱"喷光。也有些跑码头,吃"开口饭"卖梨膏糖摊头,每逢庙会或纳凉时节,借得空地一角,人立高凳上,一面小锣闹场,三块竹板帮腔,南腔北调,引人发笑。借杭州杜宝林艺名"小热昏"兜售梨膏糖,听到"关子"头郎,声称明日请早。看看夜已深,梨膏糖所存无几,则见好收摊,围观者却不忍离去。足证"小热昏"之说唱形式,深受大众追捧。

(二)贩夫买卖

在商界买卖这个行当里,贩夫走街串巷,叮当上路,全凭一身吃饭本事,各行其道。

其一,随地停留型。最常见的馄饨担、酒酿摊、凉粉担、糖粥摊、冷面担等熟食摊贩,借此营生就能撑起一家重担。20世纪30年代,嘉兴南门有位半老头,挑馄饨担敲竹叫卖,唱响嘉兴城,尝鲜者趋之若鹜,脍炙人口,回味至今。叫卖声传街坊,往往引起一阵骚动。街沿楼房的老太与小囡也会响应,纷纷推窗悬放烧香篮吊将下来,装一只兰花碗数枚铜钿,待鲜肉馄饨出锅浇鸡汤洒小葱段,再笃悠悠地提到楼上,老小倚窗,"啧啧"品尝浓浓美味,很有古意。

其二,行走叫卖型。盛器往往简洁,如卖包子、方糕、兰花豆腐干或糖拌青梅、绿豆糕及环桥风菱。20世纪30年代,出了位俗称"胡子大块头"者,他头顶方木盘,装满绿豆糕,起早贪黑,且走且唱,拉开嗓门声若洪钟沿街吆喝叫卖:"绿、绿——,绿豆糕!"

其三,登堂入室型。大多女辈二三伙,相约拎篮背包,摸清路线,串门兜售妇人喜欢的胭脂花粉与女用发饰,品种繁多,任其挑选还价不动气,最终成交而返。还有理发挑子也能应声入门的,为人洗头理发收费相对低廉,也可在桥亭树旁歇脚等候路人剃头,颇受欢迎。

其四,化整为零型。有人头戴草帽挑付担子,内装带泥农作物,多为红萝卜、番薯与荸荠,有点分量但价钿甚廉。他们停担河埠,洗刷干净就地设摊加工,零尝收钱,或洗净红萝卜扎成小捆放竹匾,有的削白剖开,论把论个零卖;或削白番薯切片,论片兜售;或将荸荠以细竹签串之,论串卖。仅花一两个铜板,便可品尝爽口的萝卜、山薯片、荸荠串,引来路人尤其是儿童之围观。在这些摊贩中,另有"鸡毛鸭毛换草纸"的义乌人、卖环桥风菱的菱湖人、修缸补碗的江西人,遂成禾城流动摊头的贩夫走卒小商之滥觞。

(三)沿街叫卖

市声俗称叫买声。禾俗:三分生意七分叫,不叫不喊不成交,是生意人的经营诀窍。向誉三街六码头之称的嘉兴城,清末民初已形成江南米市埠,吃食畸形发达,叫买市声盈耳,沪苏杭之客蜂拥食肆,是浙北繁华古码头。

带有浓郁禾中乡土味的叫堂韵律充斥市梢。走街串巷沿路叫买此起彼伏,形成了繁华市声"大合唱",平添一份闹猛。或楼堂馆所或提篮小卖,无不以响亮悦耳之市声叫卖招徕顾客。在嘉兴苏帮甜食摊贩中,北丽桥南北两端的野荸荠与稻香村名点小吃吸引路人,尤以苏州糖粥流动担前,人头攒动。"笃笃笃、买糖粥,三个铜板一碗粥;三千胡桃四升壳,吃仔侪肉还侪壳。"吴侬软语之叫卖声,悦耳动听,百热沸烫鸡肉粽、甜酒酿、辣粉丝,飘香禾城。市心弄某老伯亮嗓:"南门酱油好馄饨,味之素加青笋,还有京东菜蘑菇香荸,肉馅鸡汤鲜得来。"借莲花桥张鼎升酱园老招牌名声,"晒油质厚不花",咯咯之声不绝于耳,以方言伴腔帮衬;生意做得活,肩担百步轻。走街叫买常听见"生炒热白果,甜又甜来糯又糯"。行商皆指挑担提篮、顶盘小贩的流动担及现做现卖熟食糕点等特色小吃者,闹市不下数十人。

  因食品种类繁多,吆喝也因人而异,如平实如话的吆喝多数不起调,为近郊老农或村姑沿街设摊或肩担叫卖。若卖菜者便叫"阿妈,大头菜要阀!芋艿、毛豆节要阀!"独特吆喝当然也不少。君不见"吃阀"之声扑面而来的情景:他叫一声走一程,停一停做一回生意,悠悠逍遥好不自在。街坊有个叫老丁头的熟食摊主,专营精制酱鸭、熏鱼、腊肠、卤肉等色香俱全的卤味,令下酒人嘴馋。他手挽拗桶上盖白布,只听"吃阀"不叫吃什么,虽然未见桶内之熟食,但路人却听其声便知其人其物。另外还有砂炒糖栗子、钢炭烘番薯,拎桶卖火腿粽,或售扁豆汤芋艿粥者,芸芸众贩,各显神通。

(写于 2012 年)

《嘉兴文史汇编》(第八册) 篇目分类索引

(第六十八——七十六期)

编者说明:本分类索引为《嘉兴市文史资料通讯》第八册(第六十八至七十六期)全部篇目。按内容分为政治、军事、经济、文化教育卫生、社会、人物及附录七部分;每部分又依历史事件、年代先后或篇目原排列次序编排。篇目出处用数字表示,例如,文章刊载在第68期第90页、汇编在合订本第八册上,即写成"68-90-8"。

目　录

一、政　治

解放初参加嘉兴县接管工作的片段………… 倪　谦　73-357-8
有关政协工作的回忆………………………… 施有铨　69-111-8

二、军　事

新四军北撤时的《安民布告》……………… 薛家煜　69-82-8
一个文化名人笔下的新塍抗战史
　——郑之章的《〈无敌歌〉并序》………… 薛家煜　69-87-8

三、经　济

回忆早期桐乡县工商联……………………	胡达怡	69 -115- 8
抗战前嘉兴的工业…………………………	计士雄	71 -187- 8
从长安米市到硖石米市的兴衰演变回顾……	计士雄	71 -197- 8
嘉兴种桑养蚕的历史回顾和今后的走向……	计士雄	71 -203- 8

百年老店话沧桑
　　——记嘉兴正春和布店……………… 龚行华　72 -279- 8

杭嘉湖两次严重污染损失春茧13万担	黄宗南	71 -211- 8
一个小村庄，一部厚重的丝绸织造史………	杨金根	71 -254- 8

海鸥蜕变成凤凰
　　——王店镇小家电产业兴衰纪实……… 梅晓民　71 -264- 8

1953年东栅工商摊贩名册 ………………	薛家煜	72 -316- 8
我在民丰造纸厂工作的回忆………………	杨振林	73 -360- 8
嘉兴市商品猪基地建设记忆………………	朱文祥	73 -378- 8
嘉禾拾穗（上）……………… 周咬脐	孙亮侨	75 -455- 8
嘉禾拾穗（下）……………… 周咬脐	孙亮侨	76 -519- 8

四、文　化

（一）文　化

嘉兴市越剧二团二度蜕变之路…………… 朱家祎　74 -432- 8

（二）历史遗存

关于苏小小墓的一点信息…………………	叶　加	69 -91- 8
梅里清芬祠记………………………………	梅晓民	69 -94- 8

拆城前后留下的记忆	黄国华	72 -290- 8
《嘉兴路重建水驿记》碑再现经过	陆大雄	72 -300- 8
苏嘉铁路与"王江泾站"碑	怀国华	72 -307- 8
明清时期三塔塘牌坊群初探	徐元观	74 -443- 8

五、社　会

我和台湾学者苏美文的一段交往	梅晓民	69 -96- 8
民国以前基督教在嘉兴的传播	庄新桥	72 -327- 8
嘉兴往事	陈钰麒	70 -135- 8
1952～1955年嘉兴民政、城建若干历史资料	吴思伟	72 -310- 8
嘉兴老城区地名消失（演变）知多少	徐元观	72 -322- 8

六、人　物

（按姓氏笔画排列）

二　画

| 嘉兴市政建设的"普通一兵" | 庞艺影 | 69 -126- 8 |

三　画

| 八十回顾 | 马加泽 | 74 -405- 8 |

四　画

| 嘉兴军政分府首任都督方於笥 | 陈伟桐 | 68 - 3 - 8 |

六　画

功过是非话朱瑞	徐子祥	68 -45- 8
许行彬与辛亥革命	许晋臣	68 -64- 8
明代著名象棋谱《桔中秘》的作者朱晋祯是嘉兴海盐人	朱学范	74 -435- 8

七　画

张元济先生捐赠祖宅考释……………………杨成其　73 -385- 8
沈大瓚和嘉属七县联中史料补遗……………徐元观　73 -390- 8
去台老兵李亚根的百年沧桑…………………徐子祥　74 -417- 8
忆嘉兴第一批援藏干部李小眉、姚秉文
　同志………………………………………赵明本　74 -423- 8

八　画

周承菼在辛亥革命中…………………………虞坤林　68 - 48- 8
从维新到革命
　——记海宁早期同盟会员杭辛斋的
　　　传奇经历……………………………李涧中　68 - 50- 8
受到毛主席接见的周梦珍……………………徐子祥　69 -102- 8
怀念老干部林钧堂先生………………………戴应如　69 -107- 8
金庸与嘉兴渊源深厚…………………………陈启文　74 -427- 8

九　画

我和革命老人费哲民的忘年交………………卜兆年　68 - 68- 8

十　画

纪念外公陶文波先生…………………………陶　念　68 - 5- 8
石门有女士，巾帼而丈夫
　——徐自华的民国元年…………………闻海鹰　68 - 29- 8

十一画

龚宝铨传………………………………………谢一彪　68 - 10- 8
志士魂归记……………………………………缪惠新　68 - 24- 8
马库龚氏概况…………………………………龚肇智　68 - 28- 8
戚再玉其人其事………………………………黄国华　69 - 77- 8

十二画

董民声传略……………………………………凌春林　74 -409- 8

· 577 ·

七、附录：简讯、编者的话

嘉兴各界人士开展纪念辛亥革命一百
   周年活动…………………………………… 陈启文 68 – 72 – 8
关于征集新中国成立后文史资料的启事……………… 69 –130– 8